켄 윌버의

통합심리학

Ken Wilber 저 · 조옥경 역

– 의식 · 영 · 심리학 · 심리치료의 통합

학지사

Integral Psychology

by Ken Wilber

역자 서문

인간 의식의 발달적, 통합적 관점을 취하고 있는 켄 윌버Ken Wilber는 현재 전 세계적으로 주목을 받고 있는 대표적인 미국 철학자 가운데 한 사람이다. 국내에서도 이미 그의 책이 여러 권 번역·출판되어 그의 획기적인 사상이 소개되었으며 수행자, 종교인, 학자 들을 포함한 대중의 관심을 끌고 있다. 23세라는 젊은 나이에 『의식의 스펙트럼The Spectrum of Consciousness』(1977)이라는 책을 집필하여 이 분야의 전문가들에게 신선한 충격을 던져 준 윌버는 그 이후로 서구 심리학과 동양의 영적 전통을 통합하려고 꾸준히 노력해 오고 있다. 그의 사상의 특징은 한마디로 서양의 심리학과 철학, 동양의 불교, 힌두교, 기독교 신비주의를 통합하고, 인간 의식의 개별적 객관과 주관, 집단적 객관과 주관을 통합하는 방대하고 심오한 통합적 비전이라고 할 수 있다.

이 책은 2000년 샴발라에서 출판된 『통합심리학: 의식, 영, 심리학, 심리치료의 통합Integral Psychology: Consciousness, Spirit, Psychology, Therapy』을 번역한 것이다. 윌버의 사상은 지난 30여 년간 몇 차례의 변화와 성장의 과정을 거쳤으며, 그 과정에서 인간 의식에 관한 자신의 모델을 수정·보완하였는데, 그 변천의 과정을 보통 4～5시기로 나누고 있다. 이 책 『통합심리학』은 제4기에 해당하는 대표적인 저서로서 그만의 독특한 온 상한과 온 수준All-Quadrants All-Levels(AQAL) 접근을 취하고 있다. 이 책은 1999년에 집필하였으며, 그가 처음에 의도하였던 『자기, 시스템, 구조Self, System, Structure』(이 책의 집필은 1980년대 중반에 시작되었지만 아직도 진행 중에 있다)의 요약본이라고 할 수 있다. 서문에서도 직접 밝히고 있듯이 이 책의 목적은 이제 막 출현한 통합심리학이라는 새로운 세계를 향한 모험에 뛰어들 수 있도록 사람들을 자극하기 위한 것이므로 그 모습도 개괄의 형태를 띠고 있다. 윌버 자신도 지적하였지만 이 책의 구성은 크게 본문과 주註 두 부분으로 되어 있다. 번역하는 나 자신도 마치 두 권의 책을 번역하고 있는 것 같았다. 본문은 개괄의 형태로만 제시되어 있기 때문에 어떤 부분은 그 세부 사항과 구체적인 내용을 이해하기가 어려웠다. 그때마다 주를 참고해 보면서 도움을 받았으며, 때로는 주를 통해 윌버의 사상과 경험의 깊이에 한 걸음 더 다가갈 수 있었다.

이 책에 포함된 수많은 도표는 전근대, 근대, 탈근대 이론가들이 제시한 발달 이론을 총망라하고 있다. 이들을 윌버 자신의 이론과 쉽게 비교할 수 있도록 도표로 제시하고 있어서 이를 자세히 검토해 보는 것 또한 이 책의 풍성함을 즐길 수 있는 방법이 될 것이다. '통합' 이 21세기의 키워드 중 하나가 될 것이라고 많은 사람이 전망하고 있는 가운데 이 책이 21세기의 초입에 출판되었다는 사실은 중요한 의미를 지닌다. 윌버도 '이 시점에서 통합심리학은 나의 일반 심리학 모델에 관한 최종 선언이며, 이 분야에 관한 나의 다른 저서들은 그 관점과 조화를 이루어야 한다.' 고 밝히고 있다. 이 책에서 윌버는 인간 의식의 총체적인 모습을 제시하고 있는데, 인간 의식에 대한 윌버의 사고는 기본적으로 발달론적 입장을 취하고 있다. 의식현상은 인간을 특징짓는 본질적인 요소로서 존재론에 닿아 있을 뿐 아니라 의식을 바탕으로 대상에 대한 앎이 이루어진다는 점에서 그대로 인식론으로 귀착된다. 윌버는 의식이 태어날 때부터 특정한 모습으로 주어지는 것이 아니라 끊임없이 변화 · 성장하는 역동적 성격을 지닌다고 말한다. 개인 의식의 주관적 발달은 육체나 뇌 같은 객관적, 물리적 요소에 구현되며, 이는 그 개인이 속한 사회적, 문화적 맥락이라는 그물망 속에 깊이 매몰되어 있다는 것이다. 의식의 발달적 양상을 기본으로 하고 그 위에 의식의 사차원적 모습을 구성하였다는 점에서 윌버의 통합심리학은 역동적, 입체적 모습을 띠고 있다.

윌버의 책을 번역하는 것은 쉽지 않은 일이었다. 동서양을 자유롭게 넘나드는 그의 광활한 지성의 폭과 엄청난 독서량을 바탕으로 거침없이 쏟아내는 생소한 개념과 용어들을 소화하기가 쉽지 않았을 뿐 아니라 이들을 우리말로 전달할 수 있는 적절한 번역어를 찾기가 어려웠기 때문이었다. 다행히도 이미 이런 작업을 해 주신 한양대 조효남 교수님과 계명대 김철수 교수님이 계셔서 나는 그분들의 덕을 볼 수 있는 행운을 누릴 수 있었다. 가능한 한 그분들의 번역어를 차용하려고 하였지만 어떤 경우에는 나만의 용어를 사용하였다. 이 책에는 수많은 사상가, 학자, 성자, 현자의 이름이 나온다. 독자의 편의를 위해 이들에 대한 간단한 소개를 부록으로 제시하였다.

이 책의 번역에 착수한 지 몇 년이 지났다. 처음에는 윌버를 좀 더 심층적으로 이해하고 수행자와 학자를 겸한 그의 삶과 사상을 한국의 심리학자들에게 소개하고 싶다는 단순한 이유로 번역을 시작하였는데, 번역이 진행될수록 그 시도가 얼마나 무모했는지를 더 깊이 느끼게 되었다. 미흡한 번역을 오랜 시간 인내심을 갖고 기다려 주신 학지사 김진환 사장님께 감사를 드린다. 이 책이 번역 · 출판되기까지의 배경에는 여러 사람의 진심어린 도움이 있었다. 특히, 적절한 용어를 선택하는 데 아낌없이 조언해 주신 서울불교대학원대학교의 김재성 교수님께 깊은 감사를 드리고 싶다. 또한 번역하면서 서울불교대학원대학교의 몇몇 대학원 학생의 신세를 톡톡히 졌다. 우선, 주를 번역하는 데 큰 도움을 준 남미경 님, 지난 몇 달 동안 윌버 스터디 그룹을 조직해서 초교와 재교의 내용을 살펴 주고 교정도 봐 준 석사과정의 윤상일, 오세준 님에게도 이 자리를 빌려 고마움을 표하고 싶다. 특히, 이 두 사람은 윌버의 통합심리학을 처음 접하는 사람들이 생소하고 난해한 내용을 쉽게 요약해서 알 수 있도록 '통합심리학 개관'을 함께 작업해 주었다. 아직도 나이 어린 대학원생들인데도 윌버의 방대한 사상을 나름대로 소화 · 흡수할 수 있는 그들의 반짝이는 지성이 대견하면서도 부럽기까지 하다. 마지막으로 그동안 정서적 지원을 아끼지 않았던 사랑하는 내 딸 현채에게도 고마움을 전하고 싶다. 이 책의 복잡한 편집과 교정 작업을 위해 힘써 주신 여러분께도 고마움을 전한다.

2008년 2월
서울 독산동에서
옮긴이 조옥경

낮의 관점

심리학이라는 용어는 정신psyche의 학문을 의미하며, 정신이라는 용어는 마음 또는 영혼을 의미한다. 마이크로소프트 용어사전을 찾아보면, 정신이란 '자기: 아트만, 혼, 영; 주관성: 높은 자기, 영적 자기, 영'을 말한다. 여기서 우리는 심리학의 뿌리는 인간의 혼과 영 깊숙한 곳에 자리 잡고 있음을 다시 한 번 기억하게 된다.

정신 혹은 그와 유사한 용어는 고대에 그 뿌리를 가지고 있어서 적어도 기원전 몇천 년까지 거슬러 올라가야 하는데, 그 당시 이 용어는 거의 언제나 신체나 물질적 매개체에 존재하는 생기력 또는 영혼을 의미하였다. 16세기 독일에서 정신과 로고스logos(말 혹은 학문)가 결합되어 인간에게서 나타나는 혼 또는 영의 학문인 심리학psychology이 성립되었다. 실제로 누가 최초로 심리학이라는 용어를 사용하였는지는 아직도 논란이 많지만, 어떤 이는 멜란히톤Melanchthon, 어떤 이는 프레기우스Freigius, 어떤 이는 마르부르그의 고클레니우스Goclenius라고 하였다. 그러나 1730년 즈음 심리학이라는 용어는 독일의 볼프Wolff, 영국의 하틀리Hartley, 프랑스의 보네Bonnet에 의해 현대적인 의미로 쓰이게 되었다. 1988년『뉴 프린스턴 리뷰New Princeton Review』의 정의에 따르면 그 당시에도 심리학은 여전히 '정신 혹은 혼의 과학'이었다.

저술을 계획하고 있었던 심리학사와 철학사를 위해 한때 나는 기록을 하기 시작하였다. 내가 그 일을 하려고 결심한 것은 손에 닿는 심리학사 교과서 대부분을 살펴보면서 낯설고 이상한 사실, 즉 모든 책이 심리학(그리고 정신) 이야기를 마치 그것이 1879년경 빌헬름 분트Wilhelm Wundt가 이끄는 라이프치히 대학의 한 실험실에서 갑작스럽게 출현한 것처럼 말하고 있다는 사실에 충격을 받았기 때문이다. 빌헬름 분트는 실로 내성법introspection과 구조주의structuralism에 뿌리를 내리고 있는 특정한 심리학의 아버지라고 할 수 있다. 그러나 정신이 1879년 갑자기 존재하게 되었다는 사실에는 의구심이 들었다.

몇몇 교과서는 더 나아가 프랜시스 골턴 경Sir Francis Galton, 헤르만 폰 헬름홀츠Hermann von Helmholtz, 구스타프 페히너Gustav Fechner 같은 아주 위엄 있는 인물을 포함한 분트의 과학적 심리학의 선구자들까지 거슬러 올라갔다. 한 교과서는 "심리학사에서 중요한 날인 1850년 10월 22일 아침, 페히너는 마음과 신체 간의 연결법칙을 심적 감각과 물리적 자극 간의 양적 관계로 진술할 수 있다는 통찰을 갖게 되었다."라고 숨가쁘게 표현하고 있었다. 곧 알게 되겠지만, 페히너의 법칙은 $S = K \log I$(심리적 감각은 물리적 자극의 로그로 변한다)로 표현되고 있다. 또 다른 교과서는 그 중요성을 다음과 같이 설명하고 있다.

> 그 세기 초에 임마누엘 칸트는 심리학이 결코 과학이 될 수 없다고 예언했는데, 그 이유는 심리적 과정을 실험적으로 측정하는 것이 불가능하기 때문이었다. 하지만 페히너의 연구 덕분에 과학자들은 최초로 마음을 측정할 수 있었고, 19세기 중반에는 과학의 방법이 정신적 현상에 적용되었다. 빌헬름 분트는 이런 독창적이고 창조적인 성과를 취해서 이들을 조직하고 통합시켜 심리학의 '기초'를 형성하였다.

구스타프 페히너가 현대 심리학의 기초를 형성하는 데 중요한 발전을 이룬 인물에 속한다는 사실에 모든 교과서가 의견의 일치를 보이는 것 같았으며, 교과서마다 양적인 측정을 마음에 적용시켜 심리학을 마침내 '과학적으로' 만든 방법을 발견한 사람을 칭송하는 노래를 불렀다. 빌헬름 분트조차도 "페히너는 정신 현상의 탐구를 위해 정확한 측정방법, 정확한 측정원리, 실험적 관찰을 도입한 최초의 인물로서 엄격한 의미에서 심리학적 과학의 전망을 열어 주었다는 사실을 결코 잊을 수 없을 것이다. 페히너 방법의 주된 장점은 철학적 체계의 부침浮沈을 염려할 필요가 없다는 데 있다. 실로 현대 심리학은 진정으로 과학적인 성격을 띠게 되었으며, 모든 형이상학적 논란에서 거리를 둘 수 있게 되었다."[1] 라고 선언하였다. 나는 페히너 박사가 혼이나 영의 오염에서 심리학을 구출해 냈으며, 다행스럽게도 마음을 측정 가능한 실증적 장치로 축소시켜 과학적 심리학의 시대로 안내하였다고 생각한다.

그것이 몇 년 후까지 내가 구스타프 페히너에 대해서 들은 전부였다. 그때 나는 아주 오래된 철학 서적으로 가득 찬 서점을 뒤지다가 아주 놀랍게도 1835년에 저술된 『사후의 삶Life after Death』이라는, 눈에 띄는 제목의 책을 발견했는데, 그것은 바로 구스타프 페히너의 책이었다. 그 책의 첫 줄이 가장 눈에 띄었다.

> 인간은 지구상에서 한 번만이 아니라 세 번을 산다. 삶의 첫 단계는 지속적인 수면이고, 두 번째 단계는 수면과 각성이 반복되고, 세 번째 단계는 영원히 각성되어 있다.

영원히 각성되어 있는 것에 관한 이 논문은 다음과 같이 이어졌다.

> 첫 단계에서 인간은 홀로 어둠 속에서 산다. 두 번째 단계에서 인간은 사물들의 표면에서 반사되는 빛 속에서 동료들과 관계를 맺지만 분리되어 산다. 세 번째 단계에서의 삶은 보편적인 영과 연관된 수준 높은 삶이다.
>
> 첫 단계에서 신체는 신체의 싹에서 발달하고 두 번째 단계를 위한 조직을 만든다. 두 번째 단계에서 마음은 마음의 싹에서 발달하여 세 번째 단계를 위한 조직을 만든다. 그리고 세 번째 단계에서 모든 인간의 마음에 감춰져 있는 신성한 싹이 튼다.
>
> 두 번째 단계를 위해 첫 단계를 떠나는 행위를 탄생이라고 하고, 세 번째 단계를 위해 두 번째 단계를 떠나는 행위를 죽음이라고 한다. 두 번째에서 세 번째로 가는 길은 첫 번째에서 두 번째로 가는 길보다 어둡지 않다. 전자의 길은 세계를 밖으로 보게 만들며, 후자는 안으로 보게 만든다.

신체에서 마음, 영에 이르는 의식성장의 세 단계, 그리고 남녀가 보편적인 영의 광대함으로 의식이 깨어나는 것은 그들이 죽어서 분리된 자아가 될 때뿐이다. 삶, 마음, 영혼, 의식에 대한 페히너의 실제적인 철학이 그 책에 적혀 있었다. 교과서들은 왜 이런 말을 하지 않은 것일까? 나는 그때 '누군가가 말해야만 한다.'는 의무감에서 심리학사를 저술하기로 마음먹었다.

다음과 같은 사실을 언급할 필요가 있다. 무의식이라는 개념은 폰 하르트만 von Hartmann의 『무의식의 철학Philosophy of the Unconscious』으로 유명해졌는데, 이 책은 프로이트보다 30년 전인 1869년에 출판되었고, 10년 동안 전례 없이 8판을 거듭했다. 이 책에서 하르트만은 쇼펜하우어의 철학을 언급하고 있는데, 쇼펜하우어 또한 자신의 철학이 주로 동양 신비주의, 불교, 특히 우파니샤드에서 유래되었다고 공공연하게 밝히고 있다. 대부분 사람의 경우 개인 의식 아래에는 '무의식적인' 우주 의식이 놓여 있고, 이는 각성될 수 있고 완전히 실현될 수 있다. 무의식을 의식화하는 것이 남녀에게 있어서 가장 위대한 선이 된다. 프로이트는 원본능id이라는 개념을 게오르그 그로덱Georg Groddeck의 『그것에 대한 책 The Book of the It』에서 차용하였다. 이는 우주적 도道 혹은 유기적 우주 영의 존재에 근거하고 있다. 말로 하자면 길지만 이 모두는 우리에게 현대 심리학의 뿌리는 영적 전통에 있다는 사실을 환기시키는데, 그 이유는 정신 자체가 영적 원천에 접속되어 있기 때문이다. 정신의 가장 깊은 심연에서 우리는 본능이 아닌 영 Spirit*을 발견할 수 있다. 그러므로 이상적인 심리학 연구는 신체에서 마음, 혼에 이르는, 잠재의식에서 자의식, 초의식에 이르는, 그리고 수면에서 반각성, 완전한 각성에 이르는 모든 것에 대한 연구가 되어야 한다.

실로 페히너는 실증적 측정심리학에 탁월한 공헌을 하였다. 그의 『정신물리학의 요소들Elements of Psychophysics』은 심리측정에 관한 최초의 위대한 교과서로서 충분히 분트에서 시작되는 이후의 심리학자들의 칭찬을 받을 만하다. 페히너 정신물리학의 전체 요점은 영혼과 물질은 한 가지 실재의 양면으로 서로 분리될 수 없다는 것이다. 그리고 마음

[역자 주]

* 윌버는 대문자로 시작하는 Spirit과 소문자로 시작하는 spirit을 거의 같은 의미로 사용하고 있다. 그는 보통 근본바탕으로서의 Spirit을 주로 사용하고 있으며, 여기에서는 이 두 용어를 '영'으로 통일하여 번역하였다.

의 측면을 측정하려는 그의 시도는 이런 불가분성을 지적하려는 것이지 영이나 혼을 물질적 대상으로 환원시키려는 것이 아니며, 영과 혼을 확실히 부정하려 하였던 것도 아니다. 그렇지만 섬세하지 못한 연구자들의 손에서 이런 일들이 생기고 말았다.

한 학자가 요약했듯이, 페히너의 주장에 따르면 "전 우주는 그 성질상 영적이고, 물리학이라는 현상세계는 이런 영적 실재의 외적 현현에 불과하다. 원자들은 신에게로 이끄는 영적 계층구조에서 가장 단순한 요소일 뿐이다. 이 계층구조의 각 수준은 밑에 있는 모든 수준을 포함하고 있어서 신은 영혼 전체를 담고 있다. 의식은 존재하는 모든 것의 근본적인 양상이다. …… 혼이 존재한다는 증거는 유기적 통일체의 행동에서 드러나는 체계적 일관성과 법칙의 준수에 있다. 페히너는 지구, 즉 '우리의 어머니'를 혼이 있는 유기적 전체로 간주하고 있다."[2]

페히너 자신의 설명에 따르면, "우리의 신체가 지구라는 더 크고 높은 개체에 속하는 것처럼 우리의 영은 지구라는 더 크고 높은 개체적 영에 속해 있는데, 지구체가 창조물의 체들로 구성되어 있듯이 지구의 영은 창조물의 모든 영으로 구성되어 있다. 동시에 지구의 영은 지구의 모든 영의 단순한 집합체가 아니라 이들을 높이 융합한 더 높은 개별적 의식체다." 지구의 영—페히너는 가이아Gaia의 정확한 윤곽을 그렸다—은 신성한 영의 일부며, "신성한 영은 하나이면서 전지하고 실로 전체를 의식하고 있다. 즉, 우주의 모든 의식을 유지하며 각각의 개별 의식을 더 높게 혹은 최고로 연결시켜 주는 것으로 구성되어 있다."[3]

이는 개체성의 소멸이 아니라 개체성이 더 큰 것 안에서 완성되고 포함된다는 의미다. "상대적 속성을 지닌 우리의 개체성과 독립성은 자연히 이런 합일에 의해 손상되는 것이 아니라 조건지어진다." 이것은 포함관계가 점점 증가하면서 겹으로 구성된 계층구조를 따라 계속된다. "지구는 우리의 신체를 우주에서 분리시키는 것이 아니라 우리를 우주와 연결하고 우주에 편입시키듯이, 지구의 영은 우리의 영을 신성한 영으로부터 분리시키지 않으며, 모든 지구적 영은 우주의 영과 더 고차적이면서도 개별적인 연결을 갖는다."[4]

그러므로 심리학에 대한 페히너의 접근은 통합접근의 한 유형이라고 볼 수 있다. 그는 혼과 영을 부정하기 위해서가 아니라 설명하는 데 도움을 주기 위해서 실증적이고 과학적인 측정을 이용하고자 하였다. "물질적 우주 전체를 내적으로 살아 있고 의식적인 것으로 여기는 것은 페히너가 낮의 관점daylight view이라고 부른 관점을 취하는 것이다. 그것을 어떤 목적론적인 중요성이 없는 비활성 물질로 여기는 것은 그가 밤의 관점night view이라고 부른 관점을 취하는 것이다. 페히너는 낮의 관점을 열렬히 옹호하였으며, 자신의 정신물리학적인 실험을 통해서 그것을 귀납적으로 지지할 수 있기를 희망하였다."[5]

그 후로는 밤의 관점이 지배해 왔다. 심리학이라는 새로 출현한 과학이 여러 시대에 걸친 고대의 지혜와 여전히 교감하고 있었던 시기도 있는데, 이는 대략 페히너Fechner(1801～1887)에서 윌리엄 제임스William James(1842～1910), 제임스 마크 볼드윈James Mark Baldwin(1861～1934)에 이르는 시기였다. 고대의 지혜란 바로 영원의 철학, 존재의 대둥지, 관념론자 체계들이다. 그리고 거의 모든 사람이 알고 있는 의식이라는 단순한 사실, 즉 우리가 세부 사항에 대해 아무리 논쟁을 벌여도 의식은 실재하고 내적으로 관찰하는 자기는 실재하며, 혼은 실재한다는 사실들이다. 그러므로 이러한 심리학의 기초를 마련해 준 진정으로 위대한 이들 심리학자의 실제 이야기를 들으면 통합적 관점에 대해 우리에게 시사해 주는 바가 많을 것이다. 통합적 관점은 신체, 마음, 혼, 영의 진실을 포함하려 하며 이들을 물질적 과시, 디지털 비트, 실증적 과정 또는 객관적 시스템(이들도 마찬가지로 중요하다)으로 환원시키려 하지 않는다. 개척적인 현대 심리학자들은 충분히 과학적인 동시에 충분히 영적이려고 노력하였으며, 그 관대한 포용에서 최소한의 모순이나 어려움도 발견하지 못하였다.

이 책은 바로 그런 통합적 심리학에 관한 책이다. 통합심리학은 심리학, 의식, 치료에 대한 근대 과학의 최상의 연구 성과를 포함하려 노력하면서도 심리학이 창시된 통합적 시기(페히너, 제임스, 볼드윈 및 우리가 곧 만나게 될 그 밖의 수많은 사람들을 포함하여)에서 영감을 얻고 있다. 이 책은 바로 그날 근사한 고서점에서 시작되었다. 페히너의 진짜 이야기를 거의 들은 적이 없다는 사실을 충격적으로 받아들이면서 그 후로 나의 역사적 연구가 진행되었다. 그 결과 두 권으로 구성된 매우 두꺼운 교과서가 나왔는데, 모두 자신의 고유한 방식으로 보다 통합적인 관점을 향해 나아가고 있는 동서양, 고대와 근대를 망라하는 약 200여 명의 이론가들을 논의하였다. 또 약 100여 개에 이르는 이런 체계를 요약한 도표도 포함되어 있다.[6] 나는 여러 가지 이유로 우선 대부분의 도표(260쪽부터 시작되는 도표 1～11을 보라)를 매우 축약되고 편집된 형태인 바로 이 책으로 출판하기로 결심하였다.

이어지는 내용은 통합심리학의 한 유형이 어떤 모양일 수 있는지 가장 간단하게 개괄한 것에 불과하다. 전근대, 근대, 탈근대의 자료에서 도출된 보다 영속적인 통찰은 우리에게 가르쳐 줄 아주 중요한 점들을 지니고 있다는 가정하에 일부를 포함시키고 통합하려고 하였다. 단순한 절충주의가 아니라 체계적인 포용으로 그렇게 하려고 하였다.

그러나 이 책의 주요 목적은 논의를 끝내는 것이 아니라 시작하기 위한 것이며, 끝이 아닌 시작으로서의 행위다. 개괄의 형태로 이 책을 출판하기로 결심한 이유는 수없이 많은 나만의 세부 사항들로 복잡하게 만들지 않으면서 개요를 공유함으로써 다른 사람들이 모험에 뛰어들 수 있도록 자극하려는 데 있다. 혹자는 내 의견에 동의하거나 동의하지 않을 수 있다. 또 내가 저질렀을 수 있는 모든 오류를 수정하거나, 수없이 많은 공백을 메우거나, 부적절한 사항들을 바로잡거나, 바람직한 입장에서 계획을 추진할 수도 있다.

이 책을 교과서로 사용하는 교사와 학생을 위하여 나는 방대한 미주를 포함시켰다. 이 책은 사실 이용 가능한 꽤 얇은 교과서와 관심을 쏟는 사람을 위한 미주라는 두 권의 책으로 구성되어 있다. 두 번째 읽을 때까지는 주註들을 건너뛰라고 권하고 싶다(처음 읽은 후에 주들만 골라 읽어도 좋다). 주들은 두 가지 역할을 한다. 나 자신의 일부 세부 사항들로 개요를 보충하고(특히, 내 작업을 따르는 학생들을 위해서), 각 주요 주제에 관해 다른 학자들이 저술한 저서들을 읽어 보라고 일련의 추천 도서를 제공하였다. 그러므로 교사들은 다른 저서의 일부(자신이 선호하는 저서와 함께)를 참조할 수도 있고, 수업을 위해 복사를 하거나 자료를 만들어 주된 개요를 더 구체적인 자료로 보충할 수도 있을 것이다. 또 관심 있는 일반 사람은 어떤 분야에서든 더 많은 자료를 얻기 위해 주를 따라갈 수도 있다. 이 추천도서는 대표적인 것일 뿐 전부를 섭렵한 것은 아니다. 자아초월심리학과 치료에 관한 추천도서를 선정하기 위해 나는 많은 동료의 의견을 수렴하였고, 그 결과를 기록하였다.

나는 별도의 도서목록을 포함시키지 않았다. 그 이유는 도표에 있는 참고도서만으로도 백 페이지가 넘기 때문이다. 오늘날에는 인터넷에 접속하여 여러 출판사의 대형 서적상을 찾는 것이 수월해졌다(이런 이유로 나는 출판사 정보를 포함시키지 않았다). 마찬가지로 나는 더욱 중요한 일부 저자들의 이름을 단순히 나열했으며, 독자들은 어떤 책이 있는지 알아보기 위해 책들을 탐색해 볼 수 있다.

개인적으로는 통합심리학(그리고 통합연구 일반)이 앞으로 몇십 년간 점점 더 유행할 것으로 전망하고 있는데, 학문세계는 온 우주Kosmos의 끈질긴 밤의 관점에서 탈출을 모색하고 있기 때문이다.

그렇다면 앞으로의 내용은 낮의 관점의 한 버전이라고 볼 수 있다. 끝으로 친애하는 구스타프, 이 책을 당신에게 바친다.

켄 윌버

콜로라도 볼더

1999년 봄

통합심리학 개관*

통합심리학의 의의

인간의 마음을 이해하기 위해 19세기 중반부터 발달해 온 심리학은 구조주의적 관점에서 마음을 바라본 빌헬름 분트, 기능주의적 관점에서 바라본 윌리엄 제임스를 시작으로 현재까지 수많은 갈래와 학파, 기법을 형성하며 발전해 왔다. 그러나 이제까지의 서구 심리학은 인간의 마음작용과 그 기능을 어떻게 하면 과학적, 실증적으로 증명할 것인가에 초점을 맞추어 왔다고 해도 과언이 아니다. 주류 심리학은 최근까지도 과학적으로 증명할 수 없다고 여기는 인간의 초이성적, 자아초월적 체험에 대해서는 그것이 비이성적이라는 이유로 무시하거나 논외의 대상으로 치부하고 있다.

그러나 서구 심리학의 역사 초기에도 윌리엄 제임스의 저서 『종교적 경험의 다양성』에서처럼 종교적, 신비적 체험에 대한 관심을 볼 수 있지만, 1960년대에 이르러서야 이른바 뉴에이지 운동과 더불어 변성의식 상태, 수행체험, 절정체험 등 인간의 초이성적 체험들을 학문적으로 심도 있게 다루려는 움직임이 활발하게 일어났다고 볼 수 있다. 이때 본격적으로 대두되기 시작한 것이 심리학의 제4세력이라 부르는 자아초월심리학transpersonal psychology(트랜스퍼스널 심리학, 초개인심리학)이고, 켄 윌버는 이 시기에 자아초월심리학의 다양한 주장에 대한 체계를 세우며 혜성같이 등장하였다. 즉, 1970년대 중반 『의식의 스펙트럼』이라는 책을 발간하면서 윌버는 이제까지 논의되어 온 인간의 의식이 실은 어느 한 측면만 옳고 중요하게 다루어져야 하는 것이 아니라는 것을 밝혔다. 왜냐하면 인간에게는 다차원적인 의식의 스펙트럼이 존재하며, 각 수준의 의식 상태는 인간 발달이라는 총체적 측면에서 접근해야 제대로 이해할 수 있기 때문이다. 따라서 윌버

[역자 주]

* 이 글은 2006년 4월에 시작된 '윌버통합사상연구회' 회원들이 몇 달 동안 『통합심리학』을 읽고 토론한 내용을 윤상일과 오세준이 주로 정리한 것이다. 이들은 서울불교대학원대학교 석사과정을 밟고 있는 대학원생으로, 조옥경과 함께 몇 차례의 토론과 수정작업을 거쳐 본 요약문을 작성하였다.

는 정신분석—행동주의—인본주의라는 큰 담론으로 변화되어 온 심리학이 특정한 하나의 이론만으로 다른 모든 것을 담을 수 있는 것이 아니라 각각이 인간 의식 발달이라는 전체 속에 나름대로 기여하는 측면이 있으며, 우리에게는 의식의 부분이 아니라 전체를 살펴볼 수 있는 큰 그림이 필요함을 역설하였다. 우리는 이제 심리학을 연구하는 학도로서 더 이상 어떤 하나의 이론, 학파를 고집할 것이 아니라 각 학파의 논의 대상이 무엇인지, 그것이 인간 의식이라는 전체적인 틀에서 어떻게 만나서 상호 작용하는지에 대한 거시적인 안목을 갖추어야 하며, 마음에 대한 지금까지의 방대한 논의와 성과들을 통합하려는 노력을 기울일 시점에 와 있다는 것이다.

물론 그동안 마음에 대한 무수한 이론을 모아서 하나의 거대 담론을 구성한다는 것이 말처럼 쉬운 일은 아니었다. 윌버 자신도 이를 위해 1970년대 중반부터 지금까지 수만 권의 책을 읽고 20권이 넘는 저술을 해 왔으며, 최근에 이르러 모든 것의 통합을 말하면서 저술, 강연 활동을 지속하고 있지만, 아직까지는 주류 심리학의 큰 호응을 얻지 못하고 있는 것이 사실이다. 어쨌든 심리학을 공부하는 사람으로서 윌버 이론의 가치는 그의 통합이론이 완전하지는 않아도 분명 참고할 만한 모델로 제시되고 있다는 점, 과거 그의 저술부터 지금까지 줄곧 인간 의식 발달의 가장 높은 수준까지 포용하려 하였다는 점, 기존의 심리학이 지닌 한계를 누구보다 명확하게 지적하고 있다는 점, 사상한을 통해 의식의 주관적 영역뿐 아니라 객관적 영역을 포용하고 진화와 발달이라는 관점에서 인간 의식을 바라본다는 점 등에서는 의미가 있다. 따라서 통합심리학은 윌버 자신의 표현대로 인간의 마음을 보다 넓고 깊게 이해하고자 하는 이들에게는 훌륭한 참고서가 될 것이다.

통합심리학이란 무엇인가

인간 의식의 발달 혹은 진화

통합심리학은 말 그대로 인간 의식과 의식의 행동 표현을 연구하는 심리학의 모든 갈래를 통합하고, 과연 인간의 의식이 어디까지 확대될 수 있는가를 논하는 학문이라고 할 수 있다. 윌버는 이 책을 통해 영원의 철학(물질-몸-마음-혼-영에 이르는 인간 발달의 총체적 측면을 다룬 고대로부터 이어져오는 지혜)을 보다 정교화하고 그 위에 심리학, 사회학, 진화학, 생물학 등 근대의 학문이 밝혀낸 성과에 더하여 불교, 베단타, 요가 등 의식의 상위 차원을 논하는 많은 동양 사상의 핵심과 서구 철학자, 심리학자, 사회학자, 인류학자들의 이론을 취합하였다.

이 책에서는 인간 발달의 다차원적 수준을 적게는 5개에서 많게는 80여 개로 나누었으며, 주로 9개의 기본 수준으로 정리하였다. 윌버는 각각의 기본 수준을 인간이 태어남과 동시에 밟아 올라가는 사다리에 비유하면서, 이제까지 밝혀진 많은 문헌을 통해 약 4~5단계까지는 인류 전체가 사회적, 문화적으로 공통적으로 영위하고 있지만 그 이상은 인류에게 놓인 미지의 영역이라고 말한다. 물론, 인간의 의식이 이 미지의 영역에 도달할 수 있다고 믿는 것은 인류 역사를 통해 그 영역에 도달한 수많은 선지자들이 있었기 때문이다. 윌버는 그들이 도달한 의식의 상위 차원이 어디까지나 현재 인류에게 주어진 잠재력으로 남아 있음을 강조한다.

따라서 인간 의식은 발달하고 진화하며, 이러한 발달과 진화가 일어나는 구조와 수준, 질서와 방향성이 존재한다는 것이 윌버 사상의 핵심이다. 윌버는 이를 설명하기 위해 구조, 수준, 파동, 발달 지류 등 기본 개념을 정의하고 이를 바탕으로 자신의 주장을 전개한다. 간단히 말해서, 의식의 9단계 수준이 기본구조를 이루고 있다. 인간의 발달은 구조 속의 수준을 밟아 올라간다고 할 수 있지만, 각 수준은 파동처럼 간섭하기 때문에 정확히 구분 지을 수 있는 것이 아니다. 또한 인간 발달은 어느 한 측면만으로 설명할 수 있는 것이 아니다. 이제까지의 연구 결과에 의하면 약 20여 개의 발달 지류가 존재하며, 그중 대표적인 것이 인지, 도덕성, 세계관, 정서, 성, 욕구 등인데, 각 발달 지류가 인간 의식의 파동과 같은 흐름을 타고 각 단계를 밟아 올라가게 된다는 것이다. 이렇게 다양한 발달의 지류 중 어느 하나만이 우월하거나 지배적이지는 않다. 물론, 인지라는 발달 지류 혹은 라인이 다른 라인의 발달에 필요조건이 된다는 점에서 중요하다고 볼 수는 있지만 피아제Piaget의 주장처럼 인간의 발달이 곧 인지발달을 의미하는 것은 아니다. 오히려 인간의 총체적 발달은 모든 발달 지류가 놓인 단계의 총합이기 때문에 비선형적이며, 때로는 뒤로 후퇴하는 것처럼 보이기도 하는 복잡한 나선의 형태를 그린다는 것이다. 이러한 주장을 뒷받침하기 위해 윌버는 벡Beck과 코웬Cohen의 나선역학을 예로 들고 있다.

이러한 의식발달의 특징을 한마디로 요약하면 '포함하며 초월'한다는 것이다. 따라서 '포함하며 초월'하는 과정 중에 일어나는 실패로 인해 인간 정신에 병리가 발생한다. 즉, 하위 수준에서 상위 수준으로 넘어갈 때마다 우리는 이 초월과 포함, 차별화와 통합이라는 과제를 수행하여야 하고, 그때마다 실패의 위험도 감수하여야 하는 것이다. 수준이 다양하기에 수준마다 병리도 서로 다른 형태로 나타나며, 그에 따른 치료도 다차원적으로 접근되어야 한다. 예를 들어, 이성의 발달이 일어나면서 이성이 정서를 강하게 억압하면 신경증(표상적 마음 수준)이 유발될 수 있는데, 이때는 정신분석(폭로기법)이 도움이 된다. 마찬가지로 상위 영역 발달로 나아가면서 각 수준 발달에 실패하게 되면 각본 병리(규칙-역할심 수준), 실존의 문제 등이 유발될 수 있고, 이때는 인지치료(각본분석), 실존치료가 각각 도움이 된다.

우리에게는 한 치료기법의 우수성만이 중요시되지 않는다는 점이 통합심리학의 탁월한 점 중 하나다. 일단 전체 그림을 이해하고 인간 발달의 심층적이면서도 다차원적인 면을 이해하면 모든 치료가 유기적으로 연결되고 그 모든 것이 상호 보완적으로 병리현상을 극복하는 데 도움이 될 뿐 아니라 의식의 발달에도 기여함을 알 수 있다.

물론, 통합심리학에서는 한 수준의 병리가 해당 수준에 맞는 기법으로만 치료될 수 있는 것으로 보지 않는다. 각 수준은 서로 완벽하게 분리된 건물의 층이라기보다는 뚜렷하게 구분 짓기 어려운 무지개 색(파동)과도 같기 때문에 상위 수준에 해당하는 치료기법이 하위 단계에서도 효과를 볼 수 있다. 하지만 분명히 각 수준에 맞는 치료가 더 효과적인 것은 사실이다. 또한 낮은 수준의 병리에 고착되면 당연히 의식성장에 어려움을 겪을 수밖에 없다. 왜냐하면 의식의 모든 수준은 서로 유기적으로 연결되어 있기 때문이다. 따라서 통합심리학에서는 인간 의식도 인드라망처럼 각 수준이 복잡하게 얽혀 있고 끊임없이 영향을 주고받는 관계에 있음을 밝히고 있다. 이 때문에 윌버는 치료 역시 한 인간이 영위하는 다양한 수준에 맞게 복합적인 통합치료가 도움이 된다는 것을 역설한다.

전근대와 근대

붓다, 예수, 노자 등 성자들이 살았던 시대는 전근대로 분류된다. 인류 역사에서 이러한 성인들이 살았던 전근대가 이룩한 업적은 인간 의식이 가질 수 있는 모든 수준, 즉 온 수준을 드러냈다는 점에 있다. 이는 전근대 시기에 가장 높은 의식 진화를 이룬 요가 수행자, 성인, 현자 들이 초이성적, 초개인적, 초월적 영역에 접근했다는 것을 의미한다. 물론, 당시 평균적 인간 의식은 그렇게 높은 수준까지 각성되지 않았고 오히려 지금보다 낮은 수준에 머물러 있었지만, 인간 내면의 높은 잠재력은 각성, 자유, 깨달음의 길에 대한 추구를 원하는 누구에게나 열려 있다는 점을 전근대는 인정하고 있다. 하지만 전근대는 개인적 차원의 발달만을 논했을 뿐 사회적, 문화적, 구조적 측면에 대한 고찰은 부족하였다. 그것은 사회적, 문화적 구조가 덜 분화된 상태에 있었기 때문이다.

근대는 전근대가 실패한 예술美, 과학眞, 도덕善의 분화를 이룩하였다. 근대는 전근대까지 신, 종교 혹은 국가라는 도그마 아래서 억압받던 다양한 가치 영역을 분리시켰으며, 각 영역이 스스로의 존엄성을 유지하면서 각각이 지닌 고유의 방법을 통해 진행하게끔 하였다. 이런 분화로 말미암아 인간은 민주주의 발달, 노예제도의 종식, 여권 신장, 의학의 진보, 과학적 발달을 이룩할 수 있었던 것이다. 이렇게 보면 근대를 통해 인류라는 종種 전체의 진화는 매우 바람직한 방향으로 흘러왔다고 할 수 있다. 하지만 전근대만 하더라도 당연한 것으로 받아들인 인간 의식의 상위 수준이 어째서 근대에 이르러 인정받지 못하게 된 것일까? 왜 근대에 이르러 신비체험의 대부분이 부정되고 어이없는 환상으로 취급되기에 이르렀을까?

윌버는 이를 감각을 바탕으로 한 유물론적 과학이 내면적, 주관적 영역과 그에 해당하는 모든 가치를 지배하였기 때문이라고 말한다. 즉, 근대에 이르러 특히 눈부신 성과를 거둔 과학은 '관찰 가능한' 감각적 수준의 사실을 매우 중요시하면서 오직 그것만을 진실 여부를 판별할 준거 틀로 삼은 나머지, 과학적 방법론을 통해 검증되어야만 인간의 내면적, 주관적 영역이 그 진실성을 인정받을 수 있게 되어 버린 것이다. 전근대에는 모든 가치가 상위 차원의 '신'이라는 도그마에 묶여 있었다면, 근대에 이르러 분화된 가치는 '과학'이라는 새로운 검열적 도그마를 상위 차원에 위치시키고는 나머지 가치를 그 아래에 종속시켜 버렸다. 전근대와 비교해 볼 때 근대는 가치의 분화는 이루었으나 관찰 가능한 '감각적 과학'의 검열 아래 모든 가치가 붕괴되어 버린 것이다.

이렇게 되자 붓다나 예수, 그 밖의 성인들이 도달하였다고 알려진 인간 의식의 상위 차원 역시 객관적으로 증명할 수 없고 관찰 불가능하다는 이유로 '비과학적'이라는 딱지를 붙인 채 근대 과학의 존엄성 아래 짓밟혀 버리고 말았다. 인간 특유의 의식현상은 오직 행동이나 뇌처럼 관찰 가능한 것으로만 환원되고 만 것이다. 물론, 인본주의 심리학을 통해 그러한 흐름을 극복하고 인간의 내면과 그 가치에 관심을 돌리려는 노력은 있었으나 의식의 상위 차원은 여전히 그 존재 여부를 알 수 없는 모호한 것으로 남고 말았다. 그렇게 과학의 영역에서 잊혀진 채 전근대에서는 당연시되었던 의식의 온 수준은 사라져 버렸다. 유물론적 과학의 독백적 응시, 아름다움도 풍요로움도 찾을 수 없는 평원 속에서 결국 인간은 온 우주Kosmos의 다차원적 하모니를 잃어버리고 물질적 우주cosmos의 단조로운 멜로디만을 간직하게 된 것이다.

사상한

단조로운 멜로디를 다시 한 번 풍성한 하모니로 되돌리고자 윌버가 기울인 노력을 간단하게 한 문장으로 요약할 수 있는데, 그것은 바로 온 수준과 온 상한All-Quadrants All-Levels: AQAL(전근대와 근대)의 통합이다. 윌버는 이를 '사상한'을 통해 압축하여 제시한다. 사상한은 좌상, 좌하, 우상, 우하의 네 개의 상한으로 나뉜다. 이를 자세히 살펴보면 다음과 같다.

- 좌상상한은 개인적인 내면이자 의식의 주관적 측면 혹은 개인적 의식을 나타낸다. 좌상상한 전체는 신체적 감각에서 정신적 개념, 혼과 영에 이르기까지 모든 개인의 내면에서 나타나는 의식의 스펙트럼 전체가 포함된다. 이 좌상상한의 언어는 '나-언어I-language'로 의식의 내적 흐름에 대한 일인칭적 설명이다.
- 우상상한은 의식의 내적 상태에 대한 객관적 또는 외면적 상관물이다. 우리는 이미 뇌에서 일어나는 변화를 관찰할 수 있으며, 그 변화가 의식의 주관적 측면과 밀접하게 연관되어 있다는 것을 수많은 연구(신경생리학, 인지과학, 생물심리학 등)를 통해 알고 있다. 이 우상상한의 언어는 '그것-언어it-language'로 개별적인 유기체에 관한 과학적 사실의 삼인칭 혹은 객관적 설명이다.

그러나 인간은 결코 혼자 존재하지 않으며, 모든 존재는 세계 내 존재다. 개인은 항상 어떤 집단의 일부로 존재하게 되는데, 그 집단에도 '내면'이 있고 '외면'이 있다. 이들은 각각 좌하상한(내면)과 우하상한(외면)에 해당한다.

좌하상한은 집단의 내면이며 개인으로 구성된 모든 집단이 공유하는 가치, 의미, 세계관, 윤리에 해당한다. 이 상한의 언어는 '우리-언어we-language'로써 상호 이해, 정의, 선을 포함하는 이인칭 혹은 나-너의 언어며, 너와 내가 같이 가기 위해 어떻게 조정할 것이냐에 관한 것이다. 이는 문화적 상한에 해당한다.

그러나 문화란 실체 없이 공중에 떠 있는 것이 아니다. 개인 의식이 객관적이며 물질적인 형태(뇌와 같은)로 고정되어 있듯이 모든 문화적 요소는 외적이고 물질적이며 제도적인 형태로 고정되어 있다. 이런 사회체계에는 물질적인 제도, 지정학적 형태, 생산성과 관련된 사회 형태(수렵채집 사회에서 원예사회, 농경사회, 산업사회, 지식사회에 걸친)가 포함된다. 이들은 객관적 현상이기 때문에 우하상한의 언어 역시 객관적인 개인과 마찬가지로 '그것들-언어its-language'다.

여기에서 우상상한과 우하상한은 모두 객관적인 '그것'이기 때문에 이를 하나의 일반적인 영역으로 취급할 수 있으며, 이렇게 되면 네 개의 상한을 '나' '우리' '그것'이라는 '3대 가치Big Three'로 요약할 수 있게 된다. 다른 측면으로 살펴보면 '나' 영역은 미학, '우리' 영역은 도덕, '그것' 영역은 과학이라고 할 수 있다. 즉, 미, 선, 진 혹은 일인칭, 이인칭, 삼인칭 혹은 자기, 문화, 자연 혹은 예술, 도덕, 과학이라는 여러 가지 용어를 가지고 3대 가치인 사상한을 정의할 수 있는 것이다.

이 사상한을 통해 통합심리학이 가진 중요한 가치가 하나 더 드러난다. 즉, 인간 의식발달을 총체적으로 파악하기 위해서는 개인적 차원(좌상상한)에 대한 탐구뿐 아니라 뇌의 신경생리적 과정에 대한 연구(우상상한), 사회문화적 발달(좌하상한), 시스템적 발달(우하상한)에 대한 연구도 함께 이루어져야 한다는 것이다. 어느 수준에 머물러 있든지 인간은 네 가지 영역에 동시에 발을 담그고 있는 셈이다. 따라서 의식의 진화를 향한 접근 혹은 치료를 위한 접근에서도 항상 사상한을 염두에 두고 통합적인 접근, 통합적인 치료를 지향해야 하는 것이다.

붓다는 개인적 측면의 발달을 중요시하고 이에 관해 많은 이야기를 하였으나, 당시의 사회·문화적인 발달에 대해서는 언급하지 않았다. 이는 붓다가 지닌 능력의 문제가 아니라 붓다가 속한 전근대의 사회·문화적 한계 때문이라고 할 수 있다(당시에는 3대 가치가 분화되지 않았다). 과학이 발달하지 못한 시대에 명상 상태의 뇌파가 평소와 다르다는 점, 의식의 진화가 뇌와 깊은 상관관계가 있다는 점을 어떻게 알고 가르칠 수 있었겠는가? 그러나 이제는 사상한 모두를 이야기할 수 있게 되었다. 근대에 이르러 이들 영역은 분화되었고 자신만의 고유한 앎의 방식과 연구 성과물을 축적하였기 때문이다. 이제 인류의 과제는 개인 내면의 발달뿐만 아니라 나머지 영역들, 즉 사회, 경제, 문화, 정치 시스템 등에 대한 통합적인 관점을 견지하고 그 관계를 이해해야 하는 것이다. 따라서 윌버는 우리에게 주어진 새로운 과제는 바로 통합이라고 역설한다. 또한 한때는 가치 영역의 분화가 축복이었으나 그것이 지나쳐 분열이 되어 버린 지금은 더 이상 분화만을 축복이라 부를 수 없으며, 가치와 분화를 아우르는 온 수준과 온 상한의 결합 없이는 진정한 통합을 이룰 수 없다는 것이다. 통합심리학이 우리에게 던지는 가장 중요한 메시지가 바로 여기에 있다.

영성

이 책을 통해 우리는 윌버가 끊임없이 의식의 상위 차원의 존재에 대해 주장하고 있다는 것을 알 수 있다. 여기서 상위 차원은 사실상 영성을 의미하는 것이기에 영성이란 무엇인가를 짚고 넘어가지 않을 수 없다. 영성이라는 외견상 모호하게 보이는 개념에 대해 윌버는 '영성은 단계인가 아닌가?'를 논하면서 영성에 대한 다섯 가지 보편적 개념에 대해 설명하고 있다. 그러나 영성을 어떻게 정의하고 이해하든, 그것을 계발하기 위해서는 지적인 이해만으로는 결코 충분하지 않다. 왜냐하면 상위 차원이란 인간의 지극히 내면적인 문제며, 오직 개인의 체험으로만 접근할 수 있는 영역이기 때문이다. 따라서 그는 영성이 단계든 아니든 "신뢰할 수 있는 영성은 개인의 가슴과 의식에 직접적이면서 친밀하게 드러나며, 부지런하고 신실하며 오랜 기간 지속되는 살아 있는 실재를 직접적으로 경험하는 것"이라고 말한다. 위대한 현자의 말처럼 수행이 뒷받침되는 직접적 체험을 통해 영성에 접근하는 것이 필요하다는 것이다.

윌버는 또한 신념이나 생각을 바꾸기만 하는 영적인 길을 조심하라고 경고한다. 영성은 세계를 다르게 해석하는 데 있지 않고 의식 내면을 변화시키는 것과 관련이 있기 때문이다. 그리고 시스템 이론이나 새로운 물리학만을 배우고 전일적으로 생각하는 것만으로는 내적 의식이 변화될 수 없다고도 말한다. 내적 발달은 인지적 측면뿐만 아니라 도덕적, 정서적, 영적 측면을 모두 포괄하기 때문이다. 그는 상위 차원 발달이란 분명 개인에게는 미지의 개척 영역이자 인류가 개척해야 할 숙제이지 고정적으로 정해져 있는 것이 아니라고 말한다. 우리가 그런 차원이 있음을 알 수 있는 것은 과거 현자들이 스스로의 삶을 통해 증명하였기 때문이다. 따라서 온 상한, 온 수준의 전체적 발달을 향해 나아가기 위해서는 인간의 내적 발달이 이루어져야 한다. 그것은 영적인 수행을 통해서만 도달할 수 있다. 마치 과학이 실험을 통해 자신의 가설을 입증하듯이, 인간은 자신에게 잠재된 영성을 명상과 수행을 통해 입증해 나가야 하는 것이다.

통합적 포용

윌버는 이 책의 마지막 장에서 다시 한 번 전근대, 근대, 탈근대를 언급하면서 통합적 포용을 강조한다. 모든 상한을 이해하고 전체 장을 파악하는 '온 상한 접근'은 통합적 모델로 향하는 첫걸음이며, 다음 단계에는 '온 수준 접근'의 일인칭, 이인칭, 삼인칭 의식발달 탐구가 포함된다고 말한다. 이를 통해 그는 우리가 과학, 역사, 종교, 인류학, 철학, 심리학, 교육학, 정치학, 경제학이라는 학문 전반을 가로지르는 통합적 연구에 이를 수 있으리라 확신하며, 이러한 연구가 개인적 차원에서는 통합심리학, 통합치료, 통합적 변화를 향한 수행이라는 결과를 낳을 것이라고 주장한다.

그러나 이러한 모든 작업은 윌버의 '활동하는 영이 깨어났다.'는 표현처럼 '개인으로서의' 그가 하는 것이 아니다. 다시 말하면, 윌버의 이러한 통합적 작업 역시 인류 전체의 진화라는 전체 장의 흐름에 속하며, 이 진화의 장이 스스로를 드러내고 있는 것이다. 왜냐하면 윌버 자신 역시 전체의 부분이기 때문이다. 전체는 전체를 드러내고자 윌버라는 개인을 수단으로 스스로의 이야기를 하고 있는 것이다. 빅뱅에서 현재에 이르는 놀랍고도 거대한 진화의 유장한 흐름은 모든 것에 현현하면서 스스로를 드러내고, 그렇게 모두에게 알려지고 있으며, 그것 또한 '활동하는 절대 영'인 것이다.

차 례

제3부

결실: 통합모델

제1부
근본 바탕: 기초

1. 기본 수준 또는 파동

2. 발달 라인 또는 지류

3. 자 기

4. 자기와 관련된 지류

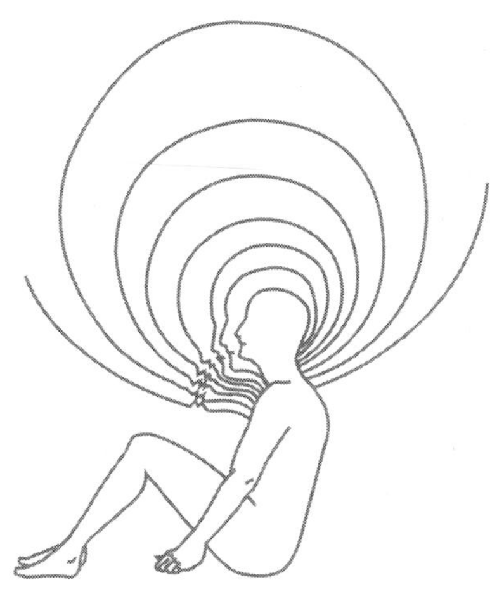

심리학은 인간 의식과 의식의 행동 표현을 연구한다. 의식의 기능에는 지각, 욕구, 의지와 행동이 있다. 의식의 구조에는 신체, 마음, 혼과 영이 있는데, 일부 측면은 무의식적일 수 있다. 의식의 상태에는 정상 상태(예를 들면, 깨어 있고, 꿈꾸며, 잠자는 상태)와 변성 상태(예를 들면, 비일상적 상태와 명상 상태)가 있다. 의식의 양식mode에는 미적, 도덕적, 과학적 양식이 있다. 의식 발달은 전개인prepersonal, 개인personal, 초개인transpersonal*에 걸쳐 있고 잠재의식, 자의식, 초의식에 걸쳐 있으며 원본능id,** 자아, 영spirit***에 걸쳐 있다. 의식의 관계적, 행동적 측면은 의식이 객관적인 외부세계 및 공통 가치와 지각의 사회문화적 세계와 이루는 상호 관계를 말한다.

심리학이 역사적으로 전개되면서 안게 된 가장 큰 문제는 서로 다른 학파들 대부분이 매우 풍부하고 다국면적인 의식 현상 중 하나만을 취하여 그것만이 연구할 유일한 가치가 있다고(심지어 그것만이 실제로 존재하는 유일한 측면이라고) 선언해 왔다는 점에 있다. 행동주의가 의식을 관찰 가능한 행동표현으로 축소시켰다는 점은 잘 알려져 있다. 정신분석은 의식을 자아구조 및 원본능의 영향으로 축소시켰으며, 실존주의는 의식을 의도성이라는 개인적 구조와 방식으로 축소시켰다. 자아초월심리학transpersonal psychology****의 수많은 학파는 의식구조의 발달에 관한 일관된 이론 없이 의식의 변성 상태에만 주로 초점을 두었다. 아시아 심리학은 개인 영역에서 초개인 영역에 이르는 의식 발달을 설명한 점에서는 뛰어나지만 전개인 단계에서 개인 단계라는 초기 발달에 대한 이해는 매우

[역자 주]

* 윌버는 성장과 진화는 통합되어 있지 않은 가장 낮은 단계에서 가장 발전되고 통합된 단계로 진행한다고 보고 그 단계를 10개로 가정하였다. 그중 9개 단계가 가장 중요한데, 이는 개성을 지닌 자기의 출현 여부에 따라 3단계씩 세 부류, 즉 전개인, 개인, 초개인으로 나뉜다. 전개인 단계에는 감각물리, 환상-정서, 표상 단계가 있고, 개인 단계에는 규칙-역할, 형식-반성, 비전-논리 단계가, 초개인 단계에는 심령, 정묘, 원인 단계가 포함된다.

** 프로이트의 정신분석학에서는 인간의 성격을 원본능, 자아, 초자아로 구조화하고 있다. 원본능은 태어나면서부터 가지는 욕구로 매우 강렬하면서 즉각적인 충족을 요구한다. 프로이트에 따르면 원본능은 두 가지 형태로 나타나는데, 삶을 향한 본능인 성적 에너지 리비도libido와 죽음을 향한 본능인 공격성이 있다. 이 둘은 어느 사회에서나 법적인 제약을 받게 된다.

*** 윌버는 인간 의식 진화의 전개를 영원의 철학이 제시하는 기본 개념을 따라 물질, 신체, 마음, 혼, 영으로 보고 있다. 혼 다음에 오는 영spirit은 소문자 s로 표시되는 영으로 드러나지 않은 순수한 세계의 원천인 무형의 신성이나 심연을 말하며, 원인적 단계에서 실현된다. 대문자 S로 표시되는 영Spirit은 어떤 특정한 단계가 아니라 모든 단계의 기반이자 절대적인 실재를 말하는데 절대영 혹은 헤겔적 개념을 따라 정신이라고도 번역된다.

**** 개인을 초월한 심리학 또는 일상을 벗어난 체험을 주로 다루는 심리학으로, 행동주의나 정신분석에 대항해서 일어난 인본주의 심리학과 그 맥을 같이하고 있다. 아브라함 매슬로Abraham Maslow가 처음 '초개인transpersonal'이라는 용어를 사용하였는데, 이는 개별적인 인간의 현존보다 훨씬 큰 어떤 것을 의미하고 있다. 자아초월심리학은 현재 심리학의 제4세력이라고도 부르며, 사회적 적응을 위한 자아 강화를 강조하였던 기존의 심리학과는 달리 명상, 선, 요가 등 동양의 수행 전통과 기독교 신비주의를 통합하여 최상의 인간 가능성인 영성의 계발을 지향하는 심리학 내부의 혁신적인 움직임으로 최근 빠르게 성장하고 있다.

빈약한 편이다. 이 문제에 영향을 주기 위해 인지과학은 놀랍게도 과학적 실증주의를 차용하였지만, 종종 의식을 그 객관적 차원인 신경기전 및 생체 컴퓨터와 같은 기능으로만 환원시킴으로써 의식 자체의 생명세계를 황폐화시키고 말았다.

만약 앞의 모든 설명이 이야기 전체의 중요한 일부에 불과하다면 어떻게 될까? 의식의 광범위한 영역에 대해 모든 것이 진실이지만 부분적인 통찰만을 담고 있다면 어떻게 될까? 결론을 하나로 모으는 일은 무엇이 의식이며, 더 중요하게는 무엇이 의식이 될 수 있는지에 대한 개념을 폭넓게 확장시킬 것이다. 이처럼 인간 의식의 모든 정당한 측면을 존중하고 포용하려는 노력이 통합심리학의 목표다.

이런 노력은 적어도 매우 높은 차원의 추상화 수준에서 이루어져야 한다. 이러한 다양한 접근을 조정할 때 우리는 시스템을 체계화하고 이를 다시 체계화시킨 것을 대상으로 작업하게 되는데, 그런 조정은 '정향적 일반화orienting generalization'[1]와 더불어서만 진행될 수 있다. 이 같은 패러다임 간 일반화는 무엇보다도 우리의 개념망을 가능한 한 넓게 펼침으로써 들어맞게끔 하려는 것이다. 여기에는 포섭, 네트워킹, 망을 넓게 펼치는 논리가 요청된다. 이것은 큰 상자 안에 작은 상자, 더 작은 상자가 포개지는 논리인데, 각 상자에는 포함시킬 수 있는 모든 것을 제대로 포함시키려 한다. 이는 비전을 제시하는 논리로서 나무뿐 아니라 숲을 보려는 논리다.

이는 나무를 무시한다는 말이 아니다. 네트워크 논리는 전체와 부분의 변증법이다. 가능한 세부 사항을 모두 점검한 후에 시험적인 큰 그림을 만들고, 이를 더 많은 세부 사항과 대조하여 점검한 후 큰 그림을 재조정한다. 세부 사항이 더 많아지면 끊임없이 큰 그림으로 바꾸고 그 큰 그림으로 세부 사항을 다시 바꾸는 일을 무한히 반복한다. 왜냐하면 맥락적 사고의 비결은 전체에서는 부분에서 가능하지 않았던 새로운 의미가 드러나기 때문에 우리가 그리는 큰 그림이 그 그림을 구성하고 있는 세부 사항에 새로운 의미를 줄 것이라는 점 때문이다. 인간은 의미를 찾는 운명에 처해 있기 때문에 큰 그림을 그릴 운명에 처해 있다고 할 수 있다. '큰 그림에 반대하는' 탈근대주의자조차도 자신들이 왜 큰 그림을 좋아하지 않는가에 대해 매우 큰 그림을 제시하고 있는데, 이는 내적인 모순으로서 그들을 여러모로 불편하게 만들고 있다. 그러나 이것은 인간이 큰 그림을 그릴 운명이라는 점을 다시 한 번 간단하게 증명하는 셈이다.

그러므로 조심스럽게 당신의 큰 그림을 선택하라.

통합연구 일반의 부분집합인 통합심리학에 이르면 엄청나게 풍부한 이론, 연구, 수행들이 있는데, 이 모든 것은 통합적인 숲을 구성하는 중요한 나무들이다. 앞으로 우리는 항상 통합적 포용이라는 안목으로 이들 다수를 재검토할 것이다.

12권에 달하는 책에서 전개한 체계의 요소를 도표 1A와 1B에 요약하였다. 여기에는 의식의 구조, 상태, 기능, 방식, 발달 및 행동 측면들이 포함되어 있다. 우리는 이들 각각을 차례로 논의할 것이다. 우리는 또한 전근대, 근대, 탈근대의 자료들을 조화의 안목에서 살펴볼 것이다. 또한 그 체계의 중추를 이루는 의식의 기본 수준에서 시작할 것이다.

1. 기본 수준 또는 파동

존재의 대둥지

진정한 통합심리학은 전근대, 근대, 탈근대 자료들이 제시하는 불후의 통찰들을 받아들인다.

우선 전근대 또는 전통적인 자료를 보면, 그 지혜에 접근하는 가장 손쉬운 길은 영원의 철학 perennial philosophy* 혹은 세계의 위대한 영적 전통들의 공통 핵심이라고 불렸던 것을 통해서다. 휴스턴 스미스Houston Smith, 아서 러브조이Arthur Lovejoy, 아난다 쿠마라스와미Ananda Coomaraswamy와 이 전통을 따르는 그 외의 학자들이 지적하였듯이, 영원의 철학의 핵심은 실재는 물질에서 신체, 마음, 혼, 영에 이르는 존재의 다양한 차원, 즉 존재 수준과 인식 수준으로 구성되었다는 시각이다. 각 상위 차원은 하위 차원을 초월하지만 포함

[역자 주]

* 세계의 위대한 영적 스승, 철학자, 사색가들이 채택한 보편적인 세계관으로 그 골자는 동서고금을 막론하고 모든 문화에서 반복적으로 나타난다. 영원의 철학이 주로 관심을 가지고 있는 부분은 사람과 신이 만나는 인간 정신에 내재한 심층구조로, 인간은 이를 통해 보편적인 진리와 궁극적인 의미를 발견한다. 이 철학의 중심 사상은 다음과 같다.
  ① 영적인 것은 존재한다.
  ② 영적인 존재는 내면에서 발견된다.
  ③ 하지만 우리 대부분은 내면에 있는 영적인 존재를 이해하지 못한다. 왜냐하면 우리는 죄와 분리와 이원론의 세계, 즉 타락과 무지의 세계에 살고 있기 때문이다.
  ④ 죄와 환상의 세계에서 벗어나는 방법, 해탈의 길이 존재한다.
  ⑤ 그 길을 끝까지 간다면 윤회, 혹은 깨달음, 내면의 영적 존재를 체험할 수 있고 종국에는 최상의 자유를 성취하게 된다.
  ⑥ 그것은 괴로움과 죄의 종식을 의미하는 것이다.
  ⑦ 따라서 우리는 살아 있는 모든 존재에 대해 자비심을 가지고 사회적인 행동을 하게 된다.

하고 있어서 티끌에서 신성에 이르는 전체 안의 전체, 또 그 안의 전체가 무한히 반복된다는 개념이다.

달리 표현하면, [그림 1-1]이 보여 주고 있듯이 이 '존재의 대사슬Great Chain of Being'은 사실상 일련의 동심원 혹은 구체와 아주 비슷해서 각 상위 차원이 하위 차원을 감싸고 포섭하는 '존재의 대둥지Great Nest of Being'다(대둥지에 익숙하지 않은 사람을 위한 최상의 간단한 입문서로는 슈마허E. F. Schumacher의 『당황한 이들을 위한 지침A Guide for the Perplexed』이 있다. 그 밖에 뛰어난 입문서로는 휴스턴 스미스의 『잊혀진 진리Forgotten Truth』, 최초의 샤먼문화에도 대둥지가 존재했음을 밝힌 초감 트룽파Chogyam Trungpa의 『샴발라: 신성한 전사의 길Shambhala: The Sacred Path of the Warrior』이 있다).[1] 존재의 대둥지는 영원의 철학의 골격에 속하므로 모든 진정한 통합심리학의 핵심 요소가 될 것이다.

지난 3천여 년 동안 영원의 철학자들은 대둥지의 일반적 수준에 관해서 거의 만장일치에 가까운 범문화적 일치를 보이고 있었다. 그러나 이 수준들을 몇 개로

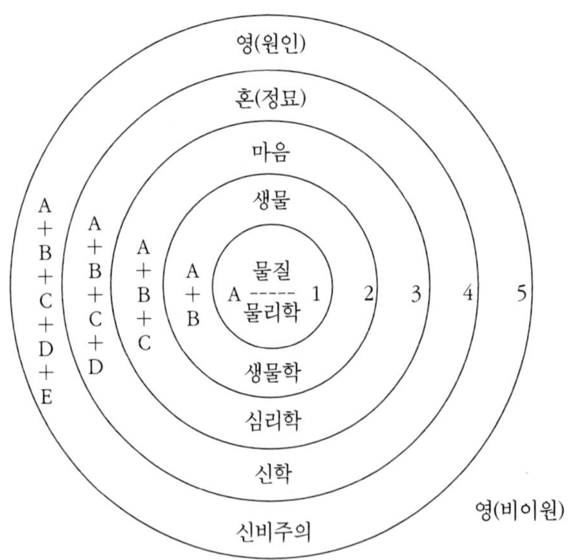

[그림 1-1] 존재의 대둥지
영은 최고 수준(원인)이면서 모든 수준의 비이원적 근본 바탕이다.

나눌지에 대해서는 상당한 차이를 보였다. 어떤 전통은 단지 세 개의 주요 수준 또는 영역(신체, 마음, 영 또는 거친 수준, 정묘 수준, 원인 수준)을 제시하였다. 다른 전통들은 다섯 개(물질, 신체, 마음, 혼, 영)를 제시하였다. 또 다른 전통은 일곱 개(예를 들면: 7개의 쿤달리니 차크라kundalini chakras *)를 제시하고 있다. 대부분의 전통은 엄청나게 풍요로운 우주에서 발견할 수 있는 존재와 인식의 수준을 더 복잡하게 12개, 30개, 80개까지 나누고 있다.

그러나 예를 들어 플로티누스Plotinus와 오로빈도Aurobindo 같은 수많은 영원의 철학자들은 약 12개의 의식 수준이 가장 유용하다는 사실을 발견하였으며, 이는 도표(pp. 260-301)에서 제시한 대략적인 숫자이기도 하다.[2] 나의 기본 수준 또는 기본 구조를 모든 도표의 왼쪽 열에 나열하였다. 이들은 존재의 대둥지의 기본 수준으로, 우리가 다섯 수준(물질, 신체, 마음, 혼, 영)이라는 안을 채택하든 다소 더 복잡한 변형안(내가 그림에서 제시하였으며 앞으로 진행하면서 설명하게 될 물질, 감각, 지각, 외개념exocept **, 충동, 심상, 상징, 내개념endocept ***, 개념, 규칙, 형식적, 비전-논리, 비전, 원형, 무형적, 비이원)을 채택하든 간에 각 수준은 이전 수준을 초월하고 포함한다.

좀 더 유용한 용어로 표현하면 이들 기본 수준들은 의식의 홀론holon들이라고 할 수 있다. 하나의 홀론은 다른 전체의 일부가 되는 전체를 말한다. 예를 들어, 전체로서의 원자는 전체로서의 분자의 일부가 되고, 전체로서의 분자는 전체로서의 세포의 일부가 되며, 전체로서의 세포는 전체 유기체의 일부가 되는 것과 같다. 이 책을 통해 알게 되겠지만 우주는 근본적으로 홀론, 즉 다른 전체의 일부가 되는 전체로 구성되어 있다. 글자는 단어의 일부며, 단어는 문장의 일부고, 문장은 언어 전체의 일부가 된다. 또 개인은 가족의 일부고, 가족은 지역사회의 일부며, 지역사회는 국가의 일부고, 국가는 지구의

[역자 주]

* 척추를 따라 존재하는 프라나 축, 또는 기氣 통로인 수슘나를 따라서 위치한 에너지 센터를 말한다. 쿤달리니는 마음이 고요해졌을 때 움직이기 시작하며 수슘나를 타고 올라가면서 프라나가 집중되어 있는 차크라, 즉 미세한 생명력의 중심부를 거친다.

** 윌버 특유의 개념으로 초기 형태의 감각운동 인식을 말한다. 이 시기의 자아는 물질적 자아로서 외부의 물질세계와 아직 분리되어 있지 않으며 정신적인 요소가 완전히 결여되어 있다.

*** 우리가 일생 동안 지니고 다니면서 세상을 살펴보는 모든 사고 내용의 저장고를 말한다. 이는 엄청난 과거 경험의 시스템, 현재는 행동으로 옮겨지지 않은 심상, 말로 표현할 수 없는 사고의 경향성 등으로 감지된다. 다양한 대상에 대한 추상적 모델로서 프로이트의 잠재의식과는 구별되며 대상을 지각할 때 활성화된다.

일부다.

각각의 홀론은 더 큰 홀론에 포섭되기 때문에 홀론 자체는 원자, 분자, 세포, 유기체, 생태계로 나아가는 겹쳐진 계층구조 혹은 홀라키nested hierarchy or holarchy*로 존재한다. [그림 1-1]이 분명하게 보여 주고 있듯이 대둥지는 전체성이 점점 더 확대되는 수준으로 이루어진 큰 그림일 뿐이다.[3] 간단히 말해서 기본 수준들은 존재의 대둥지 내의 기본 홀론(단계, 파동, 영역, 대둥지)이다.

나는 기본 수준, 기본 구조, 기본 파동이라는 세 용어를 근본적으로는 동일한 현상을 지칭하는 것으로 바꿔가면서 쓰고 있다. 그러나 각 용어에는 중요한 정보를 제공하는 약간 다른 함축적 의미가 있다. '수준'이라는 말은 전체 포섭이 점차 증가하는([그림 1-1]이 보여 주듯이 각 수준이 이전 수준을 초월하지만 포함하는) 겹쳐진 계층구조(또는 홀라키)로 배열된, 질적으로 뚜렷이 구별되는 조직의 수준이라는 사실을 강조하고 있다. '구조structure'라는 말은 이들이 존재와 인식의 지속적인 전일적 형태(각각은 홀론으로서 다른 전체의 일부가 되는 전체다)라는 점을 강조한다. 또 '파동wave'이라는 말은 이 수준들이 엄격히 구분되는 고립된 것이 아니라 무지개 색깔처럼 색깔의 농담이 점차 무한히 변해서 다른 색깔이 된다는 사실을 강조한다. 기본 구조는 무지개의 기본 색깔에 해당한다. 달리 비유하면, 그 구조들은 수많은 지류들이 흐르는 거대한 생명의 강에 있는 물결이다.

이 다양한 파동은 선형적이지도 고정되어 있지도 않다. 수없이 보게 될 테지만, 의식의 다양한 파동을 통한 개인의 발달은 매우 유동적으로 흐르는 사건이라고 할 수 있다. 개인은 서로 다른 상황에서 다양한 파동에 처할 수 있으며, 자신의 의식 측면은 서로 다른 수많은 파동에 위치할 수 있다. 그리고 개인 속에 있는 하위 성격들조차도 서로 다른 파동에 놓일 수 있다. 전반적인 발달은 매우 혼란스러운 사건이다. 기본 수준 또는 기본 파동은 단지 거대한 생명의 강에서 더욱 뚜렷하게 드러난 굴곡의 일부를 나타내며, 그 이상도 이하도 아니다.

도표 2A와 2B(pp. 264-267)는 동서양 체계가 생각하는 십여 가지 서로 다른 기본 수준 혹은 파동

[역자 주]

* 홀론holon은 그리스의 홀로스holos(전체, 실재물)에서 파생된 용어로 그 자체로 전체를 형성하면서 더 큰 전체의 일부를 이루는 것을 말한다. 홀론들의 계층구조를 홀라키라고 한다.

을 요약한 것이다. 앞으로 우리는 그 밖의 것을 수없이 논의하게 될 것이다. 그러나 영원의 현자들이 제시한 수준과 하위 수준들은 형이상학적인 사변이나 사소하게 따지고 드는 추상적인 철학의 산물이 아니라는 점을 처음부터 인식해야 한다. 그것은 사실상 감각적 경험에서 정신적 경험, 나아가 영적 경험에 이르는 직접적인 경험적 실재를 거의 모든 면에서 집대성한 것이다. 대등지의 '수준'은 잠재의식에서 자의식, 초의식에 이르기까지 직접적인 경험으로 드러낼 수 있는 존재와 인식의 전체 스펙트럼을 반영하고 있다. 더구나 이런 파동의 발견은 수년에 걸쳐 공동으로 이루어졌으며 합의를 통해 확인되었다. 어디에 나타나든 그 파동들이 매우 유사하며 때로는 거의 동일하다는 사실은 우리가 형태를 가진 온 우주Kosmos에 살고 있고, 풍부하게 짜인 이런 형태가 거의 모든 문화의 지성적인 남녀에 의해 발견될 수 있고, 또 발견되었다는 사실을 말해 줄 뿐이다.

물질, 신체, 마음, 혼, 영에 이르는 대등지에서 각각의 상위 차원은 하위 차원을 초월하는 동시에 포함한다. 그러므로 생명체는 무기물을 초월하지만 포함하고, 마음은 생명체를 초월하지만 포함하며, 밝은 혼은 개념적인 마음을 초월하지만 포함하고, 밝게 빛나는 영은 모든 것을 전적으로 초월하면서 포함한다. 그러므로 영은 모든 것을 넘어서고 모든 것을 포용하는(순수하게 초월적인) 최고의 파동인 동시에 모든 파동의 영원한 바탕(순수하게 내재하는)이다. 대등지는 사랑—에로스, 아가페, 카루나karuna*, 마이트리maitri**—이든 무엇이라고 부르든 그것의 다차원적 격자라고 할 수 있다. 이 때문에 온 우주의 어떤 구석도 관심이 닿지 않는 곳이 없으며, 은총의 신비에서 소외된 곳이 없다.

영이 전적으로 초월적인 동시에 내재적이라는 점은 중요함에도 불구하고 종종 망각되고 있다. 어떻게든 영을 개념화하려고 할 때는 적어도 두 가지 점을 존중하려고 노력해야 한다. [그림 1-1]은 이 점을 잘 보여 주고 있는데, 제일 높은 구체는 초월적 영transcendental spirit(가장 높지만 여러 수준 중 하나임을 나타내기 위해 소문자 s를 썼다)을 나타내며, 종이 바탕 자체는 모든 수준에서 똑같이 존재하는 바탕으로서 내재적인 영immanent Spirit(그 밖에 다른 것이 없음을 나타내

[역자 주]

* 산스크리트어와 팔리어로 연민을 뜻함

** 산스크리트어로 자애심을 뜻함

기 위해 대문자 S를 썼다)을 나타낸다. 가부장적 사회의 종교는 초월적이고 '저 세상적인otherworldly' 영의 측면을 강조하는 경향이 있고, 모계 사회적, 이교적 종교는 온전히 내재적인 또는 '이 세상적인thisworldly' 영의 측면을 강조하는 경향이 있다. 이들 각각은 중요하므로 진정으로 통합된 견해에는 양측을 모두 수용할 수 있는 넉넉한 공간이 있다(내가 영spirit과 영Spirit 중 어떤 측면을 의미하는지는 문맥에 따라 결정할 수 있지만 항상 둘 다를 의미하고 있다).

존재와 인식의 거대한 홀라키는 모든 세대에 걸쳐 값을 따질 수 없는 선물이다. 이는 영원의 철학의 핵심이며, 실증적으로 가장 오래 지속되었다고 밝혀진 영원의 철학의 요소라고 할 수 있다. 이 입장에 유리한 증거가 엄청날 정도로 계속 쌓여 가고 있다. 즉, 인간은 전개인, 개인, 초개인 상태에 이르는 의식의 거대한 스펙트럼을 갖고 있다는 것이다. 이런 전체 스펙트럼을 부인하려는 비판자는 반대 증거를 제시하지는 않고 그저 이미 축적된 상당수의 증거를 인정하기를 거부함으로써 이를 부정하려고 들지만, 그럼에도 불구하고 여전히 증거들은 남아 있다. 이 증거들은, 간단히 말해서 잠재의식, 자의식, 초의식에 걸쳐 풍부하게 짜인 의식의 무지개가 존재한다는 것을 말하고 있다.

이 엄청난 무지개의 수많은 색깔을 밝힌 최초 인물이 영원의 철학자라는 사실은 근대와 탈근대가 그 만남에 대해 침묵해야 한다는 것을 의미하지는 않는다. 어느 누구도 구체적 조작 사고와 형식적 조작 사고의 성질을 피아제Piaget처럼 설명하지는 못했다. 일생의 초기 단계의 어떤 측면은 억압될 수 있음을 실제로 밝히는 데는 프로이트가 필요했다. 근대와 탈근대 시대에 천재들이 없었던 것은 아니며, 영원의 철학에 한계와 부적합성이 없었던 것도 아니다. 더 완전한 의식의 스펙트럼은 반드시 그들의 모든 통찰과 발견을 포함시키는 동시에 이들을 조정해야 한다. 그러나 거대한 생명의 강의 파동이 지닌 일반적 성질에 관해서는 영원의 철학자들이 종종 옳은 판단을 내렸다.

나는 영원의 철학(그리고 대등지)을 '전근대의 지혜wisdom of premodernity'라고 부를 것이다. 이 말에는 경멸의 뜻이 담겨 있지 않다. 이는 또한 근대나 탈근대에서 영원의 철학의 자취를 찾을 수 없다는 뜻도 아니다(솔직히 말해서 드물기는 하다). 그것은 단지 영원의 철학이 전근대라고 부르는 시기에 발생했다는 것을 의미할 뿐이다. 전근대가 대등지 전체에 접근했다고 말하는 것은 전근대에 살았던 모든 사람이 대등지의 모든 수준에 완전히 깨어 있었다는 뜻은 아닌데, 이는 중요한 점인데도 종종 사람들을 혼동시킨다. 사실상 혼과 영의 높은 수준에 깨어 있었던 샤먼, 요기, 성자와 현자 들은 매우 드물었다(여기에 대해서는 12장에서 살펴볼 것이다). 평범한 사람들은 대부분의 시간을 초이성이 아닌 전이성적 의식 수준에서 보낸다. 그럼에도 불구하고 '지혜'는 모든 시대가 제공하는 최상의 장점을 말하며, 민감한 학자들은 종종 플로티누스, 샹카라Shankara, 법장 Fa-tsang, 초걀Tsogyal 여사에 이르는 영원의 철학자들이 탁월한 지혜의 창고임을 알게 되었다.

그들에게 손을 뻗치는 일은 일부의 중요한 진실을 포용하는 것 이상이다. 그것은 그 시대가 갖고 있었던 지혜와 연결되는 것을 수긍하는 방법이며, 조상을 인정하는 방법이고, 우리에 앞선 것을 초월하고 포함하여 온 우주의 흐름과 함께 흐르는 방법이다. 그리고 무엇보다도 우리가 진짜 거인의 어깨 위에 서 있으며 그 사실을 잘 기억해야 함을 스스로에게 일깨우는 방법이다.

그러므로 대등지의 기본 파동을 제시하면서 내가 하고자 한 일은 다양한 수준의 일반적 윤곽을 위해 우선 영원의 철학을 살펴보고 근대와 탈근대가 제공하는 수많은 정밀한 추론(때로는 수정)으로 그 이해를 상당히 보충해 주는 것이다. 오로빈도의 예를 들어 보자(도표 2B 참조). 그는 중간 수준을 낮은 마음lower mind, 구체적 마음concrete mind, 논리적 마음logical mind, 높은 마음higher mind이라고 하였음에 주목하자. 기본 수준에 대한 오로빈도의 언어적 서술은 매우 유용하다. 중간 수준은 서구의 발달 및 인지 심리학이 상당량의 임상적, 실험적 증거를 바탕으로 집중적으로 연구해 왔던 구조들이다. 그러므로 나는 중간 수준에 관해서는 발달 및 인지 심리학 연구에서 취한 용어를 사용하여 규칙/역할 마음rule/role mind, 구체적 조작 사고concrete operational thinking, 형식적 조작 사고formal operational thinking라고 명명하였다. 그러나 발달 수준을 이렇게 다양하게 집대성한 것은 서로 다른 카메라를 사용해서 거대한 생명의 강을 여러 각도에서 찍은 스냅사진들로서 모두 그들 나름대로 유용하다(물론 흐릿하거나 질 나쁜 사진은 유용하지 않으며, 일정 기준에 맞지 않은 연구는 어떤 연구라도 배격할 수 있다. 나는 위대한 사진작가들의 업적만을 도표에 포함시키려고 하였다).

모든 도표에서 다양한 단계와 이론가들 간에 내가 부여한 상관관계는 매우 일반적인 것으로 대략적인 그림에 불과하다(또 더욱 정교하고 주의 깊은 상관관계에 착수하기 위한 것이기도 하다). 그럼에도 불구하고 이들 상관관계의 대다수는 이론가들 스스로 제시한 것으로, 비교 평가해 보면 대부분은 1.5단계 정도를 가감한 수준에서 정확하다고 믿고 있다. 상위(초개인) 수준에서는 상황이 더 어려워지기는 하지만 이런 상관관계가 여전히 적용된다. 우선 의식 스펙트럼의 상위 범위에 접근할수록 서구의 정통 심리학 연구는 소용이 없으므로 동서양, 남북의 위대한 현자와 명상가에 점점 더 많이 의존해야 한다. 둘째, 종종 표면적인 문화 양상이 다르기 때문에 모든 문화 간 심층 양상을 탐색하는 일이 더 어려워진다. 셋째, 한 체계의 수행자가 다른 체계의 세부 사항에 정통하는 일이 드물기 때문에 체계 간 비교가 더욱 드물다. 그렇지만 상당한 양에 달하는 인상적인 연구들이 이 중요한 상관관계에서 상당한 진척을 보이고 있으며, 다음에서 그 일부를 보게 될 것이다. 나는 다수의 결과물을 도표에 기록하였다. 높은 초이성, 초개인적 단계가 보이는 문화 간의 일반적 유사성은 우리가 실제로 존재하는 강의 진정한 흐름을 묘사하고 있다는 확실한 징표가 된다.

대둥지는 주어진 것이 아닌 잠재력이다

기본 구조나 기본 홀론을 영원히 고정되고 불변하는 본질로 볼 필요는 없다(플라톤주의자, 칸트주의자, 헤겔주의자, 후설주의자처럼). 부분적으로는 미리 주어진 틀보다는 우주적 기억과 같은 진화의 습관으로 이해할 수 있다.[4] 어떤 식이든 중요한 점이 남게 되는데, 위대한 요기, 성자, 현자가 이미 여러 가지 초개인 영역을 경험했다는 사실은 (앞으로 보게 되듯이) 이런 고차 수준을 위한 잠재력이 우리 자신의 구조 속에 이미 내재하고 있다는 사실을 확실히 보여 준다. 현재 형태의 인간 유기체와 뇌는 이런 고차적 상태를 위한 역량을 지니고 있다. 미래에는 다른 상태들이 나타날 것이며, 새로운 잠재력이 전개될 수도 있고 더 높은 깨달음이 번득일 수도 있다. 이런 탁월한 초개인 영역이 적어도 바로 지금 우리에게 이미 존재한다는 사실이 여전히 남아 있다. 신이 이런 높은 잠재력을 우리에게 영원히 주었다고 말하든, 진화적으로 볼 때 선구적인 성자와 현자가 처음 만들었고 형태 형성적 장과 진화적 자취로 우리에게 유산으로 남겼다고 말하든, 우주에 영원히 새겨진 플라톤적 형상이라고 말하든, 맹목적인 돌연변이와 맥빠지고 무심한 자연 도태로 나타났다고 말하든 간에, 우리 모두가 그런 높은 잠재력을 이용할 수 있다는 단순한 사실은 전혀 바뀌지 않는다.

내가 일반적으로 제시하고 각 도표의 맨 왼쪽 열에 열거한 기본 구조 또는 기본 홀론은 전근대, 근대, 탈근대 자료에서 취한 기본 주형을 나타낸다. 나는 각각을 사용하여 여타의 것들의 간격을 메웠다. 이를 비교해 보기 위해 다른 체계에서 생각하는 기본 수준의 일부를 도표 2A와 2B에 나타냈다. 나는 '일반적인 대사슬General Great Chain' 아래 가장 공통적인 다섯 가지, 즉 물질, (살아서 움직이는 체體라는 의미에서, 정서-성적 수준의) 신체, (상상, 개념, 논리를 포함하는) 마음, (정체성의 초개인적 원천인) 혼, (다른 온 수준의 무형적 바탕이며 비이원적 결합인) 영을 열거하였다. 이미 언급했듯이 이 수준은 무지개 색깔과 같으므로 서로 겹치게 그렸다. 그러나 그것조차도 오해의 소지가 있을 수 있는데, 더 정확히 표현하면 각 상위 구체가 하위 구체를 감싸고 포용하는 일련의 동심원 구체가 될 것이다([그림 1-1]에서처럼). 현재의 모델은 각각이 다른 것 위에 쌓이는 사다리 단이 아니고, 상위의 것이 하위의 것을 감싸는 원자, 분자, 세포, 유기체와 같은 홀라키의 홀론들이다.

대둥지의 상위 수준이 절대적으로 주어진 것이 아닌 잠재력이라는 점은 아무리 강조해도 지나치지 않을 정도다. 물질, 신체, 마음과 같은 하위 수준은 이미 상당 규모로 출현한 상태여서 현상계에 버젓이 존재하고 있다. 그러나 심령 수준, 정묘 수준, 원인 수준과 같은 상위 구조는 아직 집단적 규모로 의식에 드러나지 않고 있다. 대부분의 사람에게 그것들은 온전히 실현된 실재가 아닌 인간 신심체 bodymind의 가능성으로 남아 있을 뿐이다. 내 생각에 대둥지는 가장 기본적으로 다양한 가능성이 현실태actualty로 나타나는 물질, 마음, 영에 걸쳐 있는 거대한 형태 형성적 장 또는 발달 공간을 나타낸다. 편의상 내가 때때로 상위 수준을 주어진 것처럼 말할지라도 그것은 여러 면에서 점점 더 많은 수의 사람들이 그 속으로 같이 진화해 감에 따라 형태를 갖출 여지가 있는 유연한 것이다(이미 말했듯이 기본 구조는 주어진 틀이라기보다 우주적 습관과 같다고 보는 이유가 여기에 있다). 높은 가능성이 실현되면 더 많은 형태와 내용이 주어질 것이고, 그에 따라 점점 더 일상의 현실이 될 것이다. 그때까지 그것들은 부분적으로는 위대하고 거대한 가능성으로만 남아 있다. 그럼에도 불구하고 부인할 수 없는 매력을 풍기며, 수많은 심오한 방식으로 계속 존재하고, 고차의 높은 성장과 발달에 의해 직접적으로 실현될 수 있을 뿐 아니라 어디에 나타나든 상당한 유사성을 보이고 있다.[5]

구조와 상태

대둥지의 정교한 버전 중 가장 고전적이면서도 가장 오래된 것으로는 베단타 Vedanta(도표 2B)를 들 수 있는데, 이 또한 상태, 몸체, 구조를 아주 중요하게 구분하고 있다. 상태는 각성, 꿈, 깊은 수면과 같은 의식의 상태를 말한다. 구조는 의식의 껍질 또는 수준으로 베단타는 다음의 다섯 가지를 가장 중시한다. 물질적 수준, 생물학적 수준, 정신적 수준, 고등 정신적 수준과 영적 수준이 그것이다. 몸체는 마음의 다양한 상태와 수준을 에너지적으로 지탱하는 것으로서 베단타는 (물질적 마음을 지탱하는) 깨어 있는 상태의 거친 체, (정서적, 정신적, 고등 정신적 수준을 지탱하는) 꿈꾸는 상태의 정묘체, (영적 마음을 지탱하는) 깊은 수면의 원인체로 나눈다.[6]

각성이나 수면같이 주어진 의식 상태는 사실상 의식의 여러 구조나 수준을 담고 있다는 사실에 주목하여야 한다. 서구식 용어로 말하면, 의식의 깨어 있는 상태는 감각운동, 전조작, 구체적 조작 및 형식적 조작*과 같은 의식의 몇 가지 매우 다른 구조를 가질 수 있다. 달리 표현하면, 의식 상태가 중요하지만 의식 구조가 모든 개인의 성장과 발달의 실제 위상에 관해 더 자세한 정보를 주기 때문에 전체 스펙트럼 접근은 상태, 구조 모두를 포함하게 될 것이다.

나 자신의 체계에서 볼 때 구조에는 두 가지 주요 유형, 즉 (이미 소개한) 기본 구조와 (다음에 검토할) 다양한 발달 라인상의 구조가 있다. 심리학과 사회학에서 볼 때 구조는 사건의 안정적 패턴으로 볼 수 있다. 심리학적 구조는 여러 방식, 즉 심층과 표면, 수준과 라인, 지속적이고 일시적인 것으로 나뉘고 세분되는데, 나는 이 모든 구분을 사용하였다.[7] 앞에서 말했듯이 나는 의식의 기본 수준에서 구조(감각, 충동, 인상, 규칙, 형식적 조작, 비전 논리, 심령, 정묘 등)와 의식의 발달 라인상의 구조(인지, 정서, 욕구, 도덕 등의 준단계적인) 두 가지만을 가장 빈번히 사용하였다. 간단히 말해서 구조란 발달 수준과 발달 라인 모두에서 발견되는 전체적인 패턴이다.

주된 상태에서도 자연 상태, 변성 상태라는 두 가지 일반적 유형이 존재한다. 의식의 자연 상태에는 영원의 철학자가 밝힌 깨어 있는/거친, 꿈꾸는/정묘한, 깊은 수면의/원인적인 것들이 포함된다. 영원의 철학에 따르면 깨어 있는 상태는 우리의 일상적 자아의 고향이다. 정확히 말해서 꿈 상태는 우리의 정신으로만 창조되는 세계이기 때문에 혼의 상태에 접근하는 한 형태다. 깊은 수면 상태는 순수한 무형의 영역이기 때문에 무형의(또는 원인적인) 영에 접근하는 한 가지 형태가 된다. 물론, 대부분의 사람에게 꿈과 깊은 수면 상태는 깨어 있는 현실보다 덜 실제적인데, 어떤 각도에서 보면 이것은 진실이라고 할 수 있다. 그러나 영원의 철학에 따르면 완전한 의식을 갖고 이런 깊은 상태에 들어갈 수 있으며 그 결과 (앞으로 보게 되듯이) 그 상태의 비범한 비밀이 드러난다. 한편, 영원의 철학은 각성, 꿈, 깊은 수면은 각각 거친 자아, 정묘한 혼, 원인적 영에 접근한다고 주장하고 있음을 주목해야 한다.

[역자 주]

* 대표적인 발달심리학자 피아제의 인지발달 과정을 말한다. 각 단계는 주요 행동양식으로 설명할 수 있는 전체적인 심리구조로서 이전 단계의 심리적 구조가 통합된 것이며, 다음 단계의 심리적 구조에 통합될 준비 과정이다. 피아제는 이 네 단계 인지발달은 개인의 지능이나 사회환경에 따라 각 단계에 도달하는 개인 간 연령의 차이는 있을 수 있으나, 발달 순서는 결코 뒤바뀌지 않는다고 주장한다.

(나는 종종 정묘 상태를 하위 '심령' 영역과 '정묘' 영역으로 세분한다. 그 이유는 거친 수준 바로 옆에 위치한 하위 정묘 영역 혹은 심령 영역은 자연신비주의처럼 거친 영역 전체를 강하게 포섭하거나 종종 이와의 결합을 내포하는 반면, 정묘 영역 자체는 거친 영역을 초월하면서 보통 신적 신비주의라고 부르는 순수하게 초월적인 상태를 나타내기 때문이다. 물론, 원인 영역은 드러나지 않는 지멸의 영역이며 무형 신비주의의 고향이다. 우리는 이들 고차적, 초개인적 영역을 이 책 전체에 걸쳐 검토할 것이므로 이 영역들의 정확한 의미에 대한 의문은 좀 더 읽어 가면서 대부분 밝혀질 것이다.)

어떤 발달 단계, 구조 또는 수준에 처해 있든 간에 모든 인간에게는 일시적이기는 하지만 적어도 자아, 혼, 영에 걸쳐 있는 의식의 일반 스펙트럼이 가능하다는 점에 세 가지(또는 네 가지) 자연 상태의 중요성이 있다. 이는 모든 사람이 깨어 있고 꿈꾸며 잠을 잔다는 단순한 이유 때문이다.

변성 의식 상태는 '비정상적' 혹은 '비일상적' 의식 상태로서 약물로 유도된 상태부터 임사 경험, 명상 상태까지 이른다.[8] 절정 경험(일시적인 변성 상태)에서 개인은 심령 의식, 정묘 의식, 원인 의식 혹은 비이원 의식의 모든 자연스러운 상태를 잠시 깨어 있는 상태에서 경험할 수 있으며, 이는 종종 직접적인 영적 경험(자연신비주의, 신성신비주의, 무형신비주의와 같다. 다음을 보라)으로 이끌어 준다. 발달의 모든 단계에서 절정 경험이 일어날 수 있다. 그러므로 영적, 초개인적인 상태가 발달의 높은 단계에서만 가능하다는 생각은 매우 잘못된 것이다.

발달의 어느 단계에서도 거친, 정묘, 원인, 비이원적 주요 상태가 가능하지만 그런 상태나 영역이 경험되고 해석되는 방식은 어느 정도 절정 경험을 하고 있는 사람의 발달 단계에 의존하고 있다. 내가 『사교적인 신A Sociable God』*에서 시사한 것처럼, 이는 서로 다른 성장 단계에 있는 개인에게 일반적으로 가능한 영적 경험 유형의 격자를 만들 수 있음을 의미한다.

예를 들어, 초기 단계를 단순히 원형, 마술, 신화, 이성적 단계라고 불러 보자. 어떤 단계에 처해 있든 그 개인은 일시적으로나마 심령, 정묘, 원인 혹은 비이원 영역의 절정 경험을 할 수 있다. 이를

[역자 주]

* 윌버의 1982년 저서로 종교의 심리학, 사회학에 관한 내용을 담고 있으며, 개인이 현재 처해 있는 의식 수준보다 초월적인 영역을 체험할 때 16가지 영적 경험의 격자를 만들 수 있다고 주장하였다.

통해 우리는 서로 다른 16개 유형의 영적 경험의 격자를 만들 수 있다. 몇 가지 예를 들어 보면, 마술적 발달 단계에 있는 사람(다른 사람의 역할을 쉽게 취할 수 없는)이 정묘 수준의 절정 경험(말하자면 신과의 빛나는 결합)을 할 수 있는데, 이 경우 그 사람은 신과의 결합을 자기에게만 적용시킬 수 있는 것으로 경험할 것이다(왜냐하면 그는 다른 사람의 역할을 취할 수 없어서 모든 사람, 지각 있는 모든 존재는 똑같이 신과 하나라는 사실을 깨달을 수 없기 때문이다). 그러므로 그는 그 차원에서는 정신병적이기까지 한 엄청난 자아팽창으로 고통받을 수 있다. 반면에 신화적 수준에 있는 사람(에고 중심에서 사회 중심으로 정체성이 확장되었지만 아주 구체적이고 융통성이 없으며 근본주의자인)은 정묘 수준의 신과의 결합을 자신에게만은 아니지만 (에고 중심적인 사람처럼) 특정 신화를 받아들인 사람들에게만 주어지는 구원으로 경험할 것이다(구원을 받고 싶으면 유일하면서도 진정한 신성인 나의 신이나 여신을 믿어야 한다). 그러므로 이 사람은 거듭난 근본주의자가 될 것이며, 자기 식의 계시된 신으로 온 세상을 개종시키는 데 마음을 쏟을 것이다. 정묘 수준의 경험은 매우 실제적이면서도 진실하지만 그 경험을 어디엔가 실어야만 하는데, 이 경우 민족 중심적이고 근본주의적이며 신화적 멤버십mythic-membership을 따지는 마음이 그 경험을 실은 셈이 되었다. 이는 정묘 영역의 윤곽을 극적으로 제한하고 궁극적으로는(앞의 에고 중심적 단계가 그렇듯이 혹은 그 이상으로) 왜곡한다. 형식적-반성적 수준에 있는 사람은 정묘 수준에 있는 신과의 결합을 이성에 근거한 이성적인 이신론Deism 또는 탈신화적 존재의 근거 등으로 경험할 수 있을 것이다.

달리 표현하면, 주어진 절정 경험(또는 의식의 변성 상태)은 보통 그 경험이 일어나는 사람의 일반적 발달 단계에 따라 해석된다. 이미 언급했듯이 이것은 심령, 정묘, 원인, 비이원 상태가 원형, 마술, 신화, 이성적 구조에 함입된 약 16개 영적 경험의 매우 일반적인 유형이라는 격자를 제시한다. 『사교적인 신』에서 나는 이 모든 예를 제시하였으며, 그 중요성을 지적하였다(이 책의 후반에서 다시 살펴볼 것이다).[9]

아무리 심오하다 하더라도 모든 절정 경험은 그저 일시적으로 지나가는 무상한 상태다. 더 높은 발달이 일어나려면 이 일시적인 상태가 지속적인 특성으로 바뀌어야 한다. 더 높은 발달은 변성 상태를 어느 정도 영원한 실현으로 바꾸는 것과 관련되어 있다. 달리 말하면, 진화의 상위 영역에서는 일시적 의식 상태에서만 가능했던 초개인적인 잠재성이 점점 더 의식의 지속적인 구조로 전환된다 (상태가 특성으로).

여기에서 명상 상태가 점점 더 중요해진다. (자연스러운 수면 주기에서는 심령 상태, 정묘 상태, 원인 상태에 접근하지만 깨어 있거나 완전히 의식이 있는 동안은 거의 일어나지 않는) 자연 상태와는 달리, 또 (잠깐 동안 지나가는) 자발적인 절정 경험과는 달리, 명상 상태는 의도적이고 지속적인 형태로 이들 고차 영역에 접근한다. 명상 상태 자체는 대둥지의 높은 수준을 더 안정적으로 드러내며, 이 높은 수준은 훈련을 통해 마침내 영원한 실현이 된다.[10] 즉, 심령, 정묘, 원인, 비이원 상태는 모두 개인의 구조에서 영구적인 구조가 될 수 있다. 이런 이유로 심령, 정묘, 원인, 비이원이라는 명칭 또한 존재의 대둥지의 최상위 기본 구조를 지칭하는 데 사용된다. 개인 발달에서 이 상태가 영원히 나타나면 일시적으로만 가능했던 잠재력은 깨달은 마음의 지속적인 윤곽이 된다.

그 외 체계들의 기본 수준

이미 언급했듯이 도표 2A와 2B에서 대둥지와 그 외 체계에서 생각할 수 있는 대둥지 및 그 기본 구조 또는 수준을 제시하였다. 이들이 모두 동일한 구조, 수준 또는 파장이라고 주장하는 것은 아니고, 단지 발달 공간에서 중요한 유사성을 다수 공유하고 있다고 주장하는 것이다. 앞으로 보게 되겠지만 이 발달 공간은 매우 중요하므로 통합심리학에서도 중요시된다.

모든 체계 중 가장 오래된 것은 인도와 그 인근에서 기원전 1000년 혹은 2000년(전통에 따르면 더 오래된 시기라고 하지만)에 발생한 것으로 보인다. 차크라 체계, 베단타*의 구조와 상태, 불교의 비즈나나vijnanas**, 카시미르 시바파

교도들***의 진동 수준, 오로빈도의 초양심적superconscient 위계는 모두 역사적으로 뛰어난 의식연구라는 강에서 나왔다. 그 뒤에, 곧 아마도 이주 때문인 것 같은데(그러나 이런 잠재성을 지닌 보편적 존재 때문일 수도 있다) 메소포타미아/중동 강은 대여정을 시작했다. 여기에는 페르시아, 북아프리카, 팔레스타인, 그리스 지류가 포함된다. 이들 중 가장 영향력이 있는 지류가 플로티누스에서 카발라****, 수피즘*****, 기독교 신비주의******(이 모두를 그림에 나타냈다)에 이르는 흐름으로 대표되는 신플라톤 전통*******으로 전개되었을 것이다.

영원의 철학(다원론의 중요성에 대한 자신들의 보편 선언만큼이나 '보편적인')을 혹독하게 비난하는 것이 다원적 상대주의자 간에 유행이었지만, 편파적인 시각에서 다소 벗어나 증거를 살펴보면 세계의 위대한 지혜 전통 사이에서 일련의 매우 뚜렷한 일반적인 공통점이 드러난다. 왜 이것이 우리를 놀라게 할까? 어디에서건 인간의 신체에는 206개의 뼈, 두 개의 신장과 한 개의 심장이 있으며, 어디에서건 인간의 마음은 심상, 상징, 개념에 대한 능력을 지니고 있다. 마찬가지로 어디에서나 인간의 영에는 신성의 직관이 있으며, 이들은 또한 표면이 아닌 심층 양상에서 많은 유사성을 보인다. 어떤 전

[역자 주]

* 베단타는 산스크리트어다. '베다Veda의 결론 또는 끝anta'이라는 의미로 우파니샤드를 가리킨다. 인도 육파철학의 하나로 절대자 브라만을 인식함으로써 해탈에 이른다는 교설을 주장하고 있다.

** 대상을 분별하는 마음의 작용을 나타내는 불교철학 용어. 초기 불교 경전에서는 눈에는 안식, 귀에는 이식, 코에는 비식, 혀에는 설식, 몸에는 신식, 마음에는 의식이 있다고 설명하여, 눈은 단지 색깔과 모양을 받아들이기만 하고 안식의 작용으로 비로소 분별하는 구체적인 모양을 파악한다고 보았다. 識의 산스크리트 원어의 접두어인 vi는 분리 혹은 분별의 의미로서 결국 중생의 괴로움의 원인도 이것저것을 분별하는 데서 시작된다는 뜻을 내포하고 있다. 윌버는 이 식에 대한 대승불교의 심리학의 영향을 많이 받았으며 유식학에서 말하는 8식과 자신이 세운 의식의 스펙트럼의 대응관계를 밝히기도 하였다.

*** 시바신을 최고 신으로 하는 힌두교의 한 종파다. 비슈누파, 샥티파와 함께 현대 힌두교를 형성하고 있다.

**** 유태교의 신비주의 전통과 그런 경향의 운동 및 그 안에서 전해져 내려오는 수많은 전승을 총칭해서 이른다. 이 전통에 따르면 신으로부터 세상이 발산되었으며, 그러한 창조를 통해 태어난 인간은 신의 협력자로서 그 창조 과정을 역으로 거슬러 올라가 완성해야 된다고 한다.

***** 이슬람의 신비주의를 가리킨다. 이슬람 신앙의 형식주의, 즉 행위의 겉모습만 보고 심판하는 이슬람법에 대한 반동으로 발전했다. 고전 이슬람이 성법聖法의 준수를 통하여 신과 교제하는 공동체적 이슬람인 반면, 수피즘은 각자가 자기의 내면에서 직접 신과 교제하는 개인형의 이슬람이라고 할 수 있다.

****** 신과의 영혼의 연합을 목표로 삼고 있는 기독교의 신비주의 전통을 말한다. 기독교 신비주의는 다른 종교보다 의식의 내적 상태에 도달하려는 의도가 강하다. 즉, 그 목표는 신이 영혼을 매개자로 사용하면서 활동할 수 있도록 마음이 활동적 상태가 되는 것이다.

******* 플라톤을 계승하며 형이상학적 성향을 지닌 후기 고대의 학파로 플로티누스에 의해 전통이 완성되었다. 만물의 본원인 '일자一者'로부터 모든 실재가 계층적으로 '유출'하며, 낮은 계층은 그 상위의 계층을 모방하면서 더 복잡해지고 불완전해진다. 또 만물은 '관조觀照'에 의해 계층적으로 일자로 되돌아가려고 애쓴다. 이 상하 두 방향의 운동이 실재를 구성한다는 것이다. 이 운동에 의해 인간도 감각적인 것을 벗어나 일자로 향하며, 이것과의 직접적인 합일을 희구해야 한다고 하였다. 이 사상은 초기 그리스도교에 의해 받아들여져 후기 그리스도교 사상에 중대하고도 근본적인 영향을 끼쳤다.

통은 다른 전통보다 더 완전하며 어떤 전통은 더 정확하다. 그러나 이들을 모두 한곳에 모으면 엄청나게 넓은 인간 가능성의 스펙트럼이라는 일반 지도가 주어진다.

여기에서 수준과 단계라는 개념이 불편한 사람들은 의식과 의식의 발달이 사다리처럼 실로 한 단계에서 다음 단계로 진행하는 일련의 선형적이고 단일한 단계들인지를 의심해 볼 수 있다. 그 대답은 전혀 아니라는 것이다. 앞으로 보게 될 테지만 대등지의 기본 파동은 단지 다양하면서도 서로 다른 발달 라인 혹은 지류, 즉 정서, 욕구, 자기 정체성, 도덕, 영적 실현 등이 흐르게 될 일반적인 수준이며, 이들 모두는 자신의 속도, 방식, 역동으로 진행된다. 그러므로 전반적인 발달은 절대로 직선적, 연속적, 사다리 같은 것이 아니다. 그것은 이 기본 파동을 따라 흐르고 있는 수많은 지류의 유연한 흐름이다. 우리는 곧 이 수많은 지류를 검토할 것이다. 그러나 우선 기본 파동과 그 출현에 대한 설명부터 끝낼 필요가 있다.

기본 파동의 출현 시기

의식의 기본 구조가 형식적 마음formal mind까지 출현하는 평균 연령을 도표 3A의 맨 왼쪽 열에 나타내었다. 연구에 따르면 오늘날의 세계를 사는 사람들 대부분에게 이 연령은 비교적 유사하게 나타나는데, 전체적으로 볼 때 나는 집단적 발달과 진화가 형식적 수준에 이르렀기 때문이라고 가정하고 있다(집단적 진화가 아직 도달하지 못한 더 높은 수준은 개인의 노력으로 접근해야 한다. 다시 한 번 말하지만 부분적으로는 이 수준들이 미리 주어진 것이 아닌 높은 차원의 잠재성이기 때문이다).[11]

전통은 종종 일생의 전반적인 여정을 '개인의 일곱 시기Seven Ages of a Person'로 나눈다. 여기서 각 나이는 의식의 일곱 가지 기본 수준(신체적, 정서적-성적, 하위 정신적, 중간 정신적, 고등 정신적, 혼, 영의 일곱 개 차크라와 같은) 중 하나에 적응하는 일과 관련되어 있으며, 각 단계는 7년이 걸린다고 한다. 그러므로 생애 첫 7년은 신체 영역(특히, 음식, 생존, 안전)에 적응하는 일과 관련이 있다. 두 번째 7년(성적 성숙과 사춘기에서 절정을 이루는)은 정서-성-감정 차원과 관련이 있다. 일생의 세 번째 7년(전형적으로 청년기)은 논리적인 마음의 출현과 그 새로운 관점에 적응하는 일과 관련이 있다. 이때쯤이면 전반적인 발달이 멈추는 21세가 된다.[12] 그러나 발달이 지속되면 7년이라는 매 시기는 의식 진화의 새로우면서도 높은 가능성을 제공하므로 도표 3A에서 고차적인 기본 구조 옆에 이 일반적인 나이들을 괄호 속에 넣었다. 물론, 이것들은 예외가 많은 일반화 중에서도 가장 일반적인 것이고 상당히 시사적인 것이다.

왜 열이 아니고 '일곱 시기'인가? 무지개 색깔의 숫자를 정확하게 나누고 세분하는 방법은 주로 선택의 문제다. 그러나 영원의 철학자와 심리학자는 여러 가지 목적으로 아무리 많이 세분화해도(예를 들어, 매우 구체적이고 세밀한 명상 단계가 30가지 있는 것처럼) 대등지의 기본 파장을 기능적으로 묶는 것은 의미가 있다는 사실을 발견하였다. 즉, 물질적 수준과 그 하위 수준(쿼크, 원자, 분자, 결정)들은 모두 생물학적인 것이 아니라 물질적(예를 들어, 이들 모두는 성적으로 생식할 수 없다)이라는 의미가 있다. 마찬가지로 심적 수준 및 그 하위 수준(심상, 상징, 개념, 규칙)들은 모두 심적이고, 심령 혹은 정묘 수준이 아니라는 의미가 있다. 달리 말하면, 무지개 색깔의 미세한 농담을 수십 개(또는 수백 개)로 나누는 것이 때로 유용할지라도 대부분의 무지개에는 기본적으로 여섯 개 혹은 일곱 개의 주된 색깔이 존재한다고 말할 만한 충분한 근거가 있다.

이것이 영원의 철학이 '개인의 일곱 시기', 일곱 개의 주된 차크라 혹은 기본 구조라고 할 때의 의미다. 여러 가지 이유로 나는 약 20여 가지의 기본 구조를 쉽게 밝힐 수 있지만(예를 들어: 형태, 감각, 지각, 외개념, 충동, 심상, 상징, 내개념, 개념, 규칙 등) 쉽게 알아볼 수 있는 단계를 반영하는 약 7~10개의 기능적 묶음(앞으로 이 책을 통해서 보게 되겠지만)으로 압축할 수 있다는 사실을 발견하였다. 이것들은 매우 일반적인 명칭으로 표현하였고, 모든 그림의 왼쪽 열에서도 나열한 기본 구조의 기능적 분류는 ① 감각운동, ② 환상-정서(또는 정서-성), ③ 표상적 마음rep-mind(representational mind의 축약어로 일반적인 전조작적 사고), ④ 규칙/역할 마음(구체적 조작 사고), ⑤ 형식-반성(형식적 조작), ⑥ 비전-논리, ⑦ 심령, ⑧ 정묘, ⑨ 원인, ⑩ 비이원이다.[13] 다시 말해, 이들은 그저 정향적 일반화에 불과하지만 상당량의 자료와 증거를 다룰 수 있는 편리한 방식을 제공하고 있다. 그러나 이런 일반화 중 어떤 것도 상황에 따라 더 자세하거나 더 단순화시킨 지도를 사용하지 못하게 막을 필요는 없다.

인지적 발달과 존재의 대둥지

사실상 존재의 대둥지는 존재와 인식, 즉 실재의 수준과 그 실재를 알아차리는 수준의 거대한 홀라키다. 즉, 영원의 철학은 존재론과 인식론이 모두 실재라는 거대한 파장과 분리될 수 없는 측면으로서 중요하다는 사실을 발견하였다. 근대는 존재론과 인식론을 구분할 필요성을 밝혔는데, 근대나 탈근대 시기가 발달을 완성시키고 그런 구분을 통합하였다면 매우 환영할 만한 것이 되었을 것이다. 그러나 실제로는 그런 구분이 완전히 분리되었으며, 자신의 고립된 주관성만을 신뢰했던 근대는 인식론만을 포용함으로써 존재론이 주관주의의 블랙홀에 빠져 다시는 들어볼 수 없는 것이 되고 말았다.

근대가 인식할 수 있었던 한계 속에서 대사슬은 그저 인식 수준의 계층구조, 즉 피아제가 연구하였던 것처럼 인지의 위계가 되어 버렸다. 여기에 잘못은 없지만 인지의 바탕이 되는 실재의 수준을 도외시함으로써 매우 부분적인 것이 되고 말았다(또는 슬프게도 '참'이라고 판단하기 위해서는 모든 인지가 충실하게 따라야만 하는 감각운동적 실재 수준만을 인식하였다). 그럼에도 불구하고 우리가 잠시 인지에만 초점을 맞추어 볼 때도, 대사슬은 의식의 거대한 스펙트럼이라는 것이 분명한 사실로 드러나기 때문에 다음과 같은 질문을 던질 수 있다. 개인에게 있어 대사슬의 발달은 인지발달과 동일한가?

반드시 그렇지는 않다. 부분적으로 볼 때 우선 대둥지는 분명히 의식의 거대한 스펙트럼이라고 생각할 수 있으며 사실상 그렇다. '인지적'이라는 말의 사전적 정의 중 하나는 '의식과 관계된' 이다. 그러므로 어쨌든 사전적 의미로 볼 때 '인지'나 '의식'이 잠재의식에서 자의식, 초의식에 이르고 있다고 이해하고 여기에 외적 양상과 마찬가지로 내적 양상도 포함된다고 이해한다면, 일반적으로 대등지 발달(개인에게는 더 높고 포괄적인 수준이 전개되는 것과 관련되는)은 인지발달과 매우 유사하다고 생각할 수 있다.

이미 언급했듯이 서구 심리학에서 '인지'는 앞의 대부분을 제외시켜 매우 협소한 의미로 제한된 데 문제가 있다. 그것은 외부 대상의 파악을 의미하고 있다. 그러므로 온갖 종류의 (넓은 의미에서의) '의식'이나 '자각'이 제외되었다(예를 들면: 정서, 꿈, 창조적 비전, 정묘 상태, 절정 경험). 의식 내용이 일종의 객관-실증적 대상(바위, 나무, 차, 유기체)이 아니라면 그 의식은 인지적 타당성이 없다고 말한다. 실로 흥미로운 모든 의식의 상태와 방식에 대해서도 마찬가지로 말할 수 있다.

피아제와 같은 사람의 손에서 인지의 의미는 논리-수학적 조작 유형으로 더욱 협소해졌으며, 이런 조작이 여타 모든 영역에 있는 여타 모든 발달 라인의 바탕을 이루고 있다고 주장하였다. 그 점에서 '인지'로서의 의식은 실증적 대상의 편평하고 빛바랜 표면(우리가 '평원flatland'*이라고 부를)만을 지각하는 것으로 축소되고 말았다. 간단히 말해서 과학적 유물론의 세계 이외의 것을 보는 자각은 '진정'한 인지가 아닌 것이다.

그런 의미에서 개개인 속에서 일어나는 대등지의 발달은 전혀 '인지발달'이 아니다. 그러나 피아제의 도식과 그 후에 나타난 대부분 심리학자들이 '인지발달' 이라고 하였던 것을 좀 더 가까이 살펴보면 제한적이기는 하지만 매우 흥미로운 (그리고 매우 중요한) 유사성을 발견할 수 있다.

우선 인지발달에 관한 서구 심리학적 연구는 아무리 협소하고 제한되었다 하더라도 어떤 식으로든 의식에 관한 연구와 관련되어 있다. 그러므로

[역자 주]

* 윌버가 사상한의 우측만을 실재로 인정한 근대를 일컬어 붙인 용어. 주관적인 내면과 상호 주관적인 문화적 요소를 그 외재적 실재인 물질과 사회제도로 환원시켜 입체성과 깊이가 사라진 평면적 세계를 구성하였다는 점에서 근대를 평원이라고 불렀다.

수학적 구조(INRC군)*라고 생각되는 형식적 조작 사고로서 피아제가 연구하였던 것은 그 지점에서 의식의 흐름을 분할시켰던 그럴듯한 방식이었다. 그러나 그것은 생명의 강의 특정 굽이에서 의식에 대해 찍을 수 있는 모든 스냅사진을 찍은 것은 아니다. 역할 취하기, 인식론적 취향, 세계관, 도덕적 충동에 이르기까지 그 단계에서 의식을 정의하는 똑같이 타당한 다른 시각들이 수없이 존재한다. 그러나 인지발달에 초점을 맞추었다는 점에서는 비록 협소할지라도, 적어도 피아제는 의식발달의 중추적 중요성을 강조하였다고 볼 수 있다.

도덕발달, 자아발달, 역할 취하기 발달과 같은 특정한 발달 라인을 연구할 때 인지발달이 다른 발달의 필요조건(충분조건은 아니다)이라는 사실이 거의 언제나 입증되었기 때문에 그 중요성이 강조되었다. 달리 표현하면, 도덕이나 자아관 또는 훌륭한 삶에 관한 생각이 발달하기 전에 우선 이 다양한 요소를 의식적으로 새길 수 있어야 한다. 그러므로 의식은 다른 발달을 위한 필요조건은 되지만 충분조건은 되지 못한다.

이것이 바로 대둥지 이론가들의 주장이다. 대둥지의 수준(의식의 기본 구조)은 다양한 발달 라인이 진행하는 수준이며, 기본 파동의 물결이 없다면 다양한 재들이 떠다닐 곳이 없을 것이다. 이런 이유로 기본 구조(베단타처럼 층으로 생각하든, 대승불교처럼 의식의 수준으로 보든, 카발라 세피롯sefirot**처럼 존재론적 수준으로 보든, 수피즘처럼 신으로 향하는 영적 성숙의 단계로 보든 간에)들은 그 밖의 대부분의 체계가 의존하는 기본 골격이자 결정적인 뼈대가 된다.

서구 심리학자들이 연구한 인지발달이 이들과 똑같다고 할 수는 없지만 대사슬 혹은 의식의 스펙트럼에 가장 가까운 것이 될 것이다(적어도 형식적 마음 수준까지는 그렇다. 서구 연구자들 대부분은 그 너머에 대해서는 어떤 형태의 인지도 인정하지 않는다). 이런 이유로 수많은 제한과 한계를 염두에 두면서 일부 기본 구조를 설명하기 위해 나는 때때로 인지적 용어(구체적 조작conop과 형식적 조작formop 같은)를 사용하

[역자 주]

* 피아제가 발견한 논리 조작의 기본 구조 중 하나를 말한다. I는 동일성 조작, N은 역조작, R은 상호성 조작, C는 교환 조작이다.

** 세피롯이란 유대교의 신비주의인 카발라에서 말하는 생명의 나무를 말한다. 이것은 세계를 존재하게 한 창조주의 10개의 거룩한 말씀을 일컬으며, 창조주의 모습을 본뜬 최초의 창조물이기도 한 신인神人 아담 카드몬의 신체 자체를 의미하기도 한다.

였다.

그러나 서양 심리학에서 인지발달은 매우 특정하면서도 협소한 의미를 갖고 있기 때문에 나는 또한 그것을 기본 구조와는 별도의 발달 라인으로 취급하였다(그렇게 함으로써 우리는 기본 홀론의 존재론적 풍부함을 보존하면서도 그것을 서양의 인지 범주로 축소시키지 않았다). 도표 3A와 3B는 근대의 여러 연구자가 밝힌 인지 단계와 기본 구조의 상호 관계를 나타내고 있다.

이 도표들에서 가장 흥미로운 사항 한 가지는 광범위한 실증적, 현상학적 자료를 근거로 형식적 단계 이후의 몇 가지 발달 단계, 즉 선형적 합리성을 넘어선 인지발달 단계(즉, 구체적 조작 사고를 넘어선)를 알아낸 서구 심리학자들의 수효다. '후형식적 조작'은 그것의 모든 단계를 지칭할 수 있지만, 이는 보통 초정신적, 초개인적 수준이 아닌 정신적, 개인적 수준에만 적용된다. 달리 표현하면, 대부분의 서구 연구자들에게 '형식적 조작 이후'는 내가 비전-논리라고 부르는 형식적 조작기 이후의 첫 주요 단계를 말한다.[14] 도표 3A, 3B가 보여 주듯이 대부분의 연구자는 형식적 조작 이후(비전-논리)의 인지에는 2~4단계가 있음을 발견하였다. 이 형식적 조작 이후의 단계들은 일반적으로 형식적/기계적 단계(초기 형식적 조작 단계)를 넘어 상대성, 다원적 체계, 맥락주의(초기 비전-논리)로 이행하며, 거기에서 초체계적인, 통합된, 단일화된, 변증법적인, 전체적인 사고(비전-논리의 중기에서 말기에 이르는) 단계로 이행한다. 이는 최상의 정신적 영역은 역동적이고 발달적이며 변증법적이고 통합되어 있다는 면모를 우리에게 보여 준다.

고차 수준을 인정하고 있는 연구자의 수는 점점 더 많아지고 있지만 초정신적 수준(심령, 정묘, 원인 혹은 비이원인 경우 초합리적이고 초개인적인)으로 이행한 연구자는 거의 없는 실정이다. 몇 개의 도표가 분명하게 제시하고 있듯이, 이런 수준의 윤곽을 그리기 위해서는 가끔씩 다시 한 번 위대한 현자와 명상가들에게 의존해야 한다.

여기에서 열띤 토론이 벌어지는 주제는 영적/초개인적 단계를 인지발달의 높은 수준으로 생각할 수 있는가다. 내가 이미 제안하였듯이 대답은 '인지적'이라는 말이 갖는 의미에 달려 있다. 대부분의 서양 심리학자들이 의미하고 있는 것, 즉 외적 대상의 정신적, 개념적 지식을 말한다면 대답은 아닌 것이 된다. 높은 영적 단계는 정신적 인지가 아닌데, 그것들은 종종 초정신적, 초개념적인 것으로 외부적인 것이 아니기 때문이다. '인지적'이라는 말이 초의식적 상태를 포함한 '의식 전반'을 뜻한다면 고차적 영적 경험의 상당수는 실로 인지적이라고 할 수 있다. 영적이며 초개인적인 상태는 또한 수준 높은 정서, 도덕, 자기 감각처럼 수 없이 많은 측면을 지니기 때문에 인지적이라는 의미를 확장시킨다 할지라도 이것들은 비인지적인 것이 되고 만다. 그럼에도 불구하고 가장 넓은 의미의 '인지'는 '의식'을 뜻하므로 여러 종류의 인지발달은 존재와 인식의 전체 스펙트럼의 중요한 부분이 된다.

인지 라인

도표 3A와 3B는 가장 잘 알려져 있으면서도 영향력 있는 인지발달 연구들을 일부 열거하고 있다. 물론, 피아제의 연구가 중추적인 역할을 하고 있다. 갖가지 단점에도 불구하고 피아제의 공헌은 뛰어난 업적으로 남아 있으며, 분명히 20세기의 가장 중요한 심리학 연구에 속한다고 할 수 있다. 그는 연구의 길을 엄청나게 열어 놓았다. 제임스 마크 볼드윈James Mark Baldwin(다음을 보라)의 선구적인 업적에 뒤이어, 피아제는 발달의 각 수준은 서로 다른 지각, 시 · 공간 양식, 도덕적 동기를 지닌 서로 다른 세계관을 지닌다는 사실을 증명하였다(매슬로Maslow에서 콜버그Kohlberg, 뢰빙거Loevinger, 길리건Gilligan에 이르는 연구 업적들이 이 발견에 의존하고 있다). 그는 실재란 주어진 것이 아니라 여러 중요한 방식으로 구성된다(신구조주의를 가능하게 한 구조주의)는 사실을 보여 주었다. 그리고 그의 임상진단 방법methode clinique*은 의식의 전개를 세심하게 연구할 수 있도록 허용하였는데, 이

[역자 주]

* 피아제가 아이들의 인지발달을 연구하기 위해 사용한 방법론으로, 아버지이자 실험자로서 자신의 아이들을 대상으로 반구조화된 면접기법을 사용하여 관찰하였다. 그는 아이들이 보이는 비합리적인 언행에 대해 기록만 하는 것이 아니라 그 배후에 깔린 아이들 나름대로의 지식과 이해에 대해 질문을 던지고 탐구하였다.

는 문자 그대로 수백 가지에 이르는 새로운 발견으로 이끌었다. 그의 심리학적 연구는 교육에서 철학에 이르는 전 분야에 직접적인 영향을 미쳤다(수많은 사람 중 하버마스Habermas는 그의 신세를 상당히 졌던 사람으로 꼽히고 있다). 사실 그의 업적의 1/10에 미친다고 주장할 수 있는 이론가들도 거의 없는 실정이다.

일반적으로 볼 때 현재 대부분 학자가 동의하는 피아제 체계의 주된 부적합성은 인지발달(논리-수학적 능력으로 파악된)을 발달의 유일하면서도 주된 라인으로 꼽은 점이다. 오늘날에는 그 밖의 수많은 발달 라인(자아, 도덕, 정서, 대인관계, 예술 등과 같은)이 준독립적인 방식으로 전개될 수 있다는 다수의 증거가 존재한다. 예를 들어, 나는 인지 라인이 약 20여 개의 발달 라인 중 한 라인에 불과할 뿐이며, 그중 어떤 것도 뚜렷이 두드러지는 라인이 될 수 없음을 제안하였다(다음 장에서 다른 라인들을 검토할 것이다).

인지 라인 자체만 말하자면 피아제의 업적은 여전히 아주 인상적인 연구라고 할 수 있다. 더구나 거의 30년 동안의 집중적인 문화 간 연구가 이루어진 후에도 그 증거는 사실상 만장일치를 보이고 있다고 할 수 있다. 즉, 형식적 조작기까지 피아제의 단계는 보편적으로 일어나며, 이는 여러 문화에 걸쳐 일치하고 있다. 한 가지 예를 들면, 『문화에 걸친 삶: 문화 간 인간 발달Lives across Cultures: Cross-Cultural Human Development』은 솔직하면서도 자유로운 시각에서 쓴(종종 '보편적' 단계를 의식하는) 매우 존경받는 저서다. 저자들(해리 가디너Harry Gardiner, 제이 머터Jay Mutter, 코린 코스미츠키Corinne Kosmitzki)은 감각운동, 전조작, 구체적 조작, 형식적 조작과 같은 피아제의 단계에 관한 증거를 자세히 검토하였다. 그들은 문화적 배경에 따른 발달 속도 또는 단계의 특정한 면이 강조되는 점은 종종 바뀌지만 단계 자체나 문화 간 타당성은 변하지 않는다는 사실을 발견하였다.

그러므로 감각운동기로 말하면, '사실상 감각운동 발달의 질적 특성은 문화적 환경이 상당히 다름에도 불구하고 지금까지 연구한 모든 어린이에게 거의 동일하다.' 나이지리아인, 잠비아인, 이란인, 알제리아인, 네팔인, 아시아인, 세네갈인, 아마존 인디언, 호주 원주민을 포함한 방대한 연구에 바탕을 둔 전조작 및 구체적 조작 단계에 대해서 다음과 같이 말할 수 있다.

"이 엄청난 양의 문화 간 자료에서 우리가 결론을 내릴 수 있는 것은 무엇인가? 첫째, 전조작기에 깔려 있는 구조나 조작의 보편성을 지지하는 증거는 매우 설득력이 있다. 둘째, 구체적 조작 발달의 질적 특성(즉, 단계 순서와 추론 양상)은 (비록) 인지발달의 속도가…… 일정하지 않고 문화 환경적 요인에 의존하기는 하지만 보편적인 것처럼 보인다." 저자들은 정확히 이런 용어를 사용하지 않았지만 단계들의 심층양상은 보편적인 반면에 표면양상은 문화적, 환경적, 생태적 요인에 강하게 의존한다고 결론 내렸다(나중에 살펴보게 될 테지만 네 가지 요소는 모두 개인 발달과 관련이 있다). "마지막으로 아동들이 피아제의 구체적 조작기를 거치는 수행의 속도와 수준은 문화적 경험에 의존하지만 다양한 사회에서 자라는 아동은 여전히 그가 예언한 것과 동일한 순서로 진행하는 것 같다."[15]

모든 문화(아시아, 아프리카, 아메리카 혹은 여타의 문화)에서 형식적 조작 인지에 도달한 사람은 아주 드물며, 그 이유는 다양하다. 내가 믿는 것처럼 형식적 조작기가 실로 높은 단계여서 거기에 도달한 사람이 드물 수 있다. 저자들이 믿듯이 형식적 조작기는 진정한 단계가 아니라 능력일 수 있다(예를 들어, 일부 문화만이 형식적 조작을 강조하고 이를 가르친다). 그러므로 피아제의 형식적 단계가 존재한다는 증거는 강력하지만 결정적인 것은 아니다. 이 한 가지 사항을 들어 피아제 단계를 모두 폐기하려고 하지만, 엄청난 증거를 근거로 올바른 결론을 내리자면 현재 형식적 조작까지의 단계는 보편적일 뿐 아니라 문화 간에도 일치함이 충분히 증명되었다고 볼 수 있다.

나는 형식적 조작 단계와 비전-논리, 일반적인 초이성적 단계를 포함한 그 이후의 단계도 보편적이라고 믿고 있다. 앞으로 책의 내용이 전개되면서 나는 이를 입증하는 상당한 증거를 제시할 것이다. 이와 동시에 어린 시절의 영성에 관해 논의할 때(11장에서) 보게 되겠지만, 초기 단계들은 정확히 피아제가 연구한 단계들이며 이는 문화들을 비교한 증거에 의해 일관성 있게 지지되고 있다. 이 때문에 초기 단계를 보다 정확한 시각에서 볼 수 있다고 믿는다.

인지 라인 자체에 대해서 말하자면, 그 전반적 연구는 탁월한 소수의 연구자들, 예를 들면 마이클 커먼스Michael Commons와 프란시스 리처즈Francis Richards,

쿠르트 피셔Kurt Fischer, 후안 파스쿠알-레오네Juan Pascual-Leone, 로버트 스턴버그Robert Sternberg, 지젤라 라부비-비에프Gisela Labouvie-Vief, 허브 코플로위츠Herb Koplowitz, 마이클 바세체스Michael Basseches, 필립 파웰Philp Powell, 수잔 베낵Suzanne Benack, 패트리샤 알린Patricia Arlin, 잔 시놋Jan Sinnot, 셰릴 아몬Cheryl Armon에 의해 풍성하게 진행되었다(도표에 이들을 기술하였다).[16]

연구자 간에 중요한 차이점도 있지만 깊은 유사성도 다수 존재한다. 그들 대부분은 인지발달이 서너 가지 주요 단계(수많은 하위 단계를 지닌), 즉 감각운동, 구체적, 형식적, 후형식적 시기를 통해 진행한다는 사실을 발견하였다. 감각운동 단계는 보통 생애 첫 2년에 일어나며 물리적 대상을 지각하는 능력으로 이끈다. 그때 인지는 이름, 상징, 개념으로 대상을 표상하는 것을 천천히 배우기 시작한다. 이들 초기의 상징과 개념은 여러 가지 부적절성에 의해 고통받기 쉽다(유사한 술어를 지닌 대상을 동일시한다, 똑같은 양의 물이라도 낮은 잔에 있는 것보다 높은 잔에 있는 물의 양이 더 많다, 개념은 그것이 표상하는 대상과 혼동된다 등). 이런 부적절성으로 말미암아 여러 가지 '마술적인' 치환과 '신화적인' 신념이 생긴다. 그리고 이런 이유 때문에 수많은 연구자가 이 초기 단계를 모든 도표에서 마술, 물활론, 신화 등의 이름으로 부르고 있다.

모든 마술과 신화가 초기에 일어나는 인지적 부적절성에 불과하다는 뜻은 아니지만 그중 일부는 분명히 그렇다. 고양이 눈을 먹으면 고양이처럼 보게 될 것이다, 토끼의 발은 행운을 가져온다, 시금치를 먹지 않으면 신이 나를 처벌할 것이다 등이 그렇다. 예수는 실제로 생물학적으로 순결한 처녀에게서 태어났다, 지구는 실제로 힌두인의 뱀 위에 있다, 노자는 태어났을 때 정말로 900살이었다와 같이 구체적으로, 또 문자적으로 사실이라고 믿는 신화적 상징과 은유와 조망주의perspectivism*로 물든 신화적 상징 간에는 상당한 차이가 있다. 후자의 경우 형식적 조작 및 후형식적 조작의 의식과 더불어 생겨난다. 달리 지적하지 않는 한 내가 '신화적'이라는 말을 쓸 때는 형식적 이전, 구체적이고 문자적인 신화적 심상과 상징을 말한다. 사실상 일부 측면은 인지적 부적절성에 물

[역자 주]

* 개인의 관점에 따라 진리나 가치의 판단이 달리지는 입장을 말하며, 흔히 맥락주의와 동의어로 쓰기도 한다.

들어 있다. 왜냐하면 이런 신화들은 실증적으로 반박될 수 있는 수많은 예를 실증적인 사실이라고 주장하기 때문이다. 화산은 개인적으로 당신에게 화가 나 있기 때문에 폭발한다, 구름은 실제로 당신을 따라가기 때문에 움직인다가 그 예가 될 수 있다. 피아제에서 조셉 캠벨Joseph Campbell에 이르는 학자들은 이런 전형적인 신화적 신념이 항상 자아 중심적인 것에 초점을 맞추고 있으며, 문자 그대로 구체적으로 신봉된다는 점에 주목하였다.

똑같은 이유로 이 초기 단계를 전인습, 전조작, 자아 중심, 자기도취와 같은 이름으로 부르고 있다. 그러나 감각운동과 전조작 단계에 있는 아동은 타인의 역할을 쉽고 완전하게 취할 수 없기 때문에 자신만의 시각에 갇혀 있다. 이런 '자기도취'는 초기 단계에서 일어나는 정상적이면서도 건강한 양상이며, 본질에서 벗어나는 경우에만 문제를 일으킨다(앞으로 살펴보게 될 것이다).

바이올린을 연주하는 일이든, 유목을 크기에 따라 조직하는 것을 배우는 일이든 간에 인지 역량이 성장하면 의식은 감각운동 세계와 더 정확하게 관계를 맺으면서 이를 조작하기 시작한다(수많은 '신화적 집착'이 여전히 의식에 남아 있기는 하다)는 점에 일반적으로 연구자들은 동의하고 있다. 구체적 조작은 도식과 규칙으로 수행되는데, 이는 또한 이 시기에 처한 자기가 사회의 다양한 역할을 취하여 자아 중심/전인습 단계에서 사회 중심/인습 영역으로 이행하도록 허용한다.

의식이 더 발달하고 깊어짐에 따라 구체적 범주와 조작은 더 일반화되고 추상화(점점 더 많은 상황에 적용할 수 있다는 의미에서)되면서 더 보편적이 되기 시작한다. 그러므로 형식적 조작 의식은 여러 면에서 구체적(신화적 멤버십) 사고라는 민족 중심/사회 중심적 세계를 탈피하여 세상에 대한 후인습적 정위를 뒷받침하기 시작한다.

반서구 문화 연구(상대주의적 편견을 강하게 지닌)의 맹렬한 공격에 힘입어 '합리성'이라는 말은 경멸 섞인 용어가 되었지만, 사실상 합리성은 엄청난 양의 긍정적인 성과와 능력(반이성 비판자들이 사용하는 능력을 포함해서)의 원천이 되고 있다. 무엇보다도 합리성(또는 넓은 의미에서의 이성)은 조망을 취하는 능력과 관계가 있다(그러므로 장 겝서Jean Gebser는 이를 '조망적 이성perspectival-reason'이라고 부른다). 수잔 쿡-그로터Susanne Cook-Greuter의 연구에 따르면 전조작적 사고는 1인칭 관점(자아 중심적인)만을 취하고, 구체적 조작에는 2인칭 관점(사회 중심적인), 형식적 조작에는 3인칭 관점(과학적 정밀성을 허용할 뿐 아니라 치우치지 않고 후인습적이며 공정성과 배려와 같은 세계 중심적인 판단을 허용하는)이 추가된다. 그러므로 이성은 특정 문화의 '규범들을 규범화' 할 수 있으며, 이 규범은 공정성이라는 보편적(민족 중심적이 아닌) 원리에 근거하여 비판받게 된다. 고도로 반성적인 조망적 이성은 또한 지속적인 내성을 허용한다. 그것은 또한 '마치 ~인 듯이' 와 '~이면 어떻게 될까?' 의 세계를 상상할 수 있게 하는 첫 구조인 동시에 진정한 공상가, 몽상가가 되게 하는 구조이기도 하다.

형식적 합리성만큼이나 중요한 것으로 모든 연구자는 더 높은 단계인 후형식적 인지 단계 또는 더 높은 이성의 존재를 인정하고 있는데, 여기서는 더 많은 조망(쿡-그로터에 따르면 4인칭, 5인칭 조망)을 고려하게 된다. 어느 하나에 과도하게 특권을 부여하지 않으면서 복수의 관점을 취하는 것은 겝서가 통합적-무조망적integral-aperspectival이라고 칭한 것으로, 이는 세계 중심적, 후인습적 의식을 더욱 심화시키는 것과 관련이 있다. 후형식적 시기(또는 비전-논리)의 발달에는 적어도 두세 개의 주요 단계가 포함된다는 점에 일반적으로 일치된 의견을 보이고 있다. 의식은 추상적이고 보편적인 형식주의(형식적 조작)를 넘어 성장하면서 먼저 역동적 상대성과 다원주의(비전-논리의 초기)의 인지로 이행하며, 그 후에 단일성, 전체성, 역동적 변증법주의 또는 보편적인 통합주의(비전-논리의 중기에서 후기)로 나아간다. 이 모든 것을 도표 3A와 3B에서 아주 분명하게 볼 수 있다(다른 것들은 나중에 논의할 것이다).[17]

비전-논리 발달은 '전체적'이기는 해도 아직 정신적 영역에 머물러 있는 발달이다. 이 발달은 확실히 정신적 영역의 가장 높은 범위까지 걸쳐 있지만 그 너머에는 초정신적, 정확히 말하면 초이성적 발달이 자리 잡고 있다. 그러므로 나는 전 스펙트럼에 걸친 인지발달 모델을 포함시키는 예로서 스리 오로빈도Sri Aurobindo와 찰스 알렉산더Charles Alexander를 들었다(제9장에서 거친 단계에서 정묘 단계, 원인 단계로 이행하는 전체적인 인지 라인을 살펴볼 것이다). 오로빈도는 자신의 거의 모든 단계에 높은 마음 higer mind, 계몽된 마음 illumined mind, 상위 마음 overmind, 초월 마음supermind 등과 같은 인지적 용어를 분명하게 사용하였음에 주목하라. 달리 표현하면, '인지' 라는 말을 가장 넓은 의미로 사용할 때 의식의 스펙트럼은 어느 정도까지는 진정한 인지 스펙트럼이라고 할 수 있다. 그러나 그것이 전부일 수는 없다. 이런 이유로 오로빈도 또한 고차적 정서, 도덕, 욕구 및 높은 수준의 자아정체성을 기술하였다. 그러나 그의 일반적 요점은 매우 유사하여 인지발달이 우선시되며, 이것이 다른 발달의 필요조건(충분조건은 아니지만)이 된다.

요 약

이상과 같이 존재의 대둥지 기본 수준에 관해 간단하게 소개하였다. 간단히 말해, 대둥지는 인간 잠재력이 전개될 수 있는 발달 공간을 제공하는 거대한 형태형성학적 장이다. 대둥지의 기본 수준은 물질에서 신체, 마음, 혼, 영에 이르는 전개 과정의 기본 파동이다. 이런 기본 수준(구조나 파동)을 수많은 방식으로 나누고 세분할 수 있음을 알 수 있었다. 의식의 전체 스펙트럼에서 약 16개의 파동만을 도표에서 제시하였지만, 책을 통해 계속 살펴보게 되듯이 이를 여러 방식으로 압축하거나 확장시킬 수 있다.

거대한 강의 일반적인 파동을 통해 약 20여 개의 서로 다른 발달의 흐름이 생길 것이며, 자기는 이 흐름을 타고 티끌에서 신성에 이르는 고유한 놀라운 여정을 항해할 것이다.

2. 발달 라인 또는 지류

대둥지에 존재하는 기본 수준이나 파동을 따라 약 20여 개의 준독립적인 발달 라인 또는 지류가 생긴다. 실증적인 증거가 상당히 쌓여 있는 몇 가지 두드러진 발달 라인을 열거해 보면 도덕, 정서, 자아 정체성, 심리성욕, 인지, 선 개념, 역할 취하기, 사회-정서 능력, 창조성, 이타성, '영적'이라고 부를 수 있는 몇 가지 라인(관심, 개방성, 배려, 종교적 신념, 명상 단계), 기쁨, 의사소통 능력, 시공간 양식, 죽음 엄습death-seizure,* 욕구, 세계관, 논리-수학적 능력, 운동감각적 기술, 성 정체성, 공감이 있다.[1]

이 라인들은 '준독립적'인 것으로 대부분 서로 독립적으로, 그리고 서로 다른 속도, 역동, 시간 계획에 따라 발달할 수 있다는 의미를 담고 있다. 어떤 사람은 어떤 라인에서는 매우 진척되고, 다른 라인에서는 중간 정도, 또 다른 라인에서는 뒤처질 수 있다. 이 모든 라인은 동시에 생긴다. 그러므로 전반적 발달, 즉 서로 다른 라인들의 총합은 전혀 직선적이거나 연속적이 아니다(이 사실이 마침내 피아제의 계획을 혼란으로 몰아넣었다).

그러나 많은 연구가 계속됨에 따라 각 발달 라인 자체는 연속적이고 홀라키적인 양상으로 전개되는 경향이 있음이 밝혀졌다. 즉, 각 라인에서 높

[역자 주]

* 의식의 어느 한 수준에서 위나 아래로 이동할 때 그 수준과 동일시하고 있던 자기는 그 수준의 상실을 죽음으로 경험하는데, 이를 죽음 엄습이라고 한다(p. 68 참고).

은 단계는 선행 단계 위에 형성되거나 이를 통합하는 경향이 있으며, 어떤 단계도 건너뛸 수 없고 단계들은 환경적 조건화나 사회적 강화에 의해 변경될 수 없는 순서로 출현한다. 지금까지 쌓인 엄청난 증거는 내가 언급한 발달 라인이 모두 진실임을 보여 준다.[2]

예를 들어, 널리 중시되는(찰스 알렉산더와 엘렌 랭거Ellen Langer가 편집한) 책 『인간발달의 고차 단계Higher Stages of Human Development』에서 피아제, 콜버그, 캐롤 길리건, 쿠르트 피셔, 하워드 가드너Howard Gardner, 칼 프리브램Karl Pribram, 로버트 키건Robert Kegen을 포함한 13명의 정상급 발달심리학자들의 업적이 소개되었는데, 13명 중 여성 발달심리학자인 길리건을 포함한 한두 명을 제외하고는 모두가 부분적인 계층구조 모델을 제시하고 있다. 이런 결론은 이론적 사색만이 아닌 엄청난 양의 실험적 자료에 근거한 것이다. 하지만 이는 모든 발달 라인이 위계적으로만 되어 있다고 말하는 것이 아니다. 많은 라인은 위계적 모습을 띄고 있지 않다(다음을 보라). 그러나 결정적인 측면들은 중요한 면에서 위계적으로 보인다. 나아가 아무리 발달 라인이 다르다고 해도 그중 다수는 홀라키적으로 전개되며, 그 라인들은 일반적 파동이라는 동일한 세트를 통해 전개된다. 여기에는 감각운동/전인습적 단계, 구체적 행위/인습적 규칙 단계, 추상적이고 형식적이며 후인습적인 단계가 포함된다는 데 의견의 일치를 보이고 있다.[3]

예를 들어, 우리는 악기 연주를 배울 때 우선 몸을 이용해 악기를 잡은 후 감각운동 양식으로 악기와 관계하는 것을 배운다. 그 후에 단순한 노래 하나나 둘을 연주하는 것을 배우면서 점차 구체적 조작과 악기를 사용하는 규칙을 숙달해 간다. 음악적인 조調와 음계를 연주하는 데 익숙해짐에 따라 기술은 더 추상적이 되며, 이 추상적 기술을 새 노래에 점점 더 잘 적용할 수 있게 된다. 인지적인 것에서 자아, 정서, 도덕, 운동감각에 이르기까지 거의 모든 발달 라인은 이 세 가지 광범위한 단계를 거쳐 진행된다. 더 높은 또는 초개인적인 발달 단계가 존재할 것이라는 사실을 고려한다면, 또 그 모든 것을 단순히 '후인습 이후post-postconventional'라고 한다면 그것은 우리에게 전인습, 인습, 후인습, 후인습 이후라는 네 가지 광범위한 단계, 수준 또는 파동을 제시할 것이다. 대부분의 발달 라인은 이들을 통해 진행한다고 볼 수 있다.

그러면 네 가지 광범위한 파동은 무엇인가? 그것은 신체(감각운동)에서 마음(인습과 후인습), 영(후인습 이후)으로 이행하는 존재의 대둥지의 변형일 뿐이다. 물론, 이 네 가지 광범위한 단계는 연구를 통해 발견한 사실들을 간결하게 요약한 것이다. 예를 들어, 인지, 자아, 도덕과 같은 경우 발달은 대부분 사실상 다섯, 여섯, 일곱 혹은 그 이상의 단계를 거쳐 이루어진다. 사실 모든 경우 그 단계는 아주 일반적인 양상에서 대둥지의 수준과 일치하고 있다.

달리 표현하면, 대부분의 발달 라인이 보편적이고 불변하며 홀라키적인 순서로 진행하는 이유는 그 라인들이 주로 보편적이면서도 불변하는 존재의 거대한 홀라키를 따르고 있기 때문이다. 즉, 그 라인들은 도표에서 매우 분명하게 제시한 일반적인 형태 형성적 장을 따르고 있기 때문이다. 가장 기본적으로 대둥지는 일반적인 형태 형성적 장 혹은 발달 공간이다. 그것은 개인에게 열려 있는 실재의 기본 파동을 일부 나타내고 있다. 서로 다른 재능, 능력, 기술이 개인에게 나타남에 따라 일반적으로 대둥지의 윤곽을 따르는 경향이 있으며, 그 발달 공간을 거쳐 이동한다. 다시 한 번 말하지만, 이 수준은 콘크리트에 새겨지거나 돌에 조각된 것이 아니라 거대한 생명의 강에 있는 일종의 강력한 흐름이므로, 이 강에 나무조각을 떨어뜨리면 이미 작용하고 있는 흐름을 따라가기가 쉽다. 이는 인간 발달에서 나타나는 개인적인 잠재력에 대해서도 마찬가지라고 말할 수 있다. 이 잠재력은 거대한 생명의 강의 흐름과 거대한 홀라키의 파동을 따르는 경향이 있다. 어쨌든 압도적으로 많은 양의 실증적 증거가 이 점을 일관되게 암시해 주고 있다.

마찬가지로 중요한 요점으로 돌아가면, 다양한 지류는 비슷한 장을 준독립적인 방식으로 이동한다. 어떤 사람은 어느 한 라인에서는 고도로 진화했고, 다른 라인에서는 중간 정도, 또 다른 라인에서는 낮게 진화했을 수 있다. 앞에서 말했듯이 전반적 발달은 선형적인 순서를 전혀 따르지 않는다는 것이다.

이 모든 것을 '통합심리도 integral psychograph' 라고 부르는 [그림 2-1]로 표현할 수 있다. 그림에서 대둥지의 수준이 수직축에 그려져 있고 여러 개의 선이 이들을 가로질러 지나가고 있다(20여 개의 선들 중에서 인지, 도덕, 대인관계, 영성, 정서

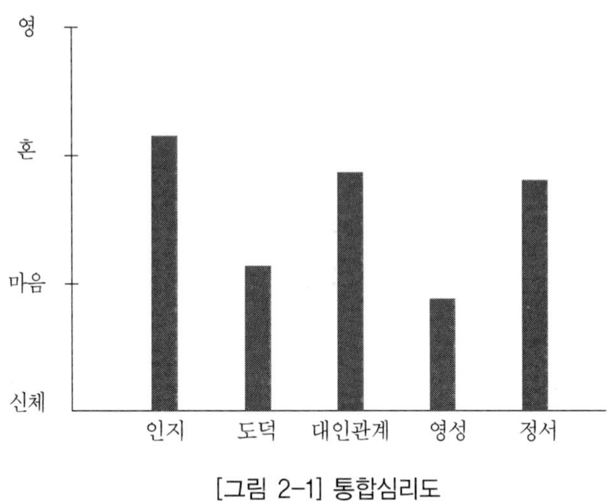

[그림 2-1] 통합심리도

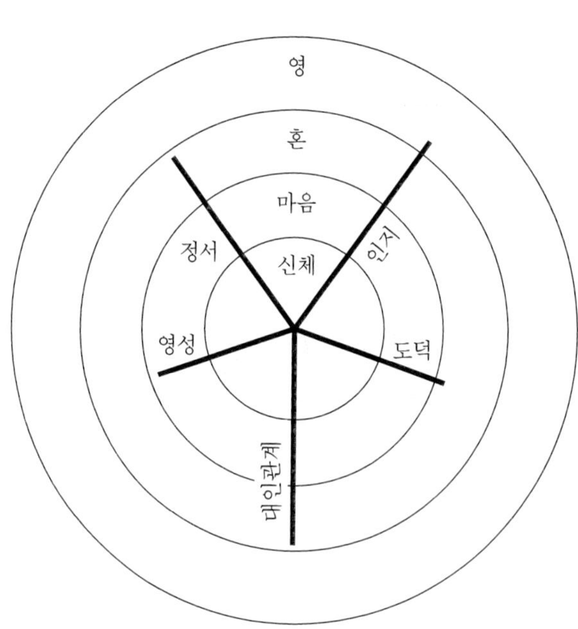

[그림 2-2] 홀라키로서의 통합심리도

의 다섯 개를 예로 들었다. 나는 '영'을 가장 높은 수준이면서도 독립적인 발달 라인으로 적어 놓았는데, 이것은 '영성'에 관한 정의 중 가장 흔히 사용되는 두 가지 정의를 반영한 것이다. 10장을 보라). (앞 장의 [그림 1-1]이 보여 주듯이) 사실상 대등지는 홀라키이기 때문에 우리는 [그림 2-2]처럼 통합심리도를 더 정확하게 표현할 수 있다.

이는 발달의 중요한 측면 모두 혹은 대부분이 계층구조를 이루고 있다는 의미가 아니다. 나의 체계에서 각각의 기본 구조 또는 파동은 사실상 계층구조 hierarchy(또는 점점 증가하는 전일적 능력)와 헤테라키 heterarchy*(또는 서로 동등한 요소 간의 비위계적 상호관계)로 구성되어 있다. 수준 간의 관계는 각 상위 수준이 하위 수준을 초월하고 포함하는 위계적 관계지만 그 역은 성립되지 않는다(분자는 원자를 포함하지만 그 역은 아니고, 세포는 분자를 포함하지만 그 역은 아니며, 문장은 단어를 포함하지만 그 역은 아니다). '그 역은 성립되지 않는다.'는 원리는 전일적 능력이 점점 증가하는 비대칭적 계층구조를 형성한다(이것은 상위 차원이 하위 차원을 포용하지만 그 역은 성립하지 않기 때문에 상위 수준이 더 전체적이고 포괄적이라는 뜻이다). 그러나 대부분의 요소는 각 수준 내에서 동등하면서도 서로 상호 작용하는 패턴으로 존재하고 있다. 발달의 대부분, 적어도 반 정도에는 다양한 유형의 비위계적이고 헤테라키적인 능력 표현과 적용의 과정이 포함되어 있다. 물론, 이 비위계적 과정은 이동적 발달에 초점을 둔 도표에는 나타나 있지 않지만 그렇다고 해서 그 과정의 엄청난 중요성을 잊어서는 안 될 것이다.

내가 사용하는 용어인 홀라키에는 계층구조(질적으로 서열이 있는 수준)와 헤테라키(서로 연결된 차원) 모두가 포함되어 있다. 이런 관계 유형 중 하나만을 사용하려고 한 이론가들은 발달을 설명하는 데 시종일관 실패하고 말았다.

우리는 발달 지류의 성질로 돌아가서 몇 가지 예를 들 것이다. 그러나 우선 그 지류를 항해하는 자기를 살펴보자.

[역자 주]

* 네트워크 같은 독립적이고 수평적인 사회적 관계의 형태를 말한다. 윌버는 이것을 수직적 위계질서인 하이어라키 hierarchy와 반대되는 개념으로 사용하고 있다.

3. 자 기

자기는 발달 수준과 라인을 항해한다. 잠시 후에 나는 그 단순한 계획을 세분할 것이지만 기본 파동, 발달 지류 그리고 이 두 가지를 항해하는 자기라는 세 가지 항목은 통합모델의 핵심처럼 보인다. 기본 수준 혹은 파동은 이미 살펴보았으며, 곧 발달 라인 혹은 지류로 돌아가서 이들에 대해 더 자세히 살펴볼 것이다. 그러나 이 시점에서 자기 및 의식의 전반적 진화에서 자기가 담당하는 역할을 살펴볼 필요가 있다.[1]

파동과 지류를 타고 가는 항해사로서 '자기'

지금 현재 당신이 무엇을 '당신'이라고 하는지에 주목함으로써 자신의 자기 감각을 느껴 본다면 적어도 두 개의 '자기' 요소가 있음을 알게 될 것이다. 즉, 관찰하는 자기(내적 주체 혹은 바라보는 자)와 관찰된 자기(자신에 대해 볼 수 있고 알 수 있는 객관적 대상으로, 나는 아버지, 어머니, 의사, 사무원이며 수 파운드의 무게가 나가고 금발이다 등)가 존재한다. 첫째는 '주체로서의 나I'로 경험되고, 둘째는 '객체로서의 나me'(혹은 '나의 것mine')로 경험된다. 나는 첫째를 '근접자기

proximate self(近接自己, '당신'과 더 가까이 있기 때문에), 둘째를 '원격자기distal self(遠隔自己, 객관적이면서 '멀리 떨어져' 있기 때문에)라고 부른다. 나는 이 두 가지 자기와 개성selfness의 다른 원천을 합하여 전체자기overall self 라고 부른다.

이런 구분은 아주 중요하다. 왜냐하면 스리 라마나 마하리시Sri Ramana Maharshi에서 로버트 키건에 이르는 많은 연구자가 주목해 왔듯이 심리적으로 발달하는 동안 어느 한 단계에서는 'I' 였던 것이 다음 단계에서는 'me'가 되기 때문이다. 즉, 발달의 어느 한 단계에서 동일시하였던(또는 매몰되었던) 것(그러므로 '주체적인 나'로서 매우 가깝게 경험하였던 것)이 다음 단계에서는 초월되거나 탈동일시되거나 탈매몰되어 약간의 거리를 둔 초연한 상태로 그것을 더 객관적으로 볼 수 있게 된다. 달리 표현하면, 어느 한 단계에서 주체였던 것이 다음 단계에서는 객체가 된다. 예를 들어, 어린 아기는 자신을 신체와 거의 완전히 동일시하는데, 신체는 아기의 자기 혹은 주체(근접 I)가 됨으로써 실제로 아기는 자신의 신체에서 벗어나 신체를 객관적으로 관찰할 수가 없다. 아기는 신체자기bodyself에 불과하며, 하나의 신체로서 세상을 본다. 그러나 언어적, 개념적 마음이 나타나기 시작하면 아기는 마음과 동일시하기 시작하여 마음이 자기 혹은 주체(근접 I)가 되고, 그때 처음으로 자신의 신체를 객관적(멀리 떨어진 대상 혹은 'me'로서)으로 보기 시작한다. 이제 신체는 새로운 주체, 즉 정신적 자기의 대상이 된다. 그러므로 어느 한 단계의 주체는 다음 단계에서 대상이 된다.

(의식의 스펙트럼의 상위 영역에서는 당신의 개인적인 나, 당신의 분리된 자기 혹은 내적 주체는 빛나는 영과 당신 자신의 진아인 궁극적 나ultimate I의 대상이 된다고 영원의 철학자들은 덧붙이고 있다. 신비가들에 의하면 당신은 궁극적 주체 혹은 순수의식으로서의 신과 하나다. 이는 절대적 주시자witness, 나-나I-I 또는 보는 자로서, 역설적이게도 그 자체는 결코 볼 수 없지만 보이는 모든 것으로서 존재하는 순수한 공空이며, 모든 것을 초월해 있으므로 결코 보이지 않으면서도 동시에 모두를 포함하고 있어서 당신이 바로 지금 보고 있는 모든 것이 영인 것이다. 우리는 8장에서 이것을 추구하게 될 것이다.)

그러므로 이 자기들이 바로 지금 당신 속에 존재하는 한, 전체자기는 이런 '자기들', 즉 근접자기(또는 '주체적인 나'), 원격자기(또는 '객체적인 나') 그리고 당신 의식의 바로 뒤에 존재하는 궁극적인 주시자(초월적 자기, 선행적 자기 또는 '나-나')의 혼합체라고 할 수 있다. 이 순간 이 모든 것이 자기라는 감각 속으로 들어오는데 모두가 의식의 발달과 진화를 이해하는 데 중요하다.

정확히 말해서 전체자기는 몇 가지 서로 다른 지류(뒤에서 논의할 모든 종류의 하위 성격들)를 포함하고 있기 때문에 연속적이거나 유사 단계적인 발달을 보이지 않는다. 그러나 최근의 연구들이 일관성 있게 밝힌 바로는 적어도 자기의 한 측면은 비교적 연속적이고 유사 단계적인 발달을 보이는데 근접자기가 바로 그렇다.[2] 예를 들어, 제인 뢰빙거Jane Loevinger는 널리 반복된 매우 존경을 받는 연구(비서구 문화를 포함시킨)에서 '자기발달'은 분명히 알아볼 수 있는 약 12단계의 성장 단계(내가 켄타우로스centaur라고 부른 단계까지. 도표 1A를 보라)를 거쳐 진행한다는 증거를 수없이 발견하였다. 뢰빙거가 '자기발달'이라고 부른 것은 내가 근접자기의 발달이라고 부른 것과 아주 유사하다.[3] 내 생각에 근접자기 발달은 의식 진화의 바로 중심에 위치하고 있다. 왜냐하면 존재의 대둥지의 기본 파동을 거쳐 가는 항해사가 바로 근접자기이기 때문이다.

기본 구조나 기본 파동 자체에는 자기 감각이 없다. 플로티누스에서 바수반두Vasubandhu, 파드마삼바바Padmasambhawa, 성 테레사Saint Teresa에 이르는 영원의 철학자들이 이 점을 지적하였다. 기본 구조란 최고의 잠재력을 향해 나갈 때 자기에게 열려 있는 존재와 인식의 파동일 뿐이다. 대둥지에서 자기(근접자기)는 매번 새로운 수준을 만나며, 우선 그 수준과 동일시하고 이를 통합한 후에 동일시에서 벗어나고(더 이상 매몰되지 않고 초월하면서) 다음 단계에서 그것을 포함하고 통합한다. 달리 표현하면, 자기는 자신의 발달 분기점(또는 이정표)을 통과한다. 여러 연구자들이 자기발달의 주요 이정표를 연구하였는데, 소수의 뛰어난 사람을 살펴보면 제임스 마크 볼드윈, 클레어 그레이브스Clare Graves, 제인 뢰빙거, 존 브로튼John Broughton, 에릭 에릭슨Erik Erikson, 수잔 쿡-그로터, 돈 벡Don Beck, 로버트 키건 등이 있다. 도표에 이 모든 연구자를 기록하였다(다시 한 번 말하지만 이 연구자들은 거대한 강의 동일한 흐름을 연구한 것이 아니라 그 강에 가깝게 흐르는 흐름을 연구하였다. 그럼으로써 어떤 유사성, 즉 근접자기 감각proximate-self sense의 성질에서 유사점을 서로 공유하고 있다).

그러나 자기가 거대한 무지개의 특정 파장과 동일시된다고 말하는 것은 자기가 그 수준에 단단히 고착되어 있다는 것을 의미하지는 않는다. 이와는 달리 자기는 '모든 곳에' 있을 수 있다. 자기는 잠시 어떤 한계 안에서 의식의 전 영역을 배회할 수 있다. 퇴행하거나 존재와 인식의 홀라키를 따라 내려갈 수도 있고, 나선형을 그리고 재통합하며 되돌아갈 수도 있다. 더구나 매 발달 단계에 있는 자기는 의식의 거대한 자연 상태(심령 상태, 정묘 상태, 원인 상태, 비이원 상태)에 자유롭게 접근할 수 있기 때문에 특정 혹은 모든 초개인 영역의 절정 경험이 가능하며 잠시 동안 더 큰 실재로 도약할 수 있다.

그러나 주어진 순간에 자기의 무게중심이 의식의 어느 한 기본 수준 주위를 맴도는 경향이 있다는 사실을 실증적 증거들은 일관되게 보여 준다. 이것이 의미하는 바는, 예를 들어 개인에게 자기발달 테스트를 한다면 대답의 약 50%는 어느 한 수준에서 나오고 약 25%는 바로 위나 아래 수준에서 나올 것이라는 것이다. 내 생각에 이런 일이 일어나는 이유는 의식의 특정 수준과 동일시하고 있을 때마다 자기는 그 수준을 상실하는 것을 죽음으로, 문자 그대로 일종의 죽음 엄습으로 경험하는데, 이는 자기의 삶 자체가 그 수준과 동일시되어 있기 때문이다.[4] 그러므로 엄청난 어려움을 거쳐야만 그 수준에 도달하는 경험을 한다. 사실상 자기발달의 주된 이정표 하나하나는 각 수준의 죽음(또는 그 수준과의 동일시를 벗어나거나 초월하는)이 내포된 힘겨운 삶과 죽음의 투쟁으로 특징지을 수 있다. 이것은 종종 정신적으로 큰 충격이 될 수 있다(도표 1A를 보라. 이런 자기발달의 이정표 혹은 분기점에 대해서는 8장에서 살펴볼 것이다).[5] 주어진 수준에서 자기가 궁극적으로 죽음을 수용하는 유일한 이유는 다른 수준의 삶이 훨씬 더 유혹적이고 궁극적으로 만족스럽기 때문이다. 그러므로 자기는 현재의 수준과 탈동일시하고(거기에 매몰되지 않고) 그 수준과의 배타적 동일시가 '소멸하여' 다른 수준의 삶과 동일시되는데(포용하고 매몰되는데), 이런 동일시도 다음 단계의 죽음을 수용할 때까지만 지속된다(영원의 철학에 따르면 모든 죽음이 소멸되고 남는 것은 신 혹은 자기와 영 사이의 최상의 일치라고 수피들이 부르는 것에 대한 각성뿐이다).

근접자기는 거대한 생명의 강의 파동(그리고 지류)을 타고 가는 항해사다. 그것은 정체성의 핵심 원천이다. 자기가 에고 중심적인 파동에서 사회 중심, 세계 중심, 신 중심 파동(또는 전인습, 인습, 후인습, 후인습 이후의 수준)으로 항해함에 따라 그 정체성은 확장되고 심화되는데, 이는 물질에서 원본능, 자기, 신에 이르는 정체성이다.

(에고 중심, 사회 중심, 세계 중심 수준으로 정체성이 확장된다고 말할 때, 세계 중심 또는 후인습 수준에 있는 사람에게는 자기가 전혀 없다는 뜻이 아니다. 이와는 반대로 세계 중심적 수준에 있는 사람은 매우 성숙한 자기를 지니고 있다. 이는 한 개인이 단순히 자신만의 자기에게만 국한되지 않고 다각적인 조망을 취할 수 있어 인종, 피부색, 성, 신념에 관계없이 공정성, 정의, 배려를 고려하면서 도덕적 판단을 할 수 있다는 것을 의미한다. 필요할 때는 자신의 이익을 위해 행동하지만 그가 고려하는 범위는 상당히 넓고, 타인은 그의 확장된 정체성 범위에 속하기 때문에 타인의 이익이 더 많이 그 자신의 이익에 포함된다. 9장의 '도덕' 부분을 보라.)

대둥지를 항해하는 중심 항해사로서 자기는 동일시('나I' 라고 부르는), 의지(현 수준의 제약과 한계 안에서의 자유로운 선택),[6] 방어(위계적으로 정해진),[7] 대사 활동(상태를 특성으로 만드는),[8] 가장 중요하게는 통합(어떤 요소가 존재하든 균형을 맞추고 통합할 책임이 있는)과 같은 중요한 기능의 중심이 된다[9](불교인들이 자기를 반대하는 것에 관해서는 미주를 보라).[10]

결론

우리 각자가 '나(근접자기)' 라고 부르는 것은 지속적인 기능인 동시에 발달적인 지류다. 즉, 자기에게는 중심 활동이 되는 몇 가지 기능적 상수가 존재하며, 더 중요하게 자기는 정체성, 의지, 대사 활동, 항해, 방어, 통합의 중심이 된다. 이 자기(기능을 수반한) 또한 대둥지의 기본 수준(물질적 자기, 신체적 자기, 정신적 자기, 혼적 자기, 무자기적 진아의 단계를 8장에서 검토할 것이다)을 거쳐 고유의 발달을 경험한다. 특히, 중요한 점은 통합의 중심으로서 자기는 개인 속에 있는 모든 수준, 라인, 상태의 균형을 맞추고 통합할 책임이 있다는 사실이다.

간단히 말해서 항해사로서 자기는 잠재의식에서 자의식, 초의식에 이르는 놀라운 여정에서 부딪히게 될 모든 요소를 한꺼번에 처리하는 활동이다. 우리는 곧 이 여정을 자세히 다룰 것이다.

4. 자기와 관련된 지류

자기는 각 파동과 동일시한 후 그 파동을 끝까지 타고 가는 능력을 이용하여 대등지의 기본 파동을 항해한다. 자기는 의식의 어느 한 수준과 직접 동일시하며, 그 수준에 숙달된 후 더 높고 넓은 다음 단계로 올라가기 위해 그 수준과 탈동일시하고(그 수준을 통합하고) 다음 수준과 동일시한다(이는 성장을 향한 자기의 역량이 소진될 때까지 계속된다).

자기의 무게중심이 새로운 의식 단계 주위를 선회할 때마다 자기는 삶에 대해 새로우면서도 색다른 시각을 갖게 된다. 정확히 말해서 대등지의 기본 수준은 각기 다른 구조를 지니고 있기 때문에 자기는 각 수준에서 색다른 세계를 보고 있다. 즉, 새로운 공포를 만나며, 새로운 목표를 갖고, 새로운 문제를 겪는다. 자기는 새로운 욕구를 갖고 새로운 유형의 도덕과 새로운 자기 감각을 갖는다. 나는 이 모든 발달 라인을 '자기와 관련된 라인 혹은 지류self-related lines or streams' 라고 부르는데, 이 모두가 자기 및 거대한 파동을 따라가는 놀라운 여정과 밀접하게 관련되어 있기 때문이다.

그러므로 일반적인 발달 라인(인지적, 정서적, 미적, 운동감각적, 수학적 등)이 있고, 그 부분 집합으로 특정하면서도 밀접하게 관련된 자기발달 라인, 즉 자기의 욕구, 정체성, 발달 등이 있다. 이것들이 곧 자기와 관련된 라인들이다.

사실상 자기와 관련된 단계는 자기가 의식의 특정 수준과 어느 정도 동일시함으로써 생긴 것이다. 극단적으로 단순한 예를 들어 보면, 자기가 인습적 마음과 동일시할 때(자기의 주된 의식 수준이 구체적 조작 후기일 때는) 자기감(뢰빙거에 따르면)은 순응주의자의 역할a conformist role을 취하며, 도덕감(콜버그에 따르면)은 인습적이 되기 시작하고, 그 주된 욕구는(매슬로에 따르면) 소속감이 된다(이것들을 도표에서 볼 수 있다). 자기의 무게중심이 규칙/역할 마음 후기에 있는 경우 이 모든 특정한 역할, 도덕, 욕구가 작용한다. 이들은 주로 자기가 그 의식 수준과 배타적으로 동일시하는 것에 의해 지탱된다.[1] 거대한 스펙트럼의 특정 수준에서 볼 때는 그런 식으로 세계가 보인다.

도덕, 자기 정체성, 자기 욕구와 같은 요소들을 도표 4A ~ 4C와 5A ~ 5C에 나열하였다. 도표 4A ~ 4C에는 자기 정체성(뢰빙거의 자기발달과 에릭슨의 심리사회적 단계와 같은)과 가장 밀접하게 연결된 자기 관련 단계가 있고, 도표 5A ~ 5C에는 도덕과 조망 혹은 의식의 각 기본 수준에서 자기가 갖는 여러 유형의 시각(그리고 세계관) 같은 자기 관련 단계가 있다. 다음에서 이들을 순서대로 논의할 것이다.

자기 단계(도표 4A~4C)

자기발달 단계 연구의 초기 개척자(또 내 견해에 상당한 영향을 미친 사람)로는 제임스 마크 볼드윈, 존 듀이John Dewey, G. H. 미드G. H. Mead, C. 쿨리C. Cooley, 안나 프로이트Anna Freud, 하인츠 베르너Heinz Werner, 에디스 제이콥슨Edith Jacobson, 해리 스택 설리반Harry Stack Sullivan, 하인츠 하르트만Heinz Hartmann, 르네 스피츠Rene Spitz, 에리히 노이만Erich Neumann, 에드워드 F. 에딩거Edward F. Edinger, 클레어 그레이브스, 에릭 에릭슨 등이 있다.[2] 더 최근의 이론가(동시에 내 견해에 도움이 되었던)로는 (앞으로 논의할 사람들 중) 제인 뢰빙거, 존 브로튼, 오토 컨버그Otto Kernberg, 자크 라캉Jacques Lacan, 하인츠 코헛Heinz Kohut, 마가렛 말러Margaret Mahler, 제임스 매스터슨James Masterson, 로버트 키건, 수잔 쿡-그로터 등이 있다.

정신분석학의 전통에서 출발한 에릭슨은 정신분석의 개념을 상당히 넓게 확장시켰기 때문에 사실상 정신분석적 환원주의를 손상시켰다고 볼 수 있다. 출생에서 청년기를 거쳐 노년에 이르는 그의 '심리사회적 단계psychosocial stages'는 대중뿐 아니라 그 밖의 다수 연구자들의 즉각적인 공감을 얻었다. 분명 그는 중요한 것을 잘 알고 있었다. '개인의 일곱 시기seven ages of a person'를 상기시키는 에릭슨의 체계에서 볼 때 한 사람의 일생에는 일곱 개 혹은 여덟 개의 주요 시기들(혹은 단계)이 있다(도표 4A를 보라). 볼드윈과 피아제의 연구에서 이미 표면화되기 시작한(독일식 관념주의 비전에서 분명히 드러난다. 그리고 볼드윈과 피아제 모두에게 큰 영향을 미쳤던) 진리를 반영하듯, 발달의 각 단계는 서로 다른 욕구, 과제, 딜레마, 문제와 병리가 있는 판이한 세계를 본다. 인생의 모든 문제를 개인의 첫 시기의 잘못으로 환원시키는 것이 아니라 이와 똑같이 중요한, 때로는 더 중요한 여섯 개 혹은 일곱 개의 다른 시기들이 있는 것이다. 에릭슨의 최고 단계는 초개인 단계가 아니지만(이 단계는 종종 개인적 성격을 띤 수평적 전개다),[3] 그 일은 인생의 모든 중요한 사건을 개인의 첫 시기로 환원시키는 것만큼이나 쉽지 않았을 것이다.

클레어 그레이브스는 (볼드윈, 듀이, 매슬로와 함께) 발달체계를 취하면서 사업에서 정부, 교육에 이르기까지 광범위한 노력에서 그 뛰어난 적용성을 보여 준 최초의 인물에 속한다. 그레이브스는 인간발달에 관한 심오하면서도 훌륭한 체계를 제시하였는데, 이 체계는 후속 연구에 의해 반박된 것이 아니라 오히려 정교화되고 확인되었다. '내가 제안하는 바를 간단히 말하면, 성숙한 인간의 심리는 인간의 실존적 문제가 변함에 따라 낡고 낮은 차원의 행동체계가 점차 새롭고 높은 차원의 체계로 종속되고 펼쳐지며 드러나면서 흔들리는 나선적 과정이라는 것이다. 연속된 존재의 각 단계, 파동 혹은 수준은 사람이 다른 존재 상태로 나아가기 위한 하나의 상태다. 인간이 존재의 어느 한 상태에서 중심을 잡으면,' 즉 자기의 무게중심이 주어진 의식 수준을 맴돌면, '그 사람은 그 상태 특유의 심리를 갖는다. 그 사람의 감정, 동기, 윤리와 가치, 생화학, 신경학적 활동 수준, 학습체계, 신념체계, 정신건강에 대한 개념, 어떤 정신질환이며 어떻게 치료해야 하는지에 대한 생각들, 경영, 교육, 경제 및 정치 이론과 실제에 관한 관념

과 취향 모두가 그 상태에 맞게 이루어진다.'[4]

도표 4C에서 제시한 것처럼 그레이브스는 자폐적, 마술적/물활론적 수준에서 사회 중심적/인습적 수준을 거쳐 개인적 · 통합적 수준에 이르기까지 약 일곱 개의 주요 '인간 실존의 수준 또는 파동'을 약술하였다. 보통의 서구 연구자와 마찬가지로 그는 더 이상의 높은 단계(초개인 단계)를 인정하지 않았지만 전개인적, 개인적 영역에 미친 그의 공헌은 엄청난 것이다.

사실상 아브라함 매슬로에서 제인 뢰빙거, 로버트 키건에 이르는 이 모든 단계론적 착상은 광대한 양의 연구와 자료에 바탕을 두고 있다는 점을 기억해야 한다. 이들은 단순히 개념적 아이디어나 선호하는 이론이 아니라 모든 점에서 조심스럽게 검토된 상당량의 증거에 기초한 것이다. 내가 제시하는 다수의 단계론적 이론가들(피아제, 뢰빙거, 매슬로, 그레이브스와 같은)은 자신들의 모델을 제1세계, 제2세계, 제3세계(피아제에서 본 것처럼)에서 검토하였다. 그레이브스의 모델도 마찬가지로 현재까지 전 세계 5만 명 이상의 사람을 대상으로 검사하였는데, 그의 체계에서 중요한 예외는 발견되지 않고 있다.[5]

물론, 이들 체계 중 어떤 것도 이야기 전체 혹은 대부분을 이루고 있지 않다. 앞에서 말한 것처럼 그들은 모두 위대한 생명의 강의 부분적인 단편이고, 특정한 각도에서 강을 바라볼 때는 모두 유용하다. 다른 도표들도 똑같이 유용하며 추후 연구에 의해 이 사진을 정교하게 만들 수 없다는 뜻도 아니다. 그 의미는 이 도표를 포함시키지 않는 심리학적 모델은 그 어떤 것도 통합적인 모델이 될 수 없다는 것이다.

그레이브스의 업적은 돈 벡Don Beck에 의해 더 진척되었으며, 정교하게 되었을 뿐 아니라 크게 확장되었다. 그의 동료 크리스토퍼 코완Christopher Cowan(그들은 국립가치센터를 설립하였다)과 함께 쓴 『나선역학Spiral Dynamics』은 일반적인 발달 원리(특히, 그레이브스의 원리)를 광범위한 사회문화적 문제에 적용한 뛰어난 예다. 탁상공론에 머무는 분석가와는 달리 벡과 코완은 남아프리카 인종차별정책을 종식시킨 토론에 참여하였다(그 후 동일한 발달 원리를 이용하여 1995년 월드컵 우승을 한 남아프리카 럭비 연합팀을 대상으로 '가슴과 마음' 전략을 고안하였다). 나선역학의 원리는 사업을 재조직하고 도심 지구를 재활성화하며, 교육체계를 정밀하게 검사하고 도시 내 긴장을 분산시키는 데 효과적으로 이용되었다. 벡과 코완은 뛰어난 성공을 거두었는데, 이는 그들이 다원적 상대주의에서 길을 잃은 세계에 역동적 발달주의라는 분명하면서도 실재적인 관점을 제공하였기 때문이었다.

남아프리카 상황은 발달 수준(각 수준은 그 자체만의 세계관, 가치, 욕구를 지닌)이라는 생각이 왜 사회적 긴장을 악화시키지 않고(비평가들이 종종 비난하는 것처럼) 그 긴장을 실제로 완화시키는지에 관한 뛰어난 예가 될 수 있다. 도표 4B에 제시한 것처럼 나선역학은 인간발달을 여덟 개의 일반적 가치 밈즈MEMES* 혹은 심층구조, 즉 우로보릭uroboric**, 물활론적/종족적(타이폰적typhonic-마술적), 힘을 지닌 신(마술-신화적), 절대적-종교적(신화적), 개인주의적-성취자(이성적-자기적), 상대론적(비전-논리 초기), 체계적-통합적(비전-논리 중기), 포괄적-전일적(비전-논리 후기) 단계를 거쳐 진행한다고 본다. 이것들은 고정된 수준이 아니라 상당히 중복되고 서로 섞여 있는 유동적이면서도 흐르는 파동이므로 의식 전개의 그물 혹은 역동적 나선을 만든다.

사회적 긴장을 해결하는 전형적이면서도 진심어린 자유주의적 접근은 모든 가치를 동일하게 취급한 후에 그 가치를 그대로 둔 채 자원(돈, 권리, 물자, 토지)을 균등화하거나 재분배하려고 노력한다. 전형적인 보수주의적 접근은 특정한 가치를 취해서 이 가치를 모든 사람에게 부과한다. 발달적 접근은 서로 다른 다수의 가치와 세계관이 존재하며, 이들 중 어떤 것은 더 복잡하고, 발달의 어느 한 단계에서 생기는 많은 문제는 더 높은 수준으로 진화함으로써만 약화될 수 있으며, 이런 진화를 인식하고 촉진시키는 방법을 통해서만 마침내 사회적 정의가 실현된다는 사실을 인식하고 있다. 나아가 이런 모든 밈즈가 모든 개인에게 잠재적으로 이

[역자 주]

* 1976년 영국의 생물학자 리처드 도킨스가 『이기적인 유전자』라는 책을 출간하면서 이 책의 제11장 '밈MEME-새로운 자기복제자'라는 제목에서 언급한 용어다. 도킨스에 따르면 문화의 전달은 진화의 형태를 취한다는 점에서 유전자의 전달에 비유될 수 있으나, 언어, 옷, 의식, 관행, 예술, 건축 등은 유전적이지 않은 방법을 통해 다음 세대에 전달된다. 유전자는 복제에 의해서 다음 세대에 전달되지만 문화는 어떻게 다음 세대에 전달되는가? 도킨스에게는 유전자처럼 문화를 전달하는 새로운 복제자의 이름이 필요하였다. 도킨스는 'gene(유전자)'처럼 한 음절로 발음되는 단어를 찾았는데 결국 '모방'의 뜻이 함축된 그리스어 'mimeme'에서 'meme'이라는 이름을 만들어 낸 것이다.

** 감각운동기 초기의 자아 혹은 의식 형태를 말하는 것으로, 생존에 대한 원초적인 충동이 지배하고 환각적인 소망을 충족하며, 주체-객체의 분화가 초보적인 모습을 띠는 시기를 말한다.

용 가능함을 알아차림으로써 피부색, 경제적 지위, 정치적 권력에 바탕을 두지 않고 개인, 개인이 모인 집단, 씨족, 종족, 사업, 정부, 교육체계 혹은 국가가 기능하고 있는 세계관의 유형에 근거해서 사회 긴장의 경로를 새롭게 그릴 수 있다. 벡이 언급하였듯이 "사람의 유형에 초점이 있는 것이 아니라 사람 속에 있는 유형에 초점이 있다." 이는 피부색을 게임에서 제외하고 사회적 긴장의 밑바탕에 깔린 일부 진정한 요소(발달적 가치와 세계관)에 초점을 두는 일인데, 남아프리카의 인종차별정책을 무장해제시킬 때 바로 이런 일이 일어난 것이다.[6]

(일부 흥미로운 예를 들기 위해서 이 장의 말미에서 벡으로 다시 돌아갈 것이다. 그러므로 자기발달에 관한 이 부분이 재미없고 추상적이라고 느낀다면 다양한 예와 적용을 통해 생기를 되찾게 될 것이다.)

제인 뢰빙거의 인상적인 연구는 특히 자기발달(도표 4A를 보라)에 초점을 두었는데, 이 연구는 이 분야에 상당한 정확성을 부여하였으며, 발달에 관한 추후 연구의 기폭제 역할을 하였다. 그는 자기(근접자기)발달이 약 열 개의 뚜렷한 단계를 거친다는 사실을 밝혔다. 즉, 자폐적autistic, 공생적symbiotic, 충동적impulsive, 자기보호적self-protective, 순응적conformist, 양심적-순응적conscientious-conformist, 양심적conscientious, 개인적individualistic, 자율적autonomous, 통합적integrated이라는 명칭이 그 내용을 짐작하게 한다. 그의 연구는 현재 몇 개의 문화에서 재현되었으며 계속해서 광범위한 지지를 얻고 있다. 수잔 쿡-그로터는 뢰빙거의 연구를 정교화하고 확대시켜 자기발달에 관한 독창적이고 중요한 모델을 제시하였다(도표 4C).[7]

로버트 키건(도표 4C)은 누구나 좋아하는(나를 포함해서) 발달심리학자인 것 같다. 그는 통찰력, 정확성, 감수성, 배려 같은 발달 과제를 폭넓게 다루었다. 내가 보기에는 키건의 접근이 자기발달의 각 주요 파동을 나타내는 매몰embedding(동일화)과 탈매몰de-embedding(초월)의 성질을 분명하게 설명하고 있기 때문에 특히 중요하다. 그의 저서 『진화하는 자기The Evolving Self』와 『머리 위에서In Over Our Heads』는 발달적 접근이 왜 그토록 중요한지(그리고 왜 모든 사람이 키건을 좋아하는지)를 보여 준다.

후안 파스쿠알-레오네Juan Pascual-Leone는 피아제, 야스퍼스, 후설, 셸러, 메를로 퐁티Merleau-Ponty, 하이데거(나의 견해에도 마찬가지로 영향을 미친)의 연구에 그 자신의 매우 독창적인 이론을 첨가하여 역동적 변증법이라는 강력한 체계(도표 3B와 4B)로 통합하여 발달연구에서 매우 필요한 대륙적 방향성(해석학적, 현상학적, 변증법적)을 제시하였다.[8]

나는 존 브로튼John Broughton의 연구가 가장 중요하다고 믿는데, 이는 자기와 그 인식론(도표 4A)의 발달 단계를 요약한 점에서 그렇다. 브로튼은 제임스 마크 볼드윈(다음을 보라)의 주도 아래 중요한 연구를 상당히 많이 수행하였을 뿐 아니라 피아제 전통의 편협성에 이론적 균형을 가져다준 매우 필요한 일련의 연구에 기여하였다.[9]

자기 단계를 초개인 영역까지 추적한 연구자의 예로 나는 루돌프 슈타이너 Rudolf Steiner(도표 4B), 마이클 워시번Michael Washburn(도표 4A), 제니 웨이드Jenny Wade(도표 4A)를 포함시켰다. 스탠 그로프Stan Grof의 수준은 도표 2A에서 볼 수 있다.[10] 슈타이너(1861~1925)는 탁월한 선구자(페히너, 융, 제임스 등의 '천재들의 시기'에 활동한)이며, 그 시대의 가장 포괄적인 심리학적 · 철학적 비전가의 한 사람이다. 그는 인지학anthroposophy의 창시자로서 생각할 수 있는 거의 모든 주제에 관해 200권 이상의 책을 저술하였다.[11] 마이클 워시번은 초기에 잃어버린 잠재력을 재포착하는 것을 포함한 고차 발달에 관한 낭만주의적 견해를 매우 분명하게 제시하였으며, 현재 저술 활동을 하고 있는 가장 유능한 발달론자의 한 사람인 제니 웨이드는 전 스펙트럼에 걸친 의식의 여덟 가지 주요 파동의 전개를 탁월하게 개관하고 있다.

다시 한 번 말하지만 자기발달 단계에 관한 이들 이론 간에는 중요한 차이가 존재함에도 불구하고 많은 유사성을 발견할 수 있는데, 이들 이론가들이 자기 단계에 붙인 용어 자체가 그 내용을 말해 준다. 도표 4A~4C에 나열한 이론가의 용어만을 써 본다면, 의식은 대략 자폐적이고 미분화된 상태로 물질계에서 출발한다. 그 후에 물질적 환경에서 신체적 자기가 분화되어 본능적이고 충동적인 자기로 의식이 출현하지만, 여전히 마술적이고 물활론적으로 환경에 매몰되어 있으며, 환경에 대해 에고 중심적인 힘을 행사하려고 한다. 개념적 자기가 출현하기 시작하면 의식은 신체에서 분화되며, 자기는 감각능력에 정신능력을 점점 더 추가하여 에고 중심적이고 1인칭적인 안전/안정/힘 궤도에서 벗어나 더 광범위한 개체 간, 공동의, 사회적 집단으로 나아간다.

규칙을 생각하고 타인의 역할을 취하는 능력이 출현함에 따라 에고 중심은 사회 중심으로 대체되어 순응적, 관습적 역할을 취하게 되는데, 처음에는 신화적-절대적 신념이지만 때로는 권위주의적 방식을 취하기도 한다. 의식이 더 성장하면 자기는 사회 중심적, 인종 중심적 양상에 매몰되어 있던 데서 분화되어 형식적, 보편적, 세계 중심적, 후인습적 자각으로 개방되는데, 이는 진정으로 보편적이 되는 의식의 양식으로 확장되는 것이다.

이런 후인습적 입장은 후형식적 발달과 함께 심화된다. 이것은 대부분의 연구자가 동의하듯이 상대적 개인주의relativistic individualism(다원주의에 대한 신념이 고립적이고 과도한 개인주의로 이끄는)를 거쳐 보편적 전일주의global holism(다원주의를 넘어서서 보편적인 통합으로 이행하는)로 이행하기 때문에 개인적인 자기는 진정으로 통합되고 자율적이 된다(나는 이것을 켄타우로스라고 부른다. '켄타우로스'는 '인간의 마음'이 '동물적 신체'와 조화롭게 하나가 되는 성숙한 마음-신체 통합을 나타내고자 에릭슨이 사용한 용어다. 우리는 이를 개인적 영역의 최고 수준이라고 부르는데, 그 너머에는 초개인적 발달이 자리 잡고 있다).

켄타우로스를 넘어 진화적인 나선운동을 계속하면 의식은 초개인, 후인습 후기의 영역(심령, 정묘, 원인, 비이원 영역)으로 안정적으로 이행한다. 고차 영역을 연구한 현대의 몇몇 서구 개척자 중에는 요한 피히테Johann fichte, 프레드리히 쉘링Friedrich Schelling, 게오르그 헤겔, 아서 쇼펜하우어, 앙리 베르그송, 프리드리히 니체, 칼 융, 마틴 하이데거, 칼 야스퍼스, 에드문트 후설, 구스타프 페히너Gustav Fechner, 헨리 제임스Henry James, 랄프 왈도 에머슨Ralph Waldo Emerson, 루돌프 슈타이너Rudolf Steiner, 블라디미르 솔로비오프Bladimir Solovyov, 조시아 로이스Josiah Royce, 애니 베산트Annie Besant, 프레데릭 마이어스Frederic Myers, 니콜라이 베르자예프Nikolai Berdyaev, 알도스 헉슬리Aldous Huxley, 에리히 프롬, 로베르토

아사지올리Roberto Assagioli, 제임스 마크 볼드윈, 윌리엄 제임스, 아브라함 매슬로 등이 있다.[12]

도덕과 조망(도표 5A~5C)

자기의 무게중심이 전개되는 대둥지의 새롭고 고차적인 기본 파동과 동일시할 때마다 자기는 새로운 정체감을 가질 뿐만 아니라 더욱 광범위하고 포괄적인 도덕과 조망들을 갖춘 새롭고 고차적인 세계관을 갖게 된다. 이 중 다수를 도표 5A~5C에 나열하였다.

여기에서 중심 인물은 로렌스 콜버그Lawrence Kohlberg(도표 5A)다. 볼드윈, 듀이, 피아제의 연구에 기초한 그의 연구는 도덕적 발달(전인습, 인습, 후인습, 후인습 후기에 걸쳐)이 여섯 개 혹은 일곱 개 단계를 거친다는 것을 보여 주었다. 개인은 무도덕적amoral이고 에고 중심적인 단계('내가 원하는 것은 무엇이든' 옳다)에서 출발하여 사회 중심적 단계('집단, 종족, 나라가 원하는 것'이 옳다), 후인습적 단계(인종, 피부색, 신조에 상관없이 모든 사람에게 공평한)로 이행한다. 콜버그가 7단계라고 부른 최고 단계는 '보편적-영적universal-spiritual(후인습 후기)' 단계다.

데어드리 크래머Deirdre Kramer(도표 5A)는 (전형식기에서 형식기, 다원적 시기에서 통합적 시기에 이르는) 세계관 발달에 관한 설득력 있는 개관을 제시하고 있다. 키치너Kitchener와 킹King은 (표상기에서 상대주의 시기, 종합 시기에 이르는. 도표 5A) 반성적 판단에 관한 중요하고도 영향력 있는 연구를 수행하였다. 경직된 이원주의에서 상대적/다원적 시기를 거쳐 종합적 시기로 발달(도표 5A)하는 사회적 조망에 관한 윌리엄 페리William Perry의 연구는 다른 연구자들에게 널리 환영받았다. 특히, 대학생들의 칭찬을 받았는데, 그 연구가 대학생의 불안에 찬 발달을 매우 자세하게 설명하였기 때문이다. 역할 취하기에 관한 로버트 셀먼Robert Selman의 연구는 자기발달과 대인관계 능력에 관한 중요한 측면(도표 5C)을 밝히고 있다. 캐롤 길리건(도표 5C)은 여성 도덕발달의 위계(에고 중심, 사회 중심, 세계 중심 단계의 또 다른 변형인 '이기적', '배려', '보편적 배려' 단계)를 설명하였는데, 이는 대중문화에 엄청난 영향을 미쳤으며, 그만큼 널리 오해를 받고 있기도 하다(이는 남자만이 위계적 단계를 거친다는 뜻이 함축되어 있기 때문인데, 여자는 계층구조적 발달을 거치지 않는다는 생각은 지난 20년 동안 가장 영향력 있는 문화적 신화 중 하나가 되었다). 토버트Torbert의 행동탐구action-inquiry 수준은 경제에 특히 유용하다(도표 5A). 블랑샤르-필드Blanchard-Field의 연구는 에고 중심적, 다중적, 통합적 단계(도표 5A)에 이르는 관점의 진화를 중요하게 개관하였다. 그리고 존 롤스John Rawls의 도덕적 입장(도표 5C)은 셰릴 아몬Cheryl Armon의 보편 선의 단계(도표 5B), 도덕적 성격 구조에 관한 하위Howe의 중요한 연구(도표 5C)와 마찬가지로 계층구조를 이루고 있다.[13]

달리 말해서 이 모든 이론의 공통점은 도덕과 조망이 전인습, 인습, 후인습 단계(후인습 이후까지)로 발전한다는 일반적인 입장으로, 이는 더 나아가 대둥지와 그것의 보편적인 흐름을 일반적으로 입증한다고 할 수 있다.[14] 그럼에도 불구하고 자기와 관련된 여러 발달 지류는 여전히 준독립적인 성격을 유지한다는 점을 강조해야겠다. 예를 들어, 연구들이 지속적으로 시사하는 바에 따르면, 인지발달은 대인관계 발달의 필요조건이지만 충분조건은 아니고, 대인관계 발달은 도덕발달의 필요조건이지만 충분조건은 아니며, 도덕발달은 보편 선이라는 개념의 필요조건이지만 충분조건은 아니다.[15] 다시 한 번 말하지만, 이는 대부분의 개인적 발달 라인은 순차적인 홀라키적 전개를 거치지만 전체적 발달 자체는 그렇지 않다는 사실을 강조하고 있다.

반론

다원적 상대주의 옹호론자가 끊임없이 제기하는 비판 중 하나는 콜버그나 뢰빙거의 단계 개념이 본질적으로 유럽 중심적이고 주변적이며 성 차별적이라는 사실이다. 이는 중요한 지적이다. 그러나 지난 15년 동안 이런 비판은 주의 깊게 연구되었으며, 그 대부분이 근거 없는 것으로 밝혀졌다. 예를 들어, 콜버그의 도덕 단계는 여성에게 불리하다는 주장이 제기되었다. 『사회성과 성격발달Social and Personality Development』이라는 널리 존중되는 저서에서 "이 시점에서 볼 때 콜버그 이론이 여성에게 불리하다는 주장을 뒷받침하는 증거는 거의 없다. 여성은 별도의 도덕적 여정을 거치며 배려의 도덕을 남성보다 더 강조한다는 증거가 많은 것도 아니다. 사실상 그 반대를 입증하는 증거가 있다. 자신들이 직면한 실생활의 도덕적 딜레마에 관해 추론할 때 남성과 여성은 모두 법, 정의, 개인적 권리라는 문제와 마찬가지로, 또는 그보다 더 많이 동정심과 대인관계 책임이라는 문제를 제기한다."라고 기록하고 있다. 간단히 말해서, "연구들은 콜버그의 이론이 여성에게 불리하다는 주장을 계속 지지하지 못하고 있다."[16]

콜버그의 연구가 서구적 편견에 가득 찬 유럽 중심적인 연구이기 때문에 다른 문화를 주변화한다는 주장은 어떠한가? "멕시코, 바하마 공화국, 타이완, 인도네시아, 터키, 온두라스, 인도, 나이지리아, 케냐 등의 연구에서 유사한 결과가 나타나고 있다……. 그러므로 도덕적 추론에 관한 콜버그의 수준과 단계는 '보편적' 구조를 갖고 있는 것처럼 보이며…… 콜버그의 도덕 단계는 불변의 순서를 표현하고 있는 것 같다."[17] 다른 연구자는 증거들을 다음과 같이 요약하고 있다. "범문화적 연구를 포괄적으로 개괄해 보면, 콜버그의 연구와 방법은 상당히 문화적으로 공평할 뿐만 아니라 다른 문화적 배경에서도 타당한 도덕적 문제, 규범, 가치를 반영하고 있음을 시사하고 있다. 그뿐 아니라 이 자료들은 그의 단계 모델이 함축하고 있는 발달 기준도 입증하고 있어서 그 발달이론과 그 이론의 비상대적인 입장을 인상적으로 지지한다."[18]

콜버그 이론과 같은 이론은 비상대적 입장을 밝히고 있는데, 내 주장에 따르면 이 단계들은 전인습, 인습, 후인습, 후인습 후기라는 절대적이고 거대한 홀라키의 파동을 항해하고 있기 때문이다. 이 파동은 지각 없는 물질에서 초의식적 영까지를 망라하는 형태 형성적 장과 발달 공간을 가로질러 흐르면서, 모든 단계에서 전체적인 전개의 본질suchness인 동시에 존재isness인 영Spirit에 완전히 뿌리를 내리고 있다.

나선역학: 존재 파동의 한 예

우리는 이제 자기지류self-stream와 그것이 전개되어 나타나는 파동의 한 변형의 예를 간단하게 개괄하기 위해 나선역학Spiral Dynamics으로 돌아가겠다. 이는 거대한 강을 찍은 일련의 사진일 뿐임을 기억하라. 사실 기본 파동을 따라 준독립적으로 진행하는 서로 다른 다양한 지류가 있다. 그리고 개인은 자신의 다양한 지류([그림 2-1]과 [그림 2-2]의 통합심리도에서 보여 준 것처럼)에서 여러 다른 파동에 동시에 위치할 수 있다. 나선역학은 의식 상태를 포함하고 있지 않을 뿐 아니라 의식의 고차적, 초개인적 파동은 다루지 않는다.[19] 그러나 그것이 다루는 바탕에 대해서 나선역학은 자기 및 클레어 그레이브스가 '존재의 파동waves of existence' 이라고 부른 것을 통과하는 자기의 여정에 관한 매우 유용하고 정밀한 모델을 제시한다.

(그레이브스 체계에 매우 충실해 온) 벡과 코완은 자기 존재의 이런 수준을 브이밈즈VMEMEs라고 표현하였다. 브이밈즈는 세계관, 옷 입는 스타일, 정부 형태에 이르기까지 여러 가지 방식으로 스스로를 드러낼 수 있는 심리구조, 가치체계, 적응양식을 말한다. 어떤 의미에서 다양한 브이밈즈는 자신의 내적 역동과 변화하는 삶의 조건이라는 힘으로, 존재의 거대한 나선을 따라 발달할 때 자기가 이용할 수 있는 '서로 다른 세계' 다. 각각의 브이밈즈는 전 단계를 초월하고 포함하는 홀론으로 서로 감싸안으며 발달한다. 나는 '그레이브스의 도식' ([그림 4-1])을 포함시켰는데, 이는 클레어 그레이브스 자신이 겹치면서 포개지는 상태(우리가 홀라키라고 부르는)를 나타내기 위해 사용한 그림이다.

약 여덟 개 혹은 아홉 개의 각기 다른 자기세계 수준을 나타내기 위해 벡와 코완은 다양한 명칭과 색깔을 사용하였다. 그러나 이것은 자기의 전개에서 그저 지나가는 단계가 아닌, 일단 출현해서 적절한 삶의 조건하에서 활성화될 수 있는 영구적으로 이용 가능한 능력이며 대처 책략이다(예를 들면, 생존본능은 위기 상황에서 활성화될 수 있으며, 결속능력은 가까운 인간관계에서 활성화된다 등). 게다가 벡

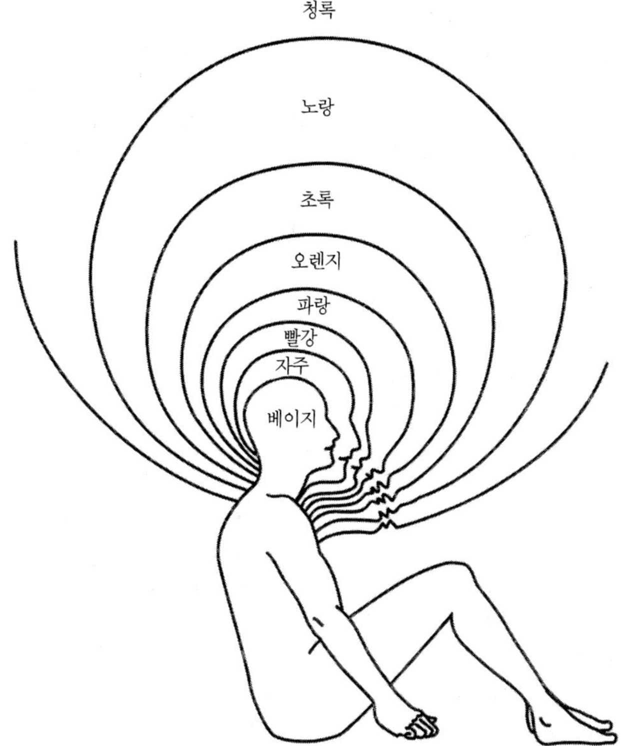

[그림 4-1] 그레이브스 도식: 점점 발달하는 홀론

이 말하였듯이, "나선은 균형 잡히지 않고 산란하며 순수한 유형이라기보다는 복합적인 혼합성을 지녔다. 그것들은 모자이크이고 그물망이며 혼합물이다."[20]

첫 여섯 수준은 '첫 번째 층 사고first-tier thinking'로 특징지을 수 있는 '생계 수준subsistence levels'이다. 그 후에 '존재 수준being levels'이면서 '두 번째 층 사고second-tier thinking'의 출현으로 의식의 혁명적인 전위가 일어난다. 여섯 개 파동 모두와 각 파동에 있는 세계 인구의 비율 및 각각이 유지하고 있는 사회적 힘의 비율을 간단하게 설명하면 다음과 같다.[21]

1. 베이지색: 원형적-본능적 기본적 생존 수준이다. 음식, 물, 온기, 성, 안전이

우선시된다. 생존하기 위해서 습관과 본능을 사용한다. 뚜렷한 자기가 가까스로 깨어나거나 유지되며, 생명을 영속시키기 위해 생존 영역의 형태가 된다.

〈볼 수 있는 곳〉 최초의 인간 사회, 신생아, 노쇠한 노인, 최후의 단계에 있는 알츠하이머병 환자, 정신적 질병을 앓고 있는 거리의 사람들, 굶어 죽어 가는 군중, 기억상실증. 성인 인구의 0.1%, 0%의 힘.

2. 자주색: 마술적-물활론적　　사고는 물활론적이다. 좋고 나쁜 마술적 영들이 지구에 떼지어 몰려와서 사건을 결정하는 축복, 저주, 주문을 남긴다. 민족적 종족의 형태를 띤다. 조상에게 영들이 존재하고 종족을 결속시킨다. 혈족관계와 혈통이 정치적 연결을 형성한다. '전일적'인 것처럼 들리지만 사실상 원자론적이다. "강의 각 굽이에는 이름이 있지만 강에는 이름이 없다."

〈볼 수 있는 곳〉 부두교와 유사한 저주에 대한 믿음, 피로 맺은 맹세, 고대의 원한, 행운을 가져오는 주술, 가족 의식, 마술적인 인종적 신념, 미신들, 제3세계 환경, 지하조직, 운동선수 팀, 집합적인 '종족'에서 강하다. 인구의 10%, 1%의 힘.

3. 빨간색: 힘을 가진 신들　　종족과 구분된 자기가 최초로 출현한다. 강력하고, 충동적이며 에고 중심적이고 영웅적이다. 신화적 영, 용, 괴물, 강력한 사람. 봉건지주가 복종과 노동의 대가로 신하를 보호한다. 봉건 왕국의 근거가 되며 권력과 영광이 지배한다. 세계는 위협과 약탈자로 가득 찬 정글이다. 정복하고 꾀로 이기며 지배한다. 후회나 가책 없이 자기를 최대한으로 즐긴다.

〈볼 수 있는 곳〉 '미운 두 살'*, 반항적인 젊은이, 개척자 정신, 봉건왕국, 서사적 영웅, 제임스 본드의 악당, 모험적인 군인, 거친 록스타, 흉노족의 아틸라, 파리대왕. 인구의 20%, 5%의 힘.

4. 파란색: 순응주의자 규칙　　삶에는 의미, 방향, 목적이 있으며 힘을 가진 모든 타자나 질서가 결과를 결정한다. '옳고', '그른' 절대적이고 불변

[역자 주]

* 2~4세 어린이는 그 어느 때보다도 공격적인 행동을 보이는데, 생후 18개월쯤이면 형제나 동년배, 어른에게 물리적인 공격성을 노골적으로 드러낸다.

하는 원리에 근거를 둔 정당한 질서가 행동의 규약을 집행한다. 이 규약이나 규칙을 위반하는 것은 심각하면서도 영구적일 수 있는 영향을 미친다. 규약을 따르면 충실함에 대한 보상을 얻는다. 고대국가의 근거. 완고한 사회적 질서, 부계적, 모든 것에 대해서 생각하는 하나의 또는 유일하게 올바른 방식. 법과 질서, 죄책감을 통해 충동적으로 통제되는 구체적 · 문자적이며 근본주의자적인 신념, 질서의 규칙에 대한 복종. 종종 종교적(신화적 멤버십의 의미에서. 그레이브스와 벡은 이를 '성자적/절대주의적saintly/absolutistic' 수준으로 칭하였다)이나 때로는 세속적이고 무신론적인 질서 또는 사명일 수 있다.

〈볼 수 있는 곳〉 청교도적 미국, 유교적 중국, 딕킨슨식 영국, 싱가포르식 규제, 기사도 규약과 명예, 자선적인 선행, 이슬람식 근본주의, 보이스카웃과 걸스카웃, '도덕적 다수', 애국심. 인구의 40%, 30%의 힘.

5. 오렌지색: 과학적 성취　　이 파동의 자기는 '다수의 정신'인 파란색에서 벗어나서 전형적으로 '과학적'이라고 부르는 가설귀납적, 실험적, 객관적, 기계론적, 조작적, 개인적 의미에서 진리와 의미를 추구한다. 세계는 자신의 목적을 위해 배우고 숙달하고 조정할 수 있는 자연법칙을 지닌 합리적이고 기름이 잘 쳐진 기계다. 매우 성취 지향적이며, 특히 (미국에서는) 물질적 이득을 추구한다. 과학의 법칙이 정치, 경제, 인간사를 지배한다. 세계는 자신의 탁월함으로 승리자가 패배자에게 거드름을 피우는 게임이 진행되는 체스판이다. 시장적 동맹. 개인의 책략적 이득을 위해 지구의 자원을 조종한다. 집합적 국가의 근거.

〈볼 수 있는 곳〉 계몽주의, 아인 랜드Ayn Rand의 『아틀라스Atlas Shrugged』*, 월스트리트, 리비에라The Riviera, 전 세계에 출현하는 중산층들, 화장품 산업, 트로피 사냥, 식민주의, 냉전, 패션산업, 물질주의, 자유로운 이기주의. 인구의 30%, 50%의 힘.

6. 초록색: 민감한 자기　　공산사회, 인간적 유

[역자 주]

* 아인 랜드의 가장 위대한 업적이자 마지막 소설로서 1957년에 출판되었다. 개인의 문제에서 사회, 경제, 정치에 이르는 사회 전반에 대한 폭넓은 문제의식을 다룬 소설로 미국식 개인주의와 자본주의 정신이 잘 드러나 있다. 1999년 랜덤하우스 설문조사에서 '독자들이 뽑은 20세기 위대한 책 100선' 중에서 1위를 차지하였다.

대, 생태적 민감성, 네트워킹. 인간의 영혼은 탐욕, 독단, 분리에서 해방되어야 한다. 느낌과 배려가 차가운 합리성을 대신하고 지구, 가이아, 생명을 소중히 한다. 계층구조에 대항하며 수평적 유대와 연결을 만든다. 투과성이 있는 자기, 관계적인 자기, 집단의 상호 관계망, 대화와 관계를 강조한다. 집합적 공동체의 근거(예를 들면, 공유된 감성에 근거하여 자유롭게 선택한 제휴), 화해와 의견 일치를 통해 결론에 도달한다(단점: 그치지 않는 '과정', 결론에 도달하지 못함). 영성을 새롭게 하고 조화를 이루며 인간의 잠재력을 풍요롭게 한다. 강력한 평등주의, 위계 반대자, 다원적 가치, 현실의 사회적 구성, 다양성, 다문화주의, 상대적인 가치체계. 이런 세계관을 보통 다원적 상대주의pluralistic relativism라 부른다. 주관적이고 비선형적인 사고. 지구와 지구의 모든 생명에게 감성적 따뜻함, 민감성, 배려를 보인다.

〈볼 수 있는 곳〉 심층생태학, 네덜란드식 이상주의, 로저스식의 상담, 캐나다의 건강관리, 인본주의 심리학, 자유신학, 세계교회협의회, 그린피스, 동물의 권리, 여성생태주의, 후식민주의, 푸코Faucault/데리다Derrida, 정치적으로 올바름politically correct, 다양화 운동, 인간권리문제, 생태심리학. 인구의 10%, 15%의 힘.

초록 밈이 완성되면 인간 의식은 '두 번째 층 사고'로 돌연한 비약을 할 태세를 갖춘다. 클레어 그레이브스는 이를 '믿을 수 없는 의미의 심연의 틈을 통과하는 순간적인 도약'이라고 표현하였다. 두 번째 층의 의식을 이용하는 개인은 본질적으로 계층구조와 헤테라키를 모두 사용해서 수직적인 동시에 수평적으로 사고할 수 있다. 개인은 처음으로 내면발달의 전 스펙트럼을 생생하게 포착할 수 있다. 그럼으로써 각 수준, 밈, 파동이 전반적 나선의 융성에 결정적으로 중요하다는 사실을 알게 된다.

내가 표현한 것처럼 각 파동은 '초월하며 포함하기' 때문에 뒤따르는 모든 파동의 근본 요소가 된다. 이런 이유로 각 파동을 소중하게 여기고 포용해야 한다. 게다가 삶의 환경이 보장되면 각 파동 자체가 활성화되거나 재활성화될 수 있다.

위급 상황에서 우리는 빨간색의 힘의 욕구를 활성화시킬 수 있고, 혼란에 대한 반응으로 파란색의 질서를 활성화시킬 필요가 있다. 또한 새 직업을 찾을 때 오렌지색의 성취욕이 필요할 수 있고, 결혼과 친구 관계에서는 친밀한 초록색의 유대가 필요할 수 있다.

그러나 어떤 밈도 다른 밈의 존재를 충분히 인정할 수 없다. 첫 번째 층의 각 밈은 자기의 세계관이 옳거나 가장 최선의 관점이라고 생각한다. 도전을 받으면 부정적으로 반응한다. 위협을 받으면 자신의 도구를 사용하여 맹렬히 공격한다. 파란색의 질서는 빨간색의 충동성과 오렌지색의 개인주의 모두를 매우 불편하게 여긴다. 오렌지색 성취는 파란색 질서를 애송이 같다고 생각하고, 초록색 유대를 나약하면서도 졸라댄다고 생각한다. 초록색의 평등주의는 탁월함, 가치 순위, 큰 그림 혹은 권위적으로 보이는 모든 것과 쉽게 같이할 수 없다. 그러므로 파란색, 오렌지색, 초록색 이후의 것들에 강하게 반응한다.

두 번째 층 사고와 함께 모든 것이 변하기 시작한다. 두 번째 층의 의식은 발달의 내적 단계를 기술적 형태로 분명하게 표현하지는 못하지만 이를 충분히 의식하고 있기 때문에 뒤로 물러서서 큰 그림을 포착한다. 그러므로 두 번째 층 사고는 다양한 밈이 취하는 필요한 역할을 제대로 인정한다. 두 번째 층의 자각은 우리가 비전-논리라고 부른 것을 사용하여 어느 한 수준에서만 사고하는 것이 아니라 존재의 모든 나선이라는 측면에서 사고한다.

여러 문화에 존재하는 다양하고 상이한 체계와 맥락을 포착하기 위해 초록색 밈이 초기 비전-논리를 이용하는 곳에서는 두 번째 층 사고가 한 단계 더 나아가 다원적 체계를 통합적이고 전체적인 나선들과 홀라키로 통합하기 시작한다(벡과 코완은 두 번째 층 사고를 '홀론'으로 기능하는 것이라고 하였다). 이런 홀라키들은 수직 · 수평 차원에서 내면적 · 외면적 발달 수준을 포함하고 있으며, 그 결과 다수준적이고 다원적이며 풍요로운 홀라키적 조망을 형성한다.

두 번째 층 사고에는 (우리가 비전-논리의 중기와 후기로 인정한 것에 해당하는) 두 가지 주요 파동이 있다.

7. 노란색: 통합적인 삶이란 자연발생적 계층구조(홀라키), 체계, 형태로 이루어진 만화경이다. 융통성, 자발성, 기능성이 우선시된다. 차이와 다원성은 상호 의존적인 자연스러운 흐름으로 통합될 수 있다. 필요하다면 평등주의는 타고난 탁월성의 정도에 따라 보완되어야 한다. 지식과 능력이 계급, 권력, 지위, 집단을 대신해야 한다. 현재 만연하는 세계 질서는 실재의 서로 다른 수준(밈)이 존재하고 있는 결과며, 역동적 나선을 따라 일어나는 상하운동의 피할 수 없는 패턴의 결과다. 올바른 통치는 실체가 점점 더 복잡해지는 수준(겹쳐진 계층구조)을 통해 출현하는 것을 촉진한다.

8. 청록색: 전체적인 보편적인 전일적 체계, 통합적 에너지의 홀론/파동. 감정을 지식과 통합한다(켄타우로스). 다원적 수준이 하나의 의식체계로 혼합된다. 외적 질서(파란색)나 집단 유대(초록색)에 기초하지 않은, 살아 있고 의식적인 모습을 지닌 보편적인 질서. '웅장한 통합'이 이론적 · 실제적으로 가능하다. 때로는 새로운 영성이 모든 존재의 그물망으로 출현한다. 청록색 사고는 나선 전체를 이용하고 상호 작용의 다중적 수준을 보며 모든 조직에 스며 있는 조화, 신비적 힘, 사방에 퍼져 있는 흐름 상태를 탐지한다.

〈두 번째 층 사고〉 인구의 1%, 5%의 힘.

두 번째 층 사고에 있는 인구가 1%에 지나지 않기 때문에(청록색 수준은 단지 0.1%) 비교적 드물게 이런 의식을 볼 수 있는데, 이것은 현재 집단적 인간 진화의 '첨단leading edge'을 이루고 있기 때문이다. 벡과 코완은 테야르 드 샤르댕Teilhard de Chardin의 인지권에서 자아초월심리학의 성장에 이르는 항목을 그 예로 언급하고 있는데, 그 과정에서 이들의 출현 빈도는 점점 증가할 뿐 아니라 머지않아 더 높은 밈이 나타날 것이다.

첫 번째 층 사고의 엄청난 저항에도 불구하고 두 번째 층 사고가 출현해야 한다는 사실에 주목해야 한다. 13장에서 볼 수 있듯이, 사실상 다원주의와 상대주의를 표방하는 탈근대 초록색 밈의 한 변형은 보다 통합적이고 홀라키적인 사고의 출현에 적극적으로 저항해 왔다(이 때문에 모든 대학에서 두 번째 층 사고에 의존하는 발달 연구를 사실상 하나의 파문으로 간주하였다. 이런 이유로 이 책과 도표에서 제시된 연구자들은 가장 적대적인 환경에서 자신의 연구를 추구해 온 영웅들이라고 할 수 있다). 그러나 그레이브스, 벡, 코완이 지적하였듯이 두 번째 층 사고가 없다면 인간은 다양한 밈이 우위를 차지하려고 서로를 공격하는 전 지구적 '자가면역 질환'의 희생자로 남을 운명에 처할 것이다.

초록색 밈(때로는 오렌지색)이 상당히 축적되어 있을 때 두 번째 층이 출현한다.[22] 초록색에서 해방된 다원적 시각에서 통합적이고 전체적인 네트워크가 형성된다. 그러므로 이 책은 초록색을 포기하는 게 아니라 풍요롭게 하면서 전진할 필요가 있다고 생각하는 초록색 밈 사람들에게 보내는 초대장이다.

수평적 유형론

마지막으로 융의 유형*, 애니어그램Enneagram**, 마이어스-브릭스Myers-Briggs*** 등의 '수평적' 유형론에 대해 살펴보자. 이들 대부분은 발달의 수직적 수준, 단계 혹은 파동이 아니라 각 수준에서 가능한 방향성의 여러 유형이다. 어떤 사람은 이런 유형론이 자신이나 남을 이해하는 데 매우 유용하다고 생각한다. 그러나 이런 '수평적' 유형론은 '수직적' 수준과는 근본적으로 성질이 다르다는 사실을 이해해야 한다. 즉, 수직적 수준은 정상적인 발달 과정에서 개인이 통과하는 보편적인 단계인 반면, 수평적 수준은 각 단계에서 발견할 수 있거나 없는 성격 유형이다. 예를 들어, 인지발달은 감각운동기, 전조작기, 구체적 조작기를 거쳐 형

[역자 주]

* 융은 인격은 내향적, 외향적 유형으로 구별되고, 여기에 지각, 사고, 감정, 충동이라는 심적 기능이 대응되어 여덟 가지 유형으로 구분될 수 있다고 보았다.

** 애니어그램의 역사는 약 4,500여 년 전 중동지방(현재의 아프카니스탄)에서 발생한 것으로 추정된다. 현재의 애니어그램 이론은 어떤 한 가지 근원에서 온 것이 아니며, 고대의 전통에서 비롯된 지혜와 현대의 심리학이 결합된 것이다. 애니어그램은 그리스어로 '아홉 개의 점이 있는 그림'이라는 뜻이다. 원과 아홉 개의 점 그리고 그 점들을 잇는 선으로만 구성된 단순한 도형이지만 그 안에는 우주의 법칙과 인간 내면의 모든 것이 상징적으로 표현되어 있다. 애니어그램은 사람을 아홉 가지 유형으로 분류할 수 있으며, 어떤 사람이라도 그중 하나의 유형에 속할 수 있다고 본다. 그러나 그것은 사람을 아홉 가지 유형으로만 구분 · 획일화해 놓은 것이 아니라 아홉 가지 유형의 문을 통해 들어가는 성격의 문과 같은 것이다.

*** 마이어-브릭스 유형지표The Myers-Briggs Type Indicator의 약어다. 융C.G. Jung의 심리유형론을 근거로 하는 심리검사를 말한다.

식적 조작기까지 도달한다는 것을 알고 있다. 현재까지의 증거로 비추어 볼 때 이런 단계에 중요한 예외는 없다(1장을 보라). 그러므로 우리는 상당한 확신을 가지고 이들 단계 및 이와 유사한 단계들을 통합심리학에 포함시킬 수 있다. 그러나 수평적 유형론에 관해서는 그런 확신이 없다. 이 유형론은 각 단계에서 볼 수 있거나 없는 가능한 방향만을 일부 개괄하고 있기 때문에 보편적인 증거보다는 개인의 취향이나 유용성에 근거하여 이들을 포함시키고 있다. 모든 사람은 의식의 기본 파동을 거치지만 반드시 특정 유형에 속하지는 않는다.

그렇다고 수평적 유형론이 쓸모없다는 뜻은 아니다. 유형론은 다양한 목적에 상당히 유용하다. 예를 들어, 애니어그램은 사람을 아홉 가지 기본 성격 유형(개혁가, 조력자, 동기 부여자, 개인주의자, 연구가, 충신, 열정가, 지도자, 평화주의자)으로 분류하는 복잡한 체계다.[23] 이런 유형론을 이용하는 방법은 주요 의식발달 수준 각각에 아홉 개 유형이 존재할 수 있다는 것을 깨닫는 것이다.

그러므로 수직 수준에서는 나선역학을, 수평 수준에서는 애니어그램을 이용할 수 있다. 예를 들면, 자주색, 빨간색, 파란색, 오렌지색, 초록색 수준 등에서 애니어그램 유형 3(동기 부여자)이 될 수 있다. 이 예의 여덟 개 수준 각각에서 아홉 유형이 되어 72가지 성격 유형이라는 유형론을 제시할 수 있다. 실로 다차원적인 심리학은 과연 어떤 모습일지 상상해 볼 수 있다.

그러나 이것은 거대한 생명의 강에서 발견할 수 있는 다중적 파동과 지류, 유형의 한 예에 불과하다. 이들 중 어떤 것도 최종 답이 될 수는 없으며, 모든 것이 우리에게 뭔가 중요한 것을 말해 준다.

1부의 결론

파동, 지류, 자기

1부에서 우리는 발달의 기본 수준 혹은 파동(물질, 신체, 마음, 혼, 영), 발달의 개인적 라인 혹은 지류(인지, 도덕, 정체성, 세계관, 가치 등), 그리고 양쪽 모두를 항해하는 자기를 간단하게 살펴보았다. 우리는 '초월하고 포함하는' 것의 중요성과 더불어 존재의 대둥지의 각 파동과 지류를 존중하고 포용하는 것의 중요성도 살펴보았다.

그러나 전반적인 의식 수준을 더 면밀히 살펴보면, 몇몇 예외가 있기는 하지만 대다수 현대 연구자들이 고차적이고 초개인적이며 영적인 수준을 포함시키지도 인정하지도 않았다는 사실을 인정하지 않을 수 없다. 스펙트럼 전체를 망라하는 도표를 훑어 보면 어떻게 다수 현대의 연구자들이 켄타우로스와 비전-논리 근처에 멈춰 있고 초의식 발달의 초개인적 · 초월적 파동을 무시하거나 거부하기까지 하는지를 분명히 알 수 있다.

전근대 시기의 대다수 영성은 마술적 · 신화적 · 전이성적 수준에 머물러 있었지만 그럼에도 불구하고 가장 높이 진화한 요가 수행자, 성자, 현자 들은 초이성적 · 초개인적 · 초월적 영역에 접근했으며 전의식 · 자의식 · 초의식에 이르는 존재의 대둥지를 그들 나름대로, 또 그들의 용어로 포용하였다. 매우 드문 이런 영혼들은 두 번째 층 사고의 능력을 입증하였을 뿐 아니라(그들의 광범위한 발달 모델에서 증명되고 있다. 12장을 보라) 초의식적 · 초정신적 상태에서 사고하는 마음을 전부 초월하였다. 그런 노력에서 그들은 대체로 문화 전체의 지지를 받았다. 이런 이유로 전근대의 지혜가 존재의 대둥지에 구현되어 있다고 말하는 것이다. 평균적 인간은 대둥지의 높은 수준까지 각성되지는 않았지만 높은 잠재력은 각성, 자유, 깨달음의 길을 추구하기를 원하는 누구에게나 열려 있다는 점을 분명하게 이해하였다. 근대는 이런 높고 초개인적이며 영적인 영역을 거의 대부분 부정하였지만 전근대는 이 영역을 인정하였다.

지금 무슨 일이 일어나고 있는 걸까? 집단적 인간 역사의 한 시점에서는 널리 보편적으로 퍼졌던 것이 어떻게 다음 시점에서 완전히 사라질 수 있었던 것일까? 그것은 전적으로 공룡의 멸종에 필적할 만한 망연자실할 시나리오다. 뇌성 같은 과학의 권위는 그 신뢰성과 반비례하는 열정으로 인간 역사와 선사시대에 만연하였던 생각(즉, 어떤 영적 차원의 존재)은 대규모적인 집단 환상이었다고 선언하였다. 영적 차원은 유아적 욕구의 소망 충족에 불과하고(프로이트), 군중을 탄압하기 위한 모호한 이데올로기에 불과하며(마르크스), 인간 잠재력의 투사에 불과하다(포이에르 바하)고 엄숙하게 선언하였다. 근대가 감각적 과학에 충성을 바쳐 세계 전체는 물질뿐이라고 돌연히 마침표를 찍기로 결심했던 최근 몇 세기 전까지 영성은 분명히 약 백만 년 동안 인류를 괴롭혀 왔던 심각한 혼동이었다.

근대의 과학적 선언의 황량함은 오싹할 정도다. 물질, 신체, 마음, 혼, 영에 이르는 놀라운 여정에서 과학적 유물론은 첫 단계에서 그 여정을 멈추었고, 그 후의 모든 발달은 공중에 떠도는 먼지에 불과하다고 선언하였다. 그러나 왜 이런 먼지가 똑바로 서서 시를 쓰기 시작하는지는 설명하지 않았다. 더구나 우연과 선택이라는 두 멍청이가 셰익스피어가 될 수 있다는 듯이 이를 멍청한 우연과 선택으로 설명하였다. 감각운동 영역만이 유일하게 실재하는 영역이라고 선언하였으며, 곧이어 정신건강은 그런 '실재'에 적응하는 것이라고 정의하기에 이르렀다. 물질 이외에 뭔가를 보는 의식은 전부 환각이라고 단언하였다.

이런 문화적 재앙을 적절하게 정의할 수 있는 유일한 단어는 '끔찍하다'이다. 그러나 높은 영적, 초개인적 차원이 사실상 인간의 심신체에 잠재적으로 내재해 있다면, 이런 광범위한 문화적 억압은 영혼에서 경이감을 앗아가거나 은총을 비워 버릴 만큼 강하지는 않을 것이며, 초월, 무아경, 해방, 빛나는 신, 가장 사랑하는 여신의 신비를 감출 수 있을 만큼 강하지도 않을 것이다.

실로 통합적인 심리학이 있다면(혹은 어떤 통합적인 연구라도) 그것은 전근대와 근대 간의 엄청난 단절을 정면으로 직면할 필요가 있다. 근대와 탈근대 세계에서 영성을 어떻게든 재도입하려는 느린 움직임이 있지만, 근대 서구에서 가장 널리 퍼진 '공식적' 세계관은 과학적 유물론이다. 근대와 근대 과학이 의식 수준의 존재를 대부분 부정한다면 의식 수준에 관한 통합적 관점을 지닐 수 없다. '통합적'이라는 말은 인류에게 주어진 모든 것을 통합한다는 의미를 갖고 있다. 근대가 자신 앞에 놓인 모든 것을 치워 버리기를 고집한다면 통합적 사업은 초반부터 벗어나 있다. 동시에 낭만주의자들이 원한 것처럼 '실재의 소생'을 통해 과거를 '재생'하려는 노력의 일환으로 지난 시대로 되돌아가려는 것도 소용없을 것이다. 근대는 자기 고유의 중요한 진실과 심오한 통찰을 제공하였으므로 이를 같이 조화시킬 필요가 있기 때문이다. 솔직히 말해서 지난 세월을 전혀 부풀릴 필요는 없다.

통합적 접근의 밝은 전망 쪽으로 나아간다고 할 때 전근대, 근대 모두의 장점 및 단점을 평가할 방법이 필요하다. 고대와 근대 모두의 진실을 평가하는 일관된 방식을 발견할 수 있다면, 실로 통합적인 접근은 스쳐가는 꿈 이상이 될 것이다.

제2부
길: 전근대에서 근대로

실로 통합적인 심리학은 분명히 남녀의 종교적 혹은 영적 차원을 포함시키고 싶어 할 것이다. 그러나 기독교, 유대교, 이슬람교, 불교, 힌두교, 도교, 토착종교와 같은 대부분의 위대한 영성체계는 전근대 유물의 일부다. 이런 종교들이 근대에는 존재하지도 않았고 영향을 미치지도 않았다는 말이 아니다. 단지 그들의 뿌리와 기초는 주로 전근대 시기에 있고 그 세계관은 전근대적 흐름에 깊이 영향을 받고 있다는 것이다. 더 나아가서 '근대' 라고 부르는(특히, 서구의 계몽주의) 실제의 역사적 시기는 스스로를 '반종교' 라고 명확히 정의하였다. 계몽주의와 과학적 실증주의는 대부분의 조직화된 종교의 교의를 구성하고 있는 '미신' 을 타파하기 위하여 시작되었다.

통합심리학이 '종교적인' 전근대와 '과학적인' 근대의 항구적인 통찰을 진정 포용하기 원한다면 영성에 대한 이 둘 간의 상반되는 입장을 매우 일반적인 방식으로 화해시킬 방법이 필요하다.

그러므로 우리는 전근대와 근대 모두 많은 장단점을 갖고 있으며, 양자의 항구적인 통찰을 취하고 그 한계들을 버림으로써 최선의 통합적 접근을 진전시킬 수 있다는 사실을 2부에서 지적하려고 노력하면서, 전근대에서 근대적 세계관으로의 위대한 전환을 아주 간단하게 살펴볼 것이다. 나는 진정으로 통합적인 접근을 취할 수 있는 다른 방법은 없다고 믿는다. 내가 살펴본 통합모델에서 볼 때 사실상 모든 노력은 고대 전통의 장점을 제대로 평가하고 있지 못하거나 근대의 중요한 공헌들을 이해하지 못해서 어려움을 겪었다고 할 수 있다. 나는 최선을 다해 양자를 개관해 볼 것이다.

그 후 우리는 되돌아가서 전근대와 근대를 모두 존중하며 단편들을 짜맞추려고 노력함으로써 3부에서는 통합심리학을 향한 건설적인 탈근대적 접근을 제안할 것이다.

5. 근대란 무엇인가

전혀 들어 보지 못한 것

근대는 전근대에서 대체로 부족했던 무엇을 세상에 선사했는가? 무엇이 근대를 그 이전 문화나 시대와 근본적으로 다르게 만들었는가? 무엇이 되었든 그것은 모든 포괄적 혹은 통합적 심리학의 근본 특징이 될 것이다.[1]

근대란 무엇인가라는 질문에 대한 대답은 많았다. 그중 대부분은 확실히 부정적인 대답이었다. 근대는 신의 죽음, 여신의 죽음, 삶의 상품화, 질적 차이의 평준화, 자본주의의 야만성, 양으로 대체된 질, 가치와 의미의 상실, 생명세계의 파편화, 실존적 공포, 오염화된 산업화, 광적이고 천박한 유물론으로 특징 지을 수 있다고 말한다. 이 모두는 종종 막스 베버에 의해서 유명해진 구절 '세계의 탈주술화the disenchantment of the world'로 요약되고 있다.

의심할 필요 없이 이런 주장은 어느 정도 진실하며 그 진실을 충분히 고려할 필요가 있다. 그러나 근대에는 분명히 매우 긍정적인 측면도 있다. 왜냐하면 근대는 우리에게 자유민주주의, 즉 종족, 계층, 종교적 신념 혹은 성과에 관계없이 평등, 자유, 정의라는 이상을 주었으며, 현대 의학, 물리학, 생물학, 화학을 주었고, 노예제도의 종식, 여권운동의 발생, 인류의 보편적인 권리를 주었기 때문이다. 이들은 분명히 '세계의 탈주술화' 보다는 조금 더 고상하다.

그러나 우리에게는 좋고(자유민주주의 같은) 나쁜(만연한 의미 상실) 요인을 허용하는 근대에 관한 구체적인 정의나 설명이 필요하다. 막스 베버에서 위르겐 하버마스Jürgen Habermas에 이르는 다양한 학자들이 시사한 바에 따르면, 근대는 특히 예술, 도덕, 과학의 분화를 의미하는 '문화적 가치 영역의 분화' 라고 정의할 수 있다. 근대는 융합되어 있었던 이 영역들을 분리시켰으며, 각 영역이 다른 영역의 침범으로 방해받지 않고 자신의 속도로, 스스로의 존엄성을 지니고, 고유의 방법을 사용해, 자신만의 발견을 따라 진행되게끔 하였다.

이런 분화를 현명하게 이용하면 각 영역은 민주주의, 노예제도의 종식, 여권운동의 발생, 의학의 신속한 진보와 같은 '좋은' 결과로 이끌 수 있는 엄청난 발견을 허용한다. 하지만 현명하지 않게 이용한다면 과학적 제국주의, 세계의 탈주술화, 세계 지배의 전체적 계획 같은 근대의 '어두운 부분'으로 쉽게 왜곡될 수 있는 발견들을 허용하게 된다.

근대는 예술, 도덕, 과학의 가치 영역을 분화시켜 우리에게 근대의 좋고 나쁜 면이 지닌 토대를 볼 수 있게 해 주었다는 데 그 탁월함이 있다. 이로써 우리는 근대의 존엄성과 재앙을 동시에 이해할 수 있게 되었다.

전근대 문화는 분명히 예술, 도덕, 과학을 지니고 있었다. 그러나 이 영역이 비교적 '미분화' 되었다는 점에 문제가 있었다. 한 예로 중세에는 예술, 도덕, 과학이 모두 교회의 권위 아래 융합되어 있었기 때문에 갈릴레오는 자신의 망원경을 통해 도출된 결과를 자유롭게 보고할 수 없었다. 교회의 도덕이 과학이 할 수 있고 없는 것을 규정하였다. 성경에는 태양이 지구 주위를 돌고 있다고 하였으며(혹은 그런 뜻을 내포하고 있었으며), 그것으로 토론이 끝나 버렸다.

그러나 가치 영역의 분화로 말미암아 갈릴레오 같은 사람은 이단이나 반역으로 몰릴 위험 없이 자신의 망원경으로 관찰할 수 있었다. 과학은 다른 영역의 야만적인 지배에 의해 방해받지 않고 자신의 진실을 추구할 수 있게끔 자유로워졌다. 예술과 도덕도 마찬가지였다. 예술가들은 처벌의 공포를 느끼지 않고도 비종교적인 주제, 심지어 원한다면 신성 모독적인 주제까지도 그릴 수 있게 되었다. 도덕이론도 마찬가지로 성경과의 일치 여부에 상관없이 선한 삶을 자유롭게 탐구할 수 있었다.

이 모든 혹은 그 이상의 이유를 들어 근대의 분화를 근대의 존엄성이라고 부를 수 있는데, 수많은 존엄성의 일부만을 언급해 보면 이런 분화가 자유민주주의의 발생, 노예제도의 종식, 여권운동의 성장, 눈부실 정도의 의학의 진보에 일부 기여했다고 할 수 있다.

그러나 근대의 단점은 가치 영역들이 평화롭게 분리된 것이 아니라 완전히 떨어져 나갔다는 데 있다. 근대의 경이로운 분화가 과도하게 진행되어 실제적인 분열, 파편화, 소외로 바뀌었으며, 존엄성이 재앙으로 변해 버렸다. 성장이 암이 되고 말았다. 가치 영역이 분열됨에 따라 강력하고 공격적인 과학이 다른 영역을 침범하고 지배하여 다가오는 '실재'에서 예술과 도덕을 신중하게 고려하지 않게 되었다. 과학은 과학주의, 즉 과학적 유물론, 과학적 제국주의가 되었으며, 이는 곧 근대가 지닌 우세하면서도 '공식적인' 세계관이 되었다.

이런 과학적 유물론은 얼마 안 가서 다른 가치 영역을 가치 없고 '비과학적이며' 환상적인, 혹은 그보다 더 나쁜 것이라고 선언하기에 이르렀다. 바로 이런 이유 때문에 과학적 유물론은 존재의 대둥지가 존재하지 않는다고 선언하였다.

과학적 유물론에 따르면 물질, 신체, 마음, 혼, 영으로 구성된 대둥지는 물질의 시스템만으로 완벽하게 환원시킬 수 있다. 그리고 물질적 뇌라고 하든 물질적인 과정체계라고 하든 물질(또는 물질/에너지)은 실재를 모두 남김 없이 설명할 것이다. 마음이 사라지고 혼, 영도 사라졌다. 사실상 불쌍한 최하위 단계만 남겨두고 대사슬이 모두 사라졌으며, 그 자리에 화이트헤드의 유명한 탄식처럼 '소리도 없고 냄새도 없으며 색깔도 없는 멍청한 사건, 그저 물질의 분주함만이 영원히 의미 없이 남아 있는' (그는 여기에 '그러므로 근대철학은 멸망했다.' 고 덧붙였다) 실재가 존재하였다.

근대 서구는 존재의 대둥지가 내포하는 본질적인 실재를 부정한 인류 역사 최초의 문명이라는 결론이 나온다. 우리는 이런 집단적인 부정에 의식, 내면세계,

깊이, 영성을 재도입하기를 원하며, 그럼으로써 조용히 더욱 통합적인 포용으로 나아가기를 바란다.

사상한

나는 과학적 환원주의를 이해할 수 있는 간단한 방법, 이를 역전시킬 간단한 방법이 존재한다고 믿고 있다.

도표에 열거한 많은 체계를 비교·대조하면서 이 체계들을 예외 없이 네 개의 일반적인 종류로 나눌 수 있다는 사실을 발견하였다. [그림 5-1]에서 볼 수 있듯이 개인적, 집단적인 것을 내면, 외면으로 표시할 수 있다는 것이 마침내 분명해졌다. 그림의 위쪽 절반은 개인적이고, 아래쪽 절반은 공동 또는 집단적이다. 그리고 왼쪽 절반은 내면적(주관적, 의식적)이고, 오른쪽 절반은 외면적(객관적, 물질적)이다.

그러므로 좌상상한은 개인적인 내면, 의식의 주관적 측면 혹은 개인적 의식을 나타내므로 나는 이것을 비전-논리까지 인지 라인으로 표현하였다([그림 5-1]은 빅뱅에서 시작해서 현재 의식의 평균적 양식에 이르는 발달을 표현하고 있으며, 나중에 우리가 더 자세히 논의할 초개인적 발달은 여기에 포함되지 않는다). 좌상상한 전체에는 신체적 감각에서 정신적 개념, 혼과 영에 이르기까지 모든 개인에게서 나타나는 의식 스펙트럼 전체가 포함된다. 통합심리도psychograph는 이런 상한의 그래프다. 이 상한의 언어는 '나-언어I-language'로 의식의 내적 흐름에 대한 1인칭 설명이다. 이는 또한 구경꾼인 '나' 안의 미학 혹은 아름다움의 장소다.

우상상한은 의식의 내적 상태와 관련된 객관 또는 외면적 상관물이다. 현재로서는 내면적 마음과 객관적 뇌 간의 정확한 관계를 걱정할 필요가 없으며, 이 둘은 적어도 밀접하게 관련된다는 것을 알 수 있다. 그러므로 그림에서 볼 수 있듯이 단순세포(무핵생물과 유핵생물)는 이미 자극에 대해 '흥분성' 혹은 적극적 반응을 보인다. 신경계를 가진 유기체는 감각과 지각을 갖고 있다. 파충류의 뇌 간

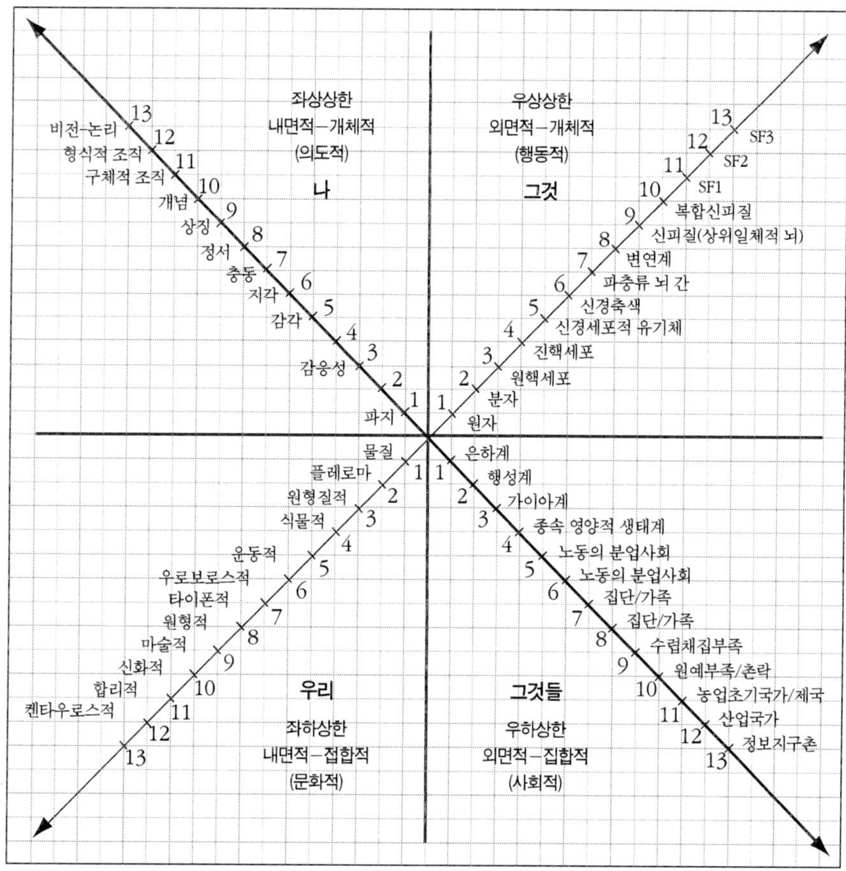

[그림 5-1] 사상한

에는 충동과 본능적 행동이 가능한 능력이 추가되어 있다. 정서를 비롯한 초보적이면서 강력한 특정 느낌이 변연계에 추가되며, 신피질에는 상징과 개념을 형성할 수 있는 능력이 추가되는 등이다(앞으로 보게 되듯이 SF1, SF2, SF3는 고차적 인지와 관련된 뇌의 고차적 구조-기능을 나타낸다). 이런 상한을 연구하는 연구자들은 뇌 기전, 신경전달물질, 의식을 지탱하는 유기체적 계산에 초점을 두고 있다(신경생리학, 인지과학, 생물정신학 등). 이 상한 언어는 '그것-언어it-language' 로 개별 유기체에 관한 과학적 사실의 3인칭 혹은 객관적 설명이 된다.

그러나 인간은 결코 혼자 존재하지 않으며 모든 존재는 세계 내 존재다. 개인은 항상 어떤 집단의 일부며, 집단에는 '내면'과 '외면'이 존재한다. 이를 좌하상한과 우하상한에 각각 표시하였다. 좌하상한은 집단의 내면이며, 개인으로 구성된 모든 집단이 공유하는 가치, 의미, 세계관, 윤리에 해당한다. [그림 5-1]에서는 마술적, 신화적, 이성적(이는 나중에 설명할 것이다)과 같은 세계관으로 표현하였다. 이 상한의 언어는 '우리-언어we-language'로 상호 이해, 정의, 선을 포함하는 2인칭 혹은 나-너I-thou 언어다. 간단히 말해서 너와 내가 같이 가기 위해 어떻게 조정할 것인가에 관한 것이다. 이는 문화적 상한에 해당한다.

그러나 문화는 실체 없이 공중에 떠 있지 않다. 개인 의식이 객관적이고 (뇌와 같은) 물질적인 형태로 고정되어 있듯이, 모든 문화적 요소는 외적이고 물질적이며 제도적인 형태로 고정되어 있다. 이런 사회체계에는 물질적인 제도, 지정학적 형태, 생산력(수렵채집사회에서 원예사회, 농경사회, 산업사회, 지식사회에 걸친)이 포함된다. 이들은 객관적 현상이기 때문에 이 상한의 언어는 객관적 개인과 마찬가지로 '그것-언어it-language'다.

우상상한과 우하상한 모두가 객관적인 '그것들'이기 때문에 이를 하나의 일반적인 영역으로 취급할 수 있으며, 네 개 상한을 '나', '우리', '그것'이라는 '3대 가치Big Three'로 요약할 수 있다는 것을 의미한다. 또는 나' 영역의 미학, '우리' 영역의 도덕, '그것들' 영역의 과학이라고 할 수도 있다. 미, 선, 진 혹은 1인칭, 2인칭, 3인칭 설명 혹은 자기, 문화, 자연 혹은 예술, 도덕, 과학이라고 할 수 있다.[2]

달리 말하면, 사상한(혹은 단순히 3대 가치)은 사실상 예술, 도덕, 과학이라는 가치 영역의 근대적 분화의 토대가 된다. 전근대는 3대 가치를 융합하여 뚜렷이 분화시키지 못했지만, 근대는 이들을 분명하게 분화시켰고 각자가 자신의 길을 가도록 해방시켰다. 이런 분화는 근대가 지닌 존엄성의 일부다. 이는 각 영역이 자신의 진실을 추구하도록 허용하면서도 놀랍고도 널리 미치는 발견을 이루게 하였는데, 아무리 신랄한 비평가라 할지라도 이 점에 동의할 것이다.

그러나 또 다른 것이 근대를 분열시켰다. 3대 가치의 분화가 지나쳐서 분열을 초래하였으며, 존엄성은 재앙으로 표류하였다. 이로써 최고의 권위를 누리는 과학이 다른 영역을 지배하여 그 영역들은 자신만의 고유한 실재가 없다고 선언하기에 이르렀다(과학주의, 과학적 유물주의, 일차원적 인간, 세계의 탈주술화). 마음, 혼, 영이 사라졌으며, 눈에 닿는 모든 것이 '그것들'의 세계인 끝없는 황량함이 그 자리를 차지했다. '소리도 없고 냄새도 없으며 색깔도 없는 멍청한 사건, 물질만이 영원히 의미 없이 바쁘게 돌아간다.'

사실상 의식의 스펙트럼 전체와 의식의 고차 수준(혼과 영)은 물질과 신체의 교환과 조합으로 환원되는 결과를 낳고 말았다. 거칠게 말하면 모든 '나' 영역과 '우리' 영역은 '그것들'의 영역, 과학적 시선의 대상으로 환원되고 말았다. 아무리 열심히 멀리 바라보아도 인간의 가능성인 대둥지를 닮은 것은 전혀 찾아볼 수 없고, 여기저기 서둘러 달리는 '그것들'의 끊임없는 패턴만을 보게 되었다.

결론: 통합 과제

전근대는 근대에서는 결여된 적어도 한 가지 큰 장점을 지니고 있었다. 즉, 기본적으로 높은 인간 잠재력의 일반적인 지도인 존재의 대둥지를 인식하고 있었다. 그러나 전근대에는 한 가지 약점이 있는데, 이는 대둥지의 모든 수준에서 가치 영역을 충분히 분화시키지 않았다는 점이다. 그러므로 무엇보다도 스펙트럼의 객관적이고 과학적인 탐구가 지체되었다. 대둥지의 구체적이고 때로는 국소적인 문화적 표현은 보편적으로는 타당했지만, 모두에게 추천하는 도덕적 강제 조항은 제한된 문화적 표현에 묶여 있었다. 지오다노 브루노Giodano Bruno는 대둥지의 수많은 상위 수준을 경험한 사람이었지만, 가치 영역이 충분히 분화되지 않았고 개인적 자유가 법과 관습의 보호를 받지 못했기 때문에 종교재판은 그를 주저 없이 화형시키고 말았다.

그러나 크게 볼 때 근대는 예술, 도덕, 과학이라는 3대 가치를 분화시키려 애썼기 때문에 각 영역은 놀랄 만한 발견을 이루기 시작하였다. 그러나 3대 가치가 분화되고 과학적 식민주의가 그 공격을 시작함에 따라 모든 '나' 영역, '우리' 영역은 객관적인 '그것들'의 패턴으로 환원되었으며, 신체에서 마음, 혼, 영에 이르는 의식의 모든 내적 단계는 과도한 미신적 넌센스로 취급되어 퇴출되었다. 대둥지는 우리가 평원이라고 부르는 과학적 유물론으로 붕괴되었으며, 아직 근대는 거기에 머물러 있다.

그러므로 우리의 역할은 전근대와 근대의 장점을 취하고 단점을 버리는 일이다.

6. 전근대와 근대의 통합

우리의 목적 한 가지는 심리학과 의식에 대한 전근대적, 근대적 접근이 지닌 영구적 진실을 통합하는 것이다. 앞 장에서 전근대 세계관의 핵심은 존재의 대둥지며, 근대의 핵심은 예술, 도덕, 과학이라는 가치 영역의 분화라는 점을 살펴보았다. 그러므로 전근대와 근대를 통합하기 위해서는 대둥지와 근대의 분화를 통합시킬 필요가 있다. 이것이 의미하는 바는 전통적인 대둥지의 각 수준을 사상한에 따라 조심스럽게 분화시킬 필요가 있다는 것이다. 그렇게 하기 위해서는 고대 영성의 핵심 주장인 대둥지와 근대의 핵심 주장인 가치 영역의 분화를 존중해야 한다. 이는 보다 통합적인 심리학으로 나아가는 길을 돕는 토대가 될 것이다.

대둥지의 각 수준을 사상한에 따라 분화시킨 [그림 6-1]에서 이를 매우 간단한 방식으로 표현하였다. 근대과학은 우리에게 이미 원자, 분자, 세포, 유기체, 수렵채집사회, 농경사회, 산업사회, 지식사회라는 우상한의 진화 혹은 발달에 관해 인상 깊게 설명하고 있다. 그리고 우리의 토론에서 내면적 상한의 진화 혹은 발달에 관한 다양한 예, 즉 파동, 지류, 세계관, 도덕 등을 보았다.

그러나 우리는 근대와는 달리 (고차 수준을 단순히 부정하는 것이 아니라) 신체, 마음, 혼, 영에 이르는 사상한의 온 수준을 포함시키고 싶다. 전근대와는 달리 우리는 각 수준에서 온 상한을 포함하길 원한다(무분별하게 이들을 합치는 것이 아니다).

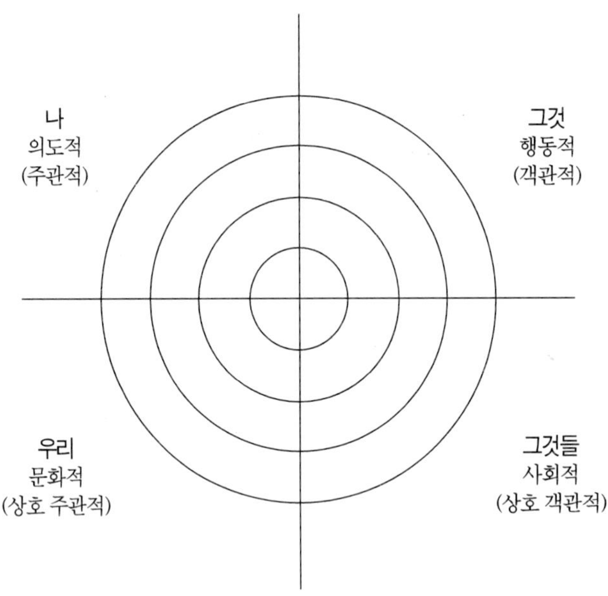

[그림 6-1] 사상한이 있는 대둥지

그러므로 (통합학문의 일부인) 통합심리학의 과제는 모든 상한, 모든 수준의 연구 성과물을 조정하고 통합하는 것이다. 통합심리학은 분명히 좌상상한에 초점을 두고 있지만, 이를 완전히 이해하기 위해서는 다른 모든 맥락에서 볼 필요가 있다는 것이 통합적 접근의 전체 요점이다. 이와 같은 '온 수준, 온 상한 all-level, all-quadrant' 통합은 (온 수준은 가능했지만 온 상한은 가능하지 않았던) 전근대와 (온 상한은 가능했지만 온 수준은 아닌) 근대가 부정한 것이다. 이런 두 가지 부족한 점에 대해 좀 더 살펴볼 필요가 있다.

전근대의 장점: 온 수준

전통적인 존재의 대사슬은 거의 전적으로 좌상상한, 혹은 개별적인 남자, 여자에게서 나타나는 의식의 스펙트럼(신체, 마음, 혼, 영에 이르는)을 다루고 있다.

존재의 대사슬 또한 실재의 존재론적 영역(혹은 수준)이라고 말하지만, 적어도 그 영역은 사상한으로 뚜렷이 분화되지 않았다. 그러므로 의식이 뇌의 상태, 신경생리학, 신경전달물질(뇌 상태로 환원시킬 수 없지만 그것을 완전히 '초월하지도' 못하는)과 관련된 방식에 대한 이해가 거의 혹은 전혀 없었다고 할 수 있다. 개인의 세계관과 의식의 스펙트럼에 대한 개인의 경험이 어떻게 그 사람이 살고 있는 배경을 형성하는 문화적 맥락에 의해 엄청나게 영향을 받으며, 그에 따라 틀 지어지는지를 거의 혹은 전혀 이해하지 못했다. 또한 물질적인 생산양식(수렵채집사회, 원예사회, 농경사회, 산업사회, 정보사회)이 어떻게 개인 의식의 윤곽에 깊이 영향을 주고 성 역할에서 자살률, 식사 습관에 이르는 온갖 것을 극적으로 변화시키는지를 거의 혹은 전혀 이해하지 못했다.

간단히 말해서 전통적인 존재의 대사슬은 주로 좌상상한에 초점을 두었으며, 객관적인 뇌 상태에서 인간 내적인 문화 맥락, 인간 외적인 사회 세력에 이르는 분화된 다른 상한들의 세부 항목을 거의 완전히 무시하였다. 그러므로 그것은 대규모의 거대한 정적 체계이지만, 근대와 탈근대 덕분에 이해하게 된 다원적 문화 맥락의 분화와 이 분화를 전반적인 진화체계로 통합하는 일이 남아 있어서 아직도 분명히 이해되지 못하고 있다(12장에서 더 자세히 살펴보게 될 것이다).[1] 플로티누스 같은 사람은 개인적으로는 대사슬의 길을 따라 발달하고 진화하였을지는 모르지만 (크게 볼 때 이들이 잘 분화되어 있지 않았기 때문에) 다른 상한과의 자세한 상관관계는 잘 이해하지 못하였다. 특히, 우상상한(물질적 유기체)은 물질적이기 때문에 영원의 철학자들은 이를 대사슬의 맨 아래(물질)에 두었는데, 이는 물질적 형태는 낮고, 의식 상태가 높은 것이 아니라 외적이고 내적인 의식 상태와 관련되어 있다는 사실을 인식하지 못하였기 때문이다. 전통적으로 물질을 넘어선 온 수준은 보통 일종의 천국 혹은 어떤 천상적인 상태로 존재하면서 물질을 완전히 넘어서서 '초월하는' 것으로 간주되었다. 이런 이유로 대사슬은 '저 세상적이라는' 느낌이 들었다. 의식의 진화는 내적으로 볼 때는 의식의 질이 증가하는 것이며, 외적으로 볼 때는 물질의 복잡성이 증가하는 것(그러므로 인간의 뇌는 우주에 있는 별보다 더 많은 신경 연결이 있다. 인간의 뇌는 존재하는 물질 중 가장 복잡한 것으로서 온 우주의 가장 높은 의식 수준과 관련되어 있다)이라는 사실을 인식하지 못하고, 영은 자연의 맨 꼭대기에 자리 잡고 있는 것이 아니라 자연의 내면과 관련된다는 긴밀한 상관관계를 이해하지 못한 채, 전통적인 대사슬은 이 세계를 거부하고 평가절하시켰다.

게다가 근대과학이 '초월적 의식'과 '물질적 뇌' 사이의 일부 긴밀한 관계를 발견하였을 때 근대과학은 전통적인 대사슬을 엄청나게 빈정거렸으며 거기에서 결코 벗어나지 못하였다. '저 세상의 의식'이 실제로 '이 세상의 유기체'와 연결되어 있다면 형이상학적인 모든 실재는 사실상 이 세상 것이 되지 않을까? 이런 '영적' 실재가 필요하기나 한 것일까? 과학적으로 날카로워진 우리의 감각으로 볼 수 있는 바로 여기에 모든 것이 주어진 게 아닐까? 온갖 종류의 영적 실재에 대한 믿음은 남녀가 자신의 잠재력을 투사하고는 스스로를 소외시켜 버린 방식에 불과한 것일까? 종교란 대중의 아편에 불과한 것일까?

간단히 말해서 전통적인 대사슬의 장점은 물질, 신체, 마음, 혼, 영에 걸친 온 수준을 놀랍게도 총망라하고 있다는 점이다. 그러나 그것은 온 상한이 아니었기 때문에 근대에 대처할 준비가 되어 있지 않았으며, 근대적 시선으로 볼 때는 사실 첫 번째 큰 재난이 되었다.

근대의 장점: 온 상한

근대의 발생은 한 가지는 좋고 한 가지는 비참한 두 가지 엄청난 사건으로 특징 지을 수 있다. 크게 볼 때 좋은 점으로는 사상한(예술, 도덕, 과학이라는 3대 가치)을 최초로 충분히 분화시키려고 했던 점을 꼽을 수 있다. 이는 근대의 수많은 존엄성에 기여하였다.

그것은 실로 존엄했다. '나'와 '우리'의 분화란 개인적인 '나'는 집단적인 '우리'(교회, 국가, 군주정치, 군중정신)에 종속되지 않음을 뜻한다. 인간의 보편적 권리를 어디에서나 선언할 수 있었으며, 이는 결국 태아 유산에서 여권운동에 이르는 해방운동을 탄생시켰다. '나'와 '그것'의 분화는 객관적 실재는 개인적 선택과 취향을 꺾을 수 없다는 것을 의미하며, 무엇보다도 예술을 단순한 표상에서 해방시켰다. '우리'와 '그것'의 분화는 객관적 진리에 관한 과학적 탐구는 교회나 국가의 명령에 더 이상 종속되지 않는다는 것을 의미한다. 이는 물리학, 의학, 생물학, 기술에서 일어난 엄청난 발견에 기여하였고, 이런 발견은 놀랍게도 단 몇 세기 만에 세계인의 평균수명을 몇 십 년 늘려 주었다. 실로 가치 영역의 분화는 각 영역에 예전에는 꿈도 꾸지 못했던 엄청난 진전을 가져왔다.

그러므로 근대 최상의 장점은 온 상한에 있다. 그러나 안타깝게도 온 수준은 아니었다. 왜냐하면 계몽시대 주요 철학자들은 거의 처음부터 그 많은 형태 중 우리가 실증과학적 관점, 즉 감각주의, 실증주의, 자연주의, 실재주의, 물질주의라고 인식하는 것에 전념하였기 때문이다. 이와 같은 실증적 편향에는 충분한 이유가 있다. 앞 장의 [그림 5-1]을 보고 모든 좌측 실재는 우측 대응물을 갖고 있다는 점에 주목하라. 예를 들어, 내적 감정은 객관적인 변연계에 그 대응물을 갖고 있다. 형식적 조작기의 사고는 신피질과 함께 일어나는 것 같다. 그러므로 꼬집어 말하기 아주 어려울 수 있는 내적 영역을 탐구하려고 애쓸 것이 아니라 물질적 대상에서 구체적 사회제도, 뇌 상태에 이르는 우측의 실증적, 감각운동적 실재에 주의를 기울여 보자. 이 모든 것은 단순 정위를 갖고 있다. 우리는 감각 혹은 그 연장물을 통해 그것들을 볼 수 있다. 이는 모두 수량화 및 측정이 가능하며, 이상적으로는 과학적 방법 또는 어떤 통제되고 객관적이며 실증적인 탐구에 적합하다.

이것이 바로 계몽시대 그리고 공식적인 근대가 착수한 일이다. 그러나 이런 접근에 내재하는 문제점은 분명하다. 모든 내적 상태는 외적, 객관적, 물질적 대응물을 지니고 있다고 말하는 데서 한 걸음 더 나아가 모든 내적 상태는 물질적 대상 이외에는 아무것도 아니라고 말하기가 아주 쉽다는 것이다. 저 세상의 모든 '형이상학적' 실재를 이 세상의 '실증적' 실재와 관련시키려는 일견 수긍이 가는 열정 속에서(이는 정당한 요구인데, [그림 5-1]에서 볼 수 있듯이 모든 좌측 사건은 우측 대응물을 갖는다) 근대는 부지불식간에 모든 내면을 외면으로 붕괴시켰다(가장 중요한 재앙). 모든 주관적인 진실(내성, 예술, 의식, 미에 이르는)과 모든 상호 주관적인 진실(도덕, 정의, 실제적 가치에 이르는)은 외적이고 실증적이며 감각운동적인 사건으로 붕괴되었다. 문자 그대로 먼지화되고 만 것이다. 과학적 물질주의의 거대한 악몽이 우리에게 덮쳐 왔으며(화이트헤드), 일차원적 인간의 악몽(마르쿠제), 질을 상실해 버린 우주(멈포드Mumford), 과학에 의한 예술과 도덕의 식민화(하버마스), 세계의 탈주술화(베버), 그리고 나도 평원이라고 부른 악몽이다.

평원

간단히 말해서 평원은 우측 세계, 즉 인간의 감각과 그 연장물(망원경, 현미경, 사진판 등)로 실증적으로 탐구할 수 있는 물질/에너지 세계만이 실재한다는 믿음이다. 모든 내적 세계는 객관적/외면적 용어로 환원되거나 설명된다.

이런 평원적 신념에는 미묘한 환원주의와 거친 환원주의라는 두 가지 주요 형태가 존재한다. 미묘한 환원주의는 모든 좌측 내면을 우하상한으로 환원시킨다. 즉, 모든 '나'와 모든 '우리'를 서로 연결된 '그것'의 체계로 환원시켜 버린다(시스템 이론이 그 전형적인 예다). 거친 환원주의는 한 걸음 더 나아가 모든 물질계를 물질적 원자로 환원시켜 버린다.

수많은 낭만주의 대중작가들이 주장하는 바와는 달리, 계몽시대 사상가들은 주로 거친 환원주의자가 아니라 미묘한 환원주의자들이었다. 아서 러브조이Arthur Lovejoy에서 찰스 테일러Charles Taylor에 이르는 학자들이 밝히고 있듯이 그들은 자연의 '대우주계the great Universal System'를 믿었는데, 이는 실재에 대한 시스템적 관점이지만 우측 실재만을 허용한 관점이었다.[2] '계몽시대의 죄'는 거친 환원주의가 아니라(압데라의 데모크리투스Democritus of Abdera 이후와 마찬가지로 상당수가 존재하지만) 설득력 있는 미묘한 환원주의에 있다. 이것은 내적 차원이라는 내장을 제거하여 과학적 물질주의와 그 외적인 전체주의의 타오르는 태양 아래 말려 버린 것이다. 즉, '나'와 '우리'가 '그것'이라는 체계로 환원되었다.

푸코가 요약한 악몽처럼 남녀는 '정보의 대상일 뿐 의사소통의 주체가 아닌' 것으로 간주되었다. 그런 미묘한 환원주의가 실재의 내적 차원(혼과 영 같은)에 적용되었으며, 거기에서 내적 차원은 갑자기 시야에서 사라져 버렸다.

계몽주의의 주된 죄악이 환원주의와 원자론이라고 주장했던 많은 대중작가는 그 후 서구적 평원의 치유책은 시스템 이론이라고 주장하면서도 정확히 그 이론이 우리가 극복하고자 하는 질병의 일부라는 점을 인식하지 못하고 있다. 시스템 이론은 우리에게 원자론적 '그것들' 대신 전체적인 '그것들'을 제시하고 있지만 양자는 모두 '나'와 '우리'라는 내적 영역, 즉 그 자체의 이름으로 제대로 평가받는 의식, 문화, 미학, 도덕과 통합될 필요가 있다. 우리는 어떤 것도 우선시하지 않고 사상한 모두를 필요로 하는 반면, 역동적 시스템 이론은 수많은 형태 가운데 우하상한에만 해당된다.

그러므로 다음과 같은 말들을 종종 듣는다.

> 최근 들어 생태학자 홀링C. S. Holling은 '과학의 두 주류' 간의 갈등과 그 갈등이 정치인과 대중에게 일으키는 혼동을 논의하였다. 한 주류는 실험적, 환원주의적, 협의적 학문 분야다. 이는 우리에게 친숙한 과학적 이상理想이다. 덜 친숙한 주류는 학문 간, 통합적, 역사적, 분석적, 비교적, 적정 범위의 실험적인 것이다. 첫 번째 형태의 예로는 분자생물학과 유전공학을 들 수 있다. 두 번째 형태는 진화생물학, 인구, 생태 시스템, 조경, 전체 시스템의 시스템적 접근에서 발견된다. 한 주류는 부분의 과학이고, 다른 주류는 부분을 통합한 과학이다.

그리고 양 주류 모두 평원의 과학이다.

그렇다고 시스템 이론이 중요하지 않다는 말은 아니다. 시스템 이론은 사실이지만 부분적인 것이며, 부분적이기 때문에 진정한 전일론이 아니라 외적/객관적 전일론이다. 이를 완성하기 위해서는 영혼의 보충이 절실히 필요하다는, 즉 그 자신의 용어로, 그 자신의 방법으로, 그 자신의 진리와 그 자신의 방식으로 드러나는 내적 차원 전체가 필요하다는 것이다. 그러므로 통합적 전일론을 향한

('나'와 '우리'의 내적 전일론과 '그것'과 '그것들'의 외적 전일론을 모두 포함시키는) 탐구에서 우리는 거칠거나 미묘한 환원주의 중 어느 하나를 우선시하지 않고 사상한을 모두 존중하기를 원한다.

간단히 말해서 근대는 문화적 가치 영역들(혹은 사상한)을 영웅적으로 분화시키려 하였으므로 근대의 장점은 온 상한이며, 이것이 우리가 확실히 존중할 수 있는 영원한 공헌이다. 그러나 근대는 이를 통합하는 방향으로 나아가지 않고 중요하면서도 필요한 분화가 불필요하고 병적인 분리로 너무 자주 추락하게 만듦으로써 예술, 도덕, 과학이 파편화되는 결과를 낳았다. 이로써 공격적인 과학이 다른 영역을 식민화하고 지배하였고, '공식적 실재'에는 과학의 진실 이외의 궁극적인 진실은 없었으며, 과학의 진실이란 이리저리 나부끼는 먼지에 관한 것이 되고 말았다. 존재의 대등지 전체와 신체, 마음, 혼, 영에 이르는 온 수준을 포함하는 내적이고 주관적인 영역은 조잡하게도 그 감각운동적인 대응물로 붕괴되었고 살해되고 만 것이다. 단원적 시선의 그물을 통과하려고 애쓰는 가운데, 단색적인 광기에 맞추기 위해 갈기갈기 찢어진 감정, 직관, 의식 상태, 초의식적 광명에 이르는 모든 내면적이고 주관적인 상태는 기껏해야 부수적인 현상에 불과하고 잘못하면 환각으로 선고되어, 근대 세계는 정복자 입장에 서서 의기양양해하면서 먼지와 오물, 그림자와 표면, 과학적 사실과 가치 없는 겉치레의 삶을 만드는 데 안주하였다.

결 론

매우 과감하게 일반화시켜 볼 때, 이제는 영원의 전통(즉, 존재의 대등지)의 영원한 진실을 취하여 근대의 장점(즉, 가치 영역의 분화)과 결합시키는 일이 필요하다. 이것은 대사슬의 온 수준이 적어도 네 차원, 즉 주관적 또는 의도적, 객관적 또는 행동적, 상호 주관적 또는 문화적, 상호 객관적 또는 사회적으로 분화되고, [그림 6-1]에서 제시한 ([그림 6-2]에서 단순화시킨) 바와 같이 과학, 미학, 도덕에 이르는 영역이 고유의 독립적인 타당성을 갖고 진리의 형태로 동등하게 인정되는 것을 의미한다. 이는 고대 지혜의 장점을 취하여 근대의 장점과 통합하면서 고대의 관점이 지니는 단점(분화, 다원주의, 맥락주의의 결여)과 근대의 단점(평원으로의 파멸적 붕괴)을 피하는 것이다.[3]

그런 결합은 우리를 건설적인 탈근대의 밝은 약속, 즉 신체, 마음, 혼, 영에 이르는 의식의 놀라운 스펙트럼의 온 수준에서 예술, 도덕, 과학의 통합으로 나아가게 한다. 그런 통합은 전근대의 장점(온 수준)과 근대의 장점(온 상한), 탈근대의 장점(앞으로 보게 되듯이 양자의 통합을 포함하는)을 포함하게 될 것이다. 즉, '온 수준, 온 상한'이 될 것이다.

이제 우리는 그런 통합모델로 눈을 돌릴 수 있게 되었다.

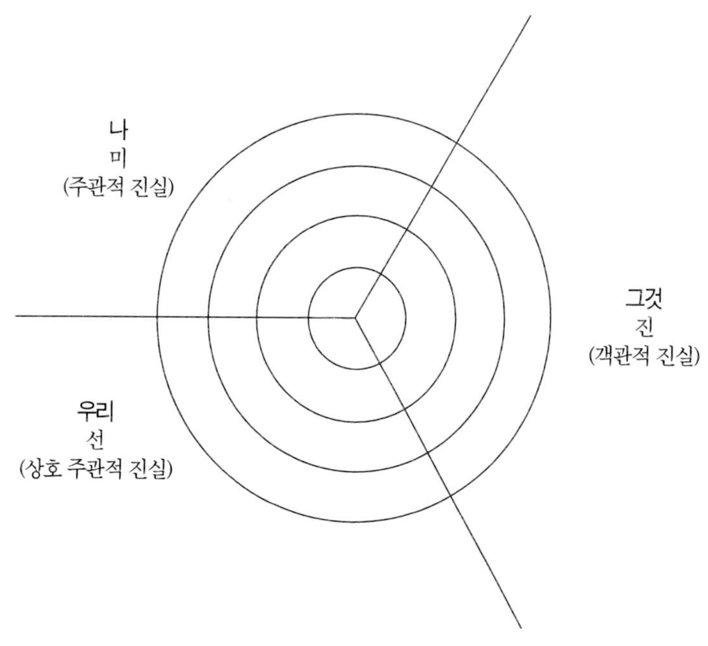

[그림 6-2] 진, 선, 미 수준

7. 근대의 중요한 개척자

통합적 접근의 입문

온 우주에 대한 통합적 접근은 어느 한 상한을 다른 상한으로 부당하게 환원시키지 않고 온 상한의 수많은 수준과 라인을 자유롭게 탐구할 것이다.

앞의 [그림 5-1]을 보면서 우상상한에 있는 모든 존재 또는 홀론은 단순 위치를 갖고 있다는 사실에 주목하라. 감각(혹은 감각의 연장물)으로 모든 것을 볼 수 있으며 바위, 촌락, 유기체, 생태계, 행성 등을 볼 수 있다. 그러나 좌상상한에 있는 어떤 홀론도 단순 위치를 갖고 있지 않다. 외부세계를 돌아다녀 보아도 당신은 감정, 개념, 의식 상태, 내적인 광명, 문화적 가치 등을 볼 수 없다. 이 중 어떤 것도 물질적 혹은 감각운동적 공간에 존재하지 않는다. 그것은 정서적 공간, 개념적 공간, 영적 공간, 상호 이해의 공간, 공통된 가치와 의미의 공간 등에 존재하고 있다. 이들은 객관적이고 물리적인 세계에 그 대응물을 갖고 있지만 고유의 윤곽을 완전히 파괴하지 않으면서 그 대응물로 환원시킬 수는 없다.

개인의 주관적 의식(파동, 지류, 상태와 같은)에 대해 말하자면, 그 물리적 대응물(뇌파에서 신경전달물질에 이르는)은 모두 감각운동 공간에 존재하므로 양이나 크기를 강조하는 계층구조로 배열할 수 있다(유기체는 세포보다 크고, 세포는 분자보다 크며, 분자는 원자보다 크다). 세포는 분자보다, 원자는 쿼크보다 낫다고 볼 수 없다는 점에서 우측의 계층구조는 가치의 계층구조가 아니며, 크기와 물리적 포장의 계층구조에 불과하다. 그러나 주관적이고 내적인 좌측 대응물은 모든 질의 계층구조에서 전개되는 내적 공간에 위치하고 있다(자비는 살인보다, 사랑은 증오보다, 그리고 도덕적 깊이와 다른 사람에게까지 확장되는 배려의 관점에서 볼 때 후인습은 인습보다, 인습은 전인습보다 낫다).

그러므로 통합적 접근은 어느 하나를 다른 것으로 환원시키지 않고도 내적 상태에 대한 외적 대응물의 지도를 만들 수 있도록 허용한다. 도덕적으로 볼 때 자비는 증오보다 더 좋지만 세로토닌은 도파민보다 더 좋다고 할 수는 없다. 그러므로 의식을 신경전달물질로 환원시키면 우리는 모든 가치와 의미를 완전히 상실하게 된다. 달리 말하면, 우리는 좌측의 모든 의미와 중요성이 가치 없는 사실과 무의미한 표면으로 붕괴되는 평원— '소리도 없고, 냄새도 없으며 색깔도 없는 멍청한 사건들. 물질만이 허둥대는, 끝없이 또 무의미하게' —으로 추락하고 만다.

통합적 접근은 '나'와 '우리'를 서로 얽힌 '그것들'이라는 시스템으로 환원시키려 하지 않는다. 통합적 접근은 미묘한 환원론을 범하고 싶어 하지 않으며 내적 전일론(양자가 양자 모두를 포함하는)을 외적 전일론으로 환원시키려 하지도 않는다. 그것은 모든 예술, 미, 도덕, 의식을 과정, 데이터 비트, 신경전달물질, 생명의 그물 혹은 그 밖의 전일적 대상의 체계와 같은 평원 시스템으로 환원시키려 하지 않는다. 통합적 접근은 비환원적인 방식으로 신체, 마음, 혼, 영에 걸친 주관적, 상호 주관적 파동, 지류, 상태라는 내적 영역을 포함시키기 원한다. 비록, 이 모든 것이 3인칭적, 과학적 '그것-언어'라는 모습으로 접근할 수 있는 객관적 대응물을 다양하게 갖고 있다고 할지라도 말이다.

중요한 대응물의 일부를 [그림 7-1]에서 볼 수 있다. 그림에서 신체(느낌), 마음(개념), 혼(광명), 영(모두에 내재하는)에 이르는 의식의 전 스펙트럼의 내적 파동을 좌상상한에 나열하였다. 이들을 물질적 차원으로 환원시킬 수는 없다(왜냐하면 이들은 물질과는 달리 단순 정위를 갖고 있지 않기 때문이다). 그럼에도 불구하고 느낌, 정신적 개념, 영적 계시는 모두 EEG 기계*, 혈액화학, PET 기계**, 갈바니 전기반응***에 이르는 다양한 과학적 수단을 통해 측정할 수 있는 물리적 대응물을 갖고 있다. 그림에서는 우상상한의 이런 물리적 대응물을 점선으로 표시하였다.[1]

그러므로 예를 들어 원시적인 특정한 행동 충동은 파충류의 뇌간에 그 대응물을 갖고 있다. 다양한 정서 상태와 감정은 변연계 각성 상태에 그 대응물을 갖고 있다. 개념적 사고는 특히 전두엽에서 그 활동을 보인다. 다양한 명상 상태는 뇌파 형태에 뚜렷한 변화를 보인다(예를 들면, 높은 진폭의 세타파****와 델타파*****, 좌우 반구 동조 Hemispheric Synchronization******).[2] 신체 느낌에서 정신적 개념, 영적 계시(좌측)에 이르기까지 의식 진화의 모든 상태와 단계에는 적어도 어떤 물리적 대응물(우측)이 존재한다.

그러면 우리는 왜 모든 것을 섭렵하는 의식이 복잡한 뇌구조, 연결주의 시스템, 디지털 과정, 계산적인 바이오 회로 혹은 그런 류의 부산물에 불과하다고 말하지 않는가? 이는 어떤 우측 대응물도 좌측 영역의 본질인 가치로 등급을 매길 수 없기 때문이다.

예를 들어, 서로 다른 뇌파 형태가 EEG 기계에 기록될 수는 있지만 기계에 있는 어떤 형태가 다른 형태보다 좋다고 말할 수는 없고 그저 다르다고만 말할 수 있을 뿐이다. 그러므로 민족 중심적인 편견과 세계 중심적인 공정성은 모두 EEG 기계에 뇌파 형태를 기록할 테지만, 기계에서 나타나는 어떤 뇌파도 다른 뇌파보다 더 좋고 가치 있으며 아름답다고 말하지 않고 또 그럴 수도 없다. 어떤 가치 등급도 우측 상관물을 기록하는 기계에 나타

[역자 주]

* Electroencephalogram의 약자로 뇌파를 측정하는 기계

** 양전자 단층촬영기계. PET란 양전자를 방출하는 방사성 동위원소를 이용해 암세포를 찾아내는 진단장비다. 한 번의 검사로 머리에서 발끝까지 한꺼번에 암 발생 여부를 찾아낸다.

*** 이탈리아의 갈바니가 개구리 뒷다리가 전기로 인해 움찔거리는 현상을 보고 발견한 반응을 말한다.

**** 얕은 수면 상태에서 나타나는 뇌파로 1초에 4~8번 발생한다. 이 상태에서는 예기치 않은, 꿈과 같은 마음의 이미지를 종종 동반하게 되고 그 이미지는 생생한 기억으로 이어지기도 한다.

***** 깊은 수면 상태에서 발생되는 뇌파. 세타파보다 더 느리게 움직이는 4Hz 이하에서 형성된다. 델타파 상태에 있다는 것은 잠들어 있거나 무의식 상태에 있다는 것을 말한다. 델타파 상태에서 많은 양의 성장호르몬이 생성된다.

****** 헤미싱크란 1982년 미국의 로버트 먼로(OOBE, 유체이탈 연구로 유명함)가 만들어 낸 말로 뇌의 좌우 양쪽 반구를 동조시킨다는 뜻이다. 뇌파가 헤미싱크의 상태가 되면 사람은 변성의식이라는 알파의식의 상태에 들어가며, 이 변성의식 상태에 들어가면 초능력이라고 말할 수 있는 힘이 작동하기 시작한다고 주장하였다.

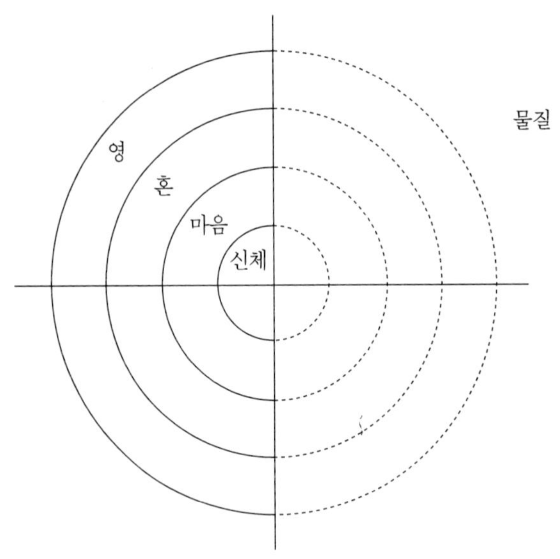

[그림 7-1] 내적(의식) 상태와 외적(물질) 상태의 상관관계

나거나 나타낼 수도 없는데, 우측 세계는 가치, 깊이, 의미의 등급이 아닌 크기와 단순 위치의 등급을 지니고 있기 때문이다.

그러므로 의식 상태를 뇌 상태로 환원시키면 우리는 모든 가치를 잃게 된다. 질을 박탈당한 우주로 끝나 버린다. 만일, 우리가 기쁨을 세로토닌*으로, 도덕을 도파민**으로 환원시킨다면, 또 의식을 신경계 통로로, 자각을 연결주의 시스템으로 환원시킨다면 우리는 또 다시 온 우주의 얼굴에서 가치, 의미, 깊이, 신성을 완전히 지워 버리는 셈이 된다. 우리는 평원으로 추락하고 미묘한 환원주의로 추락하는 셈이 되는 것이다.[3]

([그림 14-2](p. 245)는 평원을 도식적으로 표현하고 있다. '나'와 '우리'의 내적 영역은 대응되는 '그것들'로 환원되어 마음은 공중에 떠다니고, 이것이 어떻게

[역자 주]

* 뇌의 신경전달물질로 정신안정제와 비슷한 분자 구조를 갖고 있다. 인체는 외부로부터 충격을 받으면 이에 대항하기 위해 '노르아드레날린'이 분비된다. 세로토닌은 노르아드레날린을 억제하는 기능을 하는데, 쉽게 흥분하거나 '욱하는 증상'은 세로토닌의 분비 부족에서 발생한다.

** 신경전달의 주요 물질인 노르아드레날린, 아드레날린 합성의 전구체前驅體다. 파킨슨 증후군의 경우에 뇌 내부의 도파민 양이 감소되어 있는 것으로 알려졌으며, 뇌간腦幹의 선상체線狀體에서는 노르아드레날린보다 도파민이 다량 함유되어 있는 것이 발견되어, 자연히 도파민 자체가 카테콜라민 작동성 뉴런의 신경전달물질로 작용하고 있는 것이 밝혀졌다.

외부세계와 관련되고 고유의 유기적 뿌리와 관련되는지를 이해할 수 없게 된다. 이는 14장에서 탐구하게 될 악명 높은 '마음-신체' 문제와 관련이 있다.)

의식발달 단계에서 도덕적 성장의 정도에 이르는 좌측 영역의 실재는 어떤 외적 대상을 주의 깊게 살펴봄으로써가 아니라 내적 영역 자체를 조사함으로써 발견되는데, 이로써 자기 중심, 사회 중심, 세계 중심으로 이동하는 어떤 성장 수준은 더 좋고 높으며, 더 깊고 포괄적이며, 더 해방적이라는 점이(이 영역의 연구들이 보여 주듯이) 분명해진다. 이 모든 내적 파동이 유기적 뇌기능(연구할 수 있고 연구되어야 하는)이라는 외적 대응물을 갖고 있지만, 그것들은 자신을 정의한 바로 그 요인을 완전히 파괴하지 않고서는 그런 대응물로 환원시킬 수 없다.

그러므로 근대의 분열(동시에 재앙)로 추락하지 말고 근대의 분화(동시에 존엄성)를 존중하자. 근대의 분화 덕분에 우리는 [그림 7-1]에서 보여 주듯이(신체, 마음, 혼, 영) 온 수준에서 3대 가치를 존중하면서 1인칭(좌상상한), 2인칭(좌하상한), 3인칭(우측) 접근을 사용하여 의식의 모든 구조 혹은 상태를 탐구할 수 있다. 예를 들어, 뇌파 활동, 혈액 화학, 면역기능, 신경생리학에 미치는 명상의 갖가지 효과를 연구할 때 1인칭 혹은 현상적 설명(실제로 명상을 하고 있는 사람의 설명)을 이용하여 명상 상태를 연구할 수 있다. 또한 다양한 문화 배경, 언어 습관, 윤리 체계가 명상 상태에 미치는 방식을 조사할 수 있으며, 명상 상태를 가장 잘 유도하는 사회적 제도와 관습의 유형을 조사할 수 있다. 간단히 말해서 우리는 '온 상한, 온 수준' 접근법을 채택할 수 있다.[4]

전형적인 예

여기에서 나는 통합적 접근, 즉 가장 중요한 방식에서 '온 상한, 온 수준'이 되고자 하는 접근을 취한 몇몇 근대 개척자들을 소개하려고 한다. 이 개척자들은 똑같이 근대의 중요한 분화를 충분히 인식하고 있어서 과학이 종교, 영성, 심리학을 보충할 수 있는(대신하는 것이 아니라) 방법을 더 많이 인식하고 있다.

앞으로 살펴보게 되듯이 이들 모두는 대등지를 밝히기 위해 3대 가치 안에 존재하는 근대의 발견을 이용하였다(달리 말해서 이들 모두는 [그림 6-2]를 중요하게 정교화하고 있다).

괴테, 쉘링, 헤겔, 페히너, 제임스처럼 통합적 접근을 취한 초기의 근대 개척자들은 많다. 초기 개척자들은 진화에 대한 과학적 자료를 더 가까이 접했고, 이로써 보통 전근대 개척자가 이해하지 못한 대등지에 관한 사항을 더 잘 이해하게 되었다. 이는 개인만이 아니라 종의 발달, 즉 개체 발생적이 아닌 계통 발생적인 발달을 보여 준다. 금세기에도 슈타이너, 화이트헤드, 겝서에 이르는 개척자들이 많이 있지만, 나는 특히 제임스 마크 볼드윈James Mark Baldwin, 위르겐 하버마스Jürgen Habermas, 스리 오로빈도Sri Aurobindo, 아브라함 매슬로Abraham Maslow를 언급하고 싶다.

제임스 마크 볼드윈 제임스 마크 볼드윈(1861~1934)은 네 인물 중 가장 핵심적인 인물로서 역사적으로 볼 때 미국의 가장 위대한 심리학자라고 할 만하다. 제임스, 피어스와 동시대인인 볼드윈은 지금에 와서야 그 범위와 깊이를 인정받고 있는 통합적 심리학과 철학을 창안하였다. 그는 근대사 최초의 위대한 발달심리학자였으며, 최초로 발달 단계를 분명하게 정의하였다. 그는 내성적 현상학을 과학적 진화 인식론과 통합하려 하였다. 경험의 세 가지 큰 양식은 미적, 도덕적, 과학적(3대 가치!)이라고 믿었으며, 각 영역에 대한 상세한 발달 단계를 제안하였다(달리 말하면, 그는 온 상한 발달을 추적한 최초의 인물이었다). 그는 또한 종교발달 단계를 개관한 최초의 인물에 속한다. 피아제와 콜버그가 그의 인지발달 계획을 계승하였으며, 대화적 상호 작용에 관한 그의 연구는 듀이와 미드에 의해 더욱 발전되었다. 그리고 그의 진화적 인식론은 칼 포퍼Karl Popper와 도널드 캠벨Donald Campbell에 의해 포용되었다. 간단히 말해서 그의 영향력은 아무리 과대평가해도 지나치지 않다. 그럼에도 불구하고 그의 이름이 일반에게 알려지지 않은 유일한 이유는 그가 사망한 직후 실증주의와 행동주의 학파가 평원을 독단론적 신념으로 격상시켜 모든 종류의 통합적 연구를 교과과정에서 제외하였기 때문이다.

볼드윈은 자신의 발달에서 세 개의 주요 시기, 즉 (스코틀랜드 학파의) 정신적 철학, 진화심리학, 발달적 인식론을 거쳤다. 이 모든 부분에서 그는 과학, 도덕, 미학 중 어느 한 가지를 다른 것으로 부당하게 환원시키거나 우선시하지 않고 모두를 포함시키고 똑같이 존중하기로 마음먹었다. 그는 과학적 실험에 열심히 전념하는 것과 동시에 그가 '직관의 형이상학, 내성의 존재론' (즉, 좌측 영역의 바로 그 실재들)이라고 부른 것을 포함시켰다. 처음에 그는 스피노자 철학이 이런 통합을 가장 잘 수용할 수 있다고 생각하였다. 스피노자는 내적/정신적, 외적/신체적인 것을 똑같이 존중하였기 때문이다. 그러나 스피노자 체계의 정적인 성질은 진화를 포착할 수 없게 만들었다. 볼드윈은 "개인의 정신발달에 관한 어떤 일관된 관점도…… 의식발달이라는 원리 없이는 불가능할 것이다."라고 결론 내리게 되었다.[5] 게다가 이런 발달적 관점은 정신구조를 나쁘게 왜곡하는 단순한 실증주의로 후퇴하지 않고 제대로 구축되어야만 했다. 볼드윈은 "영에 관한 낡은 관점은 고정된 속성을 지닌 고정된 실체에 관한 것이다. …… 유전적(발달적) 개념은 이 모든 것을 뒤집는다. 우리는 고정된 실체 대신에 성장하고 발달하는 활동이라는 개념을 갖고 있다. 기능심리학이 능력심리학의 뒤를 잇고 있다."라고 하였다.[6] 볼드윈은 독일 관념론을 깊이 연구하였으며, 발달적 관점의 중요성에 관해 더 많은 증거를 발견하였다.

필요한 연구 수단을 재평가하면서 볼드윈은 두 번째 시기(진화심리학)를 시작하였다. "현상의 정신적 질서의 발달을 어떻게 결실 있게 연구할 것인가? 심리학이 정확한 과학에서 차용한 양적 방법은 폐기되어야만 한다. 왜냐하면 그것의 이상은 복잡한 것을 단순한 것으로, 전체를 부분으로, 나중에 진화한 것을 이전에 존재했던 것으로 환원시키는 데 있기 때문에 진정으로 유전적인(발달적인) 것을 구축하거나 드러내는 바로 그 요인을 거부하거나 제거하기 때문이다."[7] 그는 철학적 인식론이라는 도구 혹은 실증적으로 연구할 수 있는 구조 유형의 분석을 과학적 연구에 추가하였다. 이는 결국 제3시기, 즉 발달인식론(널리 알려진 그의 고전적 저서인 『사고와 사물: 사고발달과 의미 혹은 유전적 논리 연구Thought and Things: A

Study of the Development and Meaning of Thought, or Genetic Logic』에서 나타난)을 낳았다.

볼드윈은 의식이 질적으로 뚜렷이 구분되는 5개 의식 단계 혹은 수준(도표 11을 보라)을 거쳐 발달하며, 각각의 단계 혹은 수준은 높은 수준에서 하위 요소를 위계적으로 분화시키고 재통합한다고 보았다. 전논리적prelogical(감각운동기와 유사한), 유사논리적quasilogical(전조작기와 구체적 조작기 초기), 논리적logical(형식적 조작기), 가외논리적extralogical(비전-논리), 그리고 초논리적hyperlogical이 그것이다. 마지막의 것을 우리는 초논리적 혹은 논리 초월적이라고 부르는데, 그것은 주관과 객관의 이원론을 초월하는 견성satori과 유사한 비이원적 자각을 지칭하기 때문이다. 최고의 단계는 볼드윈이 말한 것처럼 "명상의 형태며 …… 거기서는 경험의 직접성이 끊임없이 스스로를 복구하려고 한다. 그런 명상의 최고 형태, 그 자체가 진솔하고 심오한 미적 경험인 상태에서는 동기들이 통합된다. 여기에서 서로 갈라진 초기의 이원적 가닥이 서로 녹아들고 융합된다. ……이해의 단일성이 이 경험의 본질적 특성인데, 그 속에서 의식은 실재가 무엇이며, 무엇을 의미하는지를 가장 완전하고 직접적이면서도 최종적으로 파악한다."[8] 이런 경험은 직접적으로 파악되는 전체로서 깨어 있는 실재다(우리가 심령 수준의 우주 의식 혹은 실증적 세계 전체와의 합일, 즉 '자연신비주의nature mysticism'라고 인정한 것). 그가 종종 지적하고 있듯이 이 합일의식에서는 발달 중에 일어나는 모든 이원론(내부/외부, 마음/신체, 주관/객관, 참/거짓, 좋은/나쁜)을 초월하고 완성의 경험으로 합일된다. 그는 이것이 전논리적이 아니라 초논리적이라고 강조하였다. 볼드윈은 약 5개의 기본 의식 수준을 통해 도덕적, 미적, 종교적, 과학적 및 자기의 발달 라인과 단계를 추적하였다.

이것은 그 일반적 완성에 있어서 그 밖의 유사한 어떤 것도 따라갈 수 없는 통합심리학이며 통합철학이었다. 오로빈도 같은 사람은 영적 발달의 수많은 단계를 더 자세하게 포착하였다(볼드윈이 '초논리적'이라고 부른 것은 사실상 네 개의 뚜렷한 의식 수준으로 구성되어 있다). 다른 사람들은 철학적인 심성을 더 강하게 보여 준다(예를 들어: 하버마스). 또 다른 사람들은 실험심리학에 더 많이 기여하였다. 그러나 이 모두를 볼드윈처럼 엄격함, 깊이, 넓이로 결합시킨 사람은 거의 없다고 볼 수 있다.

앞에서 언급하였듯이 볼드윈의 영향력(도덕, 미학, 과학이라는 세 가지 주요 영역에서)은 막대하였다. 자기와 그 외의 변증법적 발달에 관한 그의 단계적 설명은 주로 사회과학에 영향을 미쳤다. 콜버그의 전형적인 설명에 의하면, "볼드윈을 더 깊이 읽으면서 피아제가 20대에 출발한 모든 기본 개념들, 즉 조절, 동화, 도식, 비이원론, '에고 중심성' 혹은 어린아이 마음의 미분화된 특징들이 그에게서 나왔다는 것을 깨닫게 되었다. 나는 또한 발달심리학의 문제를 제기하기 위해 인식론을 사용하고 인식론적 질문에 답을 얻는 데 도움을 주기 위해 발달적 관찰을 사용한 유전적 인식론과 윤리학의 창안이라는 피아제의 전반적 계획 또한 볼드윈의 것이라는 것을 알게 되었다."[9] 그러나 볼드윈의 천재성은 피아제와는 달리 그의 통합적 비전에 있다. 그는 모든 발달을 인지발달로 환원시키기를 거부했는데, 이런 이유로 전체적 체계로서 볼드윈의 체계는 존 브로튼과 그 밖의 사람들이 지적하였듯이 훨씬 더 신뢰할 만하고 지속적인 것이 된다.

1900년대 초기 심리학자들과 사회학자들은 도덕발달이 크게 세 단계로 진행된다는 사실에 일반적으로 동의하였다. 1908년 맥도걸McDougall이 말했듯이, "사회심리학의 근본 문제는 사회에 의한 개인의 도덕화다. 이 도덕화는 첫째 보상과 처벌의 영향으로 본능적 충동의 작용이 수정되는 단계, 둘째 주로 사회적 칭찬과 비난을 예상하면서 행동이 조절되는 단계, 셋째 자신의 직접적인 환경이 칭찬하거나 비난을 가해도 자신에게 올바로 보이는 방식으로 행동하도록 만들 수 있는 이상에 따라 행동을 조절하는 단계를 거쳐 진행된다."[10] 이는 물론 전인습, 인습, 후인습으로 가장 잘 알려진 세 가지 광범위한 단계다. 콜버그가 지적했듯이, "(방금 개괄한) 듀이-맥도걸의 수준은 자기가 사회와 이루는 관계의 입장에서 서술되었다. 이들은 분명히 어린아이의 질적이고 인지적이며 인식론적인 성장을 반영하고 있지 않다. 우리의 자료가 시사하는 바에 따르면 (비이원적, 이원적, 윤리적이라는) 볼드윈의 세 수준으로 구성된 구별은 전인습, 인습, 후인습(자율적-윤리적)이라는 기본 연쇄에서 '단계들' (혹은 하위 수준들)을 정의한 것이다."[11] 달리 말하면, 콜버그는 볼드윈의 발달 수준까지도 이용함으로써 도덕발달의 6단계 계획을 제시할 수 있었는데, 지금까지 이루어진 연구에 의하면 이 6단계 계획은 대체로 변하지 않는 보편적인 것이다.[12]

볼드윈은 또한 종교발달 단계에 대해 가장 복잡한 설명을 최초로 제시하였다. 그렇게 하기 위해서 볼드윈은 처음으로 종교적 혹은 영적 관심은 경제적, 과학적 혹은 도덕적 관심으로 환원시킬 수 없는 독립된 영역이라고 (내 생각에는 성공적으로) 주장해야만 했다. "종교적인 동기는 환원 불가능한, 제대로 이해하자면 편재하는 개인의 동기 중 하나로서 이론적, 도덕적, 미적 관심과 나란히 위치하고 있다."[13] 이런 개척적인 연구 노선은 후에 제임스 파울러James Fowler에 의해 가장 뚜렷하게 계승되었다.

의식발달은 심오한 합일의식의 경험으로 이끌어 가고, 이 경험에서 절정에 달한다는 볼드윈의 생각이 가장 흥미로운 부분이 될 텐데, 그에게 이런 경험은 최고의 도덕과 과학을 동시에 결합하는 최고의 미적 경험이었다.[14] 이것은 물론 (칸트, 쉘링, 실러에서 파생한) 미적 이상주의의 한 변형이지만, 볼드윈은 팬컬리즘pancalism*이라고 부르는 자신만의 체계로 재작업하였다. 이 말은 우주의식은 '그 자체 외에는 전혀 관련이 없는, 모두를 포괄하는 것'이라는 의미다.

이런 합일 경험은 아름다운 예술작품을 관조하는 데서 예상된다. 예술작품 자체는 객관적, 외적 세계에 존재하며, 과학적 연구에 의해 하나의 대상으로서 연구될 수 있다. 그러나 예술작품의 아름다움과 가치는 관람자가 예술에게 부여하는 내적이고 주관적인 상태에 있다(객관적으로 실재하는 작업의 특징에 뿌리박고 있다 해도). 그러므로 당신이 사랑하고 가치가 있다고 여기는 예술작품을 감상할 때는 주관적이고 객관적인 세계를, 즉 가치와 사실, 도덕과 과학, 좌측과 우측의 세계를 통일된 포용으로 합일시키고 있는 셈이다.

더 나아가 중요하게 덧붙일 점은 볼드윈이 '그것은 감상의 대상이 되는 특정한 미적 대상을 넘어서서 전체로서 실재 자체로 움직여 가는 종합적 경험의 성질이다. 그런 종합적 경험은 신神 개념을 포함하고 있으며, 이제 그것은 마침내 자기와 세계

[역자 주]

* 볼드윈이 사용한 개념으로 아름다움이란 미적으로 구성된 것의 기본 규범이라는 미학의 원칙을 말한다. 볼드윈은 실재에 대한 미적 이론을 선호했는데, 이 이론에 따르면 모든 규범은 제1규범인 아름다움에 종속된다고한다.

가 알려질 수 있는 유기적 혹은 영적 전체를 말하는 것으로 보인다.'[15]고 한 것이다. 이런 미적 요소 또한 단계적 발달을 거치면서 우주의식의 완전한 경험에서 절정을 이룬다.

간단히 말해서 볼드윈은 본질적으로 존재와 인식의 대둥지, 즉 전논리적 신체, 논리적 마음, 초논리적 영을 취해서 각 수준을 미적, 도덕적, 과학적 경험 양식으로 분화시켰으며, 나아가 이런 주요 수준을 통해 라인의 발달을 보여 준 근대 최초의 위대한 연구자의 한 사람이었다. 그의 업적에 필적할 만한 것이 조만간에는 나타날 것 같지 않다.

위르겐 하버마스 위르겐 하버마스(1929~)는 그의 뛰어난 경력에서 다양하고 넓은 영역, 즉 철학, 심리학, 인류학, 진화이론, 언어학, 정치학([도표 10]을 보라)을 망라한 영역에 걸쳐 자신의 통합적 비전을 적용하였다. 하버마스의 전체 모델에는 세 층tier이 있다. 첫째는 의사소통 이론('보편적 화용론universal pragmatics'*)으로 주관적(미학), 상호 주관적(도덕), 객관적(과학적) 의식의 발달을 설명하는 출발점이 되어 준다(즉, 3대 가치, 개인에 대한 발달적 설명이 두 번째 층이다). 처음 두 층에 바탕을 둔 세 번째 층은 역사적 물질주의를 재구성한 사회문화적 진화에 관한 설명이며, 시스템 이론, 생명세계, 과학적, 미적, 도덕적 세계를 종합한 것이다.[16]

하버마스는 현재 활동하고 있는 가장 포용력 있는 발달철학자다. 그러나 안타깝게도 그는 비전-논리 수준을 넘어선 '나', '우리', '그것'의 의식 단계를 모두 배제시켰으며, 이것들을 완전히 무시하였다. 내 식으로 표현하자면, 하버마스는 온 상한이기는 하지만 온 수준은 아니다. 게다가 하버마스는 언어에서 발생하는 이해구조에 의존하면서 인간과 인간이 아닌 자연 사이에 불행한 쐐기를 박았으므로 자연에 대한 그의 접근은 근본적으로 도구적인 것이 되고 말았다. 간단히 말해서 그의 통합적 관점

[역자 주]

* 의사소통을 통해 이해에 도달하기 위해 필요한 조건들을 다루는 철학 분야를 말한다. 위르겐 하버마스는 『보편 화용론이란 무엇인가 What is Univesal Pragmatics?』(1979)라는 논문에서 인간의 경쟁, 갈등, 전략적 행동은 형식적 혼동으로 인해 실패한 이해를 성취하기 위한 노력이라고 주장하였다. 즉, 인간이 어떻게 서로를 이해하고 오해하는가를 알게 되면 사회적 갈등이 줄어들 수 있다는 것이다.

은 전이성, 초이성 영역에 부적절하며 자연과 혼에 부적절하다고 할 수 있다(어떤 사람은 주된 결함이라고 지적할 것이다). 그럼에도 불구하고 그의 관점이 망라하는 지평을 생각할 때 그의 성과는 그를 이미 20세기의 가장 중요한 여섯 명의 사상가 중 한 사람으로 단단히 자리매김하게 하였다. 그의 심오한 공헌을 무시하고는 어떤 통합적 관점도 성공할 수 없는 것처럼 보인다.

스리 오로빈도 인도의 위대한 근대 철학자이면서 현자인 오로빈도(1872~1950)의 위대한 업적을 설득력 있게 전달하기는 어렵다. 그의 '통합요가'는 인간의 상승하고(진화하는) 하강하는(퇴보하는) 흐름을 결합하고 통합시키려는, 그리하여 저 세상과 이 세상, 초월과 내재, 영과 물질을 결합시키려는 일관된 노력이다. 그는 인도의 위대한 영적 유산과 전통의 상당 범위를 망라하였으며, 그중 다수를 강력하게 종합하였다. 그는 또한 진화적 기록(근대의 분화에 의해 드러난)에 접근한 최초의 진정으로 위대한 현자였으며, 이로써 개체발생론의 역동적 발달주의(모든 위대한 영원의 철학자들이 가졌던)에서 계통 발생적인 것으로 자신의 체계를 확장시켰다. 오로빈도의 통합요가로 인해 인도는 대둥지라는 전근대의 진실을 근대의 분화로 생긴 진실과 최초로 종합할 수 있었다.

오로빈도의 전반적인 의식모델은 기본적으로 세 체계로 구성되어 있다. 즉, 첫째는 의식의 신체적, 생기적, 정신적 수준으로 구성된 표면/외부/전면 의식(전형적인 거친 상태), 둘째는 각 의식 수준의 전면 수준 뒤에 있는 더욱 깊은/심령적/영적 체계(내부 신체적, 내부 생기적, 내부 정신적, 가장 내부의 심령적 혹은 혼, 전형적인 정묘 상태), 셋째는 마음 수준 이상(높은 마음, 계몽된 마음, 직관적 마음, 상위마음, 초월 마음, 인과적/비이원적 수준을 포함한)과 마음 수준 이하(잠재의식과 무의식)에 걸쳐 있으며, 모두가 사트-치트-아난다Sat-Chit-Ananda* 또는 순수하고 비이원적인 영에 포섭되어 있는 수직적인 상향적/하향적 체계로 되어 있다.[17]

오로빈도의 최대 약점은 모든 이론가가 직면한

[역자 주]

* 절대주관의 순수한 존재 상태인 삿Sat과 절대객관의 순수의식인 칫Chit 그리고 순수한 지복상태인 아난다Ananda가 통합된 상태를 말하며, 요가는 궁극적으로 이 상태를 지향하고 있다. 이런 통합의 상태에서는 주관과 객관, 존재와 의식의 비이원적 합일이 완전하면서도 자발적으로 일어난다.

약점과 마찬가지로 그의 시대 이후로 중요한 발견들이 없다는 점에 있다. 오로빈도는 의식의 변용(좌상상한)과 이와 관련된 물질적 신체의 변화(우상상한)에 가장 관심을 쏟았다. 그러나 사회적, 정치적 체계에 관한 중요한 다수의 통찰에도 불구하고 문화적, 사회적, 의도적, 행동적인 것들의 실제적인 상호 관련성을 포착하고 있는 것 같지는 않았으며, 어떤 한 지점에서 행한 그의 분석도 상호 주관성(좌하상한)과 상호 객관성(우하상한)의 수준으로 나아가지 못했다고 할 수 있다. 말하자면 그는 근대의 분화를 충분히 소화하지 못했다고 할 수 있다. 그러나 오로빈도가 다루었던 수준과 양식은 모든 진정한 통합모델이 그의 체계를 반드시 필요로 하게끔 하였다.

아브라함 매슬로 아브라함 매슬로(1908~1970)는 너무 잘 알려져 있어서 그에 대해서는 다음 몇 가지만을 언급하고자 한다. 오로빈도, 겝서, 화이트헤드, 볼드윈, 하버마스에 이르는 진정으로 위대한 통합사상가들과 마찬가지로 그는 발달론자였다. 그는 대둥지의 각 수준은 서로 다른 욕구를 지니며, 이 욕구들은 위계적이면서 우세한 순서로 출현하고, 우리 모두는 이 욕구 수준([도표 7]을 보라)에 대한 잠재력을 갖고 있음을 시사하는 상당량의 실증적이면서도 현상학적인 증거를 수집한 최초의 인물이다. 제3세력(인본주의-실존주의 심리학)과 제4세력(자아초월심리학) 심리학의 기초를 세우는 데 도움을 주었던 매슬로의 생각은 교육, 경제, 가치 연구에 지대한 영향을 미쳤다.

매슬로의 업적은 1980년대에 잠시 좋지 않은 평가를 받았는데, 이 시기에 학계와 반문화를 지배했던 극단적인 탈근대 정신이 모든 형태의 홀라키를 평원 독단론으로 보이는 것에 종속시켰기 때문이다. 세계가 그런 환원주의에서 깨어남에 따라 그의 선구적인 업적은 더 통합적이면서 홀라키적인 관점을 진심으로 포용하는 사람들을 맞이하게 되었다.

이상의 통합사상가들은 우리를 더 나아간 통합적 비전으로 이끄는 데 도움을 줄 수 있는 소수의 선구적 천재들이다. 그들이 아무리 위대하다 할지라도 각각의 새로운 세대는 통합적 비전을 상당히 진전시킬 기회를 갖고 있는데, 이는 새로운 정보, 자료, 발견들이 끊임없이 만들어지고 있기 때문이다. 헤겔의 뛰어난 재기는 아시아 전통에 노출된 적이 한 번도 없었으며, 셸링은 많은 인류학적 자료에 접하지 못했다. 오로빈도는 근대 인지과학의 세심한 연구를 놓쳤다. 하버마스는 초개인적 혁명을 전혀 포착하지 못한 세대에 속한다. 마찬가지로 우리 중 누군가가 어떤 공헌을 한다 해도 그것은 곧 다른 사람이 딛고 일어설 발판이 될 것이라는 희망을 가질 수 있다.

제3부

결실: 통합모델

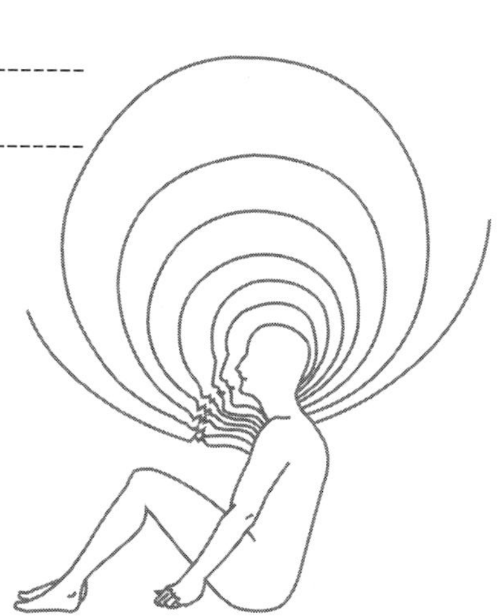

나는 진정한 통합심리학은 전근대(대둥지), 근대(가치 영역의 분화), 탈근대(대둥지의 온 수준에 걸친 통합)의 장점을, 즉 '온 수준, 온 상한'을 포함시켜야 한다고 제안하였다. 이제 우리는 이런 갈래를 함께 엮을 수 있다.

8. 영의 고고학

개 관

앞에서는 소수 이론가들을 소개하고 어떤 식이든 현 통합적 견해에 일반적으로 포섭될 필요가 있는 다수의 연구 분야를 소개하였다. 또한 내가 보기에 의식 진화의 주요 요소, 즉 대둥지의 기본 수준, 구조 혹은 파동(물질, 신체, 마음, 혼, 영), 거대한 파동을 거쳐 준독립적으로 움직이는 발달 라인 또는 지류(도덕적, 미적, 종교적, 인지적, 정서적 등), 의식 상태 또는 일시적인 의식 상태(절정 경험, 꿈 상태, 변성 상태 같은), 자기, 즉 정체성, 의지, 방어의 중심으로서 마주치는 모든 다양한 수준, 라인, 상태를 항해하고 균형을 이루며 통합해야 하는 자기, 자기와 관련된 라인(자기의 중심 정체성, 도덕 및 그 욕구 같은)을 소개하였다. 간단히 말하면, 파동, 지류, 상태, 자기, 자기 지류가 된다.

변성 상태는 매우 중요하면서도 분명 많은 주목을 받고 있지만, 이 상태가 발달에 기여하기 위해서는 구조/특성이 되어야 한다. 자기 지류는 일반 지류의 부분집합이기 때문에 매우 중요하다. 그러므로 간단하게 발달을 파동, 지류, 자기로 축소시킬 수 있다.

기본 파동

나는 통합모델의 주 요소 중 일부를 요약해서 도표 1A와 1B에 포함시켰다.[1] 우리는 이미 일부 이런 요소에 대해 논의하였으며, 여기에 이 모든 논의를 포함시켰다. 나는 도표에 있는 일부 항목을 근거로 특히 '온 수준, 온 상한' 접근을 지향하는 관점에서 이 모델에 관해 몇 마디 추가로 언급할 것이다.

각 도표의 좌측에는 존재와 인식의 대등지에 있는 기본 구조, 수준, 파동들이 있다.[2] 전체적으로 볼 때 고대와 근대, 동서양의 모든 주요 체계는 이동하는 거대한 형태 형성적 장 또는 발달 공간을 기술하고 있음을 기억해야 한다. 이는 홀라키적으로 층을 이루고 있어 초월하고 포함하며, 무한히 포개지면서 발달한다.

도표에 열거한 서로 다른 이동 개념은 구체적 사항에서는 아니지만 그 사항들이 묘사하는 발달 공간에서는 뛰어난 조화를 이루고 있다. 휴스턴 스미스 같은 학자들은 영원의 철학을 대변하면서 근대 연구자들(감각운동기, 형식적 조작기, 후형식적 조작기에 이르는 단계를 연구한)도 매우 유사한 결론에 도달했다는 사실을 종종 제대로 인식하지 못하고 있다고 말하고 있다. 프랜시스 리처즈Francis Richards와 마이클 커먼스Michael Commons는 피셔Fischer, 스턴버그Sternberg, 콜버그Kohlberg, 아몬Armon, 파스쿠알-레오네Pascual-Leone, 포웰Powell, 라부비-비에프Labouvie-Vief, 알린Arlin, 시놋Sinott, 바세체스Basseches, 코플로위츠Koplowitz, 알렉산더Alexander(모두 도표에 나타내었다)의 발달 연구와 자료를 검토한 후에, 그는 "(이 모든 이론가들의) 단계 순서를 공통된 발달 공간을 따라 정렬시킬 수 있다. 그 결과 나타나는 조화는 이 이론 간에 화해가 가능함을 시사하고 있다."라고 말하였다.[3]

내가 한 일은 수십 명의 근대 이론가와 마찬가지로 이 연구의 결과를 취해서 영원의 철학자들의 장점과 통합시켜 물질, 신체, 마음, 혼, 영에 이르는 전 스펙트럼 발달 공간이라는 기본 주형에 맞추려고 노력한 것이다(미주에서 전개되는 홀라키적 성질을 논의하였다).[4] 우리가 앞에서 살펴본 바와 같이 이들은 다양한 발달 지류가 흘러가는 존재와 인식의 기본 파동들로서 이들을 통해 다양한 발달 지류가 흐르고 있다. 이 모든 발달 지류는 잠재의식, 자의식, 초의식에 이르는 놀라운 여정에서 자기에 의해 균형을 유지하면서 (이상적으로는) 통합된다.

물론, 이런 구불구불한 여정에는 위험이 도사리고 있다.

자기와 병리

도표 1A의 2열은 '일반적 자기감각general self-sense'으로 근접자기(신체자기, 페르소나, 에고, 켄타우로스, 혼)의 발달 단계를 위해 내가 종종 사용하는 일반 용어다. 각각에 대해 실선 화살표를 그렸다. 예를 들어, 문헌을 살펴보면 발달의 높은 수준에서 에고가 유지되는지 혹은 상실되는지에 관한 혼동이 계속 남아 있다. 대부분의 자아초월 연구자들은 마치 에고가 상실되는 것처럼 높은 단계를 '에고를 넘어서' 또는 '에고 초월적'이라고 부른다. 그러나 이런 혼동은 거의 전적으로 언어적인 것이다. 에고라는 용어가 개인적 자기와 완벽한 동일시를 의미한다면 발달의 높은 수준에서는 이런 식의 동일시가 거의 상실되거나 와해된다. 즉, '에고'는 거의 파괴된다(이때 높은 단계를 에고 초월적이라고 하는 것이 옳다). 그러나 에고라는 말이 관습적 세계와 관련되어 있는 기능적 자기를 의미할 때는 그것이 확실히 유지된다(혹은 종종 강화된다). 마찬가지로 정신분석처럼 에고의 중요한 부분이 초연한 관찰능력을 의미한다면 그런 에고는 확실히 유지된다(또한 거의 언제나 강화된다). 잭 잉글러Jack Engler의 '명상은 에고 강도를 높인다.'는 말은 전적으로 옳다고 할 수 있다.[5] 또한 에고심리학처럼 에고가 통합하는 심성의 능력을 의미한다면 그 에고 또한 유지되고 강화된다.[6]

간단히 말해서 자기 성장이 일어나는 각각의 높은 단계마다 주어진 자기(신체자기, 페르소나, 에고, 켄타우로스, 혼)와만 동일시하는 배타적 성향은 와해되거나 느슨해지지만, 각각의 중요한 기능적 능력은 유지되고 통합되며(홀라키적으로) 뒤이어 나타나는 단계에서 종종 강화된다. 완전한 동일시의 시기(높은 성장이 일어나면 궁극적으로는 끝나는 시기)를 제2열에서 실선으로 표시하였다. 그러나 그 단계의 기능적 능력들은 그 다음 단계에서 중요한 하위 홀론으로 남는데, 나는 이것을 실선 화살표로 표시하였다(즉, 실선은 각 수준이 근접자기 혹은 '나I' 일 때를 나타내며, 의식이 그 주요한 단계를 지나서 계속 움직여 갈 때 자기는 원격자기 혹은 '대상으로서의 나me' 가 된다).

나는 도표 1A에 있는 다음 사항들을 간단하게 언급한 후에 다음 세 개의 절에서 더 자세하게 살펴볼 것이다. 3열('특정 측면')은 각 단계와 하위 단계에서 근접자기의 성질을 더 자세하게 나타낸 것이다.[7] 4열('방어')은 각 기본 파동에서 발달할 수 있는 주요 방어기전을 일부 제시하고 있다. '가능한 병리' 는 자기가 각 기본 파동을 항해할 때 일어날 수 있는 병리 유형과 수준을 매우 일반적인 방식으로 언급하고 있다. '분기점fulcrum' 은 자기발달의 주요 이정표로, 달리 표현하면 특정 의식 수준에 무게중심이 있을 때 근접자기에게 일어나는 것이다.[8] '치료' 는 서로 다른 의식 수준을 괴롭히는 여러 유형의 병리에 가장 도움이 될 수 있는 심리적 · 영적 치료를 요약한 것이다.

이미 살펴보았듯이 자기의 무게중심이 대둥지의 기본 수준을 움직일 때마다 고유한 발달의 분기점(혹은 이정표)을 거친다. 자기는 우선 새로운 수준과 동일시한 후 탈동일시가 일어나서 그 수준을 초월하며, 그 다음 후속되는 수준에서 그 수준을 포함하고 통합한다.[9] 이 논의 전반에 걸쳐 나는 대둥지를 아홉 개의 기본 수준으로 요약하였다(기능적으로 감각운동, 환상-정서, 표상-마음, 규칙/역할 마음, 형식-반성, 비전-논리, 심령, 정묘, 원인/비이원으로 묶을 수 있는데, 각 도표의 좌측 열에서 이를 볼 수 있다). 그러므로 대둥지 전체를 통한 완전한 진화 혹은 발달에서 자기가 거쳐 가는 아홉 개의 분기점을 약술한 셈이다(스탠 그로프Stan Grof의 연구와 같은 실증적 연구를 바탕으로 탄생 분기점 F-0를 포함시켰는데, 이로써 탄생에서 깨달음에 이르는 자기의 여정에서 서로 질적으로 구분할 수 있는 열 개의 주요 이정표가 만들어졌다).

새롭고 높은 대둥지의 영역에 발을 들여놓을 때마다 자기(근접자기)는 비교적 건강한 방식 혹은 병리적인 방식으로 진입한다. 건강한 방식이란 자기가 그 수준의 요소를 순탄하게 분화시켜 통합하고 있다는 뜻이고, 병리적인 방식이란 분화에 실패하거나(그래서 융합/고착/정체되거나) 통합에 실패하였다(이는 억압, 소외, 파편화를 낳는다)는 뜻이다. 대둥지의 각 수준은 질적으로 다른 구조이므로 각각의 분기점(그리고 그 병리)은 질적으로 다르게 구성되어 있다. 이제 거대한 강을 헤치며 나아가는 여정에서 자기가 직면하는 이런 병리들을 더 자세히 살펴볼 수 있게 되었다.

하위 병리(F-0~F-3)

지난 수십 년간 심층심리학이 이룬 주된 발전 중 하나는 정신병리의 유형이 다를 뿐 아니라(예를 들면, 강박신경장애, 공포, 불안, 우울) 정신병리의 수준 또한 다르다(예를 들면, 신경증, 경계선장애, 정신병)는 사실을 인식한 점이다. 병리의 여러 수준은 부분적으로는 자기발달 초기의 세 가지 주요 단계와 관련이 있다(특히, 르네 스피츠Rene Spitz, 에디스 제이콥슨Edith Jakobson, 마가렛 말러Margaret Mahler와 그 외의 선구적인 연구에서 밝힌 것처럼). 각 단계에서 일어나는 발달 실패는 그에 상응하는 병리 수준에 기여할 수 있다.[10] 이들은 물론 건물의 층처럼 확실히 구분되지는 않지만 자기발달의 중첩되는 파동으로, 이런 일반적 파동의 각각에서 많은 것이 잘못될 수 있다.[11]

자기발달 초기의 세 가지 파동을 간단하게 요약할 수 있는데, 자기는 환경과 비교적 미분화된 상태에서 출발한다.[12] 즉, 자기는 어디서 자신의 신체가 끝나고 물리적 환경이 시작하는지를 쉽게 말할 수 없다(이것이 분기점falcrum-1의 출발이다). 탄생 첫해 어딘가에서 유아는 담요를 물어뜯으면 아프지 않지만 자신의 엄지손가락을 물면 아프다는 것, 즉 신체와 물질에는 차이가 있다는 것을 배우게 된다. 유아는 자신의 신체를 환경과 구분하게 되는데, 그럼으로써 그 정체성은 물질세계와의 융합에서 정서-느낌적 신체emotional-feeling body를 지닌 정체성으로 바뀌게 된다(이것이 분기점-2의 시작이다). 개념적 마음이 출현하고 발달함에 따라(특히, 3~6세까지) 유아는 마침내 개념적 마음과 정서적 신체를 구분할 수 있게 된다(이것이 분기점-3이다). 이제 근접자기의 정체성은 물질, 신체, 초기 마음을 통과한 것이다(우리는 자기가 대둥지의 파동을 잘 따라가고 있다는 것을 알 수 있다).

이상적으로 각각의 자기 단계(혹은 분기점)는 분화와 통합(초월과 포함) 양자를 포괄하고 있다. 자기는 낮은 수준(예를 들면, 신체)에서 분화되어 다음에 오는 높은 수준(예를 들면, 마음)과 동일시하고 그 후에 개념적 마음을 신체의 느낌과 통합시킨다. 어느 지점에서든 실패는 병리를 낳는데, 그렇지 않았다면 점차 확장되어 가는 여정에 있었을 자기는, 이때 기형이 되거나 불구가 되고 협소해진다. 그러므로 신체적 느낌에서 마음이 분화되지 못하면 자기는 강한 감정에 고통스럽게 압도되고(단순히 강한 감정을 느끼는 것이 아니라 그 감정에 의해 전복된다), 신파조의 기분 변화가 자주 일어날 뿐 아니라 충동을 통제하는 데 큰 어려움을 겪게 된다. 이 지점에서 종종 발달지체가 일어난다. 반면에 마음과 신체가 분화되었지만 통합되지 않았다면(분화가 지나쳐 분리가 될 정도로), 그 결과 전통적 신경증 혹은 정신적 구조(자기, 초자기, 냉혹한 양심)에 의한 신체 느낌의 억압이 일어난다.

그러므로 분화-통합 과정은 모든 자기 단계(혹은 분기점)에서 잘못될 수 있으므로 분기점 수준은 병리 수준을 결정하는 데 도움이 된다. 분기점-1에서 자기가 물리적 환경에서 제대로 분화되지 못하거나 그 환경의 이미지를 통합하지 못하면 결국 정신병이 일어날 수 있다(개인은 어디에서 자기 신체가 끝나고 어디에서 환경이 시작하는지 알지 못하고 환각 증세를 일으킨다). 분기점-2에서 정서적 신체자기가 스스로를 타인과 분리하는 데 어려움을 겪으면 결국 자기애(타인을 자기의 연장으로 취급한다), 경계선장애(자기의 취약한 경계를 타인이 끊임없이 침범하고 파괴한다)가 생긴다. 우리가 방금 보았듯이 분기점-3에서 분화에 실패하면 불안정한 정서적 자기emotional self와의 융합이 일어나는 반면, 통합에 실패하면 새롭게 탄생하는 정신적-에고적 자기mental-egoic self가 정서적 자기를 억압하는 일이 일어난다(전통적인 정신신경증).

똑같은 것을 다른 방식으로 표현하면, 자기발달의 각 수준에는 여러 유형의 억압이 일어난다. 자기는 모든 수준에서 고통, 파괴, 궁극적으로는 죽음에 대항해서 스스로를 방어하려고 노력할 것이며, 그 수준에 존재하는 모든 수단을 사용하여 그렇게 할 것이다. 개념을 갖고 있다면 개념을, 규칙을 갖고 있다면 규칙을, 그리고 비전-논리를 갖고 있다면 비전-논리를 사용할 것이다. 첫 분기점에서(도표 1A에서 볼 수 있듯이) 자기는 매우 초기의 충동, 이미지와 함께 감각, 지각, 외개념(이는 초기 형태의 감각운동 인식이다)만을 가지므로, 원시적 자기는 물리적 환경과의 융합, 환각적인 욕구 충족(이미지로), 지각 왜곡과 같은 가장 초보적인 방식으로만 스스로를 방어할 수 있다. 분기점-2에서 자기는 더 강력한 느낌, 정서, 새로이 출현한 상징과 같은 부수적 수단을 갖게 되므로 더 정교한 방식, 즉 분열(자기와 세계를 '전적으로 좋고' '전적으로 나쁜' 표상으로 분리하는), 자신의 느낌과 정서의 타인에 대한 투사, 타인의 정서세계와의 융합과 같은 방식으로 스스로를 방어할 수 있다. 분기점-3이 일어나는 시기가 되면 자기는 정교한 개념과 초기 규칙을 추가하는데, 매우 강력한 이 정신적 수단은 신체 및 그 느낌을 강하게 억압하고 욕망을 치환하며 그 욕망을 이용해 반동 형성을 만들 수 있다(이 억압들의 상당수를 도표 1A에 열거하였으며, 그 배경이 되는 연구들을 미주에서 논의하였다).[13] 간단히 말해서 방어 수준, 자기발달 수준, 병리 수준은 질적으로 뚜렷이 구별되는 대둥지의 파동을 따라 이동하는 전개 양상이라고 할 수 있다.

마찬가지로 각 사례에 대해 약간 다른 치료가 도움을 준다는 사실이 밝혀지고 있다. 분기점-3에서 출발하여 스펙트럼을 따라 내려가 보자. 전형적인 신경증(F-3) 치료는 억압 장벽을 느슨하게 하고 해소하며, 억압되거나 그림자로 남아 있는 느낌과 재접촉하여 이들을 심성으로 재통합시킴으로써 진행 중에 있는 의식 전개의 흐름이 보다 완만하게 지속될 수 있도록 한다. 일반적으로 이와 같은 치료적 접근을 폭로기법uncovering techniques이라고 부르는데, 이는 그림자를 드러내고 재통합하려 하기 때문이다. 이런 식의 '자기를 위한 퇴행'은 의식을 일시적으로 초기 외상으로 되돌려서(혹은 의식을 소외된 느낌, 욕구 혹은 충동과 접촉하게끔 되돌려서) 소외된 느낌과 친해지고 이를 재통합하게 허용함으로써 심성의 상대적 균형을 회복시킨다. 이런 접근에는 전통적인 정신분석, 게슈탈트 치료*, 융 치료의 그림자**, 젠들린Gendlin의 포커싱focusing***, 에고심리학과 자기심리학이 포함된다[14]

([그림 8-1]에 나타낸 것처럼 높은 영역 혹은 초개인 영역을 인정하는 치료에서는 치유를 일으키는 이런 퇴행적 나선을 진화상 점차 높은 수준으로 초월해 가는 서곡으로 종종 이용하고 있다. 이런 치유적 나선은 높은 지평이 아닌 낮은 지평으로의 퇴행이라고 할 수 있는데, 이는 더 확실한 초월을 위해 기초를 재정비하는 데 도움을 준다.)[15]

경계선 병리 수준으로 내려가 볼 때(F-2), 문제는 강한 자기가 신체를 억압하는 데 있는 것이 아니라 처음부터 강한 자기가 충분히 구축되지 않은 데 있다. 그러므로 여기에서의 기법을 구조구축structure building이라고 부르는데, 이 기법은 자기경계를 형성하고 자기강도를 강화하려고 한다. F-2에서는 '폭로할' 억압된 소재가 거의 없다. 왜냐하면 어떤 것을 억압할 정도로 자기가 충분히 강하지 않기 때문이다. 여기에서 치료의 목적은 분리-개별화 단계(F-2)를 완성시키는 데 도움을 주어 강한 자기와 더불어 뚜렷이 분화되고 통합된 정서적 경계를 갖게 하는 데 있다. 이런 F-2 접근에는 대상관계 치료(위니콧Winnicott, 페어베인Fairbairn, 건트립Guntrip)****, 정신분석적 에고 심리학(말러, 블랑크와 블랑크Blanck and Blanck, 컨버그), 자기심리학(코헛Kohut) 및 이런 접근의 다양한 통합(존 게도John Gedo와 제임스 매스터슨James Masterson의 접근과 같은)이 포함된다.

최근까지 최초의 분기점(F-0와 F-1)은 (약물치료/안정을 제외하고는) 치료가 잘 되지 않았는데, 그 이유는 이 분기점이 매우 원초적이어서 접근하기 어

[역자 주]

* 프리츠 펄스Fritz Perls가 제창한 심리치료 기법으로 현재를 올바르게 자각하고 충분히 경험하는 데 치료의 초점이 있다. 내담자가 현재를 충분히 경험하게 되면 개인은 '유기체적 자기 조절'을 발달시켜 자기 조절 과정을 자연스럽게 습득할 수 있다.

** 프로이트의 원본능id과 유사한 융의 개념으로 개인의 부정적인 측면을 말한다. 개인의 어두운 면, 동물적인 면, 부도덕성, 공격성, 잔인성으로 나타나며, 인간의 원죄를 형성하는 근원이라고도 할 수 있다.

*** 칼 로저스의 제자 유진 젠들린Eugene Gendlin이 제창한 심리치료 기법이다. 포커싱은 '초점 맞추기'라고도 부르는데, 여기서는 내담자의 체험 과정을 매우 중시한다. 포커싱의 특징은 '신체감각'에 주의를 기울이는 데 있다고 할 수 있다. 사람은 무언가 근심 걱정이 있으며, 기분이 개운치 않거나 안절부절못하는 느낌을 몸으로 체험한다. 그런 신체감각을 '감각느낌felt-sense'이라고 하고 포커싱은 그것에 초점을 맞춘다.

**** 이는 프로이트 이후 정신분석학 테두리 안에서 발전한 몇 가지 치료 중의 하나로 멜라니 클라인, 로날드 페어베인, 도날드 위니콧 등의 여러 이론가에 의해 발전·계승되었다. 대상관계 치료에서는 타자와의 관계 형성 및 심리적인 교류가 인간의 근본적인 욕구라고 전제한다. 따라서 타자는 자기의 욕구 충족 수단 이상이며, 자기가 정서적인 유대를 형성하고자 하는 대상으로서의 의미가 부각된다.

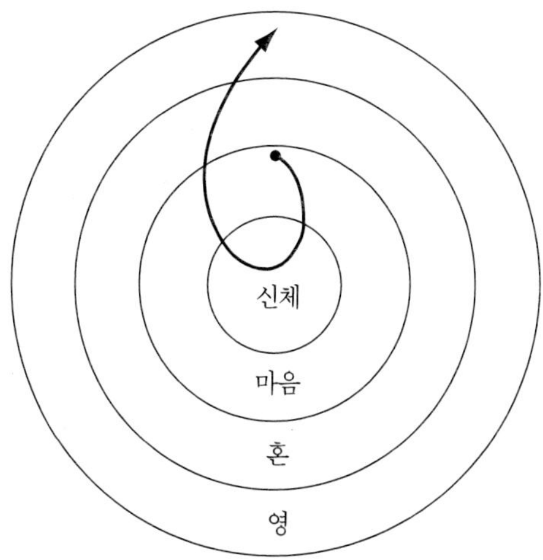

[그림 8-1] 치유적 나선

럽기 때문이었다. 그러나 야노프Janov의 원초적 비명primal scream*에서 그로프의 홀로트로픽 호흡작업holotropic breathwork**에 이르는 최근의 전위적(혹은 고도로 논란거리인) 치료는 깊은 상처로 '일시적으로 퇴행'한다. 이를 완전한 자각 상태에서 재경험하여 의식이 보다 통합적인 양식으로 전진되게끔 허용함으로써 여러 가지로 성공을 이루고 있다고 주장하고 있다.

[역자 주]

* 아서 야노프가 실시하는 요법으로, 환자의 원초적 고통을 제거하는 것이 필수적이며 바른 외침이나 발성법의 습득으로 고통을 없앤다.

** 스타니슬라브 그로프와 그의 아내 크리스티나가 개발한 기법으로, 심혼적 깊이와 영적인 이해를 향한 문을 열어 주기 위해 비일상적인 의식의 경험을 촉발시키는 안전하고 단순한 방법이다. 이 방법을 통해 잊혀진 개인의 기억, 출생의 경험, 원형적 현상이나 우주적 현상을 의식화할 수 있으며, 일상적인 사고와 감정의 제약에서 벗어날 수 있다.

중간(F-4~F-6) 병리와 상위(F-7~F-9) 병리

중간과 상위 분기점으로 나아감에 따라 전반적인 과정이 동일함을 알 수 있다. 왜냐하면 대둥지의 각 기본 파동은 서로 다른 구조를 가지며, 자기발달의 각 수준에는 질적으로 다른 병리 수준과 다른 유형의 방어 및 그에 상응하는 서로 다른 유형의 치료가 있기 때문이다.[16] 분기점-4(보통 6~12세)에서 규칙/역할 마음이 출현하면 자기의 무게중심은 그 파동과 동일시하기 시작한다. 자기는 타인의 역할을 취하면서 자기 중심/전인습적 단계에서 사회 중심/인습적 단계로 이동하기 시작한다. 이 일반적 파동에서 무언가가 잘못되면 '각본병리script pathology*'가 일어나는데, 이는 자기가 습득하는 잘못되고 오도하며 때로는 해를 끼치는 모든 각본, 이야기, 신화를 말한다. 치료(인지치료와 같은)는 개인이 스스로에 대한 잘못된 개념을 뿌리 뽑고 이를 보다 정확하고 건강한 각본으로 바꾸도록 돕는다. 분기점-5에서 자기반성적 에고self-reflexive ego가 출현하면서 인습/순응주의자에서 후인습/개인주의 단계로 무게중심이 이동함에 따라 자기는 '정체감 대 역할 혼동'에 직면한다. 사회(인습적 윤리, 규칙, 역할)에 더 이상 의존하지 않고 자기 스스로 결정을 내릴 때 자기가 누구며 무엇인지를 어떻게 알 수 있을까? 분기점-6에서는 충분히 통합된 심신체(혹은 켄타우로스적 자기)의 가능성과 함께 주마등 같은 비전-논리의 관점이 생기며 실존적 쟁점과 문제가 전면에 부각된다. 분기점-7에서는 그저 스쳐가는 절정 경험이 아니라 새롭고 높은 구조로써 초개인 영역이 초점의 대상이 되기 시작하는데, 새롭고 높은 병리가 일어날 가능성도 함께 일어난다(뒤에서 논의하게 될 것이다).

나는 여러 책에서 이러한 9~10개 수준의 병리, 방어, 치료를 다루었으며, 로완Rowan은 각 분기점에서 나타나는 병리와 치료를 광범위하게 논의하였다.[17] 이 단순한 개관을 위해서 우리가 주목해야 할 것은 대둥지의 각 수준은 질적으로 다른 구조를

[역자 주]

* 각본script이란 교류분석에서 유래한 개념으로 어릴 때부터 아이가 부모에게 받아 온 명령이나 인정 욕구에서 비롯한 메시지를 말한다. 이런 메시지가 현실과 동떨어진 불합리한 것이 될 때 병리가 발생하는데, 이러한 메시지로부터 내담자를 자유롭게 해 주는 것이 치료의 목표다.

가지며 자기발달, 자기병리 및 치료의 각 파동도 질적으로 다른 색조를 띤다는 점이다. 발달의 기본 단계를 인정한다면 어떤 단계도 잘못되어 질적으로 다른 병리와 치료를 낳을 수 있다는 사실 또한 인정하게 될 것이다.

내가 약술한 9~10개의 일반적 치료 수준은 제안에 지나지 않는다. 이들은 수많은 발달심리학파와 명상적 영성이 축적해 놓은 광범위한 증거에 근거해서 우리가 기대할 수 있는 것에 관한 폭넓은 안내서다. 더 말할 필요도 없이 이 치료들은 서로 상당히 중첩된다. 예를 들어, 나는 '각본병리'와 '인지치료'를 특히 분기점-4, 즉 자기가 최초로 규칙/역할 마음과 동일시하여 다른 사람의 역할을 취하고 사회 규칙을 배우기 시작하는 시기와 관련된 것으로 목록을 작성하였다. 일반적 발달 시기에서 뭔가 잘못되면 그 결과로 스스로와 타인에 대해서 왜곡되고 품격이 떨어지며 부당한 일련의 개념 및 각본, 즉 '각본병리'가 생겨난다. 이런 비적응적 각본을 뿌리째 뽑아서 더 정확하고 양호하며 건강한 개념과 자기개념으로 대치하는 데는 인지치료가 탁월하다. 그러나 인지치료가 이런 의식발달 수준에 중점을 둔다는 것은 다른 수준에는 그 치료가 효과가 없다는 뜻이 아니다. 왜냐하면 이 치료는 분명히 다른 수준에서도 효과를 나타내기 때문이다. 내 생각에는 해당 수준에서 멀리 떨어질수록 인지치료가 덜 적합하다(그러나 결코 완전히 소용없지는 않다). 분기점-1과 분기점-2의 발달은 대부분 전언어적이고 전개념적이므로 개념적으로 재프로그램하는 치료는 이 수준을 직접 다루지 못한다. 분기점-6 이후의 발달은 대부분 초정신적·초이성적이기 때문에 정신적 재프로그램은 효과 면에서 한계가 있다.

그러므로 주어진 치료는 발달의 어느 한 수준에만 적용되는 것이 아니라 한두 개 수준에 초점을 맞추는데, 더 멀리 떨어진 영역에 적용될 때는 대부분 그 효과가 점차 떨어진다. 모든 유형의 정신병리에 어느 특정한 심리치료 접근(정신분석, 게슈탈트, 신경언어적 프로그래밍*, 홀로트로픽 호흡법, 교류분석

[역자 주]

* 신경언어적 프로그래밍NLP(Neuro-Linguistic Programming)는 건강한 대인관계와 자신 내부의 관계를 건강하게 만드는 기법이다. NLP는 1970년대 초에 정보과학자인 리처드 밴들러Richard Bandler와 언어학 교수인 존 그린더John Grinder에 의해 발달하였다. 그들은 성공한 사람들을 연구하여 인간의 탁월성을 분석하고 다른 사람에게 전이시킬 수 있는 방법을 만들었다. NLP는 일차적으로 아무런 비판을 가하지 않고, 우리가 사고하고 행동하고 느끼도록 우리에게 '미리 프로그램되어 있는' 방법을 알아내며, 우리에게 있는 자신을 제한시키는 원치 않는 습관과 신념에서 자유롭게 하는 방법을 제시한다.

transactional analysis*, 생물학적 심리치료, 요가 등)을 사용하는 경우 흔히 불행한 결과를 초래한다. 의식의 스펙트럼의 다중 수준이 존재한다는 점에서 우리가 배울 수 있는 한 가지 사실은 얼마나 많은 존재 차원이 존재하는가, 또 이런 다중 차원에 대한 민감성이 어떻게 치료 양상의 다양성을 요구하는가다.

『의식의 스펙트럼The Spectrum of Consciousness』**에서 내가 처음 시사한 바와 같이, 어느 한 수준의 치료는 하위 수준의 치료를 인정하고 이용하지만 자신보다 높은 수준을 인정하고 싶어 하지 않는다. 그러므로 고전적인 정신분석은 본능적이며 정서적인 충동의 중요성은 인정하지만 인지적 각본의 중요성을 경시할 것이다. 인지치료자는 인본주의 치료와 실존치료가 강조하는 전체적인 정신물리적인 유기체(혹은 켄타우로스)의 중요성을 경시하거나 무시한다. 많은 실존치료자는 초개인적이고 초합리적인 수준의 중요성이나 그 존재 자체를 강하게 부정한다. 전반적 의식 스펙트럼의 한 일반 수준을 각 치료에 배정함으로써 나는 또한 이 특정한 사실, 즉 한 수준의 치료는 보통 그보다 낮은 수준의 치료를 모두 인정하고 이용할 수 있지만 높은 수준의 치료를 인정하고 이용하는 일은 거의 드물다(실제로 그 존재를 종종 병리적으로 본다)는 사실을 고려하고 있는 것이다.

전형적인 치료

치료자가 내담자를 9~10개의 분기점에서 현재 문제까지 진화되었다고 보는 일은 드물 것이다. 대부분 성인의 무게중심은 신화, 이성 혹은 켄타우로스 수준 근처에 위치한다. 그들은 종종 심령 혹은 정묘 수준의 절정을 경험한다(이를 통합하는 데 어려움을 겪든 겪지 않든 간에). 그러므로 전형적인 개인치료에는 개인의 감정과 접촉하는 주제(F-3), 소속감의 욕구(F-4), 자기존중(F-5), 자기실현(F-6)

[역자 주]

* 교류분석은 1950년대 중반 무렵부터 미국의 정신과 의사 에릭 번Eric Burne에 의해 주도된 자기분석심리학이다. 교류분석은 인간관계에서의 친밀성을 중시하면서 한 사람 한 사람의 존재로 인지하는 정감 어린 인정이라는 개념을 사용해서 설명하였다. 그리고 자신과 타인을 수용하면서 그 정적인 인정을 통한 태도를 기르는 "I am OK, You are OK"의 인생관을 치료 목표로 두고 있다.

** 1970년대 중반 윌버의 나이 24세에 집필한 저서, 의식의 수준을 스펙트럼에 비유한 개념을 최초로 도입하여 자아초월심리학 분야에 패러다임 전환을 가져온 책으로 평가받고 있다.

욕구를 다루는 것과 더불어 경계선 강화(F-2), 그림자 느낌에 접촉하고 친해지는 것(F-3), 인지적인 재각본화(F-4), 소크라테스식 대화(F-5, F-6)가 포함된다. 때때로 절정 경험과 영적 깨달음(심령 수준, 정묘 수준, 원인 수준 혹은 비이원 수준)을 통합하는 문제가 수반되는데, 이를 전이성적 마술적 구조 및 신화적 구조와 주의 깊게 구별할 필요가 있다(전형식적인 마술, 신화 수준과 후형식적인 심령, 정묘 수준을 분리하는 것에 관한 제안을 보려면 『눈과 눈 Eye to Eye』*을 보라).

우리가 앞에서 보았듯이 격렬한 퇴행치료(그로프 Grof, 야노브 Janov)는 최초의 분기점(분만 이전, 분만 시기, 분만 직후, F-0과 F-1)의 재경험을 시도한다. 정신분석적 에고심리학과 자기심리학은 그 다음 단계지만 여전히 초기 분기점(특히, F-2와 F-3)을 다루는 경향이 있다. 인지치료와 대인관계 치료는 신념과 각본에 초점을 두는 경향이 있다(F-4와 F-5).[18] 인본주의 치료와 실존치료는 앞의 모든 문제와 함께 확고한 자기의 실현, 실존적 존재, 신체-마음 통합, 혹은 켄타우로스와 같은 문제를 다루는 경향이 있다(F-6).[19] 자아초월 치료는 모든 개인적 분기점을 다루면서도 높은 영적 영역에 다양하게 접근하고 있다(F-7, F-8, F-9. 우리는 다음에서 이것을 다루게 될 텐데 자아초월심리학/치료에 대한 일부 훌륭한 입문서를 미주에 열거하였다).[20]

그렇다면 모든 치료 수준을 하나로 꿸 수 있는 공통 실타래가 있을까? 정신분석치료, 인지치료, 인본주의 치료, 초개인 치료를 꿸 수 있는 실타래가 있을까? 매우 일반적인 의미에서는 있다고 말할 수 있다. 그것은 자각 자체가 치료적이라는 것이다. 우리가 언급한 모든 치료학파는 그 나름대로 이전에는 소외되고 기형적 모습을 띠며 왜곡되고 무시되었던 경험의 측면을 의식하도록(또는 재의식하도록) 허용한다.[21] 이는 기본적인 이유에서 치료적이다. 이런 측면을 충분하게 경험함으로써 의식은 그 요소를 진정으로 인정할 수 있고 그럼으로써 떠날 수 있게 한다. 그것을 바라보고 분리하며 그들로부터

[역자 주]

* 우리나라에서는 『아이 투 아이』(대원출판, 김철수 역)로 소개되었다. 윌버가 1983년 쓴 책으로 30대 초반에 쓴 논문 10편을 일관성을 부여하여 하나의 책으로 다시 엮어 낸 것이다. 윌버 사상의 2기에서 3기로 넘어가는 징검다리 역할을 하는 중요한 시기에 쓰인 것으로 전/초 오류에 대한 글을 통해 많은 논쟁을 불러일으키기도 하였다. 이 책에서 윌버는 우리에게 육신의 눈, 마음의 눈, 관조의 눈이 있으며, 이들 양식 모두 완벽하게 타당한 지식의 유형이며, 온 우주에 대한 포괄적이고 우아한 이해에 도달하기 위해서는 세 가지 앎의 유형 모두를 분명히 포함해야 함을 주장하고 있다.

떠나고 초월한다. 그런 다음 보다 포괄적이고 동정 어린 포용으로 통합한다.

모든 경우, 치료적 촉매는 거부되고(혹은 거부되어 왔고) 왜곡되며 날조되고 무시된 경험 영역을 자각하거나 의식하게 만든다. 일단 그 영역이 의식에 들어오면(혹은 다시 들어오면) 왜곡되거나 소외된 회로로 고정된 채 뒤에 남게 되고, 갇혀 있음을 나타내는 표시로 고통스러운 증상(불만, 우울, 공포)을 보내지 않고 진행되는 진화적 전개의 흐름에 재합류할 수 있다. 혼란스럽거나 무시된 이런 측면을 만남으로써(혹은 재회함으로써) 그 측면들은 분리되어(초월되어), 점차 확장되면서 진행하는 의식의 파동에 통합된다(포함된다).

요약하면, 물질, 신체, 마음, 혼, 영에 이르는 거대한 형태 형성적 이동의 모든 파동에서 의식의 양상이 분열되고 왜곡되며 무시될 수 있다. 신체의 측면이 억압되거나, 마음의 요소가 왜곡되거나, 혼의 측면이 부정되거나, 영의 외침이 무시될 수 있다. 각각의 경우 소외된 이런 측면은 '고착지점stick point' 혹은 자각의 상처로 남아 있거나 분열되거나 회피될 수 있다. 이런 파편화는 병리를 초래하며 파편화 수준에 의존해서 병리의 유형이 결정된다. 이런 측면을 접촉하고(혹은 재접촉하고) 자각하고 충분히 경험함으로써 의식은 진화적 전개의 흐름 전반에서 중요하게 드러나는 그들의 목소리를 분리시키고(초월하고) 통합시킬 수(포함시킬 수) 있다.

하위 성격

자기는 다양한 하위 성격을 갖고 있다고 이미 언급한 바 있다. 이 점은 다른 어느 곳에서보다 병리, 진단, 치료에서 더 분명하고 중요하게 드러난다. 하위 성격 전문가가 지적한 바에 따르면 평균 인간은 종종 약 열두 가지 하위 성격을 갖고 있는데, 이 성격은 부모 에고 상태parent ego state, 어린아이 에고 상태child ego state, 성인 에고 상태adult ego state, 승자topdog, 패자underdog, 양심, 에고 이상, 이상화된 에고, 거짓 자기, 확고한 자기, 진정한 자기, 신랄한 비판자, 초자아, 리비도적 자기 등 여러 가지로 알려져 있다.[22] 이 대부분은 부분적으로 개인의 내적 대화에서 서로 다른 음성으로 드러나는 소리 혹은 비음성적인 소리로 경험된다. 때로는 하나나 그 이상의 하위 성격이 거의 완전하게 분리될 수 있고, 극단적인 경우 다중인격장애를 일으킬 수 있다. 그러나 대부분의 사람에게 이런 다양한 하위 성격은 주의와 행동을 지배하려고 서로 경쟁하면서 자기들로 이루어진 잠재의식 사회를 형성하는데, 근접자기는 모든 단계에서 이들과 협상해야만 한다.

각 하위 성격은 발달 라인상에서 수준이 서로 다를 수 있다. 달리 말하면, 실제로 모든 분기점에서 하위 성격이 형성될 수 있다. 즉, 원형적 하위 성격(F-0, F-1), 마술적 하위 성격(F-2, F-3), 신화적 하위 성격(F-3, F-4), 이성적 하위 성격(F-5, F-6), 혼의 하위 성격(F-7, F-8)까지도 가능하다.[23]

그러므로 상당량의 연구가 시사한 바에 따르면 다양한 발달 라인은 준독립적으로 전개되며, 다양한 하위 성격도 마찬가지다. 이런 두 가지 이유에 의해 개인은 도덕, 세계관, 방어, 병리, 욕구 등 수많은 수준에서 자신만의 의식 측면을 가질 수 있다(이것을 [그림 2-1], [그림 2-2]에서처럼 통합심리도에 그려 넣을 수 있다). 예를 들어, 어린아이 에고 상태는 보통 F-2와 F-3에서 (전인습적 도덕, 신화적 세계관, 안전에의 욕구를 갖고) 발생한다. 이 상태는 개인이 어린아이 에고 상태에 사로잡혀 있을 때 아주 분명해지고(예를 들어, 자기 중심적 욕구와 자기애적 세계관을 수반한 폭발적인 기분 엄습) 성격을 통해 일어나는데, 그 성격을 수 분 혹은 수 시간 동안 지배하면서 닥쳐올 때와 마찬가지로 빠르게 지나가서 그 사람을 전형적인 평균 자기로 되돌려 놓는다(이 평균 자기는 매우 높이 진화할 수도 있다).

그러므로 의식, 세계관, 병리, 치료 등 9~10개의 일반적 수준을 약술하였을 때 이것은 개인이 단순히 어떤 한 가지 방어, 병리, 욕구, 치료를 지니고서 어느 한 단계에 머물러 있다는 뜻이 아니다. 약 10여 개의 하위 성격이 서로 다른 수준에 존재할 수 있어서 그 사람은 다양한 유형과 수준의 욕구, 방어, 병리를 갖게 되고(예를 들어, 경계선에서 신경증, 실존적, 영적 병리까지) 광범위한 치료 노력에 반응하게 될 것이다.

양호한 모습을 띤 하위 성격들은 특정 심리사회적 상황(아버지 페르소나, 아내 페르소나, 리비도적 자기, 성취자로서 자기 등)을 순항하는 기능적 자기표상일 뿐이다. 하위 성격은 분리의 정도에 따라 문제가 될 수 있는데, 이 정도는 경증, 중간, 중증이라는 연속성을 이룬다. 어떤 기능적 성격이든 반복된 외상, 발달상의 실패, 규칙적으로 되풀이되는 스트레스나 선택적인 부주의로 말미암아 의식적 자기에서 분리되거나 의식적 자기에의 접근에서 분열될 때 어려움이 생긴다. 분리되고 고정된 일련의 도덕, 욕구, 세계관 등을 지닌 이런 침몰한 페르소나는 지하실에서 판을 벌여 그 이상의 성장과 발달을 방해한다. 그것들은 '숨어 있는 주체', 즉 심성의 무의식 주머니에 밀폐되어 있고 거기에서 고통스러운 증상의 형태로 상징적인 이차적 파생물을 보내기 때문에 자기가 탈동일화하고 초월할 수 없는 의식의 측면이 된다.

다시 한 번 말하지만, 치료적 촉매는 자각이 이들 하위 성격에 영향을 미쳐서 이들을 객관화하고 나아가 더욱 동정 어린 포용으로 감싸안게 한다. 일반적으로 개인은 하나 혹은 두 가지 하위 성격 및 그 병리가 지배하고 있는 증상(신랄한 내적 비판자, 실패하기 쉬운 패자, 자존심이 낮은 에고 상태 등)을 종합적으로 보일 것이기 때문에 치료는 이런 눈에 띄는 문제에 초점을 두는 경향이 있다. 지배적 병리가 완화되면(또 하위 성격이 통합되면) 때로는 덜 눈에 띄는 병리가 뚜렷하게 출현하고 치료적 주의는 자연스럽게 거기에 쏠린다. 하위 성격은 원시적인 자기들(원시적, 마술적)과 새롭게 출현하는 초개인적 자기들(혼, 영)을 모두 포함할 수 있다.

마찬가지로 다양한 하위 성격은 종종 맥락에 따라 촉발된다. 한 상황에서는 문제가 없지만 다른 상황에서는 공포, 우울, 불안 등을 일으킬 수 있다. 한 영역을 지배하는 문제가 완화되면 종종 덜 눈에 띄는 병리가 부상할 수 있으며, 그때 그것을 해소할 수 있다. 자각이 영향을 주는 치료적 요소는 개인이 하위 성격을 더 잘 의식하도록 도와줌으로써 이 성격을 '숨어 있는 주체'에서 '의식적인 객체'로 전환시켜 자기에게 재통합시킬 수 있고, 원래 분리되었던 하위 수준에 고착된 채로 머물지 않고 의식 진화의 진행 중인 흐름에 합류시킬 수 있다.

하위 성격의 수가 아무리 많다 하더라도 다양한 소리의 합창으로 일종의 통합 혹은 조화를 이루어 그 모두의 근원으로 더 확실하게 자신의 길을 가게 하는 것이 근접자기의 임무다.

자기의 고고학

[그림 8-2]를 이용해서 우리는 자기 및 병리 단계에 관한 이전의 논의를 간단하게 요약할 수 있다. 달리 말해서 [그림 1-1]과 [그림 6-1] 같은 그림은 상위 영역은 하위 영역을 초월하고 포함한다는 것을 보여 주고 있으며, [그림 8-2]는 상위 영역은 하위 영역의 내면인 동시에 더욱 심층적으로 경험되는 반면, 하위 영역은 비교적 표면적이며 피상적이고 외적으로 경험된다는 것을 보여 주고 있다. 그러므로 신체는 물리적 환경의 내부에 있는 것으로 경험되며, 마음은 신체 안에 있는 것으로 경험되고, 혼은 마음의 내부로 경험된다. 또한 혼의 심층에는 순수한 영이 있으며, 이는 모든 것을 초월하고 포용한다(그러므로 내부와 외부를 초월한다).

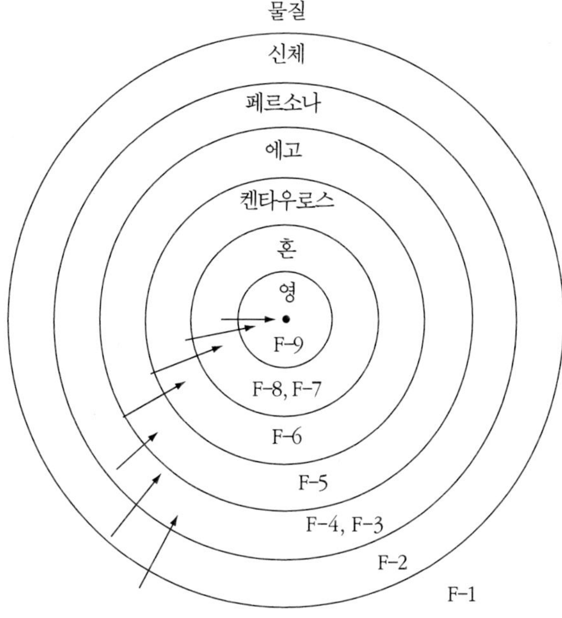

[그림 8-2] 자기의 층들

[그림 8-2]는 영의 이러한 고고학을, 진아의 표층이 벗겨져 점점 더 깊어지고 심오해지는 의식의 파동으로 그리고 있다. 여기에는 더욱 커지는 잠재력, 그러므로 뒤가 아닌 앞으로 우리를 이끌어 가는, 우리에게 과거의 진화와 퇴행이 아닌 미래의 진화와 성장을 보여 주는 잠재력의 출현이 포함된다. 이것은 확실히 심층의 고고학이지만 과거가 아닌 미래를 측량하는 심층이며, 먼지에 쌓인 과거가 아닌 더 위대한 내일에 닿아 있으며, 진화의 화석이 아닌 역진화의 숨겨진 보물을 발굴하는 것이다. 우리는 되돌아가기 위해서가 아니라 넘어서기 위해서 내면을 파헤친다.

이런 고고학적 여행을 요약하면, 영의 가장 얄팍한 표면에 있는 F-1 초기의 자기는 아직도 물질세계와 분화되어 있지 않다(피아제의 말처럼 '여기에서 자기는 소위 물질적이다'). 그러므로 이 단계에서 장애는 불안하게 만드는 자기 경계의 결여, 유아적 자폐증, 특정 형태의 정신병에 기여한다. 이 단계의 세계관은 원형적이며, 이런 원형적 의식이 분화되고(초월되고) 통합되지(해결되지) 않으면 원형적 병리가 될 수 있다. 진아를 향한 여행은 첫 단계에서 방해를 받고 그 영향이 심각해진다.[24]

F-2(분리-개별화 단계)의 정서적 신체자기는 자신을 타인의 정서와 느낌에서 분리시킨다. 이 단계에서 일어나는 장애는 자기가 세계와 타자를 자신의 연장으로만 취급하거나(자기애) 세계가 침범하여 자기를 고통스럽게 혼란시키는 경계선과 자기애적 조건에 기여한다. 이 두 가지는 세계와 자기가 안정되게 분화되지 않았기 때문에 일어난다. 이 단계의 세계관은 마술적이다. 즉, 자기는 전능 환상 속에서 세계를 마술적으로 지시할 수 있으며, 환경은 물활론적 치환으로 가득 차고(만유내재신론이라는 정교한 형태가 아닌 의인화된 충동 투사로) '주문'이 지배한다. 마술적 수준(그리고 마술적 하위 성격)에 고착하면 인지적 레퍼토리의 상당 부분은 경계선적 장애와 자기애적 조건으로 되어 있다.

F-3에서는 초기의 정신적 자기(초기 에고 혹은 페르소나)가 최초로 출현하여 신체와 그 충동, 느낌 및 정서에서 분리되기 시작하고, 이런 느낌을 새롭게 출현한 개념적 자기 안으로 통합하려고 시도한다. 이 중요한 분기점에서 실패하면 고전

적 신경증(종종 오이디푸스/엘렉트라로 요약되는), 즉 불안, 우울, 공포, 강박행동 장애, 새롭게 내면화된 초자아의 지배 아래 과도한 죄책감이 생길 수 있다. 개념적 자기는 신체의 느낌(특히, 성과 공격성)을 두려워하고 이에 압도되며, 이런 느낌에 대항해서 스스로를 방어하려는 그릇된 노력을 하면서 이들을 지하로 보내는 것(충동적인 하위 성격)으로 끝을 맺는다. 그렇지만 지하에서는 자각에 직면할 때보다 더 고통스럽고 공포스럽다.

이런 초기의 분기점(F-1~F-3)은 매우 자기 중심적이고 전인습적이다(일어날 수 있는 어린 시절의 영적 경험에 대해서는 10장을 보라). 자기애적 양상에 고착되면 의식은 진아 표면에만 계속 맴돌게 되며, 심층으로의 여행은 가장 표면적인 고고학층에서 실패하고 만다.

초기의 정신적 자기는 처음에는 단순한 이름을 지닌 자기가 되고 그 후에 초보적인 자기 개념이 되지만, 얼마 안 가서 규칙/역할 마음이 출현하고 다른 사람의 역할을 취할 수 있는 능력이 증가되어 완숙한 역할자기(혹은 페르소나)로 확장된다(F-4). F-3 후기와 F-4 초기의 세계관은 신화적인데, 이런 초기의 역할은 종종 개인에게 허용되는 원형적 역할인 신화적 신, 여신에서 발견되는 역할이 된다는 의미에서 그렇다. 즉, 이들은 종종 남성과 여성에게 가능한 집합적이고 구체적인 역할, 다시 말해 강한 아버지, 돌보는 어머니, 전사, 요술쟁이, 아니마 anima, 아니무스animus* 등 세계 신화의 구체적 인물(페르세폰, 데메테르, 제우스, 아폴로, 비너스, 인드라 등)로 구현되는 역할의 일부가 된다. 융 학파의 연구에 따르면 이런 원형적, 신화적 역할은 집합적으로 유전된다. 그러나 이들 대부분은 초개인적이지 않다는 점에 주목하자(이는 융 학파와 뉴에이지 집단에서 흔하게 일어나는 혼동이다).[25] 신화적 역할은 의식발달의 전형식적 신화 수준에서 일어날 수 있는 수많은 (하위) 성격의 일부다. 이들은 후형식적, 초개인적인 것이 아니라 전형식적, 집합적인 것이다. 늙은 현자Wise Old Man, 크론Crone**, 만다라 같은 일

[역자 주]

* 융의 분석심리학에서 나오는 개념. 이들은 개인에게 잠재된 무의식적인 인격으로서 남자에게는 여성적 무의식 인격체인 아니마가 존재하고, 여자에게는 남성적 무의식 인격체인 아니무스가 존재한다. 보통 자아는 이들을 의식하지 못하지만 자신의 이상형을 결정하는 데 중요한 역할을 한다.

** 크론이라는 말은 왕관crown이라는 단어에서 유래한 것으로, 폐경기를 맞으면서 늙어가지만 인생의 경험과 지식을 통해 지혜를 발휘하는 여신을 말한다. 이런 여신은 존엄성과 원숙한 지혜, 신성함을 지니고 있다.

부 '고차 원형'은 때로 초개인 영역의 상징이 되지만 항상 이 영역의 직접적인 경험을 수반하지는 않는다.[26] 어쨌든 여기에서 우리는 구체적-문자적 신화 수준에 초점을 두고 있다.

전형식적, 원형적 역할은 어린아이가 이 시기에 배우기 시작하는 특정 문화적 역할, 즉 가족, 동료, 사회적 타자와의 특정한 상호 작용에 의해 지탱된다. 이런 문화적 각본을 습득함에 따라 다양한 장애와 왜곡이 생길 수 있는데, 이를 총칭해서 각본병리라고 부른다. 이 세계관은 신화적(신화적 멤버십)이기 때문에 이 수준에서의 치료는 명칭을 어떻게 붙이든 간에 이런 신화를 뿌리 뽑아 더 정확하면서도 자기를 덜 손상시키는 각본과 역할로 대체한다. 때로는 지나칠 정도로 신화적 표현에 가치를 두는 융식의 접근조차도 유사한 방식으로 진행되는데, 신화적 모티브를 분화시키고 통합함으로써 그들을 존중하고 초월한다.[27]

그러나 여기에서 실제 무슨 일이 일어나고 있는가? 전인습의 자기애 단계에서 인습적, 신화적 멤버십으로 이행할 때 자기는 에고 중심에서 사회 중심으로 매우 심화된다. '나'에서 '우리'로 확장되어 진아로 향하는 고고학적 여정에 새로운 깊이를 더해 준다. 의식은 창백하고 원초적인 표면을 서서히 포기하고, 덜 자기애적이 되며, 덜 피상적이고 표면적이 되어 심층으로 뛰어든다. 여기에서 개인적 자기는 전체 전개를 통해 빛나는 공통의 진아로 점점 더 합일된다. 또한 에고 중심적-마술적 수준에서 사회 중심적-신화적 수준으로 향하는 여행에서 모두를 포괄하고 있는 진아의 중심부를 더 많이 직관하게 된다.

형식적-반성적 능력의 출현으로 말미암아 자기는 더 깊이 뛰어드는 것이 가능해져서 인습적/순응주의자 역할과 신화적 멤버십 자기(페르소나)에서 후인습적, 전 지구적, 세계 중심적 자기, 즉 성숙한 자기(뢰빙거 식으로 말하면 양심적이고 개인적인)로 이행한다. '우리'(내 종족, 내 일족, 내 집단, 내 나라)만이 아니라 '우리 모두'(인종, 종교, 성, 신념과 무관하게 예외가 없는 모든 인간)가 된다. 의식은 편협한 표면에서 떨어져 나와 보편적이고 공정하며 모두에게 정당하면서도 공평한 자비라는 형태를 강조하면서 전 지구의 인류와 공존하게 된다.

이 단계에서 장애(F-5)는 종종 순응주의자 역할과 전각본적인 도덕성에서 양심이라는 보편적 원리와 후인습적 정체성으로 향하는 대단히 어려운 과도기에 집중된다. 어머니, 아버지, 사회 혹은 성경을 따르는 것이 아니라 나 자신의 가장 깊은 양심에 따를 때 나는 누구인가? 에릭슨의 '정체성 위기identity crisis'는 이 시기의 많은 문제를 고전적으로 요약한 것이다.[28]

비전-논리가 출현함에 따라 후인습적 자각은 충분히 보편적인 실존적 관심, 즉 삶과 죽음, 확실성, 심신체의 완전한 통합, 자기실현, 전 지구적 자각, 전일적 포용으로 심화되는데, 이 모두를 켄타우로스의 출현(뢰빙거의 자율적이면서 통합된 단계)으로 요약할 수 있다. 진아로 향하는 고고학적 여정에서 개인 영역의 독점적 지배가 끝나고 빛나는 영의 껍질이 벗겨지며 그 보편적인 광채가 점점 빛나기 시작하면서 자기는 더욱 투명해진다.

항상 그렇듯이 내면으로 들어갈수록 더욱 넘어서는 것이다. 영의 놀라운 고고학에서 볼 때 수준이 깊어질수록 포용의 범위는 넓어진다. 즉, 내면은 초월로 이끈다. 물질세계의 내면에는 신체가 있고, 여러 면에서 생기에 찬 신체는 물질을 넘어선다. 신체의 느낌은 반응하지만 바위는 그렇지 않다. 신체의 지각은 세계를 인식하지만 무생물은 잠을 잔다. 신체의 정서는 신체를 움직이지만 흙은 침묵하며 기다린다. 마찬가지로 마음은 생기 있는 신체에 존재하지만 여러 면에서 신체를 넘어선다. 신체는 자신의 감정을 느끼지만 마음의 인식은 타인의 역할을 취하면서 에고 중심, 사회 중심, 세계 중심으로 의식을 확장해 간다. 마음은 과거와 미래를 짜맞추어 신체적 본능이 지니는 충동성 위로 솟아오른다. 마음은 가능한 세계와 당위적인 세계를 생각하는 반면, 신체는 소박한 현재에서 잠잔다.

마찬가지로 자기의 가장 내적인 마음을 깊이 들여다보면, 마음이 아주 조용해졌을 때 그 무한한 침묵 속에서 매우 주의 깊게 들어 보면, 혼이 속삭이기 시작하며 혼의 깃털과 같이 부드러운 목소리가 마음이 상상할 수 있는 것, 모든 합리성이 견딜 수 있는 것, 모든 논리가 인내할 수 있는 것을 넘어서 우리를 저 멀리 데려간다. 그 부드러운 속삭임 속에는 무한한 사랑의 가장 희미한 암시가 있고, 시간을 잊어버린 삶의 희미한 빛이 있으며, 말할 수 없는 지복의 섬광이 있다. 그리고 영원의 신비가 필멸의 시간에 생명을 불어넣으며, 고통과 통증이 그 이름을 전할 방법을 잊어버린 무한한 교차점이 있다. 비밀스럽고 고요한 시간과 무시간의 교차점, 혼이라 부르는 교차점이 존재한다.

진아의 고고학에서 볼 때 개인의 내면 깊숙한 곳에는 초개인적인 것이 자리 잡고 있는데, 이것은 개인을 훨씬 넘어선 곳으로 당신을 데려간다. 여기에는 언제나 내면과 초월이 있다. 혹은 이전에는 절정 경험에서만 경험하였던 불멸, 경이, 은총의 배경이 되는 직관이었지만, 이제 혼은 의식에 더 영속적으로 출현한다. 아직 무한하면서 모든 것을 포용하지는 않았지만, 더 이상 개인적이거나 멸하지 않는 혼은 순수한 영과 개인적 자기 사이의 위대한 중간 전달자다. 혼은 자연신비주의에 있는 거친 영역을 포용할 수 있거나 신적 신비주의에서 그 깊이를 잰다. 그것은 모든 생명의 사후 의미를 전할 수 있으며, 심성 구석구석에 은총을 전달할 수 있다. 혼은 난폭한 운명의 팔매질과 화살 속에서도 흔들리지 않는 관조와 평정의 단초를 제공하며, 그 운명이 만나는 모든 것에 부드러운 자비의 숨결을 보낸다. 간단한 기법으로 혼에 도달할 수 있다. 마음에서 좌회전하여 내면으로 들어가라.

혼의 질병은 실로 질병이라고 할 수 있다. 심령과 정묘 수준의 발달을 괴롭히는 병리는 다양하며 심원하다. 처음의 가장 단순한 병리는 심령 수준, 정묘 수준의 절정 경험이 영구히 실현되어 기본 파동으로 되기 전에 개인의 자각 속에서 이 경험이 갑작스럽게 일어나는 데서 생긴다. 우리가 이미 살펴보았듯이 원형적, 마술적, 신화적, 이성적 혹은 켄타우로스적 수준에 있는 사람은 어떤 높은 수준의 상태(심령, 정묘, 원인, 비이원 상태)도 잠시 엿볼 수 있다. 어떤 경우에는 매우 혼란스러워서 특히 F-1이나 F-2 장애가 있는 사람에게는 정신병 발병을 촉발할 수도 있다.[29] 절정 경험은 어떤 경우에는 영적 위기를 초래하지만,[30] 어떤 경우에는 유익하면서도 인생을 변화시키는 기회가 된다.[31] 그러나 모든 경우에 그 경험에 대한 이해는 그 경험이 일어난 수준(심령, 정묘, 원인, 비이원)과 그것이 경험되고 해석되는 수준(원형적, 마술적, 신화적, 이성적, 켄타우로스적 혹은 더 정확히는 자기의 발달 수준과 도덕, 욕구, 세계관 등을 포함하는 자기와 관련된 모든 라인이다. 우리가 앞에서 보았듯이, 예를 들어 초개인적 절정 경험은 도덕 단계가 달라짐에 따라 매우 다르게 경험되고 해석되므로 어떤 영적 위기든 그 성질과 치료를 평가할 때 다양한 수준과 라인을 고려할 필요가 있다) 모두에 달려 있다. 달리 말하면, 이러한 치료적 노력에서 개인의 통합심리도가 최상의 안내가 될 수 있다.

비일상 상태와 일시적인 절정 경험 너머에는 영구적인 실현이 존재하는데, 혼의 영역에 적응하기 시작하면서 온갖 종류의 병리가 일어날 수 있다.[32] 자기가 빛에 압도되고, 고통스럽게 사랑 속에서 길을 잃으며, 무한한 자비행으로 넘칠 수 있다. 그렇지 않으면 자기는 자신의 에고를 무한하게 팽창시킬 수 있다(특히, F-2나 자기애 및 경계선 장애의 잔재가 남아 있는 경우). 자기는 상위 영역과 하위 영역을 분리(특히, 혼과 신체 간의 분리)시킬 수 있고, 혼 자체를 억압하고 분리시킬 수 있다(F-7, F-8 하위 성격을 만든다. 낮은 충동이 올라오지 않고 높은 충동이 내려온다). 혼을 보내야 할 때도 혼과 융합된 채로 남아 있을 수 있다. 모든 병리 중 가장 초기에 일어나는 단순한 병리는 자신의 혼의 존재를 부정하는 것이다.

점점 더 많은 양의 문헌이 전통적인 영적 훈련과 근대 심리치료법(이런 접근 몇 가지를 미주에 열거하였다)을 모두 이용하여 혼의 질병에 점점 더 많이 파장을 맞추고 있다.[33] 모든 통합치료의 일부가 되는 전통적인 기법을 위해 나는 여러 도표에서 샤먼/요기의 길, 성자의 길, 현자의 길, 싯다siddha*의 길(각각 심령, 정묘, 원인, 비이원을 다루는)을 열거하였으며, 미주에서도 다루었다.[34]

진아의 고고학에서 볼 때 우리는 마음의 내적 심연에서 혼이 출현해서 더 위대한 내일로 길을 열어 주는 지점에 와 있다. 그러나 모세처럼 혼은 약속된 땅을 먼 발치에서 볼 수 있으면서도 실제로 거기에 들어가지 않았다. 테레사 수녀가 자주 말한 것처럼 번데기(에고)의 죽음에서 나비(혼)가 출현하고 나면 이제 그 작은 나비는 죽어야 한다. 혼이 잠잠해지고 지쳐 쉴 때, 관조 행위가 그 마지막 매달림에서 벗어나 항상 존재하는 바탕으로 용해될 때, 진아의 마지막 층이 가장 순수한 공空으로 벗겨질 때, 자기 수축의 최종 형태가 모든 공간의 무한으로 전개될 때, 그때 항상 존재하는 자각으로서의

[역자 주]

* 산스크리트어로 '성취한 사람'을 의미하며 에고를 극복한 완전한 스승을 가리킨다. 힌두교 전통에 따르면 이 경지는 많은 생에 걸친 지속적인 명상을 통해서 얻을 수 있다.

영은 결코 잃어버릴 수도, 실제로 발견될 수도 없이 스스로 자유롭게 존재한다. 아주 분명하다는 사실 때문에 충격을 받는데, 세계는 항상 그래 왔듯이 계속 생성되고 있다.

가장 깊은 내면은 무한히 초월한다. 항상 존재하는 자각 속에서 당신의 혼은 온 우주를 감쌀 만큼 팽창하여 영만이 있는 그대로의 단순한 세계로서 홀로 존재한다. 비는 더 이상 당신에게 떨어지는 것이 아니라 당신 안에서 떨어지며, 태양은 당신의 가슴에서 빛나서 세상으로 방사하며 은총으로 축복을 받는다. 당신의 의식 속에서 초신성이 소용돌이치며, 천둥은 당신의 고양된 가슴의 소리고, 바다와 강은 당신의 피가 당신 영혼의 리듬으로 고동쳐 흐르는 것이다. 무한히 상승된 빛의 세계가 당신 뇌의 내부에서 춤을 추며, 무한히 하강하는 어둠의 세계가 당신 발 밑에서 폭포처럼 떨어진다. 어떤 구속도 받지 않는 당신 자신의 마음이라는 하늘에서 구름이 느릿느릿 흘러가며, 당신 자기의 예전 모습인 공간을 가로질러 바람이 불어온다. 빗방울이 지붕에 떨어지는 소리는 여기 수정처럼 맑은 일미(一味)를 띤 이 눈에 드러나는 세계, 그리고 내부와 외부는 어리석은 허구이며 자기와 타인은 지긋지긋한 거짓말이 되는 세계에서 당신이 발견할 수 있는 유일한 자기다. 또한 항상 존재하는 단순성은 전 영원성을 향해 미친 듯이 손뼉 치는 한 손이 내는 소리다. 가장 깊은 심연에 존재하는 가장 단순한 것이 항상 그렇듯이 여정은 시작한 바로 그 지점에서 끝이 난다.

전 스펙트럼 치료

진아의 이런 고고학에서 몇 가지를 강조할 수 있다. 도표 1A의 둘째 열이 보여주듯이 자기발달의 일반적인 파동(물질적 자기, 신체자기, 페르소나, 에고, 켄타우로스, 혼)은 엄밀하게 구별된 사다리의 단이 아니라 자기 전개의 중첩된 지류로서, 그 이후의 발달에서는 기능적 하위 홀론으로 존재한다(서로 분열된 하위 성격들로 쪼개질 때 생기는 병리를 막으면서). 각각의 분기점 자체는 분리되어 있지만 각 자기의 기능적 능력은 이후의 발달에서도 그대로 남아 있는데, 이를 도표 1A와 [그림 8-2]에서 실선 화살표로 표시하였다(나중에 우리는 이 생각으로 돌아와 다양한 '자기들' 이 서로 중첩되면서도 어느 정도 공존하고 있는 이유를 보여 줄 것이다. 9장의 '자기의 여러 라인' 을 보라).

간단히 말해서 평균 성인은 물질적 신체, 리비도적 · 정서적 신체, 하나 이상의 신체 이미지, 하나 이상의 페르소나 혹은 인습적 역할, 하나 이상의 에고 상태를 지니고 치료에 임하는데, 이 수준 중 어느 곳에서 분리가 일어나면 해리된 그 수준의 콤플렉스와 하위 성격이 만들어지며 혼과 영은 진정한 탄생을 기다리게 된다.[35] 스펙트럼 전체를 보는 치료자는 신체, 그림자, 페르소나, 에고, 실존적 자기, 혼과 영 모두를 자각하도록 노력하면서 이 모두를 상대로 작업을 하며, 전체 전개의 바탕이 되면서도 이를 움직이고 있는 진아와 영으로 회귀하는 놀라운 여정에서 그 모두가 의식에 합류할 수 있게 한다.

요컨대, 전 스펙트럼을 망라하는 치료자는 진아의 고고학자다. 그러나 우리가 이미 보았듯이 이 일은 과거가 아닌 미래를 발굴하는 고고학이다. 이 심오한 고고학은 이미 매장된 것이 아니라 초월하는 것, 출현하는 것, 새롭게 떠오르는 것을 발견하기 위해 내면으로 파고들어간다. 이들 더 깊은 층은 우리를 뒤가 아닌 앞으로 잡아당기는 타나토스가 아닌 에로스로서, 과거의 무덤이 아니라 미래의 탄생으로 이끈다.

(이런 식으로 높은 잠재력이 전개될 때 이미 출현한 진아의 어떤 측면이든 억압되거나 소실되거나 소외된다면 치료적으로 볼 때 우리는 '자기를 위해 퇴행할', 즉 과거로 돌아가 얄팍한 표층으로 물질적 자기, 리비도적 자기, 초기의 왜곡된 각본 등으로 돌아갈 필요가 있다. 이런 측면을 재접촉하고 그 왜곡을 해방시키며 이들을 진행 중인 의식 전개의 지류로 통합시켜서, 상당한 소음과 분노라는 표면적 동요로 인해 혼란을 겪지 않는 진정한 심연으로의 여행을 재개할 필요가 있다. 예를 들어, 프로이트 학파와 같은 대부분의 '심층심리학'은 실제로는 진아의 심층이 아닌 표층을 측량한 '표층심리학'이다.)

진아의 깊은 파동을 고고학적으로 발굴한다는 것은 온전히 존재하면서도 발굴만을 기다리며 매장되어 있는 보물상자처럼 그저 주어진 것이라고 말하는 것이 결코 아니다. 이런 깊은 파동은 인간(그리고 생물) 조건의 모든 기본 잠재력이라고 말하는 것 뿐이다. 개인은 우리 모두에게 집단적으로 주어진 심연을 발견한다(우리 모두는 신체와 마음, 혼과 영을 갖고 있으며, 우리 중 누구도 그것을 창조하지 않았다). 그러나 개인은 유일하게 그 혹은 그녀의 것이 될 각 파동의 표면 양상을 창조함으로써 심층을 발견한다(신체, 마음, 혼, 영 중 어떤 것일지는 자신에게 달려 있다). 항상 그랬듯이 우리에게 주어진 미래를 만들어 가야 하는데, 스펙트럼 전체를 고려하는 치료자는 발견인인 동시에 창조인으로서 이 탁월한 여행의 조력자다.

깊이와 높이

마지막으로 '깊이', '높이', '상승', '하강' 등의 모든 은유법에 관해 한마디 덧붙이고 싶다. 이 책의 첫 부분에서 나는 의식의 상승을 종종 '높은' 수준과 파동이라는 은유법으로 표현하였다. 이제 나는 '깊이'와 내면으로의 침잠이라는 말로 바꾸려 한다. 사실 모든 은유는 유용하다. 그 모두는 어떤 개념화보다 큰 의식의 다양한 측면을 강조하기 때문이다. 그러나 어떤 사람은 '높이'나 '상승'을 싫어하고, 어떤 사람은 '내면'을 싫어한다. 또 어떤 사람은 '깊이'를 싫어하기 때문에 논의가 또 다시 완전히 중단되는 것을 보아 왔다. 우리는 이 모든 은유가 전달하는 부분적인 진실을 분명히 인정할 수 있다.

휴스턴 스미스는 『잊혀진 진실Forgotten Truth』에서 전통은 보통 실재의 큰 수준을 '높다'고 말하고 자기의 큰 수준을 '깊다'고 말하며, 존재의 대둥지에서 높이 올라갈수록 자기 안으로 더 깊이 들어간다고 지적하였다. 나는 진아의 고고학에서 그런 접근을 취하였다. 이는 아주 타당한 접근이다. 왜냐하면 좋은 은유가 항상 그렇듯이 이미 아는 것을 취해서 아직 친숙하지 않은 것에 적용함으로써 친숙하지 않은 것을 더 잘 포착하게끔 돕기 때문이다. 이 경우에 신체는 물리적 환경 안에 있는 것으로 경험되고, 마음은 신체 안에 있는 것으로 경험된다는 것을 우리 모두는 알고 있다. 내면으로 움직이는 깊이라는 이 은유는 혼 또한 마음의 내면에 존재하는 것으로 경험되는 동시에 마음을 훨씬 초월한다는, 그리고 영은 혼 속에 존재하면서 혼을 완전히 초월하는 동시에 모든 것을 초월하며 포용한다는 훌륭한 암시다. '깊이의 층' 혹은 '진아의 층'이라는 은유(예를 들어, 베단타와 테레사 수녀의 7개 내면의 성seven interior castle*에서 볼 수 있듯이)는 뛰어난 은유이면서도 통속 세계가 '깊다' 고 하는 것이 종종 매우 피상적인 것임을 강하게 일깨워 준다.

높이라는 은유도 똑같이 뛰어난 은유다. 휴스턴이 우리에게 상기시킨 것처럼 '높이'는 보통 실재의 수준을 표현하기 위해 사용하지만, 최종적으로 분석해 보면 실재의 수준과 의식의 수준은 동일한 것을 지칭하는 두 가지 표현이므로 우리는 편리하게 의식의 상승, 혼과 영의 높이, 초개인적이고 초의식적인 초월적 이동에 대해서 말할 수 있다. 이런 은유 또한 우리가 이미 알고 있는 것에 바탕을 두고 있다. 편협한 관심을 넘어 더 넓은 관점으로 나아갈 때마다 우리는 그 상황을 넘어서 상승하고 있다고 느낀다. 거기에는 자유로운 감각, 해방감, 공간의 확장, 초월의 느낌이 있다. 에고 중심에서 민족 중심, 세계 중심, 신 중심으로 이행하는 것은 해방과 포용, 초월과 포함, 자유와 자비라는 크고 넓고 높은 영역으로 상승하는 것이다. 예를 들어, 쿤달리니kundalini 에너지가 문자 그대로 척추선을 따라 올라갈 때와 마찬가지로 구체적으로 이런 상승을 느낀다. 수직 높이라는 은유 또한 적합한 은유인데, 수많은 영적 경험에서 우리는 영이 위에서부터 내려온다고 느끼기 때문이다(오로빈도가 말하는 초월 마음의 하강에서 신성한 영의 그노시스적인 하강에 이르는 수많은 영적 수련에서 강조하는 요소). 우리는 에로스를 갖고 영으로 상승하고, 영은 아가페를 갖고 우리에게로 하강한다. 이 또한 훌륭한 은유다.

우리가 어떤 은유를 쓰고 있는지 밝힐 때는 매우 주의를 기울여야 한다. 왜냐하면 각 은유에서 '깊이'는 정반대를 의미하기 때문이다. 깊이와 고고학이라는 은유법을 쓸 때 '깊이' 는 더 큰 실재

[역자 주]

* 아빌라의 성 테레사가 저술한 책 『내면의 성Interior Castle』에서 신에게 가까이 가기 위한 7가지 단계를 말한다. 이것은 영혼이 성장하고 성숙하는 과정이기도 하다.

를 의미하고, 상승이라는 은유법을 쓸 때 깊이는 낮은 실재를 의미한다. 예를 들면, 아사지올리Assagioli처럼 상승의 비유를 사용해서 우리는 '고도심리학height psychology'과 '심층심리학depth psychology'에 대해서 말할 수 있다. 이 경우에 '고도'와 '심층'은 평균적인 이성적 자기와의 관계에 따라 판단된다. 자기보다 낮은 것(원시적 충동, 생기에 찬 정서, 마술-신화적 환상)은 무엇이든 '심층심리학'의 일부며(이것은 실제로 낮고 원시적인 심리학을 의미한다), 에고보다 높은 것(혼과 영)은 '고도심리학'의 일부다. 이 은유에서 진화는 물질에서 신체, 마음, 혼, 영으로 가는 의식의 상승이며, 역진화는 어떤 매개체든 그 매개체를 통해 의식이 하강하는 것이다. 역진화는 진화의 라인에서 뒤로 움직이고 발달은 앞으로 움직인다[36](깊이의 은유에서 역진화는 표면으로 움직이며, 발달은 심연으로 움직인다. 동일한 것이지만 은유는 다르다).[37]

나는 계속 이 모든 은유를 사용할 것이며, 문맥에 따라 그 의미가 분명해질 것이다([그림 8-2]는 깊이를, [그림 1-1]에서 [그림 8-1]까지는 높이를 강조하고 있다). 사실상 이 모든 은유법은 그 자체가 진실이다. 모든 내면은 초월적인 것이며, 스펙트럼 전체를 고려하는 치료자는 높이를 점점 더 드러내면서 점점 더 깊은 곳으로 안내하는 사람이다.

사상한 혹은 통합치료

앞에서 말한 요인은 거의 전적으로 개인의 내적 발달(좌상상한)에 초점을 두고 있음에 주목하라. 이런 결론은 타당하지만 개인 발달과 병리를 이해하려고 애쓸 때에는 다른 상한의 맥락 속에서 이해할 필요가 있다. 사상한은 모두 상호작용하므로(그들은 서로 포함관계에 있다) 어느 한 병리를 이해하기 위해서는 모두가 필요하다.

개인 의식의 주관적 사건(좌상상한)은 객관적 사건과 유기체 내의 기전(우상상한), 예를 들어 뇌간, 변연계, 신피질, 뇌파 패턴(알파, 베타, 세타, 델타 상태), 뇌

좌우반구의 동조현상, 신경전달물질 수준과 불균형 등과 밀접하게 관련이 있다는 점을 살펴보았다.[38] 개인의 정신병리를 어떻게 이해하든 우상상한의 모든 요인을 주의 깊게 포함시킬 필요가 있다. 여기에는 정신병리의 약리와 의학적 처치에 초점을 둔(비록, 모든 의식을 우상상한의 사건으로 환원시킬 필요는 없지만) 생물학적 정신의학의 부분적 진실이 포함되어 있다.

마찬가지로, 특히 개인의 의식발달과 불가분의 관계에 있는 큰 문화적 흐름(좌하상한)과 사회적 구조(우하상한)를 살펴볼 필요가 있다. 스스로 병들어 있는 문화에 자기를 적응시키고 통합시키는 것이 무슨 소용이 있는가? 잘 적응한 나치가 된다는 것은 무슨 의미인가? 그것이 정신건강인가? 나치 사회에서 유일하게 정신이 올바른 사람은 부적응적 인간인가?

이 모든 질문은 결정적인 사항이다. 어떤 상한에서든 병리, '병'이 되는 기형은 사상한 모두에 영향을 미치는데, 그것은 모든 홀론의 존재에는 네 가지 측면이 있기 때문이다. 그러므로 비인간적인 노동에 대해 노예 품삯 정도를 치르는 것과 같은 소외된 생산양식(우하상한)을 지닌 사회는 노동자의 낮은 자존심(좌상상한)으로 드러날 것이다. 예를 들어, 알코올 남용을 자가치료로서 규정할 수 있는 상태는 질 나쁜 뇌 화학으로 드러날 것이다. 마찬가지로 여자의 가치를 낮추는 문화적 세계관은 여성 개인의 잠재력을 해치는 경향과 함께 프로작prozac*을 다량 사용하게 되는 뇌 화학을 초래할 것이다.

사상한 전체에 걸쳐서도 마찬가지다. 한 상한이 불구가 되면 나머지 상한 모두에 출혈이 생긴다. 우리는 개인의 '병리'를 자기 단계, 문화적 세계관, 사회구조, 심연에의 나선적 접근을 포함하고 있는 엄청나게 큰 빙산의 일각으로 바라보려는 이해에 빠르게 접근하고 있다.[39] 개인치료가 결코 중요하지 않은 것은 아니지만 많은 점에서 그것은 역기능적인(아직도 통합적이 아닌) 세계의 작은 조각에 불과하다. 이런 이유로 진정으로 통합적인 치료는 개인적일 뿐 아니라 문화적이고 사회적이며 영적이고 정치적이다.

가장 단순하게 말해서 통합치료는 주어진 사례에서 실증적으로 실행할 수 있는 상한들의 수많은

[역자 주]

* 감정을 조절하는 신경전달물질인 세로토닌을 증가시키는 대표적인 항우울제

양상을 다루려고 노력한다. 마이크 머피Mike Murphy의 『신체의 미래Future of the Body』와 토니 슈워츠Tony Schwartz의 『진정으로 중요한 것 What really matters』은 통합적 관점에 대한 탁월한 개론서다. 나는 『영의 눈 The Eye of Spirit』*에서 통합적 접근의 측면을 약술하였다. 머피와 레너드Leonard의 『우리에게 주어진 삶 The Life We Are Given』은 통합적 실습의 한 유형을 보여 주는 실용 안내서며, 내가 강력하게 추천하는 책이기도 하다.[40]

그러나 누구라도 자신만의 통합 실습을 구성할 수 있다. 인간 심신체의 모든 주된 능력과 차원들, 즉 신체적, 정서적, 정신적, 사회적, 문화적, 영적인 것을 동시에 훈련하는 것은 새로운 착상이다. 『일미One Taste』에서 나는 그런 통합적 ('온 수준, 온 상한') 치료를 위한 추천 사항을 약술하였으며, 사상한을 망라하면서 각 상한을 대표하는 실습을 갖춘 예를 여기에 일부 제시한다.

우상상한(개인적, 객관적, 행동적)

- 신체적
  - 식이요법: 앳킨스Atkins**, 이디스Eades***, 오니시Ornish****, 비타민, 호르몬
  - 구조적: 역도, 에어로빅, 하이킹, 롤핑***** 등
- 신경학적
  - 약리학적: 적절한 경우 다양한 약물치료/약물
  - 뇌/마음 기계: 의식의 세타와 델타 상태를 유도하는 데 도움을 주기 위해

좌상상한(개인적, 주관적, 의도적)

- 정서적
  - 호흡: 태극권, 요가, 생체 에너지학, 프라나 혹은 감정 에너지 순환, 기공
  - 성: 탄트라식 성교, 자기를 초월하는 몸 전체

[역자 주]

* 윌버가 자신의 의식의 스펙트럼 개념을 여러 가지 중요한 분야에 적용한 저서(2001년 출판). 예술과 문학이론에서 문화연구까지, 인류학에서 철학까지, 발달심리학에서 영성까지를 총망라하고 있다.

** 『새로운 다이어트 혁명New Diet Revolution』이라는 책을 저술한 닥터 앳킨스의 다이어트 방법으로 황제 다이어트로 알려져 있다. 지방 저장에 관여하는 인슐린 분비를 자극하는 탄수화물의 섭취를 최대한 줄이는 것이 이 방법의 핵심이다.

*** 체중을 줄이고 콜레스테롤과 혈압을 낮추기 위해 단백질을 높이고 탄수화물을 낮추는 다이어트 요법

**** 닥터 오니시가 주장한 다이어트 방법으로 지방 섭취를 비만의 원인으로 보고 당질은 가급적 많이 먹고 지방을 적게 먹는 방법이다.

***** 구조적 통합요법Structural Integration이라고도 부르는 롤핑은 창시자인 롤프박사 Ida P. Rolf의 이름을 따라 붙여진 명칭이다. 롤프박사는 모든 신체를 중력에 조화를 이루도록 구성하는 연부조직 조정법soft tissue manipulation과 동작지도를 아우르는 전인적 시스템holistic system을 만들기 위해 헌신해 왔다. 그는 근막계를 조정함으로써 자세와 신체 구조에 엄청난 변화를 가져올 수 있다는 것을 발견했다.

의 성애

- 정신적
  - 치료: 심리치료, 인지치료, 그림자 작업
  - 비전: 의식적인 삶의 철학을 받아들이기, 시각화 요법*, 확신요법**
- 영적
  - 심령 수준(샤먼/요기): 샤만적, 자연신비주의, 초급 탄트라
  - 정묘 수준(성자): 신성신비주의, 이담yidam***, 관상기도, 고급 탄트라
  - 원인 수준(현자): 비파사나Vipassana, 자기탐구, 있는 그대로의 주의bare attention, 향심기도centering prayer****, 바라보기, 무형신비주의
  - 비이원 수준(싯다): 족첸Dzogchen*****, 마하무드라Mahamudra******, 샤이비즘Shaivism*******, 선禪, 에크하르트, 비이원 신비주의 등

우하상한(사회적, 상호 객관적)

- 시스템: 가이아, 자연, 생물권, 온 수준에서 지정학적 하부 구조에 대한 책임을 훈련
- 제도적: 가족, 도시, 주, 국가, 세계에 대한 교육적, 정치적, 시민적 의무를 훈련

좌하상한(문화적, 상호 주관적)

- 관계들: 가족, 친구, 살아 있는 존재 전반, 관계를 개인 성장의 일부로 만들기, 자기의 탈

[역자 주]

* 환자가 깊은 도취 상태에 빠져 있는 동안 마음속에 생생한 이미지를 불러일으켜 병든 몸을 심리적으로 조작하는 데 기초를 둔 치료 요법의 일종이다. 미국의 암전문센터를 운영하는 칼 사이먼튼 부부 의사가 바이오피드백이 체내의 내부 장기의 기능을 개선시키는 데 효과적임에 착안하여 심리학적인 기법을 이용해 시각화법을 개발하였고, 많은 암환자를 치유하는 데 이용하여 놀라운 효과를 보고하고 있다.

** 개인은 자신을 선하고 가치 있고 사랑받을 만한 존재로 여길 때 사랑할 수 있는 능력이 풀려난다. 기독교 정신의학자인 콘래드 바즈Conrad W. Baars 박사와 애나 터루이Anna A. Terruwe는 이 과정을 '확신affirmation'이라 불렀다. 이것은 한 사람이 다른 사람을 향한 조건 없는 사랑과 정서적 강화의 근원이 될 때 일어난다. 확신요법에서는 어떤 행동이나 개입보다도 우선 치료자와 환자의 감정적 커뮤니케이션을 중요시한다.

*** 탄트라 전통에서 언급되는 신으로 수행자를 수호해 주고 후원해 주는 보호신이다.

**** 신 앞에 침묵으로 기다리도록 유도하는 기도로서 기도 중에 다른 생각이 들 때마다 단순한 기도말을 외움으로써 그 기도로 돌아온다. 이는 더욱 본격적인 기도 형태인 관상기도를 위한 예비 단계가 된다.

***** 티베트 불교 수행의 닝마파의 수행법으로 선불교와 유사하며 모든 경험을 수행과 관련시킨다. 수행의 결과는 밀교 수행과 동일하지만 강조점이 약간 다르다. 족첸은 실재의 본성을 직접 자각하라고 강조한다. 사념체를 상상하는 과정을 생략하고 법신을 직접 자각하라고 한다. 이 법신은 인간의 말이나 감정 등으로는 표현할 수 없는 깊은 차원이다. 족첸 명상 중 어떤 것들은 밀교의 관상이나 차크라 명상과 비슷하고, 족첸 수행을 하기 전에 갖춰야 할 예비 수행도 밀교 수행과 같다.

****** '마하'는 크다, '무드라'는 흐름이라는 뜻으로 마하무드라는 '큰 흐름'을 말하는데, 삶 자체가 하나의 흐름이 되는 것을 마하무드라라고 한다. 인간은 태어나기 전부터 지니고 있는 '나'라는 관념으로 인해 자연과 일치하는 정상적인 리듬을 잃고 몸과 마음이 부조화스럽게 되었다. 무드라를 많이 하면 몸과 마음이 극도로 정화되고 나중에는 하루 24시간이 무드라가 된다. 이때 몸과 마음은 24시간 자연과 일치하는데, 이것을 마하무드라라고 한다.

******* 인도의 주요 삼신은 브라흐마, 비슈누, 시바다. 샤이비즘은 시바를 숭배하는 인도 원주민의 토착신앙이

중심화[41]

- 지역사회 봉사: 자원봉사, 무주택자 보호소, 호스피스 등
- 도덕: 선善의 상호 주관적 세계에 참여하기, 살아 있는 모든 존재와의 관계에서 자비를 행사

통합적 실습의 일반적 착상은 아주 분명하다. 즉, 신체, 마음, 혼, 영, 문화, 자연을 훈련하는 것이다(다시 말해, 나, 우리, 그것의 영역에 있는 스펙트럼 전체를 훈련하도록 노력하는 것이다). 각 범주 혹은 실용적으로 가능한 한 많은 범주에서 기본 실습을 선택하여 이들을 동시에 실습하라. 더 많은 범주가 개입할수록 더 효과적일 것이다(왜냐하면 당신 자신의 존재 측면처럼 모두가 밀접하게 관련되어 있기 때문이다). 이들을 부지런히 실습하고 심신체의 다양한 가능성을 펼칠 통합적 노력을 종합하라. 심신체 자체가 공空 안에서 전개될 때까지, 또 여정 전체가 결코 일어난 적도 없는 여행의 몽롱한 기억이 될 때까지.

[역자 주]

다. 시바신은 고행에 의해 절대적인 힘을 얻었다고 전해진다. 따라서 이 신은 수행자와 성인을 도와주는 존재로 나타나기도 한다. 시바는 우주의 해체자로서 파괴의 신일 뿐만 아니라 갱생의 신이어서, 그에게 죽음이란 다시 탄생과 시작을 의미한다.

9. 중요한 발달 지류

앞에서 우리는 기본 수준 또는 파동, 자기가 이 파동들을 항해할 때 만날 수 있는 장애의 일부를 간단하게 살펴보았다. 이제 우리는 발달 라인 혹은 지류에 주의를 돌릴 것이다.

물론, 이 모든 다양한 지류를 통합하는 것은 자기에게 달려 있고, 우리는 이미 자기와 자기의 전반적 발달에 대한 일반적인 이야기를 따라갔다. 이제 우리는 여정 전반에서 자기가 균형을 이루어야 하는 중요한 라인의 일부를 별도로 살펴볼 것이다.[1] 도덕, 미학, 대인관계, 인지에 이르는 각 발달 지류는 거대한 생명의 강 River of Life의 중요한 측면이므로 지류를 통합하면서 자기는 온 우주에서 편안해지는 것을 배우게 될 것이다. 모든 발달 라인을 개인의 심리도([그림 2-1]과 [그림 2-2])에 그려 넣을 수 있는데, 이는 사실상 세계와 '편해지는at-home-ness' 도식이다. 각 지류가 깊어질수록 더 많은 우주를 포용하게 되어, 마침내는 모두를 포용하면서 전체적 전개의 근본 바탕Ground과 여여如如 Suchness 속으로 해방된다.

도덕

도표 1A와 5C에서 '도덕적 넓이Moral Span'란 도덕발달 지류를 말한다. 나의 도식에서는 도덕적 판단(콜버그)과 배려(길리건)의 원칙, 혹은 개인이 어떻게 도덕적 결정에 이르는가뿐만 아니라 도덕적인 넓이나 그런 결정에 우선 포함시킬 가치가 있는 것이 포함된다. 대부분의 지류와 마찬가지로 이는 에고 중심성에서 민족 중심, 세계 중심, 신 중심(또는 초개인 영역과 신화적 유신론을 혼동하지 않기 위해, 더 정확하게 말하면 '영 중심적pneumocentric' 혹은 영혼 중심적)으로 진행한다. 각각의 도덕적 깊이가 증가할수록 그 안에는 더 큰 도덕적 넓이가 있다('나', '우리', '우리 모두', '살아 있는 모든 존재').[2]

의식의 경이로운 확장은 자기 정체성과 도덕에서 가장 선명하게 드러난다. 우리가 평원에 초점을 맞추고 심리학을 사상한의 우측 용어만으로 기술한다면 확장의 대부분은 소실되고 만다. 사상한의 우측에서는 유기체(우상상한) 및 유기체와 환경의 상호 작용(우하상한)만이 존재한다. 뇌는 창발적 연결주의자emergent connectionist 시스템을 통해 정보를 처리하고, 자신의 생태계와 맞물린 자기 조직적 자동생성기전으로 움직여서, 뇌와 그 유전적 재료가 시간적으로 선행하는 반응을 선택한다.

이 모든 것은 진실이지만 내적인 사실을 놓치고 있다. 당신이 당신이라고 부르는 것은 무엇인가? 당신은 이런 자기를 자신의 어떤 것과 동일시할 수 있을까? 왜냐하면 그 정체성은 에고 중심적인 것에서 민족 중심, 세계 중심, 영 중심으로 확장하는데—실제로 당신은 확장되는 각 세계와 하나라고 느낀다—외부적이면서도(내적이고 질적인 이동이 아니라) 양적인 실체에 근거를 둔 정체성만을 인정하는 '유기체와 환경'이라는 도식은 이들 중 어떤 것에서도 발견할 수 없다.

이런 확장되는 정체성은 도덕적 자각에 직접적으로 반영된다(주관적 정체성은 유기체와 환경이 아니라 자기와 문화로서 상호 주관적인 도덕에 반영된다). 그것은 당신이 자신이 동일시한 것들로 스스로를 생각하기 때문이다. 만일 당신이 당신과

만 동일시한다면 타인을 자기애적으로 다룰 것이다. 당신의 친구 및 가족과 동일시한다면 그들을 배려로써 다룰 것이다. 당신이 자신의 국가와 동일시한다면 국민을 동포로 취급할 것이다. 모든 인간과 동일시한다면 인종, 성, 피부색, 신념과 관계없이 모든 인간을 공평하고 자비롭게 다루려고 노력할 것이다. 당신의 정체성이 우주를 포용할 정도로 확장되면 존경과 친절함을 가지고 모든 살아 있는 존재를 다룰 것이다. 왜냐하면 그들은 당신 자신의 진아와 동일한 빛나는 진아의 완전한 현현이기 때문이다. 이것은 최상의 정체성을 직접 실현할 때 당신에게 찾아온다. 그 이유는 정체성은 물질, 신체, 마음, 혼, 영에 이르는 의식 스펙트럼의 전체로까지 확장될 수 있으며, 매번의 확장은 더 큰 도덕적 포용을 유도하여 모든 것이 그 자체로 열정적인 평정으로 포용될 때까지 지속되기 때문이다.

여기 어디에 이기적인 유전자가 있단 말인가? 사상한의 우상상한에만 초점을 맞춤으로써 인간 실재의 매우 협소한 시각이 신뢰를 얻게 된다. 어떤 영역에서든 진실은 항상 특정 유형의 이득을 지니고 있기 때문에(지혜는 많은 보상을 가져온다), 이런 보상이 성적인 대가로 번역될 수 있는 (때로 그들이 하는 식으로) 몇 가지 방법을 찾아내기는 아주 쉽다. 그러므로 고차원의 진실이 새끼를 낳는 정교하면서도 영리한 방식에 불과한 것처럼 가장하기도 쉽다.

신다윈주의*라는 게임의 유용성의 한계가 분명해졌을 때, 자연 선택이라는 전체 개념을 '밈즈' (근본적으로 이것은 의도적, 행동적, 사회적, 문화적 온 상한에서의 홀론이다)라는 개념으로 바꾸어 시간적으로 지속되는 것, 즉 문화적 특성, 사회 제도, 옷 입는 스타일, 철학적 착상, 음악 스타일 등에 자연 선택을 적용시키기는 쉽다. 이 모든 게 사실이라 할지라도 이는 계속 핵심적이고 결정적인 문제를 무시하고 있다. 그 문제는 일단 홀론이나 밈즈가 출현하면 어떻게 존재하는가(그들은 물론 다양한 종류의 진화적 압력에 의해 선택되었다)가 아니라 이 새로운 밈즈가 처음 어디에서 생겼는가 하는 것이다. 일단 성공적인 밈즈가 출현하면 선택될 가능성이 높다는 사실을 인정한다고 해도, 어쨌든 왜 그리

[역자 주]

* 현대의 주류가 되어 있는 진화론으로 20세기 후반의 분자생물학과 유전학의 발전에 힘입은 바 크다. 신다윈주의는 자연 선택에 의한 무작위적인 돌연변이가 새로운 생물학적 기능을 만들어 내는 주된 힘이라고 주장한다. DNA 서열을 정확히 복제하지 못하는 것으로 인해 수천 개의 새로운 유전자가 만들어질 것이고, 복잡한 기관, 골격 등에서부터 수많은 특화된 세포 종류도 생길 것이다.

고 어떻게 출현하는 것일까?

달리 표현하면, 어떻게 이름을 붙이든 창조성은 이미 우주의 구조 자체에 존재하고 있다. 이런 창조성은—에로스가 수많은 이름 중 하나가 되는—더 높고 넓은 홀론이 출현하게끔 하는데, 이는 내적인 영역에서 물질로 신체, 마음, 혼, 영에 이르는 정체성(그리고 도덕과 의식)의 확장으로 나타나는 추진력이다. 그런 순서로 일어난다는 증거는 물질적 유기체와 그 환경을 응시함으로써가 아니라 주관적이고 상호 주관적인 영역을 바라봄으로써 발견된다. 그러나 인류는 적어도 수천 년 동안 이미 그것을 해 왔다. 그 일반적인 결과를 도표 1에서 11까지 제시하였다.

앞에서 보았듯이 평원의 세계에서는 객관적 실체와 체계라는 사상한의 우측 세계만을 '실제로 존재하는' 유일한 세계라고 생각하였으므로, 모든 주관적 가치는 개인적이거나 독특한 것 혹은 감정적 선호에 바탕을 둔 것으로 실재 자체에 뿌리 박고 있지 않다고 간주되었다. 그러나 우리가 평원의 한계를 거부한다면 주관적이고 상호 주관적인 영역은 우주의 모든 수준에 위치한 홀론의 내면이라는 것이 분명해진다. 주관성은 우주의 본질적인 요소다. 물론, 주관적 영역에는 개인적 선호라는 것이 있지만, 그런 영역과 전개되는 그 영역의 일반적 파동은 DNA와 마찬가지로 실재하며 더 중요하기까지 하다. 도덕적 정체성의 확장은 의식 전개의 이 심오한 파동이 더욱 분명하게 드러난 것이다.

동기: 음식 수준

'음식 수준Levels of Food' (도표 1B)은 욕구, 욕망 또는 근본 동기(의식적일 수도 무의식적일 수 있는) 수준을 말한다. 내가 『에덴으로부터 위로Up from the Eden』*와 『사교적인 신A Sociable God』**에서 언급한 것처럼 모든 구조(수준과 라인 모두에서)는 세계 일반에서의 동일한 조직 수준과 관계적으로 교

[역자 주]

* 인간의 인류학적, 사회문화적 진화 및 발달에 관해 쓴 윌버의 1981년 저작. 윌버 사상의 1기에 해당하며 유아와 초기 인류가 대체로 세계와의 무의식적인 통일 상태, 일종의 근원적 낙원에 침잠된 평화의 상태에 있다는 낭만적 관점을 취하고 있다. 윌버는 이후 2기의 저서를 통해 스스로의 낭만적 관점을 비판하고 발달적 관점으로 이를 극복한다.

** '종교를 새롭게 이해하며 Toward a New Understanding of Religun'라는 부제가 달린 1982년에 출판된 저서. 윌버는 이 책에서 종교적 운동의 신빙성을 결정하기 위한 방법을 제시하고 있다.

환하는 시스템이라는 사실 때문에 욕구가 발생한다. 이는 '음식', 즉 물리적 음식, 정서적 음식, 정신적 음식, 영적 음식이라는 홀라키를 낳는다.[3]

물리적 욕구는 음식, 물, 피난처 등 물질적 우주와의 물리적 관계와 교환을 나타낸다. 정서적 욕구는 다른 정서적 존재와의 관계를 반영하며, 정서적 따뜻함, 성적 친밀감 및 돌보기의 교환으로 이루어져 있다. 정신적 욕구는 다른 정신적 존재와의 교류를 반영하고 있는데, 우리는 언어적 의사소통이라는 행위를 통해 타인과 일련의 상징을 교환한다(독신생활과 침묵을 맹세한 스님은 의사소통의 결핍이 성의 결핍보다 훨씬 고통스럽다고 한다. 이런 욕구는 관계 교환에 근거를 둔 진정한 욕구와 충동들이다). 영적 욕구는 우리의 분리된 자기에게 도덕적 구속력, 의미, 해방을 주는 원천이 되며, 근본 바탕과의 관계에 대한 욕구를 반영하고 있다(이런 욕구가 충족되지 못한 상태를 대충 지옥으로 설명한다).

『에덴으로부터 위로』에서 나는 욕구와 동기의 수준을 자세하게 (내가 여기에서 단순화시켜 사용한 네 가지 동기가 아니라 여덟 가지 일반적인 동기 수준으로) 논의하였다. 또한 압박과 억압이 어떻게 관계적 교환을 왜곡하여 병리(신체적 질병, 정서적 질병, 정신적 질병, 영적 질병. 8장에서 논의한 모든 병리는 자기의 붕괴가 아닌 타인과의 관계적 교환의 붕괴다)를 낳는지 예를 들면서 매슬로의 개념과 같이 유사한 개념들과 관련지었다. 수많은 욕구의 다양한 유형과 수준을 밝힐 수는 있지만, 모든 진정한 욕구는 어떤 홀론이든 그 홀론(어떤 수준에서든)의 일생에 필요한 상호관계를 반영하고 있다.

세계관

'세계관'(도표 1B)은 세계가 대둥지의 각 기본 파동을 바라보는 방식을 말한다. 당신이 감각, 지각, 충동만을 갖고 있다면 그 세계는 원형적이다. 심상과 상징 능력이 추가되면 세계는 마술적으로 나타난다. 개념, 규칙, 역할이 추가되면 세계는 신화적이 된다. 형식적-반성적 능력이 출현하면 합리적 세계가 보인다.

비전-논리와 함께 실존적 세계가 나타난다. 정묘 수준이 출현하면 세계는 신성해진다. 원인 수준이 출현하면 자기는 신성해진다. 그리고 비이원적 수준이 출현하면 세계와 자기는 하나의 영으로 파악된다.

그러나 어떤 종류의 세계관이든 미리 주어진 고정된 모습으로 나타나지는 않는다.[4] 세계관은 특정 문화에서 특정한 (때로는 국소적인) 표면 양상으로 전개된다. 일반적으로 '세계관'은 사상한의 좌하상한 혹은 공통의 지각과 집단적 가치, 간단히 말해서 '문화'를 통해 발생하는 모든 상호 주관적인 관습, 언어적 표지, 의미 구조, 맥락 및 공통적 의미를 말한다. 이런 문화적 차원(좌하상한)은 기술 경제적 생산양식, 집단적 사회관습, 건축 구조, 사회체계, 문자적 · 언어적 의사소통 매체(인쇄, TV, 인터넷), 지정학적 하부 구조, 가족체계 등이 포함된 집단적 삶의 외부적, 구체적, 물질적, 제도적 형태의 사회적 차원(우하상한)과 구별된다.

세계관은 모든 개인적, 주관적 의식이 문화적 혹은 상호 문화적 구조에 의해 생성된 교환 장소에서 일어나기 때문에 특히 중요하다. 예를 들어, 콜버그의 도덕 단계 2(도덕이 상호 주관적 구조의 일부가 되는)에서 개인적인 윤리적 딜레마에 직면한 사람의 사고는 주로 도덕 단계 2의 심층양식에 의해 지배될 것이다. 그러므로 그는 자신이 원하는 모든 것을 생각할 만큼 자유롭지 않다. 그의 주관적 사고는 그의 문화적 세계관(개인적 자기의 도덕 단계를 포함한)이라는 상호 주관적인 구조에 의해 생성되고 주로 그 구조의 통제를 받는 공간 혹은 교환 장소에서 일어난다. 우리가 알다시피 그 사람이 초개인 영역의 절정 경험을 했다 하더라도 그 경험은 주로 자신에게 발달한 상호 주관적 구조로 해석되거나 유지될 것이다(주관적 경험은 상호 주관적 경험에서 생성된 공간에서 일어난다는 것을 인식하지 못하는 것은 많은 형태의 영적, 자아초월심리학, 특히 주로 변성 상태 혹은 비일상적 상태에 주로 집중하는 형태가 갖고 있는 주요 취약점 중 하나다).[5] 물론, 개인은 자신에게 주어진 문화적 측면을 어느 정도 초월할 수 있는데, 이런 경험이 일어날 때는 새로운 통찰을 공유할 수 있는 사람을 찾아 나서서 새로운 문화를 형성한다. 요점은 주관성과 상호 주관성—사실상 사상한 모두—은 상호적으로 일어나며 상호 의존하고 있다는 것이다.

감정

'감정'(도표 1B)은 '정서' 혹은 가장 넓은 의미에서 '느낌'의 발달 라인을 말한다. 영원의 철학에서 '정서'라는 말에는 약간 다른 두 가지 의미가 있는데, 나는 이 둘 다를 동시에 사용하고 있다. 첫 번째로, 정서는 의식의 특정 수준, 프라나층 혹은 정서-성 에너지층(도표의 '충동/정서'라는 기본 구조)을 말한다. 다음으로는 전 스펙트럼에 걸쳐서 특정 혹은 모든 기본 수준의 활력 넘치는 느낌 상태를 말한다(도표 1B에서 이것을 '감정'으로 기록하였다). 나는 두 번째 의미를 무시한 채 '느낌'이나 '감정'을 첫 번째 정의에만 한정시켰다는 비난을 종종 받고 있지만 이런 비난은 분명 옳지 않다. 예를 들어, 『아트만 프로젝트Atman Project』*에서 나는 스펙트럼 전체에 존재하는 각 기본 구조에 대해 '감정 상태'를 기록하였다. 의식 자체는 '사고 자각thinking-awareness'이기보다는 '느낌 자각feeling-awareness'이며, 대둥지에는 느낌 자각 혹은 경험적 생생함의 수준이 존재한다.

(인본주의/초개인 집단의 진정한 문제 중 한 가지는 많은 사람이 후인습적 자각의 온정과 마음 확장을 감각적 신체의 단순한 주관적 느낌과 혼동하고 있으며, 이런 전/초 오류pre/post fallacy**에 사로잡혀 전형식적 인지적 몰두가 아니라 후형식적 인지 성장이 필요할 때도 고차적 정서 확장을 위해 신체 작업만을 추천하는 데 있다. 분명히 신체 작업은 성장과 치료에서 중요하면서도 바탕이 되는 역할을 하지만, 전형식적 감각을 후형식적 사랑으로 격상시키는 것은 인간 잠재력 운동에서 끝없는 문제를 야기한다.)[6]

성

'성 정체감'(도표 1B)은 (문화적 구성체가 아닌 생물학적으로 주어진) 생물학적 뿌리에서 (대부분 문화

[역자 주]

* 윌버의 1980년 저서로 자신의 이론에 포함된 전초 오류를 깨닫고서 제1기의 낭만주의 모형을 버리고 발달심리학의 의식성장 발달모형(인지, 욕구, 도덕성, 자기)을 도입하여 쓴 책.

** 윌버의 독창적인 개념으로 발달의 초기 단계와 후기 단계의 유사성 때문에 두 상태를 혼동하는 현상을 말한다. 분리되고 개성 있는 자기가 아직 출현하지 않은 전개인 단계와 자아를 초월하는 초개인 단계는 모두 자아 중심적인 개인 단계가 아니라는 점에서 겉보기에는 비슷해 보이기 때문에 사람들을 종종 혼동하게 만든다.

적 구성체인) 인습적 형성을 거쳐 (주로 문화 초월적이고 인습 초월적인) 성 초월적인 지향으로 귀착되는 성 발달을 따르고 있다. 많은 연구에서 지속적으로 확인하는 바에 따르면, 기본 파동의 심층 양상과 자기와 관련된 대부분의 지류(도덕, 욕구, 역할능력)는 성 중립적이다(즉, 근본적으로 남녀에서 동일하다). 그러나 남성과 여성은 이 똑같은 구조와 단계를 '다른 목소리로' 절충한다(남성과 여성은 보통 작인agency과 교감communion*을 모두 사용하지만, 남성은 작인을 강조하고 여성은 교감을 강조해서 해석하는 경향이 있다는 말로 요약할 수 있다).[7]

『영의 눈』**에서 나는 여권운동과 성연구 혹은 '통합여권운동'에 대해 '온 수준, 온 상한' 접근이 필요하다고 주장하였다. 불행하게도 많은 여권론자는 통합적인 접근에 저항하는데, 종종 다른 상한을 무시하고(예를 들어, 생물학적 요인의 경우가 그러하다. 왜냐하면 그들은 이것을 '생물학은 운명이다.'라는 선언의 또 다른 형태라고 의심하기 때문인데, 우상상한이 유일하게 존재하는 상한이라면 그럴 수 있다. 그러나 생물학적 요인은 사회적 가치, 사회제도, 개인적 의도에 의해 크게 영향을 받으므로 생물학적 요인을 인정하는 것은 성차별주의자의 소산이기보다는 현실적인 것이다) 한 개의 상한(보통 좌하상한 혹은 성의 문화적 구성)만을 인정하기 때문이다. 이런 협소한 초점은 불행한 것이지만 다른 사람들이 보다 통합적인 여권운동을 하면서 전진하는 것을 막을 필요는 없는데, 조이스 닐슨Joyce Nielsen, 카이사 푸하카Kaisa Puhakka, 엘리자베스 디볼드Elizabeth Debold 같은 다수의 사람이 이미 그렇게 하고 있다.[8]

[역자 주]

* 캐롤 길리건의 『다른 목소리로In a Different Voice』에서 강조하고 있는 개념이다. 여기에서 윌버는 홀론을 설명하기 위해 이 용어를 사용하고 있다. 작인이란 홀론이 자기 정체성과 자율성을 유지·보호하기 위한 홀론의 능력과 기술을 의미한다. 그런데 홀론은 부분성을 함께 가지므로 다른 부분과 공존적 교감을 유지해야만 한다. 세포를 예를 들면, 세포는 단일한 전체로서 작인을 지니지만 더 큰 유기체의 일부로 다른 세포들과 교감해야 하는 것이다.

** 1997년에 출판된 윌버의 저서. 윌버의 4기 사상을 담고 있다. 이 책에서 윌버는 예술, 문학, 인류학, 문화 연구, 심리학, 영성 등 다양한 분야를 통합한 사회모델을 소개하고 있다.

미 학

'예술'(도표 8)은 미적 경험 수준을 말하며, 우리는 여기에서 발달 형태 대부분에 적용되는 아주 중요한 현상을 볼 수 있다. 말하자면 당신은 주어진 활동(예술 같은)이 발생하는 수준과 그것이 지향하는 수준, 혹은 예술을 생성하는 수준과 예술이 그리고 있는 수준의 근거를 바탕으로 주어진 활동을 분석할 수 있다(몇 개의 미주에서 설명한 것처럼 모든 의식 양상과 마찬가지로 실재의 수준은 의식 주체 수준, 즉 자기 수준과 의식 객체로 분석할 수 있다).[9] 예를 들어, 정신적 수준에서 생성된 예술은 물질적, 정신적, 영적 영역에 속한 것을 그 대상으로 취할 수 있으며, 각각의 경우 매우 다른 예술에 도달한다. 그러므로 그 결과로 얻은 예술작품은 예술을 생성하는 구조와 예술에서 묘사하는 구조 간의 복합물(즉, 예술을 생성하는 자기 수준과 예술이 묘사하는 실재 수준)이다. 이는 우리에게 아주 다양한 예술 유형을 제시한다. 그중 몇 가지 대표되는 표본만을 도표 8에 기록하였다.[10]

이런 이중 분석에 내포된 것을 밝히자면, 가장 초기의 선사시대 예술가(구석기 시대의 동굴벽화가)는 비록 자연과 감각운동 영역에 더 가깝지만 자연을 결코 현대식으로 그리지 않았다는 사실에 주목하여야 한다. 구석기 시대 화가들은 원근법을 사용하지 않았으며 그들의 예술은 우리 현대인이 수용하는 의미에서 실증적이거나 '정확하지' 않았다(공간적 분리를 전혀 고려하지 않고, 형태는 서로 겹쳐 있으며, 깊이에 대한 지각도 없다 등). 그럴듯한 이유를 찾아보면 그들은 공간적 원근법 능력이 없는 마술적 구조에서 감각운동기 영역을 그린 것이다. 신화적 시대에서도 마찬가지로 자연을 원근법으로 그리지 않고 언제나 신화적-문자적 배경의 일부로 그렸다. (르네상스에서 출발하는) 근대의 발흥과 원근법적 이성의 보편적 사용으로 원근법 자체를 볼 수 있게 되었고, 이를 그림으로 그렸다. 의식이 어느 정도 자연으로부터 거리를 둠에 따라 자연을 보다 사실적으로 그릴 수 있게 되었다고 말할 수 있는 것이다.

같은 이유로 낭만주의라는 (반)근대적 반응에 의해 정서적 느낌이 표현예술의 대상이 될 수 있었다. 신체 영역이 마음에 의해 분명하게 지각되고, 그럼으로써 그려질 수 있었다는 것은 마음과 신체가 크게 분화되면서 일어난 일이다(그리고 근대적 분화가 지나치게 분열로 치달을 때 그 고통스러운 병리 또한 예술의 실존적, 표현적 주제의 일부가 되었다).

인식의 양식에서도 동일한 이중분석(예술을 생성하는 주체 수준과 그려진 대상 수준)이 가능하다(사실상 모든 의식양식도 마찬가지다).[11] 예를 들어, 합리성은 (실증적-분석적 인식을 생성하는) 감각운동 영역, (현상학과 해석학을 생성하는) 정신적 수준 혹은 (신학, 만달라적 이성 등을 생성하는) 영적 영역을 그 대상으로서 취할 수 있는데, 이를 깨닫는 것이 중요하다. 왜냐하면 근대에 와서야 매우 높은 수준(예를 들어, 이성)은 매우 낮은 영역(예를 들어, 물질)에 주의를 제한함으로써 근대를 퇴행에 불과한 것처럼 보이게 만들었기 때문이다. 그러나 근대는 단지 '반쯤만' 퇴행하였는데, 이는 높은 주체가 낮은 객체에 주의를 제한시켜 얄팍한 세계에 존재하는 깊은 자기가 되고 말았기 때문이다(근대의 단점과 장점).[12]

미학은 뚜렷이 주관적인 지류이기 때문에(이는 '비실재적' 또는 개인 특유임을 의미하는 것이 아니라 주관적 존재론으로서 매우 실재적임을 의미한다) 대단히 중요한 발달 지류다. 누구보다도 볼드윈과 하버마스는 적어도 세 가지 환원될 수 없는 양식, 즉 미학, 도덕, 과학(즉, 3대 가치)으로 발달을 추적해야 한다고 인정한 것을 우리는 알고 있다.[13] 내가 『영의 눈』에서 지적한 것처럼 기본적으로 다양한 발달 지류는 세 개의 큰 영역의 변형이다. 어떤 발달 라인은 주관적 요소(자기 정체성, 감정, 욕구, 미학)를, 어떤 라인은 상호 주관적 요소(세계관, 언어, 윤리)를, 또 어떤 라인은 객관적 요소(외부 인지, 과학적 인지, 피아제식의 인지 라인 등)를 강조하고 있다.[14] 이 중 어느 하나라도 최종적으로 다른 것과 분리시킬 수 없지만, 각 발달 지류는 특정한 상한(즉, 미학은 주관성으로, 도덕은 상호 주관성으로, 인지는 객관성으로) 쪽으로 방향을 잡는 경향이 있다. 사상한 모두(혹은 간단하게는 3대 가치 영역)의 발달을 따르는 것이 중요하다는 사실을 강조함으로써 우리는 진정으로 통합적인 모델을 향해할 수 있다. 사상한 홀론은 진화하므로 포괄적 모델은 그런 진화적 지류를 모두 존중하려고 애쓸 것이다.

다양한 유형의 인지 라인

도표 3B('인지발달')에서 '전반적 인지 라인'을 기록하였다. 이는 일단 단일화

된 한 축의 모형에서 상태, 파동, 지류라는 통합적 모델로 나아갈 때 인지발달을 개념화시킬 수 있는 대안적 방식이다.[15] 도표에 표시하였듯이 인지발달 단계는 수많은 벽돌처럼 이전 단계 위에 쌓이는 단일한 인지발달 라인이 아니고, 아름다운 저택의 기둥처럼 각 라인이 각기 다른 발달 라인을 따라 발달해 가는 준독립적인 몇 가지 인지발달 라인을 그릴 수 있다. 주로 자연스러운 의식 상태라는 사실을 근거로, 즉 발달의 거의 모든 단계에서 나타나는 개인의 거친/깨어 있는, 정묘한/꿈꾸는, 깊은 수면/원인 수준 상태의 부정할 수 없는 존재와 그 이용 가능성을 근거로, 우리는 이성적으로 그런 상태/영역 또한 고유의 발달 라인을 가질 수 있다고 가정할 수 있다. 이는 우리가 개인의 일생을 통해 드러나는 다양한 유형의 인지발달(거친, 정묘, 원인)을 추적할 수 있음을 의미한다. 어느 하나가 다른 것에 뒤따라 나타나지 않고 그들 모두가 어떤 식으로든 동시에 나타날 수 있다. 예를 들면, 거친 인지의 주요 특성은 감각운동 영역을 그 대상으로 취한다는 점에 있다. 이런 인지 라인은 감각운동 발달 자체로 시작해서 구체적 조작으로 이행한 후에 구체적 조작인지에서 절정을 이루면서 서서히 사라질 수 있다. 이는 형식적, 특히 후형식적 조작기에서 사라지는 경향이 있다. 그것은 이 두 시기가 점차 사고의 세계를 그 대상으로 삼아 점점 더 정묘한 인지로 이행하기 때문이다. 그렇다면 거친(더 전문적으로 말하면 거친 것을 반영하는) 인지 라인은 감각운동, 전조작, 구체적 조작, 형식적 조작으로 진행하여 비전-논리에서 사라진다고 말할 수 있을 것이다. 대부분의 라인이 그렇듯이 이런 발달 라인은 전인습, 인습, 후인습 순서로 발달하지만 후형식적, 후인습 후기 파동까지 쉽게 지속되지는 않는다. 왜냐하면 이들 고차 단계에서는 어쨌든 포기되지 않았던 감각운동 세계가 자각의 지배적 대상이 되지 못하기 때문이다.

사고세계 혹은 정신적이고 정묘한 영역을 그 대상으로 취하는 것이 정묘인지의 주요 특성이다. 이런 발달 라인 또한 어린 시절에 시작된다(출생 이전 상태, 꿈꾸는 수면, 유상삼매*라는 명상 상태, 대

[역자 주]

* 요가의 궁극적인 목표는 자기를 초월한 망아경 상태인 삼매를 획득하는 데 있다. 삼매는 크게 유상삼매有想三昧와 무상삼매無想三昧로 구분할 수 있다. 유상삼매는 아직 이미지 같은 것이 남아 있는 상태다. 그 대상이 붓다가 되었든 신이 되었든 수행자의 뇌리 속에는 외부의 대상에 대한 일정한 이미지가 남아 있는 것이다. 무상삼매의 단계로 올라감으로써 요가 수행자는 대상에 대한 순수 인식을 얻는다.

부분의 바르도*에서 일어나는 주요 인지양식이다). 이런 정묘인지 라인은 우선 정확히 상상 상태, 몽상, 백일몽, 창조적 비전, 최면 상태, 에테르 상태, 환영적 계시, 초월적 빛, 수십 가지의 유상삼매(혹은 형태가 있는 삼매)와 같은 지각을 포함하고 있는데, 서구 인지심리학자들은 이에 대한 연구를 경시해 왔다. 그 이유는 유아기와 어린 시절의 공통점은 감각운동 사건의 물질적 세계가 아니라 심상, 사고, 비전, 꿈 등의 내적 세계를 그 참조 대상으로 삼았기 때문이다.[16]

그 밖의 대부분의 지류와 마찬가지로 정묘인지 지류는 기본 파동, 즉 전인습적, 인습적, 후인습적, 후인습 후기(혹은 자기 중심적, 사회 중심적, 세계 중심적, 영 중심적)에 접근할 수 있다고 일반적으로 예상할 수 있지만, 요점은 이것이 더 높은 성인 단계에서 도약하는 것이 아니라 유아기까지 되돌아가는 발달 라인이라는 점이다.

도표 3B에서 나는 정묘인지가 형식적 수준 및 그 이후에 중요해짐을 보여 주었지만 그것은 단지 임의적인 표현에 불과하다. 사실상 정묘인지는 U형 발달을 보여서, 어린 시절 초기에 더 드러난 후에 구체적 조작기와 형식적 조작기가 전면에 나타날 때 잠시 수그러들었다가 후형식적 시기에 다시 두드러져 원인 수준에 이를 것이라고 추측된다. 그 함축적 의미에 대해 지나치게 낭만주의적인 태도를 취할 필요는 없는데, 어린 시기에 존재하는 정묘인지가 아무리 생생하고 상상적이라 할지라도(11장을 보라) 아직은 주로 전인습적, 자기 중심적 인지이기 때문이다. 그러나 이를 발달 라인으로 바라보는 입장은 어린 시절의 정묘인지를 인정하고 존중하는 데 그 중요성이 있다고 볼 수 있다. 이는 후형식적 단계에서도 이득이 될 수 있다.

주의attention의 근원(바라보는 능력)이라는 점이 원인인지의 주요 특성이다.[17] 이 라인은 후형식적 단계에서 점차 전면에 드러나지만 이 또한 어린 시절 초기로 거슬러 올라갈 수 있다(초기의 유아적 융합 상태를 각성된 고차 상태 혹은 근원과 혼동하지 말아야 할 중요한 이유에 대해서는 미주를 참고하라).[18] 그러나 인

[역자 주]

* 『티베트 사자의 서』에 나오는 용어. 기원후 8세기에 지어진 이 책의 원 제목은 'Bardo Thos-grol'이다. 'bar'는 '사이'를 'do'는 '둘'이라는 뜻이다. 즉, 바르도Bardo는 죽음과 다음 환생 간의 상태를 의미하며, 『티베트 사자의 서』에서는 이 기간을 49일로 표현하고 있다.

정하고 존중한다면 이 라인 또한 어린 시절 처음 나타날 때부터 강화될 수 있는데, 그렇게 되면 그 이후에도 여러 가지 이득이 있게 된다.[19]

자기의 여러 라인

우리는 세 개의 큰 영역, 즉 거친, 정묘, 원인 영역은 내가 총칭해서 자기, 영 그리고 진아(혹은 전면, 깊은 심령, 관조)라고 부르는 자기의 세 라인들의 고향이라고 제안하면서 똑같은 유형의 모델을 자기와 그 발달에 적용시킬 수 있다.[20] 인지와 마찬가지로 자기의 이런 세 양상이 순차적으로 발달하는 것이 아니라 서로 나란히 준독립적으로 발달한다고 생각할 수 있다. 도표 4B와 [그림 9-1]은 그 관계를 두 개 기둥으로 보여 주고 있다.

물론, 대부분의 지류는 서로 준독립적으로 발달할 수 있고 또 그렇게 발달한다. 다양한 지류는 종종 주요 파동을 따라 자신만의 속도로 진행하며, 이런 이유로 발달 전반은 전혀 선형적 순서를 따르지 않는다. 이 절에서는 그 주제를 계속해서 더 급진적으로 다룰 텐데, 나는 전통적으로 하나의 지류로 간주되었던 것(이 경우 자기)이 실제로는 인지와 마찬가지로 준독립적으로 발달하는 서로 다른 몇 개의 지류일 수 있다고 제안하는 바이기 때문이다.

우리는 이미 전체적 지류에서 볼 때 신체자기, 페르소나, 자기, 켄타우로스와 같은 자기 지류의 주요 단계는 이전 단계에서 발달한 능력에 의존한다는 것을 보았다. 일단 이런 자기가 출현하면 서로 중첩된다. 그러나 상당량의 연구는 (도표 1A의 2열과 [그림 8-2]에서 보여 주듯이) 이들이 일반적으로 위계적 모습으로 출현한다는 것을 강하게 뒷받침하고 있다.[21]

그 모든 것은 여전히 진실이다. 현 개념은 그것을 대신하는 것이 아니라 보충한다. 거친, 정묘, 원인 영역은 어느 정도까지는 서로 독립적으로 발달할 수 있으며, 그리하여 전면frontal*, 영, 진아는

[역자 주]

* 윌버는 전면이라는 용어를 사용하여 초개인 수준 이전의 자기를 표현하고 있다. 여기에는 평균적 의식 상태에서 경험하는 모든 자기, 즉 물질적 자기, 신체자기, 페르소나, 개인적 에고, 켄타우로스가 포함된다.

어느 정도 서로 나란히 발달할 수 있다. 연구자들이 순차적인 자기발달로 측정했던 것이 정확하기는 하지만, 그들이 측정한 것은 전면자기(신체자기, 자기, 켄타우로스)이지 혼이나 영이 아니다. 혼과 영은 어느 정도까지는 전면자기와 나란히 발달할 수 있지만 그 고유의 홀라키와 함께 상자 안에 상자가 포개지는 식으로 일어나며, 그중 어떤 것도 전면적 형태로 분명하게 드러나지 않는다.[22]

에고(혹은 전면)는 거친 영역에 적응하는 자기며, 혼(혹은 더 깊은 심령)은 정묘 영역에 적응한 자기고, 진아(혹은 관조)는 원인 영역에 적응한 자기다. 전면자기는 거친 영역에 의식을 맞추는 모든 자기 단계(물질적 자기, 신체자기, 페르소나, 에고, 켄타우로스를 총칭해서 '에고'라고 부른다)를 포함하고 있다. 전면자기는 거친 인지 라인(감각운동, 전조작, 구체적 조작, 형식적 조작)에 의존하는 자기이므로 거친 영역에서 의식의 방향을 잡아 주고, 의식을 통합할 책임이 있는 자기 지류다.

이런 발달과 더불어 혼(심령/정묘 자기)은 자신의 홀라키적 지류에서 전개되는 고유의 궤적을 따를 수 있다. 혼 혹은 더 깊은 심령 라인에는 의식을 정묘 영역의 수많은 측면에 적응시키는 모든 자기 지류가 포함된다. 혼은 인지적 정묘 라인에 의존하는 자기이므로(우리가 보았듯이 여기에는 상상, 몽상, 백일몽, 창조적 비전, 최면 상태, 에테르 상태, 비전적 계시, 초월적 광명, 여러 유형의 유상삼매가 포함된다)[23] 정묘 영역에서 의식의 방향을 잡아 주고 통합하는 자기 지류다. 나는 정묘 영역이 때로 거쳐 가는 것처럼 보이는 U형 발달을 도표 4B에 나타냈다. 발달 초기('영광의 구름'*처럼)에 나타나서 전면(에고적) 발달이 시작되면 사라졌다가 후형식적 단계에서 다시 나타난다(대부분의 이론가들이 이런 U형 발달을 주장하고 있기 때문에 나는 [그림 9-1]에서 이를 제외하였다. 우리는 11장에서 이 주제로 되돌아갈 것이다).

이 같은 일반적 영역이 발달하는 것과 더불어 진아(혹은 주시자)는 고유의 지류를 따라 전개된다.[24] 주시자는 인지의 원인 라인에 의존하는 자기이므로(주의하는 능력, 초연한 관조, 거칠고 미묘한 동요에 직면한 평정) 원인 영역에서 의식의 방향을 설정하고 이를 통합하는 자기다. 이런 진아는 그 밖의 모든 자기,

[역자 주]

* 워즈워스의 시에서 따온 표현(11장을 보라)

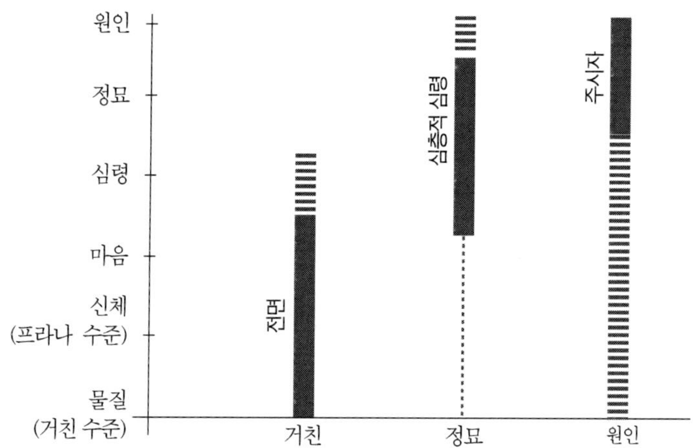

[그림 9-1] 전면(또는 에고), 심층 심령(또는 혼), 주시자(혹은 진아)의 발달

파동, 지류의 전반적 통합을 담당한다. 진아는 모든 단계, 모든 영역에서 근접자기를 통해 빛나며, 그 전개에서 초월하면서도 포함하는 에로스를 몰아간다. 우선 거친, 정묘, 원인 세 영역이 서로 분리되지 않게 막는 것이 이 최고의 진아다. 왜냐하면 세 영역은 준독립적 발달을 보이지만 빛나는 진아, 드러난 전체 영역을 공평하게 비추면서 포용하는 가장 순수한 공空에 의해 여전히 함께 묶여 있으면서도 서로 끌리기 때문이다.

의식의 무게중심은 고차 발달에서 점점 더 에고, 혼, 진아로 이행하지만 이 모두는 거친, 정묘, 원인 영역에서 빛나면서 중요하고도 필요한 영의 매개체가 된다. 그러므로 세 영역은 발달하면서도 다양한 비율로 동시에 존재할 수 있고, 또 보통 존재한다. 가장 높이 발달할 때 이 세 영역은 세상에서 동일한 가치를 지닌 영의 음성의 합창으로서 이음새 없이 통합된다.

통합심리학

그러므로 가장 단순하게 일반화시키면 통합심리학에는 파동, 지류, 상태, 에고, 혼, 영이 포함된다고 할 수 있다.

통합치료는 다음과 같이 몇 가지를 의미한다. 첫째, 전체 발달은 매우 심층적인 영역(에고에서 혼, 영으로)으로서 명백히 형태 형성적 이동을 보이지만, 치료자는 에고 이후만이 아니라 에고 안에서 그리고 에고와 병행해서 점차 그 모습을 드러내는 혼과 영을 인식하고 강화하는 방법에 민감하게 깨어 있을 수 있다. 전면 수준, 혼, 영이 그 고유의 진실, 통찰 및 가능한 병리를 수반하면서 나란히 전개됨에 따라 통합치료와 초개인 치료는 이들을 동시에 작업해 간다. 의식의 이런 다양한 차원에 동조하는 것은 더욱 적절한 전개를 촉진시킬 수 있다.[25]

그러나 이는 혼 혹은 영 작업을 선호한 나머지 거친 영역의 작업(신체 작업, 자기 강화)을 간과할 수 있다는 뜻은 아니다. 왜냐하면 고차 영역은 강한 에고에 바탕을 두지 않고서는 영구하고 안정되며 통합된 실현으로 진행할 수 없기 때문이다. 고차 영역이 오히려 일시적인 절정 경험, 잠시 동안의 계시에 귀속되거나 영적 위기로 분열될 수도 있다. 도덕발달의 전면 라인에서 도덕 단계 2에 처한 사람은 자신이 원하는 모든 초개인 영역을 '홀로그래피적으로 경험holographically experience'*할 수 있지만 이런 경험을 영구적이면서도 왜곡되지 않게 후인습적, 세계 중심적, 전 지구적, 보살적 양상으로 실현시키려면 도덕 단계 3, 4, 5까지 발달해야만 한다. 사실상 변성 상태만을 장려하고 전면 라인 발달을 따라가지(또 장려하지) 않는 치료자는 내담자가 전 스펙트럼을 실현하면서 상위 영역과 하위 영역을 영원히 통합하는 데 실패하는 원인이 될 수 있다.

그러므로 거친, 정묘, 원인 수준(그리고 자기들)이 수많은 방식으로 지속적으로 진화하고 통합적으로 발달하면서 서로 나란히 존재할 수 있지만, 무게중심은 홀라키적으로 진아의 더 심층(에고, 혼,

[역자 주]

* 홀로그래피란 빛의 간섭효과를 이용해서 3차원 입체 영상을 만들어 내는 것을 말한다. 여기에서 홀로그래피적 경험이란 다차원적이고 입체적으로 경험함을 의미한다.

영)으로 계속 이동하며 의식은 심층 파동 주위에서 점점 더 조직화된다. 거의 사라지지 않는 에고의 관심은 그 직접성에서 퇴색되는 경향이 있으며, 혼이 더 자주 두드러지게 나타난다. 영 쪽으로 무게중심이 점점 이동함에 따라 에고는 더 희미해지고 투명해져서 결국 사라져 버린다. 기능적 역량으로서 모든 하위 자기는 높은 파동에 감싸여 홀라키적으로 계속 존재하면서 기능적 역량에 봉사하며 자신만의 문제에 직면하고 자신의 처치에 반응한다. 그러나 이들이 의식을 지배하고 의식을 소유하는 힘은 점차 소실된다.

그러므로 전체적인 통합적 발달을 위해서 의식의 무게중심은 여전히 대둥지의 아홉 개 분기점을 거치게 되지만, 그 중심은 자주 중첩되고 항상 서로 얽혀 있는 수많은 음성과 지류의 불협화음이 된다. 그러나 그렇다고 해서 의식의 주요 파동 중 어떤 것도 완전히 우회할 수는 없다. 영속적이고 오래 지속되며 통합적인 발달과 각성을 위해서는 전면 단계를 우회할 수 없으며,[26] 비전-논리를 우회할 수 없고,[27] 정묘 단계를 우회할 수 없다.[28] 이 모든 파동과 지류는 '일미' 인 대양으로 향하는데, '사랑으로 향하는 부드러운 설득' 의 힘, 에로스, 활동하는 영, 해와 별을 운행하는 사랑의 힘이 이 거대한 형태 형성적 장에서 이들을 끌어당긴다.

10. 영성: 단계인가 아닌가

가장 난해한 의문 한 가지는 영성은 반드시 단계별로 전개되는가 하는 것이다. 이는 매우 민감한 사안이라 할 수 있다. 그럼에도 불구하고 이 질문은 크게 볼 때 우리가 '영성'을 어떻게 정의하는가에 달려 있다. 적어도 다섯 개의 서로 다른 정의가 존재하는데, 이 중 두 개는 단계가 필요하고, 세 개는 그렇지 않은 것 같다. 이 모두는 '영성'이라는 단어를 올바로 사용하고 있는 것처럼 보이지만 어떤 의미에서인지를 밝히는 것이 매우 중요하다. 사실상 이들은 우리가 '영성'이라고 부르는 광범위한 현상의 아주 중요한 다섯 가지 측면이라고 생각할 수 있다. 모든 통합모델은 이 모두를 어느 정도까지는 포함시킬 필요가 있다.

통상적인 정의는 다음과 같다.

- 어느 발달 라인이든 영성은 그 라인의 가장 높은 수준과 관련이 있다.
- 영성은 발달 라인들의 최고 수준의 총합이다.
- 영성 자체는 별도의 발달 라인이다.
- 당신이 어느 단계에 있든 영성은 당신이 지닐 수 있는 태도(개방성 혹은 사랑과 같은)다.
- 영성은 기본적으로 단계가 아닌 절정 경험과 관련이 있다.

어느 발달 라인이든 영성은 그 라인의 가장 높은 수준과 관련이 있다. 이 정의에서 '영성'이란 기본적으로 최상의 인지능력(초합리적 직관), 가장 발달된 감정(초개인적 사랑), 가장 높은 도덕적 열망(살아 있는 모든 존재에 대한 초월적 자비), 가장 진화된 자기(초개인적 진아 혹은 개인을 넘어선 주시자) 등과 같이 어느 라인에서든 그 라인의 초개인적이고 초이성적이며 후인습 후기의 수준을 의미한다.[1] 이렇게 사용할 때 영성(영성의 이 특정한 측면)은 분명히 순차적인 혹은 유사 단계적인 과정을 밟는다. 왜냐하면 정의상 그것은 어느 발달 지류에서든 그 지류의 후인습 후기 단계에 해당하기 때문이다. 흔히 이런 정의를 많이 하는데, 이는 최고의 능력, 가장 숭고한 동기, 최선의 열망을 구현하는 영적 측면을 반영하고 있다. 또한 이는 인간 본성의 최고 가치, 가장 고도의 진화, 성장점, 첨단으로써 어느 라인에서든 가장 높은 수준을 가리킨다.

영성은 발달 라인들의 최고 수준의 총합이다. 이는 앞의 정의와 유사하지만 약간(그러나 중요하게) 다르다. 이 정의는 개별 라인이 계층구조적으로 전개된다 하더라도 이 라인들의 최고 단계의 총합은 전혀 유사 단계적 발달을 보이지 않을 것이라는 점을 강조하고 있다. '전체 발달'과 '전체 자기'와 마찬가지로 '전체적 영적 발달'은 단계처럼 보이지 않을 것이다(열 개의 발달 라인이 있다고 가정하고, 그 라인의 후인습 후기 단계를 '영적'이라고 해 보자. 한 사람은 라인 2와 7에서 후인습 후기의 능력을 보일 수 있다. 다른 사람은 라인 3, 5, 6, 8, 9에서, 또 다른 사람은 라인 1, 5에서 그럴 수 있다. 각 라인은 계층구조적이지만 라인의 총합은 분명히 일련의 순서를 전혀 따르지 않는다). 달리 말해서 특정 능력이 잘 정의된 길을 따른다 하더라도 모든 사람의 영적인 길은 근본적으로는 개인적이면서 독특하다(그러나 이렇게 정의하면 발달 라인 자체가 단계와 유사하기 때문에 각 라인의 발달을 검증할 수 있다는 사실에 주목하라). 이런 정의는 영성의 매우 실제적이고 중요한 측면, 영성을 완전하게 정의하려면 반드시 포함시켜야 하는 측면을 가리키고 있다고 나는 믿는다.

영성 자체는 별도의 발달 라인이다. 이 경우 영적 발달은 분명 단계처럼 전개될 것이다. 왜냐하면 발달 라인이라는 말은 용어 정의상 발달하는 것이기 때문이다.[2] 나는 20여 명의 동서양 이론가들을 도표 6A～6C에 함께 포함시켰다. 이들은 적어도 영성의 어떤 면은 순차적 혹은 유사 단계적 발달을 겪는다는 확실하면서도 때로는 엄청난 양의 증거를 제시하고 있다. 여기에는 동서양의 다양한 명상의 길이 대부분 포함되어 있다. 이 모든 경우에서 영성의 이런 측면은 홀라키적인 순차적 발달을 보인다(다시 한 번 말하지만 이는 퇴행, 나선, 앞으로의 일시적 도약 혹은 어떤 주요 상태에서든 그 상태에서의 절정 경험을 배제하지 않는다).

명상적 발달의 범문화적 단계에 관한 다니엘 브라운Daniel P. Brown의 광범위한 연구는 지금까지의 연구 중 가장 꼼꼼하고 정교한 연구로서 특별히 언급할 필요가 있다(도표 6B). 그와 그의 공동연구자 잭 잉글러가 발견한 사실은 "우리가 원어로 연구한 주요(영적) 전통들은 영적 경험이 단계모델을 따라 전개됨을 보이고 있다. 예를 들면, 티베트 대승불교 전통의 마하무드라, 팔리어로 전해지는 상좌불교 전통의 청정도론Visuddhimagga, 淸淨道論*, 산스크리트 힌두 전통의 요가경전이 있다(나중에 이들을 중국어 및 중국어 출처와 대조해서 검토하였다). 모델들은 서로 아주 비슷해서 수련양식과 문화, 언어에 엄청난 차이가 있음에도 불구하고 변하지 않는 공통적인 단계적 순서가 깔려 있음을 시사하고 있었다. ……그 결과는 명상 단계가 사실상 범문화적이고 보편적으로 적용됨(표면적 분석이 아닌 심층 분석에서)을 강하게 시사하고 있다."[3]

그들의 연구를 『의식의 변용Transformation of Consciousness』**에 포함시켰는데, 이와 함께 동방 기독교 정교의 성인들이 보여 주는 증거인 영적 발달의 단계에 대한 하버드 신학자 존 처반John Chirban의 심층연구도 제시하였다(도표 6C를 보라). 처반의 결론은 '각 성인이 자신만의 경험(종종 자신의 고유한 방식으로)을 기술하였음에도 불구하고 성인들의 단계를 서로 비교해 보면 기본적인 공통

[역자 주]

* 청정도론은 5세기 중엽 인도 출신의 학승 붓다고사Buddhaghosa가 스리랑카의 옛 수도였던 아누라다푸라의 대사원에서 팔리어로 지은 불교의 주석서다. 이 책은 붓다의 사후 약 10세기가 지난 뒤 스리랑카에서 쓰인 문헌인데, 현재 팔리 원전을 따르는 남방불교에서는 가장 권위 있는 논서로 추앙되고 있다. 이 청정도론은 불교 교설의 체계적인 해석과 명상을 위한 자세한 안내가 담겨 있다.

** 윌버가 1982년에 잭 잉글러, 다니엘 브라운과 함께 공저자로 참여하여 쓴 저서로 정신병리와 정신치료에 관한 다양한 자아초월심리학 이론을 소개하고 있다.

점이 드러난다. 이런 동질성은 그들의 경험이 보편적임을 확인시켜 준다.' 는 것이다. 이는 의식의 기본 파동이라는 보편성(혹은 보편적 적용성)을 보여 주는 것으로 범문화적 자료에서 유사하게 드러나고 있다. 성 테레사, 무히잇딘 이븐 아라비Muhyiddin Ibn 'Arabi, 초걀 여사, 성 디오니시우스, 파탄잘리, 하즈라트 이나야트 칸Hazrat Inayat Kahn, 마하무드라(이들을 도표 6A～6C에 기록하였다) 중 누구를 살펴보든 간에, 대체로 유사한 형태 형성적 장 혹은 발달 공간을 따라 단계가 이동한다는 사실로 인해 다시 한 번 깊은 감동을 받게 된다.

족첸Dzogchen 다음으로 부처 최상의 가르침이라고 할 수 있는 '최상의 요가 탄트라' 는 의식 상태와 신체 에너지 간의 탁월한 관련성을 뛰어나게 잘 포착하고 있다(도표 6B). 이 가르침에 따르면 마음을 지배하기 위해서는 신체의 정묘 에너지, 즉 치chi, 프나라, 룽rLung*, 기氣를 동시에 지배해야만 하는데, 이런 요가는 투명한 빛의 공空, Clear Light Emptiness인 깨달음 상태까지 이르는 모든 발달 단계에서 정묘한 에너지를 조절하는 정교한 체계다. 최상의 요가 탄트라는 이런 전반적인 의식 진화를 매우 분명한 7단계로 개관하고 있는데, 각각이 출현할 때는 그 단계에 수반되는 매우 뚜렷한 현상학적 조짐이 있다.

명상에서 집중이 첫 번째 기본 구조skandha(오온, 五蘊)**를 초월한 지점에 이를 때 신기루 같은 모습이 의식에서 자각된다. 다섯 가지 거친 영역의 기본 구조를 모두 초월해서 정묘 영역 의식이 출현하면 '맑은 가을 달빛clear autumn moonlight'과 같은 비전이 나타난다. 정묘한 의식을 초월하여 매우 정묘한(원인적) 의식에 들어감에 따라 형체 없는 지멸 상태가 '가을 밤의 짙은 어둠the thick blackness of an autumn night' 처럼 나타난다(도표 6B).

심층구조에서 이런 내적 비전이 다른 명상체

[역자 주]

* 티베트어로 바람을 뜻한다. 티베트의 고대 의학에 따르면 모든 고통과 질병은 내면의 세 가지 독인 집착, 분노, 무지에서 생긴다. 이 세 가지 독의 육체적인 발현은 룽rLung, 크리스파mKhris-pa, 바드칸Bad-kan이라는 세 가지 체액에 상응한다. 이는 각각 바람, 담즙, 담이라는 뜻인데, 욕망을 품으면 룽의 조화가 깨진다.

** 모임이라는 뜻의 산스크리트어. 불교에서는 일체의 존재는 다섯 가지의 것이 모여서 되었으며, 그 다섯 가지도 역시 다른 것이 각각 모여서 된 것이라 해석하는데, 이를 오온이라고 한다. 여기서 다섯 가지란 색온色蘊(대상을 구성하고 있는 감각적·물질적인 것의 총칭)과 주체의 의식에 관계되는 수온 受蘊(인상을 받아들이는 것), 상온 想蘊(영상을 만드는 표상작용), 행온 行蘊(능동성을 말하며 잠재적으로 작용한다), 그리고 식온 識蘊(구체적으로 대상을 각각 구별하여 인식하는 작용)을 말한다. 이와 같이 일체를 색-객관적인 것, 수·상·행·식-주관적인 것으로 분류하는 사고방식은 불교의 초기부터 일관된 전통이다.

계와 상당히 유사함에도 불구하고 몇몇 비평가들은 내가 불교의 법신Dharmakaya* (공)과 베단타의 원인체(그리고 속성 없는 브라만nirguna Brahman)** 간에는 강한 유사성이 있다는 뜻을 비치고 있다는 이유로 수년에 걸쳐 나를 비난해 왔다. 그러나 유일한 예인 최상의 요가 탄트라에 따르면 법신은 꿈을 꾸지 않는 깊은 수면(무형상)에서, 보신Sambhogakaya은 꿈을 꾸는 상태에서, 화신Nirmanakaya***은 깨어 있는 상태에서 경험하게 된다. 베단타에 따르면 원인체는 꿈을 꾸지 않는 깊은 수면에서 경험되며, 정묘체는 꿈 상태에서, 거친체는 깨어 있는 상태에서 경험된다. 그러므로 꿈을 꾸지 않는 상태가 사람들 간에 비슷하다고 믿는다면 불교의 법신과 힌두교의 원인체 간에는 상당한 유사성이 있다는 결론이 나온다(불교의 보신과 힌두교의 정묘체, 화신과 거친체 간의 유사성도 마찬가지다).

물론, 불교와 힌두교의 개념 간에는 중요한 차이가 다수 존재하며, 이런 차이를 분명히 존중할 필요가 있다. 더불어 이런 차이들은 중요하면서도 상당한 유사성이 있는 것처럼 보이는데, 다원주의자와 상대주의자들처럼 이런 유사점을 오만하게 무시해 버릴 수는 없는 노릇이다. 모든 저술에서 나는 심층 양상에서 나타나는 유사성과 표층 양상에서 나타나는 중요한 차이를 모두 강조하려고 노력해 왔다.

단계 개념을 이용할 때의 주된 어려움 중 하나는 대부분의 사람이 실제로 능력의 단계를 거쳐 진보하고 있는데도 정작 그들은 단계로 느끼거나 단계처럼 보이는 어떤 것도 거의 경험하지 않는다는 사실이다. 즉, 그들의 직접 경험에서는 '단계'가 아무런 의미가 없다. 예를 들면, 인지발달에서 전조작기에 있는 어린이들(그들은 동일한 양의 물을 낮은 잔에서 높은 잔으로 부었을 때 높은 잔의 물이 더

[역자 주]

* 보편적인 진리를 증득한 석가모니의 '영원한 몸'을 말한다. 진리의 체험자이면서 체현자였던 석가가 입멸한 후 그가 남긴 말과 정신을 통해 그의 위대한 인격을 추모하고 계승하기 위해서 주장되었으며, 석가의 말과 행위 전체를 통해 추상적으로 귀납시킬 수 있는 지혜와 자비의 결정체를 말한다.

** 속성을 지닌 브라만인 사구나 브라만Saguna Brahman과 대조되는 것으로 형상이 없고 인간으로서는 알 수 없으며 불멸, 무한한 브라만을 말한다. 니르구나 브라만은 묘사하기 어려워 '이것도 아니고 저것도 아니다Neti, neti'라고 말할 수밖에 없지만, 사구나 브라만은 인간이 알 수도 묘사할 수도 있다. 니르구나 브라만이 더 궁극적인 것이고, 사구나 브라만은 인간이 직접 접하는 외부세계의 근원이 된다.

*** 카야kaya는 몸이라는 뜻이다. 카야에는 네 가지가 있다. 첫째, 다르마카야Dharmakaya는 진리의 몸法身이며, 완전한 불성이다. 둘째, 삼보가카야Sambhogakaya는 즐거움의 몸報身이며, 진리와 통하는 불성의 모습이다. 평화와 분노의 신들의 모습으로 나타난다. 셋째, 니르마나카야Nirmanakaya는 창조의 몸化身으로 그 안에서 불성은 스스로 이 세상에 나타난다. 넷째, 스와바비카카야Svabhavikakaya는 이 세 카야를 품고 있으면서 이들을 능가하는 것으로 고유의 성품을 가진 본질적인 몸原初身이다.

많다고 주장할 것이다)을 비디오로 촬영해서 그들이 구체적 조작기(각 잔에는 똑같은 양의 물이 존재한다는 것이 '아주 분명한')에 있을 때 그 비디오를 보여 줄 수 있다. 그때 그들은 비디오테이프를 함부로 바꾸었다고 당신을 비난할 것이다. 왜냐하면 아무도 그렇게 어리석을 수 없으며, 분명히 자신들은 아니라고 주장하기 때문이다. 달리 말하면, 그들은 방금 기념비적인 발달 단계를 거쳐 왔지만 실제로는 엄청난 사건이 일어났음을 말해 주는 어떤 경험도 하지 못하였다.

단계는 보통 이런 식이다. 우리는 비반성적 경험에서 물러서서 우리의 경험을 타인과 비교하고 어떤 공통 패턴이 있는지를 살펴봄으로써 단계들을 밝혀낸다. 다양한 배경에서 이런 공통 패턴을 밝혀내면 여러 단계가 개입되었다고 가정하는 것이 정당화된다. 그러나 모든 경우에 이들 단계는 추상적인 철학적 사고에서가 아닌 직접적 탐구와 연구의 산물이다. 도표 6A~6C에 있는 모든 위대한 지혜의 전통이 영적 경험에 대해서 밝힌 바에 따르면, 엄격하게 말해서 매우 중요한 영적 능력은 제멋대로가 아니라 점점 더 정묘하게 전개되는 경험의 파동으로서 단계 모델을 따른다. 이 때문에 수많은 사람을 대상으로 이런 경험을 비교해 보면 그 전개에서 어떤 유사성이 존재한다는 것을 알 수 있다. 즉, 우리는 어떤 식으로든 단계를 거치게 된다.

내 모델은 전적으로 동양의 명상 전통에 의존하고 있다는 비난을 종종 받는다. 하지만 도표 6A~6C를 보는 것만으로 충분히 그런 오해를 일축시킬 수 있다. 나는 특히 에블린 언더힐Evelyn Underhill의 연구에 주의를 기울이고 싶다. 1911년 처음 출판된 그녀의 역작 『신비주의Mysticism』는 서구의 신비적, 명상적 전통을 밝힌 여러 면에서 매우 탁월한 고전이다. 언더힐은 서구 신비주의를 크게 세 가지 위계적 단계(다양한 하위 단계를 지닌)로 구분하였다. 그것은 자연신비주의nature mysticism(삶의 흐름을 포용하는 의식의 측면적 확장), 형이상학적 신비주의metaphysical mysticism(무형의 지멸에서 절정을 이루는), 신성한 신비주의divine mysticism(그녀는 이것을 어두운 밤과 합일로 나누었다)다. 이것은 여러 면에서 나 자신의 모델인 자연신비주의nature mysticism, 신성신비주의deity mysticism, 무형/비이원신비주의formless/nondual mysticism와 유사하다. 동양이나 서양이나, 북쪽이나 남쪽이나 영성의 이런 단계는 아주 중요하다. 이를 빼놓고 영성을 설명하는 것은 불완전하다.

당신이 어느 단계에 있든 영성은 당신이 지닐 수 있는 태도(개방성 혹은 사랑 같은)다. 이는 아마도 가장 대중적이면서 일상적인 정의가 될 것이다. 그럼에도 불구하고 이를 일관성 있게 정의하거나 언급하는 것조차 매우 어렵다는 사실을 알 수 있다. 쉽게 말해서 사랑을 필요한 태도라고 말할 수는 없다. 왜냐하면 대부분의 연구에 따르면 사랑이란 (다른 감정처럼) 자아 중심적인 것에서, 사회 중심적, 세계 중심적 양식으로 전개되는 경향이 있어, 이런 태도는 모든 수준에서 충분히 드러나지 않고 오히려 그 자체로 발달하기 때문이다(우리는 자아 중심적인 사랑을 실로 '영적'이라고 부르고 싶은가?). '개방성'은 그럴 수 있다. 그러나 또 다시 의문이 생기는데, 개방성이라는 능력 자체는 완성되어 나타나는 것일까, 아니면 발달해 가는 것일까? 또 타인의 역할을 취할 수조차 없는 전인습적 개인은 얼마나 '개방되어' 있는가? 존재하는 어떤 라인이든 그 라인들이 통합되고 균형 잡힌 정도까지를 '통합'이라고 말할 수 있을지는 모른다. 그러나 내 체계에서 볼 때 그것은 자기가 행하는 것을 지칭하는 명칭일 뿐 정확히 '영적'이라고 할 수는 없다. 어쨌든 이는 합리적인 정의라고 믿지만 거기에 대한 일관성 있는 예가 아직은 드문 편이다.

영성은 기본적으로 단계가 아닌 절정 경험과 관련이 있다. 이는 많은 경우 확실히 진실이며 보통 절정 경험(혹은 변성 의식 상태)은 발달 또는 유사 단계적으로 전개되지 않는다. 이 경험은 일시적이며 스쳐가고 덧없다. 더구나 구조와는 달리 상태는 서로 거의 양립 불가능하다. 당신은 술에 취했으면서 동시에 정신이 말짱할 수는 없다(이것은 초월하고 포함하므로 공존할 수 있는 구조와는 아주 다르다. 세포와 분자는 하나가 다른 하나를 포용하면서 함께 존재할 수 있다. 이런 이유로 성장과 발달은 상태가 아닌 구조로 일어나지만, 상태는 그 자체로 중요하며 발달에 직접적인 영향을 미친다). 그러므로 영성을 절정 경험으로 정의한다면 그 자체로는 유사 단계적인 전개와는 관련이 없다.

그러나 내가 이전에 시사한 바와 같이 절정 경험을 더 자세하게 검토하면, 일반적으로 원형, 마술, 신비 혹은 합리적 구조로 해석된 심령, 정묘, 원인, 비이원적 절정 경험이 수반된다는 것과 이들 각각은 유사 단계적 발달을 보인다는 점을 발견할 수 있을 것이다. 이것은 영성에 대한 중요한 정의며, 사실상 발달의 어떤 단계에서는 초개인 영역의 일시적인 절정 경험이 가능함을 보여 준다. 그러나 이런 일시적 상태가 지속적인 특질로 전환되어야만 구조가 되면서 발달의 모습을 보여 준다(나는 이런 전환의 가능한 기전에 대한 논의를 미주에 포함시켰다. 자기는 일시적인 경험을 소화하여 전체적 구조로 만든다).[4]

이상은 영성에 대한 다섯 가지 통상적인 정의다. 결론적으로 우리가 제대로 '영성'이라고 부를 수 있는 것 모두가 유사 단계적 발달을 보이지는 않는다. 그럼에도 불구하고 더 자세하게 살펴보면 영성의 많은 측면은 한 개나 그 이상의 발달적 측면을 포함하는 것으로 나타나고 있다. 여기에는 별도의 라인으로 생각되는 영성뿐만 아니라 다양한 발달 라인의 고차 영역이 포함된다. 영속적 실현이 획득되면 절정 경험이 있는 구조와 그 경험을 통해 진입하는 영역 모두가 발달하지만 절정 경험은 단계와 같은 모습으로는 발달하지 않는다.

영적 발달이 시작하기 전에 심리적 발달이 완성되어야 하는가

다시 한 번 말하지만, 이 질문은 전적으로 우리가 이 용어를 어떻게 정의하는가에 달려 있다. 만일, 영성을 발달의 개별 라인으로 정의한다면 대답은 '아니요'다(왜냐하면 영성은 심리적 발달의 첨단이 아니라 심리적 발달과 함께 일어나기 때문이다). 또 영성을 절정 경험으로 정의한다면 그 대답 또한 '아니요'다(왜냐하면 이는 어느 때나 일어날 수 있기 때문이다). 그러나 그 이상이 되면 문제는 약간 까다로워진다.

우선, 많은 이론가에게 '심리적 발달'은 개인적 발달 단계(전인습, 인습, 후인습)를, '영적이'라는 말은 초개인 단계(후인습 후기)를 의미한다. 이렇게 정의하면서 어느 한 발달 라인을 바라보면, 일반적으로는 영적인 것이 안정적으로 출현하기 전에 심리적인 것이 완성되어야만 한다(많은 연구가 보여 주듯이 우선 인습적이지 않고는 후인습적이 될 수 없다는 단순한 이유 때문이다).

그러나 발달 라인 자체는 독립적으로 전개될 수 있기 때문에 특정 개인은 어떤 라인에서는 매우 높은 영적 단계(초개인 혹은 후인습 후기)에 있지만, 다른 라인에서는 매우 낮은 개인적 혹은 심리적 단계(인습 혹은 전인습)에 있을 수 있다. 이 점 때문에 많은 이론가가 혼란을 겪는다. 예를 들어, 어떤 사람은 인지는 초개인적 수준에 있지만(아마도 명상적 발달로 획득한), 도덕발달에서는 개인적 혹은 심리적(인습적 혹은 전인습적) 단계에 있을 수 있다. 그러므로 이런 정의로 미루어 볼 때 주어진 어떤 라인에서 영적인 것은 심리적인 것 이후에만 올 수 있다 하더라도, 모든 종류의 영적 발달은 모든 종류의 심리적 발달 이전이나 함께 혹은 그 후에 일어날 수 있다. 정확한 이유를 말하자면 라인 자체가 준독립적이기 때문이다. 어떤 사람은 한 라인에서는 전인습, 다른 라인에서는 후인습, 다른 세 개의 라인에서는 후인습 후기에 있을 수 있는데, 이는 정의상 두 개의 심리적 수준과 세 개의 영적 수준을 의미한다. 그러므로 분명히 어떤 식의 영적 발달이 일어나기 전에 전반적인 심리적 발달이 완성될 필요는 없다.

절정 경험을 영성이라고 생각한다면 그런 경험은 어느 때, 어느 장소에서도 일어날 수 있으므로 이런 경험을 위해서는 전반적인 심리적 발달이 완성될 필요는 없다. 그러나 이런 상태가 특성이 되는 한에서는 이런 경험 또한 반드시 발달 지류에 속할 것이고, 거대한 생명의 강의 파동을 따라 흐르는 형태 형성적인 흐름에서 헤엄치게 될 것이다.

영적 수행의 중요성

마지막으로 아주 중요한 사항에 주목해 보자. 결국 영적 수행에는 단계가 있다고 믿든 안 믿든, 믿을 수 있는 영성은 수행을 필요로 한다. 대다수의 사람에게 믿음이 중요하고 신념이 중요하며 종교적 신화가 중요하다는 사실을 부정하지는 않는다. 단지 세계의 위대한 요기들, 성자들, 현자들의 증언이 매우 분명하게 말해 주고 있듯이, 신뢰할 수 있는 영성에는 실재에 대한 생생하고 직접적인 경험이 수반된다. 이는 개인의 가슴과 의식에 직접적이면서도 친밀하게 드러나며, 부지런하고 신실하며 오랜 기간 지속되는 영적 수행에 의해 양육된다. 절정 경험이 영성과 관련된다 할지라도 그런 경험은 종종 적극적 의식, 명상적 지도, 샤먼적 여행, 집중명상 등과 같은 다양한 형태의 영적 수행에 의해 특별히 유도되거나 안내된다. 이 모든 것은 영에 대한 단순한 믿음이나 개념이 아닌 영의 직접적 경험으로 열어 준다.

그러므로 달리 생각하지 말고 부지런히 수행하라. 나는 어떤 종류든 '통합적 변용 수련integral transformative practice' (8장에 개관한)을 추천하지만 믿을 수 있는 어떤 영적 수행이라도 좋다. 그러나 당신이 편안하게 느끼는 자격을 갖춘 교사는 필수 사항이다. 토마스 키팅Thomas Keating, 잘만 샥터-샬로미Zalman Schachter-Shalomi, 달라이 라마, 스리 라마나 마하리시, 바와 무하이야딘Bawa Muhaiyadeen, 또는 위대한 계보에 속하는 널리 인정된 수많은 스승 중 어떤 스승이든 그들의 저서를 참고하면서 시작할 수도 있다.

당신의 신념이나 생각을 바꾸기만 하는 영적인 길은 조심하라. 믿을 수 있는 영성이란 세계를 다르게 변혁하는 것이 아니라 당신의 의식을 변화시키는 것과 관련이 있다. 그러나 영성에 대한 '새로운 패러다임적' 접근 중 많은 접근은 당신이 세계에 대해서 생각하는 방식을 바꾸게 만든다. 당신은 분석적으로가 아니라 전체적으로 생각해야 하고, 뉴턴 및 데카르트식의 당구공 세계를 믿는 것이 아니라 시스템 세계와 거대한 '생명의 그물'인 세계를 믿어야만 한다. 그리고 가부장적 분열이 아닌 전일적 여신과 가이아의 맥락에서 생각해야 한다.

이 모두가 중요한 개념이지만 이들은 사상한의 좌측 세계를 변용시키는 방법이 아니라 우측 세계에 대해 생각하는 방식일 뿐이다. 이런 새로운 패러다임 접근 대부분은 우리에게 분열된 세계를 극복하기 위해서는 비전-논리(혹은 전일적 사고)를 이용하라고 권한다. 그러나 우리가 반복해서 살펴보았듯이 도덕발달, 자기발달, 영적 발달 등을 위해서는 인지발달(비전-논리나 네트워크-사고)이 필요하기는 하지만 충분하지는 않다. 당신은 비전-논리에 충분히 접근하고 있을 수 있지만 아직도 안전 욕구, 자아 중심적 충동, 자기애적 성향을 띤 도덕발달의 제1단계에 머물러 있을 수도 있다. 당신은 시스템 이론을 완전히 숙달하고 새로운 물리학을 완벽하게 습득할 수 있지만 정서적, 도덕적, 영적 지류의 발달은 매우 부족할 수 있다.

그러므로 시스템 이론 또는 새로운 물리학만을 배우거나 가이아에 대해서 배우거나 전일적으로 생각하는 것만으로는 당신의 내적 의식이 변용되지 않는다. 왜냐하면 이들 어느 것도 성장과 발달의 내적 단계를 다루고 있지 않기 때문이다. 시스템 이론, 새로운 패러다임, 새로운 물리학 등에 관한 책 중 아무 책이나 펼쳐 보라. 그러면 어떻게 모든 것이 거대하게 서로 연결된 생명의 그물Web of Life의 일부가 되는지를 배울 수 있으며, 이런 믿음을 받아들임으로써 어떻게 세계가 치유될 수 있는지를 배우게 될 것이다. 그러나 지구적 의식을 실제로 포용할 수 있게 해 주는 의식 성장의 수많은 내적 단계에 관한 논의는 거의 발견할 수 없을 것이다. 당신은 전인습, 인습, 후인습, 후인습 후기 단계에 관한 것들을 거의 발견하지 못할 것이며, 에고 중심에서 사회 중심, 세계 중심(혹은 더 구체적으로는 자기 전개의 아홉 개 분기점)에 걸친 의식의 성장에 관한 엄청난 양의 연구가 우리에게 가르쳐 준 것에 대한 어떤 언급도 발견할 수 없을 것이다. 또한 어떻게 이런 내적 변용이 일어나고 이런 변용을 촉진하기 위해 당신은 무엇을 할 수 있으며, 이에 당신 자신과 타인이 세계 중심적이고 전 지구적인 영적 의식에 진정으로 기여할 수 있는지에 대해서도 전혀 암시가 없다. 당신은 현대과학과 모권적 종교는 우리가 거대한 생명의 그물의 일부라는 사실에 동의하고 있다는 것만 발견하게 될 것이다.

생태학적 위기 혹은 가이아의 주된 문제는 오염, 독성 쓰레기 투하, 오존의 고갈과 같은 것이 아니다. 가이아의 주된 문제는 충분한 수에 달하는 인간이 전 지구적 공통 관심사를 저절로 배려하는 후인습적, 세계 중심적, 전 지구적 수준으로 의식이 발달하지 않았다는 데 있다. 인간은 시스템 이론을 배워서가 아니라 에고 중심성에서 민족 중심, 세계 중심에 걸쳐 있는 적어도 여섯 개의 주된 내적 변용을 통과함으로써 후인습적 수준으로 발달한다. 그 이전에는 이런 일이 불가능할 뿐 아니라 이 지점에 도달해서야 인간은 가이아에 대한 깊고 확실한 관심을 갖게끔 깨어날 수 있다. 생태학적 위기의 일차적 치유는 가이아가 생명의 그물이라는 사실을 배우는 데 있는 게 아니다. 설령, 이것이 사실이라 할지라도 내적 성장의 수많은 힘겨운 파동을 촉진하는 방법을 배우는 것이다. 그런데 새로운 패러다임 접근의 대부분은 이 중 어떤 것도 다루고 있지 않다.

요컨대, 시스템 이론과 생명의 그물 이론가는 의식을 변용시키지 않는데, 자신의 미묘한 환원주의에 두 다리가 묶여 진정한 성장이 일어나는 의식발달의 내적 단계를 제대로 취급하고 있지 않기 때문이다. 그들은 영적인 길을 시작하기에는 좋은 기회를 제공하고 더 통합된 삶을 제안하는 데는 도움을 줄 수 있지만, 그런 삶으로 가는 데에는 별 도움이 되지 않는다. 간단히 말해서 그들은 의식의 더 높고 전체적인 단계를 실현시킬 수 있는 지속적인 어떤 내적 수행도 제시하지 않고 있다. 그리고 슬프게도 완전히 '전일적인' 세계관을 제시한다고 주장하면서도 종종 사람들에게 내적 성장과 발달의 진정한 길을 선택하지 못하게 막거나 좌절시킨다. 그러므로 다른 측면에서는 자신들이 당당히 신봉하는 전 지구적 의식의 진화를 방해하고 있는 것이다.

11. 어린 시절에도 영성이 존재하는가

어린 시절에도 영성이 존재하는가? 10장에 제시된 영성의 정의 1, 2에 따르면 존재하지 않고 3, 4, 5에 따르면 존재한다.

초기 단계

정의 1(어느 발달 라인이든 영성은 그 라인의 제일 높은 수준과 관련이 있다)과 정의 2(영성은 발달 라인 최고 수준의 총합이다)는 어린 시절 나타나는 온갖 종류의 영성을 배제시키는데, 유아기와 아동기 대부분의 발달 라인은 전인습적이고 인습적이라는 이유 때문이다. 이는 다른 유형의 영성을 배제하는 것이 아니라 영성을 초합리적, 초정신적, 후형식적, 초의식적, 후인습 후기로 정의하는 한에서는 영성이 어린 시절에 뚜렷이 존재하지 않는다고 말하는 것일 뿐이다.

정의 3(영성 자체는 별도의 발달 라인이다)은 유아기와 아동기에는 분명히 영성이 존재하지만, 대부분의 영성에 대한 정의에 비추어 볼 때 전혀 영적으로 보이지 않는 제일 낮은 단계의 영성만 존재한다고 주장한다. 이런 정의를 주장하는 이론가에 따르면, 이 시절의 사랑은 에고 중심적이고, 믿음은 자기애적이며, 겉

모습은 자기 몰입적이고, 타인의 역할을 취하는(그러므로 진정으로 타인을 배려하는) 능력은 초보 수준에 머물러 있거나 아주 결여되어 있다. 그럼에도 불구하고 이런 정의는 '영적'이라고 부를 수 있는 라인의 초기 단계로 생각되는데, 이것이 더 발달하면 사람들 대부분이 분명히 영적이라고 인정할 만한 능력으로 전개될 것이기 때문이다. 제임스 파울러의 '신념 단계'는 정확히 이런 유형의 모델이다. 이 정의에 따르면 유아는 성자나 현자 혹은 진정한 영적 실재와 영원히 접촉하고 있다고 결론지어서는 안 되며, 유아는 상위의 발달을 통해 진정한 영성으로 항해하는 긴 여정에 있다고 할 수 있다(여기에서 정의 1 혹은 2로 되돌아간다. '실재적이고' '진정한' 영성은 후인습 후기 발달 단계를 필요로 한다).

반면에 정의 4는 유아와 어린이는 영성을 정의하는 태도(개방성, 사랑, 유동성 등)와 접촉할 수 있기 때문에 영적 실재와 직접적으로 접촉하고 있고, 적어도 그럴 수 있다고 강하게 주장한다. 더구나 이 정의를 따르는 사람들은 어린이가 대부분의 어른보다 개방성이나 유동성에 더 많이 접촉하고 있고 진정한 영성은 이런 개방성을 재포착하는 것과 관련이 있다고 주장한다.

앞에서 언급하였듯이 이런 정의의 문제점은 신뢰할 수 있고 일관성 있는 예를 찾기 어렵다는 데 있다. '개방성'은 완성되어서 나타나는 것일까 발달하는 것일까? 타인의 역할을 취할 수 없다면 실로 얼마나 '개방될' 수 있는가? 개방성이 에고 중심적이라면 그것이 아무리 자발적이고 유동적일지라도 진정 우리가 그것을 '영성'이라고 부를 수 있을까? 즐거움에 찬 자기애가 '영적'인가?

이 정의에 대한 대부분 사람의 생각은 어린이는 종종 존재의 특정한 느낌 차원(프라나층*, 생명의 도약elan vital**, 정서-에테르 층, 두 번째 차크라*** 등)과 더욱 개방적으로 접촉하고 있는 것처럼 보인다는 것이다. 이는 사실인 것 같다. 더구나 그런 차원은 다양한 유형의 고통스러운 병리를 초래할

[역자 주]

* 우리의 몸은 산스크리트어로 프라나라 부르는 내적 에너지의 통로를 따라 구성되어 있다. 프라나를 형성하고 있는 층인 프라나마야 코샤는 몸의 내부에 위치하며 음식으로 된 덮개인 안나마야 코샤보다 한층 정묘하다. 프라나마야 코샤는 호흡을 통해 접근하는데, 요가 수련의 결과로 일어나는 통합적이고 힘찬 에너지의 경험과 관련되어 있다.

** 프랑스의 철학자 베르그송이 만든 철학 용어로 생명의 비약, 생의 약동이라는 뜻을 가지고 있다.

*** 요가 철학에서 척추 맨 밑에 위치하는 스와디스타나 svadhishthana를 말한다. 산스크리트어로 '스와sva'는 자기 자신, '아디스타adhishthana'는 거주처라는 뜻이다. 즉, 스와디스타나는 자기 자신의 자리라는 의미다. 이 차크라는 천골신경총과 일치하며 생식기관과 배뇨기관에 해당하며, 인간의 무의식을 조정한다.

수 있는 마음의 상위 구조(자기, 초자아, 양심)에 의해 억압될 수 있다는 것도 명백한 사실이다. 그리고 마지막으로 손상을 치료하고 삶에 대해 보다 유동적이면서 흘러가는, 또 느낌으로 충만한 조망을 되찾기 위해서는 잃어버린 잠재력을 재포착하는 것이(에고에게 봉사하는 퇴행의 형태로) 필요하다.

나는 이 모든 점에 동의한다. 그러나 문제는 연구들이 반복적으로 보여 주고 있듯이 타인과의 관계에서 에고 중심적인 전인습적 느낌 차원을 '영적'이라는 단어로 부를 수 있는가에 있다. 마음이 신체의 느낌과 접촉하는 것은 매우 중요하지만 영성은 또한 타인의 느낌과 접촉하는 것을 필요로 하며, 상당량의 연구는 그런 역할 취하기와 조망주의가 전조작기, 구체적 조작기, 형식적 조작기, 후형식적 조작기에 걸쳐 꾸준히 증가함을 일관성 있게 보여 주고 있다.

영성을 기분 좋게 느끼는 것이라고 생각한다면 어린 시절은 에덴이 될 것이다.[1] 하지만 당신의 생각이 타인의 역할을 취하고 자비, 배려, 이타주의를 포함할 수 있을 정도로 복수의 조망과 다원적 조망을 통해 당신의 의식을 투사함으로써 선한 일을 하는 것이라면, 어린 시절의 자아 중심성이 아무리 놀랍도록 유동적이면서 풍부하다 할지라도 어린 시절에 대한 기대는 낮아질 수밖에 없다. 어린 시절의 능력이 억압되는 것에 대해 안타까운 점은 그 억압이 상위의 영적 차원(예를 들어, 고차적 지성층vijnana-maya-kosha*)을 억압한다는 사실이 아니라, 분열될 경우 더 이상의 발달을 지체시키는 낮지만 귀중한 토대(예를 들면, 생기층prana-maya-kosha)를 억압한다는 사실이다. 더구나 에고에 의해 구축된 하위의 전합리적 충동이 올라오는 것을 막는 억압의 장벽은 후기의 발달에서 고차적이고 초합리적인 충동이 내려오는 것을 막는 데도 작용할 수 있다. 벽은 벽이기 때문에 원본능에 대한 방어는 신을 방어할 수도 있다. 그러나 어린 시절의 에고가 근본적으로 억압하고 있는 것은 후인습적 신이 아니라 전인습적 원본능이다.

[역자 주]

* 힌두교의 베단타 전통에서 쓰이는 용어로 비즈냐나마야 코샤라고 부른다. 지혜와 분별의 층이며 경험의 의미를 평가하고 인식하는 자아의 차원이다. 이 층의 이름이 파생된 짧은 산스크리트 동사 어원인 비-즈냐vi-jna는 '식별하다, 제대로 알다, 이해하다'라는 뜻이다. 대부분의 명상 상태는 마음층인 마노마야 코샤mano-maya-kosha와 바로 이 고차적 지성층을 여행하는 것이다.

변성 상태와 영광의 구름

그러나 정의 5(절정 경험)는 믿을 만한 정의이고, 어떤 어린이들은 어떤 식으로든 적어도 영적 경험을 하고 있다는 증거가 있다. 나는 이것이 사실이라고 믿고 있으며 그런 경험의 격자, 즉 원형, 마술, 신화, 합리적 관점을 통해 해석된 심령, 정묘, 원인 혹은 비이원 영역의 절정 경험을 제시하였는데, 대부분의 아이들에게 있어서는 그 관점이 마술적이거나 신화적이다. 나는 이를 '영적'이라고 부르는 데 많은 이론가가 강하게 반대하고 있다는 것을 알고 있다. 그리고 파울러의 연구와 같은 연구는 이런 구조에 대해 상위의 혹은 진정한 영성을 부정할 것이라는 점을 알고 있다. 그러나 정확한 개요를 조심스럽고도 구체적으로 명시한다면 이것을 영적인 절정 경험이라고 부를 수 있다고 본다.[2]

만일 존재한다면 진정으로 영적일 수 있는 유아기와 어린 시절의 한 측면은 내가 '영광의 구름trailing clouds of glory'(워즈워스의 '완전히 잊혀지지 않은…… 그러나 우리가 도달한 영광의 구름'에서 따온)이라고 부르는 측면으로, 출생 전부터 어린 시절 동안에 존재하지만 전면적(에고적) 발달이 진행됨에 따라 사라지는 더욱 심층적인 심령(혹은 영적) 차원이다.[3] '영광의 구름'은 일반적으로 개인이 이 삶에 가져온, 그러므로 어떤 의미에서는 임신 이후로 계속 존재하는 심층적인 심령적(혹은 혼적) 자각을 말한다(윤회로 해석하든 처음부터 존재하는 심층적인 가능성으로 해석하든 간에). 하즈라트 이나야트 칸Hazrat Inayat Khan은 전통적인 견해를 대변하면서도 그것을 가장 잘 표현하고 있다고 할 수 있다. "아기의 울음은 종종 천사와 같은, 천상에 대한 동경의 표현이다(그것을 통해 아기는 방금 지구의 출생을 통과하였다. 티베트 사람들은 재탄생 바르도bardo라고 부른다). 아기의 미소는 천상과 위에 존재하는 영역의 기억을 이야기하고 있는 것이다."[4]

여러 이론에 따르면 이런 심층적 심령의 자각은, 첫째 바르도 영역(죽음과 재탄생 간의 영역)에서 내려온 혼이거나, 둘째 분석적 에고가 발달함에 따라 반드시 잊혀지고 묻히는(그러나 깨달음이나 완전한 영적 실현에서 재획득할 수 있는) 심층적 바탕 혹은 잠재성이다.

처음에는 두 번째 설명이 그럴듯하게 들리지만 자세히 살펴보면 전혀 이치에 맞지 않은 것 같다. 이런 바탕은 깨달음에서 재획득할 수 있는 것과 동일하다고 하는데, 그렇다면 왜 그것을 버리는 걸까? 이런 바탕을 재획득한다면 왜 발달은 다른 체계에는 없는 되돌아가는 일을 하는 것일까? 닭은 스스로를 발견하기 위해 달걀로 돌아간다는 걸까? 이런 바탕이 에고와 재결합하여 양쪽이 다 함께 완전한 발달을 이룬다는 것은 그 바탕 자체가 완전하지 않다는 의미인데, 본질적으로 완전하지 않은 것이 어떻게 완전한 깨달음의 바탕이 될 수 있을까? 내가 이전에 우연히 받아들였던 이런 견해는 이론과 자료 모두를 고려해 볼 때 대체로 불충분한 것처럼 보인다.[5]

관습적인 마음에는 매우 부자연스럽게 들리겠지만 첫 번째 설명, 즉 바르도 영역을 주된 주장으로 남겨 놓는다. 그럼에도 불구하고 시사적인 증거들은 어느 정도 존재한다.[6] 실재적인 심령 수준(F-7)까지 발달이 지속되면 이런 심층의 심령적 존재가 출현하지만(심층적인 심령을 멀리서 '바라볼' 때 종종 어린 시절을 회상하게 된다),[7] 전면 혹은 에고의 발달이 진행됨에 따라 이 존재는 점점 더 숨어 버리고 잊혀지는 것처럼 보인다(도표 4B를 보라). 이런 심층적 심령 능력이 무엇이든 간에 이는 전이성적 유아 구조의 부활이 아니라 초이성적 구조의 발견이 된다.

그렇다면 유아와 어린아이는 전인습적이고 에고 중심적인(말하자면 그 자체가 매우 영적이 아닌) 전면 구조를 통해 영적 경험을 해석하기는 하지만, 적어도 어떤 형태의 영적 경험(절정 경험과 같은)에 접근한다고 말할 수는 있을 것이다. 다시 한 번 말하지만, 심층적 심령(혼) 영역과 접촉할 때 반드시 전인습적이고 에고 중심적인 통로를 통해 해석되고 표현되므로 유아와 어린이는 순수한 의미의 영적인 것은 아니라 할지라도 어떤 영적 차원과 관련되어 있을 수 있다.

12. 사회문화적 진화

활동하는 영

전통적으로 생각한 대사슬이 적어도 네 가지 주요 결점을 지니고 있으며, 대사슬을 현대와 탈근대 시대로 가져오기 위해서, 또 진정으로 통합적인 접근을 발달시키기 위해서는 이런 단점을 주의 깊게 다루어야 할 필요가 있다는 것이 이제 분명해졌다.[1]

우리가 앞에서 살펴보았듯이 첫 번째 결점은 진리의 사상한이 적당한 정도로 분화되지 않았다는 점이다. 그러므로 의식의 상태(좌상상한)가 유기적인 뇌(우상상한)에 그 대응물을 갖는다는 사실, 이것이 정신약물학, 정신의학, 의식연구에 대한 우리의 이해를 변화시킨 사실을 거의 이해하지 못하고 있다. 마찬가지로 개인의 자각(좌상상한)은 그 바탕이 되는 문화적 세계관(좌하상한)과 그것이 스스로를 발견하는 기술-경제적 생산양식(우하상한)에 의해 상당 정도 조절된다는 사실을 그 전통이 이해하고 있다는 증거는 거의 없다. 이렇게 좌측에 치우친 대사슬은 무엇보다도 계몽주의, 현대 인지과학, 신경정신의학, 탈근대문화, 역사적 연구로부터 엄청난 비판을 받을 수 있다. 이들은 의식을 육체에서 분리된 초월적 본체noumenon가 아니라 객관적 사실, 문화적 배경 및 사회구조라는 맥락 속에 깊이 매몰되어 있다는 점을 보여 주었다. 대사슬 이론가들은 이런 비난에 대해 신뢰할 만한 어떤 반응도 보이지 않았다(정확히 말하면, 그들에게는 이 분야가 부족하기 때문이다).

대사슬의 수직적 수준은 각각 적어도 네 개의 수평적 차원(의도적, 행동적, 문화적, 사회적)으로 분리시킬 필요가 있으며, 대둥지를 반드시 근대화시키고 탈근대화시킬 필요가 있다. 문화적 배경의 중요성, 상대적 표층 구조와 맥락, 근대 과학적 발견과의 관련성, 신화적-농업적 구조가 종종 주변화시켰던 소수에 대한 감수성, 다원적 목소리의 중요성 등을 인식할 필요가 있다. 신체, 마음, 혼, 영이 '3대가치' 로 분화될 때만이 이런 반대 의견을 다룰 수 있다.

두 번째 결점은 초기 발달 측면에서 볼 때 마음 수준 자체를 더 나눌 필요가 있다는 것이다. 여기에는 서구 심리학의 공헌이 결정적으로 작용하였다. 매우 간단하게 표현하면, 마음 자체는 적어도 네 가지 주요한 발달 단계, 즉 마술적(2~5세), 신화적(6~11세), 이성적(11세 이후), 통합적-비조망적 혹은 비전-논리적(성인기) 단계를 거친다. 전통은 마술적, 신화적인 전형식적 수준의 유아적이고 어린아이 같은 기원을 분명하게 이해하지 못했기 때문에 이들을 종종 심령적이고 정묘한 후형식적 상태와 혼동하였다. 그리고 이런 전/초 오류가 영원의 철학 대부분을 괴롭히면서 이를 진정으로 깨달은 지혜뿐 아니라 상당수의 미신에도 주입시켰다.

세 번째 결점으로는 전통적인 대사슬 이론가들은 인간 발달 초기의 유아적이고 전이성적인 단계에 대한 이해가 부족하였기 때문에 초기 단계의 복잡한 문제들에서 일어나는 정신병리 유형을 종종 파악하지 못했다. 특히, 정신병, 경계선 장애, 신경증적 질병은 자기발달의 초기 분기점에서 일어나는 문제에서 종종 발생하며, 그 발달 차원의 이해를 통해서 가장 잘 접근할 수 있다. 초개인 단계로 발달을 이끌어 가는 방법인 명상은 보통 이런 전개인적 손상을 치료하지 못한다(다수의 미국 명상 전문가들이 애써 발견한 사실이다).

전통적인 대사슬의 네 번째 결점은 비교적 근대 서구의 공헌이기도 한 진화에 대한 이해의 결핍이다. 하지만 이것은 쉽게 수정될 수 있다. 많은 이론가가 지적하였듯이 전통적으로 생각한 것처럼 모든 것을 한꺼번에 정태적으로 제시하는 것이 아니라 대사슬을 옆으로 기울이고 시간에 따라 전개시키면 진화 자체의 윤곽이 드러난다. 플로티누스에 시간을 추가하면 진화가 된다.

달리 말하면, 빅뱅에서 시작하는 진화는 현재까지 대사슬의 대략 3/5 정도가 전개되었다고 할 수 있다. 대둥지가 제안하는 기본 순서를 따르면 물질, 감각, 지각, 충동, 심상, 상징, 개념, 규칙, 형식적 단계까지다. 대사슬은 온전히 주어진 채로, 또 정적이면서 불변하는 것으로 존재하지 않고 상당한 시간에 걸쳐 진화하면서 발달한다고 보는 시각이 필요하다. 서구 생물학자들의 허세에도 불구하고 진화는 에로스 혹은 활동하는 영Spirit-in-action이라고 가정하지 않는다면 진화상 얼마나 높은 단계까지 출현했는지를 아무도 제대로 이해하지 못할 것이다.

내가 종종 지적했듯이, 이것이 의미하는 바는 영원의 철학이 영원토록 변치 않는 원형으로 간주한 것은 그 속에 세계를 쏟아붓는 미리 주어진 주형이 아니라 소위 '우주적 기억'이라는 진화의 형성적 습관이라고 이해하는 것이 더 낫다는 것이다.[2] 이런 역동적 정의 때문에 존재의 대둥지는 피어스Pierce에서 셸드레이크Sheldrake, 카우프만Kaufmann에 이르는 진화적 사상가들과 더 잘 일치한다. 이는 분명히 플로티누스에서 아상가Asanga, 바수반두Vasubandhu에 이르는 대둥지 이론가들이 암시하고 있는 견해이기도 하다.[3]

일단 대둥지를 진화적, 발달적 관점에 끼워 맞추면 그것은 진화라는 근대 서구의 신과 행복하게 공존할 수 있다.[4] 게다가 대둥지는 놀랄 만한 가능성을 제시하고 있다. 만일, 진화가 지금까지 대둥지의 처음 3/5까지 전개되었다면, 다가오는 시기에는 2/5가 더 높이 전개되지 않을까? 그렇게 된다면 신은 길 위가 아니라 이 길에 존재하는 셈이 되며, 영은 뒤가 아니라 앞으로 가면서 발견되고, 에덴동산은 우리의 과거가 아니라 미래에 놓인 셈이 된다.[5]

다원적 상대주의에서 보편적 통합주의로 옮겨가면(예를 들어, 초록색에서 노란색/청록색으로 옮겨가면서 두 번째 층을 이용하기 시작하면) 도표 9A와 9B에서 제시한 것과 같은 초시스템 이론들, 즉 사회적 · 문화적 진화의 개관을 수용할 수 있게 된다.

집단적 진화

내가 정의한 바에 따르면 '사회적'이란 사상한의 우하상한(기술-경제적 바탕, 사회체제, 제도, 물리적 구조를 포함한 상호 객관적 차원)을 말하며, '문화적'이란 좌하상한(집단적 세계관, 윤리, 가치, 의미를 포함하는 상호 주관적 차원)을 말한다. 다른 상한과 마찬가지로 이 두 상한에서도 확실히 진화가 일어나고 있다는 사실을 분명 시사하고 있는 증거들이 다수 존재한다. 그러나 여러 면에서 이를 한정시킬 필요가 있다.

예를 들어, 주어진 사회가 마술적 발달 수준에 있다는 말은 그 사회의 모든 사람들이 그 수준에 도달했다는 뜻이 아니다. 이는 단지 의식의 평균 수준이 일반적으로 마술적이며, 더 구체적으로는 규정된 법률, 문화 조직의 원리 및 일상적 현실의 관습이 주로 마술적 세계관에서 도출됨을 의미할 뿐이다. 그러므로 어떤 사람들은 평균 이상이거나 이하에 머무를 수 있다. 예를 들어, 마술적 문화권에 있는 사람(마술적 구조에 있는 아이는 다르다. 이는 엄격한 개체/계통 평행선이 무너지는 한 예다)은 신화적, 정신적 혹은 더 높은 발달 수준에 있을 수 있다. 예를 들어, 하버마스는 수렵과 채집 사회에서조차 소수의 사람은 형식적 조작 사고능력을 계발시켰다고 믿었으며, 나는 더 나아가 어떤 사람은 후형식적, 심령적 능력까지 발달했다고(물론 그들은 샤먼들이었다) 제안하였다.[6] 그러므로 마술적 수준에 있는 아이와는 달리 마술적 문화에 속한 실로 발달된 샤먼들은 후인습적 능력을 다양하게 계발하여 초개인적 영역을 확실히 경험하고(대부분 심령적이지만 때로는 정묘 수준, 아마도 인과 수준까지) 비자기애적이고 후인습적인 구조를 통해, 달리 말해서 영성을 어떻게 정의하든 진정한 영성을 통해 그 영역을 해석하였을 수 있다.

그것은 물론 매우 발달된 샤먼적 비전을 성찰로 표현한 것일 수도 있다. 더 전형적이거나 일반적인 샤먼의 여정인 경우, 수집된 증거가 시사하는 바에 따르면 그 여정은 마술적 수준에서 심령 영역의 절정 경험을 한 것이기 때문에 마술이 흔히 그렇듯이 권력 충동과 욕구가 강하게 개입된 전형식적인 인상과 해석을 보이고 있다. '권력' 이나 '강한 주술'은 많은 샤먼적 충동의 주요 색깔인데, 이는 전형적인 수렵채집 사회의 주요 희귀 자원이 하버마스의 지적처럼 자연에 대한 지배욕 혹은 매슬로 말처럼 안전 욕구였다는 사실을 반영하고 있다.

그럼에도 불구하고 어떤 형태든 샤먼적 여정의 가장 중요한 점은 그것이 초개인 영역에서 최초의 위대한 발견이자 탐사였다는 사실에 있으며, 특별히 심령적 영역까지 도달한 수많은 샤먼적 통찰은 탁월한 것이었다.[7] 특히, 최초의 '심리치료자'로서 샤먼은 신체적, 심리적 치유라는 일상의 치유에 있어서 초개인적 변성의식 상태가 엄청나게 중요하다는 사실을 발견한 최초의 인간이라는 사실에 주목할 수 있다. 불행하게도 이런 통찰은 근대적 평원에서 희생된 것 중 하나다.

그럼에도 불구하고 다원적 상대주의로 편향된 해석에 영향을 받지 않는다면 대부분 발달의 평균양식과 가장 진보된 양상은 이어지는 진화를 따라 계속 심화된다는 사실을 시사하는 상당한 증거가 존재한다. 이런 진화적 이동의 주요 윤곽의 일부를 도표 9A와 9B에서 개괄하였다.

사회적 진화

렌스키Lenski는 사회적 진화의 형태를 수렵채집, 원예, 해상, 농업, 산업, 지식으로 전개하였다. 현재 대부분의 학자 사이에서 이 점은 논란의 여지가 없다. 시스템 이론가들(그리고 파슨스Parsons, 머튼Merton, 루만Luhmann, 알렉산더Alexander, 벨라Bellah를 포함한 구조기능주의자들)은 사회적 행동체계, 그 체계들의 유지 및 자기 재생산에 엄청난 빛을 던져 주었다.[8] 온 상한을 우하상한으로 환원시키려 했던 체계가 분명 실패했음에도 불구하고 마르크스주의자들과 신마르크스주의자들은 기술-경제적 바탕이 남녀의 의식에 엄청나게 영향을 미치는 수많은 방식을 서술하였는데, 어떤 통합이론도 이런 중요한 발견을 간과할 수 없을 것이다.[9]

시스템 이론(그리고 우하상한 이론 일반)의 주된 결함은 미묘한 환원주의, 즉 모든 내적 영역('나'와 '우리'의 영역)을 객관적인 '그것' 영역—정보처리회로, 신경체계, 사회적 행동, 자동으로 만들어지는 자기 유지체계, '생명의 그물' 이론—으로 환원시키려는 시도에 있다. 이들이 스스로를 '전일적이고' '모두를 포섭하는 것'이라고 주장한다면 사실상 내적 영역의 생명 세계를 부정하고 있는 셈이다. 시스템 이론은 모든 것의 통합이론을 제시하였다고 주장하지만 온 상한을 우하상한으로 환원시킴으로써 세계의 '반쪽', 즉 좌측 영역을 남겨 놓은 꼴이 되어버렸다. 시스템 이론 자체는 실로 근대 평원 프로젝트의 일부다. 그것은 스스로가 치료라고 주장한 질병의 일부인 것이다.

진정한 혹은 통합적 전일론은 시스템 이론이라는 외적 전일론과 현상적 의식, 도덕, 가치, 파동, 지류, 상태라는 내적 전일론 양자를 모두 포함할 것이다. 이는 어느 한쪽이 강제로 다른 한쪽에 편입되지 않으면서 각각의 고유 언어를 모두 포함하는 방식이 된다.

문화적 진화

주의 깊게 다루지 않으면 문화적 영역의 진화는 왜곡될 가능성이 있는 민감한 주제라고 할 수 있다. 그러나 이에 대한 증거가 계속 축적되고 있으며, 많은 이론가들은 제한된 형태로 이를 수용하고 있다(4장에서 살펴보았듯이 초록 밈 학계는 몇십 년 동안 진행되었던 모든 진화적 사고와 성공적으로 싸워 왔는데, 그런 사고방식이 남용될 가능성을 우려한 것이기 때문에 이해할 만하다. 그러나 초록색 이후의 발달은 다중 조망에 대한 초록색의 민감성을 두 번째 층 구축과 결합하려고 노력해 왔다). 최근 들어서는 문화적 진화가 여러 방식으로 승리를 거두었다. 그 이름을 들어 보면, 제럴드 허드Gerald Heard, 마이클 머피Michael Murphy, W. G. 런치먼W. G. Runciman, 시시르쿠마르 고시Sisirkumar Ghose, 앨스테어 테일러Alstair Taylor, 진 휴스톤Jean Houston, 듀안 엘진Duane Elgin, 제이 얼리Jay Earley, 다니엘 데닛Daniel Dennett, 위르겐 하버마스, 로버트 벨라Robert Bellah, 어빈 라슬로Ervin Laszlo, 키쇼 간디Kishore

Gandhi, 장 겝서Jean Gebser가 될 수 있다.[10]

장 겝서의 선구적 연구는 패러다임적이다. 그의 언어로 표현하면 문화적 세계관은 태고적, 마술적, 신화적, 정신적, 통합적(도표 9B를 보라)으로 진화한다. 겝서의 역작 『항존적 기원Ursprung und Gegenwart(The Ever-Present Origin)』은 분명 지금까지 문화적 진화에 대해 서술한 것 중 가장 탁월한 조사다. 나는 어떤 통합이론도 그 꼼꼼한 서술을 고려하지 않고는 성공하기를 바랄 수 없다고 생각한다. 그러나 겝서의 '통합구조'는 근본적으로 비전-논리 파동을 말하고 있으며, 더 높으면서도 진정으로 초개인적인 단계(심령, 정묘, 인과, 비이원)를 적절하게 다루지 않았다는 점을 염두에 두어야 한다. 그의 주된 미국인 해석가인 게오르그 포이어스타인Georg Feuerstein도 이에 동의하였다. "나는 이 점에 관해서는 윌버 편을 들어야 한다. 나는 영적 경험이라고 생각할 수 있는 광범위한 경험을 세 개의 주요 범주, 즉 기본적으로 심령적(나는 심신적psychosomatic으로 제안한다), 인과적(나는 심리영적psychospiritual으로 제안한다), 비이원적(나는 영적spiritual으로 제안한다)으로 유용하게 묶을 수 있는 충분한 증거가 있다고 생각한다."[11] 그러므로 포이어스타인의 전반적 스펙트럼에는 태고적, 마술적, 신화적, 정신적, 통합적, 심령적, 인과적, 비이원적인 것이 포함되는데, 이는 겝서보다 더 정확하고 스펙트럼 전체를 포괄하는 관점이다. 그럼에도 불구하고 겝서는 평균적인 집단발달 영역, 즉 태고적, 마술적, 신화적, 정신적, 통합적 영역에서는 탁월하다.

보편화용론과 의사소통 활동에 근거하여 역사적 유물론을 재구성하려는 하버마스의 시도는 사회문화적 진화를 추적하는 근대의 시도 중 가장 정교하다고 할 수 있다. 하버마스 이론의 훌륭한 점은 그 포괄적 범위, 즉 실로 온 상한, 거의 온 수준을 고려한 관점(도표 10을 보라)을 시도한 데 있다. 그러나 그의 접근은 전합리적, 초합리적 영역을 불충분하게 다루었다는 데 결함이 있다. 이런 결함에 의해 그의 계획은 불행히도 자연과 정신에서 불안정하게 되었다(그의 주된 약점이다). 그러나 마음의 중간 영역에 대해서는 하버마스의 견해는 필수적이다.

다행히도 높은 의식 수준에도 똑같이 익숙한 소수 이론가들은 의식 진화를 전반적으로 추적하기 위해 자신의 전문적 의견을 이용하였다. 이들 중 진 휴스턴

(특히, 부분적으로는 제럴드 허드의 중요한 연구를 바탕으로 한 뛰어난 저작 『생명력 Life-Force』 도표 9A를 보라), 듀안 엘진(그의 『깨어나는 지구 Awakening Earth』는 의식 진화에 관한 탁월한 개관서다. 도표 9B를 보라), 앨런 콤즈 Allan Combs(콤즈를 도표에 싣지 않는 이유는 그의 훌륭한 저서 『존재의 빛 The Radiance of Being』이 많은 독창적 통찰을 지닌 겝서/오로빈도/윌버에 대한 요약과 개관이지만 자신만의 모델을 제시하였음에도 불구하고 그가 제안한 단계에는 혁신적이면서도 새로운 시리즈가 없기 때문이다)의 연구를 특히 언급할 필요가 있다.[12]

앞에서 열거한 학자들은 사회문화적 진화에 대한 우리의 이해에 중요한 공헌을 하고 있지만 주제 전체는 많은 이론가, 특히 자유주의자(그것을 사회적 주류에서 벗어난 경향이라고 의심하는), 전통주의자(근대의 '진화'가 왜 그렇게 많은 종교를 배제하였는지를 이해하지 못하는), 낭만주의자(종종 역진화를 믿는)에게는 큰 문제가 된다. 진화는 근대 과학적 세계관의 중요한 요소(어떤 이들은 유일한 중요한 요소라고 말할 테지만)이기 때문에 우리가 전근대, 근대, 탈근대를 실로 통합적으로 포용하기 원한다면 진화이론을 그 진실성을 존중하고 남용을 줄이는 맥락 내에 위치시킬 방법이 필요하다.

다섯 가지 중요한 힌트

결정적인 문제는 다음과 같다. 문화적 진화와 형태 형성을 인류사의 설명적 원리로 포용하기 위해서는 전통주의자, 낭만주의자, 자유주의적 사회이론가가 이것을 거부하게끔 만든 심각한 반대에 직면해야 한다. 달리 말해서 인간의 영역에서 진화가 작용하고 있다면 아우슈비츠를 어떻게 설명할 수 있을까? 우리가 감히 어떻게 어떤 문화적 생산이 다른 것보다 더 진화되었다는 판단을 내릴 수 있을까? 어떻게 우리가 감히 그런 가치 순위를 매길 수 있을까? 그것은 무슨 오만이란 말인가?

예를 들어, 아우슈비츠, 히로시마, 체르노빌 같은 현대의 참사 때문에 전통주의자와 현대 영원의 철학자들은 문화적 진화를 믿지 않는다. 진화가 그런 괴물을 생산한다면 어떻게 인류에게 진화가 일어난다고 말할 수 있을까? 그런 외설 행위를 설명하는 데 몰두하기보다는 진화를 통째로 부정하는 편이 더 나을 것이다.

반면에 진화에 대한 낭만주의의 비판은 오늘날의 혼란이 있기 이전 시기를 보편적이고 인간적으로 공감하는 데 대해 반응을 보인다. 전체적으로 볼 때 원초적 남녀는 현대의 재앙을 겪지 않았다. 산업오염도 없고 노예제도도 없었으며 재산 분쟁 등도 거의 없었다. 어떤 질적 척도를 쓰더라도 사실상 우리는 내리막길에 있지 않은가? 자연으로, 고상한 야만으로 돌아가서 더 진정한 자기, 더 공평한 사회, 더 풍요로운 삶을 발견해야 할 시기가 아닐까?

자유주의적 사회이론가들도 마찬가지로 겁에 질려 문화적 진화라는 개념에서 철수할 온갖 이유를 대고 있다. 사회적 다원주의와 같은 믿을 수 없을 정도로 조잡한 문화적 진화 형태에는 자비심이 부족한데, 더욱 불길하게도 도덕적 폭군의 손에 쥐어진 이런 식의 거친 '진화주의'는 바로 슈퍼맨, 지배자 종족, 앞으로 나타날 신격화된 영웅이라는 파괴적이고 야만적인 생각을 불러일으킬 수 있다. 소름끼치게도 이런 사람들이 역사로 걸어 들어올 수 있으며, 자신의 신념을 수백만의 고통받는 사람에게 각인시킬 수 있고, 자신의 이데올로기를 가스실에 밀어 넣어 거기서 그 이데올로기가 정착하도록 만들지도 모른다. 그런 공포에 반응을 보이는 자유주의 사회이론가들은 당연히 모든 종류의 '사회계층 질서'를 아우슈비츠의 전주곡쯤으로 보려고 할 것이다.

사회 진화를 설명적 원리로 이용한다면 그것은 분명히 몇 가지 혹독한 난점에 부딪히게 될 것이다. 그럼에도 불구하고 온 우주의 나머지 부분에서와 같이 인간에게도 활동하고 있는 진화적 전진의 진보와 퇴행, 장단점, 부침浮沈을 모두 설명할 수 있는 일련의 교의가 필요하다. 그렇지 않으면 우리는 온 우주의 정중앙에 유독한 쐐기를 박는 아주 이상한 상황, 즉 인간 이외의 모든 것은 진화하는데 인간은 그렇지 않다는 상황에 직면하게 된다.

문화적 진화를 정교한 형태로 회복시켜 인류를 온 우주의 나머지 부분과 재결합시키고, 의식 전개의 부침을 설명할 수 있는 원리는 무엇인가? 다음은 내가 우리에게 필요하다고 믿는 일부 중심 설명 원리들이다.

진보의 변증법 의식이 진화하고 전개됨에 따라 각 단계는 이전 단계에서 제기된 특정 문제를 풀거나 희석시키지만 그 자체의 새롭고 완강한, 때로는 더 복잡하고 어려운 문제를 추가한다. 정확히 말해서 모든 영역(인간과 그 밖의)에서 진화는 분화와 통합 과정으로 작동하기 때문에 각각의 새롭고 더 복잡한 수준은 반드시 이전 수준에서는 존재하지 않았던 문제들에 직면하게 만든다. 개는 암을 앓지만 원자는 그렇지 않다. 그러나 이런 사실은 진화를 통째로 매도하지는 않는다. 이는 진화란 기쁜 소식인 동시에 슬픈 소식이라는 뜻이며, 이것이 진보의 변증법이다. 진화의 단계가 많을수록, 즉 온 우주의 심도가 깊을수록 사태가 더 많이 잘못될 수 있다. 근대는 수렵채집 시대 사람들이 상상할 수 없을 정도로 병들어 있을 수 있다.

그러므로 본질적으로 진화에는 새로운 단계와 함께 새로운 잠재력, 경이, 영광이 도입되지만 그들은 변함없이 새로운 전율, 새로운 공포, 새로운 문제, 새로운 재앙들을 수반하고 있다. 역사에 관한 실로 균형 잡힌 설명은 의식 진화의 무자비한 질풍 속에서 전개되는 새로운 경이와 새로운 질병의 연대기다.

분화와 분열의 차이 정확히 말해서 진화는 분화와 통합을 통해서 진행되기 때문에 모든 단계에서 무언가 잘못이 일어날 수 있다. 즉, 온 우주의 깊이가 깊어질수록 더 많은 질병이 생길 수 있다. 그리고 앞에서 보았듯이 개체 발생적이든 계통 발생적이든 간에 분화가 지나쳐 분열로 갈 때 가장 우세한 진화적 병리 형태가 난다. 예를 들어, 인간 진화에서 마음과 신체를 분화하는 것과 이를 분열시키는 것은 전혀 문제가 다르다. 문화와 자연을 분화시키는 것은 그들을 분열시키는 것과 전혀 다르다. 분화는 통합의 서곡이며, 분열은 재앙의 서곡이다.

인간 진화는 (다른 진화와 마찬가지로) 일련의 중요한 분화로 특징 지을 수 있는데, 이는 완전히 정상적인 현상으로 의식의 진화와 통합을 위해서도 결정적이다 (도토리가 떡갈나무로 자라는 것은 오로지 분화에 의한 것이다). 그러나 각 단계에서 일어나는 분화가 지나치면 분열이 될 수 있으며, 이렇게 되면 심층이 질병으로, 성장이 암으로, 문화가 악몽으로, 의식이 고뇌로 바뀐다. 역사에 대한 모든 균형 잡힌 설명은 의식 진화에 필요한 분화의 연대기일 뿐 아니라 종종 그 각성에 따르는 병리적 분열과 왜곡의 연대기이기도 하다.

초월과 억압의 차이 진화가 분화와 통합을 통해서 진행한다고 말하는 것은 초월과 포함에 의해 진행된다고 말하는 것과 같다. 각 단계는 전 단계를 포함한 후에 그 자신을 정의하며 거기에 창발創發하는 속성을 추가한다. 그것은 초월하고 포함한다.

그러나 바로 이런 이유 때문에 병리의 경우에는 상위 차원이 초월하고 포함하지 않는다. 그것은 초월하고 억압하며 부정하고 왜곡하고 붕괴시킨다. 새롭게 나타나는 각각의 높은 단계는 바로 이런 선택을 한다. 즉, 초월하고, 포함하며 친구가 되고 통합하고 존중한다. 또는 초월하고 억압하며 부정하고 소외시키고 압박한다. 역사에 대한 모든 균형 잡힌 설명은 인간 진화의 위대한 초월적 사건들의 연대기인 동시에 엄청난 억압, 압박, 야수성의 연대기이기도 하다.

자연적 위계와 병리적 위계의 차이 진화 과정 중 한 단계에서 전체였던 것이 다음 단계에서는 부분이 된다. 전체로서의 원자는 분자의 부분이 되고, 전체로서의 분자는 세포의 부분이 되며, 전체로서의 세포는 유기체의 부분이 된다. 온 우주에서 모든 사물은 각각 겹으로 된 계층구조 혹은 홀라키, 즉 전체성과 전일론이 증가하는 식으로 존재하는 전체/부분인 홀론이다.

그러나 초월하는 것은 억압할 수 있다. 그러므로 정상적이고 자연스러운 계층구조는 병리적 위계, 지배자 위계로 퇴보할 수 있다. 이런 경우에 거만한 홀론은 전체이면서 부분이기를 원치 않는다. 그것은 전체이기를 원하며, 그것으로 종료된다. 그것은 자신보다 큰 것의 일부가 되기를 원치 않는다. 그것은 동료 홀론과 친분을 나누지 않는다. 그것은 주재자로서 동료 홀론을 지배하려 한다. 권력이 친교를 대신한다. 지배가 의사소통을 대신한다. 억압이 상호성을 대신한다. 역사에 대한 모든 균형 잡힌 설명은 정상적 계층구조의 비범한 성장과 진화이면서도 모순되게도 병리적 위계로의 퇴행을 허용하는 성장의 기록이기도 하다. 이로써 말없이 고통받는 수백만의 육체 속에 자신의 표식을 새겨 넣기도 하며, 초월하면서 억압하는 동물적 요소를 수반하는 공포의 흔적을 남기기도 하다.

하위 충동이 상위 구조를 강요할 수 있다 종족주의가 자신의 수단에만 한정되면 비교적 양호한데 그 수단과 기술이 비교적 무해하기 때문이다. 활과 화살로는 생명권과 다른 사람들에게만 해를 끼칠 수 있다(이와 같은 수단이 없다고 해서 반드시 지혜롭다고 볼 수는 없다). 문제는 진보된 합리성의 기술이 종족주의와 그 민족 중심적 충동에 의해 강요될 때 파괴적일 수 있다는 데 있다.

아우슈비츠는 합리성의 결과가 아니다. 그것은 합리성이 비합리적인 방식으로 이용된 수많은 산물의 결과다. 성향에서는 낭만적이지만 인종적 청소라는 점에서는 야만적인 아우슈비츠는 종족주의, 즉 땅에 뿌리를 둔 피, 토양, 종족의 민족 중심적 신화에 의해 강요된 합리성이다. 활과 화살로는 심각할 정도로 대량 학살을 시도할 수 없지만 철과 석탄, 연소 엔진과 가스실, 기관총과 원자탄으로는 가능하다. 합리적이라는 말을 어떻게 정의하든 이것은 합리적 욕망이 아니다. 이들은 진보된 의식 수단을 징발하고, 정확히 말해서 최하위 동기를 위해 이 수단을 사용한 민족 중심적 종족주의라고 할 수 있다. 아우슈비츠는 이성이 아닌 종족주의의 최종판이다.

이상의 사항들은 더 만족스럽고 저항할 수 없는 방식, 즉 부정할 수 없는 인류사의 진보 및 재앙을 분명히 설명할 수 있는 방식으로 인간 의식의 진화를 재구성하는 데 나 스스로 필요하다고 믿는 몇 가지 특징이다.[13] 이런 접근과 이 다섯 가지 특징으로 인간성을 나머지 온 우주와 재결합할 수 있다고 믿으며 인류는 여기, 그 외의 것은 저기라는 식의 실로 괴상하고 고정된 이원론의 짐을 지지 않을 수 있다고 믿는다.

아니, 우리 인간은 영의 창조 방식인 활동하는 영Spirit-in-action 자체인, 단일하면서도 모두를 포괄하는 진화적 흐름의 일부인 것처럼 보인다. 인간의 피에 흐르는 것과 동일한 흐름이 소용돌이치는 은하계, 거대한 태양계를 통해 흐르며, 거대한 대양을 헤치고 우주를 통해 나아가며, 우리 자신의 도덕적 열망으로 산 중에서도 가장 강건한 산을 움직인다. 똑같은 흐름이 모든 것을 통해 움직이면서 그 영원한 몸짓으로 온 우주 전체를 몰고 가는데, 이 몸짓은 엄청난 형태 형성적 장으로 드러나고 있다. 이 장은 당신이 누구며, 무엇인지를 기억할 때까지, 어디에나 퍼져 있는 사랑이라는 유일한 흐름을 통해 이 사실을 깨닫게 되었음을 기억할 때까지 결코 굴복하지 않는 인력과 압력을 행사한다. 그런 사실을 기억할 때, "빛의 섬광에서 충족감이 오고, 활력은 그 드높은 환상을 버리며, 이제 나의 의지와 욕망은 태양과 다른 별을 움직이는 사랑으로 평탄하게 돌아가는 바퀴처럼 움직이고 있다."

영적 계시: 진화의 성장 정점

나는 다섯 가지 원리를 갖고 우리가 진화라는 주제에 더 인간적으로 접근할 수 있을 뿐 아니라 자유로운 통찰을 얻을 수 있다고 믿는다. 앞서 살펴보았듯이 영성의 어떤 측면은 높은 발달 단계에서나 가능하다. 무엇이 발달이며 어떻게 발달을 촉진할 수 있는지에 대한 이해는 실로 해방, 자유, 평등이라는 개방적 아젠다의 일부다. 우리는 이미 개인의 존재론적 발달 단계를 살펴보았으므로 이제는 이와 관련된 계통 발생적/문화적 발달 단계를 살펴볼 것이다. 두 경우에서 우리는 주요한 출현과 긍정적인 진보뿐 아니라 각각의 새로운 진화적 진보로 가능해진 새로운 병리, 억압, 압제, 야만성에도 주의를 기울일 필요가 있다.

『에덴으로부터 위로』는 주어진 시기를 전형적으로 정의하는 평균 양식과 가장 진보된 양식에 있어서 문화적 발달을 추적한 것이다(도표 9A를 보라). 전반적인 착상은 단순하다. 말하자면 주어진 문화의 평균 의식 수준이 마술적이라면 일반적으로 가능한 최고 수준의 의식은 무엇인가?[14] 우리는 방금 마술적 시기에서 가장 높이 진화한 양식은 보통 샤먼적임을 보았다. 샤먼은 의식 진화의 성장 정점이었다(적어도 영구적인 구조적 성취로서 혹은 최소한 일련의 변성 상태와 샤먼적 여정으로서 심령 영역에까지 이르는).[15] 마술적/샤먼적 양식은 그 기원이 기원전 약 500,000년에서 10,000년에 이르는, 또 추정컨대 그 정점이 기원전 50,000년에서 7,000년에 이르는, 오늘날까지 인간이 지구상에서 가장 길게 머물렀던 시기의 지배적 의식 형태였다.[16]

평균적 양식이 마술적인 것에서 신화적인 것(대략 기원전 10,000년경)으로 진화하고 자연의 기본 원리들과 다신적 허구가 다양한 세계에 깔린 하나의 신/여신의 개념으로 변화함에 따라, 결국 성자라는 인물이 지배적인 영적 실현자가 되었다. 종종 정수리 차크라* 주위의 빛의 후광으로 묘사(사하스라라sahasrara 이상의 빛과 소리 정묘 영역에 대한 생생한 각성을 의미)되는 성자는 의식이 자연신비주의를 넘어서서 신성신비주의로 이행함에 따라 성장해 가는 정점의식의 위대한 전달자였다. 십자가의 성 존, 라마누자, 성 테레사, 신란Shinran, 성 힐데가드와 같은 모범적 인물이 뛰어나게 묘사하고 있는 이런 내적 초월의 여정은 혼의 심연, 실재의 높이를 드러냈으며, 의식의 성질을 전반적으로 바꾸어 놓았고 세계의 구조를 엄청나게 변화시켰다.

평균적이고 집합적인 의식 양식이 신화적 의식에서 정신적 의식으로 진화함에 따라 (기원전 6세기경에 시작하여) 가장 진보된 양식은 정묘 수준에서 인과 수준으로 진화하였으며, 성자보다는 현자들이 이런 의식의 성장 정점을 구현하였다. 성인은 신성한 내적 빛, 은총, 사랑, 황홀경을 경험하였지만 현자는 아무것도 경험하지 못했다. 현자는 오히려 완전한 공空이라는 순수하게 무형적인 영역, 니르바나, 알 수 없음의 구름, 부정apophatic,** 무상삼매, 니로다nirodh, 지멸cessation과 같은 몰입

[역자 주]

* 차크라란 '숙시마 프라나sukshma prana(정묘한 프라나)'라는 정묘한 생명력이 활동하는 중심부다. 인간에게는 일곱 개의 차크라가 척추를 따라 위치하고 있는데, 그 중 정수리 차크라는 가장 상위의 차크라로 사하스라라 차크라sahasrara chakra라고도 한다. 머리의 중앙 백회에 위치해 있고 송과체와 시상하부를 관장한다. 6개의 차크라들이 잘 운행되고 조절되면 이 차크라는 스스로 빛을 발한다. 요가를 행하는 이들이 이르고자 하는 최고의 자리며, 쿤달리니가 백회를 뚫고 나가 우주 에너지와 일치되는 지점이기도 하다.

** 기독교 신비주의는 유한자인 인간이 무한자인 신과 합일된 경험을 지향한다. 기독교 신비주의는 영지주의gnosticism와 신플라톤주의neoplatonism의 영향을 받으며 어거스틴이나 에크하르트의 부정신비주의apophatic mysticism로 발전하였다. 부정신비주의란 본질적으로 드러나지 않는 것에 대한 역설적 드러남을 의미한다. 즉, 초자연적이고 초월적인 경험을 언어로 재구성하기 위해 역설적 표현을 쓰는 것이다.

의 드러나지 않은 원인 수준으로 들어간 최초의 인간들이었다. 공은 문자 그대로 '없음'이나 완전한 공백이 아니라 그 발견 자체가 형태의 세계, 고통, 죄악, 윤회samsara의 세계에서의 해방을 의미하는 광대한 자유와 무한한 개방성인 존재하는 모든 것의 창조적 기초다. 혼은 정묘 수준에서 신과 친교하거나 합일하기도 하지만, 원인 수준에서 혼과 신은 모두 신성Godhead으로 사라져서 아트만이 브라만이 되고, 수피들의 최상의 합일이라고 할 수 있는 '나와 내 아버지는 하나다.'가 되며, 분리된 자기가 공으로 녹아든다. 신성신비주의는 무형신비주의, 심연신비주의, 위대한 알 수 없음의 구름, 무한히 내면적이면서 드러난 세계를 넘어서는 의식에 자리를 내 준다.

그러나 의식 진화는 항상 '초월하고 포함하여' 형상의 세계를 완전히 초월하기 때문에 의식은 모든 형태를 근본적으로 포용하도록 깨어난다. 이런 영원하고 신성한 상태를 위한 가장 유명한 공식인 『반야심경』은 '색즉시공 공즉시색色卽是空, 空卽是色"이라고 말한다. 순수한 절대정신(공)과 드러난 세계 전체(색)는 하나의 영원한 포옹이다. 인도의 위대한 각자覺者인 샹카라는 이런 궁극적인 '초월과 포함'을 다음과 같이 표현하였다.

> 세계는 환영이며,
> 브라만만이 실재하고,
> 브라만이 세계다.

세상은 환상이며(무상하고 덧없고 지나가고 유한하며 죽음에 처할 운명이다), 영(브라만)이라는 유일한 실재를 발견하려면 세상을 모든 면에서 완전히 초월해야 한다. 그러나 일단 세상을 그대로 내버려 두고 가장 순수한 영(무경계, 무제한, 무시간, 무형의 실재)의 무한한 해방으로 뛰어든 후에는 유한한 세상은 무한한 영에 포용되고 완전히 포섭되는, 혹은 드러난 것과 드러나지 않은 것의 완벽한 합일, 즉 브라만이 세상이며 '일미'라는 깨달음과 함께 비이원 신비주의가 시작된다.

위대한 비이원 전통은 200년 경에, 특히 나가르주나Nagarjuna와 플로티누스와 같은 인물에게서 시작되었지만, 이런 전통은 인도에서 8~14세기경 탄트라와 같이 아주 진보된 형태로 꽃피기 시작하였다(약 13세기경 플로렌스와 인본주의의 발흥으로 서구가 보여 준 최초의 집단적 양식 혹은 비전-논리라는 평균 양식의 희미한 섬광과 일치한다). 선불교가 중국 당과 송에서 색다르게 발흥한 시기(7~13세기까지)가 대략 이 시기였으며, 이 시기에 또 파드마삼바바Padmasambhava가 밀교를 티베트에 가져와서 무엇과도 견줄 수 없는 개화를 시작하였다(특히, 8~18세기까지).

이 역시 일반화 중 가장 일반화된 진술이지만 그 유용성이 없는 것은 아니다. 평균 의식과 가장 진보된 의식을 구별한다면 우리는 한 시대의 모든 소산이 동일한 의식 파동에 의해 생성된다고 가정하지 않게 된다. 학자들은 모두 역사적 시기를 관찰하고 그 사회의 모든 사람이 동일한 의식 수준에 있다고 단순하게 가정하고는(현대를 돌아보고 레이건과 크리슈나무르티가 동일한 수준에 있다고 보는 것처럼) 그런 가정을 근거로 가장 애매한 결론을 내린다. 수렵채집 문화에는 진정한 샤먼이 매우 드문데도—보통 한 종족에서 한 명의 샤먼, 열 명 중 한 명의 샤먼이 진정한 스승인데도—심층생태학자들은 종종 모든 사람이 샤먼적 의식을 공유하였다고 가정한다. 낭만주의 이론가들은 고대 이집트를 되돌아보고 어떤 숙련자에게는 분명히 뱀의 힘(쿤달리니Kundalini)이 깨어났음에 주목하면서 문화 전체가 깨달은 존재로 가득 찼다고 가정하지만, 사실 쿤달리니 숙련자 수는 (기껏해야) 어떤 마을에서도 한 손으로 꼽을 수 있을 정도였을 것이다. 그렇다면 실제로 여러 면에서 영성은 수세기에 걸쳐 계속해서 깊이 심화되었는데도 불구하고, 진화의 성장 정점을 따를 경우 진화는 영성이 왕성했던 훌륭한 고대 시절에서 출발하여 꾸준히 추락하였다고 쉽게 가정해 버린다. 발렌티누스는 대단히 훌륭하지만 에크하르트와 비교해 보라. 막달라 마리아는 심오했지만 아빌라의 성 테레사와 비교해 보라. 보이티우스Boethius는 뛰어났지만 십자가의 성 존과 비교해 보라. 전 시대에 걸쳐 가장 영향력 있다고 할 수 있는 일본 선사 하쿠인Hakuin과 도겐Dogen까지, (몇 십 년 전에 타계한) 인도의 가장 위대한 선각자 중 하나인 스리 라마나 마하리시, 인도의 가장 위대한 철학자이며 현자인 오로빈도(그도 몇 십 년 전에 타계했다)를 보라.

게다가 그렇게 구분(평균인과 진보된 사람)함으로써 우리는 과거 어떤 시대는 '매우 영적'으로 보일 수 있지만 그들의 가장 일반적, 평균적 양식(마술적 혹은 신화적)은 실제로 후형식적이 아니라 전형식적이었음을 금방 알 수 있다. 아주 드문 수의 샤먼, 성자, 현자만이 실제로 심령, 정묘, 원인의 높은 수준으로 진화하였다. 그러므로 의식의 일반적이고 평균적인 양식으로서의 매우 영적인 단계(심령, 정묘, 원인)는 적어도 과거가 아니라 우리의 집단적 미래에 존재한다. 물론, 과거, 현재, 미래 전 시기에 걸쳐 모든 개인은 자신의 힘으로 높은 영역까지 발달할 수 있다. 그러나 일반적인 성취로서의 후형식적 영성의 시기는 과거 역사 어느 때에도 존재하지 않았다. 마술적, 신화적 수준을 진정한 영성으로 오인하는 학자들, 그리하여 과거를 돌아보고 모든 형태의 영성은 우리 과거에 있었다고 생각하는 학자들은 놀랄 것이다. 가장 진보된 과거의 인물들은 초개인 수준의 심도를 이해하였으며, 그들은 우리의 집단적 과거가 아니라 집단적 미래에 있다.

그런 영적 개척자들은 영의 탁월한 고고학에서 시대를 앞섰으며, 여전히 우리 앞에 놓여 있다. 그러므로 그들은 과거의 목소리가 아니라 미래의 목소리며, 발굴되는 것이 아니라 출현할 것이며, 우리를 뒤가 아니라 앞으로 이끌고 있다. 인류의 성장 정점인 그들은 미래의 목적을 만들고 있으며, 이런 목적을 통해 이제 인류의 중심은 확고하게 주어진 것이 아니라 부드러운 설득을 통해 서서히 전진하고 있다. 그들은 우리 자신의 진정한 자아라는 가장 깊은 층, 위대한 미래의 빛나는 심연에서 우리에게 속삭이는 층에 속한 인물들이었다.

13. 근대에서 탈근대로

천재, 지혜, 영구적 진실이 존재하지 않은 시대는 없다. 과거의 진실을 무시하는 것이 병리의 정의인 것 같다. 그러므로 온전한 정신을 지닌 통합적 접근은 이런 지속적인 진실을 존중하고 인정하며, 이를 진행 중인 의식 진화에 통합시키려고 노력할 것이다.

전근대의 유산에서 우리는 존재와 인식의 대둥지를 배웠으며, 대둥지는 미리 주어진 것이 아닌 부드럽게 설득하는 형태 형성적 장으로서 영에 이르는 지도임을 알게 되었다. 근대의 유산에서 우리는 예술, 도덕, 과학을 인정하고 존중할 필요를 배웠으며, 각각이 다른 것의 침해를 받지 않고 자신의 진실을 추구하도록 하였다(근대 민주주의, 여권운동, 생태학의 발흥과 해방, 자유, 평등이라는 후인습적 이상에 기여한 점에서 그렇다).[1] 우리는 또한 사상한으로부터 진화라는 근대적 발견을 배웠다(적어도 대사슬의 옆을 잘라 내어 지리학적, 생물학적, 문화적 시기에 따라 펼쳐 놓은 것에 맞먹는 개념이다). 그리고 우리는 탈근대(대둥지)와 근대(3대 가치의 분화와 진화)의 장점을 포함시켜 더욱 통합적인 '온 수준, 온 상한' 접근을 유도하는 탈근대의 건설적인 '밝은 약속'을 언급하였다.

이제 우리는 오늘날 문화적 진화의 선도적 첨단이 된 탈근대 자체를 매우 간단하게 살펴봄으로써 통합적 개관을 마무리하고, 그것이 정확히 어떻게 온 수준,

온 상한의 관점에 들어맞는지를 제안할 때가 되었다.

탈근대주의자들은 복잡하고 해독하기 어렵게 되어 버려 어떤 것이든 '탈근대적인' 것을 언급하면 많은 사람이 불평을 늘어놓는다. 그러나 이것은 중요한 점으로, 나는 독자에게 나와 함께 이 장을 마칠 것을 요청하는 바이며, 이 장을 가능한 한 어렵지 않게 만들려고 노력할 것이다. 그런 후에 결론을 맺는 장에서 우리가 이미 살펴보았던 것의 개요와 심리학, 치료, 영성 및 의식 연구의 함의로 되돌아갈 것이다.

밝은 약속

근대를 이해하려고 애쓰는 가운데 우리는 '근대는 전근대와 무엇이 다른가?' 라는 단순한 질문을 던진다. 우리는 많은 사항을 발견하였지만(산업화에서 해방운동까지) 그것들을 일반적으로 '3대 가치'의 분화로 요약할 수 있다.

탈근대를 이해하려는 시도에서 다시 한 번 물어보자. 탈근대가 근대와 그토록 다른 것은 무엇인가? 역시 여러 가지 사항이 있다는 사실을 보게 될 테지만 일반적으로 볼 때 탈근대를 모두 포괄하려는 시도, 즉 강력한 근대가 종종 간과했던 수많은 목소리와 관점들이 '주변화되는 것을' 피하려는 시도, 종종 비이성적이고 불합리한 것을 억압하는 형식적 합리성의 '지배권'을 피하려는 시도, 그리고 모든 종족, 모든 인종, 모든 사람, 모든 성을 상호 존중과 인정이라는 무지갯빛 연합으로 초대하려는 시도로 요약할 수 있다. 이런 포괄성을 종종 '다양성(다문화주의 혹은 다원주의)'이라고 부르는데, 이것은 우리가 이 장에서 탐구하게 될 방식으로서 탈근대의 건설적 사항의 핵심에 놓여 있다.

최선의 의미에서 전일적이면서 포용적인 이런 시도는 근대가 부분적으로는 불행하게도 평원, 즉 '3대 가치'의 분열로 말미암아 강력해진 과학이 인식과 존재의 다른 모든 형태를 식민화하고 지배하게(그리고 주변화한) 만든 평원으로 빠져든 데 대한 반응이었다. 탈근대는 '3대 가치'를 분화시키고 분열시키는 것이 아니라 이들을 포함시키려는 역시도였다. 그러므로 근대가 '3대 가치'를 분화시킨 지점에서 탈근대는 이들—수많은 '나', 수많은 '우리', 수많은 '그것'—을 포용하여 더욱 포괄적이고 통합적이며 비배타적인 입장에 도달하였다. 한마디로 말해서 거기에는 일반적인 탈근대 운동의 항구적인 진실, 통합적인 진실이 존재한다.

그러나 우리는 탈근대도 근대처럼 추락하였다는 사실을 보게 될 것이다. '3대 가치'의 분화가 분열로 빠져들 때 근대의 존엄성은 어느새 근대의 재앙이 되고 말았다. 다원적 포용이 모든 질적 구별의 불쾌한 평준화로 변할 때, 그렇게 건설적이던 탈근대의 밝은 약속은 어느새 허무주의적이고 비건설적인 탈근대로 변하고 말았다. 평원을 피하려던 탈근대는 가장 저속한 승리자가 되고 만 것이다.

달리 표현하면, 근대와 마찬가지로 탈근대는 그 고유의 좋은 소식과 나쁜 소식을 갖게 되었다.

좋은 소식

탈근대로의 진입은 인간 의식이 행하는 해석의 본질적 역할에 대한 이해에서 출발하였다. 사실상 탈근대는 인식론과 존재론, 인식과 존재에서 해석을 중추적인 것으로 만들었다고 할 수 있다. 모든 탈근대주의자는 그들 고유의 방식으로 해석은 온 우주를 이해하는 데 결정적일 뿐 아니라 바로 온 우주의 구조적 측면이라고 주장하고 있다. 해석은 우주라는 작품의 내재적 양상이다. 여기에 위대한 탈근대 운동의 핵심적이면서도 결정적인 통찰이 있다.[2]

해석: 탈근대의 핵심

많은 사람은 해석이 왜, 그리고 어떻게 우주에 고유한 것일까에 대해 처음에는 혼란을 겪는다. 해석이란 언어나 문학을 위한 것이다. 그렇지 않은가? 맞다. 그러나 언어와 문학은 빙산, 즉 온 우주 자체의 심연까지 뻗어 있는 빙산의 일각에 불과하다. 우리는 이것을 다음과 같이 설명할 수 있다.

앞에서 보았듯이 모든 오른쪽 사건들, 모든 감각운동적 대상, 실증적 과정 및 '그것들'은 감각 및 그 확장으로 볼 수 있다. 그것들은 모두 단순 정위를 갖고 있다. 당신은 그 대부분을 실제로 지시할 수 있다(바위, 도시, 나무, 호수, 별, 길, 강 등).

그러나 왼쪽 혹은 내적 사건은 이런 방식으로 볼 수 없다. 당신은 사랑, 질투, 경이, 자비, 통찰, 의도, 영적인 빛, 의식 상태, 가치 혹은 저 밖에 있는 실증적 세계에서 돌아다니는 의미를 볼 수 없다. 내적 사건은 외적 혹은 객관적 방식으로는 볼 수 없으며, 내성과 해석을 통해 볼 수 있다.

그러므로 『맥베드Macbeth』를 실증적으로 연구하고 싶다면 이 희곡을 구해 과학적으로 다양하게 검증할 수 있다. 그것은 몇 그램의 무게가 나가고 수많은 잉크 분자를 지니며, 유기적 성분으로 구성된 이런저런 숫자의 페이지로 되어 있다 등으로 말이다. 이것이 『맥베드』에 관해 실증적으로 알 수 있는 것들이다. 이것들이 오른쪽의 객관적이고 외적인 측면이다.

그러나 희곡의 의미를 알고 싶다면 그것을 읽고 그 내면성, 의미, 의도, 깊이로 들어가야 한다. 이렇게 할 수 있는 유일한 방법은 해석에 의해서다. 문장의 의미를 알려고 한다면 실증과학은 대체로 무가치해진다. 왜냐하면 외적 실증주의로는 접근할 수 없고 내성과 해석에 의해서만 접근할 수 있는 내적 영역과 상징적 깊이로 들어가기 때문이다. 객관적인 것만 아니고 상호 주관적인 것이다. 또한 독백적인 것이 아니라 대화적인 것이다.

당신은 내가 얼굴을 찌푸린 채 거리를 걷고 있는 모습을 볼 수 있다. 당신은 그것을 볼 수 있다. 그러나 표정의 찌푸림이 실제로 무엇을 의미하는가? 당신은 어떻게 알 수 있는가? 당신은 내게 물어볼 것이다. 내게 말을 걸 것이다. 당신은 나의 표층을 볼 수는 있지만 나의 내면, 깊이를 이해하기 위해서는 해석 범위(해석학적 범위)로 들어와야 한다. 주체로서의 당신은 나를 단지 대상으로 응시하는 것이 아니라 나를 주체로, 한 인간으로, 하나의 자아로, 의도와 의미를 가진 담지자로 이해하려고 할 것이다. 당신은 내게 말하고 내가 말한 것을 해석할 것이며, 나도 당신에게 똑같이 할 것이다. 우리는 대상을 바라보는 주체가 아니다. 우리는 주체를 이해하려고 애쓰는 주체로서 상호 주관적인 범위, 대화적인 춤 속에 있다.

이는 인간뿐 아니라 지각이 있는 모든 존재에게도 해당되는 진실이다. 당신의 개를 이해하고 싶으면, 개가 행복한지, 배고프지는 않은지, 산책을 원하는지를 알고 싶으면 개가 당신에게 주는 신호를 해석해야만 한다. 당신의 개도 가능한 한 당신에게 똑같이 할 것이다. 다른 말로 표현하면 홀론의 내면은 해석에 의해서만 접근할 수 있다.

솔직하게 말해서 외적 표면은 볼 수 있지만 내적 깊이는 이해해야만 한다. 정확히 말해서 이런 내적 깊이는 온 우주의 본질적 부분, 모든 홀론의 왼쪽 차원이기 때문에 해석 자체는 온 우주의 본질적 양상이라고 할 수 있다. 해석은 온 우주에 가외로 추가된 것이 아니라 내적인 면으로 향하는 통로다. 온 우주의 깊이는 '언제나 아래로' 내려가기 때문에 하이데거의 유명한 표현처럼 '해석은 언제나 내려간다.'

아마도 우리는 이제 탈근대의 위대한 목표 중 하나가 왜 해석을 온 우주의 본질적 측면으로 도입하는 것이었는지를 알 수 있게 되었다. 내가 말한 것([그림 5-1]에서 볼 수 있듯이)처럼 모든 홀론은 왼쪽과 오른쪽 차원을 갖고 있으며, 객관적이고(오른쪽) 해석적인(왼쪽) 요소를 갖고 있다.

〔물론 내면 혹은 의식을 얼마나 '아래로' 밀고 가고 싶은지는 당신에게 달려 있다. 어떤 사람은 포유류, 어떤 사람은 파충류, 어떤 사람은 식물, 어떤 사람은 원자까지 밀고 간다. 나는 이것이 완전히 상대적인 문제라고 생각한다. 하나의 홀론(예를 들면, 아메바)이 아무리 많은 의식을 지니고 있어도 상위 홀론(예를 들면, 사슴)은 더 많은, 그리고 그보다 상위 홀론(예를 들면, 고릴라)은 더 많은 의식을 갖고 있다. 대등지의 아래쪽에 존재할수록 홀론은 더 적은 지각력을 가지며, 우리가 탐지할 수 없는 어둠 속으로 사라진다. 우리는 14장에서 이 주제로 돌아갈 것이다. 지금 내릴 수 있는 요점은 적어도 인간에 이르는 시기쯤에는 분명히 내면이 존재하며, 이는 내성과 해석으로만 접근할 수 있다는 것이다.〕[3]

근대의 재앙은 내성적이고 해석적인 모든 지식을 외적이고 실증적인 평원으로 환원시킨 데 있다. 근대는 세계라는 각본에서 해석의 풍요로움을 지워 버리려고 하였다. 온 우주의 구조와 바탕에 해석을 재도입하려는 탈근대의 시도는 부분적으로는 평원을 피하고 속이 제거된 내면과 인식의 해석적 양식을 부활시키려는 고상한 시도였다. 가장 두드러지게는 니체에서 시작하여 딜타이Dilthey의 '정신Geist' 과학을 거쳐 하이데거의 해석학적 존재론, 데리다Derrida의 '텍스트(해석) 이외에는 아무것도 없다.' 에 이르기까지, 해석에 대한 탈근대의 강조는 근본적으로 과학적 일원론과 평원 전일론이라는 독백적 시선의 궤멸적 망각에서 해방되려는 왼쪽 영역의 비명에 불과하다. 그것은 얼굴 없는 '그것'의 면전에서 '나'와 '우리'를 용감하게 재주장한 것이다.

탈근대에서 진실의 순간

정확히 말해서 탈근대는 여러 모로 평원 및 그것의 품위 없는 유산을 폐기하려고 하기 때문에 탈근대 철학은 거의 전적으로 그 지지자들이 거부하는 것들로 정의되는 개념으로 구성된 복잡한 무리라고 할 수 있다. 그들은 근본주의, 본질주의, 초월주의를 거부한다. 또한 합리성, 일치로서의 진리, 표상적 지식을 거부한다. 그들은 거창한 서술식 이야기, 거대 담론metanarrative*, 모든 형태의 큰 그림을 거부한다. 그들은 현실주의, 최종 어휘, 정전식 서술canonical description을 거부한다.

탈근대 이론가들은 종종 일관성이 결여된 것처럼 보이지만(종종 그렇다), 그럼에도 불구하고 대부분의 탈근대적 접근은 세 가지 중요한 핵심 가정을 공유하고 있다.

- 실재는 모든 면에서 미리 주어진 것이 아니며, 어떤 중요한 면에서는 하나의 구성이며 해석이다(이런 입장을 종종 구성주의라고 한다). 실재는 주어진 것이지 부분적으로 구성된 것이 아니라는 믿음을 '소여의 신화the myth of the given'라고 부른다.

[역자 주]

* 비판이론, 특히 탈근대에서 거대 담론이란 지식과 경험에 질서를 만들고 이들을 설명하는 포괄적 혹은 전체적 문화 담론 윤곽을 말한다. 즉, 거대 담론은 스토리에 대한 스토리다. 장 프랑수와 리오타르는 '나는 탈근대를 거대 담론에 대한 불신으로 정의한다.'고 말하였다. 이 말은 탈근대는 근대의 서구 사상에 질서와 의미를 부여했던 개인의 독특한 위상, 정보의 한계, 진보의 행진과 같은 거대 담론을 점점 더 많이 회의하게 되었다는 것을 의미한다.

- 의미는 맥락에 의존하며 맥락은 끝이 없다(이를 종종 맥락주의라고 부른다).
- 그러므로 인지는 부당하게 어떤 단일한 조망에 특권을 부여해서는 안 된다 (이를 통합적-비조망주의라고 부른다).

나는 이런 세 가지 탈근대적 가정이 매우 정확하기 때문에 이를 존중해야 할 뿐 아니라 모든 통합적 관점에 통합시킬 필요가 있다고 믿는다.

그러나 뒤의 '나쁜 소식'에서 보게 될 테지만 각 가정은 또한 탈근대 극단주의에 의해 철저히 균형을 잃게 되어 매우 불행한 결과를 낳았다. 극단적인 탈근대주의자들은 해석의 중요성만을 강조한 것이 아니라 실재는 해석에 불과하다고 주장하고 있다. 그들은 모든 홀론의 좌측(해석적 측면)을 강조하는 것이 아니라 우측(객관적 측면)의 실재를 완전히 부정하려고 한다. 이는 물론 모든 좌측을 우측으로 환원시킨 것이 아니라 모든 우측을 좌측으로 환원시키려는 근대와 정반대되는 재앙이다. 종종 그렇듯이 극단적인 반응은 혐오하는 것의 거울상임을 알 수 있다. 따라서 온 우주의 중요한 해석적 양상이 존재하는 유일한 양상이 되어 버렸다. 객관적 진실 자체는 임의적 해석으로 사라져 버렸고, 권력, 성, 종족, 이데올로기, 인간중심주의, 남성중심주의, 종차별주의, 제국주의, 이성중심주의, 남근중심주의, 남근적 이성중심주의 혹은 그 밖의 매우 불쾌한 것들이 객관적 진실을 강요하고 있다고 말한다.

그러나 모든 홀론은 객관적 요소뿐 아니라 해석적 요소도 갖고 있다는 사실은 객관적 요소를 부정하는 것이 아니라 그 위치를 정해 주는 것뿐이다. 그러므로 우리가 개념을 추가한다 하더라도 모든 우측 외면은 감각과 감각의 연장에 의해 등록되는 고유의 다양한 양상을 갖고 있다. 결국, 전체적인 의미에서 볼 때 모든 우측 홀론은 일종의 객관적 실재를 갖고 있는 것이다. '소여의 신화,' 즉 직접적인 실재론과 소박 실증주의 신화를 가장 설득력 있게 반대하고 있는 인물로 알려진 윌프리드 셀라스Wilfrid Sellars는 한 대상의 드러난 이미지가 부분적으로는 정신적 구성체라 할지라도 그것은 감각 경험의 본질적 양상에 의해 중요하게 좌우되며, 이런 이유 때문에 토마스 쿤Thomas Kuhn이 말한 것처럼 과학은 진정한 진보를 이룰 수 있다고 주장하였다.[4] '다이아몬드' '자르다' '유리' 라는 말 대신 어떤 말을 쓰더라도 유리 조각은 다이아몬드를 자를 것이며, 어떤 문화구성주의도 그 단순한 사실을 바꾸지 못할 것이다.

그러나 이는 슬픈 소식이다. 현재로서 요점을 추려 보면, 탈근대주의자들은 평원으로 인해 배제되고 주변화된 '3대 가치'라는 측면에 여지를 주려는 시도에서 해석, 맥락주의, 통합주의의 본질적 중요성을 지적하였으며, 그런 면에서는 그들이 확실히 옳았다고 할 수 있다.

근대에서 탈근대로: 언어적 선회

역사적으로 볼 때 구성주의, 맥락주의, 통합적-비조망주의의 중요성은 철학에서 언어학적 선회라고 부르는 것, 즉 언어는 주어진 세계를 표상할 뿐 아니라 세계를 창조하고 구성하는 능력이 있다는 일반적 인식으로 말미암아 전면에 등장하게 되었다. 대략 19세기에 시작되었던 언어적 선회와 더불어 철학자들은 세계를 기술하기 위해 언어를 사용하는 대신에 언어 자체를 바라보기 시작하였다.

이에 따라 언어는 갑자기 더 이상 신뢰할 수 있는 단순한 도구가 아닌 것이 되었다. 일반 형이상학은 언어적 분석으로 대치되었는데, 그 이유는 언어는 더 이상 우리가 주어진 세계를 순진하게 바라보는 투명한 창이 아니라는 사실이 점점 더 분명해졌기 때문이다. 언어는 우리가 마지막으로 보게 될 스크린에 이미지를 투사하는 슬라이드 영사기와 더 닮아 있었다. 언어는 나의 세계를 창조하는 데 도움을 주며, 비트겐슈타인이 말했듯이 나의 언어 한계는 내 세계의 한계다.

'언어적 선회'는 여러 면에서 근대에서 탈근대로의 위대한 이행을 달리 표현한 것이다. 전근대와 근대 문화가 세계에 접근하기 위해 자신의 언어를 단순하고 순진하게 사용하였던 곳에서 탈근대적 마음은 스스로를 돌이켜 언어 자체를 보기 시작하였다. 인간 존재의 전 역사에서 이런 일은 결코 일어난 적이 없었다.

이런 뛰어난 언어적 선회의 각성에 의해 이제 철학자들은 언어를 결코 단순하면서 신뢰할 수 있는 방식으로 바라보지 않게 되었다. 언어는 세계를 단순히 보고하고 표상하며 서술하지 않는다. 오히려 언어는 세계를 창조하는데, 그 창조에서 언어는 권력이 된다. 언어는 창조하고, 왜곡하고, 운반하고, 노출하며, 숨기고, 허용하고, 압박을 가하고, 풍요롭게 하며, 매혹시킨다. 좋든 나쁘든 언어 자체는 반신반인적인 것이므로 철학은 그 강력한 힘에 자신의 주의를 상당 정도 집중시켜야 한다. 언어분석에서 언어 게임으로, 구조주의에서 후구조주의로, 기호학에서 구문론으로, 의도성에서 언어행동이론으로 바뀌면서 탈근대 철학은 상당 부분 언어철학이 되었다. 만일 우리가 언어를 실재를 이해하는 수단으로 사용한다면 우리는 그 수단을 아주 면밀하게 살펴보면서 출발하는 것이 좋을 것이다.[5]

이 낯설고 새로운 세계에서 대부분의 길은 곧 페르디낭 드 소쉬르Ferdinand de Saussure에게로 인도한다.

언어가 말한다

대부분의 탈근대 후구조주의 형태는 뛰어난 선구적 언어학자인 페르디낭 드 소쉬르의 연구까지 자신의 계보를 거슬러 올라간다. 소쉬르의 연구, 특히 그의 『일반 언어학 강좌Course in General Linguistics』(1916)는 상당수의 근대 언어학, 기호학, 구조주의, 후구조주의의 근거가 되었으며, 그의 근본적인 통찰은 약 한 세기 전 그가 최초로 개진하던 때와 마찬가지로 오늘날에도 여전히 설득력을 지니고 있다.

소쉬르에 따르면 언어적 기호는 물질적인 기표signifier(쓰여진 단어, 말해진 단어, 이 페이지에 있는 표시들)와 개념적인 기의signified(기표를 볼 때 마음에 떠오르는 것)로 구성되어 있으며, 이 둘은 실제 지시 대상referent과는 다르다. 예를 들어, 나무를 볼 때 실제 나무는 지시 대상이며, 쓰여진 단어로써 '나무'는 기표고, '나무'라는 단어를 읽을 때 마음에 떠오르는 것(이미지, 생각, 심상 혹은 개념)은 기의다. 기표와 기의는 함께 기호 전체를 형성한다.

그러나 소쉬르는 기호가 무언가를 의미하게 만들며 실제로 의미를 싣게 만드는 것은 무엇인가라고 묻는다. 그것은 단어 자체일 수는 없다. 예를 들어, '바크bark' 라는 단어는 '개 짖는 소리the bark of a dog' 와 '나무껍질the bark of a tree' 이라는 구절에서 각각 다른 뜻을 갖기 때문이다. 각각의 경우 '바크'라는 단어는 구절 전체의 위치를 통해 의미를 갖게 된다(다른 구절은 동일한 단어에게 완전히 다른 의미를 부여한다). 마찬가지로 각 구절은 더 큰 문장에서, 궁극적으로는 전체적인 언어 구조에서 차지하는 위치 때문에 의미를 갖는다. 주어진 단어는 기본적으로 그 자체로는 무의미한데, 동일한 단어는 문맥에 따라 혹은 그것이 놓인 구조에 따라 완전히 다른 의미를 지닐 수 있기 때문이다.

그러므로 소쉬르는 의미를 정착시키는 것은 모든 단어 간의 관계라고 지적하였다. 그러므로 의미 없는 요소가 전체 구조에 의해서만 의미를 갖게 된다는 것이다. 바로 이 점이 소쉬르의 위대한 통찰이라 할 수 있다(이는 구조주의의 시발로서 사실상 모든 구조주의 학파가 전적으로 혹은 부분적으로 소쉬르까지 자신들의 계보를 거슬러 올라간다. 현대의 계승자로는 레비스트로스Lévi-strauss, 제이콥슨, 피아제, 라캉Lacan, 바르트Barthes, 푸코Foucault, 데리다, 하버마스, 뢰빙거, 콜버그, 길리건 등의 연구자가 포함되며, 이는 실로 엄청난 발견이다).

달리 말하면, 모든 기호는 당연히 네트워크 전체에서 맥락 속의 맥락, 또 그 속의 맥락인 홀론이다. 그리고 이것이 언어 전체가 개인의 언어에 의미를 전달하는 수단이라고 소쉬르는 말한다.[6]

의미는 맥락에 의존한다

여기에서 탈근대주의자들이(특히, 하이데거에서 시작하는) 그토록 강조하였던 배경적 문화 맥락의 중요성을 보게 된다. 이에 따르면 의미는 내가 거의 의식하지 못하는 배경 맥락의 네트워크에 의해 창조된다. 나는 의미를 만들지 않고 의미가 나를 만든다. 나는 이 광대한 문화 배경의 일부며, 대부분의 경우 나는 그것들 모두가 어디에서 왔는지에 대한 단서를 갖고 있지 않다.

다른 말로 하면, 모든 주관적 의도성(좌상상한)은 의미 자체의 창조와 해석의 수단이 되는 상호 주관적이며 문화적인 맥락(좌하상한)의 네트워크에 놓인다. 바로 이것이 의미가 왜 실로 맥락 의존적이며, 왜 '개의 울음'이 '나무껍질'과 다른지에 대한 이유다. 이것은 또한 어느 정도까지는 문화적 맥락 내에서 개인의 의식 상태를 이해해야 하는 이유며, 진실로 탈근대적인 모든 관점이 왜 맥락에 대한 감수성으로 나아가려 하는지에 대한(예를 들어, 의식의 끝없는 홀론적 성질을 강조함으로써) 이유가 된다.[7]

중요한 면에서 의미는 스스로를 발견하는 맥락에 의존하며, 원리상 이런 맥락은 끝이 없고 경계가 없다. 그러므로 한 번에 의미를 지배하고 통제할 방법이 없다(왜냐하면 나는 언제나 현재의 의미를 변화시킬 더 큰 맥락을 상상할 수 있기 때문이다). 사실상 조나단 컬러Jonathan Culler는 모든 구조 해체deconstruction*(탈근대 운동에서 가장 영향력 있는 것 중 하나)를 '그러므로 의미의 맥락적 결정과 맥락의 무한한 연장성이라는 두 개의 원리로 구조 해체를 특징 지을 수 있다'[8]고 요약하였다.

내 식으로 표현하자면 맥락은 실로 끝이 없는데, 이는 실재가 파악될 수 있는 바닥이나 천장 없이 홀론 속의 홀론, 그 속의 홀론으로 무한하게 구성되어 있기 때문이다. 현재의 온 우주조차도 다음 순간 우주의 일부일 뿐이다. 모든 전체는 영원한 부분이다. 그러므로 생각할 수 있는 모든 맥락에는 한계가 없다. 우주가 홀론적이라고 말하는 것은 계층구조상 위로든 아래로든 그것이 맥락적이라고 말하는 것과 같다.

통합적-비조망적

탈근대의 두 번째 중요한 진리도 역시 맥락주의와 관련이 있는데, 의미가 맥락적이라는 사실은 실재에 대한 다중 조망적 접근이 요청된다는 의미다. 모든 단일 조망은 부분적이고 한정되며 왜곡된 것일 수 있다. 그리고 지식 추구는 다중 조망과 다중 맥락을 존중함으로써만 결실 있게 진전할 수 있다. 그리고 그 '다양성'은 탈근대 일반의 세 번째 중요한 진리가 된다.

세계관과 관련해서 우리가 살펴본 장 겝서는 이런 다원적 혹은 다중적 조망을 '통합적-비조망적integral-aperspectival'이라는 용어로 표현하였으며, 나 또한 '비전-논리' 혹은 '네트워크-논리'라고 불렀다. '비조망적'이라는 말은 어떤 단일한 조망

[역자 주]

* '구조 해체'라는 용어는 1960년대 프랑스 철학자 자크 데리다가 처음 사용하였고, 이후 인류학과 사회과학에서 폭넓게 사용되고 있다. 이 말은 생각과 믿음을 형성하는 비언어적이고 함축적인 가정, 개념, 구조의 근저에 놓인 인지, 이해, 드러남을 의미한다.

에 특권을 주지 않는다는 의미다. 그러므로 보다 전일적 혹은 통합적 조망을 얻으려면 우리에게는 비조망적 접근이 필요하다. 바로 이런 이유로 겝서는 '통합적-비조망적' 이라고 하이픈으로 연결하였다.

겝서는 통합적-비조망적 인지를 형식적 합리성(형식적 조작) 혹은 그가 '조망적 이성' 이라고 부른 것과 대비시켰다. 후자는 단일하고 독백적인 조망을 취해 모든 실재를 그 편협한 렌즈로 보려는 경향이 있다. 조망적 이성이 특정 주제의 배타적인 조망에 특권을 부여한다면, 비전-논리는 어떤 조망에도 특권을 주지 않은 채 모든 조망을 결합함으로써 경직되고 절대적인 모습이 아닌 유연하게 홀론적이며 다차원적 무늬를 띤 온 우주를 끝없이 드러내는 맥락 속에서 통합적, 전체적, 다중적 맥락을 포착하려고 한다.

이는 관념론자가 형식적, 표상적 혹은 실증-분석적 이성과 대화적, 변증법적, 네트워크 성향의 이성(비전-논리) 간의 차이를 강조한 것과 거의 유사하다. 그들은 전자를 오성Verstand이라 하였고, 후자를 이성Vernunft이라고 하였다. 또한 그들은 이성 혹은 비전-논리를 단순한 오성 혹은 형식적 합리성보다 높은 발달 단계로 파악하였다.[9]

겝서 또한 비전-논리는 형식적 합리성을 넘어선 진화적 발달이라고 믿었다. 이는 겝서와 관념론자들에만 국한된 것이 아니다. 우리가 여러 번 살펴보았듯이, 위르겐 하버마스에서 캐롤 길리건에 이르는 많은 주요한 이론가들은 후형식적, 변증법적 인지를 형식적 조작보다 높고 포괄적인 이성양식으로 보았다(많은 도표에서 볼 수 있다). 인지발달이 형식적에서 후형식적으로 진화한다고 말하는 것은 문화적 진화가 근대에서 탈근대로 이행한다고 말하는 것과 같다. 이는 물론 산업사회에서 정보사회로의 발달이 그 예가 되는 중요한 발달이 포함된 복잡한 사상한적 사건이지만, 인지양식이란 면에서 탈근대 시대는 기껏해야 후형식적 세계에 해당한다는 의미일 뿐이다.

이런 비전-논리는 엄청난 상호 관계를 발견할 수 있을 뿐더러 그 자체로 서로 관련된 온 우주의 내재적 부분인데, 이런 이유로 비전-논리는 온 우주를 표현할 뿐 아니라 온 우주의 퍼포먼스라고 할 수 있다. 물론, 진정한 인식의 모든 양식이 그런 퍼포먼스지만 진화적으로 볼 때 비전-논리는 최초로 이를 자의식적으로 인식하고 명료하게 표현하였다. 헤겔은 최초의 선구자적 역작 중 하나에서 이 작업을 하였으며, 진화적으로 볼 때 비전-논리는 헤겔에서 스스로를 인식할 수 있게 되었고, 소쉬르는 언어학에서 정확히 똑같은 일을 해냈다.[10] 소쉬르는 비전-논리를 취해서 언어학에 적용하여 역사상 처음으로 그 네트워크적 구조를 밝혀 주었다. 이런 바탕에서 볼 때 언어적 선회는 언어 자체를 바라본 비전-논리다.

똑같은 비전-논리가 정교화된 시스템 이론으로 자연과학에서 폭넓게 각색되었으며, 의미는 맥락에 의존하고 맥락은 한계가 없다는 탈근대적 인식 이면에도 존재한다. 우리는 온 우주 자체의 직조를 형성하는 홀론적 상호 관련성의 끝없는 네트워크를 선포하는 비전-논리의 빛나는 손을 이 모든 운동에서 보고 있다.

이런 이유로 나는 통합적-비조망적 자각의 중요성에 대한 인식은 탈근대 전반의 세 번째 위대한(그리고 타당한) 메시지라고 믿는다.

나쁜 소식

이 모두가 훌륭하다. 그러나 우리는 '원자' 대신 '전체' 만으로는, 혹은 분석하고 구분하지 않고 네트워크 중심으로 되는 것만으로는 충분하지 않음을 보았다. 모든 인지양식이 표면적이면서도 외부적인 사상한의 우측 사건으로만 붕괴되고 한정될 수 있다는 것이 그 이유인데, 이는 매우 놀라운 사실이다. 사실상 진화상에서 비전-논리는 영웅적으로 출현하자마자 근대 세계를 휩쓴 평원의 광기에 의해 무너지고 말았다.

언어붕괴

우리가 몇 차례나 보았듯이 시스템 과학 자체가 바로 그런 일을 하였다. 시스템 과학은 '나'와 '우리' 영역(그들의 용어를 사용하면)의 참다운 실재를 부정하였으며, 이들을 역동적인 네트워크 과정의 시스템 내에서 서로 관련된 '그것들' 에 불과한 것으로 환원시키고 말았다. 여기에 비전-논리가 작용하기는 했지만 외적 과정과 실증적인 '그것들'의 토대에 속박된 불구의 비전-논리가 되고 말았다. 이것은 전일론적인 것이었지만 내장이 완전히 비워진, 사상한 좌측의 광범위한 전일론('나'와 '우리')의 타당성을 거부한, 외모만 갖춘 전일론이 되었다. 이제3인칭의 족쇄는 원자적인 것이 아니라 전일적으로 서로 연결된 족쇄가 되었다.

상당수에 달하는 탈근대의 일반적 아젠다에게도 똑같은 운명이 기다리고 있었다. 비전-논리와 통합적-비조망적 자각에 의존하면서 멋지게 출발했지만, 평원의 강한 중력을 아직도 벗어나지 못한 이런 탈근대운동은 종종 환원주의적 아젠다를 미묘하게 구체화시키고 확장시키는 것으로 종결되었다. 새롭고 더 높은 형태의 이성이기는 했지만 여전히 평원에 갇혀 있는 이성에 불과했다. 그들은 평원적 전일론, 물질적 일원론, 독백적 광기 위에서 또 다른 왜곡이 되었다. 자신들이 근대의 재앙을 극복했고 전복했으며 파괴시키고 폭파시켰다고 큰 소리로 선포했을 때도 그들은 여전히 그 재앙에 굴복하고 말았다.

휴식 중인 깊이

사실상 대부분의 탈근대는 지나치게 길어져 결국 깊이 전반을 부정하는 데까지 이르게 될 것이다. 그것은 마치 평원의 공격성이라는 맹습 아래 고통받으면서 공격자와 자신을 동일시하는 것과 같다. 탈근대는 표면만을 포용하고 옹호하였으며 찬미하였다. 미끄러져 가는 기표의 연쇄만 있으며, 모든 것은 물질적인 텍스트이고, 깊이가 없는 표면만 존재하였다. 브렛 이스턴 엘리스Bret Easton Ellis가 『밀고자들Informers』에서 말했듯이 "단정적인 것은 아무것도 없으며, 어디에도 적용되지 않는 '영혼의 관대함generosity of spirit'이라는 말은 진부한 문구가 되고, 일종의 어설픈 농담이 되고 말았다. ……반성은 소용이 없으며, 세계는 무의미하다. 표면, 표면, 모두가 표면만이 의미가 있다고 본다. ……엄청나게 들쑥날쑥한 이것이 내가 본 문명이다."

많은 사람이 결정적인 탈근대 소설이라고 말하는 윌리엄 가스William H. Gass의

『터널Tunnel』을 개괄한 로버트 앨터Robert Alter는 이 탈근대 명작의 정의적 책략이 '모든 것이 의도적으로 가장 편평한 표면으로 환원되었다.'는 점을 지적하였다. 이는 '도덕적 혹은 미적 가치 간의 필연적 차별이나 이들 간의 의미 깊은 서열화의 가능성을 거부하면서' 이루어졌으며, '내면은 없고, 살인자와 희생자, 연인과 수음자, 이타주의자와 고집쟁이가 불가피하게 인간 쓰레기들로 용해된다.' 모두 똑같이 평원적 용어의 미끄러지는 연쇄다.

'모든 것은 가장 편평한 표면으로 환원되었다. ……내면은 없다.' 이는 근대에서 시작해서 극단적 탈근대로 인해 증폭되고 찬미되는 평원을 완벽하게 서술한 것이다. '표면, 표면, 표면이 모두가 발견할 수 있는 전부다.'

앨터가 그 모든 것 뒤에는 '도덕적 혹은 미적 가치 간의 필연적 차별 혹은 의미 깊은 서열화'의 결여 혹은 거부가 있다고 말했을 때 그의 말은 정확히 옳았다. 알다시피 우측 세계에는 가치가 없고 내면이 없으며 질적인 차이도 없다. 또한 의식 상태도 없고, 초개인적 자각 영역도 없으며, 초의식적 계시도 없고, 영적 광명도 없다. 그들에게는 좌측 영역만이 존재한다. 그러므로 온 우주를 우측 표면으로 붕괴시키는 것은 실재하는 세계에서 벗어나서 무능력한 우주로 알려진 여명의 지대로 들어가는 것이다. 여기에는 내적 홀라키도 없고, '나'와 '우리'라는 의미 있는 서열도 없으며, 전혀 질적 차이도 없다. 깊이도 없고, 신성도 없으며, 의식도 없고, 혼도 없으며, 영도 없다. '누구나 발견할 수 있는 표면, 표면, 표면뿐이다.'[11]

그러므로 극단적인 탈근대는 모든 조망을 공평하게 경청할 필요가 있다는 숭고한 통찰에서 시작해서 어떤 조망도 다른 조망보다 낫지 않다는 자기모순적 신념(자체 모순적인데, 이는 자신들의 신념은 다른 대안보다 훨씬 낫다고 주장하기 때문이다)으로까지 가 버렸다. 그러므로 평원의 강력한 중력 아래 통합적-비조망적 자각은 그저 비조망적 광기, 즉 어떤 신념도 다른 신념보다 낫지 않다는 모순된 신념이 되어 버렸다. 백만 가지 조망이 주어져도 모두 깊이가 제로라는 점에서는 똑같기 때문에 사고, 의지, 행동이 전부 마비되고 말았다.

탈근대 명작의 저자인 가스는 『터널』의 한 부분에서 완벽한 탈근대적 형식에 대해 '모든 것을 초라하게 만들고 공격하며, 오염물질을 오염시키고, 폭발된 것을 폭발시키고, 쓰레기를 쓰레기로 만들고, 모두가 표면이다. ……그 위로 아무리 오래, 아무리 멀리 여행해도 내면이 없고 속이 없으며 깊이가 없다.' 고 서술하였다.

속이 없고 깊이가 없다. 이것이 극단적 탈근대의 완벽한 신조가 되어 버렸다. 근대가 어느새 분열로 변해 버렸다면 탈근대는 표면이 되어 버린 것이다.

결론

탈근대의 항구적인 공헌은 세계는 부분적으로는 하나의 구성이고 해석이며, 모든 의미는 맥락 의존적이며, 맥락은 끝없이 홀론적이라는 진실이다. 이는 확실히 어떤 포괄적 입장이라도 포용하기를 원하는 입장일 것이다. 근대가 '3대 가치'를 분화시켰다면, 탈근대는 이들을 통합시켜 포괄적이고 통합적이며 비배타적인 포용에 도달하였다고 말함으로써 이 모두를 가장 일반적으로 요약할 수 있을 것이다. 이런 통합적 아젠다는 건설적 탈근대의 핵심이며, 실로 모든 통합적 심리학과 영성의 핵심이다.

그러나 근대의 분화가 자주 분열로 빠져들었듯이 탈근대의 통합적 포용은 종종 비조망적 광기, 모든 질적 차별의 거부, 모든 홀라키의 거부로 빠져들었다. 그리고 전일론을 얻는 유일한 방법은 홀라키를 통해서인데, 탈근대는 홀라키를 거부함으로써 전일론을 효과적으로 거부한 셈이 되어 버렸고, 전일론 대신에 축적론heapism을 세상에 제시하였다. 다원적 목소리를 통합하고 조화시킬 방법 없이 다양성이 날뛰게 되었다. 본질적으로 어떤 입장도 다른 입장보다 낫지 않다. 모든 계층구조는 주변화되고 거부되어야 한다. 모든 목소리를 주변화시키지 않고 판단하지도 않으면서 똑같이 취급해야 한다.

그런 아젠다의 본질적 모순은 다음과 같다. 후형식적 비전-논리, 통합적-비조망적 인지에 의존하는 탈근대적 다원주의의 입장은 그 자체가 적어도 다섯 개의 주요한 계층구조적 발달의 단계(감각운동, 전조작, 구체적 조작, 형식적 조작, 후형식)의 산물이다. 모든 사람을 공평하고 정당하게 취급하려는 후인습적, 후형식적, 다원적 자각이라는 높은 발달의 입장에 서서 탈근대는 사실상 전 발달의 중요성을 부정하였으며, 어떤 입장은 다른 입장보다 높거나 깊다는 것, 또 세계 중심적인 것은 인종 중심적인 것보다 낫다는 주장을 거부하였다. 간단히 말해서 그것은 자신의 입장을 완전히 부정하였다고 할 수 있다. 그러나 우선 다원론을 포착할 수 있게 되는 것은 후형식적, 후인습적 자각이라는 높은 발달 수준부터다. 발달과 진화를 부정하는 것은 다원론을 모두 부정하는 것이고, 질적인 차별과 홀라키가 모두 사라지는 동등한 표면의 세계로 빠져드는 것이다. 이런 이유로 탈근대 다원론자들은 우리가 왜 나치와 KKK를 배격해야 하는지를 설명하는 데 항상 어려움을 겪고 있다. 모든 입장이 동일하다면 왜 그들을 포용할 수 없는가? 이는 비조망적 광기다.

그러므로 상대론, 다원론, 문화적 다양성이라는 중요한 진실 아래 탈근대론은 다양한 목소리의 풍요로움을 향해 세상을 열어 놓았지만, 뒤로 물러서서 각자의 목소리가 자신의 타당성을 주장하지만 타자의 목소리 가치를 실제로 거의 존중하지 않는 바벨탑으로 다수의 목소리가 퇴조하는 것을 지켜보았다. 각각은 자유롭게 서로 다른 방식으로 자신의 길을 활기차게 나아간다. 그들이 주장하듯이 궁극적으로는 많은 다원적 목소리를 해방시키는 것이 아니라 그 목소리들이 고립되고 소외된 채로 파편화된 세계의 먼 구석으로 달려가게 내버려 두었으며, 그곳에서 동일한 표면의 뒤섞임 속에서 길을 잃고 스스로를 고립되게 만들었다. 파괴적인 탈근대는 평원을 피하려고 노력하면서 가장 목소리 높은 승리자가 된 것이다.

반면에 건설적인 탈근대론은 다원론으로 해방된 다중적 맥락을 취할 뿐 아니라 한 걸음 더 나가서 이들을 상호 관련된 네트워크로 짜맞추었다(실제로 모든 도표에서 이것을 볼 수 있다. 어떻게 부르든 다원적 상대론은 통합적 전일론에 자리를 내주었다. 누구보다도, 특히 데어드리 크래머Deirdre Kramer, 기젤라 라부비-비에프Gisela Labouvie-Vief, 잔 시놋Jan Sinnott, 돈 벡Don Beck, 클레어 그레이브스Clare Graves, 수잔 쿡-그로터Susanne Cook-Greuter, 키치너와 킹Kitchener and King, 블랑샤르-필즈Blanchard-Fields, 윌리엄 페리William Perry, 셰릴 아몬Cheryl Armon을 보라). 이런 통합적-비조망론, 즉 이런 다양성 속의 통일, 보편적 통합론은 총체적인 상호 관련성, 상자 속의 상자 또 그 속의 상자, 서로 풍요롭게 하는 포용의 광대한 홀라키를 드러내어 다원적 축적론을 통합적 전일론으로 바꾸었다.

(『나선역학』과 관련지어 볼 때 탈근대의 위대한 장점은 합리적인 주변인들을 포함시키고 이들에게 민감해지려는 고귀한 노력을 기울이면서 오렌지색 과학적 유물론에서 초록색 다원론으로 이행한 데 있다. 그러나 초록색 다원론의 단점은 그 주관론과 상대론이며, 이는 세계를 쪼개고 파편화시켰다. 클레어 그레이브스 자신도 '이 체계는 세계를 상대적으로 바라본다. 사고는 모든 것을 상대적이고 주관적인 관점에서 바라보는 것을 과격하고 거의 강박적일 정도로 강조한다.'고 말하였다. 이런 다중 맥락이 과학적 유물론을 넘어서는 데 아무리 중요하다 할지라도, 만일 그것이 마지막이라면 사실상 파편들을 전제적이고 전일적인 포용으로 재구성할 두 번째 층의 출현을 막게 된다. 실로 어떤 통합적 모델도 이런 두 번째 층 사고의 출현에 의존한다. 이것이 건설적 탈근대의 길이다.)

탈근대는 통합심리학에서 많은 것을 의미한다. 첫째, 이것은 심리학이 무엇인가에 대한 재확인이며, 의식 자체의 구성적이고 창조적인 능력이며, 세계는 단지 의식에 반영되는 것이 아니라 의식에 의해 공동으로 창조되었으며, 지각이 아닌 해석이라는 것이다.[12] 해석은 온 우주의 내재적 측면이며, '내려가는 길all the way down'인데, 의식과 내면은 내려가는 온 우주의 내재적 측면이며, 내성과 해석을 통해서만 유일하게 내면적인 것에 도달할 수 있기 때문이다. 의식은 끝없이 홀론적이라는 것이 탈근대론의 최종 메시지다.

그러므로 어떤 통합이론이라도 구성적이며 맥락적이고 통합적-비조망적인 차원을 그 구성에 포함시킬 만큼 현명해야 한다. 이제 우리가 향할 곳은 이런 통합적 결론이다.

14. 의식연구의 1-2-3

마음-신체 문제

실로 통합적인 접근(온 수준, 온 상한)이 해결해 줄 첫 번째 주요 문제는 쇼펜하우어가 '세계-매듭the world-knot'이라고 부른 이른바 마음-신체 문제다. 그러므로 마음-신체 문제는 대부분 평원의 산물이라는 과감한 제안에서 출발하자. 적어도 문명만큼이나 오래되었고, 예전에는 누구도 괴롭히지 않았던 마음과 신체의 분화가 아니라 온 우주가 평원으로 몰락하는 것과 동시에 일어난, 특히 근대와 탈근대 의식이 손상을 가했던 마음과 신체의 분열이다. 왜냐하면 평원에서는 마음과 신체의 관계는 실로 완고한 딜레마이기 때문이다. 또한 마음(의식, 느낌, 사고, 자각), 간단히 말해서 좌측 영역이 우측 용어(물질적 신체와 뇌)로만 설명되는 세상에는 어떠한 여지도 없기 때문이다. 마음은 '기계 속에 있는 유령'이 된다. 그때 우리는 분명히 두 개의 절대적이지만 모순적인 진실에 직면하게 된다. 의식이 반드시 존재한다고 말하는 직접 경험의 진실과 세계는 어떤 식으로든 아무 의식도 가지지 않은 기본 단위(쿼크, 원자, 끈 등)로 배열되어 있으며, 마음이 존재하지 않는 단위를 아무리 재배열해도 마음은 생기지 않는다는 진실이다.

그 주제에 관해 쓴 대중작가들과는 달리 마음-신체 문제를 다룬 영향력 있는 철학자들은 그 완강한 성질에 대해 어느 때보다 확신을 갖고 있다.[1] 이런 세계 매듭에 대한 합의된 해결책은 전혀 없는 실정이다. 지난 몇 십 년간 영향력을 행사해 온 상당수의 글들은 사실상 제안된 해결책이 완전히 극복하기 어려운 난점에 초점을 맞추었다. 키스 캠벨Keith Campbell은 간단치 않으면서도 모호한 조사를 다음과 같이 요약하였다.

"나는 우리가 그 책략이 어떻게 작용하는지(마음과 신체의 관계) 결코 알 수 없을 것이라고 생각한다. 이 마음-신체 부분은 해결할 수 없을 것처럼 보인다. 인류의 이런 측면은 영원히 우리 이해의 범위를 넘어선 것처럼 보인다."[2]

그럼에도 불구하고 많은 해결안이 제시되었는데, 그중 가장 영향력 있는 두 가지는 이원론(상호관계론)자와 물리론(과학적 유물론)자다. 이원론자의 입장은 근대 초기(데카르트에서 라이프니츠까지)에 가장 큰 영향력을 미쳤지만, 그 후로 물리론자가 우세해지다가 이제는 물리론자가 가장 우세한 입장이 되었다.[3]

물리학과 여타의 자연과학이 물리론자(혹은 물질주의자)의 접근을 가장 잘 서술하고 있는데, 이는 물질적 우주만이 존재하며, 물질적 우주 어디에도 의식, 마음, 경험, 자각을 찾을 수 없어 그런 '내면'은 환상에 불과하다고(기껏해야 진정한 실재가 전혀 없는 부산물에 불과하다고) 주장한다. 또 다른 형태의 물리론적 접근은 높은 수준의 다양한 복합계(뇌, 신피질, 자가 생성의 뉴런계 등)의 출현을 허용한다. 그러나 이런 고차 수준계는 여전히 의식, 마음 혹은 경험이라 부를 수 없는 객관적 실재다. 왜냐하면 경험은 고통과 쾌락이라는 특성을 갖고 있으며, 이런 특성은 객관계의 속성이 아니기 때문이다. 그러므로 객관계가 그런 '정신적' 속성을 생기게 할 방법이 없으므로, 그런 속성은 그 자체로 어떤 인과적 실재도 없는 복잡계의 환상적 부산물에 불과하다.

(나의 용어로 말하면 이런 주장은 다음과 같다. 모든 객관계는 '그것-언어'로 서술되는 반면에 모든 경험, 의식, 경험의 질 qualia은 '나-언어'로 서술된다. 그러므로 과학이 서술하는 세계가 '실재하는' 세계, 사실 과학은 진실을 발견할 수 있는 최상의 희망이라고 믿을 수 있는 근거는 많다고 믿는다면 자연스럽게 특성, 경험, 의식은 '실재하는' 것

이 아니라 과학에 의해 드러나는 실재 세계의 환상, 부산물 혹은 이차적인 양상이라고 믿게 된다.)

지금까지 가장 일반적으로 수용되어 온 관점은 다양한 형태의 물질론이지만 이는 물질론이 잘 기능하고 있기 때문이라기보다는 대안이 여기에 훨씬 못 미치기 때문이다. 유물론자들도 자신의 입장이 지니는 엄청난 문제점을 인정하고 있다. 갤런 스트로슨Galen Strawson은 "유물론자로서 나는…… 경험적 현상은 뇌에서 실현된다고 가정한다. ……(그러나) 현재의 물리학과 신경생리학이 우리에게 제시하는 뇌를 생각할 때 우리는 경험이 어떻게…… 뇌에 실현되고, 그 실현이 가능할 수 있는지를 알지 못한다고 인정할 수밖에 없다."[4] 존 설John Searle은 "유물론적 이론의 비판은 항상 다소 기술적인 형태를 띠는데, 사실상 기술적인 반대에 깔려 있는 더 깊은 반대가 있다. ……문제가 되는 이론은 ……의식, '경험의 질(qualia)', 혹은 의미론적 내용과 같은 마음의 필수적인 양상을 제외시켰다."라고 하였다.[5] 가장 정교한 창발적 물질론emergent physicalism인 '병발supervenience' 이론*을 제창한 김재권은 이런 접근이 "갈 때까지 갔다."라고 결론지었다.[6] 토머스 네이글Thomas Nagel은 "현재 물질론은 그것이 어떻게 사실일 수 있는지에 대해 어떤 개념도 갖고 있지 않기 때문에 이해할 수 없다는 입장이다."라고 결론을 내렸다.[7] 콜린 맥긴Colin McGinn은 우리는 뇌에서 의식이 어떻게 출현하였는지의 문제를 '결코' 풀 수 없을 것이라고 말하였다.[8] 이것이 물질론자들의 결론이다!

이런 극복하기 어려운 물질론의 난점에 뛰어든 이원론자들은 유물론자들에게 다음과 같이 말한다.

우리는 의식이 어떤 형태로 존재하는지 알고 있다. 그것은 인간이 지니는 '핵심적' 직관에 속하기 때문이다. 그러므로 이를 설명하는 데는 어떤 강력한 설명이 필요할 것이다. 우리는 의식을 직접적으로 경험하지만 쿼크나 원자(혹은 물질세계의 기본 단위)를 직접 경험하지는 못한다. 그러므로 나는 쿼크에서 시작하며 의식은 존재하지 않는다고 추론하는 당신의 진행 과정을

[역자 주]

* supervenience는 '병발', 즉 '잇달아 일어남'이라는 뜻을 갖고 있다. 병발이라는 개념은 1970년 도날드 데이비슨의 『마음의 철학』에서 최초로 소개되었다. 철학에서 병발이란 '정신과 물질의 의존적 관계'로 설명되는데, 정신적인 것은 물질적인 것과 따로 떼어 생각할 수 없음을 의미한다.

따를 필요가 없다. 어떻게 의식에서 출발해서 의식이 없다는 우스꽝스러운 생각에 도달하였는지를 설명할 필요가 있다.

그러므로 이원론자의 주장에 따르면 적어도 세상에는 의식과 물질이라는 두 개의 실재가 존재한다. 어느 하나를 다른 하나로 환원시킬 수 없다. 그들은 '상호 작용한다.' (그러므로 이런 입장을 대변하는 또 다른 일반 용어는 상호관계론이다.) 그러고 나서 이원론자는 두 가지 근본적으로 다른 것들이 서로에게 어떻게 영향을 미칠 수 있을까라는 낡은 딜레마에 직면한다. 모두가 알고 있듯이 유령은 벽을 통과하지 벽을 밀지는 않는데, 유령 같은 마음이 어떻게 물질적 신체에 실제적인 영향을 미칠 수 있는 것일까? 마음은 물질로 환원될 수 없다고 밝히는 바로 그 조처가 이원론자로 하여금 도대체 마음이 어떻게 물질에 작용할 수 있는지를 보여 줄 수 없게 만든다. 그러므로 예를 들어 이원론자들은 어떻게 내가 나의 팔을 움직일 수 있는지를 설명하는 데 큰 어려움을 겪는다.

(관념론자는 마음과 신체는 영의 형태이므로 이 둘은 이질적 혹은 존재론적으로 다른 실체가 아니라 동일한 것의 다른 양상일 뿐이라고 말함으로써 이를 해결하려고 한다. 이는 영을 인정하면 받아들일 수 있는 해결책이지만 대부분의 근대, 탈근대 철학자들은 영을 받아들이지 않으며, 이런 이유로 이는 일반적인 논의사항이 될 수 없다. 우리는 곧 이 점으로 돌아갈 것이다.)

다시 한 번 말하지만, 이원론자들은 스스로 자신들의 입장(그들은 물질론자라는 대안이 더 나쁘기 때문에 이 입장을 대부분 옹호한다)에서 극복하기 어려운 난점을 지적하고 있는 셈이다. 조프리 매델Geoffrey Madell은 "상호관계론자들의 이원론은 지금까지 우리의 경험적 사실을 짜맞출 수 있는 유일한 틀인 것 같다(왜냐하면 상호관계론은 적어도 부정할 수 없는 '나'와 '그것' 영역의 실재를 인정하기 때문이다). 그럼에도 불구하고 정신적인 것과 물질적인 것 간의 인과적 연결의 성질은 …… 완전히 신비스럽다(유령이 어떻게 벽을 움직이는 것일까?)."[9]라고 지적하였다. 칼 포퍼 경Sir Karl Popper은 이원론의 중심 문제를 "우리가 원하는 것은 목적, 의도, 계획, 결정, 이론, 긴장, 가치와 같은 비물질적인 것들이 어떻게 물질적 세계에서 물질적 변화들을 일으키도록 그 역할을 수행하는지를 이해하는 것이다."[10]라고 언급하였다. 그의 말에 따르면 이원적 상호관계론이 제안한 결론을 이해하는 것은 '이루어질 수 없을 것 같다.' [11]

'마음'과 '신체'란 무엇을 의미하는가

나는 이런 난점의 일부는 두 가지 주된 입장이 평원의 이론적 용어들을 채택하여 하나의 해결책, 사실상 모든 쪽이 동의하는 만족스럽지 않은 해결책에 도달하기 위해 이런 용어를 조작하려는 데 있다고 제안하는 바다. '온 수준, 온 상한' 접근을 사용할 때 주목할 수 있는 첫 번째 사실은 '마음'과 '신체'는 매우 다른 두 가지 의미를 지니며 실제로는 하나에 네 가지 문제가 감추어져 있다는 점이다. [그림 14-1]을 이용하면 이를 쉽게 따라갈 수 있다.

우선, '신체'는 전체적으로 볼 때 뇌(신피질, 변연계, 파충류적 뇌간 등)를 포함하는 생물학적인 유기체를 의미할 수 있으며, 다른 말로는 내가 '유기체'라고 부를 사상한의 우상상한 전체를 의미할 수 있다. 그림에서 볼 수 있듯이 나는 또한 유기체를 대문자 B로 시작하는 **신체**Body* 라고 부른다. 그러므로 뇌는 **신체**에 속해 있으며, 이것이 일반적으로 받아들이고 있는 과학적 관점(우상상한의 정확한 표현)이다.

그러나 '신체'는 또한 보통 사람이 말하는 느낄 수 있는 신체의 주관적 느낌, 정서, 감각을 의미할 수 있다. 보통 사람이 '내 마음이 내 신체와 싸운다.'고 말할 때, 이는 그의 의지가 어떤 신체적 욕구나 성향(성이나 음식 같은)과 싸우고 있다는 뜻이다. 다른 말로 표현하면 이런 일상용어에서 '신체'는 자기 내면의 하위 수준을 의미한다. [그림 14-1]의 좌상상한에서 나는 이것을 '신체'로 이름 붙였다. 이는 느껴지는 신체의 느낌과 정서만을 의미한다(이에 비해서 **신체**는 객관적 유기체 전체를 의미한다).

신체에서 마음으로 넘어가면 많은 과학자는 '마음'을 '뇌'와 동일시하고 뇌 상태, 신경전달물질,

[역자 주]

* 대문자 B로 시작하는 무상상한의 신체Body는 **신체**로 표시하였다.

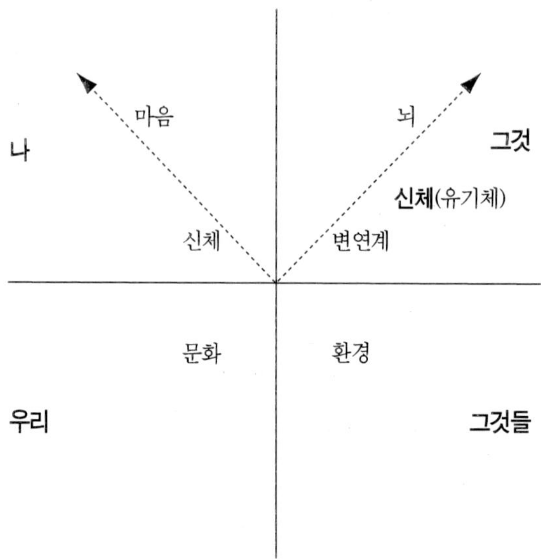

[그림 14-1] '마음'과 '신체'의 의미

인지과학 등에 대해서만 말하기를 좋아한다. 나는 그런 의미를 포괄하기 위해 '뇌'라는 용어를 사용할 텐데, 그림에서 보여 주듯이 이는 우상상한(예를 들어, 신피질)의 상위 수준을 말한다.

반면에 보통 사람이 '내 마음이 신체와 싸운다.'고 말할 때는 그의 신피질이 그의 변연계와 싸운다는 뜻이 아니다. 그가 말하는 '마음'이라는 뜻은 자신의 내면의 상위 수준, 좌상상한의 상위 수준(그가 정확히 이런 용어를 사용하지 않는다고 해도), 즉 그의 합리적 의지가 그의 느낌이나 욕망과 싸운다(형식적 조작이 생명력이 넘치는 감각운동적인 차원과 싸운다)는 말이다. 마음은 1인칭 현상적 설명과 '나-언어'로 표현되는 반면, 뇌는 3인칭의 객관적 설명과 '그것-언어'로 설명된다. [그림 14-1]이 이 모든 것을 보여 준다.

(마음-신체에는 또 다른 일반적 의미가 있다. '마음'이란 일반적으로 내적 차원 혹은 사상한의 좌측을 의미하며, '신체'는 일반적으로 외적 차원 혹은 사상한의 우측을 의미할 수 있다. 나는 이렇게 사용할 것이다.)

난제*

여기에 세계 매듭, 즉 평원의 본질적인 역설이 있다. 즉, 신체는 마음에 있지만 뇌는 신체에 있다.

이 두 가지 진술은 사실이지만 평원에서는 모순되는 것처럼 보인다. 이런 모순이 세계 매듭의 상당수를 조종하고 있다.

[그림 1-1], [그림 2-2], [그림 7-1]이 보여 주고 있듯이 우리가 느낄 수 있는 신체는 마음 안에 있다. 즉, 형식적 조작기는 구체적 조작기를 초월하고 포함하며, 구체적 조작기는 생동감 있는 느낌과 감각운동적 자각을 초월하고 포함한다. 마음은 신체를 초월하고 포함한다(바로 이런 이유로 모든 발달론자가 알고 있듯이 마음이 신체에 인과적으로 작용할 수 있고, 형식적 조작기가 구체적 조작기에, 구체적 조작기가 감각운동기에 작용할 수 있다). 모든 물리론자는 이와 같은 마음의 '초월적' 부분(예를 들어, 내 마음이 내 팔을 움직일 수 있다)을 인정하고 있고(그리고 평원만을 포용함으로써 설명해 버리려고 애쓴다), 모든 이원론자가 이를 인정하고 통합하려고 시도하고 있다(그러나 여전히 평원의 분열을 수용하는 이원론으로 바꾸면서 이런 시도를 한다).

온 우주가 평원(자연주의, 물질론, 과학적 유물론)으로 붕괴됨에 따라 여전히 나 영역I-domain의 내적 실재를 느끼고 강하게 직관하지만(마음은 신체를 통제할 수 있고, 자유의지는 실재하며, 의식이 존재하고, 경험의 통일성이 있다), 이런 실재는 궁극적으로 실재한다고 생각되는 세계, 과학으로 설명되는 그것-실재it-realities만이 존재하는 세계에 직면하게 되었다. 그리고 그 세계에서 뇌는 신체의 일부일 뿐이며 자연적인 생물학적 유기체의 일부이므로 어쨌든 의식은 그 뇌의 한 기능이어야만 한다. 그러나 권위자들이 말하듯이 뇌 속에는 경험의 질, 경험 혹은 마음과 의식이라는 실재에 상응하는 것이 전혀 존재하지 않는다. 그러므로 우리는 의식을 뇌로 환원시키거나(그리하여 의식

[역자 주]

* 난제hard problem는 데이비드 찰머스David Chalmers가 사용한 개념으로 의식연구에서 의식 경험의 질Qualia을 어떻게 물리적 체계로 설명할 수 있을까를 말한다.

자체를 부정하든가) 이원론을 실재로 받아들여야 하는데, 여기에서는 내가 내 팔을 어떻게 움직일 수 있는지(하나의 실재가 다른 실재에 어떻게 영향을 주는지)를 설명할 수 없다.

나는 이 두 가지 해결책이 평원적 패러다임 속에서 생긴다고 제안하는 바다. 기술적인 세부 사항은 미주를 위해 보류해 두었다.[12] 보다 일반적인 용어를 사용한다면 우리는 다음과 같이 단순하게 말할 수 있을 것이다.

유물론자는 마음을 뇌로 환원시켰으며, 뇌는 실제로 유기체의 일부이기 때문에 이원론은 존재하지 않는다. 마음-신체의 문제가 해결된 것이다! 옳은 말이다. 뇌는 유기체의 일부고 물리적 세계의 일부이므로 이원론은 존재하지 않고, 그 결과로 생긴 우주 어디에도 가치, 의식, 깊이, 신성이 존재하지 않는다. 그런 환원주의는 물리론자가 실재에 부과하는 바로 그 '해결', 대부분의 인지과학, 신경과학, 시스템 이론 등에서 여전히 활개를 치는 해결책이다. 이들은 좌상한을 우상한으로 환원시키는 문제를 해결했다고 주장하고 있다.

그러나 대부분의 일반인, 대부분의 과학자에게는 그런 '해결'이 불만족스러우며, 그 문제가 하나의 문제로 여전히 남는 이유는 유물론자가 이원론은 없다고 주장하더라도 대부분의 사람은 다르게 알고 있기 때문이다. 왜냐하면 그들은 자신의 마음과 신체 간의 차이(자신의 생각과 느낌 간의 차이)를 느끼고 있기 때문이다. 그들은 팔을 의식적으로 움직이겠다고 결심할 때마다 그 차이를 느끼고, 모든 의지를 행사할 때마다 느끼며, 자신의 마음과 신체(혹은 여기 안에 있는 주체와 저기 밖에 있는 객관적 세계) 간의 차이도 느낀다. 일반 사람은 두 가지 논점 모두에서 옳다. 이를 순서대로 살펴보면 다음과 같다.

마음(형식적 조작)과 느껴지는 신체(생동감이 있으며 감각운동적인) 간에는 차이가 있으며, 이것을 내적 영역이나 좌측 영역에서 경험할 수 있다. 그것은 이원론이 아니고 오히려 '초월하고 포함하는' 일례다. 이성을 가진 거의 모든 어른은 낮 동안에는 마음이 신체와 그의 욕망을 조절할 수 있다는 점에서 초월적인 감각을 갖고 있다. 이 모든 것이 좌측 영역의 현상학적 진실이다. 그러나 '신체'가 우상한의 유기체며 '마음'이 우상한의 뇌를 의미한다면 질적 발달이라는 어떤 내적 단계(신체에서 마음, 혼, 영까지)도 포착되지 않는다. 문제를 해결하는 것이 아니라 없애 버리는 유물론적 일원론에서는 이런 질적 구별이 완전히 사라지고 만다.

반면에 이원론자는 의식과 물질을 모두 실재로 인정하지만 일반적으로는 이 들을 연결할 어떤 방법도 찾지 못하고 있다. '내면'이라는 일반적 의미에서의 '마음'과 '외면'이라는 일반적 의미에서의 '신체'는 서로 소통할 수 없는 심연, 주체와 객체 간의 이원론으로 분리된 듯이 보인다. 그리고 보통 이런 논의가 일어나는 형식적 조작 사고 수준(혹은 이성 일반)에서 볼 때는 이원론자가 옳다. 내면과 외면은 매우 실재적인 이원론이며 그런 이원론을 부정하려는 시도는 거의 언제나 손쉬워 보이고, 주체와 객체는 하나라고 말로만 주장하는 언어적 속임수처럼 들린다. 하지만 이는 여전히 저 밖의 세상을 바라보는 더욱 분리된 듯이 보이는 자기를 남겨 놓는다.

여기에서 발달의 초합리적 단계가 이 논란에 많은 것을 제공한다. 예를 들어, 견성見性으로 알려진 드러남에서는 주체와 객체는 동일한 것의 두 측면이고 내면과 외면은 '일미'의 두 측면이라는 것이 분명해진다. 이런 발달의 파동으로 들어간 많은 사람이 분명하게 의견일치를 보이는 것에 따르면, 문제는 이 둘을 어떻게 연결할 것인가에 있지 않다. 오히려 문제는 진정으로 비이원적인 해결은 합리적 수준에서 완전히 포착될 수 있는 것이 아니라는 점에 있다. 간단히 말해서 합리적 양식에서 볼 때 주체와 객체가 둘이 아니라는 사실은 다루기 어려운 온갖 종류의 문제와 역설을 초래한다.[13] 게다가 이런 비이원론을 제대로 합리적 용어로 포착할 수 있었다면 위대한 유물론자와 이원론 철학자들(그중 다수는 천재로 알려진)이 이미 오래 전에 이를 판단하였을 것이고, 마음-신체 문제는 대단한 문제가 아니었을 것이다.

아니, 양측 주장이 일반적으로 마음-신체 문제가 해결 불가능하다고 동의하는 이유는 그것이 판단 불가능할 만큼 훌륭하지 않아서가 아니라 발달의 후합리적 단계, 즉 대부분의 합리적 연구자들이 일반적으로 의심을 품고 무시하며 적극적으로 부정하는 단계에서만 해결되기 때문이다. 원리상으로 볼 때 문제는 다음과 같다. 합리주의자는 피타고라스 정리에 대한 증거가 있다고 주장할 것이다. 전합리적 단계에 있는 사람은 그 증거에 동의하지도, 그것을 이해하지도 못할 것이다. 그럼에도 불구하고 합리주의자가 그렇게 주장하는 정당한 근거가 있으며, 이는 합리적 수준까지 발달한 기하학을 공부한 모든 사람에게는 사실이다.

마음-신체 문제에 대한 비이원적 해결도 마찬가지다. 의식 전개의 비이원적 단계까지 발달한 사람들은 이구동성으로 의식과 물질, 내부와 외부, 자기와 세계는 '일미'라고 말한다. 주체와 객체는 모두 뚜렷한 실재로 동일한 것의 다른 측면, 곧 실로 다양성 속의 통일unity-in-diversity이다. 그러나 그런 다양성 속의 통일은 초합리적 경험이 없는 사람이 이해하고 있는 합리적 언어로는 진술될 수 없다. 그러므로 이런 비이원적 해결에 대한 '증거'는 그 해결을 알려고 애쓰는 사람의 의식이 더 발달해야만 발견될 수 있다. 이런 해결(그것의 완전한 차원을 알고 싶으면 당신 자신의 의식이 더 발달해야만 한다)은 합리주의자에게는(이원론자건 물리론자건 간에) 만족스럽지 않지만, 그럼에도 불구하고 진정한 통합 패러다임에 따르면 유일하게 수용 가능한 해결 형태다.[14] 마음-신체 문제에 대한 해결은 '영원히 우리의 이해를 초월한 것'이라는 캠벨의 말을 들을 때 우리는 그 말을 다음과 같이 수정할 수 있다. '그것은 인간의 이해를 넘어선 것이 아니라 이해의 합리적 단계를 넘어섰을 뿐이다. 해결책은 후합리적인 수준에 있으며, 그 방향으로 나아가기를 원하는 모든 사람이 충분히 접근할 수 있는 것이다.'

매듭을 푸는 두 단계

우리는 이런 딜레마의 일부를 평원의 지도인 [그림 14-2]처럼 나타낼 수 있다. [그림 7-1]과 비교해 볼 때 모든 내적 영역(신체, 마음, 혼, 영)은 궁극적으로 실재한다고 알려진 그 외부적인(물리적) 대응물로 붕괴되었다고 볼 수 있다. 이는 마음(혹은 의식 일반)을 허공에 매다는 격이 되었다. 그리고 이 점이 바로 문제가 되었다.

더 구체적으로 말해서 극복하기 어려운 문제(세계 매듭)는 마음을 물리적 신체(혹은 느낌과 욕망의 내적인 하위 수준)와 신체(혹은 객관적 유기체, 뇌, 물질적 환경)에 어떻게 연결 지을 것인가에 있다. 우리가 앞에서 보았듯이 물리론자는 마음을 뇌나 신체로 환원시켰으며, 마음의 실재를 그 자체로 설명할 수 없었다. 그리고 이원론자는 마음을 허공에 매달아 그 자체의 뿌리(신체에 있는)와 외부 세계(물질체)에서 분리시킴과 동시에 수용할 수 없게 만들었다.

[그림 14-2]가 보여 주는 평원 패러다임으로 볼 때 문제는 실로 해결 불가능하다. 내가 제안하였듯이 '온 수준, 온 상한'의 견해에 해결책이 있는데, 이는 마음을 다시 몸과 연결시켜 긴밀하게 신체와 연결하는 것이다. 마지막 분석에서 의식 발달의 후합리적, 비이원적 단계가 드러남으로써 그렇게 되는 것이다.

이런 식의 해결은 높은 발달 단계가 존재함을 뜻한다. 우리 스스로가 이런 높은 단계에 이르지 못했다면, 그리고 다른 사람도 그렇게 될 거라고 기대할 수 없다면, 우리는 어떻게 세계 매듭을 풀어갈 수 있을까? 적어도 우리는 사상한의 실재를 인정하고 통합함으로써 시작할 수 있다고 제안한다. 우리 자신의 의식발달

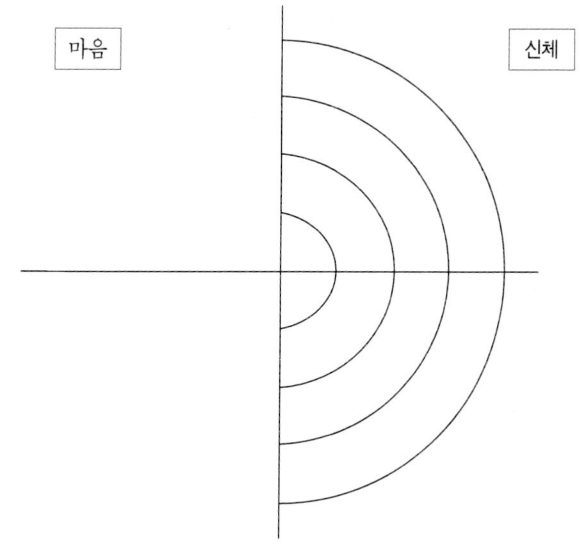

[그림 14-2] 평원

이 아직도 '온 수준'이 아니라면 적어도 '온 상한'이 되도록 노력하자(이는 의식을 설명하려는 우리의 시도에 '3대 가치'를 포함시킨다는 뜻이다).

그러므로 마음-신체 문제라는 세계 매듭을 푸는 데 두 가지 일반적인 단계를 제안하고자 한다.[15] 첫째는 환원주의적 설명에서 온 상한적 설명으로 이행하는 것이다. 사상한(혹은 간단하게는 '3대 가치')에 대한 이런 인식은 1인칭 현상학적 설명('나'), 2인칭 상호 주관적 배경('우리'), 3인칭 물리체계('그것')를 모두 동등하게 포함하도록 허용한다. 우리는 이것을 '의식연구의' 1-2-3 the 1-2-3 of consciousness studies이라고 부른다.

두 번째 단계는 '온 상한'에서 '온 수준, 온 상한'으로 이행하는 일이다. 우리는 이 두 단계를 순서대로 살펴볼 것이다.

1단계: 온 상한

유기체와 환경, 문화와 의식이 함께 진화한다고 말하는 것만으로는 충분하지 않다. 네 가지가 함께 '4중으로 진화한다tetra-evolve.' 즉, DNA, 신경통로, 뇌체계, 행동 패턴을 지닌 객관적 유기체(우상상한)는 객관적 환경, 생태계, 사회적 실재(우하상한)와 상호 작용하며, 실로 이 모두가 함께 진화한다. 마찬가지로 의도성, 구조, 상태를 지닌 개인 의식(좌상상한)은 내면에서 발생하여 스스로를 발견하고 그 답례로 창조에 도움을 주는 상호 주관적 문화(좌하상한)와 상호 작용하면서 함께 진화한다. 그러나 똑같이 중요한 것은 주관적 의도성과 객관적 행동이 상호 작용(예를 들어, 의지와 반응을 통해)하고, 개인 의식 및 행동과 마찬가지로 문화적 세계관은 사회적 구조와 상호 작용한다. 달리 말해서 사상한, 즉 유기체, 환경, 의식, 문화는 다른 것을 유도하고 다른 것에 의해 유도된다. 그들은 '4중으로 진화한다.'

('어떻게' 이런 일이 일어나는지는 중요하지 않다. 나는 '어떻게'는 후합리적, 비이원적 파동에서 더 완전하게 드러난다고 제안한다. 이 지점에서 이런 상호 작용은 현상학

적으로 부인할 수 없는 것처럼 보인다는 것을 인정하는 것만 필요하다. 당신이 이론적으로 가능하다고 생각하든 안 하든 간에 당신의 마음은 당신의 신체, 문화 그리고 물리적 유기체와 상호 작용하며, 당신의 유기체는 당신의 환경과 상호 작용한다. 즉, 이 모두가 '4중으로 상호 작용한다.')

우리가 이미 보았듯이 의식의 주관적 양상(파동, 지류, 상태)은 유기체의 객관적 측면(특히, 뇌, 신경생리학, 개인 속에 있는 다양한 기관계), 의미와 이해가 일어나도록 허용되는 배경적인 문화적 맥락, 그리고 그것을 고정시키는 사회적 제도와 서로 밀접하게 연결되어 있다. 『모든 것의 역사A Brief History of Everything』*에서 내가 제시한 것처럼 단 하나의 생각조차도 분명히 의도적, 행동적, 문화적, 사회적 사상한 속에 매몰되어 있으므로 그 모두를 참고하지 않고는 쉽게 이해할 수 없다.

따라서 『의식의 통합이론An Integral Theory of Consciousness』과 같은 책을 저술할 때[16] 나는 사상한을 분화하고 통합ditterentiates-and-integrates(단순히 '나', '우리', '그것', 1인칭, 2인칭, 3인칭적 설명, 의식연구의 1-2-3이라는 '3대 가치')하는 의식에 접근할 필요성을 강조하였다.

처음에는 불가능할 정도로 거창한 주문처럼 들리겠지만, 사실 우리는 역사상 최초로 그런 프로젝트를 시작하기 위한 충분한 퍼즐 조각을 갖고 있는 시점에 와 있다. 생각해 보라. 주관적 의식이라는 좌상상한에서 볼 때 우리에게는 영원의 철학 전체(내적 영역에 관해 세심하게 수집된 3,000년 세월의 자료를 제공하는)를 포함하는 다수의 연구 및 증거와 방대한 양의 발달심리학에서 도출된 현대적 연구가 있다. 거기에 해당하는 상당수의 증거를 도표에 요약하였으며, 앞으로 작업해 가야 할 세부 사항이 백만 가지나 된다고 하더라도 이들은 놀랍게도 의식 스펙트럼의 광범위한 윤곽을 이미 중요하게 개괄하였다는 사실을 증언해 주고 있다. 이 모든 도표에서 나타나고 있는 일반적 유사성은 대부분 시사적인 것이지만, 객관적인 입장에서 볼 때 적어도 우리가 거의 정확하다는 사실을 암시하고 있다.

상당 정도의 확신을 가지고 좌하상한(상호 주관

[역자 주]

* 켄 윌버의 저서. 윌버의 사상은 현재 5단계로 구분되어 발전되어 왔는데, 1995년에 발간된 『성, 생태, 영성Sex, Ecology, Spirituality』이 4기 사상의 대표작이다. 『모든 것의 역사』는 『성, 생태, 영성』을 일반 독자에게 쉽게 소개하기 위해 문답식으로 쓴 책이다. 국내에서는 『모든 것의 역사』(조효남 역, 대원출판)로 번역 · 출판되었다.

적인 세계관)과 우하상한(기술-경제적 근거)에 대해서도 똑같이 말할 수 있다. 한 세기 정도가 경과한 탈근대는 다원론적, 문화적 세계관과 배경을 엄청날 정도로 분명하게 만들었다(하버마스처럼 합리적인 지향을 갖춘 이론가도 모든 명제는 항상 부분적으로는 문화적인 의미 속에 자리 잡고 있다는 데 의견을 같이한다). 게다가 역사적으로 볼 때 학자들은 문화적 세계관은 태고, 마술, 신화, 정신, 통합적으로 전개된다는 점에 일반적으로 동의하고 있다(이런 관점의 상대적 가치에서는 상당한 이견이 있다). 마찬가지로 우하상한에 있는 생산의 사회적 세력, 즉 수렵채집, 원예, 농업, 산업, 지식이라는 진화적 순서를 반대하는 학자는 거의 없다. 다시 한 번 말하건대, 백만 가지 세부 사항을 살펴볼 필요는 있지만 오늘날은 역사상 그 어느 때보다도 사회적, 문화적 상한의 일반적 윤곽을 더 잘 이해하고 있다.

우상상한, 특히 뇌생리학과 인지과학의 업적은 아직도 초창기에 머물러 있으며, 충분히 통합적인 의식에 대한 관점은 이 상한에서 일어나는 일차적인 발견을 기다려야 할 것이다(이런 이유로 나는 이 상한을 다른 상한보다 적게 서술하였다. 예를 들어, 처치랜즈Churchlands 같은 지지자의 열성적 선언에도 불구하고 인지과학과 신경과학은 숲 속의 아기 수준에 있다). 그러나 아기들이 흔히 그렇듯이 이 상한에 대한 우리의 지식은 빠르게 성장하고 있으며, 이 시점에서 우리는 신경생리학의 윤곽이 계속 밝혀짐에 따라 적어도 존재의 다른 차원과의 관계에서 신경생리학을 정립할 수 있는 충분한 지식을 갖고 있다.[17]

그러므로 온 상한 접근, 혹은 간단하게는 확실히 1인칭 현상학적 설명, 2인칭 상호 주관적 구조, 3인칭 과학적/객관적 체계를 동등하게 존중하는 접근, 즉 의식연구의 1-2-3의 출발을 위한 시기가 성숙했다고 볼 수 있다.

첫 단계가 제대로 진행되고 있다는 신호가 다수 존재한다. 『의식연구 저널 The Journal of Consciousness Studies』*은 균형 잡힌 접근을 주장하는 논문을 정기적으로 싣고 있으며, 최근 몇 권의 책은 그런 균형 잡힌 사례들을 설득력 있는 용어로 언급하고 있다.

[역자 주]

* 의식연구에 관한 대표적인 저널. 이 저널은 다양한 학문 분야의 일반 독자를 대상으로 하기 때문에 기술적인 용어나 전문적인 용어는 가급적 사용하지 않으며 부득이한 경우 꼭 주석을 달게 되어 있다. 샌디에고 캘리포니아 대학 조세프 코건 교수가 현재 주 편집인을 맡고 있으며, 로버트 포먼, 키스 서덜랜드, 안소니 프리맨, 조나단 시어, 진 번 박사 등이 편집에 참여하고 있다. 보조 편집자로 프란시스코 바렐, 로저 월시 등 의식, 과학, 학문, 기술, 심리학, 명상 분야에서 탁월한 업적을 쌓고 있는 약 30여 명의 학자들이 참여하고 있다.

프란시스코 바렐라Francisco Varela와 조나단 시어Jonathan Shear가 편집한 『내면의 관점The View from Within』은 그 탁월한 예다. 그들은 주로 1인칭 경험과 3인칭 시스템이 종종 2인칭 위치의 중재를 통해 상호 제한하는 신경현상학적 입장을 옹호하고 있다. "1인칭을 고립시켜 서술하는 것은 부질없는 일이 될 것이다. 이를 3인칭 연구와 적절하게 연결시킴으로써 그들을 조화롭게 하면서도 제한시킬 필요가 있다(이것은 종종 중간 매개체인 2인칭 입장을 의미한다). 전체적인 결과는 경험(1인칭, 좌상상한)도 외부적 기제(3인칭, 우상상한)도 최종이 될 수 없는 마음에 관한 통합적, 전체적 관점으로 옮겨가는 것이 되어야 한다. 그러므로 전체적(통합적) 관점은 상호적 제한, 즉 상호적 영향과 결정의 확립을 요구한다."[18] 이는 온 상한은 상호 결정된다(그리고 4중으로 상호 작용한다)고 말할 때 내가 의미하는 바다.

맥스 벨먼Max Velman의 『현상적 의식을 탐구하며Investigating Phenomenal Consciousness』는 통합적 접근을 강조하는 또 다른 탁월한 책이다. 여기에는 앨윈 스콧Alwyn Scott, 그렉 심슨Greg Simpson, 하워드 셰브린Howard Shevrin, 리처드 스티븐스Richard Stevens, 제인 헨리Jane Henry, 찰즈 타트Charles Tart, 프란시스코 바렐라, 윌버와 월시Walsh, 벨먼이 쓴 장이 포함되어 있다. 윌리엄 브로드William Braud와 로즈마리 앤더슨Rosemarie Anderson의 『사회과학을 위한 초개인적 연구방법Transpersonal Research Methods for the Social Science』은 저자들이 '통합적 탐구'라고 부른 것을 위한 훌륭한 참고 저서다.

2단계: 온 수준

나는 이 분야가 온 상한 접근을 계속 구체화시키면서 더 나아가 온 수준인 두 번째 단계로 갈 필요가 있다고 믿는다.

수많은 온 상한 접근은 의식의 초개인 영역을 충분히 인정하고 있다. 예를 들어, 로버트 포먼Robert Forman은 적어도 3개의 초개인 상태, 즉 순수한 의식 사건(무형의 정지), 이원적 신비 의식(영원한 원인적/관조적 자각), 비이원적 상태(영원한 비이원적 깨달음)를 인식할 필요가 있다고 지적하였다.[19] 더구나 수많은 온 상한 접근(조나단 시어, 론 지브닝Ron Jevning, 프란시스코 바렐라, 제임스 오스틴James Austin, 로버트 포만, 브로드Braud와 앤더슨Anderson, 그 밖의 사람들을 포함한)은 분명 상당수의 방법론을 명상적, 관조적 기법에서 빌려 왔다.

그러나 이미 앞에서 보았듯이 볼드윈, 하버마스, 뢰빙거, 그레이브스, 콜버그, 웨이드, 쿡-그로터, 벡, 키건 등의 업적처럼 그 타당성을 인정하는 의식발달의 단계적 개념을 인정하는 일은 쉽지 않다. 1인칭 실재와 3인칭 기전은 서로 영향을 주고 결정하며, 이 둘은 2인칭 매개를 통해 순환한다는 사실에 주목하는 것만으로는 충분하지 않다. 1인칭 의식은 잘 연구된 다양한 단계를 통해 발달한다는 것을 이해하는 것도 중요하다. 게다가 2인칭 의식도 발달하며, 이런 발달 또한 널리 연구되고 있다. 마지막으로 3인칭 의식의 역량이 발달하며(예를 들면, 피아제의 인지), 이 또한 마찬가지로 철저하게 연구되고 있다.[20] 온 상한 이론가들 다수는 그 자체로는 단계를 쉽게 발견할 수 없는 현상학적 배경에서 출현하였기 때문에 네 개 상한 모두에서 전개되는 의식의 파동을 간과하였을 가능성이 있다.[21] 그렇기는 하지만 내 생각에는 진정한 통합적 접근은 온 상한에서 출발하여 온 수준, 온 상한 혹은 온 수준에 걸친 1-2-3으로 이동할 것이다.

분명 해야 할 작업이 많이 남아 있다. 그러나 압도적으로 많은 양의 전근대, 근대, 탈근대 증거들은 온 상한, 온 수준인 통합적 접근을 강하게 보여 주고 있다. 이런 증거의 상당량은 오늘날 우리는 의식에 관한 충분하고 완전하며 통합적인 견해를 갖고 있는 것이 아니라 이제부터 이를 정착시킬 수 있는 시점에 와 있다는 사실을 완강하게 가리키고 있다.

15. 통합적 포용

그렇다면 우리는 세계를 어떻게 볼 것인가? 찬란하면서 경이로운 고대와 비교할 때 근대는 미쳐 버린 것일까? 탈근대는 산산이 부서져 버린 걸까? 아니면 진화는 진정 진보하기 때문에 오늘날이 모든 시대 중 가장 행복한 시대인가? 진화인가 퇴보인가? 전근대, 근대, 탈근대를 인정한다는 바로 그 사실은 우리가 모종의 발달을 암암리에 인정하고 있음을 의미한다. 스스로를 '탈근대'라고 칭하는 이론가들조차도 근대의 선배들을 넘어선 어떤 진보가 일어났음을 암시하고 있다. 그렇지 않은가? 우리는 역사상 부정할 수 없는 진보를 부정할 수 없는 공포와 어떻게 균형을 맞출 것인가? 이런 균형이 어떻게 마침내는 우리가 전근대, 근대, 탈근대의 장점을 포용하면서 실로 통합적인 심리학의 출현을 가능하게 할까?

전근대로부터

각 시대는 자신만의 항구적인 진실을 갖고 있으며, 자신만의 병리적 왜곡을 갖고 있다.

전근대는 그 자신의 빛나는 영광 속에서 존재의 대둥지를 드러냈으며, 수백만의 압제를 정당화하기 위해 종종 그 개념을 엄격히 계층구조적 방식으로 사용하였다. 근대는 가치 영역을 분화시켜 자유민주주의에서 여성운동까지 이끌었으며, 이런 분화가 분열로 표류하게 만들었다. 사나운 과학적 유물론은 원래는 그 분화로 말미암아 자유롭게 된 모든 가치를 말살하려 하였으며, 기술적 합리성은 최초 그것이 가능하게 만들었던 인간성을 거의 파괴하여, 질이 소멸된 근대 우주는 마치 화산재처럼 모든 것에 질식할 정도로 내려앉았다. 근대적 평원의 악몽을 파괴하기 위해 고상하게 출발한 탈근대는 이들을 포용하고 증폭시킴으로써 자신의 비전-논리가 제안한 통합이 다가오는 것을 막았을 뿐 아니라 수십 년 동안 그 통합적 의도를 저지하였다.

우리는 각 시대의 왜곡을 무시하면서 진실을 존중하기를 바라는데, 그 이유는 그 모두가 인간 잠재력의 진실이기 때문이다. 계통 발생적이든 개체 발생적이든 과거의 진실을 무시하는 것이 바로 병리의 정의다. 그러므로 건전한 접근인 통합적 접근은 영속적인 진실을 존중하고 인정하며, 이를 진행 중인 의식 진화의 발전에 통합시키려 하는데, 그것들은 바로 지금-여기에서도 우리 자신의 진아의 진실이기 때문이다.

전근대의 유산에서 존재와 인식의 대둥지를 배웠으며, 대둥지는 고정되고 미리 결정된 것이 아니라 부드러운 설득의 모습을 띤 흘러가는 형태 형성적 장으로서 영으로까지 안내하는 지도라는 것을 알게 되었다. 이런 고대 지혜의 항구적 진리에는 영은 전체 전개의 바탕으로서 물질, 신체, 마음, 혼, 영에 이르는 온 수준에 완전히, 그리고 똑같이 존재하는 실재와 의식의 수준 혹은 차원이라는 생각이 내포되어 있다. 각각의 상위 수준이 그 하위 수준을 초월하고 포함하는 이런 대둥지는 먼지에서 신성에 이르기까지 온 우주의 어떤 구석도 은총, 관심, 빛으로 접촉되지 않은 곳이 없는, 확장된 사랑과 자비심 어린 포용의 홀라키다.

물리적, 정서적, 정신적, 영적 차원을 지닌 다층 구조라는 이유 때문에, 실재는 주변에 널려 있어 누구나 볼 수 있는 어느 한 수준의 사건이 아니라 당신은 자신이 이해하고 싶어 하는 실재의 수준에 적합해야 한다는 점을 고대 현자들은 우리에게 가르치고 있다. 혼은 저 밖에 있는 물리적 세계에서 돌아다니지 않으며,

현미경이나 망원경 혹은 사진판으로는 볼 수 없다. 혼을 보고 싶으면 내면으로 돌아서야만 한다. 자신의 의식을 발달시켜야 한다. 실재의 높은 수준을 드러내는 진아의 심층을 인식하는 능력에서 성장하고 진화해야만 한다. 그 안에 있는 위대한 것은 넘어서 있으며, 깊이가 깊을수록 더 높은 실재가 존재한다.

이는 어떤 이름으로 부르든, 어떤 외양을 띠든, 현대의 연구들이 확인할 수 있는 수준이 얼마나 되든 간에(다섯, 일곱, 열둘, 스물. 정확한 숫자는 관련된 다차원적 풍요로움을 인정하는 것보다 중요하지 않다) 통합심리학은 물질, 신체, 마음, 혼, 영이라는 의식의 전 스펙트럼을 존중하려고 노력해야만 한다는 것을 의미한다. 나는 약 16개의 주요 파동을 제안했지만 이를 9개 혹은 10개의 기능적 묶음으로(도표들이 보여 주듯이) 줄일 수 있는데, 그런 지도 작성은 고대 지혜의 가장 귀중한 유산인 물질, 마음, 영이라는 거대한 생명의 강에 존재하는 수많은 파동을 색다르게 접근한 것일 뿐이다.

통합심리학에서 볼 때 이것은 또한 한 사람의 가장 심층적 충동—다른 충동들은 그 파생물에 불과할 뿐인 주된 충동—은 자신의 존재라는 매개물을 통해 대둥지 전체를 실현하려는 충동임을 의미한다. 그리하여 완전히 깨닫게 되면 그는 세계 전체로서 세계를 향해 밝게 빛나는 영의 전달수단이 된다. 우리 모두는 온 우주의 모든 몸짓의 목표이자 바탕인 신성의 아들딸들이다. 우리는 일출마다 우리 자신의 '원초적 얼굴Original Face'이 우리에게 인사할 때까지 쉬지 않을 것이다.

고대의 현자들은 이런 위대한 해방을 스쳐가는 빛이 아닌 영원한 실현, 즉 변성상태가 아니라 영원한 특성이 되게 하였고, 우리에게 탁월하고 종합적인 영적 수행을 물려주었다. 이 수행들에는 한 가지 공통점이 있다. 즉, 그들은 우리 자신의 신성이라는 대둥지의 높은 수준을 전하도록 도우며, 우리가 신성을 향해 발달해가는 것을 촉진시킨다. 더욱더 완벽한 영적 수행은 상승의 흐름뿐 아니라 하강의 흐름도 강조한다. 전자는 우리를 신체에서 마음, 혼, 영으로 이끄는 반면, 후자는 영적 통찰을 전해 주며 육화된 신체와 축복받은 지구에서, 또 지구를 통해 이런 통찰을 표현하게 함으로써 공空의 초월적이면서도 내재적인 얼굴을 통합한다.

우리 현대인들이 잠시 쉬고 침묵으로 들어가 아주 세심하게 귀 기울일 때마다 우리 자신의 가장 깊은 성질인 희미한 빛이 빛나기 시작한다. 이때 우리는 심연의 신비, 내면의 부름, 시간과 공간을 잊은 빛남의 무한한 광명으로 안내되며, 존경하는 조상들의 성장 정점이 처음 발견한 만물이 충만한 영의 영역으로 안내된다. 그리고 그들은 그 무한한 영역으로 가는 일반적 지도, 존재의 대둥지라고 부르는 지도, 우리 자신의 내면의 지도, 우리 자신의 영의 고고학을 우리에게 남겨 준 매우 훌륭한 존재들이다.

근대로부터

우리는 근대로부터 분화와 '3대 가치(선, 진, 미)'의 진화라는 항구적인 진리를 취한다.[1] 의식의 평균 양식이 역사적으로 계속 성장하고 진화함에 따라—부분적으로는 분화와 통합에 의해 작용되기 때문에—대둥지를 지각하는 일은 광범위한 문화적 단위(몇 명의 개인적 선구자만이 아니라)로 점점 더 분화되고 통합되었다. 과거에는 가장 높이 진화한 사람들만 보았던 분화가 이제는 일상적이고 평범한 지각이 되었다.[2]

예술, 도덕, 과학이라는 '3대 가치'가 광범위한 단위, 즉 나, 우리, 그것 혹은 1인칭, 2인칭, 3인칭 혹은 자기, 문화, 자연 혹은 미, 선, 진으로 분화되고 명료화됨에 따라 각각은 다른 것의 침범으로 부담을 느끼지 않고 그 자신의 진실을 생산하게끔 되었다. 근대의 이런 분화가 분열로 몰락하도록 만들었다(과학적 유물론은 다른 영역을 식민화할 수 있었고 또 식민화하였다)는 사실은 분화 자체의 존엄성이 아니라 그 병리적 분열을 비난하는 일이 될 것이다. 왜냐하면 분화는 민주주의에서 여권운동, 노예제도의 폐지, 생태학적 과학의 발흥, 전 세계적으로 일어난 30년 이상의 수명 연장에 이르는 모든 일을 선도하였기 때문이다. 실로 위대한 존엄성이 아닐 수 없다.

그러므로 우리는 근대로부터 대둥지의 각 수준이 사상한(혹은 단순히 '3대 가치')으로 분화될 필요가 있다는 사실을 배웠으며, 이 일은 사실 광범위한 단위로 일어났다. 근대로부터 사상한 각은 진화하며 통합심리학은 개개인 모두에게 일어나는 발달을 따른다는 것도 배웠다.

통합심리학에서 볼 때 이는 남녀가 접근할 수 있는 의식의 기본 수준을 그들의 다양한 발달 라인으로 조심스럽게 나누어 볼 필요가 있다는 것을 의미한다. 대둥지(신체, 마음, 혼, 영)의 수준 또는 파동을 따라 서로 다른 수많은 발달 라인 또는 지류들(인지, 도덕, 미학, 정서, 욕구, 정체성, 조망 등)이 흐르고 있다. 개인의 다양한 파동과 지류가 전개되는 대로 따라가는 것이 통합심리학의 의무다.

우리는 이런 전체 그림을 '통합심리도'([그림 2-1]과 [그림 2-2])라고 부른다. 이런 접근을 통해 개인 의식의 진화적 지류를 꽤 일반적인 방식으로 결정할 수 있게 되었다. 이런 지류는 더 깊고 높은 파동, 즉 신체, 마음, 혼, 영으로, 또 전인습, 인습, 후인습, 후인습 후기로 이행하기 때문이다. 이로써 우리는 또한 어떤 '고착점stick points', 즉 어떤 병리, 부러진 분기점, 발달 실패, 분열된 하위 성격, 의식의 소외된 측면을 쉽게 발견할 수 있으며, 그 발생과 구성을 더 잘 이해함으로써 이들을 더 효과적으로 다룰 수 있게 되었다. 다양한 유형의 병리와 치료가 중요한 차이점을 보이고 있는데도 불구하고(각각의 기본 파동이 질적으로 서로 다르게 구성되었다는 사실로 인해) 모든 병리와 치료는 문제를 의식하게 만들어서 결국 진행 중인 홀라키적 포용의 진보, 즉 전개인, 개인, 초개인적이면서 잠재의식, 자의식, 초의식적인 의식 진화의 심층적인 전개와 재결합할 수 있게 만든다.

진화는 우리를 온 우주의 나머지 부분으로부터 소외시키지 않고 결합시킨다. 먼지에서 새를 만들어 내고, 돌에서 시를 만들어 낸 것과 똑같은 흐름이 원본능에서 자기를, 자기에서 현자를 만들었다. 각 상한에서 진화는 그 양식에서 표현된 활동하는 영이며, 이는 점차 확장되는 포용의 위대한 형태 형성적 장에서 부드럽게 설득하며 작용한다. 온 우주의 진화적 흐름, 흘러가는 애무 속에서 인간과 비인간의 홀론을 서로 결합시키는 이 위대한 에로스의 강은 실로 태양과 다른 별들을 움직이는 사랑이다. 그리고 근대의 항구적인 공헌, 즉 '3대 가치'의 분화와 진화를 드러내 준 공헌으로 말미암아 우리는 그 많은 파동과 지류를 따라 이렇듯 진화하는 사람을 추적할 수 있게 되었다.

탈근대로부터

탈근대는 근대로 인한 가치 영역의 분화 덕분에 사상한이 서로 어떻게 연결되는지를 정확하게 볼 수 있었다. 모든 객관적 사건은 주관적, 상호 주관적 요소를 갖고 있고, 모든 홀론은 사상한을 갖고 있다. 세계는 객관적 우측의 사건만이 아니라 모든 영광을 지닌 본질적 깊이, 의식, 내부, 내면인 좌측 세계다. 구성주의는 의식이란 세계를 반영만 하지 않고 세계를 구성하도록 돕는다는 것을 의미한다. 맥락주의는 홀론이 무한히 포개진다는 것을 의미한다. 통합적-비조망주의는 가능한 한 수많은 인간적 관점은 통합적 포용 속에 포섭되어야만 한다는 의미를 갖고 있다. 온 우주는 끝없이 홀론적이라는 데 탈근대의 메시지가 있다.

모든 통합적 연구에서 이것이 지니는 의미는 근대의 중요한 분화는 사실상 통합되어 있으며 '3대 가치'는 분리된 것이 아니라는 것, 미묘한 환원주의가 파고들어 평원적 전일론을 생산하지 않도록, 그리고 의식에 대한 모든 접근은 진정 1-2-3 접근으로 의식의 1인칭, 2인칭, 3인칭적 설명을 포함하고 있다는 것을 분명히 하도록 우리가 매우 주의를 기울여야만 한다는 것이다. 1인칭 설명은 개인이 직접 경험하는 의식 지류의 1인칭 혹은 현상적 설명(좌상상한)이며, 2인칭 설명은 특정한 언어 구조, 세계관, 배경적 맥락(좌하상한)에 적합한 사실들의 2인칭적 의사소통을 말한다. 그리고 3인칭 설명은 뇌구조에서 사회 시스템에 이르기까지(오른쪽) 이에 상응하는 메커니즘, 시스템, 물질적 네트워크에 관한 3인칭적 과학적 기술을 말한다.

'온 상한' 접근은 진실로 통합적인 모델로 향하는 첫걸음이다. 두 번째 걸음에는 '온 수준' 접근이 추가되며, 이는 1인칭, 2인칭, 3인칭 의식 발달 단계를 탐구하고 있다. 달리 말해서 그것은 온 상한에서 파동과 지류들, 수준과 라인들을 탐구한다.[3] 그 결과 과학, 역사, 종교, 인류학, 철학, 심리학, 교육학, 정치학, 경제학이라는 학문의 스펙트럼을 망라하는 통합적 연구에 대한 '온 수준, 온 상한'적 접근이 된다.

개인으로 돌아오면 통합심리학, 통합치료, 통합적 변화의 수행이라는 결과를 낳는다.

활동하는 영이 깨어났다

이런 '온 수준, 온 상한' 접근이 성공한다면 우리는 전근대(온 수준), 근대(온 상한) 그리고 탈근대적 통합(온 수준, 온 상한)이라는 항구적 진리를 일부 포용하게 될 것이다.

통합심리학에 특히 중점을 두면서 내가 이 책에서 지향하는 목표는 통합적 접근 전반이었으며, 오늘날의 최고 학파만이 아니라 전근대, 근대, 탈근대의 통찰을 통해 극단적인 왜곡은 버리면서 최상의 장점만을 취하려고 하였다. 내가 서론에서도 분명하게 언급하였듯이 이런 식의 접근은 일반화 중 가장 일반적인 것에서 시작할 수 있지만—일부 사람은 무모한 일반화라고 부를지도 모르지만—우리가 이런 노력을 어디서에선가 시작해야만 하며, 나는 이런 식의 접근이 무엇보다 훌륭하다고 생각한다. 이 책의 주된 목표는 끝이 아니라 시작이며, 논의의 끝이 아니라 출발의 역할을 하는 데 있기 때문이다.

우리가 실로 통합적-비조망적 시대를 살고 있다면 이런 식의 통합적 시도는 점점 더 많아질 것이다. 어떤 것은 더 좋고 어떤 것은 나쁘며, 어떤 것은 적절하고 어떤 것은 해로우며, 실로 어떤 것은 통합적이고 어떤 것은 특정 관점만을 취한 것이 될 것이다. 이런 시도가 수없이 나타나겠지만 아무리 시험적이라 할지라도 그 모두는 지구 전체에 걸쳐 이제 빛나기 시작하는 위대한 통합 무지개에 기여할 것이다.

사실 이 시대는 비전-논리 시대의 새벽이며, 네트워크 사회, 탈근대, 비조망적인 인터넷 지구촌이 출현하는 시대다. 모든 면에서 진화는 스스로를 의식하기 시작했다. 활동하는 영으로서의 진화는 집단적 단위로 깨어나기 시작했다. 이제 온 우주의 진화는 통합적 포용에 관한 이론과 실천을 양산하고 있다. 이 에로스는 서로 포섭하면서 다양화되는 동시에 우리를 존중하고 품에 안도록 몰아대면서 당신과 나를 통해 움직이고 있다. 별과 달을 운행하는 사랑이 이런 이론과 그 외 다수 이론을 움직이며, 그 에로스는 예전에는 분리되었던 것을 연결시키고 견디기에는 너무 지쳐 버린 세계의 파편들을 끌어당긴다.

어떤 사람은 이런 통합적 노력을 '어디에나 스며 있는 세계혼World Soul의 진정한 후손이 밝게 빛나고 있다.'고 말할 것이다. 어떤 사람들은 그런 시기가 무르익었다고 할 것이다. 그러나 덜 포괄적인 노력은 그 호소력을 잃을 것이며 평원의 유혹, 파편화의 외침, 환원주의라는 퇴행적 인력은 그 매력을 점점 더 잃게 될 것만은 분명한 것 같다. 에로스가 우리 모두 안에서, 또 우리 모두를 통해 그 희미한 경이로움을 드러낼 때마다 이런 힘들이 마음을 사로잡는 힘은 매일 약해지고 있다.

인류가 거쳐 온 수많은 시대를 통해 내려온 집단적 지혜를 믿는다면 우리는 다음과 같이 말할 수 있을 것이다.

이 에로스는 놀라운 가능성이라는 엄청난 형태 형성적 장(대등지로 알려진)을 만들기 위해 최초에 스스로를 밖으로 내던졌던 것과 똑같은 활동하는 영이다. 거기에서 물질이 시작되었으며, 생명으로 지속되었고, 마음으로 깨어나기 시작했다. 활동하는 영이 진화라는 자신의 유희를 계속하면서 스스로를 진, 선, 미 양식으로 분화시켰다. 이제 그것은 집단적으로 스스로를 의식하기 시작했으며, 돌보는 방법을 잊어버린 세계가 만들어 낸 파편을 그 영이 서서히 결합시킴에 따라 지구촌, 의사소통이 가능한 인터넷, 통합이론, 네트워크 사회에 이르는 통합적 포용의 시대를 열어 주었다.

활동하는 영이 마찬가지로 이 책을 썼으며, 지금 이 책을 읽고 있는 사람도 활동하는 영이다. 잠재의식, 자의식, 초의식에 이르는 위대한 유희는 계속되며, 웅장한 강의 영광스러운 흐름은 결코 잃어버린 적도 없고 찾을 수도 없는 '일미'의 대양으로 힘차게 흘러 들어가고 있다. 절 지붕 위로 떨어지는 빗소리, 그 소리만 홀로 존재한다.

도 표

도표 1A. 윌버의 상관관계

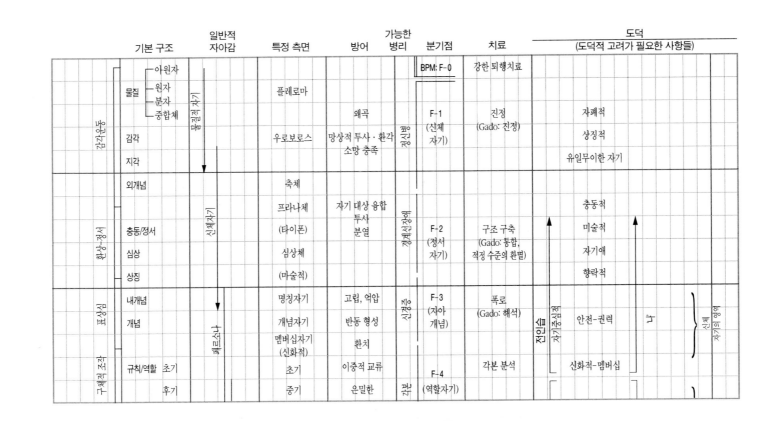

	기본 구조		일반적 자아감	특정 측면	방어	가능한 병리	분기점	치료	도덕 (도덕적 고려가 필요한 사항들)		
감각운동	물질	아원자	물질적 자기				BPM: F-0	강한 퇴행치료			
		원자		플레로마							
		분자									
		중합체			왜곡	정신병	F-1 (신체 자기)	진정 (Gado: 진정)		자폐적	
	감각			우로보로스	망상적 투사 · 환각 소망 충족					상징적	
	지각									유일무이한 자기	
환상-정서	외개념		신체자기	축체							
				프라나체	자기 대상 융합 투사 분열	경계선장애				충동적	
	충동/정서			(타이폰)			F-2 (정서 자기)	구조 구축 (Gado: 통합, 적정 수준의 환멸)		미술적	
	심상			심상체						자기애	
	상징			(마술적)						향락적	
표상심	내개념		페르소나	명칭자기	고립, 억압	신경증	F-3 (자아 개념)	폭로 (Gado: 해석)	전인습		
	개념			개념자기	반동 형성				자기중심적	안전-권력	나 — 신체 자기의 영역
				멤버십자기 (신화적)	환치						
구체적 조작	규칙/역할	초기		초기	이중적 교류		F-4	각본 분석		신화적-멤버십	
		후기		중기	은밀한	각본	(역할자기)				

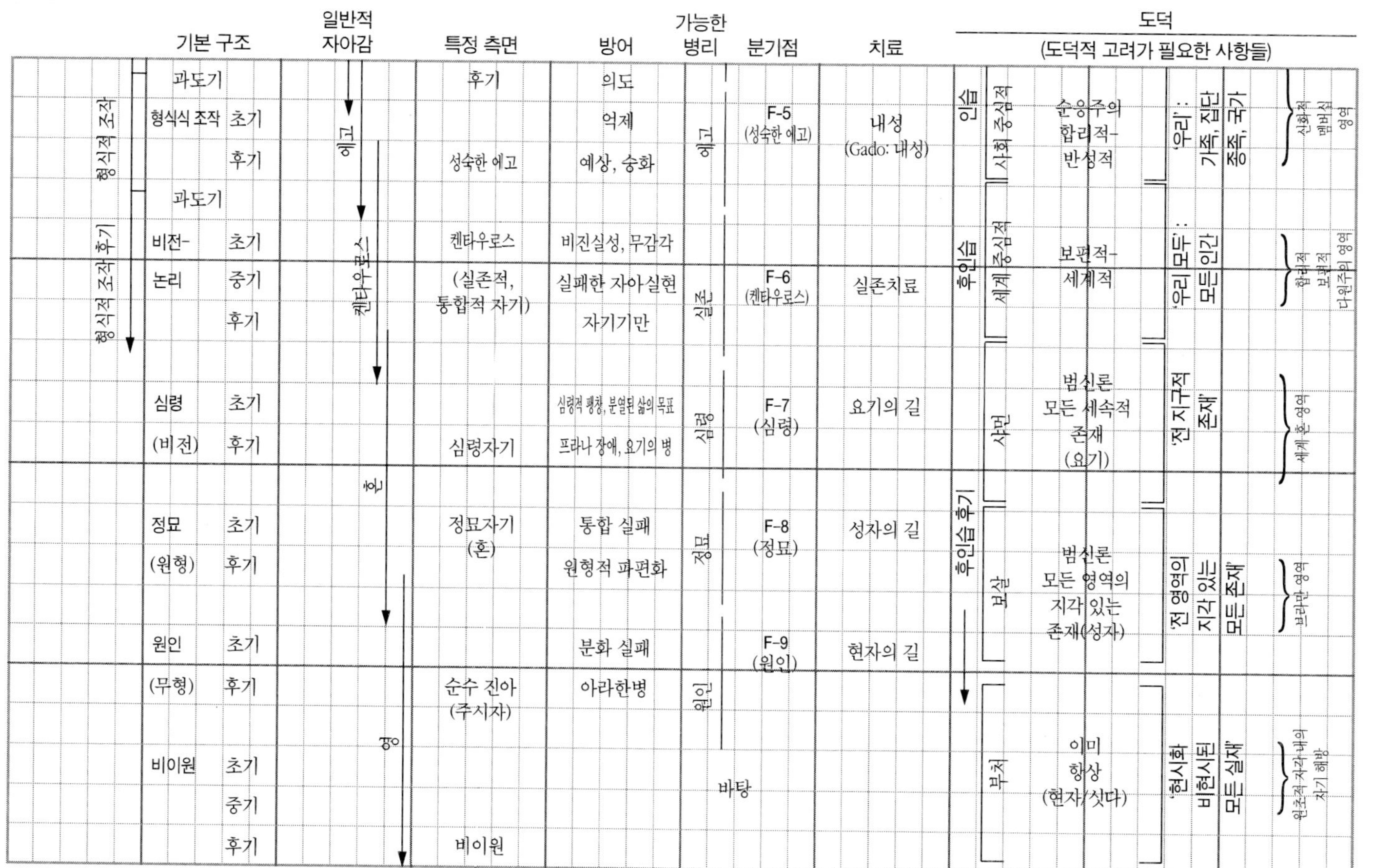

	기본 구조		일반적 자아감	특정 측면	방어	가능한 병리	분기점	치료	도덕 (도덕적 고려가 필요한 사항들)				
형식적 조작	과도기			후기	의도								
	형식식 조작	초기	에고		억제	에고	F-5 (성숙한 에고)	내성 (Gado: 내성)	인습	사회 중심적	순응주의의 합리적-반성적	'우리': 가족, 집단, 종족, 국가	신화적 멤버십 영역
		후기		성숙한 에고	예상, 승화								
형식적 조작 후기	과도기												
	비전-	초기	켄타우로스	켄타우로스	비진실성, 무감각				후인습	세계 중심적	보편적-세계적	'우리 모두': 모든 인간	합리적 보편적 다원주의 영역
	논리	중기		(실존적, 통합적 자기)	실패한 자아실현	실존	F-6 (켄타우로스)	실존치료					
		후기			자기기만								
	심령	초기			심령적 팽창, 분열된 삶의 목표	심령	F-7 (심령)	요기의 길		샤먼	범신론 모든 세속적 존재 (요기)	'전 지구적 존재'	세계 혼 영역
	(비전)	후기		심령자기	프라나 장애, 요기의 병								
	정묘	초기	혼	정묘자기 (혼)	통합 실패	정묘	F-8 (정묘)	성자의 길	후인습 후기	보살	범신론 모든 영역의 지각 있는 존재(성자)	'전 영역의 지각 있는 모든 존재'	브라만 영역
	(원형)	후기			원형적 파편화								
	원인	초기			분화 실패		F-9 (원인)	현자의 길					
	(무형)	후기		순수 진아 (주시자)	아라한병	원인							
	비이원	초기	영				바탕			부처	이미 항상 (현자/싯다)	'현시화 비현시된 모든 실재'	완전적 자각 내의 자기 해방
		중기											
		후기		비이원									

도표 1B. 윌버의 상관관계

	기본 구조	감정	'음식' 수준(관계적 교환)	성 정체성	세계관: 명칭	세계관: 일반 특징	
감각운동	물질 ┌아원자						
	├원자			• 형태적-유전적 으로 주어진			
	├분자						
	└중합체	• 반응성	물질적 교환				
	감각	• 감각	- 음식 - 노동		태고적	• 미분화된, 플레로마	
	지각	• 신체 상태:		• 미분화			
환상-정서	외개념	접촉, 온도,			태고적-마술적	• 환상적 소망 충족	↑
		쾌락, 고통				주객 융합	
	충동/정서	• 원시정서:	정서적 교환	• 분화된		"자기 대상"	
	심상	긴장, 공포, 격노,	- 성 - 안전, 권력	기본성정체성	마술적	• 자기 중심적, 주문, 자기애:	자기 중심적
	상징	만족				마술적 힘의 장소=에고	
표상심	내개념	• 2° 정서:			마술적-신화적	• 에고의 전능감이 도전받음: 안전,	
	개념	불안, 분노, 소망,	- 소속감 배려			에고의 전능감이 신에게 전이된	
구체적 조작		좋아함, 안전		• 성적 인습	신화적(문자적)	• 구체적-문자적 신화	
	규칙/역할 초기	• 3° 정서: 사랑,	정신적 교환			마술적 힘의 장소=신성화된 타자	민족 중심적
	후기	기쁨, 우울, 증오,	- 멤버십 담론	• 성적 일관성(규범)	신화적-합리성	• 신화적 구조의 합리화	

	기본 구조		감정	'음식' 수준(관계적 교환)	성 정체성	세계관: 합리적 명칭	세계관: 일반 특징	
형식적 조작	과도기		소속감				탈신화, 형식화	
	형식식조작	초기	• 4° 정서:	– 자기 반성적 교환		합리적 형식주의	• 정태적 보편적 형식주의	
		후기	보편적 정서,				• 정태적 시스템 / 맥락	세계 중심적
	과도기		세계정의, 배려,			다원적 상대주의	• 다원적 시스템, 역동적–	
형식적 조작 후기	비전–	초기	자비, 전인류애,	– 자율적 교환	• 양성성 (초분화)		다중맥락 / 역사	
	논리	중기	세계 중심적 이타주의			전일적 통합주의	• 다중 맥락을 통합, 패러다임적	
		후기					• 비교 패러다임적: 세계 과정으로서의	
							변증법적 발달	
	심령	초기	• 경외, 환희,	혼적 교환		심령(샤먼, 요기)	• 세계 과정과의 합일: 자연신비주의	신 중심적
	(비전)	후기	모든 종에 대한	– 심령적 비전			거친 영역과의 융합	
			사랑, 자비	– 신과의 교감	• 원형적 성합일 (탄트라)			
	정묘	초기	• 지복, 황홀경			정묘(원형, 성자)	• 거친 영역 존재들과의 합일:	
	(원형)	후기	사랑–지복,	– 신과의 합일			신성 신비주의: 정묘 영역과의 융합	
			성자적 헌신					
	원인	초기	• 무한한 자유	영적 교환	• 성을 초월	원인(무형, 현인)	• 현시된 영역의 원천과의 합일:	
	(무형)	후기	–해방	– 신성 정체성			무형신비주의: 원인적 융합	
			보살적 자비					
	비이원	초기		– 사하자(sahaja)		비이원(싯다)	• 유형과 무형의 합일,	
		중기	• 일미(一味)				영과 세계 과정	
		후기					비이원 신비주의	

도표 2A. 다른 시스템의 기본 구조

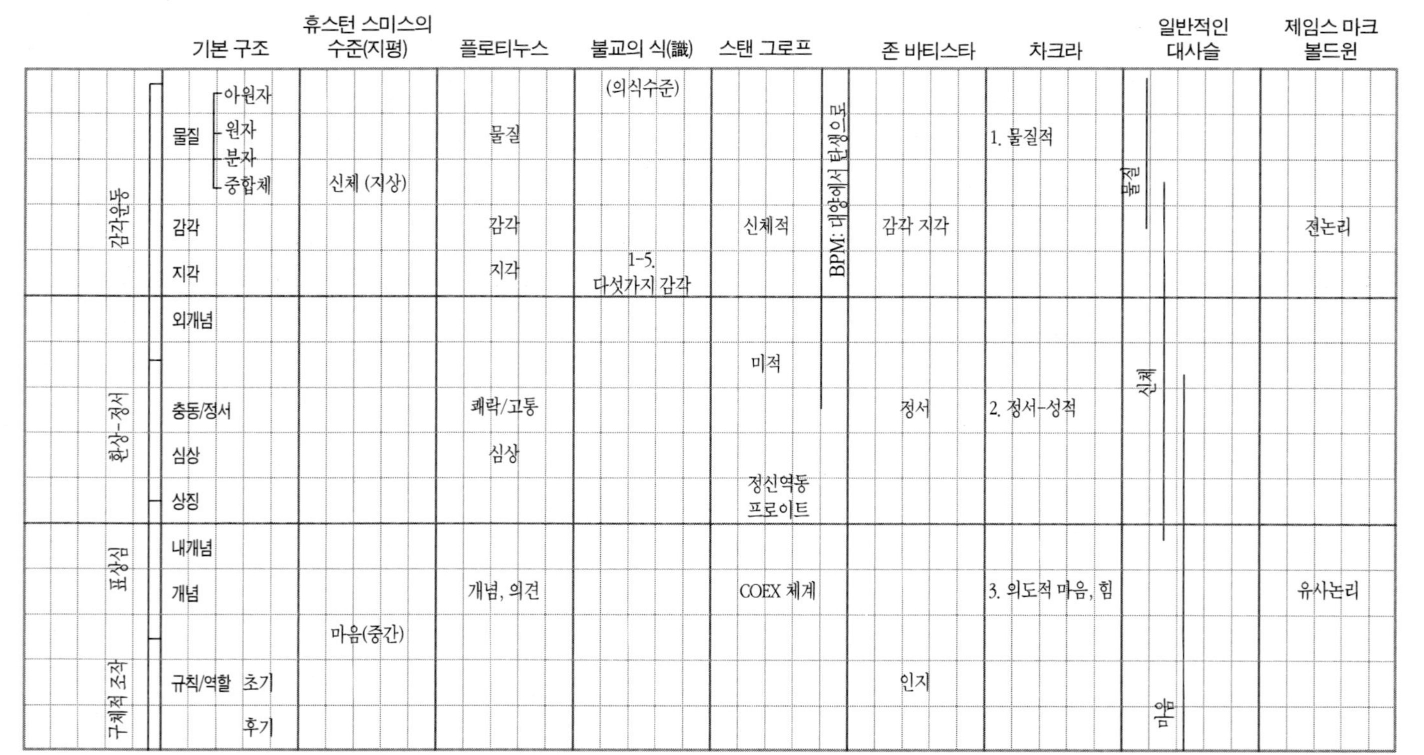

	기본 구조	휴스턴 스미스의 수준(지평)	플로티누스	불교의 식(識)	스탠 그로프	존 바티스타	차크라	일반적인 대사슬	제임스 마크 볼드윈
감각운동	물질 – 아원자			(의식수준)	BPM: 대양에서 탄생으로				
	물질 – 원자		물질				1. 물질적		
	물질 – 분자, 중합체	신체 (지상)						물질	
	감각		감각		신체적	감각 지각			젼논리
	지각		지각	1–5. 다섯가지 감각					
환상-정서	외개념								
					미적				
	충동/정서		쾌락/고통			정서	2. 정서-성적	신체	
	심상		심상						
	상징				정신역동 프로이트				
표상심	내개념								
	개념		개념, 의견		COEX 체계		3. 의도적 마음, 힘		유사논리
		마음(중간)							
구체적 조작	규칙/역할 초기					인지			
	규칙/역할 후기							마음	

	기본 구조		휴스톤 스미스의 수준(지평)	플로티누스	불교의 식(識)	스탠 그로프	존 바티스타	차크라	일반적인 대사슬	제임스 마크 볼드윈
형식적 조작	과도기							4. 공동체 마음, 사랑		
	형식식 조작	초기		논리적 능력	6. 심의식 (거친 세계를 반영하는 마음)					논리
		후기					자기 자각			
	과도기							5. 언어적-합리적 마음		
후기 형식적 조작	비전-	초기		창조적 이성		실존적				특별논리
	논리	중기				죽음-재탄생 (cf BPM)				
		후기								
					7. 마음 (고차 마음)			6. 심령적 마음, 아즈나(비전)		
	심령	초기		세계 혼		아스트랄-심혼				초논리
	(비전)	후기								
			혼(천상)			초인간적 동일시, 원형적 신, 광명		7. 사하스라라,		
	정묘	초기					결합	↓ 초월 의식, 빛 (고차 원의 소리, 차크라, 지멸까지)	혼	
	(원형)	후기			8. 오염된 알라야식 (원형적)					
				지성(nous)						
	원인	초기				보편적 마음 초우주적 공(空)				
	(무형)	후기								
			영(무한)	절대적						
	비이원	초기		일자	9. 여여함으로서의 비이원적 의식		절대	'모든 차크라가 실재 속으로 해방됨'		
		중기				궁극			영	
		후기								

도표 2B. 다른 시스템의 기본 구조

	기본 구조	일반적 대사슬	스리 오로빈도	카발라	베단타 상태	베단타 몸체	베단타 층	윌리암 틸러	리드베터 (신지학)	아디 다(Adi Da)
감각운동	물질 (아원자, 원자, 분자, 중합체)	물질	물리적	말쿠트	깨어 있는 상태	거친	1. 물질 (안나마야코샤)	신체	신체	1. 신체
	감각		감각					에테르	에테르 (섬세한 신체)	
	지각		지각							
환상-정서	외개념									
	충동/정서	신체	생기-정서	예소드			2. 정서-성 (프라나마야코샤)	아스트랄	아스트랄 (정서)	2. 정서체
	심상									
	상징									
표상심	내개념							m-1 (낮은 마음)		
	개념		낮은 마음							
				네차흐 / 호드						
구체적 조작	규칙/역할 초기	마음	구체적 마음							
	후기						3. 중간 마음		정신	

	기본 구조		일반적 대사슬	스리 오로빈도	카발라	베단타 상태	베단타 몸체	베단타 층	윌리암 틸러	리드베터 (신지학)	아디 다(Adi Da)
형식적 조작	과도기							(마노마야 코샤)			3. 낮은 마음
	형식식 조작	초기		논리적 마음		꿈꾸는 상태			m-2 (지성적 마음)		의지력
		후기		(추론)			정묘				거친마음
	과도기				티페렛					원인 (높은 마음)	
형식적 조작 후기	비전-	초기		높은 마음							
	논리	중기		(시스템)							
		후기									4. 높은 마음
								4. 높은 마음 (비즈나나마야 코샤)			심령세계가
	심령	초기		계봉된 마음	헤세드 / 게부라						열림
	(비전)	후기	혼 (심령과 정묘)						m-3 (영적 마음)		
										붓다적 (계몽된 마음)	
	정묘	초기		직관적 마음	호크마 / 비나						5. 초정신,
	(원형)	후기									심령/정묘
								5. 지복의 마음		아트만적 (보편 영)	
	원인	초기		상위 마음	케텔	깊은 수면 상태					6. 무형적
	(무형)	후기			아인		원인	(아난다마야 코샤)			지멸,
			영 (원인과 비이원)						영	모나드/로고스	니르비칼파
	비이원	초기		초월 마음	아인 소프						
		중기				투리야	투리야	브라만-아트만 (투리야티타)			7. 사하자
		후기		사트치트 아난다							바와

도표 3A. 인지발달

평균 출현 시기		기본 구조	피아제	커먼스와 리처즈	쿠르트 피셔 수준	알렉산더 (마음 수준)
		물질 ─ 아원자 / 원자 / 분자 / 중합체				
0~18개월	감각운동	감각			1. 단일 감각운동 세트(3~4개월)	
		지각	감각운동기	1a 감각운동 활동		1. 감각운동
		외개념			2. 감각운동적 매핑(7~8개월)	
				1b 문장적 활동		
1~3세	환상-정서	충동/정서			3. 감각운동 시스템(11~13개월)	2. 프라나-정서-욕망
		심상	전개념적			
		상징	전조작기	2a 명목적 활동	4. 단일 표상 세트(20~24개월)	
3~6세	표상심	내개념	직관적(개념적)	2b 전조작적 활동		
		개념	전조작기		5. 표상적 매핑(4~5세)	3. 표상적 마음
7~8세	구체적 조작	규칙/역할 초기	구체적 조작-하위 단계 1	3a 일차 활동	6. 표상적 시스템(6~7.5세)	
9~10세		후기	구체적 조작-하위 단계 2	3b 구체적 조작		

평균 출현 시기		기본 구조		피아제	커먼스와 리처즈	쿠르트 피셔 수준	알렉산더 (마음 수준)
11~12세	형식적 조작	과도기		과도기[구체적 조작 후기/형식적 조작 초기(하위 단계 1)]	4a 추상적	7. 추상적 세트(10~12세)	
13~14세		형식식 조작	초기	형식적 조작-하위 단계 2	4b 형식적	8. 추상적 매핑(11~15세)	
15~19세			후기	형식적 조작-하위 단계 3			4. 추상적 마음
19~21세	형식적 조작후기	과도기		(과도기-형식적 조작 후기/초기 혼합기)	5a 시스템적	9. 시스템(19~21세)	
열려 있음 ↓		비전-논리	초기	(혼합적 논리-시스템의 시스템)	5b 초시스템적	10. 시스템의 시스템(24~26세)	
			중기		6a 패러다임적		
			후기		6b 비교 패러다임적		
[21~28세]	예상되는 최저 연령 ↓						
[28~35세]		심령	초기				
		(비전)	후기				
							5. 초월적 직관
[35~42세]		정묘	초기				
		(원형)	후기				
[42~49세]		원인	초기				6. 근원 마음
		(무형)	후기				7. 순수 진아
[49~]		비이원	초기				8. 브라만-아트만
			중기				
			후기				

도표 3B. 인지발달

	기본 구조	전반적 발달 라인	파스쿠알-레오네	허브 코플로위츠	스리 오로빈도	패트리샤 알린	지젤라 라부비-비에프	잔 시놋	마이클 바세체스
감각운동	물질 (아원자, 원자, 분자, 중합체)				신체적				
	감각								
	지각	거친	감각운동			감각운동		감각운동	
환상-정서	외개념								
	충동/정서				생기-정서				
	심상								
	상징		전조작			전조작		전조작	
표상심	내개념								
	개념				낮은 마음				
							상징적		
구체적 조작	규칙/역할 초기				구체적 마음	2a 낮은 구체적 조작		구체적	1a 전형식적
	후기		구체적 조작 후기			2b 높은 구체적 조작			

	기본 구조		전반적 발달 라인	파스쿠알-레오네	허브 코플로위츠	스리 오로빈도	패트리샤 알린	지젤라 라부비-비에프	잔 시놋	마이클 바세체스
형식적 조작	과도기		거친체의 반영	형식적 조작 초기			3a 낮은 형식적 조작			
	형식식 조작	초기		형식적 조작	형식적	논리적 마음 (추론)	3b 높은 형식적 조작	시스템 내	형식적	1b 형식적 조작
		후기		형식적 조작 후기						2 중간 후형식 중기
	과도기			전변증법적	시스템		4a 후형식적	시스템 간		3 일반적으로 진보된
형식적 조작 후기	비전-	초기		변증법적	일반 시스템	높은 마음 (시스템)	4b-e 후형식	자율적	상대적	4 진보된 변증법적
	논리	중기		초월적 사고	일원적 개념		후기(변증법적)		통일된 이론	사고
		후기			↓					
	심령	초기				계몽된 마음				
	(비전)	후기								
			정묘							
	정묘	초기				직관적 마음				
	(원형)	후기								
	원인	초기				상위 마음				
	(무형)	후기	원인							
	비이원	초기	비이원			초월 마음				
		중기								
		후기				사트치트 아난다				

도표 4A. 자기와 관련된 단계

	기본 구조	제인 뢰빙거 (에고 단계)	존 브로튼 (자기 인식론)	설리반, 그랜트와 그랜트 (자기 통합)	분기점 (윌버)	제니 웨이드	마이클 워시번	에릭 에릭슨
감각운동	물질 ─ 아원자				F-0 분만 전후의 심오한 심령적 후유증	신생아, 출생시, 출생전 (초월이 가능)		
	원자							
	분자							
	중합체				F-1	1. 반응적	최초의 매몰	
	감각	전사회적,						신뢰 대 불신
	지각	자폐적						
환상-정서	외개념						신체에고	
				1. 자기와 비자기의				
	충동/정서	공생적		분화	F-2	2. 순박한	원초적 억압	자율성 대
	심상							수치와 의심
	상징	충동적		2. 조작적-요구적				
표상심	내개념						정신적 에고	
	개념		0. 자기는 '안에', 실재는 '밖에'	3. 힘	F-3	3. 자아 중심적		주도성 대
구체적 조작		자기 보호적	1. 대인 마음, 소인 신체	a. 규칙-				죄책감과 불안
	규칙/역할 초기		2. 순박한 주관주의,	cons				
	후기	순응주의자	마음과 신체의 분화	b. 규칙-	F-4	4. 순응주의자		근면성 대

	기본 구조		제인 뢰빙거 (에고 단계)	존 브로튼 (자기 인식론)	설리반, 그랜트와 그랜트 (자기 통합)	분기점 (윌버)	제니 웨이드	마이클 워시번	에릭 에릭슨
형식적 조작	과도기			3. 페르소나 대 내적 자기	순응주의자				열등감
	형식식 조작	초기	양심적 순응주의자	4. 이원론자 또는 실증주의자	4. 개성화초기				
		후기	양심적인	비판적, 기계론적		F-5	5. 성취/친화적		정체성 대 역할 혼란
	과도기		개인적인	5. 에고로부터 분화된	5. 연속성				친밀감 대 고립
형식적 조작 후기	비전-	초기	자율적인	내적 관찰자	6. 자기 일관성			초월을	
	논리	중기	통합된	6. 통합된 자기의 심신 경험	7. 상대성 통합	F-6	6. 진정한	위한 퇴행	생산성 대 침체
		후기							통합성 대 절망
	심령	초기				F-7			
	(비전)	후기						영 속에서의	
								부활	
	정묘	초기				F-8			
	(원형)	후기					7. 초월한		
	원인	초기				F-9			
	(무형)	후기							
							8. 일원적	통합	
	비이원	초기							
		중기				비이원			
		후기							

도표 4B. 자기와 관련된 단계

	기본 구조	주요 자기 라인	노이만 신화적 단계	노이만 심리적 단계	셸러 (구조적 하드웨어)	파스쿠알-레오네 (에고 발달)	칼 야스퍼스	루돌프 슈타이너	돈 벡 (나선동력학)
감각운동	물질 (아원자, 원자, 분자, 중합체)		플레로마	플레로마				신체	
				우로보로스적 융합					
	감각		우로보로스	영양적 우로보로스	유기체적 생존				1. 본능적
	지각			우로보로스적 대모				에테르체 자기	
환상-정서	외개념			소망 충족					
			위대한 어머니	마술	본능의 효과				
	충동/정서			모친 근친상간				아스트랄체(정서)	2. 마술적-
	심상			신체자기 자기애					물활론적
	상징		세계 부모의 분리	오이디푸스/엘렉트라					
표상심	내개념			의식/무의식	연합적 기억	현상적 에고 혹은 일상적 성인 에고를 넘어선 자기발달 단계 = 초월적 에고 단계(칸트, 후설) 혹은 '초월 자기'	실존적-현상학적 환원 혹은 명상적 사유의 수준-유형	감각-혼	3. 힘을 지닌 신들
	개념	전면적(혹은 에고)	용 싸움	본능의 극복					
			영웅의 탄생	에고의 출현					
구체적 조작	규칙/역할 초기		대모(大母) 살해	아니마의 분화	실용적 지성				4. 절대주의자-
	후기								종교적

	기본 구조		주요 자기 라인	노이만 신화적 단계	노이만 심리적 단계	셸러 (구조적 하드웨어)	파스쿠알-레오네 (에고 발달)	칼 야스퍼스	루돌프 슈타이너	돈 벡 (나선동력학)
형식적 조작	과도기			대부(大父) 살해	아니무스의 분화					
	형식식 조작	초기							합리적-혼	5. 개인주의적
		후기		포로와 보물	성숙한 에고	창조적-	1. 실존적 자기	1. 실증적		성취자
	과도기					영적 지성	2. 이원적 자기	2. 개념적		6. 상대주의자
형식적 조작 후기	비전-	초기		변용	에고/자기 통합		3. 변증법적 자기	3. 시간적		7. 시스템적
	논리	중기		↓			4. 깨달은 자기	4. 진정한	의식-혼	-통합적
		후기					(사중적 사고)	명상적 사유		8. 지구적
										-전일적
	심령	초기	심층심령(혹은 혼)						영-자기	9. 산호색
	(비전)	후기								↓
	정묘	초기							영-생명	
	(원형)	후기								
	원인	초기	주시자(혹은 진아)						영-인간	
	(무형)	후기								
	비이원	초기								
		중기								
		후기								

도표 4C. 자기와 관련된 단계

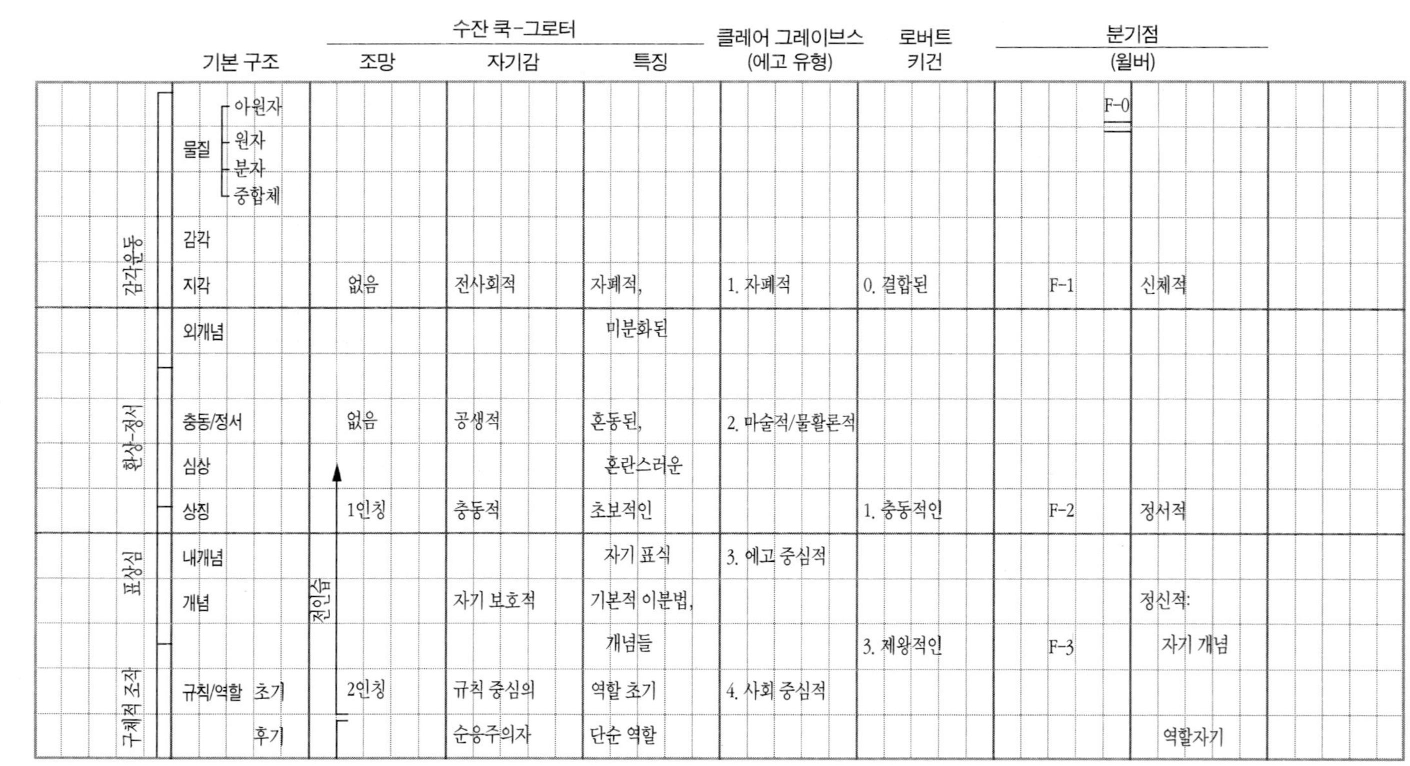

	기본 구조	수잔 쿡-그로터: 조망	수잔 쿡-그로터: 자기감	수잔 쿡-그로터: 특징	클레어 그레이브스 (에고 유형)	로버트 키건	분기점 (월버)	
	물질 – 아원자						F-0	
	원자							
	분자							
	중합체							
감각운동	감각							
	지각	없음	전사회적	자폐적,	1. 자폐적	0. 결합된	F-1	신체적
	외개념			미분화된				
환상-정서	충동/정서	없음	공생적	혼동된,	2. 마술적/물활론적			
	심상	↑		혼란스러운				
	상징	1인칭	충동적	초보적인		1. 충동적인	F-2	정서적
표상심	내개념			자기 표식	3. 에고 중심적			
	개념	전인습	자기 보호적	기본적 이분법,				정신적:
				개념들		3. 제왕적인	F-3	자기 개념
구체적 조작	규칙/역할 초기	2인칭	규칙 중심의	역할 초기	4. 사회 중심적			
	후기		순응주의자	단순 역할				역할자기

	기본 구조		수잔 쿡-그로터 조망	수잔 쿡-그로터 자기감	수잔 쿡-그로터 특징	클레어 그레이브스 (에고 유형)	로버트 키건	분기점 (윌버)	
형식적 조작	과도기		인습 3인칭	자의식적	내성		3. 대인관계적	F-4	(페르소나)
	형식식 조작	초기		목표지향적	역사적 자기,	5. 다중적			
		후기		양심적	다수 역할	6. 상대적/	4. 형식적-제도적	F-5	에고(합리적
	과도기		4인칭	개인적	자기의 상대성	개인주의적			반성적)
후기 형식적 조작	비전-	초기	후인습	자율적	시스템으로서의 자기	7. 시스템적			통합된
	논리	중기	5인칭	에고-주시	구조로서의 자기	(통합된)	5. 후형식적-	F-6	켄타우로스
		후기	6인칭	구조-주시	투명한 자기		간개인적		
			지구적	보편적	에고		↓		
	심령	초기	우주적	우주적	초월				혼: 심령
	(비전)	후기		↓	↓			F-7	
	정묘	초기							
	(원형)	후기						F-8	정묘
	원인	초기							영: 원인
	(무형)	후기						F-9	
	비이원	초기							
		중기						비이원	비이원
		후기							

도표 5A. 자기와 관련된 도덕 및 조망의 단계

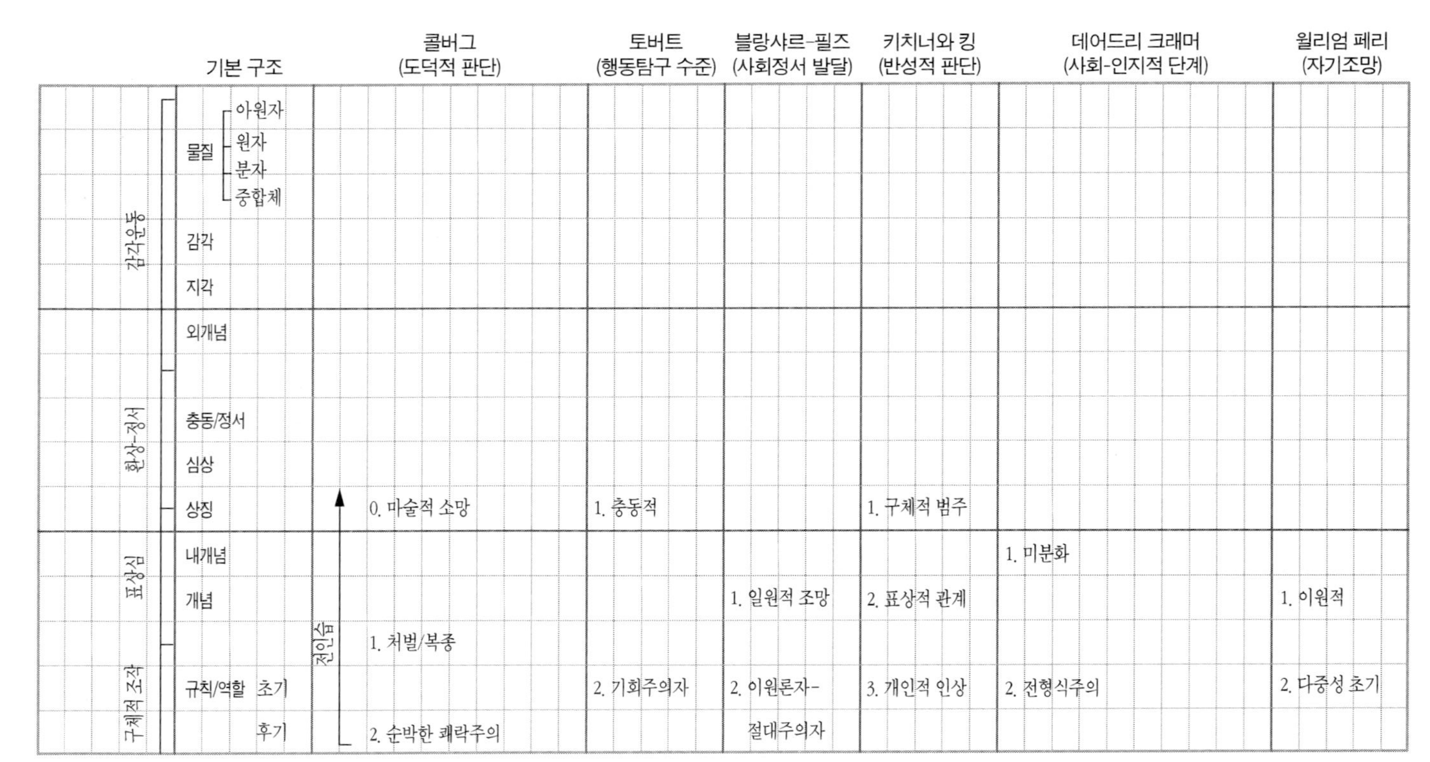

	기본 구조	콜버그 (도덕적 판단)	토버트 (행동탐구 수준)	블랑샤르-필즈 (사회정서 발달)	키치너와 킹 (반성적 판단)	데어드리 크래머 (사회-인지적 단계)	윌리엄 페리 (자기조망)
감각운동	물질 (아원자, 원자, 분자, 중합체)						
	감각						
	지각						
환상-정서	외개념						
	충동/정서						
	심상						
	상징	0. 마술적 소망	1. 충동적		1. 구체적 범주		
표상심	내개념					1. 미분화	
	개념			1. 일원적 조망	2. 표상적 관계		1. 이원적
		전인습 1. 처벌/복종					
구체적 조작	규칙/역할 초기		2. 기회주의자	2. 이원론자-절대주의자	3. 개인적 인상	2. 전형식주의	2. 다중성 초기
	후기	2. 순박한 쾌락주의					

	기본 구조			콜버그 (도덕적 판단)	토버트 (행동탐구 수준)	블랑샤르-필즈 (사회정서 발달)	키치너와 킹 (반성적 판단)	데어드리 크래머 (사회-인지적 단계)	윌리엄 페리 (자기 조망)
형식적 조작	과도기		인습	3. 타인을 인정	3. 외교관	3. 다중적 결과	4. 추상화	3. 형식주의/기계주의	3/4. 다중성
	형식식 조작	초기		4. 법률과 질서	4. 기술자	4. 다중 조망	5. 상대주의,	4. 정태적 상대주의, 다원주의	5. 상대주의
		후기		4/5. 과도기	5. 성취자	초기	맥락주의	5. 정태적 시스템	다원주의
	과도기			5. 우선적 권리/ 사회적 계약		5. 다중 조망	6. 통합 초기	6. 역동적 상대주의, 맥락주의	전념
후형식적 조작	비전-	초기			6. 실존적		7. 통합		6/7. 초기
	논리	중기	후인습	6. 보편적	7. 풍자적인	6. 통합적		7. 역동적 변증법주의	8/9. 중기, 후기
		후기		도덕적	(초월적) ↓	다중 조망		("문화적, 역사적 시스템을 진화하는 사회구조에 통합")	
	심령	초기		7. 보편적					
	(비전)	후기	후인습 후기	영적					
	정묘	초기							
	(원형)	후기							
	원인	초기							
	(무형)	후기							
	비이원	초기							
		중기							
		후기							

도표 5A. 자기와 관련된 도덕 및 조망의 단계

도표 5B. 자기와 관련된 도덕 및 조망의 단계

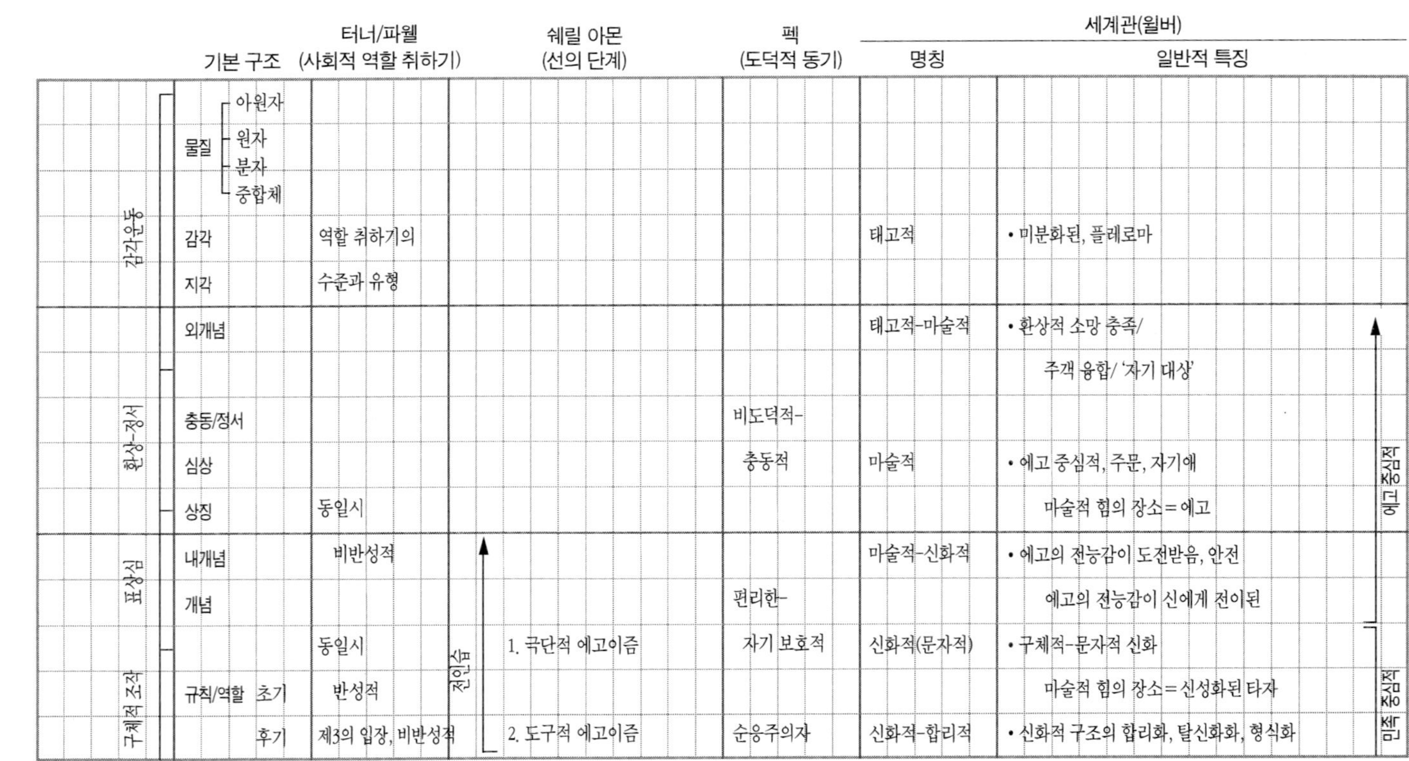

	기본 구조	터너/파웰 (사회적 역할 취하기)	쉐릴 아몬 (선의 단계)	펙 (도덕적 동기)	세계관(윌버) 명칭	세계관(윌버) 일반적 특징	
감각운동	물질 (아원자, 원자, 분자, 중합체)						
	감각	역할 취하기의			태고적	• 미분화된, 플레로마	
	지각	수준과 유형					
환상-정서	외개념				태고적-마술적	• 환상적 소망 충족/	↑
						주객 융합/ '자기 대상'	
	충동/정서			비도덕적-			
	심상			충동적	마술적	• 에고 중심적, 주문, 자기애	에고 중심적
	상징	동일시				마술적 힘의 장소 = 에고	
표상심	내개념	비반성적	↑		마술적-신화적	• 에고의 전능감이 도전받음, 안전	
	개념			편리한-		에고의 전능감이 신에게 전이된	
구체적 조작		동일시	전인습 / 1. 극단적 에고이즘	자기 보호적	신화적(문자적)	• 구체적-문자적 신화	
	규칙/역할 초기	반성적				마술적 힘의 장소 = 신성화된 타자	민족 중심적
	후기	제3의 입장, 비반성적	2. 도구적 에고이즘	순응주의자	신화적-합리적	• 신화적 구조의 합리화, 탈신화화, 형식화	

	기본 구조		터너/파웰 (사회적 역할 취하기)		쉐릴 아몬 (선의 단계)	펙 (도덕적 동기)	세계관(윌버) 명칭	세계관(윌버) 일반적 특징	
형식적 조작	과도기		제3의 입장, 반성적	인습	3. 정서적 상호성	(비합리적-			
	형식식조작	초기	상호적 효과		4. 개별성	양심적)	합리적 형식주의	• 정태적 보편적 형식주의	세계 중심적
		후기			4/5. 주관적 상대주의			• 정태적 시스템/맥락	
형식적 조작 후기	과도기		상호적 공감	후인습		합리적-이타적	다원적 상대주의	• 다원적 시스템,	
	비전-	초기			5. 자율성			역동적-다중적 맥락/역사	
	논리	중기			6. 보편적 전일론		전일적 통합주의	• 다중적 맥락들의 통합, 패러다임적	
		후기	사회적 천재					• 비교 패러다임,	
								세계 과정으로서의 변증법적 발달론	
	심령	초기					심령(샤먼, 요기)	• 세계 과정과의 합일, 자연 신비주의,	신 중심적
	(비전)	후기						거친 영역의 융합	
	정묘	초기					정묘(원형적, 성자)	• 거친 영역의 창조물과의 합일	
	(원형)	후기						신성신비주의, 정묘 영역의 융합	
	원인	초기					원인(무형, 현자)	• 현시된 영역의 원천과의 합일	
	(무형)	후기						무형 신비주의, 원인적 통일	
	비이원	초기					비이원(싯다)	• 유형과 무형의 합일,	
		중기						영과 세계 과정	
		후기						비이원 신비주의	

도표 5C. 자기와 관련된 도덕 및 조망의 단계

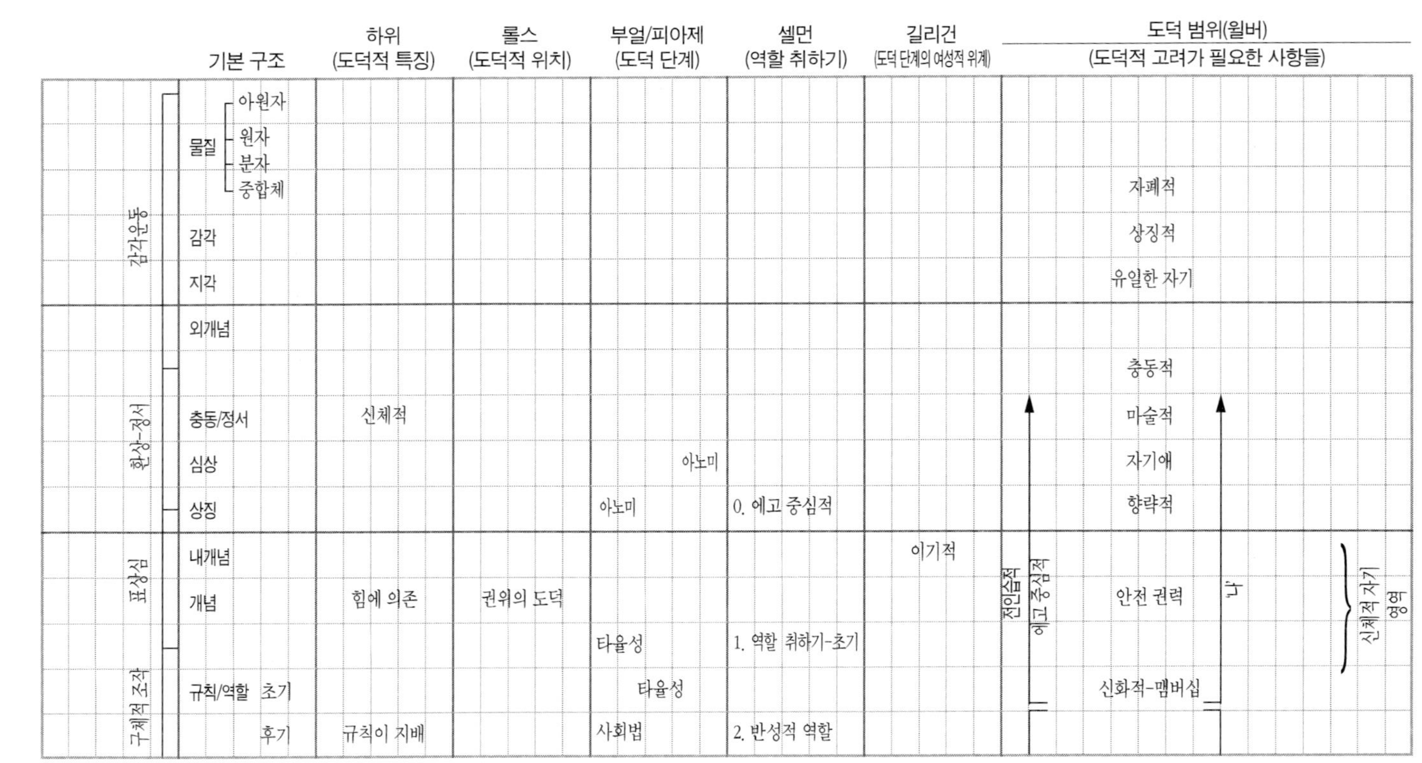

	기본 구조	하위 (도덕적 특징)	롤스 (도덕적 위치)	부얼/피아제 (도덕 단계)	셀먼 (역할 취하기)	길리건 (도덕 단계의 여성적 위계)	도덕 범위(윌버) (도덕적 고려가 필요한 사항들)
감각운동	물질 – 아원자						
	원자						
	분자						
	중합체						자폐적
	감각						상징적
	지각						유일한 자기
환상-정서	외개념						
							충동적
	충동/정서	신체적					마술적
	심상			아노미			자기애
	상징			아노미	0. 에고 중심적		향략적
표상심	내개념					이기적	
	개념	힘에 의존	권위의 도덕				안전 권력 / '나'
				타율성	1. 역할 취하기-초기		
구체적 조작	규칙/역할 초기			타율성			신화적-멤버십
	후기	규칙이 지배		사회법	2. 반성적 역할		

	기본 구조		하위 (도덕적 특징)	롤스 (도덕적 위치)	부얼/피아제 (도덕 단계)	셀먼 (역할 취하기)	길리건 (도덕 단계의 여성적 위계)	도덕 범위(월버) (도덕적 고려가 필요한 사항들)				
형식적 조작	과도기			연합의 도덕		3. 상호적 역할 취	배려	인습적	사회 중심적	순응주의 합리적-반성적	'우리' 가족, 집단 종족, 국가	신화적 멤버십 영역
	형식식 조작	초기	목적지향적			하기, 조망주의						
		후기			자율성	4. 개인주의적 역할	보편적 배려					
형식적 조작 후기	과도기			원리의 도덕	자율성	5. 상징적						
	비전-	초기	가치지향적			상호관계	위계적-통합적	후인습적	세계 중심적	보편적-지구적	'우리 모두' 모든 인간	합리적 보편적 다원주의 영역
	논리	중기										
		후기										
	심령	초기							사먼	모든 지구적 존재 (요기)	'전 지구적 존재들'	세계 혼 영역
	(비전)	후기										
	정묘	초기						후인습 후기	보살	모든 영역의 지각 있는 존재 (성자)	'전 영역의 지각 있는 모든 존재들'	브라만 영역
	(원형)	후기										
	원인	초기										
	(무형)	후기							부처	이미 항상 (현자/싯다)	현현과 비현현의 모든 실재	원초적 자각에서의 자기 해방
	비이원	초기										
		중기										
		후기										

도표 5C. 자기와 관련된 도덕 및 조망의 단계

도표 6A. 영성의 단계

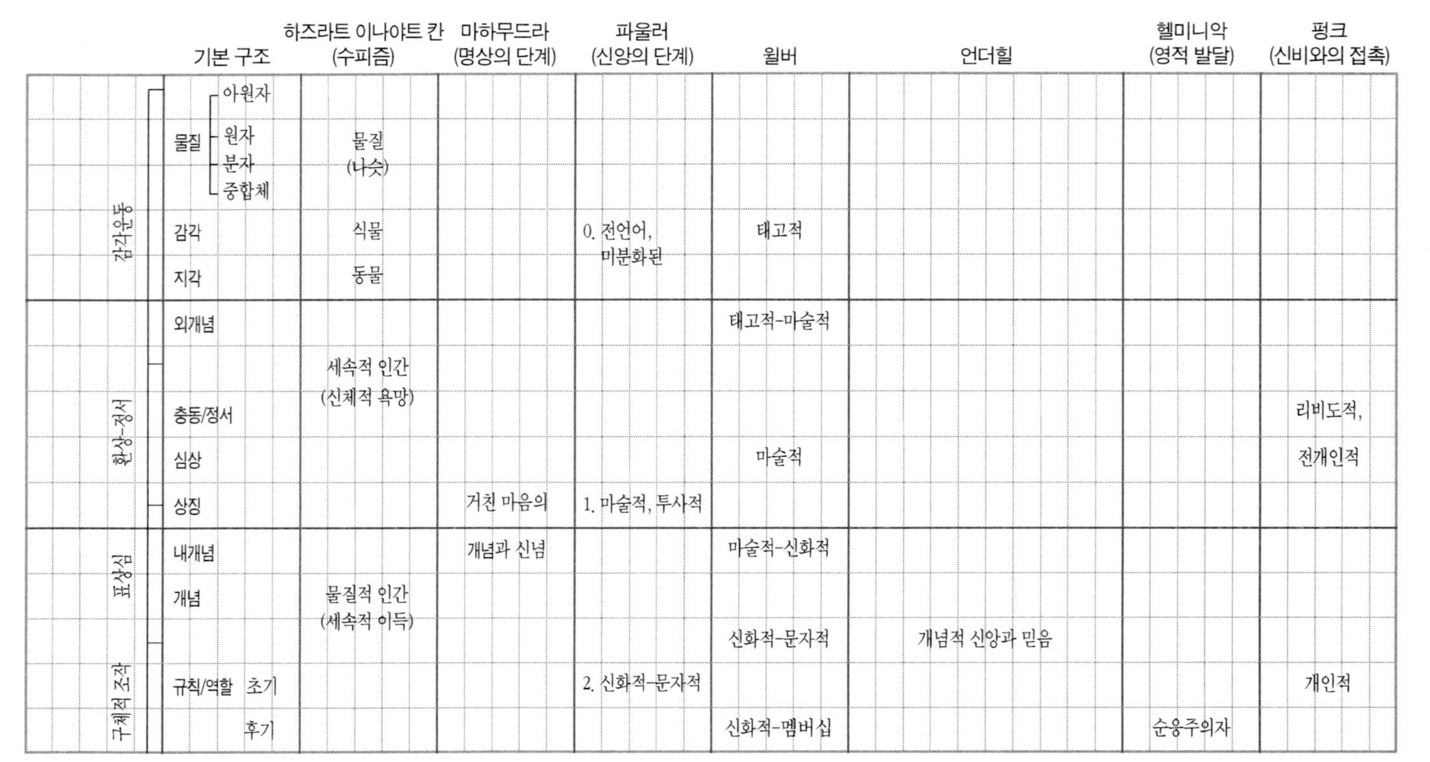

	기본 구조	하즈라트 이나야트 칸 (수피즘)	마하무드라 (명상의 단계)	파울러 (신앙의 단계)	윌버	언더힐	헬미니악 (영적 발달)	펑크 (신비와의 접촉)
감각운동	물질 ─ 아원자, 원자, 분자, 중합체	물질 (나슷)						
	감각	식물		0. 전언어, 미분화된	태고적			
	지각	동물						
환상-정서	외개념				태고적-마술적			
		세속적 인간 (신체적 욕망)						
	충동/정서							리비도적,
	심상				마술적			전개인적
	상징		거친 마음의	1. 마술적, 투사적				
표상심	내개념		개념과 신념		마술적-신화적			
	개념	물질적 인간 (세속적 이득)						
					신화적-문자적	개념적 신앙과 믿음		
구체적 조작	규칙/역할 초기			2. 신화적-문자적				개인적
	후기				신화적-멤버십		순응주의자	

	기본 구조		하즈라트 이나야트 칸 (수피즘)	마하무드라 (명상의 단계)	파울러 (신앙의 단계)	윌버	언더힐	헬미니악 (영적 발달)	펑크 (신비와의 접촉)
형식적 조작	과도기			올바른 신념	3. 인습적				
	형식식 조작	초기	예술적 인간		4. 개인적-반성적			양심적 순응주의자	심리적
		후기	(인습을 넘어)			합리적-보편적		양심적	
후기 형식적 조작	과도기			기초	5. 결합적 신앙				창조적 (지구적)
	비전-	초기		보편적- 윤리적 실천		통합적-전일적 (지구적)		자비로운	
	논리	중기	이상주의적		6. 보편화		관조적 광명	우주적인	
		후기	(보편적 원리들)		↓				
				명상: 접근					
	심령	초기	드진(천재)			자연신비주의	1. 자연신비주의		자연신비주의
	(비전)	후기	비전 마음	1. 하나에 집중		샤먼, 요기	삶의 흐름과 합일		
			(말쿳)	거친 융합/ 정묘적 지각, 광채		거친 영역의 융합	의식의 측면적 팽창		
	정묘	초기	혼(천사적)			신성 신비주의	2. 형이상학적 신비주의		원형적, 신성신비주의
	(원형)	후기	아카샤-원형적			광명, 성자적	회상(원형적)		
			아르와-신성적 광채			정묘영역의 융합	광명 묵상-신적 사랑		
	원인	초기	와닷-주시자	2. 단순성		무형신비주의	신성한 무지(지멸)		
	(무형)	후기	드자브룻-지멸	지멸		지멸 원인적			
			무형	공(空)		융합	3. 신성 신비주의-		
	비이원	초기	자트: 절대 의식	3. 일미		비이원 신비주의	어두운 밤-합일		영, 절대와의 합일
		중기		융합형상/무형상		지속적 의식			
		후기	비이원	4. 비명상					

도표 6B. 영성의 단계

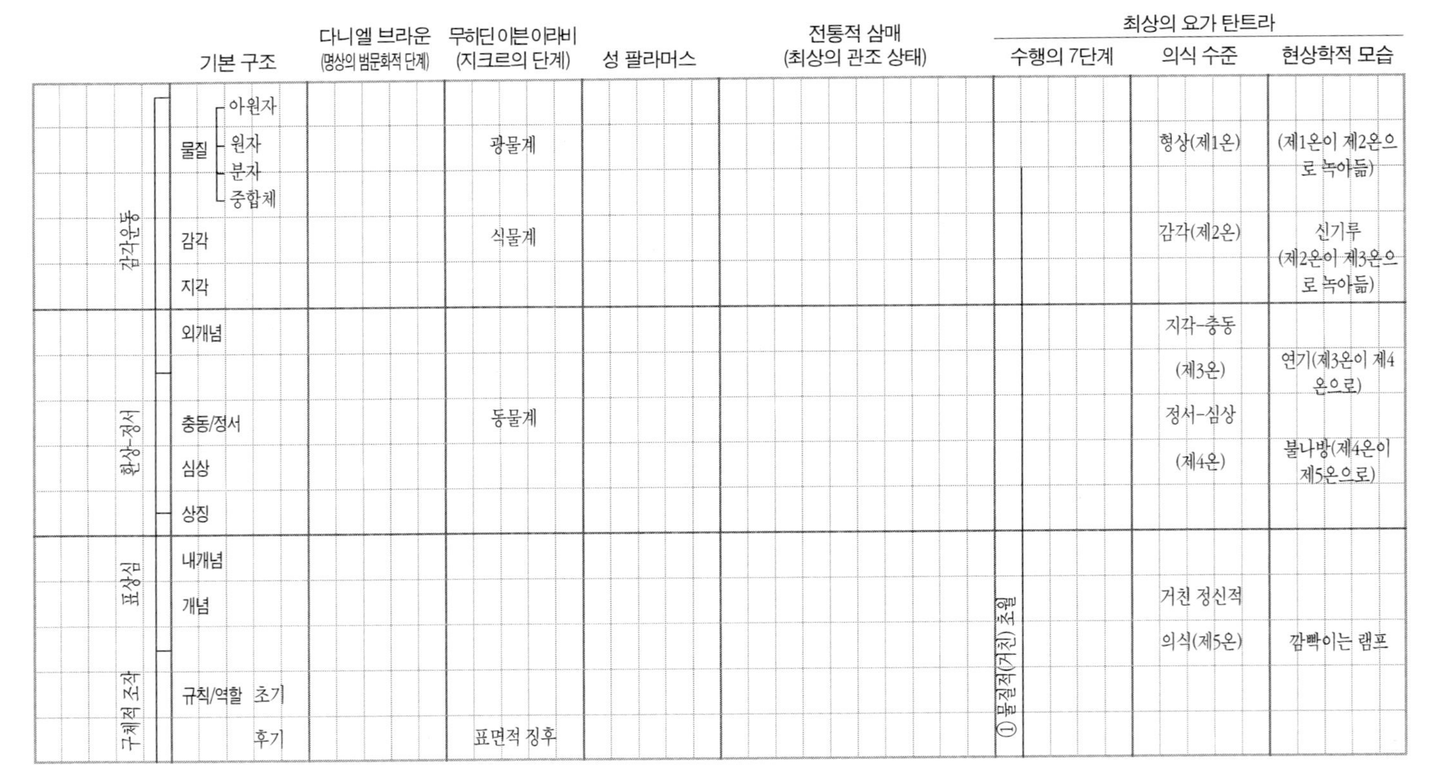

	기본 구조	다니엘 브라운 (명상의 범문화적 단계)	무히딘 이븐 아라비 (지크르의 단계)	성 팔라머스	전통적 삼매 (최상의 관조 상태)	최상의 요가 탄트라: 수행의 7단계	최상의 요가 탄트라: 의식 수준	최상의 요가 탄트라: 현상학적 모습
감각운동	물질 ┬ 아원자							
	├ 원자		광물계				형상(제1온)	(제1온이 제2온으로 녹아듦)
	├ 분자							
	└ 중합체							
	감각		식물계				감각(제2온)	신기루 (제2온이 제3온으로 녹아듦)
	지각							
환상-정서	외개념						지각-충동	
							(제3온)	연기(제3온이 제4온으로)
	충동/정서		동물계				정서-심상	
	심상						(제4온)	불나방(제4온이 제5온으로)
	상징							
표상심	내개념					① 물질적(거친) 조율		
	개념						거친 정신적	
							의식(제5온)	깜빡이는 램프
구체적 조작	규칙/역할 초기							
	후기		표면적 징후					

	기본 구조		다니엘 브라운 (명상의 범문화적 단계)	무히딘 이븐 아라비 (지크르의 단계)	성 팔라머스	전통적 삼매 (최상의 관조 상태)	최상의 요가 탄트라: 수행의 7단계	최상의 요가 탄트라: 의식 수준	최상의 요가 탄트라: 현상학적 모습
형식적 조작	과도기								
	형식식 조작	초기	• 예비 수련					80가지 거친 정신적 개념	지속적인 램프
		후기		보편적 질서					
	과도기							(거친 의식 전체)	
형식적 조작 후기	비전-	초기				초정신적			
	논리	중기		통합적		명상적 의식	② 언어적(정묘) 조월		
		후기		아이디어					
			• 대상이 있는 집중		비전		중심 채널에서	(거친 의식의 해소:)	
	심령	초기		신성한					
	(비전)	후기	• 거친 지각을 초월	형태의 지성	회상		③ 정신적(원인) 조월	정묘 의식	투명한 가을 달밤
				비전-전체성				흰빛(광명)	
	정묘	초기	• 정묘-지각	상승적 시야	신성한 빛	유상삼매	④ 바람이 용해됨: 심장에서 (불순한 환상체)		
	(원형)	후기		신성한 빛	신지(神知)	광명, 신 형상		붉은색이 증가 매우 정묘한	투명한 가을 햇빛
			• 광명	지복		원형적 형상		(원인적) 의식	
	원인	초기	• 통찰	주시자-전체성	무형의 광명	무상삼매-지멸	심장의 근원에서		
	(무형)	후기	• 지멸	그노시스		즈나나-니로다, 니르바나		검은색 거의 도달함 (지멸)	가을밤의 짙은 어둠
			• 진보된 통찰	돌아온 자		니르바나 이후 단계:			
	비이원	초기				사하자-일미	⑤ 실제의 투명한 빛	투명한-빛	
		중기	• 깨달음:			사하자-비명상	⑥ 학습자의 융합		투명한 가을 새벽
		후기	a, b, c			깨달음 이후-바와(bhava)	⑦ 불성	공(空)	

도표 6C. 영성의 단계

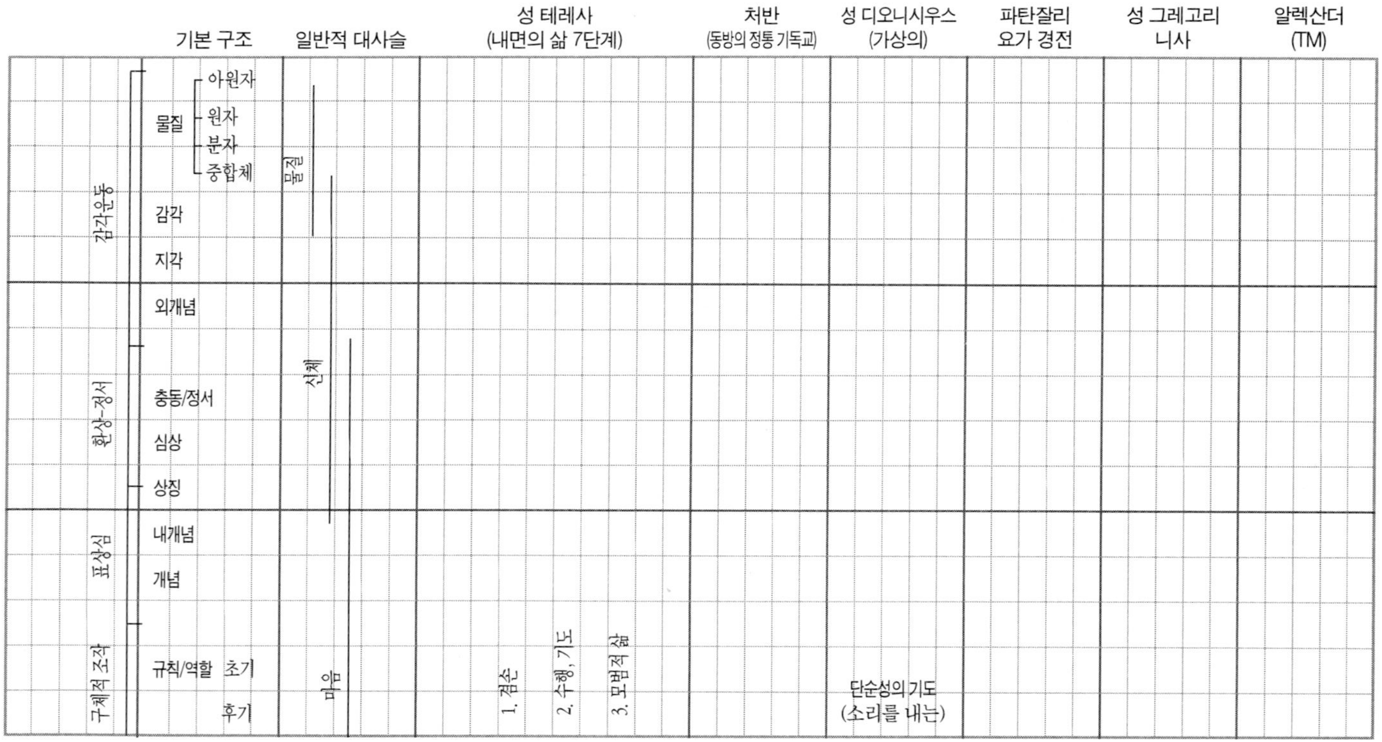

	기본 구조		일반적 대사슬	성 테레사 (내면의 삶 7단계)	처반 (동방의 정통 기독교)	성 디오니시우스 (가상의)	파탄잘리 요가 경전	성 그레고리 니사	알렉산더 (TM)
감각운동	물질	아원자	물질						
		원자							
		분자							
		중합체	신체						
	감각								
	지각								
	외개념								
환상-정서	충동/정서								
	심상								
	상징								
표상심	내개념		마음						
	개념								
구체적 조작	규칙/역할	초기		1. 겸손 2. 수행, 기도 3. 모범적 삶					
		후기				단순성의 기도 (소리를 내는)			

	기본 구조		일반적 대사슬	성 테레사 (내면의 삶 7단계)	처반 (동방의 정통 기독교)	성 디오니시우스 (가상의)	파탄잘리 요가 경전	성 그레고리 니사	알렉산더 (TM)
형식적 조작	과도기								
	형식식 조작	초기			심상-예비적		정화, 자제, 프라나야나	죄악의	
		후기						어둠	
	과도기				오리엔테이션	마음의 기도			
형식적 조작 후기	비전-	초기			메타노이아-	(목소리를 안 내는)			
	논리	중기			영적인 세계로				
		후기			전향		회상, 명상		
						(정화)	하나에 집중	신을 믿음	
	심령	초기		4. 회상의 기도,	아파테이아-	회상의 기도			
	(비전)	후기		초기 비전	초연함				
					정화	(광명)	정묘지각		
	정묘	초기	혼	5. 합일의 기도	빛-신성한 광명	고요함의 기도	광명	빛	
	(원형)	후기		(에고가 죽고, 혼이 출현)		(합일)	빛이 퍼져 나감		
				광명	신지-신과 하나됨	합일의 기도	붓디와 하나됨		
	원인	초기				'영광스러운		'보지 못함'	초월의식
	(무형)	후기		6. 지멸-무형		무(無)' (무지의 구름)	지멸(니로다)	빛나는 어둠	
				7. 영적 결혼					주시자가 상주함
	비이원	초기	영				비구름		
		중기							정교한
		후기							합일의식

도표 7. 여러 가지 발달 라인

	기본 구조	성애적 관계(운)	욕구(매슬로)	'음식' 수준(관계적 교환)(윌버)	경험양상(치넨)	공감(버넥)	성 정체성(윌버)	정서(윌버)
감각운동	물질 – 아원자, 원자, 분자, 중합체	신체적	생리학적	물질적 교환 -음식 -노동			• 형태학적-유전적으로 주어진	• 반응성
	감각							• 감각
	지각	본능적					• 미분화된	• 물리적 상태: 접촉, 온도, 쾌락, 고통
환상-정서	외개념		안전의 시작					
	충동/정서	정서적		정서적 교환 -성 -안전, 권력 -소속감, 배려			• 분화된 기본 성 정체성	• 원시 정서: 긴장, 공포, 격노, 만족
	심상							
	상징					다른 사람의 관점을 취하지 않으려 함		
표상심	내개념		안전					• 2° 정서: 불안, 분노, 소망, 좋아함, 안전
	개념				1. 규정			
구체적 조작	규칙/역할 초기	구체적 정신		정신적 교환 -멤버십 담론		다른 사람의 관점을 취할 수 없음	• 성 인습성	• 3° 정서: 사랑, 기쁨, 우울, 증오, 소속감
	후기		소속감				• 성	

	기본 구조		성애적 관계(운)	욕구(매슬로)	'음식' 수준(관계적 교환) (윌버)	경험양상 (치넨)	공감 (버낵)	성 정체성 (윌버)	정서 (윌버)
형식적 조작	과도기					2. 반성	다른 사람의 관점을 기꺼이 취함	일관성	
	형식식 조작	초기		자존감	- 자기 반성적 교환			(규범)	• 4° 정서: 보편적 정서, 지구적 정의, 배려, 자비, 인류애, 세계 중심적 이타주의
		후기				3. 표상	다른 사람의 관점을 취할 수 있음		
	과도기		추상적 정신			4. 실증적			
형식적 조작 후기 ↓	비전-논리	초기		자아실현	- 자율적 교환	5. 해석적		• 양성성	
		중기						(초분화)	
		후기							
						6. 동조			
	심령	초기		자아 초월	혼적 교환				• 경외, 환희, 모든 종을 포괄하는 사랑, 자비
	(비전)	후기	구체적 영		- 심령적 비전				
				↓	- 신과의 교류	7. 깨달음		• 원형적	
	정묘	초기				↓		성 합일	• 지복, 엑스터시, 사랑-지복, 성자적 헌신
	(원형)	후기			- 신과의 합일			(탄트라)	
	원인	초기	순수 영		영적 교환			• 성을 넘어서	• 무한한 자유-해방, 보살적 자비
	(무형)	후기			- 신성 정체성				
	비이원	초기			- 사하자(Sahaja)				• 일미
		중기							
		후기							

도표 8. 기 타

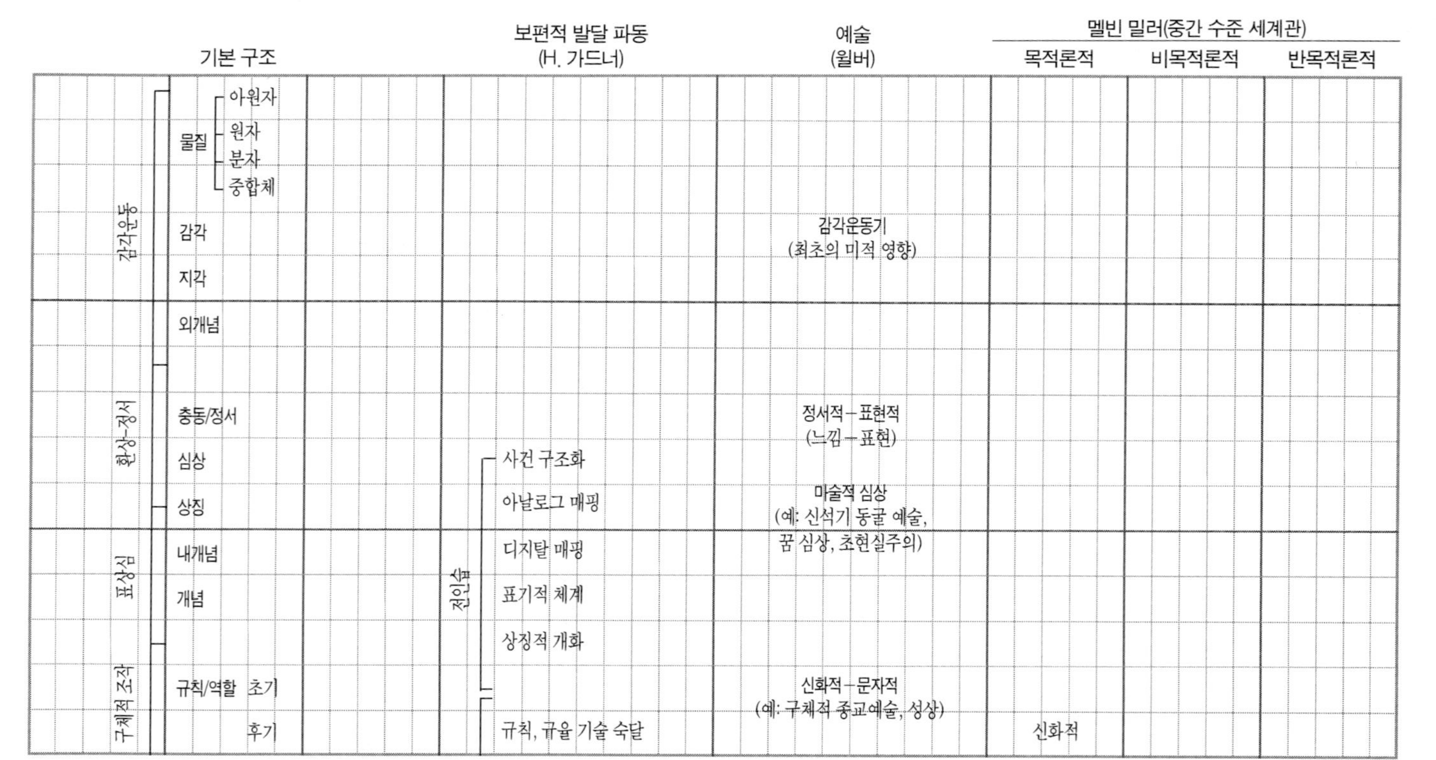

	기본 구조		보편적 발달 파동 (H. 가드너)	예술 (윌버)	멜빈 밀러(중간 수준 세계관) 목적론적	비목적론적	반목적론적
감각운동	물질 (아원자, 원자, 분자, 중합체)						
	감각			감각운동기 (최초의 미적 영향)			
	지각						
환상-정서	외개념						
	충동/정서			정서적－표현적 (느낌－표현)			
	심상		전인습: 사건 구조화				
	상징		아날로그 매핑	마술적 심상 (예: 신석기 동굴 예술, 꿈 심상, 초현실주의)			
표상심	내개념		디지탈 매핑				
	개념		표기적 체계				
			상징적 개화				
구체적 조작	규칙/역할	초기		신화적－문자적 (예: 구체적 종교예술, 성상)			
		후기	규칙, 규율 기술 숙달		신화적		

기본 구조			보편적 발달 파동 (H. 가드너)		예술 (윌버)	멜빈 밀러(중간 수준 세계관) 목적론적	비목적론적	반목적론적
형식적 조작	과도기		인습			유신론	스토아주의	기계론
	형식식 조작	초기			조망적 자연주의, 실증—표상적, 인상주의자			
		후기		자기비판적, 상대주의		인본주의	회의주의	회의론
	과도기							
형식적 조작 후기	비전–	초기	후인습		개념적, 형식적			
	논리	중기		자기와 문화의 통합	비조망적 입체파, 추상	통합적	실존주의	범신론
		후기				유신론		
					상징주의자 공상적 실재주의자			
	심령	초기						
	(비전)	후기	후인습 후기		심령적 자각			
	정묘	초기			원형적 (예: 탱화, 헌신적 표현주의자)			
	(원형)	후기						
	원인	초기						
	(무형)	후기						
	비이원	초기						
		중기			비이원 (예: 선(禪) 풍경)			
		후기						

도표 9A. 사회문화적 진화

	기본 구조	주요 시대(윌버) 문화적	주요 시대(윌버) 사회적	하버마스 (시대)	진 휴스턴 (G. 허드)	하버마스 (자료가 희박함)	시대	렌스키 (기술－경제적 바탕)
감각운동	물질 (아원자, 원자, 분자, 중합체)							
	감각							
	지각							
환상－정서	외개념							
		태고적					구석기 시대	단순한 수렵과 채집
	충동/정서		수렵채집 사회	태고적	전개인적인 협소한 의식			
	심상		종족 조직화된 사냥	남성의 가족화		자연을		
	상징			마술적－물활론적		지배하는 힘 (신체적 안전)	중석기 시대	진보된 수렵과 채집
표상심	내개념	마술적－타이폰적		종족적 혈연관계				
	개념		원예사회 촌락	전인습적 법률			신석기 시대	단순한 원예
				신화적				
구체적 조작	규칙/역할 초기		농업사회 초기 상태	인습적 법률	개인 초기	법률적 안전 (법과 질서)	청동기 시대	진보된 원예
	후기			초기 상태				단순한 농업

	기본 구조	주요 시대(윌버) 문화적	주요 시대(윌버) 사회적	하버마스 (시대)	진 휴스턴 (G. 허드)	하버마스 (자료가 희박함)	시대	렌스키 (기술–경제적 바탕)
형식적 조작	과도기	신화적 멤버십	진보된 농업사회	신화적–합리적 제국	개인 중기			
	형식식 조작 초기		제국				철기시대	진보된 농업 산업
	후기	합리적–에고적	산업사회	합리적–반성적 국가	개인	가치		
	과도기		국가	후인습적 법률				
형식적 조작 후기	비전– 초기	통합적–켄타우로스적	정보사회			의미	글로벌화	정보
	논리 중기		지구촌	세계시민 세계적				
	후기	가장 진보된 경우						
					개인 후기			
	심령 초기	샤먼						
	(비전) 후기							
	정묘 초기	성자						
	(원형) 후기							
	원인 초기	현자						
	(무형) 후기							
	비이원 초기	싯다						
	중기							
	후기							

도표 9B. 사회문화적 진화

	기본 구조	사회문화적 (윌버)	장 겝서	A. 테일러 (사회기구 수준)	제이 얼리	로버트 벨라 (종교 시스템의 진화)	듀안 엘진 시대 (의식)		
감각운동	물질 — 아원자								
	원자								
	분자								
	중합체								
	감각								
	지각								
환상-정서	외개념	태고적							
			태고적			원시적	1. 태고적 인간 (축소된 의식)		
	충동/정서	수렵채집		S_1—가족,					
	심상	종족		씨족, 무리	1. 종족적				
	상징	마술적	마술적		수렵 마술	태고적	2. 수렵채집인 (표면 의식)		
표상심	내개념								
	개념	원예적		S_2—종족,	2. 원예,				
		촌락	신화적	지역적인	촌락,				
구체적 조작	규칙/역할 초기	신화적 농업			신화	역사적	3. 농업인 (깊이)		
	후기	초기 상태		S_3—신정주의적	3. 제국,				

	기본 구조			사회문화적 (윌버)	장 겝서	A. 테일러 (사회기구 수준)	제이 얼리	로버트 벨라 (종교 시스템의 진화)	듀안 엘진 시대 (의식)		
형식적 조작	과도기			진보된 농업	정신적	제국	신과 영웅	초기 – 근대			
	형식식 조작	초기	합리적	제국			4. 중세				
		후기		산업국가		S_4 – 국가	5. 근대,	근대	4. 도시 – 산업 (역동적)		
	과도기				통합적 –		민주주의,				
형식적 조작 후기	비전 –	초기	켄타우로스적	정보	비조망적	S_5 – 초국가	개인주의		미래:		
	논리	중기		지구촌			6. 세계 의식		5. 세계적 화합 (반성적)		
		후기					↓				
	심령	초기									
	(비전)	후기									
	정묘	초기							6. 세계적 유대 (대양적)		
	(원형)	후기									
	원인	초기							7. 세계적 창조성 플로(flow)		
	(무형)	후기									
	비이원	초기							8. 세계적 지혜 (통합적)		
		중기									
		후기									

도표 10. 위르겐 하버마스

	기본 구조			개인의 정체성	의사소통 수준	훌륭한 삶에 대한 생각	타당성 영역	윤리
감각운동	물질	아원자						
		원자						
		분자						
		중합체						
	감각							
	지각							
환상-정서	외개념							
	충동/정서							
	심상							
	상징		(신체 에고)	자연적	행동과			
표상심	내개념			정체성	행동의 결과			
	개념							
						1. 복종하는 쾌락주의	자연과 사회환경	순박한 쾌락주의
구체적 조작	규칙/역할	초기						
		후기	(페르소나)	역할	역할	2. 교환하는 쾌락주의		

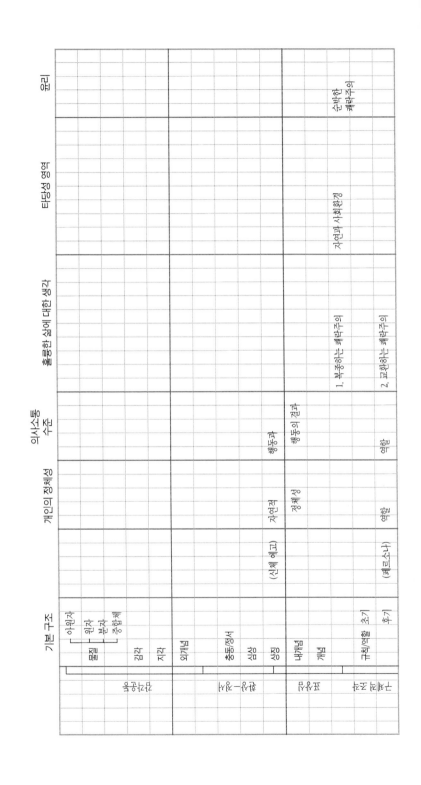

	기본 구조			개인의 정체성	의사소통 수준	훌륭한 삶에 대한 생각	타당성 영역	윤리
형식적 조작	과도기			정체성	규범 시스템	3. 구체적 도덕성/1차 집단	일차적 참조집단	
	형식식 조작	초기				4. 구체적 도덕성/2차 집단	정치적 집단 멤버들	특정한 질서
		후기				5. 시민의 자유, 법률적 자유	모든 법률적 단체	합리적 자연법
	과도기		(에고)	에고	원칙들			
형식적 조작 후기	비전-	초기		정체성		6. 도덕적 자유	사적 개인으로서의 모든 인간	형식주의적 윤리
	논리	중기	(켄타우로스)			7. 정치적 자유	세계 시민으로서의 모든 인간	언어의 보편적 윤리
		후기						
	심령	초기						
	(비전)	후기						
	정묘	초기						
	(원형)	후기						
	원인	초기						
	(무형)	후기						
	비이원	초기						
		중기						
		후기						

도표 11. 제임스 마크 볼드윈

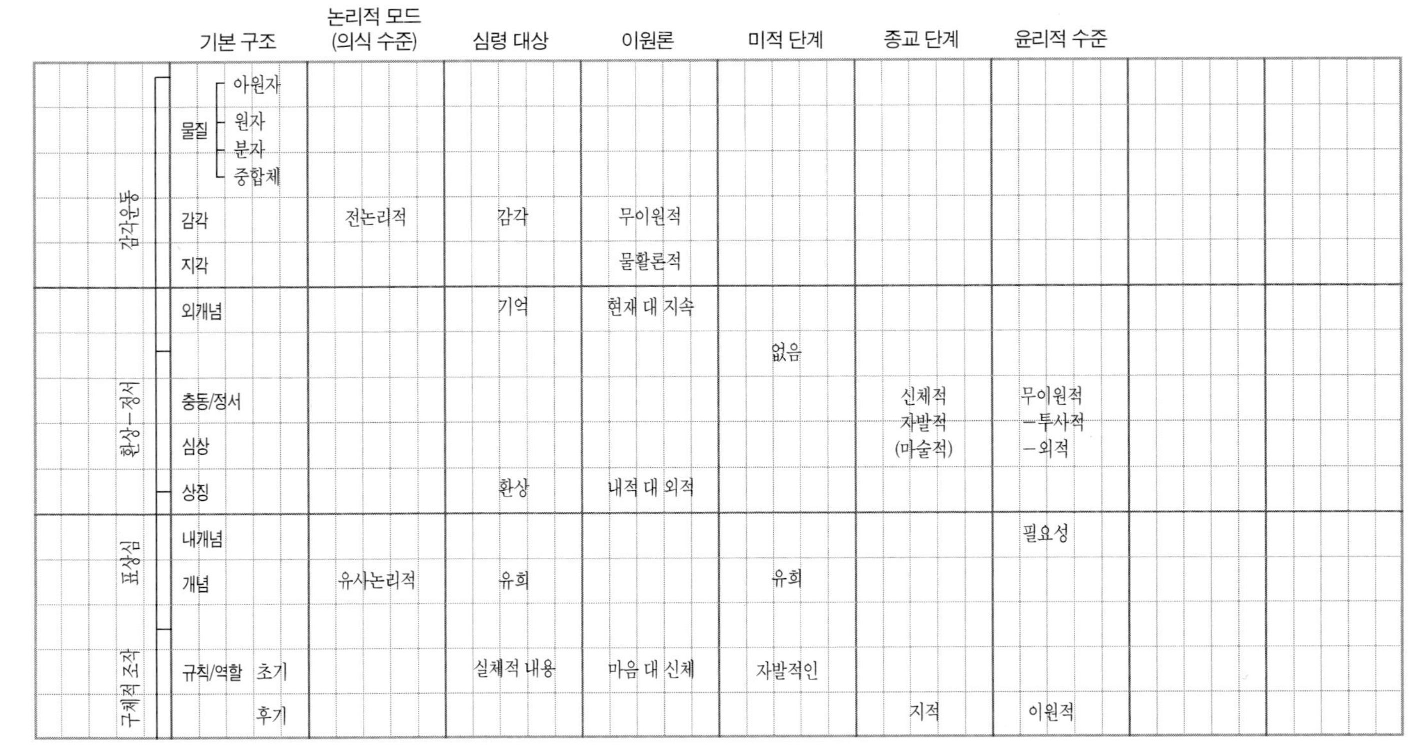

	기본 구조	논리적 모드 (의식 수준)	심령 대상	이원론	미적 단계	종교 단계	윤리적 수준
감각운동	물질: 아원자, 원자, 분자, 중합체						
	감각	전논리적	감각	무이원적			
	지각			물활론적			
환상–정서	외개념		기억	현재 대 지속			
					없음		
	충동/정서					신체적 자발적 (마술적)	무이원적 –투사적 –외적
	심상						
	상징		환상	내적 대 외적			
표상심	내개념						필요성
	개념	유사논리적	유희		유희		
구체적 조작	규칙/역할 초기		실체적 내용	마음 대 신체	자발적인		
	후기					지적	이원적

	기본 구조	논리적 모드 (의식 수준)	심령 대상	이원론	미적 단계	종교 단계	윤리적 수준
형식적 조작	과도기			자기 대 비자기		윤리적－1 윤리적－2	－상대적 －도구적
	형식식 조작 초기	논리적	판단된 사고	진실 대 허위	반성적인		
	후기				↓		
	과도기						
형식적 조작 후기 ↓	비전－ 초기	가외논리적	도덕	선 대 악		미적－종교적	윤리적
	논리 중기	(extra-logical)				즉시성	－이상적 －자연법을 따르는
	후기						
	심령 초기	초논리적	미학	팬칼리즘 (비이원)			
	(비전) 후기						
	정묘 초기						
	(원형) 후기						
	원인 초기						
	(무형) 후기						
	비이원 초기						
	중기						
	후기						

미주

이 책에서는 주의 상호 참고를 '주 1.5' 형식으로 하였다. 이것은 1장의 주 5를 의미한다. 『켄 윌버 전집The Collected Works of Ken Wilber』에 있는 권수를 참조할 때는 'CW1', 'CW2' 등으로 표시하였다.

저자 서문

1. 『사후의 삶Life after Death』 by G. Fechner, trans. H. Wernekke(1835), Chicago: Open Court Publishing, 1945의 번역자 서문에서 인용하였음. 책 표지에는 'Life after Death' 로 되어 있고, 제목이 쓰인 페이지에는 'On Life after Death' 라고 되어 있는데, 나는 전자를 처음 보았으므로 그 제목을 인용하였다.
2. 츠바이크Zweig의 『구스타프 테오도르 페히너Gustav Theodor Fechner』, in P. Edwards (ed.), *The Encyclopedia of Philosophy*, Vol. 3.
3. 페히너Fechner의 『사후의 삶』, pp.16-17.
4. 페히너Fechner의 『사후의 삶』, p.18.
5. 츠바이크Zweig의 『구스타프 테오도르 페히너Gustav Theodor Fechner』, Vol. 3.
6. 이 책은 『시스템, 자기, 구조: 의식의 패턴과 과정System, Self, and Structure: Patterns and Process in Consciousness』 혹은 『의식연구의 1-2-3The 1-2-3 of Consciousness Studies』이라고도 부른다. 『통합심리학Integral Psychology』은 아직 출판되지 않은 두 권의 책을 축약하고 편집한 것이다.

제1부 근본 바탕: 기초

1. 정향적 일반화의 중요성과 이 일반화를 사용하는 방식에 관한 논의를 참고하려면 『성, 생태, 영성Sex, Ecology, Spirituality(2판)』(CW6)과 『영의 눈The Eye of Spirit』(CW7)에 있는 잭 크리텐든Jack Crittenden의 서문을 보라.

01 기본 수준 또는 파동

1. 앞으로 알게 되겠지만 나는 여러모로 전통주의자를 강하게 비판한다. 하지만 그들의 업적은 없어서는 안 될 출발점이었다. F. 슈온Schuon, M. 팰리스Phallis, A. 쿠마라스와미Coomaraswamy, H. 코빈Corbin, S. 나스르Nasr의 저서들을 보라. 또한 『영의 눈The Eye of Spirit』, 휴스턴 스미스Huston Smith의 『세계의 종교들The World's Religions』, 로저 월시Roger Walsh의 『샤머니즘의 정신The Spirit of Shamanism』을 참고하라.

2. 무엇을 '수준'으로 보고 또 어떻게 보았는지에 따라 기본 구조를 16개(고딕체로)에서 30개(하위 수준을 감안하여)까지 나열하였다. 보통은 기능적으로 묶어 9~10개를 제시하였다(즉, 감각운동, 정서-성적, 표상-마음, 구체적 조작, 형식적 조작, 비전-논리, 심령, 정묘, 원인, 비이원). 이 모든 것의 의미와 숫자가 왜 다른지는 내용이 진행될수록 더 분명해질 것이다. 우선, 우리가 단계로 생각하는 것은 실증적이고 현상학적인 증거에 의존한다는 점을 언급하고 싶다. 증거가 풍부해질수록 단계라는 개념은 더 분명해진다('단계'의 의미와 이에 관한 증거로는 『의식의 변용Transformations of Consciousness』의 서문을 참고하라). 그림에 제시한 16개 정도의 기본 구조/단계는 최근의 심리학적 연구와 함께 약 3,000년간의 명상 경험에 관해 기록된 보고서에 바탕을 두고 있다. 그러나 이것들은 항상 수정 가능하며 명확하게 설명할 수 있다.

3. 홀론에 관한 심도 있는 논의를 보려면 『성, 생태, 영성(2판)』(CW6)을 참고하라.

   휴스턴 스미스가 『잊혀진 진실Forgotten Truth』(도표 2A를 보라)에서 지적한 것처럼 위대한 전통에서는 의식 수준(자아 수준)을 실재 수준(혹은 실재의 측면)과 구별하였으며 나도 그런 구분을 따랐다(주 1.5, 1.9, 1.10, 8.1, 8.2, 8.39, 12.12를 보라). 그러나 여러 가지 목적에서 이들을 대둥지에 있는 각 수준의 존재와 인식의 측면으로 취급할 수 있다. 달리 말해서 인식의 기본 구조(의식/자아 수준)와 존재의 기본 구조(실재의 국면/영역)는 서로 밀접한 관련을 맺고 있어서 달리 명시하지 않는 경우에는 각각 대둥지의 기본 구조나 기본 수준이라는 용어로 표현하였다(휴스턴 스미스는 실재 수준과 자아 수준을 망라하는 동심원 그림을 이용하여 이를 표현하였다). 그러나 다음 논의에서 보게 되겠지만 이 둘을 구별할 필요가 있는데, 주어진 자아 수준에서 다양한 실재 수준을 만날 수 있으므로 두 가지를 독립된 변인으로 보존할 필요가 있기 때문이다. 다음 논의에서 지적하겠지만, 그럼에도 불구하고 현대 담론에서는 존재론적 요소보다는 인식론적 요소를 강조하는 것이 유리하다(주 1.5, 1.9, 1.10, 8.1, 8.2, 8.39, 12.12를 보라).

4. 이 주제에 관한 논의로는 『성, 생태, 영성(2판)』, CW6과 CW2의 서문을 참고하라.

5. 이는 대승불교의 알라야식alaya-vijnana, 즉 모든 인간에게 존재하며 자신과 타인의 모든 과거 경험의 기억 흔적(와사나Vasanas)이 저장되어 있는 장소로 알려져 있는 '집단적 저장의식collective storehouse consciousness'과 유사하다(즉, 모든 생물 존재를 포함하고 있다는 점에서 집단적일 뿐 아니라 초개인적이기도 하다. 나의 체계에서는 상위 정묘 수준에서 하위 원인 수준에 해당한다). 이런 초개인적 의식은 높은 명상 단계에서 접촉할 수 있다고 알려져 있으며, 편협하고 한정된 개인적 자아와의 동일시에서 벗어나도록 돕는다. 그러므로 대승불교에 따르면 알라야식은 ① 진정한 초개인 영역으로 모든 사람에게 존재하는 실재다. ② 그러나 의식적 형태로는 이 영역을 거의 접촉하지 못하기 때문에 대부분의 사람이 그런 의식을 접촉하는 것은 일종의 가능태에 불과하다. ③ 이것은 집단적 저장고로서 더 많은 와사나들이 집합적으로 축적됨에 따라 스스로 진화하고 변화한다. ④ 그러므로 그 실재적 윤곽은 사람의 경험과 더불어 끊임없이 진화한다. 미리 주어진 변하지 않는 주형이나 영원한 원형이 아니다. ⑤ 끊임없이 변하고 있지만, 주어진 시대에 속한 모든 사람들은 그 영역을 직접 경험함으로써 개별성의 속박에서 해방될 수 있다. ⑥ 그러므로 정묘 영역이 진화하고 변한다는 것은 그 영역이 주어진 시대에 초개인적 해방을 부여할 수 없다는 뜻은 아니다.

물론, 최종적 해방은 정묘 형태나 와사나를 넘어서서 형태 없고 원인적인 것(그 후에는 비이원적인 것)으로 가는 데 있다고 알려져 있다. 원인 수준은 순수하고 형태가 없기 때문에 변하지 않으며 진화하지 않는 유일한 기본 '수준'이다. 그러나 비이원 수준조차도 부분적으로는 진화하는데, 그것은 그 수준이 근원적 공(空, 진화하지 않는)과 드러난 세계 전체(진화하는)와의 합일이기 때문이다.

내 생각에는 이런 개념(불교적 견해의 재구성인)이 영원히 변하지 않는 원형적 주형이라는 개념보다 더 적절한 듯하다(이 주제에 관해 충분히 논의하려면 CW2를 보라. 우주의 일부 측면은 원형적이라고 가정해야 하지만, 그 수는 영원의 철학이 일반적으로 생각했던 것보다 훨씬 작다). 내 견해로는 존재의 모든 홀론(기본 구조를 포함해서)은 부분적으로는 이런 유형의 진화적 기억 혹은 습관이다. 지금의 논의를 위해서 기억해 둘 점은 높은 수준은 여전히 스스로 진화하므로 사전에 주어진 절대가 아니라 거대한 가능성이고, 그런 가능성은 하위 영역의 속박에서 우리를 해방시킬 수 있는 가능성을 지니고 있다.

6. 엘리엇 도이치Eliot Deutsch의 『비이원 베단타Advaita Vedanta』를 보라. 나는 우연히도 '정묘 영역'을 넓은 의미와 좁은 의미로 사용하였다. 넓은 의미에서는 금강승과 베단타를 따랐다. 물질은 거친 영역이고, 드러나지 않은 세계는 원인 영역이며, 그 사이의 모든 영역은 정묘 영역이다(예를 들어, 프라나층prana-maya-kosha, 마음층mano-maya-kosha, 고차 지성층vijnana-maya-kosha 혹은 생명 수준, 정신 수준, 초정신 초기 수준). 좁은 의미로는 정묘 영역 전체 중 가장 높은 범위를 '정묘'라는 용어로 불렀다. 둘 중 어떤 의미인지는 문맥에 따라 결정될 것이다.

7. 일반적 의미로 구조라는 말은 심리학, 사회학의 모든 학파가 사용하고 있고 여러 학파의 구조주의에서 쓰는 좁은 의미에 한정되지 않는다. 『옥스포드 사회학 사전』은 구조를 '반복하는 모든 패턴에 느슨하게 적용되는 용어'로 정의하고 있다. 『펭귄 심리학 사전』은 '조직화되고 패턴화되며 비교적 안정된 형상'이라고 하였다. 나는 구조를 더 정확하게 전체적인 패턴으로 정의하는데, 이는 대체로 '홀론'과 유사하다. 구조주의 학파와 무관하다는 사실을 보려면 CW2의 서문을 보라.

   내가 약술한 여섯 종류의 구조, 즉 수준/라인, 지속적/과도기적, 심층/표층이 있다. 나는 본문에서 첫 세트를 설명하였다(이들은 기본 수준과 발달 라인에서 발견되는 구조들이다). 일단 출현하면 충분히 기능하고 존재하기는 하지만 상위구조에 포섭되는 구조를 지속적 구조라고 한다(인지구조는 대부분 이런 유형이다). 반면에 과도기적 구조는 뒤에 나타나는 단계에 의해 대체되는 경향이 있다(예를 들면, 자아 단계와 도덕적 단계). 기본 구조는 대부분 지속적인 반면, 발달 라인은 과도기적인 구조다. 이런 유형의 네 가지 구조는 모두 심층(보편) 구조와 표층(국소) 구조를 갖고 있다(이제 나는 촘스키Chomsky가 공식적으로 표명한 서술과의 혼동을 피하기 위해서 이들을 항상 '심층양상'과 '표층양상'으로 부를 것이다. 또한 심층과 표층은 슬라이딩 스케일sliding scale로서, 심층양상은 집단, 가족, 종족, 일족, 공동사회, 국가, 모든 인간, 모든 종, 모든 존재가 공유하는 양상일 수 있다. '심층'은 '보편'을 의미하는 것이 아니라 '타인과 공유하는 것'을 의미하므로, 소수에서 출발하여 진정한 보편에 이르기까지 그 집단이 얼마나 넓은지는 연구에 따라 결정된다. 도표에서 제시한 모든 기본 구조와 대부분의 발달 라인은 어느 정도 보편적인 심층양상을 갖고 있다는 주장을 지지하는 연구가 많다). 내 저서를 비평하는 사람들은 종종 심층 구조와 기본 구조, 과도기적 구조와 표층 구조를 혼동하였는데, 이런 혼동의 원인의 일부는 내 설명이 불분명하였기 때문일 것이다. 그러나 여섯 종류의 구조(수준/라인, 지속적/과도기적, 심층/표층)는 뚜렷이 구별되는(그러면서도 중첩되는) 범주들이다.

8. 특히, 찰즈 타트Charles Tart의 상태에 관한 훌륭한 저서 『의식의 상태States of Consciousness』, B. 월만Wolman의 『의식상태 입문Handbook of States of Consciousness』을 보라.

9. '비이원' 상태의 성질에 관해서는 주 9.18을 보라. 약 20개의 기본 구조와 4개의 기본 상태를 사용한다면 80개에 달하는 영적 경험의 유형을 얻을 수 있다. 이것도 아직은 매우 조잡하다고 볼 수 있는데, 왜냐하면 수많은 유형(하위 유형)의 상태가 존재하기 때문이다. 물론, 개인이 접할 수 있는 기본 구조는 그 사람의 발달 수준에 달려 있다(마술적 수준에 있는 사람이 심령, 정묘, 원인, 비이원적 절정 경험을 할 수 있지만, 그 경험을 신화적, 합리적 혹은 켄타우로스적 용어가 아닌 원형적, 마술적 용어로 해석할 것이다). 상태에 대해 말하자면, 개인은 아직 영구적 구조로 정착하지 않은 높은 상태의 절정 경험을 할 수 있다. 예를 들어, 어떤 사람이 심령 수준까지 발달했을 때는 더 이상 심령적 절정 경험을 하지 않는데, 그 이유는 그들에게는 심령적인 것이 언제나 가능하기 때문이다(그러나 그들은 정묘, 원인, 비이원적 절정 경험을 할 수 있다). 구조와 상태에 관한 논의를 더 알고 싶으면 윌버의 『다가오는 세대에 자아를 넘어서Path beyond Ego in the Coming Decade』(CW4와 월시Walsch와 본Vaughan의 『자아를 넘어서Paths beyond Ego』), 『성, 생태, 영성(2판)』, 14장 주 17과 예가 되는 여러 미주, 『사교적인 신A Sociable God』, 『영의 눈』, 6장 주 9, 1.3, 1.5, 1.10, 8.1, 8.2, 8.39, 12.12를 보라.

10. 일정한 발달 단계에 도달한 사람은 절정 경험을 통해 저절로(혹은 수면주기에서 자연스럽게) 심령, 정묘, 원인, 비이원 상태를 경험한다. 그러나 그런 상태 영역은 그 경험을 하고 있는 사람의 발달 단계에서 진행되고 해석되어야만 한다. 절정 경험 자체는 이런 초개인 영역 중 하나를 '순수하게 일견pure glimpse' 하는 것이지만, 이

런 경험은 경험과 동시에 혹은 얼마 안 가서 개인의 주관적, 상호 주관적 구조에 의해 선택되고 포장된다(즉, 전조작, 구체적 조작, 형식적 조작, 혹은 비전-논리 구조에서 진행된다). 초개인 영역의 전체 윤곽 자체는 하위구조의 한계에 의해 걸러지고 희석되며 때로는 왜곡된다(예를 들면, 전조작기는 자기애와 에고 중심적이며, 타인의 역할을 취하지 못한다. 구체적 조작기는 구체적-문자적 마음, 근본주의적, 민족 중심적이다. 형식적 조작기는 스스로를 자연과 세계에서 분리하려는 경향이 있다).

심령적 경험을 하는 동안 그 영역이 더 이상 왜곡되지 않는 것은 개인이 영원히 심령 수준까지(즉, 영속적인 심령적 기본 구조를 가지는) 발달하였을 때 뿐이다(정묘, 원인, 비이원 영역에서도 마찬가지다. 의식 내에서 기본 구조나 현실화된 패턴이 되었을 때만 이 영역들을 제대로 경험할 수 있다). 언어 영역에 지속적으로 적응되어 있는 일반 성인을 보고 '그들은 언어적 절정 경험을 한다.' 고 말하지 않듯이, 심령 영역에 지속적으로 눈 뜬 사람은 더 이상 심령 수준의 절정 경험을 하지 않는다. 마찬가지로 모든 고차 영역은 지속적인 영역으로 실현될 수 있다. 물론, 심령 수준에 있는 사람은 여전히 더 높은 영역인 정묘, 원인, 비이원 영역의 절정 경험을 할 수 있지만, 마찬가지로 그것들도 어느 정도 제한되고 왜곡될 것이다(높은 수준까지 영속적인 성장이 일어날 때까지는). 정묘 수준에 있는 사람(정묘 영역이 스쳐가는 절정 경험이 아니라 지속적인 기본 구조 또는 의식 전체에 실현된 패턴이 된)은 원인, 비이원적 절정 경험을 할 수 있다. 이는 계속해서 '주체 영속성subject permanence' 까지 이어지는데, 거친, 정묘, 원인 영역을 관조하는 지속적이고 영속적인 깨달음이다. 이 지점에 이르면 이전에는 절정 경험과 비일상적 상태에서만 의식할 수 있었던 모든 고차 영역이 지속적으로 이용할 수 있는 특성과 구조가 된다. 깨달은 존재는 여전히 정묘 수준과 원인 수준에 접근할 수 있다(왜냐하면 그 혹은 그녀는 여전히 잠자고 꿈꾸기 때문이다). 이런 이유로 정묘 수준과 원인 수준 또한 지속적인 기본 구조라고 말하는 것이 옳지만, 그런 것들이 계속 일어날 때조차도 끊임없이 주시하고 있다(이 책의 주 1.3, 1.5, 1.9, 8.1, 8.2, 8.39, 12.12를 보라).

11. 일반적으로 개체 발생적 발달은 형식적 조작기까지를 보장해 주지만(그 지점까지의 계통 발생적 진화 때문에) 그 후의 발달은 각자에게 달려 있다는 생각에 대해 더 논의하고 싶으면 『에덴으로부터 위로Up from Eden』, 『사교적인 신A Sociable God』,

『의식의 변용Transformations of Consciousness』을 보라. 그리고 우주적 습관으로서 홀론을 논의하려면 『성, 생태, 영성』을 보라.

12. 출현 시기는 보통 기본 구조(그리고 인지 구조)에 대해서만 그렇다. 자아와 관련된 단계(정체성, 도덕, 욕구 등)가 출현하는 시기는 개인에 따라 상당히 달라진다. 형식적 조작기가 충분하게 발달한 성인은 도덕 단계 2, 3, 4에 있을 수 있다. 각 단계는 동일한 순서로 일어나지만 그 시기는 다양하다. 기본/인지 구조는 필요하지만 충분하지는 않은데, 그 밖에 대부분의 발달은 사상한의 모든 요인으로 인해 그 출현 시기가 상당히 달라지기 때문이다(제2부에서 사상한을 소개한다).

13. 도표들은 각 기능적 그룹의 기본 구조도 보여 준다(즉, '감각운동' 기능의 그룹에는 물질, 감각, 지각, 외개념이 포함된다. '환상-정서' 그룹에서는 충동, 원형적 정서protoemotion, 심상, 상징이 포함된다. '표상심'에는 상징, 내개념, 개념, 초기 규칙이 포함된다.)

나는 또한 여러 기본 구조를 초기, 중기, 후기로 세분하였다. 대부분의 연구자는 '초기', '후기' 라는 말을 사용하고 몇몇 연구자는 '하위', '상위' 라는 용어를 선호한다. 나 자신은 '하위', '상위' (『아트만 프로젝트Atman Project』에서 사용했듯이)를 좋아하는데, 왜냐하면 증거에 따르면 대부분의 경우 하위 단계는 뒤에 나타나는 구조에 의해 선택되고 통합되는 지속적인 구조이기 때문이다(하위 단계는 스쳐가거나 이행하는 단계가 아니라 지속적인 홀론이다). 그러므로 '하위', '상위' 가 더 적합한 용어라고 본다. 그럼에도 불구하고 거의 모든 사람이 '초기', '후기' 를 사용하고 있다. 나는 양쪽을 모두 쓰고 있지만 일반적으로는 이런 제한을 염두에 두고 선례를 따를 것이다.

14. 문맥에서 알 수 있듯이 '후형식적postformal'이라는 말은 둘 다의 의미(형식적 조작기 이후의 첫 번째 주요 단계, 즉 비전-논리와 형식적 조작기 이후의 모든 수준으로)로 사용되고 있다. 이 절에서는 비전-논리를 의미한다.

15. pp. 87-96.

16. 커먼스 등의 『성인발달Adult Development』, 1, 2권. 커먼스 등의 『형식적 조작 이후Beyond Formal Operations』, 밀러Miller와 쿡-그로터Cook-Greuter의 『초월과 성인기의 성숙한 사고Transcendence and Mature Thought in Adulthood』, 알렉산더Alexander와 랭거

Langer의 『인간발달의 고차 단계Higher Stages of Human Development』, 시놋Sinnott과 카바노Cavanaugh의 『패러다임의 가교Bridging Paradigms』, 시놋Sinnott의 『성인평생학습의 학제적 입문서Interdisciplinary Handbook of Adult Lifespan Learning』를 보라.

17. CW4의 서문과 윌버의 『부메리티스 Boomeritis』(출판 예정)를 보라.

02 발달 라인 또는 지류

1. 다중지능에 관한 하워드 가드너Howard Gardner의 중요한 연구는 준독립적인 발달 지류의 한 예로, 나는 그의 중요한 개념을 다수 차용하였다. 가드너는 또한 '파동waves'과 '지류 streams'라는 용어를 처음으로 사용한 사람으로 나는 이를 고맙게 받아들이고 있다. 가드너의 모든 책을 적극 추천하고 싶다. 도표 8은 일부 발달의 보편적인 파동(이를 통해 여러 지류가 전개되는)에 관한 가드너의 연구를 요약한 것이다. 그가 중요하게 공헌한 사항을 더 확장해서 논의하고 싶으면 『영의 눈』을 보라.

   인지과학에서 우세한 이론이라면 모듈modules 이론이 될 텐데, 그 개념은 뇌/마음은 언어에서 인지, 도덕에 걸쳐 다양하고 독립적이며 진화적인 모듈로 구성되어 있다는 것이다. 이런 모듈은 여러 가지 면에서 내가 말하는 두 가지 강한 성질을 띤 준독립적인 발달 라인 혹은 지류와 상당히 유사하다. 모듈은 모두 3인칭 그것—언어로 설명되므로 1인칭의 현상적 실재를 간과하고(적극적으로 부인하기까지 하고) 있다(본문에서 설명할 테지만 모듈은 사상한의 우상상한에 해당한다). 모듈 이론가들은 초월적 자기 혹은 의식의 통일성이 존재한다는 사실을 강하게 부인하고 있다. 그러나 그들의 이론과 자료에 따르면, 개인은 이런 모듈을 인식할 수 있으며, 때로는 무시할 수도 있다. 만약 당신이 한 모듈을 무시할 수 있으면 당신은 그 모듈이 아니다.

2. 셰퍼Shaffer의 『사회성과 성격발달Social and Personality Development』, 커먼스 등의 『성인발달Adult Development』 1, 2권, 커먼스 등의 『형식적 조작 이후Beyond Formal Operations』, 시놋Sinnott과 카바노Cavanaugh의 『패러다임의 가교 Bridging Paradigm』, 시놋의 『성인평생학습의 학제적 입문서 Interdisciplinary Handbook of Adult Lifespan Learning』, 뢰빙거Loevinger의 『에고발달Ego Development』, 키건Kegan의 『진화하는 자

기The Evolving Self』, 『머리 위에서In Over Our Heads』, 벡Beck의 『나선역학Spiral Dynamics』, 웨이드Wade의 『마음의 변화Changes of Mind』, 밀러Miller와 쿡-그로터Cook-Greuter의 『초월과 성인기의 성숙한 사고Transcendence and Mature Thought in Adulthood』, 알렉산더Alexander와 랭거Langer의 『인간발달의 고차 단계Higher Stages of Human Development』, 브로튼Broughton의 『심리발달에 관한 중요 이론들Critical Theories of Psychological Development』, 스루프Sroufe 등의 『아동발달Child Development』을 보라.

서로 관련된 발달의 여러 측면을 보려면 시체티Cicchetti와 비글리Beeghly의 『과도기의 자기The Self in Transition』, 멘델손Mendelsohn의 『자기의 종합The Synthesis of Self』 4권, 파슨스Parsons와 블록커Blocker의 『미학과 교육Aesthetics and Education』, 클라킨Clarkin과 렌젠베거Lenzenweger의 『성격장애의 주요 이론Major Theories of Personality Disorder』, 도손Dawson과 피셔Fischer의 『인간행동과 발달하는 뇌Human Behavior and the Developing Brain』, 미첼Mitchell의 『정신분석의 관계 개념Relational Concepts in Psychoanalysis』, 캐시단Cashdan의 『대상관계치료Object Relations Therapy』, 크레이머Kramer와 아크타르Akhtar의 『말러와 코헛Mahler and Kohut』, 다나Dana의 『전문심리학의 다문화 측정Multicultural Assessment Perspectives for Professional Psychology』, 시걸Segal 등의 『심리학과 생물학의 결합Uniting Psychology and Biology』, 시글러Siegler의 『어린이들의 사고Children' s Thinking』, 오수벨Ausubel의 『에고발달과 정신병리Ego Development and Psychopathology』, 리보피에르Ribaupierre의 『아동발달의 과도기 기전Transition Mechanisms in Child Development』, 칙센트미하이Csikszentmhalyi의 『진화하는 자기The Evolving Self』, 머피Murphy 등의 『명상의 생리적, 심리적 효과The Physical and Psychological Effects of Meditation』, 히다야Hedaya의 『생물학적 정신병리의 이해Understanding Biological Psychiatry』, 엘렌버거Ellenberger의 『무의식의 발견The Discovery of the Unconscious』, 리드Reed의 『영혼에서 마음으로From Soul to Mind』, 메서Messer와 위렌Warren의 『단기정신역동치료 모델Models of Brief Psychodynamic Therapy』, 키건Kegan과 램Lamb의 『아동의 도덕출현The Emergence of Morality in Young Children』, 누치Nucci의 『도덕발달과 인격교육Moral Development and Character Education』, 렌Wren의 『도덕 영역The Moral Domain』, 한Haan 등의 『도덕적 기반On Moral Grounds』, 플라벨Flavell 등의 『인지발달Cognitive Development』을 보라. 8.11과 8.20의 주도 보라.

콜버그Kohlberg와 아몬Armon(커먼스 등의 『형식적 조작 이후』)은 세 가지 서로 다른 유형의 단계모델, 즉 후성적epigenetic(예를 들면, 에릭슨), 부드러운 단계soft stages(예를 들면, 뢰빙거Loevinger, 키건Kegan, 페리Perry, 길리건Gilligan, 파울러Fowler), 단단한 단계hard stages(예를 들면, 피아제Piaget, 콜버그Kohlberg)를 밝혀 주었다. 현존하는 대부분의 단계 모델은 부드러운 단계 모델이다. 우리는 소형 단계 모델micro-stage model을 추가할 수 있는데, 이 모델은 새로운 기술이나 특성을 획득하면서 반복될 수 있는 발달 단계를 제시하고 있다. 내가 '단계' 라는 용어를 따로 명시하지 않고 사용할 때는 네 가지가 모두 포함된다. 내가 제시한 모든 발달 수준과 라인은 이런 단계 개념 중 하나라는 증거가 있다. 이와 동시에 도표에서 보여 주고 있는 일반적인 발달 공간은 부분적으로는 단단한(hard) 단계의 책임이고, 본질적으로 그런 단단한 단계는 대등지의 기본 파동임을 보여 준다.

3. 일부 이런 광범위한 연구를 보려면 주 2.2를 보라. 요약을 보려면 『영의 눈』을 보라.

03 자기

1. 나는 1인칭으로서의 자기를 '자기감self-sense', 3인칭으로서의 자기를 '자기체계self-system' 라고 설명했는데, 이 둘은 변증법적, 상호 주관적인 2인칭에 뿌리박고 있다. 『영의 눈』을 참조하라.

   코헛Kohut의 공헌에 힘입어 체계화된(거기에 한정되지 않은) 자기에 관한 접근을 탁월하게 보여 준 선집으로는 디트릭Detrick과 디트릭Detrick의 『자기심리학: 비교와 대조Self Psychology: Comparisons and Contrasts』가 있다. 또한 에딩거Edinger, 노이만Neumann, 블랑크Blanck와 블랑크Blanck, 컨버그Kernberg, 위니캇Winnicott, 매스터슨Masterson, 융Jung, 아사지올리Assagioli, 앨머스Almaas, 볼드윈Baldwin, 미드Mead, 에릭슨Erikson, 그레이브스Graves, 뢰빙거Loevinger, 브로튼Broughton, 라캉Lacan, 쿡-그로터Cook-Greuter, 키건Kegan의 저서를 보라. 이들 저서 대부분에 관해서는 이 장과 다음 장에서 논의하였으며, 도표에 기술하였다.

2. 셰퍼Shaffer의 『사회성과 성격발달Social and Personality Development』, 키건Kegan의 『진화하는 자기The Evolving Self』와 『머리 위에서In Over Our Heads』, 벡Beck의 『나선역학Spiral Dynamics』, 뢰빙거Loevinger의 『에고발달Ego Development』, 웨이드Wade의 『마음

의 변화Changes of Mind』, 밀러Miller와 쿡-그로터Cook-Greuter의 『초월과 성인기의 성숙한 사고Transcendence and Mature Thought in Adulthood』, 알렉산더Alexander와 랭거Langer의 『인간발달의 고차 단계Higher Stages of Human Development』, 커먼스의 『형식적 조작과 성인발달Beyond Formal Operations and Adult Development』 1, 2권, 브로튼Broughton의 『심리발달의 중요 이론Critical Theories of Psychological Development』, 시놋Sinnott과 카바노Cavanaugh의 『패러다임의 가교Bridging Paradigms』, 시놋Sinnot의 『성인평생학습의 학제적 입문서Interdisciplinary Handbook of Adult Lifespan Learning』, 스루프Sroufe 등의 『아동발달Child Development』을 보라.

3. 나-나, 나, 대상으로서의 나, 나의 것이라는 연속선상에서 뢰빙거가 일반적으로 의식적인 자기 개념 혹은 자기 관념이라고 정의한 '에고'는 근접자기와 대상으로서 멀리 존재하는 나의 중간에 위치하며, '주체로서의 나/대상으로서의 나I/me'로 부를 수 있다. 그 에고는 직접적 지식의 대상이 된다는 점에서, 그러므로 타인에게 전달할 수 있다는 점에서 개인적인 자기다. 나는 보통 이런 'I/me'를 근접자기에 포함시켰지만, 전체적인 요점은 이런 척도는 각각의 I가 무한대로 me로 되기 때문에 발달에서 끝없이 미끄러져 간다는 것이다(『영의 눈』을 보라). 뢰빙거의 생각을 확장시키고 명료화하기 위해서는 수잔 쿡-그로터Susanne Cook-Greuter의 중요한 저서 『초월과 성인기의 성숙한 사고Transcendence and Mature Thought in Adulthood』와 커먼스 등의 『성인발달Adult Development』 2권을 보라.

4. 『아트만 프로젝트The Atman Project』를 보라.

5. 『의식의 변용Transformations of Consciousness』을 보라.

6. 윌리엄 제임스William James의 『심리학 원리Principles of Psychology』와 『믿음에의 의지The Will to Believe』, 롤로 메이Rollo May의 『사랑과 의지Love and Will』, 아사지올리Assagioli의 『의지의 작용The Act of Will』을 보라.

7. 죠지 베일런트George Vaillant의 훌륭한 저서 『에고의 지혜The Wisdom of the Ego』(1993)를 보라. 주 8.20도 보라.

8. 상태가 특성으로 전환되는 메커니즘을 보려면 주 10.4를 보라.

9. 더 구체적으로 말하면, 자기에는 중요한 기능이 수없이 많다. (근접)자기는 정체성의 중심(자기감을 형성하기 위해 다양한 요소를 첨가한다), 의지의 자리(자기는 본

질적으로 선(善)에 관여한다), 상호 주관성의 중심(자기는 본질적으로 정의와 배려에 관여하는 사회적, 변증법적 자기다), 미학적 이해의 자리(자기는 본질적으로 미(美)에 관여한다), 대사의 자리(자기는 구조를 형성하기 위해 경험을 소화하고 흡수한다), 인지의 중심(자기는 대상 세계로 향하는 본질적 능력을 갖고 있다), 통합의 자리(자기는 의식의 기능, 양상, 상태, 파동, 지류를 통합할 책임이 있다)다. 이들은 주로 기능적 상수이므로 통시적 요소에 초점을 둔 도표에는 이들을 기록하지 않았다. 그러나 자기와 그 기능은 모든 통합심리학에서 절대적으로 중요하다.

10. 불교도인들은 내가 때때로 아나타anatta 혹은 '무아no-self'라는 불교적 개념을 간과하고 있다고 주장하지만, 나는 실재로 자기이면서 법이라는 상대적 실재에 관한 대승불교 원리를 사용하고 있으며, 여기에서는 상대적으로 실재하는 자기체계의 기능을 논하고 있다. 나가르주나Nagarjuna와 마찬가지로 나도 자기에 관한 상좌부 불교의 견해를 불완전하고 일관성 없는 것으로 생각하여 거부하는 입장이다. 이 주제를 광범위하게 논의한 것으로는 『성, 생태, 영성(2판)』(CW6)의 14장 주 1을 보라. 본문 8장에서 '자기와 병리' (p. 133)의 논의도 보라. 자기의 상대적 실재와 이런 자기가 제대로 형성되지 못하였을 때 생기는 병리에 관한 그 밖의 논의를 보려면 『의식의 변용』을 보라.

04 자기와 관련된 지류

1. '배타적 동일시' 라는 뜻은 근접자기의 무게중심이 주로 하나의 일반적인 기능적 묶음에 위치하고 있는 것을 말한다(이는 8장에서 설명한 것처럼 그에 상응하는 자기발달의 분기점을 만든다). 병리를 막아 주는 각각의 기본 파동은 그 선행 단계를 초월하고 포함하기 때문에, 예를 들어 자기가 형식적 조작기와 배타적으로 동일시하고 있다는 말은 총체적 자기가 형식적 조작기와 이를 포함한 모든 기본 파동을 포함하고 있다는 뜻이다. 그 의미를 구체적으로 말하면, 근접자기는 형식적 조작기 주변에 조직되어 있고 원격자기는 형식적 조작기까지의 모든 발달 단계(감각운동기에서 구체적 조작기까지)를 포함한다는 뜻이다. 자기의 무게중심이 비전-논리로 옮겨가면, 형식적 조작기는 원격자기의 일부가 되고, 근접자기는 비전-논리 주변에 조직된다. 이런 과정은 대등지의 형태 형성적 장에서 계속된다.

2. 자기와 관련된 발달 라인 중 가장 중요한 세 가지는 자기 정체성(예를 들면, 뢰빙거), 도덕(예를 들면, 콜버그), 욕구(예를 들면, 매슬로)다. 나는 이전에 (『의식의 변용』에서처럼) 이 모두를 간단하게 '자기 단계' 로 언급했지만, 이제 나는 '자기 단계' (혹은 '자기의 단계들')를 자기 정체성 혹은 근접자기의 발달 라인(예를 들면, 뢰빙거, 에릭슨, 키건)에만 한정해서 쓰고 있고, 자기와 관련된 모든 발달 라인(근접자기, 도덕, 욕구 등)에 대해서는 '자기와 관련된 단계', '자기와 관련된 지류' 혹은 단순히 '자기 지류' 라는 용어를 쓰고 있다.

3. 레빈슨Levinson처럼 몇 가지 단계 개념은 수직적 변용 단계라기보다는 수평적 전이의 '절기season' 를 다루고 있다. 에릭슨의 고차 단계는 양쪽을 혼란스럽게 섞고 있다. 나는 도표에서 이들을 비슷한 위치에 두었다.

4. C. 그레이브스 C. Graves, 『요약: 성인의 생물심리사회 시스템의 창발적, 순환적, 이중나선 모델Summary Statement: The Emergent, Cyclical, Double-Helix Model of the Adult Human Biopsychosocial Systems』, Boston, May 20, 1981.

5. 돈 벡Don Beck과의 개인적 서신. 이 자료는 텍사스 덴톤 국립가치센터National Values Cente의 컴퓨터 파일에 있으며 자격 있는 연구자들이 이용할 수 있다.

6. 사회적 긴장을 제거하기 위해서 진화적 사고가 갖는 역할을 탁월하게 논의한 저서로 벡Beck과 린스콧Linscott의『시련: 남아프리카의 미래The Crucible: Forging South Africa' s Future』를 보라.

7. 뢰빙거의 『에고발달』, 쿡-그로터와 밀러의 『초월과 성인기의 성숙한 사고Transcendence and Mature Thought in Adulthood』, 커먼스 등의 『성인발달』 2권에 있는 쿡-그로터의 뛰어난 장을 보라.

8. 커먼스 등의 『형식적 조작 이후』에 파스쿠알-레오네Pascual-Leone가 기고한 글과 알렉산더와 랭거의 『인간발달의 고차 단계』로 시작하라.

9. 예를 들어, 『형식적 조작 이후』의 19장과 『심리발달의 중요 이론들Critical Theories of Psychological Development』을 보라. 또한 브로튼의 저서를 훌륭하게 요약한 뢰빙거의 『에고발달』을 보라.

10. 그로프Grof의 연구는 환각 약물에서 홀로트로픽 호흡에 이르는 여러 가지 기법을 사용하였다. 그의 저서 『우주의 게임The Cosmic Game』은 이런 연구를 요약한 책이

며, 『자기발견의 탐험The Adventure of Self-Discovery』도 읽어 보라. M. 워시번Washburn의 『정신분석 관점에서 본 에고, 역동적 기본, 초개인 심리학The Ego and the Dynamic Ground and Transpersonal Psychology in Psycholanalytic Perspective』, J. 웨이드Wade의 『마음의 변화 Changes of Mind』도 보라.

내가 『영의 눈』에서 『마음의 변화』를 특별히 비판하는 글을 썼기 때문에 많은 사람은 내가 그 책의 요점에 반대하고 있다고 추측하지만 사실은 그렇지 않다. 나는 웨이드가 봄Bohm의 홀론이론을 수용한 데에는 약간의 오류가 있다고 생각하지만(제니는 내가 자신의 의도보다 더 강하게 동의했다고 주장했지만) 그것은 사소한 문제들이다. 나의 주된 비판은 그녀의 모델이 단계 3 모델로는 충분하지 않고 주로 단계 2 유형의 모델이라는 점에 있다(어쨌든 이 점은 수정하기 쉽다. 그녀가 제안한 수준이 보여 주는 서로 다른 각 특성은 사실상 서로 다른 맥락뿐 아니라 하나의 맥락에서도 준독립적인 라인임을 명시하기만 하면 된다['단계 2'와 '단계 3'의 의미는 주 9.15를 보라]. (내 저서에 대한 몇 가지 잘못된 설명과 함께) 그 밖에 그녀의 모델은 자기와 의식 진화에 관한 8개 가량의 기본 수준을 총괄하면서도 의식의 발달적 관점을 연구한 가장 최근의 성과를 잘 요약하고 있어서 나는 자기와 관련된 단계 도표(도표 4A)에 그 모델을 포함시켰다. 최근 의식에 관한 발달적 견해를 공격하고 있는 사람은 이 책을 연구하는 것이 좋은데, 그 이유는 이 책에서는 그들이 최근의 연구, 증거, 이론들을 접하고 있지 못한 것 같다고 말하고 있기 때문이다. 그로프, 워시번, 웨이드를 광범위하게 논의한 책 『영의 눈』을 참고하라.

11. 슈타이너Steiner의 저술에 대해 어떻게 생각하느냐는 질문을 종종 받는다. 나는 그의 선구적인 공헌을 상당히 높이 평가하지만 그가 제시한 세부 사항이 유용하다고 생각하지는 않는다. 나는 최근의 정통적인 연구는 전개인, 개인, 초개인에 걸친 보다 정확한 지도를 제시하고 있다고 믿고 있으며, 초개인적 발달에 대해서는 명상 전통이 더 정교한 지도를 제시하고 있다고 생각한다. 그럼에도 불구하고 그가 만들어 낸 엄청난 양의 비전적 자료에 대해서는 놀라움을 금할 수 없으며, 그의 전반적인 비전은 상상했던 것보다 훨씬 감동적이다. 로버트 맥커못Robert McKermott이 편집한 『슈타이너의 핵심사상 The Essential Steiner』을 보라.

12. 최근의 초개인 이론가들로는 다음과 같은 사람들이 있다. Charles Alexander, Hameed Ali, Rosemarie Anderson, Cheryl Armon, James Austin, John Battista,

Michel Bauwens, Charles Birch, Harold Bloomfield, Seymour Boorstein, Sylvia Boorstein, William Braud, Crittenden Brookes, Haridas Chaudhuri, Allan Chinen, John Cobb, Allan Combs, Susanne Cook-Greuter, Jack Crittenden, A. S. Dalal, Olaf Deatherage, Elizabeth Debold, Han de Wit, Arthur Deikman, Steve Dinan, Norman Don, Duane Elgin, John Enright, Mark Epstein, Joseph Fabry, James Fadiman, Piero Ferucci, Jorge Ferrer, John Firman, Robert Forman, Robert Frager, Joel Funk, Gordon Globus, Joseph Goguren, Tom Greening, David Ray Griffin, Christina Grof, Stanistlav Grof, T. George Harris, Arthur Hastings, Steve Hendlin, J. Heron, Edward Hoffman, Jean Houston, Russ Hudson, Leland Johnson, Dwight Judy, Sam Keen, Sean Kelly, Herb Koplowitz, Jack Kornfield, Joyce Kovelman, George Leonard, David Lukoff, Richard Mann, Robert McDermott, Michael Mahoney, Gerald May, Arnold Mindell, Donald Moss, Michael Murphy, John Nelson, Juan Pascual-Leone, Kaisa Puhakka, Kenneth Ring, Don Riso, Gillian Ross, Donald Rothberg, John Rowan, Peter Russell, Don Salmon, Andrew Samuels, Marilyn Schlitz, Stephen Schoen, Tony Schwartz, Bruce Scotton, Deane Shapiro, Jonathan Shear, Maureen Silos, Kathleen Singh, Jan Sinnott, Jacquelyn Small, Surya Das, Charles Tart, Eugene Taylor, L. Eugene Thomas, Keith Thompson, Robert Thurman, William Torbert, Ronald Valle, Leland van den Daele, Brian van der Horst, Francisco Varela, James Vargiu, Frances Vaughan, Miles Vich, Frank Visser, Jenny Wade, Roger Walsh, Michael Washburn, John Welwood, Edward Whitmont, Auguste Wildschmidt, Bryan Wittine, Benjamin Wolman, Robert Wuthnow, Michael Zimmerman.

13. 이 절에 있는 대부분의 이론가를 간략하게 소개한 책으로는 제인 뢰빙거의 『에고발달』을 보라. 이와 관련된 공헌으로는 커먼스 등의 『성인발달』 1, 2권, 커먼스 등의 『형식적 조작 이후Beyond Formal Operations』, 밀러와 쿡-그로터의 『초월과 성인기의 성숙한 사고』, 알렉산더와 랭거의 『인간발달의 고차 단계』가 있다.

14. 이 주제를 보려면 『영의 눈』을 보라.

15. 뢰빙거의 『에고발달』, 커먼스 등의 『성인발달』, 1, 2권, 커먼스 등의 『형식적 조작

이후』, 밀러와 쿡-그로터의 『초월과 성인기의 성숙한 사고』, 알렉산더와 랭거의 『인간발달의 고차 단계』, 윌버의 『영의 눈』을 보라.

16. 셰퍼의 『사회성과 성격발달Social and Personality Development』(1994), pp. 423-424, p. 435. 남성과 여성이 삶의 특정 상황에서 뚜렷하게 '서로 다른 목소리'를 낸다는 뜻이 아니다. 예를 들어, 데보라 태넌Deborah Tannen과 같은 연구는 남성과 여성이 많은 상황에서 다른 목소리를 내는 경향이 있다고 주장한다. 나는 그 연구를 다음과 같이 요약하고 싶다. 남성은 작인(작용하는 힘), 여성은 교감을 강조하는 경향이 있고, 남성은 에로스, 여성은 아가페를 통해 변화하는 경향이 있다(『성, 생태, 영성』을 보라). 내가 강조하고 싶은 점은 대등지의 기본 구조와 다양한 자기 단계는 성 중립적이라는 것이다. 즉, 그것들은 어느 한 성에 치우쳐 있지 않다. 내가 방금 언급한 연구가 그런 주장을 뒷받침하고 있다. 남성과 여성이 거대한 홀라키의 기본 파동을 서로 다른 목소리를 내면서 항해하고 있지만 둘 다 동일한 파동을 직면한다는 사실에는 변함이 없다.

17. 셰퍼의 『사회성과 성격발달』 pp. 417-418.

18. 밀러와 쿡-그로터의 『초월과 성인기의 성숙한 사고』(1994), p. 241에 있는 J. 바수데브Vasudev의 '비폭력, 정의, 인생의 통합Ahimsa, Justice, and the Unity of Life'. 이는 콜버그의 모델이 여러 문화에 적합한 도덕적 문제를 모두 다루고 있다는 뜻이 아니라, 그 모델이 말하는 단계가 보편적임이 증명되었다는 뜻이다.

19. 돈 벡과의 대화를 통해 나는 그가 초개인적 상태와 구조에 대해 매우 개방적인 태도를 취하고 있다는 사실을 알게 되었다.

20. 돈 벡과의 서신. 주 4.22를 보라.

21. 다음에 나오는 설명의 상당 부분은 그레이브스, 벡, 벡과 코완의 여러 저서에서 직접 인용했거나 의역한 것들이다. 그레이브스의 '인간의 본성은 순간적인 도약을 준비한다Human Nature Prepares for a Momentous Leap', 『미래파The Futurist』, 1974년 4월호, 그레이브스의 『요약Summary Statement』, 벡과 코완의 『나선역학Spiral Dynamics』, 돈 벡의 사적인 논문들과 서신들이 그것이다.

22. 그레이브스의 저술을 꼼꼼하게 연구한 제니 웨이드Jenny Wade는 오렌지색(성취)과 초록색(친화적)은 별개의 두 수준이 아니라 파란색(순응주의자)에게 제공된 서로

다른 선택이기 때문에 오렌지색과 초록색은 두 번째 층으로 전진할 수 있다고 믿었다. 그 생각에 따르면, 이 책은 오렌지색과 초록색이 두 번째 층의 관점을 취할 수 있도록 안내하는 책이다.

이와 동시에 나선역학 및 발달 연구 전반에 따르면, 실제로 수많은 철학적 논쟁은 어떤 것이 더 나은 객관적 논쟁인가의 문제가 아니라 그런 논쟁의 주관적 수준을 나타내고 있다. 개인이 의식 진화의 역동적 나선을 통해 발달해 갈 준비가 되어 있지 않다면, 오렌지색의 과학적인 증거가 아무리 강해도 파란색의 신화적 헌신자를 설득할 수가 없고, 초록색의 유대가 아무리 강해도 오렌지의 공격성을 감동시킬 수 없으며, 청록색 홀라키가 아무리 많아도 초록색의 공격성을 몰아낼 수 없다. '수준 간' 논쟁이 해결되는 경우는 거의 없는데, 이런 이유로 모든 당파는 보통 자신의 의견을 경청하지도 않으며, 제대로 평가하고 있지도 않다고 느낀다. 이런 사실은 두 번째 층에 위치한 사변가들의 경각심을 불러일으켜서 나선을 부드럽게 움직이거나 전략적으로 흔들 수 있는 방법을 모색하게끔 한다.

본문에서 초록색이 종종 두 번째 사고층이 출현하는 것을 막기 위해 투쟁한다고 말했을 때의 의미는 물론 첫 번째 층에 위치한 모든 밈MEME은 두 번째 층 의식의 출현에 저항한다는 뜻이다. 과학적 유물론(오렌지색)은 내적인 모든 단계를 객관적인 뉴런의 격발로 환원시키려고 노력하면서 공격적으로 환원적이 되어 두 번째 층의 구조로 나아간다. 신화적 근본주의(파란색)는 주어진 질서를 빼앗는 시도로 보이는 모든 것에 격노한다. 자기 중심주의(빨간색)는 두 번째 층을 전부 무시한다. 마술적 수준(자주색)은 그 층에 마술을 건다.

초록색은 두 번째 층의 의식을 권위적이고, 엄격할 정도로 위계적이며, 가부장적이고, 주변적이고, 압제적이며, 인종주의 또는 성차별주의라고 비난한다. 달리 말해서 초록색은 자신이 발달시킨 다원적인 비판을 가하는데, 이는 전前 초록색 상태(특히, 초록색이 주장하는 모든 죄악에 대해 종종 죄책감을 느끼는 파란색과 오렌지색)를 겨냥한다는 점에서는 옳지만, 후後 초록색 발달을 향해 전 초록적 비판을 가한다는 점에서는 옳지 않을 뿐 아니라 부적절하기도 하다. 그 의도는 선하지만 방향이 잘못되었다고 할 수 있다(두 번째 층의 연구자들이 재빨리 지적한 것처럼 이는 일반적으로 노란색과 청록색을 왜곡시키고 있다).

지난 30년 동안 초록색이 문화연구를 담당해 왔다. 초록색의 다원적 상대주의는 한편으로는 예전에는 주변에 머물던 수많은 사람, 아이디어, 담론을 포함시키기 위해 문화연구의 기준을 훌륭하게 확대시켜 왔다. 사회적 불균형을 바로잡고 배타적 실천을 피하려고 노력하면서 감수성과 배려심으로 행동했다. 시민의 권리와 환경보호에서 기본적인 주도권을 누려 왔다. 종종 배타적이고 가부장적이며 성 차별 및 제국주의적 아젠다를 지닌 파란색과 오렌지색 밈의 철학, 형이상학, 사회적 실천, 과학들을 강하면서도 때로는 설득력 있게 비판해 왔다.

전 초록색 단계에 대한 이런 비판이 효과는 있지만 초록색은 자신의 총구를 모든 후 초록색 단계에 돌림으로써 가장 불행한 결과를 낳고 말았다. 초록색은 파란색들의 완고한 사회적 위계와 명예롭게 싸우면서 두 번째 층의 모든 홀라키를 책망하였다. 이로써 초록색이 더 전일적이고 통합-비조망적 구조로 나아가는 것이 매우 어렵고 때로는 불가능하게 되었다.

자기와 관련된 도표 대부분에서 신화적 절대주의, 합리적 형식주의(파란색와 오렌지색), 다원주의와 상대주의(초록색)를 거쳐서 통합주의와 전일주의 단계(노란색과 청록색)로 이행하는 것을 볼 수 있을 것이다. 파란색과 오렌지색의 절대주의에 효과적으로 도전하고 있는 초록색 밈은 모든 보편성과 홀라키를 동일한 질서로 오판하여 자신을 첫 번째 층의 사고에 고집스럽게 묶어 두었다.

나선역학이 지적한 대로 건강한 초록색 계층에서 두 번째 층이 출현하므로 최근의 책에서 내가 한 비판의 대부분은 초록색을 향한 것인데, 때로 내가 강하게 찔러 말할 때가 그렇듯이 그들에게 자신의 전제를 더 폭넓게 바라보게 하려는 의도에서였다. 보통 이런 식으로 공격하기 때문에 초록색들이 나를 좋아하지 않지만, 대화를 세차게 흔들어 댐으로써 정중함을 소용없게 만드는 것이다(20년에 걸쳐 출판한 나의 첫 12권의 책들은 논쟁적인 문장이 한 문장도 없는 확실히 정중한 투로 쓴 책이지만 13번째 책인 [SES]는 논쟁적이다. 피기 양의 말처럼 '나는 친절하려고 했다'). 논쟁하는 투가 도움이 될지 상처가 될지는 두고 볼 일이다(CW7의 서문을 보라). 그러나 메시지는 단순한데, 초록색이 두 번째 층이라는 초공간으로 도약하려면 다음과 같은 요인을 고려해야 할 것이다. 첫째, 초록색의 다원주의에 따르면 모든 시스템은 맥락에 따라 결정되므로 그런 의제議題를 충분하게 실행한다면 모든 상대성과 다원성 또한 맥락에 의존한다고 할 수 있다. 모든 시스템에는 스스로를 더 큰 시스템 안에 묶어 두는 더 넓고 깊은 맥락이 있다. 그러므로 이런 더 큰 시스템을 인정하고 이들을 함께 묶어 주는 보편적-통합적 맥락의 윤곽을 그려 보라. 둘째, 시스템은 공간과 시간에 걸쳐 진화한다. 그러므로 이런 진화와 발달을 추적하라. 셋째, 이렇게 하는 유일한 방법은 헤테라키와 계층구조를 포함시키는 것이다(이로써 홀라키에 도달하는 것이다). 일단 이런 일이 일어나면 초록색의 중요한 공헌이 진행 중인 의식 진화의 전개 과정에 포용되며 포섭된다. 초록색을 잃거나 부정하는 것이 아니라 초록색을 포용해서 풍성해지는 것이다.

나선역학에 관해 내가 조금 꺼리는 점은 의식의 상태나 초개인적 구조라는 의식의 높은 단계를 충분히 포함시키지 않았다는 점과 2단계 모델의 예는 되지만 3단계 모델이 되기에는 충분치 않다는 점이다(주 9.15를 보라). 즉, 동일한 예에서도 다양한 발달 노선이 다양한 수준에 있을 수 있다는 실증적으로 입증된 사실을 충분히 느끼고 있지 않다는 점이다. 한 사람이 한 상황에서는 빨간색 밈을, 다른 상황에서는 오렌지색 밈을 사용하는 것이 아니라, 동일한 상황에서 인지적으로는 오렌지색을, 도덕적으로는 빨간색을 쓰고 있다는 것이다. 마지막으로 나선역학은 지속적인 것과 이행적인 것을 제대로 구분하고 있지 않다(CW7의 서문을 보라). 개인적인 대화를 통해서 볼 때 벡은 이 모든 생각에 대해 마음을 열고 있다고 믿는다.

벡은 또한 사상한을 나선역학 모델에 통합시키려는 시도를 하는데, 그 자신은 스스로 밈의 건강한 버전과 불건강한 버전이라고 부른 것들을 이 작업이 더 적절하게 구분하도록 돕고 있다고 믿고 있다(사상한은 2부에서 소개한다). 돈Don은 다음과 같이 쓰고 있다. “사상한은 브이밈즈의 긍정적인 버전을 부정적인 버전에서 구별해 내는 일을 돕고 있다. 또한 수많은 변화의 주도권이 실패할 운명에 처할 것인지의 여부를 도식적으로 보여 준다. 내적 발달을 향상시키기 위해 갱이 만연하는 이웃에서 어린이를 탈출시켜 풍요로움을 경험하는 훈련 프로그램에 배치시킨 후, 그 아이들이 새로운 발달 수준에 도달할 때 똑같이 해로운 우리We와 그것들It’s 상한에 무책임하게 버려 두는 경우 그들은 종종 더 나빠진다. 사상한은 건강한 시스템의 창출에서 누락된 요소를 제공한다.”

노란색/청록색 밈을 사용하는 건강/불건강 브이밈즈, 시스템 이론의 또 다른 예는 종종 평원에 사로잡히는데, 여기에서는 그것-언어로 서술된 외적 시스템만을 인정하고 나-언어와 우리-언어에서 서술된 내적 단계는 인정하고 있지 않다(5, 6, 7장을 보라). 그러므로 시스템 이론 자체는 부분적이고 제한적인 것으로 두 번째 층 사고의 평원적 표현이라고 할 수 있다(그러므로 나선역학에서 주어진 두 번째 층의 몇 가지 예는 실제로는 불건강하거나 완전히 충분하지 않은 밈이다). 나는 벡이 이런 견해에 상당히 동조하리라고 믿으며, 그의 새로운 저서들은 이런 사소한 조정들을 반영할 것이라고 믿는다(초록색 다원주의하에서 이루어진 지난 30년 동안의 문화연구를 보려면 윌버의 『부메리티스』와 CW7의 서문을 보라).

이 모든 것의 요점은 각 밈, 즉 의식의 각 수준과 존재의 파동이 건강한 형태로 되면 이것은 전체적인 나선, 의식의 전체적 스펙트럼에서 절대적으로 필요하면서도 바람직한 요소가 된다는 점이다. 지구상에 존재하는 모든 사회가 완전히 청록색 밈에서 이루어진다 하더라도 그 사회에서 태어나는 모든 유아는 수준 1, 베이지색, 감각운동적 본능과 지각에서 출발하여 자주색의 마술, 빨간색과 파란색의 신화, 오렌지색의 합리주의, 초록색의 네트워킹을 거쳐 성장하고 진화하여 노란색과 청록색의 비전-논리로 나아간다. 이 모든 파동은 그 나름의 중요한 과제와 기능을 갖고 있다. 이들 모두는 뒤에 나타나는 파동에 포섭되며, 어떤 파동도 우회할 수 없으므로, 만일 그 가치를 추락시킨다면 자기와 사회에 심각한 결과를 초래할 것이다. 나선 전체의 건강은 제일 중요한 사항으로써 어느 한 수준에 특혜를 주는 치료가 되어서는 안 된다. 여기에는 의문의 여지가 없다. 최전선이 높을수록, 또 지배적인 동체가 높을수록 더 좋다. 왜냐하면 두 번째 층 의식은 나선 전체의 건강을 생각할 수 있기 때문이다.

23. 리소Riso와 허드슨Hudson의 『애니어그램의 지혜The Wisdom of the Enneagram』, H. 팔머Palmer의 『애니어그램The Enneagram』을 보라. 8장의 하위 인격에 관한 논의를 언급하자면, 하위 인격이란 전 기본 수준에서의 모든 유형일 수 있다. 이는 실로 자기로 구성된 다원적 사회인 셈이다! 그러나 진행 중인 의식의 흐름에 경험의 통일성을 부여하는 근접자기가 항해하는 모든 자기는 때때로 붕괴된다.

⁘ 제2부 길: 전근대에서 근대로

⁘ 05 근대란 무엇인가

1. 이 주제를 충분히 논의한 내용을 보려면 『감각과 영혼의 만남The Marriage of Sense and Soul』을 읽어 보라.

2. 사상한과 관련해서 '4'라는 숫자에는 신비적 의미가 전혀 없고 거기에 대해 구체적으로 생각해 보지도 않았다. 사상한은 내부/외부, 단수/복수라는 실재가 만들어내는 것처럼 보이는 가장 단순한 몇 가지 특징의 결과다. 그러나 중요하면서도 다양한, 아마도 무한할지도 모르는 다른 차원이 존재한다. 사람들이 사상한을 아주 유용하다고 보는 유일한 이유는 평원이 이런 단순한 구분을 존중조차 하지 않았으므로 일차원적 인간의 세계와 비교해 볼 때 사상한은 확실히 복잡하기 때문이다. 사상한(간단히 말해서 3대 가치)은 일상 언어에도 깊게 내재되고 있는 실재인데, 이는 1인칭(나), 2인칭(우리), 3인칭(그것)의 시각을 인정하고 있다. 예를 들어, 사람들은 날 때부터, 또 쉽게 예술, 도덕, 과학의 차이를 이해한다는 사실을 그 예로 들 수 있다. 이는 세계에 관한 균형 잡힌 모든 접근은 세 가지를 전부 포함시킬 필요가 있음을 말하고 있다.

⁘ 06 전근대와 근대의 통합

1. 이 주제에 관해 더 논의한 책으로는 CW4의 서문을 보라.

2. 서로 맞물려 있는 위대한 질서라는 개념을 보려면 테일러Taylor의 『자기의 원천Sources of the Self』을 보라. 실재에 대한 시스템적 관점에 대한 계몽주의의 신념을 논의한 것으로는 러브조이Lovejoy의 『존재의 대사슬The Great Chain of Being』이 있다. 시스템 이론, 미묘한 환원주의 그리고 계몽주의 패러다임이라는 토대를 논의한 것으로는 『성, 생태, 영성(2판)』(CW6)을 보라.

3. 다원주의와 맥락주의에 대한 전근대의 인식 부족을 보려면 13장을 보라. 이 주제를 더 논의한 것으로는 CW4의 서문과 윌버의 『부메리티스』가 있다.

07 근대의 중요한 개척자

1. [그림 7-1]의 우상상한에 몇 가지 일반적인 파동을 나타냈는데, 온 수준이 온 상한에 걸쳐 서로 제한하는 영향을 탐구할 수 있으므로 더 통합적이고 포괄적인 모델에 도달할 수 있다는 생각이 깔려 있다. 14장을 보라. 신체에서 마음, 혼, 영에 이르는 예술, 도덕, 과학 수준의 특정한 예를 보려면 『감각과 영혼의 만남』 14장을 보라.

2. 의식의 상태/구조와 유기체-뇌의 상태/구조 간의 상호관계를 보려면 웨이드Wade의 『마음의 변화Changes of Mind』, 오스틴Austin의 『선禪과 뇌Zen and the Brain』, 알렉산더와 랭거의 『인간발달의 고차 단계』, 발레리 헌트Valerie Hunt의 『무한의 마음Infinite Mind』, 데이비드 찰머스David Chalmers의 『의식적인 마음The Conscious Mind』, 러플린Laughlin 등의 『뇌, 상징, 경험Brain, Symbol, and Experience』을 보라. 또한 주 14.1과 14.17을 참조하라. 라마나 마하리시에 따르면 완전한 영적 진아의 깨달음도 가슴 오른쪽에 거기에 상응하는 신체적인 진동을 갖고 있다는 점에 주목하라(즉, 아무리 고상하고 높고 초월적이라 해도 좌측에 있는 모든 사건은 그에 상응하는 우측 사건을 갖고 있다).

마음-신체라는 전통적인 문제는 14장에서 충분히 다루었으나 [그림 7-1]과 관련해서 몇 가지를 지적하고 싶다. 좌측 영역은 대충 '마음'이고, 우측 영역은 '신체'다. 궁극적으로 이들은 둘이 아니지만 비이원성은 원인에서 비이원 수준의 발달과 함께 실현될 수 있는데, 마음-신체의 문제는 그 시점에서 해결되는 것이 아니라 사라진다. 이런 문제는 무지, 어리석음 또는 깨닫지 못함의 산물로 치부된다. 간단히 말해서 마음-신체 문제는 만족스럽게 해결될 수 없다(『영의 눈』의 3장, 「모든 것의 역사A Brief History of Everything」를 보라). 이런 비이원적 관점을 철학적 일원론의 변형으로 볼 수 없다. 왜냐하면 비이원성은 초정신적, 초철학적 영역에서만 실현될 수 있을 뿐이고 자가당착이나 모순을 수반하지 않고는 아래에 놓인 정신적 개념으로 대치될 수 없기 때문이다(『눈과 눈』의 1, 2장을 보라). 비이원론은 서술적이 아니라 교시적으로 드러난다(『영의 눈』의 3장, 『성, 생태, 영성(2판)』을 보라).

비이원적 깨달음이 부족해서 상대적인 방식으로 말하자면 사상한은 '4중으로 상호 작용한다.' 이들은 함께 일어나고 서로를 결정한다. 개별적인 마음과 의식(좌상상한)이 개별적인 신체-뇌-유기체(우상상한)와 상호 작용하는 것만이 아니라 이 둘은 집단적 문화의 마음(좌하상한)과 집단적 사회체(우하상한)와도 상호 작용한다.

그러므로 이런 관점은 일원론도 이원론도 아니다. 마음과 신체는 실재의 두 측면이라고 주장하지 않기 때문에, 그리고 무형의 실재는 어떤 측면도 가지지고 있지 않기 때문에[모든 관념이 비어 있다空] 일원론이 아니다. 이것은 정신물리적 주체도 아니다. 그런 측면은 비교적 실재적이고 환원 불가능한 차이를 갖기 때문이다. 이는 또한 전통적인 상호 작용설이라고도 볼 수 없다. 사상한이 비교적 실재적이기는 하지만 여전히 마야maya의 세계에 속하므로 그것도 궁극적인 단어가 될 수 없다.

오늘날 마음-신체의 문제를 '해결하는' 지배적인 형태는 주로 창발적 유물론emergent materialism, 기능주의, 연합주의, 자가형성이론 autopoietic theories 들인데, 이 모두는 미묘한 환원주의(좌측의 사건을 우측의 역동적 시스템으로 환원하는)다. 이들 다수가 전일적, 위계적, 연합적, 창발적이라는 사실은 이들이 여전히 내적 전일주의(혹은 그것들의 통합)가 아니라 외적 전일주의라는 점을 가리키고 있을 뿐이다. 이들은 스스로를 '비환원적 유물주의'라고 말한다. 그 뜻은 거친 환원주의gross reductionist가 아니라는 뜻이지 미묘한 환원주의subtle reductionist가 아니라는 뜻은 아니다. '4중 상호주의tetra-interactionism'를 기억함으로써 미묘한 환원주의적 경향(평원적 근대라는 프로젝트의 후유증)에 가장 잘 맞설 수 있다. 윌버의 '의식의 통합이론An Integral Theory of Consciousness', 『의식연구 저널Journal of Consciousness Studies』, 4권, 1호, 1997의(CW7); 『성, 생태, 영성(2판)』(CW6), 14장, 주 1, 이 책의 14장을 보라.

3. 이 주제에 대한 논의로는 『모든 것의 역사』를 보라.
4. 벨먼스Velmans의 『현상적 의식의 탐구Investigating Phenomenal Consciousness』에서 윌버와 윌시를 보라.
5. J. 브로튼Broughton 등의 『제임스 마크 볼드윈의 인지발달심리학The Cognitive Developmental Psychology of James Mark Baldwin』, p. 31을 보라.
6. 같은 책, p. 32.
7. 같은 책, p. 36.
8. 같은 책, p. 40.
9. 같은 책, pp. 280-281.
10. 같은 책, p. 277.

11. 같은 책, p. 296.

12. 콜버그의 6단계는 실제 단계가 아니라 이상적인 한계다. 여러 증거는 5개 단계를 나타내고 있으며, 지금까지 이 단계는 문화에 걸쳐 대략 일치되면서 보편적이고 비상대적인 것으로 드러났다. 이 책의 4장에 제시된 '반론들' 을 보라.

13. 볼드윈의 견해를 월워크Wallwork가 요약한 『제임스 마크 볼드윈의 인지발달심리학』, p. 335를 보라.

14. 볼드윈의 '합일의식unity consciousness'은 거친 영역의 합일 혹은 자연신비주의(심령 수준)다. 그 의식은 원형 신비주의, 정묘의식, 자각몽 혹은 유상삼매(온갖 형태의 신이나 정묘 수준의 신비주의)를 인식하지 못하며 무형의식(원인)도 인식하지 못하기 때문에 순수한 비이원(형상과 공의 합일)에도 이르지 못한다. 자연과의 일체감이 지멸이라는 무형의 상태를 인식하지 못하면 그것은 보통 심령 수준이거나 거친 우주의식 혹은 자연신비주의가 된다. 그럼에도 불구하고 이 경험은 진정하면서도 심오한 초개인적 경험이다.

'합일의 경험'이 거친 영역(자연신비주의)인지, 정묘 영역(신성신비주의)인지, 원인 영역(무형신비주의)인지 혹은 진정한 비이원적 의식(모든 영역의 형태와 순수한 무형과의 합일)인지를 쉽게 구별할 수 있는 방법 중 하나는 꿈꾸는 상태와 깊은 수면 상태에서 의식의 성질에 주목하는 것이다. 저자가 깨어 있는 상태에서 합일의 경험을 말하고 있다면 이는 보통 거친 영역의 자연신비주의다. 그런 합일의식이 꿈 상태까지 이어져서 저자가 자각몽에 대해 말하고 있다면, 즉 거친 외부적 자연뿐만 아니라 내적 광채와의 합일을 말하고 있다면 그것은 보통 정묘 영역의 신성신비주의에 해당한다. 그런 의식이 깊은 수면 상태까지 지속되어 저자가 깨어 있고, 꿈꾸며, 깊이 잠들어 있는 세 가지 상태 모두에서 완전히 존재하고 있는 진아를 깨닫고 있다면 그것은 보통 원인 영역의 무형신비주의(투리야turiya)다. 그런 무형의 진아가 거친 영역, 정묘 영역, 원인 영역이라는 전 영역에서의 형상과 하나임을 알게 된다면 그것은 순수한 비이원 의식(투리야티타turiyatita)이다.

다수의 자연신비가, 생태심리학자, 신이교도들은 거친 영역, 즉 깨어 있는 상태에서 일어나는 자연과의 일체감을 최상의 일체감으로 생각하지만, 이는 기본적으로 네 가지 주요 삼매 상태 혹은 신비적 합일의 첫 번째에 해당한다. 그러므로 생태심리학자가 말하는 '깊은 자기'를 선禪에서 말하는 진정한 자기, 족첸Dzogchen의 아티Ati, 베단타의 브라만-아트만 등과 혼동해서는 안 된다. 이런 식의 구분은 하이데거와 푸코 같은 철학자들의 위치를 정할 수 있게 도와주는데, 이 두 철학자는 자연과의 유사신비적인 합일을 말하고 있다. 그런 경험은 거친 영역의 합일化身에 대한 심오하면서도 진정한 경험이기는 하지만, 선이나 베단타와 혼동해서는 안 된다. 왜냐하면 후자의 경우 원인적 무형(법신, 무상삼매, 즈나나jnana 삼매 등)까지 나아가며, 그 후에는 거친 영역, 정묘 영역, 원인 영역에 이르는 모든 영역을 망라하는 순수한 비이원에까지 이르고 있기 때문이다.

15. 이것은 볼드윈의 생각을 브로튼과 프리먼-무어Freeman-Moir가 적절하게 요약한 것이다. 『제임스 마크 볼드윈의 인지발달심리학』, p. 331을 보라.

16. 하버마스의 『의사소통 행위의 이론The Theory of Communicative Action』을 보라. 훌륭한 개관서로는 레그Rehg의 『통찰과 유대Insight and Solidarity』와 오스웨이트Outhwaite의 『하버마스 Habermas』가 있다. 탈근대의 극단을 결정적으로 수정한 하버마스의 저서로는 『근대의 철학적 담론 The Philosophical Discourse of Modernity』이 있다.

17. 오로빈도 요가를 '통합요가'라고 하고, 그의 심리학적인 체계를 '통합요가심리학'이라고 한다. 레디Reddy 박사의 『통합요가심리학Integral Yoga Psychology』, 브린트Vrinte 박사의 『스리 오로빈도의 통합요가심리학과 매슬로의 인본주의/초개인 심리학에서의 성격의 개념The Concept of Personality in Sri Aurobindo' s Integral Yoga Psychology and Maslow' s Humanistic/ Transpersonal Psychology』을 보라.

제3부 결실: 통합모델

08 영의 고고학

1. 상태는 아주 중요하지만 본문에서 지적한 대로 이것이 발달에 기여하기 위해서는 구조/특성이 되어야 한다. 지평이나 영역이 중요하지만 비판 없이 볼 때는 이들을 존재론적으로 독립된 실재로 인식하기보다는 지각하는 자기들(주 8.2를 보라)이 합동으로 만들어 낸 것이라고 인식하는 것이 타당하다. 그러므로 가장 단순하게 일반화시켜 볼 때 개인적인 발달은 파동, 지류, 자기를 포함하는데, 이는 상태, 지평,

다양한 비위계적 과정과 패턴에 이르는 그 밖의 모든 요인의 중요성을 어떤 식으로든 부정하고 있는 것은 아니다.

2. 내 생각에 대둥지의 기본 구조는 인식과 존재, 인식론과 존재론의 수준이다. 본문에서 논의한 이유(즉, 근대는 대부분의 존재론을 거부하고 인식론만을 허용했다는) 때문에, 일반적으로 나는 기본 구조를 '의식의 기본 구조' (혹은 '의식의 기본 수준')라고 불렀다. 그러나 그 존재론적인 위상을 간과해서는 안 된다. 일반적으로 말해서 영원의 철학은 전자를 의식 수준(혹은 자기 수준), 후자를 존재의 지평(혹은 실재 수준)으로 불렀는데, 이 둘은 풀 수 없을 정도로 서로 얽혀 있다는 사실(주 1. 3을 보라)을 이해하고 있는 것이다. 그러므로 휴스턴 스미스가 지적하였듯이 (『잊혀진 진실 Forgotten Truth』에서), 의식의 신체 수준은 존재의 지상 영역 혹은 지평에 해당하고, 의식의 마음 수준은 존재의 중간 영역 혹은 지평에, 의식의 혼적 수준은 존재의 천상적 수준에, 의식의 영적 수준은 존재의 무한 지평에 해당한다(도표 2A를 보라). 이들(의식 수준과 존재의 지평)은 서로 관련된 구조이기 때문에 나는 이 둘을 대둥지의 기본 구조나 기본 수준이라는 생각에 포함시켰다.

그러나 때로는 이 둘을 구분할 필요가 있다. 주어진 자기 수준은 서로 다른 실재의 수준이나 지평을 경험할 수 있기 때문이다. 인식의 양상을 분석할 때 나는 이런 식의 구분을 종종 해 왔는데(『눈과 눈Eye to Eye』의 2, 6장, 『사교적인 신Sociable God』의 8장을 보라), 본문에서 예술의 양상을 논의할 때도 똑같았다. 게다가 계통발생적으로 볼 때, 구조는 발달하지만 지평은 발달하지 않는다(자기는 이미 주어진 실재의 지평이나 수준을 거쳐 발달한다). 그러나 온 우주의 역진화와 진화/계통 발생 모두에서 지평/영역 또한 발달하거나 근원으로부터 전개되고 다시 근원으로 돌아간다(그러므로 지평들이 전혀 발달하지 않는다고 할 수는 없다. 그들은 영을 포함하고 있고 거기에서 진화된다. 지평들이 상호 진화하는 방식을 보려면 주 1.5를 보라). 일반적으로 주어진 자기 수준은 다른 실재의 수준과 다양하게 상호 작용할 수 있기 때문에 우리는 이 둘(구조와 영역)을 독립변인으로 둘 필요가 있다.

그러므로 내가 『눈과 눈』에서 지적하였듯이, 예를 들어 의식은 자신의 주의를 물질적 지평(인식론적 육안을 사용하여), 중간 지평(인식론적 심안을 사용하여) 혹은 천상의 지평(인식론적 영안을 사용하여)에 둘 수 있다. 물질, 중간, 천상의 지평은 존재론적 수준이다. 『눈과 눈』에서 나는 이들을 지각되는 것sensibilia, 알려지는 것intelligibilia, 초월되는 것transcendelia(즉, 그런 지평이나 영역의 대상)이라고 불렀다. 육체, 마음, 관조의 눈은 지각되는 것, 알려지는 것, 초월되는 것의 존재론적인 지평과 관련되는(또 이를 드러내는) 인식론적 수준이다(물론, 이는 대등지의 세 수준 버전만을 사용한 것이다. 5수준을 사용하면 5개 존재의 지평 및 이와 관련된 5개의 의식 수준이 된다). 나 자신의 도식에서 보면 나는 종종 7~9개의 일반적인 의식 수준을 사용하기 때문에 7~9개에 이르는 일반적인 실재의 영역 혹은 지평이 존재하는 셈이 된다).

그러나 다음에 주의하라. (존재와 인식은 동일한 수준의 두 측면이기 때문에) 의식의 수준만을 사용해도 기본적으로는 동일한 포인트를 만들 수 있다. 마음은 중간 영역을 탐구할 수 있다거나 다른 마음을 탐구할 수 있다고 말할 수 있다. 또한 마음은 천상의 영역을 탐구한다거나 정묘 수준을 탐구할 수 있다고 말할 수 있다. 자기(의식)의 어떤 수준이라도 그 수준은 존재의 어떤 수준(실재의 지평)에도 주의를 돌릴 수 있다는 사실을 깨닫는다면 그것들은 기본적으로 동일한 것을 가리키고 있다고 할 수 있다. 달리 표현한다면, 이런 두 가지 독립된 척도는 '의식의 수준은 존재의 지평을 탐구한다.'고 말할 수 있다. 그러나 상호 관련성이 내포되어 있다는 사실을 이해하는 한, "의식의 수준은 의식의 다른 수준을 탐구한다."라고도 말할 수 있다.

나는 후자의 표현을 종종 쓰는데, 앞에서 말했듯이 그런 식으로 표현함으로써 근대가 의구심을 가졌던 존재론적 고찰을 피할 수 있기 때문이다. 전근대 철학은 낯을 붉히지 않은 채 형이상학적이 된 것이다(즉, 전근대는 초월적 실재의 다양한 지평, 수준, 영역의 존재론적 실재를 의심 없이 가정하고 있다). 반면에 근대철학은 주로 비판적이다(즉, 그것은 생각하는 주체의 구조를 탐구했고, 사고 대상의 존재론적 위상에 의문을 품었다). 그러므로 근대는 상당히 필요한 비판적인 시각을 갖고 주제에 영향을 주었다(비판적 열정에 열중하여 때로는 감각운동을 제외한 모든 지식의 대상을 말소시켰다).

영원의 전통(그리고 그저 형이상학적이기만 한 접근)에 타격을 주는 문제는 이 전통이 존재론적 수준(지평 혹은 축)을 마치 그 영역에 해당하는 지각자와는 무관하게 사전에 주어진 것처럼 논의함으로써, 문화적 배경과 사회적 구조가 모든 영역의 지각을 형성하고 있다는 사실을 보여 주는 근대와 탈근대의 상당량에 달하는 연구 성과를 간과하는 경향이 있다는 것이다(즉, 영원의 철학은 사상한을 충분히 구별하지 못했다). 이런 이유로 말미암아 완전히 독립적인 존재론적 실재로서의 '지평'을 논하는 것은 문제를 아주 심각하게 만든다. 이 점이 존재론적인 측면보다는 인식론적인 측면을 더 강조하는 또 다른 이유다.

이런 사실 때문에 몇몇 비평가들은 내가 존재의 지평을 완전히 무시했다고 주장하지만 이는 분명히 잘못된 비판이다. 나는 분명히 지평을 '영역', '범위', '영토' 라고 불렀고 지상, 중간, 천상이라는 세 개의 주요 지평의 현상을 지각되는 것, 알려지는 것, 초월되는 것이라고 명명하였다(나는 또한 이들을 물리/생물권, 정신권noosphere, 신권theosphere이라고도 불렀다. 다시 말하지만, 이 영역은 적어도 12가지 수준으로 세분될 수 있다). 내가 보통 의식의 구조/수준에 초점을 둔 것은 사실이지만, 한 수준이 다른 수준과 상호 작용할 수 있다고 말함으로써 이 두 개가 독립적인 척도라는 입장을 고수하고 있다. 예를 들어, 『눈과 눈』의 6장과 『사교적인 신』의 8장(이들은 감각적, 실증-분석적, 역사-해석학적, 만다라적, 영적이라는 5개의 주된 인식양식을 제시하고 있다)의 도표는 의식의 구조/수준을 왼쪽에, 존재의 구조/수준(실재의 지평/영역)을 오른쪽에 서술하고 있어서 이 두 척도를 분명히 구별하고 있다. 본문에서 예술양식을 논할 때도 마찬가지다.

의식의 상태에 대한 이해와 함께 의식의 수준과 실재의 지평이라는 생각은 우리에게 삼차원적인 모델(즉, 3개의 독립적인 척도)을 제시하고 있다. 『사교적인 신』(1983)을 쓴 이후로 나는 이런 3개의 변인 모델을 제시하였다. 최근에 앨런 콤즈Allan Combs가 유사한 모델을 제시했는데, 그것은 매우 추천할 만하지만 내 관점에서 보면 몇 가지 근본적인 문제점을 갖고 있다(주 12.12를 보라).

의식 수준과 존재의 지평을 구분할 필요가 없을 때 양자를 포괄할 수 있는 용어(신체, 마음, 혼, 영)를 사용하려고 하지만, 이런 까다로운 논의를 피하기 위해 암묵적으로 양자를 지칭하는 기본 구조나 기본 수준이라는 용어를 사용하고 있다. 그들을 구분하는 것이 중요하며 보통 지평을 '영역', '영토' 혹은 '범위'라고 말하는데, 맥락에 따라 다르게 사용하고 있다(주 1.3, 1.5, 1.9, 1.10, 8.1, 8.39, 12.12를 보라).

3. 알렉산더Alexander 등이 『인간발달의 고차 단계』, p. 160에서 처음으로 강조하였다.

4. 모든 발달 모델이 직면하고 있는 문제는 어떤 라인이든지 그 라인(도덕, 인지, 정서, 욕구)에서 다음의 상위 수준으로 이행하기 위해서는 특정 수준을 어느 정도 만

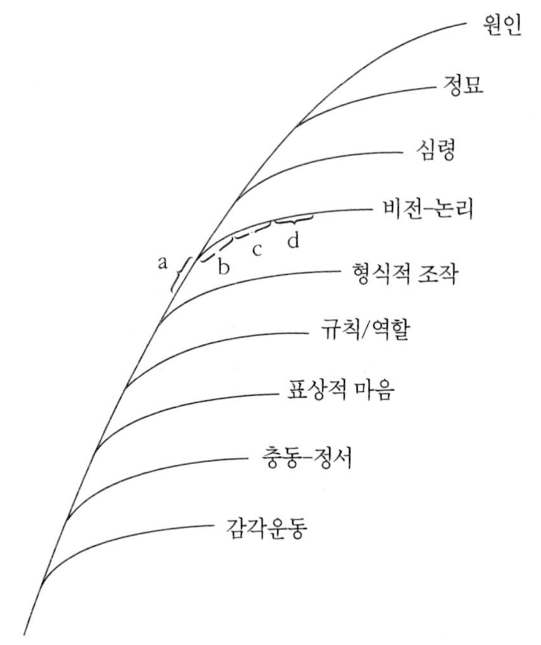

[그림 1] 기본 파동과 그 하위 단계들

족시켜야 하는가다. 다음 단계가 출현하기 위해서는 어느 한 지류의 각 주요 파동에서 일반적 능력이 확립될 필요가 있다는 것을 연구들은 밝히고 있다. [그림 1]이 이 점을 보여 주고 있다. 9개의 기본 파동을 9개의 동심원 단면으로 그려 보았다. 이들은 '사다리 단'이 아니다. [그림 1]은 대둥지([그림 1-1] 참조)에 나타나는 동심원의 단면일 뿐이며, 다양한 발달 지류가 준독립적으로 진행되는 홀라키적 파동을 표현하고 있다(이런 홀라키적 파동 혹은 수준은 [그림 1]에서 보이는 심리도의 가로축에 해당한다). 달리 표현하면, [그림 1]은 다양한 발달 노선(도덕, 정서, 인지, 욕구 등)의 기본 수준을 나타내는데, 이 수준은 신체에서 마음, 혼, 영에 이르는 전 스펙트럼을 망라하고 있다. 다양한 라인은 준독립적으로 발달할 수 있기 때문에 전반적인 발달은 전혀 선형적인 순서를 따르지 않는다. 그러나 이때 어느 한 발달 라인에서 다음 단계/수준이 안정적으로 출현하려면 그 라인의 한 단계/수준이 어느 정도 필요한가라는 문제가 발생한다.

비전-논리를 예로 들면, 나는 a, b, c, d라는 하위 단계를 그려 넣었는데, 이는 비전-논리에서 기본적인 능력을 표현하려고 하위 단계 a, b를 사용한 것이다. 능력이란 다중적 시각을 취하면서 일종의 후인습적, 보편적, 파노라마적인 자각을 분명히 드러낼 수 있는 능력을 말한다. 이런 기본 능력은 안정적인 고차 발달을 위해 필요한 것이다. 하위 단계 c, d는 비전-논리가 전문화된 극단적인 발달로 시스템의 시스템, 그 위의 시스템을 생각하는 능력이다(커먼스와 리처즈는 이를 '패러다임적' '패러다임 간' 사고라고 불렀다. 도표 3A와 주 9.19, 9.27을 보라). 그러나 고차 발달을 위해 이런 능력이 필요한 건 아니다. 부처와 예수는 a와 b를 측정하는 검사를 통과했을 테지만(보살서원과 황금률은 다중적 시각을 요구한다), c, d 능력을 측정하는 검사에서는 실패했을 것이다. 많은 사람은 분명히 시스템의 시스템의 시스템을 사고할 수 있는 까다로운 능력을 완수하지 않아도 높은 발달 단계로 진입할 수 있었다. 간단히 말해서 단계 a, b는 후인습적 자각과 다중적 시각을 표현하고 있는데, 초개인적 단계가 스쳐가는 절정 경험이 아니라 안정된 적응으로 되려고 할 때 이 단계는 고차 발달(초개인과 영적)에 필요한 요소(하위 홀론)가 되는 반면 c, d는 불필요하게 전문화된 발달이 된다.

어떤 지류든 그 지류의 각 기본 파동에 대해 동일한 결론을 내릴 수 있을 것이다. a, b 하위 단계는 고차 발달의 필요조건이거나 구성 요건들이다. 감각운동 발달에서는 특정한 능력(a와 b)이 필요하지만 올림픽 선수(c, d)가 될 필요는 없다(마찬가지로 과거의 성자와 현자들은 비전-논리의 극단적 발달에는 정통하지 못했겠지만, 황금률과 보살서원을 행한 사람들은 분명히 비전-논리를 초월에 필요한 정도로는 숙달했다고 할 수 있다).

가장 지속적인 구조인 기본 구조를 [그림 1]이 표현하고 있다면, 이 도식은 각 파동은 존재할 뿐 아니라 그 힘을 행사하며, 스스로 무한히 발달할 수 있다는 사실을 보여 준다. 개인은 육체적 역량, 정서 지수, 지적 예리함, 비전-논리 역량 등을 확장시키고 정교하게 만들수 있다(기본 파동 각각에서 c와 d, 더 높은 수준의 하위 단계까지도 발달시킬 수 있다).

반면에 대부분의 발달 라인은 지속적 구조라기보다는 과도기적 구조다(주 1.7을 보라). 각 단계는 그 다음 단계에서 통합되는 기본적인 능력을 부여한다는 점에서 여전히 '초월-포함'의 원리를 따르고 있지만, 어떤 단계가 일단 그 목적을 달성하면 그 단계는 독립적인 기능으로 존재하지 않게 된다(즉, 도덕 단계 5에 있는 사람은 도덕 단계 1을 동시에 실행하지 않지만, 비전-논리에 있는 사람은 감각운동과 정서-성과 같은 하위의 기본 구조를 동시에 실행한다). 다음 단계가 안정적으로 출현하기 위해서는 각 단계에서 일반적인 능력이 필요하다는 동일한 일반적 발달 규칙이 여전히 적용된다.

많은 경우 이런 능력은 다음 단계를 위해 필요하지만 충분하지는 않다. 정확하게 말해서 왜 상위 단계가 출현하는지, 혹은 반대로 어떤 라인에서 왜 발달지체가 일어나는지에 대한 이론은 무성하지만 그 이유는 아직도 잘 알려져 있지 않다(사상한에서 가장 그럴듯한 설명을 도출해 보면 개인의 타고난 요인, 훈육 과정, 내적 경향성, 사회제도, 삶의 환경, 생의 과거사, 문화적 배경, 문화적 가치, 문화적 장려/좌절과 같은 다양한 변인의 조합이 될 것이다). 대부분의 경우, 특정 기본 파동의 어떤 측면이 a, b, c인지는 실증적 검사를 통해서만 알 수 있다.

5. 『의식의 변용』의 1장을 보라(잭 잉글러Jack Engler).

6. 엡스타인Epstein의 『생각하는 자 없는 생각 Thoughts without a Thinker』을 보라.

7. 『아트만 프로젝트』에서 나는 에고에 초기 에고(4~7세), 중간 에고(7~12세), 후기 에고(12~21세)라는 이름을 붙이고 그 시기를 밝혔다. 이런 명칭과 시기는 아직도 수용되고 있지만, 문제는 여러 이론가가 '에고'라는 말을 수천 가지 방식으로 사용하였기 때문에 하나로 정의하기가 매우 어렵다는 것이다. 심리학적인 문헌은 '초기의 에고 핵', '신체 에고', '충동적 에고', '정신적 에고', '성숙한 에고', '종합 에고', '분석적 에고' 등을 말하고 있다. 보통 나는 이들 문헌에서 공통적으로 사용하고 있는 것을 반영하면서 '에고'라는 용어를 세 가지 방식으로 사용한다. 첫째, 물질적 에고에서 신체 에고, 합리적 에고에 이르는 개인적(혹은 전면적) 단계에서 볼 때 에고는 자기나 '나I-ness'라는 감각이다. 둘째, 협의의 의미에서 에고는 형식적-합리적-반성적 역량에 근거를 둔 개인적 자기로 나는 이것을 '성숙한 에고mature ego'라고도 부른다. 셋째, 에고는 분리된 자기감이나 일반적인 자기 수축을 말하며 신체, 마음, 혼에서 일어난다. 『아트만 프로젝트』에서 초기 자기라고 부른 것을 이제 나는 자기 개념(혹은 개념적 자기, 분기점-3)이라고 부르고, 중간 에고(분기점-4)를 종종 페르소나 혹은 멤버십 자기라고 부르며(『아트만 프로젝트』에서 나는 사회화의 시작을 의미하는 뜻에서 '멤버십 자기'라는 용어를 썼지만, 그런 사회화는 규칙/역할 마음이 나타나기까지는 실제로 뚜렷하지 않기 때문에 이제

나는 '멤버십'과 '신화적 멤버십'이라는 용어를 사용한다. 이는 전반적인 규칙/역할 마음과 그 세계관, 그리고 분기점-4의 자기인 순응주의자 역할자기 혹은 페르소나를 말한다), 후기 에고(분기점-5)를 보통 성숙한 자기라고 부른다. 내가 가장 자주 사용하는 용어를 도표 1A에 모두 나타냈다. 그러나 어떤 발달 시기를 말하는지를 명시하는 한에서는 어떤 용어도 수용할 수 있다고 보기 때문에 각각은 문맥에 따라 결정해야 할 것이다.

8. 몇몇 이론가들이 켄타우로스와 비전논리에 관해서 비판을 제기했는데, 그들 자신도 이를 '통렬한 비판'이라고 불렀다. 즉, "우리는 윌버가 보는 합리적 에고 단계(분기점-5)의 통합적 능력에 의문을 품는다. 그것은 정신적인 것과 육체적인 것을 충분히 통합하고 있지 않아서 초월과 포함이라는 발달의 논리에 위배되거나 정신적인 것과 육체적인 것을 충분히 통합하고 있어서 켄타우로스(분기점-6) 단계가 중복되어 버린다."

구체적인 심리학적 연구 없이 철학적 추상 개념을 사용하는 데서 이런 비판이 생긴다. 통합하거나 통합하지 못한 두 가지 경우 중 하나만 선택할 수 있는 물질적 신체와 마음이 존재할 수 없다. 이 비평가가 독립된 물질적 신체라고 부른 것은 실제로는 약 5~6개 정도 수준(감각, 지각, 외개념, 충동, 정서)으로 구성되어 있고, 그들이 '마음'이라고 부른 것 또한 5~6개 정도(심상, 상징, 개념, 규칙, 형식적, 비전-논리)로 구성되어 있다. 그 너머에는 초합리적, 초개인적 수준(심령, 정묘, 원인)이 존재한다.

간단한 '마음'과 '신체'가 아닌 더욱 복잡한 대등지를 사용하면 문제는 발생하지 않는다. 각 수준은 그 수준에서 상당한 통합을 이루며 각각은 '초월과 포함'의 원리를 따른다. 형식적-합리적 수준(이 비평가들은 그 통합적 힘에 의문을 품었다)은 다수의 구체적 조작, 여러 가지 관점, 다수의 역할, 가역적 조작, 상호적 견해를 초월하고 포함한다(통합한다). 이는 엄청난 정도의 통합적 구조라고 할 수 있다. 후형식적 인지(예를 들면, 이 비평가들이 중복되었다고 주장하는 비전-논리)는 형식적 구조만큼 통합적이며 연구들은 이보다 통합적이라고까지 밝히고 있다. 후형식적 인지는 여러 가지 형식적 조작, 사고 시스템, 초시스템적 지각(커먼스와 리처즈, 알린, 피셔, 파스쿠알-레오네, 시놋 등의 작업과 같은)을 초월하지만 포함한다(통합한다). 형식적, 후형식적 단계를 지지하는 증거는 상당히 많다. 하지만 발달 단계가 신체와 마음 그리고 그 통합만을 포함하고 있다면 모든 것을 놓치게 될 것이다.

각 단계의 자기도 마찬가지다. 역할 마음과 동일시된 자기가 페르소나이고, 형식적 마음과 동일시된 자기는 성숙한 에고며, 비전-논리와 동일시된 자기는 켄타우로스다. 도표 3A와 4A에서 볼 수 있는 바와 같이 모든 인지 단계와 자기 단계가 있다는 엄청난 양의 증거가 있다. 다시 한 번 말하지만, 발달 과정이 신체, 마음 및 신체 마음의 통합이라면 모든 것을 놓치고 있는 셈이다.

이 비판자들이 안고 있는 어려움 중 하나는 병리를 제외하고는 각각의 단계는 그 전 단계를 초월하고 포함하기 때문에 각 단계는 통합능력이 비교적 커진다는 점에 있다. 그러므로 '통합'은 사실상 모든 수준에서 잠재력이 증가하는 가변적 척도다. 사실상 겝서에서 노이만, 길리건, 뢰빙거에 이르는 연구자들도 특정 단계를 '통합되었다'고 불렀다. 보통 최고 수준에 그런 명칭을 붙였는데, 낮은 수준에서는 통합이 적어서가 아니라, 최고 수준이 가장 많이 통합되었기 때문이다(병리를 제외하고 각 수준은 초월하고 포함하기 때문에 높은 수준에서는 통합의 정도가 더 크다).

나는 뢰빙거가 브로튼의 최고 단계(켄타우로스와 관련되어 있는)를 요약한 다음의 내용을 종종 언급한다. "마음과 신체는 통합된 자기의 경험이다." 어쨌든 비평가들은 이 내용을 이전 단계(합리적-에고적)에는 마음과 신체가 전혀 통합되지 않았다는 뜻으로 받아들였다. 이는 잘못된 생각이다. 연구 결과에 따르면 사실 이 말은 에고는 켄타우로스보다 통합능력이 비교적 적다는 뜻이다.

물론, 그 통합적인 힘에서 각 수준은 한계가 있다. 이는 그 수준의 한계이기도 하다. 형식적-합리적 단계의 경우 그 한계란 형식적 시스템 고유의 추상적 성질인데, 이는 스스로를 다른 영역에서 차단시키는 경향이 있다(이전 단계와 비교해서 그런 시스템들이 이미 엄청난 수의 조작을 통합하고 있음에도 불구하고). 많은 연구자들이 보고한 바에 따르면 이런 한계는 비전-논리가 발달함에 따라 초월된다. 비전-논리는 다원적, 맥락적, 상대적 입장을 취하기 때문에(더 높은 통합까지) 형식적 합리성이 여전히 포괄할 수 없는 영역을 포함할 수 있다. 다시 한 번 말하지만, 우리는 각 단계에서 초월과 포함을 관찰한다(물론 병리는 예외인데, 병리는 초월하고 포함하는 것이 아니라 부정하고 억압하며 고착화시키고 저지하기 때문에 일어난다).

마지막으로 몇몇 비평가들은 전통적인 대사슬에는 비전-논리와 켄타우로스에 해당하는 것이 없다고 주장한다. 이와는 달리 도표가 보여 주고 있듯이 정교화된

거의 모든 대사슬 이론가는 비전-논리나 고차원의 이성에 해당하는 것을 갖고 있다(예를 들면, 플로티누스의 창조적 지성, 오로빈도의 고차적 마음 혹은 통합적 마음, 겝서의 통합적-비조망적 단계 등). 자기는 대사슬의 어떤 수준과도 동일시할 수 있기 때문에 그 수준에서의 자기를 단지 켄타우로스라고 부른다. 다시 말하지만, 5개 혹은 7개 수준으로 요약하지 않고 완전한 대사슬을 사용하면 이런 비평은 생기지 않는다.

9. 각 분기점의 1-2-3 과정(융합/매몰, 분화와 탈동일시/매몰에서 벗어남/초월, 통합/포함)에 관한 논의를 보려면 『의식의 변용』, 『모든 것의 역사』 그리고 『영의 눈』을 참고하라.

10. 말러, 컨버그, 블랑크와 블랑크, 코헛, 게도, 매스터슨, 스톤, 노이만을 보라(주 8.11과 8.13도 보라).

11. 초기 자기발달과 자기병리의 세 가지 일반 수준은 다요인적 병인의 일부만을 구성하고 있다. 이는 복잡한 병인의 중요한 부분이지만 일부에 불과한 것으로 성향, 기질적 요인, 성격 유형, 기능의 주된 양상, 독립적인 방어기제, 대인관계, 환경적 표현과 같은 다른 중요한 요인을 포함하고 있다(『비정상적 성격Abnormalities of Personality』에 있는 스톤의 5요인 모델, 매스터슨과 클라인의 『자기장애Disorders of the Self』, 노크로스Norcross와 골드프라이드Goldfried의 『심리치료통합편람Handbook of Psychotherapy Integration』을 보라). 좌상상한에 대한 다요인적 접근이 중요하지만 이들은 우상상한 요인(신경기전, 신경전달물질, 뇌파 상태, 정신약물학 등. 그 예로 미셸Michel과 무어Moore의 『발달신경생물학Developmental Neurobiology』, 해리스Harris의 『발달신경정신의학Developmental Neuropsychiatry』이 있다. 주 14.17을 보라) 및 사회문화적 요인인 우하상한, 좌하상한(브로튼Broughton의 『심리학 발달의 주요 이론Critical Theories of Psychological Development』과 마이클 콜Michael Cole의 뛰어난 『문화심리학Cultural Psychology』을 보라)과 통합될 필요가 있다.

『정신병리발달의 최전선Frontiers of Developmental Psychopathology』(1996)에서 렌젠베거Lenzenweger과 호가드Haugaard가 말했듯이, "발달적 정신병리에 관한 수많은 보고서들은 부모-아이의 상호관계, 아이를 양육하는 태도, 역기능적인 육아법, 추정하건대 이와 관련된 역기능적 결과(예를 들면, 학대가 능력을 손상시킨다)에 초점을 두고 있는 데 반해, 유전적 요인, 신경전달물질 모델, 신경과학적 과정을 통합하려는 진정한 시도는 거의 없었으며, 지금까지 형식적인 발달적 정신병리 논문이나 장(章)에서는 이런 시도조차 비교적 드문 실정이다. 오해를 피하기 위해 우리는 생물학적 영향이 더 많은 모델보다는 병리발달의 심리사회적 모델을 선호함으로써 발달적 정신병리에 일어나는 상대적 불균형을 강조해야 할 것이다. 그러나 아주 솔직히 말해서 최선의 모델은 이들 수준을 통합하는 모델이어야 한다. 정상적 발달과 병리적 발달 모두에서 유전적 요인이 갖는 중요성은 논란의 여지가 없고(로우Rowe, 1994; 루터Rutter, 1991), 기질(예를 들면, 키건Kegan, 1994), 정서(예를 들면, 에크만Ekman과 데이비슨Davidson, 1994), 성격발달(예를 들면, 디퓨Depue와 콜린스Collins, 출판 중), 정신병리의 출현(예를 들면, 브레슬린Breslin과 와인버거Weinberger, 1990; 코캐로Cocarro와 머피Murphy, 1990; 그레이스Grace, 1991)에서의 신경생물학적 요인이 수행하는 필수적인 역할은 자명해서 어떤 이는 이러한 사실이 확증되었다고 말하기까지 한다. 뇌, 정서, 행동, 환경적 영향의 추세를 의미 있게 통합하는 일은 심리과학의 여러 분야, 특히 인지와 성격 분야에서 매우 활발하게 연구되고 있다. 간단히 말해서 발달적 정신병리는 이런 진전과 더불어 나타나는 연구 책략에 주의를 기울이지 않을 수 없다"(pp. vi-vii). 렌젠베거와 호가드는 좌상상한, 우상상한, 우하상한의 적어도 몇 가지 측면을 훌륭하게 강조하고 있지만, 좌하상한에서는 그 힘을 잃고 있으며, 모든 상한의 상위 수준을 전부 무시하고 있다. 그렇지만 이 책과 이와 유사한 책들은 심리학과 치료를 더욱 통합적으로 접근하는 일에 대한 관심이 꾸준히 증가하고 있음을 보여 준다.

노크로스와 골드프라이드가 편집한 뛰어난 책 『심리치료통합편람Handbook of Psychotherapy Integration』을 보라. 지난 40년간 심리학/치료 통합의 여러 유형을 지향하는 작업으로서 매우 추천하고 싶은 작업으로는 우디, 제롬 프랑크, 라일, 칼 로저스, 애펠바움, 아론 벡, 버크, 프리먼, 골드프라이드, 라자루스, 딘 샤피로, 마모, 스탠리 메서(A. 거만과 공동편집한 『심리치료 기본Essential Psychotherapies』을 보라), 제임스 매스터슨, 버진, 노크로스, 아코비츠, 존 게도, 레이미, 제임스 프로채스카, 사프란, 스트룹, 런던, 폴 워크텔, 아브라함 매슬로, 마이클 마호니의 뛰어난 저서들(예를 들어, 『인간변화과정Human Change Process』)이 있다.

12. 『유아의 대인관계 세계The Interpersonal World of the Infant』와 같은 책에서, 다니엘 스턴Daniel Stern은 유아의 아주 초기 단계의 인식도 어느 정도 식별하고 차별하는 능력

을 보여 주기 때문에, '미분화' 라는 용어는 초기 단계에서 부적당하다고 주장한다. 그런 경우들은 연속적인 발달에서 더 많이 나타난다. 그럼에도 불구하고 초기 단계는 여전히 비교적 미분화된 것으로 이해되고 있다.

13. 첫 4개의 분기점에서 일어나는 방어에 대한 최상의 논의에 대해서는, 죠지 베일런트George Vailant의 『에고의 지혜The Wisdom of the Ego』(1993)를 참고하라.

도표 1A에서 초기의 방어(F-1 ~ F-3)는 주로 정신분석적 자기심리학, 대상관계 및 자기심리학에 근거를 두고 있다(예를 들면, 안나 프로이트, 마가렛 말러, 오토 켄버그, D. 위니콧, 퍼어베인, 아리에티, 하인츠 코헛, 블랑크 부부, 죠지 베일런트, 스톤, 게도, 제임스 매스터슨). 중간 단계의 방어(F-4 ~ F-6)는 교류분석, 인지치료, 귀인이론, 구성이론, 역할이론 그리고 상징적 상호 작용주의에 기초하고 있다(예를 들면, 번, 벡, 조지 켈리, 셀먼, 미드). 상위의 방어(F-7 ~ F-9)는 실존적 그리고 명상적 전통에서 추려낸 것이다(예를 들면, 야스퍼스, 보스, 빈스방거, 메이, 부겐탈, 얄롬; 쿤달리니 요가, 카시미르 샤이비즘, 수피즘, 십자가의 성 요한, 빅토리안 신비주의자, 라인랜드 신비주의, 족첸, 최상의 요가 탄트라 등). 『의식의 변용』과 주 8.20을 보라.

14. 신체적 감각과 정신적 개념 사이의 영역인 젠들린Gendlin의 '의미 느낌felt meaning' 은 아리에티Arieti (『심리내적 자기 The Intrapsychic Self』)가 '내개념endocept' 이라고 부른 것으로, 나는 도표에서 이것을 기본 파동의 하나로 나열하였다. 내개념은 신체느낌felt-body과 생각-마음thought-mind 사이의 연결체로서 감정적인 그림자로 들어가는 관문이다. 젠들린의 '의미 느낌' 은 종종 켄타우로스적 자각과 혼동되었으나, 그것은 근본적으로 타이폰이다(즉, 몸/마음 분화를 초월한 것이 아니라 몸/마음의 분화가 일어나기 이전이다). 내 생각에 이러한 혼란은 비전-논리가 제공하는 파노라마적 자각panoramic awareness의 인지적 요소를 제대로 평가하지 못했기 때문에 일어난 듯하다. 내개념적 자각이란 정의상으로는 켄타우로스적 자각의 일부지만 (이전의 모든 구조를 초월하며 포함하는) 그것의 특징은 아니다. 심리치료와 명상에서 나타나는 내개념적 감정endoceptual feeling의 자리에 대해서는 『일미One Taste(一味)』, 8월 12일과 9월 10일 목록을 보라. 또한 주 8.34, 8.35를 참고하라.

15. 이 주제에 대한 충분한 논의와 그 치유적 나선에 대한 워시번Washburn의 복고적-낭만주의적 해석에 대한 비평을 보려면 『영의 눈』(특히 6장)을 참고하라. 또 『일미』,

8월 12일, 9월 10일 목록과 주 8.34, 8.35를 보라.

16. 주 8.13, 8.17, 8.20을 보라.

17. 『의식의 변용』, 『모든 것의 역사』, 『영의 눈』을 보라. 존 로완John Rowan의 『자아초월The Transpersonal』은 9개 분기점 각각에서 일어나는 병리와 그 치료에 대한 훌륭한 논의를 담고 있으나, 신화적 단계와 정묘 단계를 때때로 혼동함으로써 한계를 갖게 되었다. 이러한 혼동은 전/초 오류에 근거하고 있다(둘 다 비합리적인 까닭에 전합리적인 것과 초합리적인 것을 혼동하는 것이다. 전형식적인 것과 후형식적인 것, 전인습적인 것과 후인습적인 것, 전개인적인 것과 초개인적인 것 간의 유사한 혼란들이 존재한다. 『눈과 눈』을 보라). 로완 스스로도 이러한 혼동을 발견하고 후속 저작에서 이를 시정하였다. 로완이 내게 보낸 책의 후기에서도 밝히고 있는데, 이 부분을 인용하면 다음과 같다.

> 내가 1991년 이 책의 저술을 마쳤을 때, 그것은 매우 선구적인 노력이었다. 서로 분리되어 있던 광범위한 자료에서 일관된 이야기를 취합하려 하였다. 그리고 그렇게 함으로써 한 가지를 지나치게 단순화시켰다.
>
> 이것은 초개인적인 것에 대한 정의에 관한 문제였다. 이 책에서 나는 시종일관 초개인적인 것과 정묘 단계, 혼의 단계를 동일하게 보았다. 그 이유는 이것이 치료에 가장 적합하고 또한 치료자들이 대부분 사용하는 켄타우로스적 단계를 넘어선 단계라는 점을 분명히 하고자 하였기 때문이다…….
>
> 이 점은 아주 그럴듯했으며 충분히 방어할 수 있는 것이었다. 그런데 방어할 수 없었던 것은 원인, 비이원적 단계가 초개인적 단계가 아니라고 했던 점이다. 물론 그 단계들은 초개인적인 단계들이다. 그것들은 정묘 단계가 그렇듯이 대부분 초개인적인 단계고, 자아초월심리학(초개인심리학)의 문헌에서 아주 많이 탐구하고 언급되었던 것이다……. 한편, 내가 정묘 단계의 중요성을 강조한 것은 옳았다고 생각한다. 이는 자아초월 문헌에서 아주 과소평가되고 제대로 표현되지 못했던 것이다…….
>
> 그러나 여기서 한 가지 중요하게 우려해야 할 부분이 있다. 정묘 단계에 있는 사람은 전형적으로 전/초 오류에 대해 다소 부주의하다는 것이다. 왜냐하면 전개인 상태와 초개인 상태는 둘 다 심상이 매우 풍부하여, 전환에 대한 자각

없이 하나에서 다른 하나로 빠지기가 아주 쉽기 때문이다.

정묘 수준 및 그 중요성에 대해 제안한 위대한 인물 중 하나인 조셉 캠벨 역시 이 분야를 아주 혼동한 사람에 속하며, 그조차도 이 후형식적 정묘 수준을 전형식적 신화 수준과 습관적으로 혼동하여, 심지어 이 둘을 동일한 것으로 생각한 것 같다…….

이 모든 것에서 우리가 배울 수 있는 점은 조셉 캠벨처럼 박식하고 역량 있는 사람조차 이런 식의 전/초 오류를 범할 수 있다면, 다소 경험이 적은 이들은 더욱더 그러기 쉽다는 것이다. 나 자신의 글에서도 신화적 수준에 있는 사람들과 정묘적 수준에서 대부분의 시간을 보내는 사람들을 모두 일률적으로 다루었다. 나는 앞으로 이를 수정할 것이며, 여기에 대해 경고하고자 한다.

더 진전된 논의를 위해서는 주 8.25, 8.27, 9.16을 보라.

18. 특히 조지 켈리George Kelly, 아론 벡Aron Beck, 앨버트 엘리스Albert Ellis의 저서들을 보라. 교류분석은 여전히 이런 각본을 수정하는 데 좋은 접근법이다(E. 번Berne, T. 해리스Harris를 보라).

19. 특히, 루드비히 빈스방거Ludwig Binswanger, 메다드 보스Medard Boss, 롤로 메이Rollo May, 프리츠 펄스Fritz Perls, 어윈 얄롬Irvin Yalom, 칼 로저스Carl Roger의 선구적인 저서들을 참고하라.

20. 자아초월심리학과 치료에 대한 훌륭한 입문서를 소개하면 다음과 같다. 노널드 모드Donald Modd(ed.)의 『인본주의심리학과 자아초월심리학Humanistic and Transpersonal Psychology』, 스코튼Scotton 등의 『자아초월정신의학 및 심리학개론Textbook of Transpersonal Psychiatry and Psychology』, 프랜시스 본Frances Vaughan의 『내면의 호The Inward Arc』와 『신성의 그림자Shadows of the Sacred』(이것은 특별히 추천한다.), 시모어 부어스타인Seymour Boorstein의 『자아초월심리치료 임상연구Clinical Studies in Transpersonal Psychotherapy』와 『자아초월심리치료Transpersonal Psychotherapy』, 아사지올리Assagioli의 『정신통합 Psychosynthesis』, 그로프Grof의 『자기발견의 탐험Adventures in Self Discovery』, 타트의 『자아초월심리학Transpersonal Psychologies』과 『의식의 상태States of Consciousness』, 워시번Washburn의 『에고와 역동적 기반The Ego and the Dynamic Ground』과 『정신분석 관점에서 본 자아초월심리학Transpersonal Psychology in Psychoanalytic Perspective』, 짐머만Zimmerman의 『자기일식Eclipse of the Self』, 월시와

샤피로Shapiro의 『건강과 정상을 넘어서Beyond Health and Normality』, 노이만Neumann의 『의식의 기원과 역사The Origins and History of Consciousness』(도표 4B를 보라), 초드리Chaudhuri의 『통합요가Integral Yoga』, 엡스타인Epstein의 『생각하는 자 없는 생각Thoughts without a Thinker』, 데이크먼Deikman의 『관찰하는 자기The Observing Self』, 캐슬린 싱Kathleen Singh의 『축복 속의 죽음The Grace in Dying』, 듀안 엘진Duane Elgin의 『깨어나는 지구Awakening Earth』, 페루치Ferruci의 『우리에게 가능한 것What We May Be』, 존 웰우드John Welwood의 명문집/저작들, 아디 다Adi Da의 『새벽 말의 유언The Dawn Horse Testament』, 그로프 부부Grof and Grof의 『질풍 같은 자기탐구The Stormy Search for the Self』, 진 휴스턴Jean Houston의 『가능성의 인간The Possible Human』, N. 슈위츠-살란트Schwartz-Salant와 M. 스타인Stein (Eds.)의 『심리치료의 원형적 과정Archetypal Processes in Psychotherapy』, 오로빈도Aurobindo의 『신성한 삶The Life Divine』, 매슬로Maslow의 『인간본성의 저편The Farther Reaches of Human Nature』, 존 로완John Rowan의 『자아초월The Transpersonal』(로완Rowan 스스로가 그의 후속 저서들에서 분명히 밝혔던 것처럼 이 책은 신화적인 영역과 정묘 영역을 혼동하는 경향이 있다. 주 8.17을 보라. 그러나 다른 면에서는 양호한 입문서다). 토니 슈워츠Tony Schwartz의 『무엇이 정말 문제인가What Really Matters』, 월시Walsh와 본Vaughan의 『에고를 넘어선 길Paths beyond Ego』, 윌버Wilber 등의 『의식의 변용』, 앨마스Almaas의 『귀중한 진주Pearl beyond Price』, J. 퍼먼과Firman and A. 질라Gila의 『원초적 상처The Primal Wound』, 머피Murphy의 『신체의 미래The Future of the Body』, 머피와 레너드Murphy and Leonard의 『우리에게 주어진 삶The Life We are Given』, 코넷Cornett의 『심리치료의 정신The Soul of Psychotherapy』, 도허티Doherty의 『영혼을 찾아서Soul Searching』, 브라우닝Browning의 『종교적 사고와 현대심리학Religious Thought and the Modern Psychologies』, 소바트스키Sovatsky의 『영혼의 언어Words from the Soul』, 샤피로와 애스턴Shapiro and Astin의 『조절치료Control Therapy』, 프레거와 패디먼Frager and Fadiman의 『성격과 개인성장Personality and Personal Growth』.

21. 행동치료는 사람들이 피해 왔던 것을 경험하도록 돕는 반응을 강화한다. 아리에티Arieti(『심리내적 자기The Intrapsychic Self』)가 밝히고 있듯이, 우연하게도 고전적 행동주의는 인지의 외개념적 수준exoceptual level을 명확하게 다루고 있다. 현대 인지행동주의는 F-4와 F-5의 언어행동을 주로 다루고 있다. 다른 말로 표현해서 행동주

의가 갖고 있는 환원주의를 제외하고는 그 지속적인 통찰력에서는 통합이론에의 여지가 많다. 내가 자각이 결국 치료적이라고 말할 때 이는 훈습을 포함하고 있다. 자각은 안정화되고 깊이 침투할 필요가 있으며 문제에 속속들이 배어들 필요가 있다.

22. 존 로완John Rowan의 뛰어난 저서 『하위 성격들Subpersonalities』을 보라. 또한 왓킨스 부부 Watkins and Watkins의 『에고 상태Ego State』를 보라. 내 생각으로는 각 잠재 성격은 잠재의식적 혹은 무의식적인 '나'로서 존재하는데, 이는 방어적으로 분리된 근접자기 측면으로 그 의식은 여전히 그 자신의 소망, 욕구, 충동 같은 것과 섞여 있고, 여기에 깊숙이 매몰되거나 동일시된 채로 (숨겨진 나로서) 남아 있다. 하위 성격의 본질은 대개 그것이 분열되어 있는 수준(원시, 마술, 신화 등)에 따라 결정된다. 이런 모든 '작은 주체'는 자기의 숨겨진 국면인데, 대상화된 적도 없고 놓아버린 적도, 탈동일시 · 탈매몰된 적도 없고 초월되지도 않아서 제도를 돌면서 의식을 붙잡고 있다.

근접자기가 특정 기본 파동과 동일시할 때마다 자기는 그 파동에 매몰되어 존재한다. 즉, 물질적 자기에서 리비도적/정서적 자기, 개념적 자기, 역할자기, 반성적 자기, 통합된/진정한 자기, 혼적 자기, 영적 자기 순으로 진행되며, 각각은 홀라키적으로 초월하며 포함한다. 각각의 'I(주체로서의 나)'인 자기가 초월되어 'me(객체로서의 나)'인 자기의 일부가 된다(예를 들어, 근접자기가 앞으로 나아감에 따라 F-2의 근접자기 혹은 'I' 자기였던 느낌체feeling body는 '나의 육체' 혹은 원격자기나 'me'의 일부가 된다).

의식이 여전히 'I'의 측면과 동일시하고 있을 때 이들이 분리되면 해리된 하위 성격이 나타난다. 그리하여 그들은 무의식적 대상이 아니라 무의식적 주체가 되며, 그들 자신의 도덕, 세계관, 욕구와 같은 것(잠재 성격이 분리되는 수준에 의해 결정되는 온갖 것들)을 갖게 된다. 내 견해로는 이것이 억압과 초월을 구별하는 열쇠다. 즉, 해리(억압)는 근접자기인 'I'가 원격자기인 'I'로 변할 때 일어난다. 반면에 초월은 근접자기 'I'가 원격자기 'me'로 변할 때 일어난다. 전자에서 주관적 동일시/애착(나I-ness는)은 유지는 되지만 보이지 않게 된다(무의식적 주체로서). 후자에서 주관적 동일시는 해소되고, 무의식적 주체들이 의식적 대상으로 변화하며, 이들은 후에 통합될 수 있다(분열하고 억압하는 것이 아니라 초월하면서 포함한다). 심리치료는 숨겨진 주체를 의식적 대상으로 전환시키는 작업이다.

23. 하위 수준의 하위 성격들은 대개 전언어적〔원시적, 우로보로스적, 마술적(좌상상한)〕, 파충류/뇌간, 고대 포유류/변연계〔(우상상한)〕이며, 중간 수준의 하위 성격은 언어적〔신화적, 역할, 형식적, 후형식적(좌상상한)〕, 신피질(우상상한)이고, 상위 수준의 잠재 성격은 초언어적〔대부분 정묘한(좌상상한), 세타 theta 상태(우상상한)〕이다. 각각은 서로 다른 형태로 의식에 작용한다. 전언어적인 것은 종종 충동과 모호하고 강력한 자극으로, 언어적인 것은 음성으로 들리거나 들리지 않는 이야기로, 초언어적인 것은 광명, 고차 인지, 초월적 정서로서 (지복감부터 우주적 고뇌에 이르는) 의식에 작용한다.

어느 수준에서든 해리된 의식의 요소는 한 양상에서 콤플렉스, 완전한 하위 성격으로 진행되며 각각은 층을 이루면서 더 복잡해진다. 이것은 COEX 시스템 (경험의 응축체계)에 대한 그로프의 개념과 유사하다. 어떤 하위 성격이든 하나나 그 이상의 콤플렉스를 포함하며 그들 스스로도 층을 이루고 있는데, 이 층이 형성되는 시기는 현 수준(말하자면 F-5 혹은 합리적)에서 훨씬 초기의 단계들(신화적, 마술적, 원시적)로, 심지어는 분만 전후의 자궁(F-0)까지 거슬러 올라갈 수 있다. 어떤 이들은 더 나아가 전생의 경험까지 거슬러 올라간다고 주장한다(당신이 이것을 문자 그대로 이해하든 계통 발생의 잔재로 이해하든 간에 말이다. 이렇듯 층으로 구성된 콤플렉스를 더 많이 설명한 책으로는 『사교적인 신』이 있다). 마찬가지로 어떤 하위 성격들은 (심령, 정묘, 원인 혹은 비이원 영역에서) '하강하려는' 창발적 특성을 갖고 있다.

24. 이에 수반되는 병리에서 F-0이 수행하는 매우 논란거리이면서도 가능성 있는 역할에 대해서는 그로프의 『자기발견의 탐험 The Adventure of Self-Discovery』을 참고하라.

25. 문헌을 살펴보면, '원형'은 여러 가지 다른, 매우 혼란스러운 의미를 갖는다. 나는 이 용어를 때로는 신화적 형태로, 때로는 정묘 영역의 형태로 사용한다. 원래의 의미는 플라톤과 플로티누스처럼 정묘 영역의 형태(역진화의 초기 형태)다. 그러나 융 학파가 이를 신화적 형태(진화에서 일부 초기 형태)를 의미하는 것으로 사용하기 시작했다. 이는 근절되기 어려운 혼란이 아닐 수 없다. 이에 대해 충분히 논의하려면 『눈과 눈』과 『영의 눈』을 참고하라.

어떤 경우든 대부분의 신화적 원형들은—, 『여성 안에 있는 여신Goddessness in

Everywoman』과 『남성 안에 있는 남신Gods in Everyman』에서 진 볼렌Jean Bolen이 밝히고 있듯이—간단히 말해서 구체적 조작기에 해당하는 역할자기다. 그들은 전형식적이지도 후형식적이지도 않다. 본질적으로 여기에는 초개인적인 것이 전혀 없다. 이런 이유 때문에 많은 사람이 정반대를 주장하고 있어도 이러한 신화적 역할을 작업해 내는 일은 보통 분기점-4 치료가 된다. 나는 이것은 F-4 치료의 강력한 형태라고 믿게 되었고 종종 그것을 추천하지만, 직접적으로 혹은 반드시 초개인적 의식상태나 의식 구조로 귀결되는 것은 아니다. 그럼에도 불구하고 이 수준에서 병리를 제거함으로써 (어떤 좋은 치료도 할 수 있는 것처럼) 상위의 초개인적 발달을 더욱 가능하게 한다. 주 8. 27, 9.16을 보라.

이런 종류의 융 학파 치료는 때때로 초개인적 자각을 유도할 수 있는데, 신화적 역할을 객관화시키는 과정에서 종종 주시자가 관여하기 때문이다. 전형식적 신화적 역할이 아닌 후형식적 주시자는 실로 초개인적이다. 내 개인적으로 이 특별한 맥락에서는 자각명상(위빠사나, 선禪과 같은)과 함께 아사지올리Assagioli의 정신통합과 해미드 알리Hameed Ali의 다이아몬드 접근법이 더욱 효과적이라고 믿고 있다.

26. 『눈과 눈』, 『성, 생태, 영성(2판)』을 참고하라. 그리고 플라톤에서 융에 이르기까지 원형의 의미를 광범위하게 논의한 책으로 『영의 눈』을 참고하라. 특히, 『영의 눈』의 11장, '광명점 Points of Light', no. 4를 참고하라.

27. 조셉 캠벨Joseph Campbell(『융 소책자The Portable Jung』, p. xxii)이 일반적인 융 학파의 접근법에 대해 그 요점을 훌륭하게 정리하였다. "간략하게 요약하면, 융의 경력에서 이 중추적인 업적의 중요한 실제 모습은 다음과 같다. 첫째, 원형 혹은 신화의 규범은 인류에게 공통적이므로 본질적으로는 지역적 · 사회적 환경이나 개인의 단일한 경험이 아니라, 공통적인 인간의 욕구, 본능 그리고 가능성을 나타내고 있다(다시 말해서 '공통적' 혹은 '집단적'이라는 말은 반드시 초개인적인 것을 의미하지 않는다. 집단적으로 볼 때 인간에게 열 개의 발가락이 있다는 사실은 내가 내 발가락을 경험한다고 해서 초개인적 경험을 하고 있음을 의미하는 것이 아닌 것과 같다. 신화적 원형은 전조작기 말기와 구체적 조작기 초기에 형성되는 마음의 깊은 특성의 일부일 뿐이며 그 수준의 기본 형태인데, 이는 내용은 없지만 특정한 문화와 개인에 의해 구체화된다). 둘째, 어떤 특정한 민속 전통에서 지역환경은 심상을 제공하는데, 이 심상을 통해서 그 문화를 지지하는 신화에서 원형적 주제가 드러난

다. 셋째, 생활양식과 개인의 사고가 인류의 규범에서 벗어나서 신경증 혹은 정신병적 불균형 상태가 초래된다면 파편화된 신화와 유사한 꿈과 환상이 나타날 것이다. 넷째, 그런 꿈을 유아기의 억압된 기억으로 소급되는 자료로 해석하지 않고(자서전으로의 환원) 유사한 신화적 형태와의 외면적인 비교로 해석할 때(신화에 의한 부연) 가장 잘 해석되기 때문에, 개인은 집단적 인간 상황이라는 거울을 통해 스스로를 객관화할 수 있다. 다른 말로 표현하면, 이런 신화적 형태와 역할들로부터 분화되는 데(그리고 통합하는 데) 그 목적이 있다. 다수의 융 학파 심리학자는 이러한 전형식적, 신화적 역할과 후형식적 정묘구조를 전적으로 똑같이 보고 있는데, 내 생각에 이것은 유감스러운 전/초 혼동이다('원형'의 의미와 그것의 전/초 혼동에 대한 논의로는 『눈과 눈』 그리고 『영의 눈』을 참고하라). 그러나 어떤 식으로 해석하든 신화적 분화-통합의 효과는 본질적으로 동일한데, 의식은 신화적 원형이 가지는 구속력에 익숙해진 후 초월함으로써 그들의 무의식적 마력에서 해방되어 의식의 여행, 융이 개성화라고 불렀던 분화-통합을 계속할 수 있게 한다.

28. 정신분석, 대상관계 그리고 자기심리학자들은 F-5까지의 치료 양상 스펙트럼을 점점 더 많이 인식하고 있다. J. 게도를 포함시킨 도표를 예로 들면 그는 첫 다섯 분기점과 여러 가지 병리 및 치료를 훌륭하게 포함시키고 있다. 애니어그램 같은 여러 수평적 유형론은 개인이 사용하는 방어 유형을 분명히 밝히는 데도 이용될 수 있다. 각 유형은 전형적인 방어기제와 대처 전략을 지닌 다양한 분기점을 통해 드러난다. 4장에서 제시한 것처럼 이런 수평적 유형론은 수직적 분기점과 효과적으로 결합될 수 있다.

29. 『아트만 프로젝트』와 『의식의 변용』을 참고하라.

30. 그로프 부부의 『영적 위기』를 보라.

31. 매슬로, 『인간 본성의 저편 The Farther Reaches of Human Nature』을 보라.

32. 『의식의 변용』을 보라. 또한 주 8.13과 8.20을 참고하라.

33. 영혼치료 soul therapy 접근법으로는 주 8. 20을 보라.

34. 수없이 중복되고 많은 예외가 있지만, 매우 일반적인 용어로 말해서 샤먼/요기의 길은 거친 영역과 거친 심신의 에너지 흐름을 다루면서(자연신비주의가 그 예가 된다) 사하스라라로 이끈다(즉, 첫 번째 차크라부터 머리 정수리에 있는 일곱 번째 차

크라에 이르는 에너지 흐름 혹은 샥티shakti). 성자의 길은 심령과 정묘 영역이라는 내면의 깊이에 빠지는 것이다. 이는 종종 네 번째 혹은 다섯 번째 차크라에서 시작하여 사하스라라로, 그리고 들을 수 있는 계시와 빛의 후광, 소리와 같은 수없이 많은 '내부와 저편의' 영역으로 움직여 가서(신성 신비주의가 그 예가 된다) 때로는 순수한 무형의 몰두에서 절정에 달한다. 현자의 길은 원인계의 순수한 공空을 이해하며(무형신비주의가 그 예가 된다), 종종 그것을 뚫고 나아가서 모든 형태의 주관-객관의 이원성이 완전히 해소되고(자신과 신 사이의 이원성을 포함하여) 비이원성이 되살아난다. 싯다siddhas의 길은 비이원 신비주의를 다루는데, 이는 항상 현재 이 순간 모든 몸짓에서 이미 언제나 성취되어 있다. 『에덴으로부터 위로Up from Eden』, 『성, 생태, 영성(2판)』, 『일미』를 참고하라.

35. 신체치료에 대해서 한마디 언급하고 싶다. 1960년대와 1970년대 초 롤핑Rolfing과 같은 신체치료는 켄타우로스적 혹은 개인적, 후형식적, 심신통합에 목표를 두고 있었다. 그러나 그 이후 이들 대다수는 분명히 전형식적 육체 및 정서체를 다루게 되었다. 이는 신체치료가 소용없다는 뜻이 아니다. 오히려 약간 덜 중요할지는 몰라도 신체치료는 더욱 기본적인 치료가 된다(『성, 생태, 영성(2판)』을 보라). 근력운동부터 영양치료, 롤핑, 신체치료 그리고 바디워크에 이르는 다양한 형태의 신체치료는 물리적, 감정적 신체(F-1과 F-2)를 다루고 있는 한 통합치료의 기초 혹은 첫 단계로서 매우 중요하다고 할 수 있다. 그러나 후형식적 켄타우로스적 통합(예를 들면, 뢰빙거의 자율적 및 통합적 단계를 성취하는 것)을 위해서는 비전-논리가 개입되고 강화되어야 하는데, 실제 그렇게 하는 신체치료는 거의 없는 실정이다.

마찬가지로 스스로 '심신' 치료라 부르는 생체에너지학bioenergetics과 포커싱focusing 같은 치료는 거의 분화되기 이전의 신체/마음의 접점을 다루고 있지, 분화를 초월하거나 진정으로 통합된 측면을 다루고 있지 않다. 즉, 이러한 '심신' 치료는 신체 영역에서 정신 영역으로(프라나마야 코샤prana-maya kosha에서 마노마야 코샤mano-maya kosha로), F-2에서 F-3 범위로 옮겨감에 따라 프라나 영역의 생생한 정서 에너지, 내개념적인 의미 느낌 그리고 본능심리학visceral psychology을 다루고 있다. 내가 지금 느끼고 있는 것이 무엇인지, 그리고 어떻게 내가 이러한 모호한 신체적 게슈탈트들을 명료하게 표현해 내는지에 그 강조점이 있다. 이러한 치료들이 언제나 세계 중심적인 도덕 의식 그리고 초개인적 계시와 (켄타우로스적 단계와 더 상위 단계의) 같은 이슈들을 다루고 있지는 않다. 그러나 이러한 이슈들이 저절로 일어난다면 심신치료자들은 이들을 적절하게 다룰 것이다. 그러나 신체치료의 주 초점은 비전-논리가 아니라 내개념에 있다(도표 1A를 보라). 그럼에도 불구하고 내 생각에는 기초로서의 다양한 종류의 바디워크는 후속되는 통합치료의 모든 단계(마음에서 혼, 영까지)에서 기본이 되고 있다. 주 8.14를 보라.

36. 진화의 흐름 한가운데서 우리는 우주 발생, 계통 발생, 개체 발생 그리고 미시 발생의 발달을 발견할 수 있다. 우주 기원은 자연권의 발달에 해당하는 것으로서 평형 상태와는 동떨어진 시스템을 통해 생명 형태가 생기는 순간으로 이끌며, 그 결과 계통 발생의 진화가 시작되고 그 안에서 개체 발생의 진화가 전개된다. 어느 하나가 다른 하나를 엄격하게 반복하는 것이 아니라 각각의 발생이 일어나는 기본 홀론은 창조적으로 창발한 후에 수많은 방식으로 배열된다. 그러므로 후속되는 발달이 자연 선택이 일어난 이전의 궤적을 따름으로써 대략 개체 발생이 계통 발생을, 계통 발생이 우주 발생을 반복하는데, 각 발달 라인에서의 각 홀론은 그 선행 홀론을 초월하고 포함한다.

미시 발생Microgeny은 발달 라인이 순간순간 전개되는 것이다. 일반적으로 말해서 미시 발생은 개체 발생을 반복한다. 예를 들어, 나무를 보면서 나에게 나무에 대해 말하는 형식적 조작기에 있는 사람은 이러한 일반적인 미시 발생적 순서를 따르고 있다. 나무에 대한 감각이 있으며 그 감각은 지각을, 그리고 나무 형태에 대한 심상을 유도한다. 정서적 요소가 이 이미지에 색깔을 입히며(유쾌한/불쾌한), 사람은 나무에 이름을 붙이기 위해 일련의 단어(상징과 개념)를 찾는다. 이러한 개념은 구체적 조작기와 형식적 조작기의 인지 공간 내에서 일어나며, 적절한 단어를 찾으려고 전의식에서 고속으로 기억을 검색하는 일이 주어진 문화 배경 속에서 일어난다(이태리어가 아닌 영어라는 식으로). 이런 일은 부분적으로는 상호 주관적인 의사소통과 상호 이해에 대한 욕망에서 비롯된다. 이 모든 것이 종합되어 그 사람으로 하여금 나에게 "나는 나무를 본다."라고 말하게 한다.

미시 발생학적 순서가 개인의 개체 발생적 순서를 반복한다(감각에서 지각, 충동, 심상, 상징으로). 만일 내가 구체적 조작기까지 도달했다면 나의 미시 발생적 과정은 구체적 조작기에서 멈출 것이다. 내가 정묘 수준까지 발달했다면 나의 미시 발생적 과정은 정묘 수준에 이르기까지 계속될 것이다. 나무는 보이지만, 시각 공간 내 어딘가에 있는 대상으로서가 아닌 빛나는 영의 현시로서 바로 지각될 것이다. 전반적으로 말해서 미시 발생은 개체 발생을, 개체 발생은 계통 발생을, 그리고 계통 발생은 우주 발생을 반복하고 있다. 물질에서 감각, 지각, 충동, 심상, 상징, 개념, 질서, 형식적 조작 등으로 계속되어 어느 수준이든 대등지에서 내가 현재 적응하고 있는 수준까지 이르게 되는 것이다. 그 사람이 나에게 몸을 돌려 '내가 나무를 본다.'고 말할 때 그 간단한 발언에는 그 지점에 이르기까지 온 우주의 전 역사가 내포되어 있다.

의식에서 일어난 모든 과정이 '상향적bottom up'인 것은 아니다. 많은 과정이 '하향적'이다. 즉, 많은 것이 나의 현재 수준에서(혹은 더 상위의 수준에서) 시작하여 거대한 홀라키를 따라 아래로 움직인다. 창조적 비전을 가지면(예를 들면, 심령 수준), 나는 그 비전을 아래쪽으로 해석해서 비전-논리적 혹은 예술적 표현, 심지어 단순한 심상과 상징으로 해석할지 모른다. 나는 나의 비전을 외적인 행동으로 전환함으로써 그 비전을 실행하고 구체화할지도 모른다. 그것은 새로운 발명, 새로운 건축물, 다른 이들과 새롭게 상호 작용하는 방식, 소설 쓰기와 같은 것이 될 수도 있다(예를 들어, 의지는 미시 발생적이면서 역진화적으로 상위 단계를 하위 단계에 강요하는 것이다). 미시 발생적 진화 과정은 당신이 처해 있는 최상의 단계까지 움직인다. 미시 발생적 역진화에서 당신이 처한 최상의 단계는 하위 과정으로 내려가게 된다. 둘 다 매우 중요하다. 그들은 슬라이딩 스케일을 따르는데, 당신이 더욱 발달할수록 이 두 방향으로 움직일 수 있는 범위는 더 넓어져서, 비이원적 자각에 이르러 그들이 말 그대로 온 우주 전체를 통해 움직일 수 있을 때까지 계속된다.

37. 유감스럽게도 뉴에이지의 새로운 패러다임을 따르는 많은 사상가가 '깊이'라고 부르는 용어는 진화 선상에서 더욱 깊어진 것을 뜻하는 것이 아니라 실제로는 하위에 위치한 것을 뜻한다.

38. 주 7.2를 참조하라.

39. 기준이 되는 3변수(세 차원의) 모델인 개인의 주관적 구조, 상태 그리고 영역에 우리는 별도의 뇌 상태(우상상한), 문화적 가치의 유형과 수준(좌하상한) 그리고 사회적 제도의 양식(우하상한)을 추가할 필요가 있다. 이는 우리에게 6개의 독립변수를 제공하고 있는데, 어떤 변수든 왜곡되거나 병리적이 되어 다른 변수에 그에 따

른 반향을 일으킬 수 있다. 3변수 모델은 2단계와 3단계 모델이고, 6변수 모델은 4단계 모델(사상한)이다. 주 1.3, 1.5, 1.9, 1.10, 8.1, 8.2, 12.12를 참조하라. 2단계와 3단계 모델, 4단계 모델에 대해서는 주 9.15를 보라.

40. 주 8.11을 보라.

41. 가장 일반적이면서도 접근하기 쉬운 관계치료 형태로는 가족치료와 집단치료가 있다. 각각에 대한 고전적인 접근법에는 버지니아 사티어Virginia Satir와 어빈 얄롬Irvin Yalom의 치료가 있다. 또한 글래딩S. Gladding의 『가족치료Family Therapy』, 그리고 마이크셀Mikesell 등의 『통합가족치료Integrating Family Therapy』를 참고하라. 넓은 의미의 '관계치료'는 더 상위의 영적인 관계도 포함하는데, 여기에는 로버트 포먼Robert Forman의 저작과 포지연구소The Forge Institute를 언급할 수 있다. 크리텐든Crittenden 등이 저술한 『동질의 비전Kindred Visions』에서의 R. 포먼Forman을 보라.

09 중요한 발달 지류

1. 우리가 앞에서 보았듯이 근접자기는 일정한 기능과 발달 지류 둘 다를 말하고 있다. 이는 다양한 기능상수체계(정체성, 의지, 대사작용, 항해, 방어, 긴장 조절, 통합과 같은 것들의 활동 장소)로, 대둥지에서 기본 파동을 따라 그 자신의 발달을 경험한다(일반적으로 9개의 분기점으로 요약된다). 통합 장소로서의 자기는 개인의 모든 수준, 라인, 상태의 균형을 이루고 이들을 통합할 책임이 있다. 특히, 우리는 이 장에서 더욱 중요한 몇 가지 발달 라인에 주목해야 한다.

2. 그러나 더 깊은 데까지 도달하는 개인의 수는 점점 더 적어진다(진화할수록 깊이는 깊어지고 범위는 줄어든다). 상위 단계는 하위 단계를 모두 담고 있으므로 상위 홀론은 더 의미 있고 포괄적이 된다(세포는 분자를 포함하고, 분자는 원자를 포함한다). 하지만 소수의 사람만이 상위 단계에 도달한다(범위는 더 좁아진다. 분자보다는 세포의 수가 더 적고, 원자보다는 분자의 수가 더 적다). 인간과 의식발달의 단계에서 볼 때 소수 사람만이 상위 단계에 도달할 수 있다는 의미는 아니다. 이는 그들이 하위 단계를 먼저 거쳐야만 한다는 것을 의미한다(그리하여 하위 단계의 전체 수는 항상 상위 단계의 수보다 큰데, 그 이유는 하위 단계에서 성장이 시작되기 때문이다. 그러나 성장은 지속될 수 있기 때문에 이론적으로는 하위 단계에 있는 모

든 사람이 상위 단계에 도달할 수 있다). 원자는 세포가 될 수 없다. 그러나 전인습적 개인은 인습적, 후인습적으로 성장할 수 있다.

나는 때때로 초개인적 영역 일반에 대해 '신 중심theocentric'과 '신권theosphere'이라는 용어를 사용하지만, '영혼 중심pneumocentric'과 '영혼권pneumosphere' 같은 용어를 선호한다. 우리가 보았던 것처럼 그것은 민족 중심주의적인 신화적 유신론과의 혼동을 피하기 위해서였다. 신화적 신/여신은 우주적이며 모두를 구원할 수 있는 것으로 알려져 있지만, 이는 당신이 그 특별한 신/여신을 받아들일 때에만 가능하다.

3. 기술적으로 나는 기본 구조 욕구와 자기 욕구를 구별한다. 기본 구조 욕구(혹은 단순히 기본 욕구)는 기본 구조의 일정한 작용을 수반하는 것들이다(그들이 개인의 발달에 나타나는 한에서는). 기본 욕구에는 물리적 교환(음식, 물, 온기), 생물학적 교환(특히, 호흡, 성, 생동감), 정신적 교환(의사소통, 상징과 의미 단위의 교환) 그리고 그외의 여러 가지가 포함된다. 『에덴으로부터 위로』와 『사교적인 신』에서 설명한 것처럼 모든 기본 구조는(대둥지에서의 기본 파동은) 구조발달상 비슷한 수준에 있는 세계 속의 다른 홀론과의 관계적인 교환체계며, 그 삶은 그런 교환에 의존하고 있다(모든 작인은 교감 속에서 일어난다agency-in-communion). 그러므로 그런 의존은 내적인 욕구로 느껴진다.

자기 욕구에서도 마찬가지지만, 자기 욕구 외에도 기본적 욕구가 여전히 존재할 때(기본 구조의 지속적인 성질과 그들의 기능적 관계로 인하여)의 자기 욕구는 대부분 과도기적이며, 단계 특유의 그리고 일시적 욕구로서 자기가 특정한 의식 수준에 있는 동안에만 유지된다. 매슬로의 욕구 위계는 (생리적인 수준을 제외하고) 고전적인 자기 욕구 위계인데, 뢰빙거의 에고 발달에서의 동기적 측면도 마찬가지다. 따라서 자기는 충동적 욕구에서 안전 욕구, 순응주의자 욕구, 자율적 욕구로 움직여 갈 뿐 아니라 매 시기에 이전 단계의 욕구가 다음 상위 단계의 욕구들로 대체되는 경향이 있다. 예를 들어, 자율적 단계에 있는 개인은 동시에 엄청난 양의 충동적 욕구를 갖고 있지는 않다. 그 욕구들을 초월한 것이다(고착 · 해리된 하위 성격을 차단하면서). 그리고 이제 그런 수준에 상응하는 기본 구조(심상, 상징, 개념)가 완벽하게 드러나서 충분히 기능한다. 기본 구조는 존재의 사다리의 기본 단들이지 자기가 그 단들을 올라감으로써 일시적으로 나타나는 부산물이 아닌 까닭이다. 그리하여 그런 기본 욕구는 계속 나타나서 기능을 발휘한다(음식, 호흡, 상징 교환과 같은 욕구).

종합해 보면, 개인의 전체적 동기 부여는 지금까지 나타났던 기본 구조 욕구(예를 들면, 음식, 성, 상징적 의사소통, 신과의 교감) 이외에도 그 사람이 주로 당면하고 있는 자기 욕구(예를 들면, 안전, 소속, 자기존중, 자기초월)를 포함하고 있는데, 이는 특정한 기본 구조 혹은 의식 수준에 있는 근접자기의 배타적 동일시에 의해 일어난다. 나는 이 두 가지 주요한 욕구 유형을 '음식 수준' 도표에 포함시켰다. 이 둘은 모든 수준에서 생기는 관계적 교환의 요구에 따른 산물이다.

일반적으로 기본 동기이론에서는 '행동 경향성(T_B)'을 욕동, 기대, 가치($T_B = D \times E \times V$)의 산물로 나타낸다. 예를 들어, 먹을 것을 가지러 냉장고로 가는 나의 경향성은 배가 고픈 정도(D, 배가 고플수록 나는 더 가려고 할 것이다), 냉장고에서 뭔가를 찾을 수 있을 거라는 기대(E, 나는 냉장고에 많은 음식이 없다는 사실을 알게 될 것이다. 냉장고에 뭔가 있을 거라고 기대할수록 나는 더 가려고 할 것이다), 그리고 냉장고에 있는 음식의 가치(V, 냉장고에 정어리만 있다는 것을 알게 되고, 내가 정어리를 아주 싫어한다면 어찌될까? 내가 냉장고에 있는 음식에 더욱 가치를 둘수록 나는 더 가기 쉬울 것이다)의 산물이다. 그러므로 내 생각에 전반적인 행동은 기본적인 자기 욕망, 욕구를 만족시키고자 하는 기대, 그리고 어떤 주어진 순간에 거기에 부여하는 가치의 총합이다. 그 결과로 의식의 스펙트럼 전체에 걸쳐서 동기를 산출할 수 있는 매우 정교한 계산법이 나온다.

완전한 발달 과정의 목적은 기본 구조에서 모든 배타적 자기감을 제거하여 기본 욕구가 분리된 자아감의 욕구로 인해 오염되는 것을 막는 데 있다. 기본 구조가 분리된 자기의 불멸 프로젝트에서 자유로울 때, 그들은 그들 본래의 기능적 관계로 자유롭게 돌아갈 수 있다. 음식을 종교로 만드는 것이 아니라 그저 먹고, 지배하려는 욕망 없이 의사소통하고, 자기 이익을 저울질하지 않고 상호 인식을 교환하는 것이다. 분리된 자기는 대사슬의 사다리를 올라가고 사다리 단에서 떨어져 나옴으로써 소외되고 소외시키는 실체로서 사라지고 자기 욕구를 모두 종결 짓는다. 그리하여 기본 욕구의 단순하면서도 자발적인 활동과 욕구들이 쉽게 드러날 때 생기는 욕구 간의 관계만이 남게 된다. 배고프면 먹고, 피곤하면 잘 뿐이다. 자기는 진아로 돌아가며, 모든 자기 욕구는 충족된 후 사라진다. 그리고 많지 않은 기본 욕구만이 공존의 네트워크, 즉 이 세상으로서, 또 이 세상과 함께하는 영의 관계로서 남게 된다.

4. 나는 때때로 '세계관'과 '세계 공간'을 동의어로 사용하는데, 기술적으로 말해서 전자는 세계 공간의 인지적 요소를 더 많이 갖고 있다. 세계 공간 자체는 모든 유형의 문화적 맥락, 배경 그리고 실제 훈련을 포함하는데, 일부는 비논증적이고 전인지적이다.

5. 주관적 의도가 상호 주관적 세계 공간 내에서 발생한다는 사실에 대한 광범위한 논의와 이를 무시한 이론에 대한 비평을 참조하려면 『성, 생태, 영성(2판)』의 14장, 주 17을 보라.

6. 주 8.14와 8.35를 보라.

7. 주 4.15를 보라. 기본적 발달 단계의 성 중립적 입장에 대해서 광범위하게 참고해 볼 수 있는 두 가지 교재는 셰퍼Shaffer의 『사회성 발달과 성격발달Social and Personality Development』과 스루프Sroufe 등의 『아동발달Child Development』이다. 또한 『영의 눈』을 참고하라.

8. 조이스 닐슨Joyce Nielsen이 사상한 모두를 사용하여 페미니즘을 탁월하게 개관하였다('융합인가, 분열인가? Fusion or Fission?' 크리텐든Crittenden 등의 『동질의 비전Kindred Visions』, 근간에 포함된). 또한 카이사 푸하카Kaisa Puhakka의 「성의 영적 해방The Spiritual Liberation of Gender」과 엘리자베스 디볼드Elizabeth Debold의 「성을 넘어서Beyond Gender」를 참고하라. 이 둘은 『동질의 비전』에 있다.

9. 주 1.3, 1.5, 1.9, 1.10, 8.1, 8.2, 8.39, 12.12를 참조하라.

10. 도표 8에 있는 예를 주체(예술을 창작하는) 수준과 객체(묘사되는) 수준으로 구별하지는 않았다. 둘 다 도표에 포함시켰지만 독자들은 적절하게 구분하기 바란다. 예를 들어, 마술적으로 표현되는 감각운동 영역은 구석기 시대의 예술이며, 시각적 양식으로 표현되는 것은 경험적 사실주의와 자연주의이고, 신화적으로 표현되는 정묘 영역은 글자 그대로 종교적 전통적 양식의 예술이며, 정신적 에고로 표현되는 영역은 환상적 사실주의라는 등으로 구분해 볼 수 있다.

11. 주 1.3, 1.5, 1.9, 1.10, 8.1, 8.2, 8.39, 12.12를 보라.

12. 이 주제에 대해 충분히 논의하려면 『감각과 영혼의 만남』과 『모든 것의 역사』를 참

고하라.

13. 내가 매우 광범위한 의미로 사용하는 '미학'이라는 용어는 어떤 영역이든 간에 형상에 대한 직접적인 이해를 의미한다. 이런 식의 넓은 의미는 광의의 경험주의, 즉 감각적 경험주의, 정신적 경험주의, 영적 경험주의와 매우 흡사하다. 근대가 분화되면서 칸트 이후의 서구 철학은 진정한 영성을 직접적인 개인적 경험, 철저한 경험주의, 즉각적인 현상학, 그런 모든 의미에서의 미학적 이해의 문제(좌측상한)로 보는 대신 상호 주관적 도덕성의 문제(좌하상한)로 만들기로 하였다. 위대한 명상 전통에서 볼 때 영적 경험이란 의식에서 즉각적으로 일어나는 형상을 직접적이면서도 '내적으로' 이해하는 것이다. 이는 거친 형태에서 정묘한 형상으로 전개되고, 마침내는 원인적 무형으로 해방되어 결과적으로 더욱더 숭고한 형상(미학)이 된다. 영성은 또한 도덕, 윤리, 승가sangha, 僧家 그리고 담론에서 이러한 형태의 상호 주관적인 공유를 뜻하는데, 이것을 도덕적 명령으로만 환원시킬 수는 없다(칸트와는 대조된다).

협의적으로(그리고 더 전통적으로) 볼 때, 나는 또한 '미학'을 유쾌하고 아름답고 숭고한 것으로 판단되는 형상에 대한 이해를 의미하는 것으로 사용하기도 한다. 이는 형상을 아름다운 것으로 판단하는 데 관계하는 주관적 판단을 의미하며, 예술, 예술적 창작 그리고 예술 비평 전체 영역을 의미하기도 한다. 미美란 홀론의 깊이 혹은 영혼으로의 투명성이다. 예술이란 그것을 둘러싼 틀과 관련되어 있다. 예술, 예술 이론, 미학을 광범위하게 논의하려면 『성, 생태, 영성(2판)』과 『영의 눈』(특별히 4, 5장)을 참고하라. 오로빈도와 타고르의 영적 수련과 같이 심미적 이해에 대한 흥미로운 관점에 대해서는 W. 센크너Cenkner의 『타고르와 오로빈도의 삶과 사상에서 영적 훈련 예술Art as Spiritual Discipline in the Lives and Thought of Rabindranath Tagore and Sri Aurobindo Ghose』, 듀어링거Duerlinger가 편집한 『궁극의 실재와 영적 훈련Ultimate Reality and Spiritual Discipline』을 참고하라.

14. 3대 가치에서 발달에 관한 논의를 확대하려면 주 14.20을 보라.

15. 즉, 그것은 2단계 모델에서 3단계 모델까지다. 편의상 나는 나의 전반적 작업을 4개의 일반적 단계로 구분해 왔다. 1단계는 낭만주의적 단계인데('회복된 선善' 모델a 'recaptured-goodness' model), 잠재의식에서부터 자기 의식, 초의식(혹은 원초아에서 에고, 신으로)에 이르는 의식의 스펙트럼을 설정한 것이다. 이는 근원이지만

잃어버린 잠재성으로 회귀하는, 또 이를 회복하는 것으로 보이는 상위 단계가 있는 모델이다. 더 구체적으로 말해서 2단계는 진화적 혹은 발달적 모델('선으로의 성장' 모델a 'growth-to-goodness' model)로서 발달 단계 혹은 수준에서 발현되는 의식의 스펙트럼을 갖고 있다. 3단계는 그런 발달 수준에 라인을 추가한 모델로, 수많은 발달 라인(인지, 의욕, 정서, 도덕, 심리, 영과 같은)이 기본 수준을 통해 전반적인 의식의 스펙트럼에서 준독립적인 양식으로 전개된다는 점을 지적하고 있다. 4단계에서는 각각의 수준과 라인에서 사상한, 즉 주관적(의도), 객관적(행동), 상호 주관적(문화) 그리고 상호 객관적(사회) 영역의 아이디어가 추가되어 포괄적 혹은 통합적 철학이 되었고, 혹은 최소한 그렇게 되기를 시도하고 있다. 이 책은 물론 4단계 모델에 관한 작업이다. 이 단계의 논의를 위해서는 『영의 눈』과 『일미』, 11월 16일을 참고하라.

16. 사실 발달이 일어남에 따라서 거친 인지 라인까지도 더욱더 정묘해진다. 반면에 감각운동의 인지는 물질적 환경에 대한 지각이며, 구체적 조작 인지는 '환경에 대해 작용하는 사고'이고, 형식적 조작 인지는 '사고에 대해 작용하는 사고'이므로 형식적 조작 인지는 이미 상당 정도 정묘한 지각과 관련이 있는 셈이다. 그렇지만 이 지각의 궁극적 지시 대상은 거친 영역에 존재하는 대상과 작용하도록 지각이 조직되어 있기 때문에 나는 형식적 조작을 거친 인지 라인에 포함시켰다. 비전-논리는 어느 정도 거친 영역과 정묘 영역의 성격을 띨 수 있으므로 양 라인 모두에서 중요한 요소로 포함시킬 수 있다. 거친 인지 라인에서는 비전-논리가 최상에 위치하고 또 이 라인을 완결 짓는 단계가 된다. 정묘 인지 라인에서 볼 때 비전-논리는 중간 단계가 되어 에테르, 아스트랄, 환상, 상상에 선행하며, 심령적 비전, 정묘한 원형 그리고 중간 단계에서 진보된 단계에 이르는 명상 상태로 대체된다.

융 학파, 진 볼렌Jean Bolen, 제임스 힐먼James Hillman을 예로 들 수 있는 발달의 정묘인지 라인을 연구하는 심리학 이론가들은 유감스럽게도 정묘 라인의 하위 수준인 전개인적 수준을 더 상위 수준인 초개인적 수준과 혼동하고 있다. 예를 들어, 제임스 힐먼James Hillman은 정묘 라인의 전형식적, 심상적 수준을 조심스럽게 탐구해 왔으나 항상 이들을 정묘 라인의 후형식적 수준과 혼동하고 있다. 이론가들이 꿈/심상/비전에 대해 연구한다고 해서 그들이 그 라인의 상위 수준(유상삼매savikalpa samadhi 혹은 초월적 계시와 같은)을 연구하고 있다고 할 수는 없다. 그들은 종종 정묘 라인의 하위 수준에 해당하는 전개인에서 개인까지의 수준을 연구하고 있는 것이다(그들은 자주 타이폰, 에테르/아스트랄층, 프라나마야 코샤, 심상/상징, 전형식적 신화적 환상들과 같은 것들을 연구하는데도 종종 이를 '영혼'이라고 부르는 실수를 저지르고 있다). 정묘 라인의 모든 수준이 중요하다 해도 그 때문에 혼동하거나 이들을 똑같이 취급해서는 안 된다. 그렇게 하는 것은 또 다른 형태의 '붕괴 오류collapsing fallacy' 다(주 9.18을 보라). 이런 오류가 생기면 주어진 의식 지류의 다양한 파동이 붕괴되고 융합되는데, 그것들 모두가 동일한 지류에 속해 있기 때문이다.

17. 베단타와 금강경은 원인층을 다른 모든 수준의 의식과 실재의 근원으로서, 그리하여 '원인' 으로 간주한다. 이와 동시에 그 수준 자체는 다른 수준 중의 한 수준이 되지만 (비록, 최상이기는 해도) 궁극은 아니다. 궁극 혹은 비이원 상태는 여러 수준 중의 한 수준이 아니라 모든 수준과 모든 상태의 토대, 본질 혹은 공空이다. 비이원 영역의 실현을 어렵게 만드는 것은 주체/객체 이원성이다. 이러한 이원성은 의식의 속박 혹은 축소로서 원인 영역에서 먼저 발생한다(즉, 주체와 객체 간의 이원성으로서 이 경우에는 비어 있는 의식이라는 드러나지 않은 세계와 대상이라는 드러난 세계 간의 이원성으로서). 이원적 축소dualistic contraction는 집중된 주의를 위한 능력으로서 저것을 무시함으로써 이것에 주목하는 것이다. 이러한 무지(그것의 비이원적 토대에 무관심한 주목)가 모든 고통의 근본 원인이라고 일컬어진다. 이러한 주목의 뿌리는 원인 영역으로 가슴 주변을 둘러싸고 있는 속박감constriction이 되며, 주시자Witness 혹은 객관 세계에서 분리된 순수한 주체pure Subject의 형태로 나타난다. 이 순수한 주시자 혹은 순수한 주체는 이제 객체의 세계에서 그 스스로를 잃고, 스스로를 혼, 에고, 신체의 수준과 동일시함에 따라 의식을 파편화하고 분리하는데, 실제로 이 모든 것은 진정한 주체 혹은 주시자가 아닌 대상에 불과하다. 이러한 '추락'을 되돌리기 위해서는, 우선 주시하는 능력을 다시 확립해야 한다(주목, 평정, 초연함 혹은 신체, 에고, 혼을 포함한 자각의 대상과 탈동일시할 수 있는 능력을 강화함으로써). 둘째, 원인적 주시자, 주목의 근원을 순수한 비이원적 일미One Taste로 용해시켜야 한다. 아무튼 주의의 근원으로서 원인 인지는 신체, 마음, 혼, 근원에 이르는 형태 중 어떤 것이든 집중된 자각의 형태를 띠면서 하나의 독립된 발달 라인으로 따라올 수 있다.

18. 나는 또한 거친, 정묘, 원인 라인에 '비이원 라인'을 덧붙였는데, 태아기에서 분만 전

후 시기(예를 들면, 우주적 융합), 유년기(예를 들면, 정서적 유대 상태), 성인기(예를 들면, 몰입 상태flow states), 후형식적 삼매의 상태/특성 그리고 순수한 비이원적 일미에 이르는 주객 합일 상태의 발달을 추적하기 위해서였다. 우리가 비이원 인지 라인을 포함시키는 것은 당연하다고 할 수 있다. 왜냐하면 깨어 있는 상태, 꿈, 깊은 잠과 같이 자연스러운 상태에 근거하고 있는(그리하여 모든 것에 소용이 되는) 그 밖의 인지 라인과 마찬가지로 비이원 라인은 선천적으로 주어진 자연스러운 마음 혹은 원초적인 마음, 지각 있는 모든 존재에 항존하는 비이원적 마음에 근거를 두고 있기 때문이다.

유감스럽게도 대부분의 낭만주의 작가들은 비이원 라인의 하위 수준과 상위 수준을 혼동하여 그 라인의 상위 수준에 접촉하는 것을 하위 수준을 재접촉(회복)하는 것으로 가정하고 있다. 이러한 혼동은 전/초 오류(낭만주의자들은 어떤 식으로든 이를 부인하고 있다. 지금 이 비평은 그에 근거하고 있지 않다)라기보다는 오히려 '붕괴 오류collapsing fallacy'의 한 유형에 근거하고 있다고 할 수 있다. 즉, 주객합일의 상태가 전일감a sense of wholeness을 줄 수 있어서, 모든 합일 상태를 동일하게 여김으로써 상위와 하위 융합 상태 모두가 단일한 '근본 바탕'으로 붕괴되기 때문이다. 그 후에 합일 상태가 일어날 때마다 이 단일한 바탕을 접촉하거나 재접촉하는 것이 분명하다고 가정하지만, 사실 비이원 라인 자체는 서로 다른 수많은 파장을 통해 전개된다. 그러나 이런 것들이 붕괴되면 모든 주체와 객체가 융합될 때마다 이러한 '단일한' 근본바탕의 작용이라고 가정함으로써 '근본바탕'이라 불리는 이런 추상화가 구체화되고 모든 비이원 상태의 원천으로 되어 버린다(대부분의 낭만주의적 이론가들이 그랬던 것처럼 워시번은 전형적으로 이 붕괴 오류를 보여 주고 있다. 나는 그들도 전/초 오류의 변종을 만들어 냈다고 믿고 있지만 그것은 완전히 별개의 문제로서 이 특정 비판의 일부가 되지는 않는다). 주 9.16을 보라.

그 밖의 인지 라인 및 상태와 마찬가지로 비이원 자체는 지속되는 후형식적, 후인습 후기가 발달해야만 영속적인 특성이 된다. 그럼에도 불구하고 네 영역(심령, 정묘, 원인, 비이원) 모두는 최초의 단계로 되돌아가는 동안 줄곧 준독립적 인지 라인으로 추적될 수 있다.

19. 이렇게 인지 라인 간의 관계로 생각하는 방식이 갖고 있는 또 다른 이점은, 예를 들어 정묘인지가 거친 인지 이후가 아니라 거친 인지와 같이 시작할 수 있다는 데 있

다. 내가 제안했듯이(주 9.16을 보라), 거친 반성적 인지 라인의 최상위 단계는 다양한 형태의 비전-논리를 수반한다. 커먼스Commons와 리처즈Richards의 설명에 따르면, 최상위 수준의 거친 인지 라인은 초체계적, 패러다임적, 교차 패러다임적 사고(시스템, 시스템의 시스템, 그리고 시스템의 시스템의 시스템에 대해 작업하는)를 포함하고 있다. 나는 그들이 옳다고 믿는다. 그러나 시스템의 시스템의 시스템에 대해 생각할 수 있는 능력이 심령, 정묘, 원인 영역으로 발달하기 위한 필수 전제조건이라는 뜻은 아니다(이런 것들이 모두 획일적 라인에서의 순차적 단계라고 한다면 그럴 수도 있겠다). 전반적 의식발달이 상위 영역으로 지속적으로 나아갈 수 있기 위해서는 분명히 비전-논리의 기본적인 능력이 요구되기는 하지만(주 8.4, 9.27을 보라), 교차 패러다임적 사고는 거친 인지 라인의 맨 마지막에 성취되는 것뿐이며, 초개인 영역으로 향하는 개인의 전반적인 성장에서 다양한 사람이 이런 사고에 통달할 수도 그렇지 않을 수도 있다. 어떤 식으로든 거친, 정묘, 원인 인지 라인을 서로 평행한 것으로 보는 것은 우리에게 그 사실을 더욱 수용할 수 있게 한다.

그러나 이는 일반적 발달에서 거친, 정묘 혹은 원인 인지를 우회할 수 있다거나 그러한 순차적 발달이 그 중요성을 잃는다는 것을 의미하지는 않는다. 무엇보다도 거친, 정묘 혹은 원인 영역을 우회할 수 있다는 뚜렷한 증거는 없고, 더 발달하기 위해 이 단계들의 극단적인 형태가 일부 필요한 것도 아니다(주 8.4, 9.27, 9.28을 보라). 둘째, 어떤 라인 내에서 혹은 라인 사이의 불균형은 병리를 낳는다. 어떤 측면에서 보면 정신분열증은 거친 인지에 근거하지 않은 채 정묘 인지에서 길을 잃을 때 발생하는 고전적 예라고 할 수 있다. 셋째, 자기의 가장 강력한 욕망은 모든 다양한 발달 수준과 라인을 자기 식대로 통합하려는 욕망이므로 지나치게 정묘적이거나 충분히 거칠지 않은 상태라는 균형 잃은 성장은 주된 자기 불일치로 느껴진다. 넷째, 발달에서 최상의 통찰력은 비이원적이거나 모든 세 주요 영역을 한품에 통합하는 것인데, 이는 거친, 정묘, 원인 의식을 충분히 포함하고 있어서 어느 하나에 주요 결함이 생기면 분명히 안정된 통합이 방해를 받게 된다.

그러므로 다양한 지류가 대등지의 파동을 따라 준독립적으로 진행할 수 있다 하더라도, 충분히 통합적인 발달은 여전히 의식이라는 형식으로 모든 주요한 수준의 홀라키적 전개를 내포하고 있다. 이때 자기는 각 단계에 충분히 적응하게 된다. 주 8.4, 9.27, 9.28을 보라.

20. 『일미』, 11월 16일과 17일을 보라. 자기뿐만 아니라 자기와 관련된 모든 라인은 준독립적으로 발달하는 거친, 정묘, 원인, 비이원적 지류(도덕, 관점, 욕동 등)의 모습을 띨 수 있다. 그렇지만 더욱 강조해야 할 사항은 실제 독립적으로 발달하는 이런 지류의 수는 이런 유형 모델의 안내를 받아 진행되는 주도면밀한 연구에 의해서만 결정될 수 있다는 것이다. 라인들은 (인지, 자기 관련 등의) 통합을 향한 자기의 지나친 욕망과 홀라키적 발달 전반의 필요성으로 인해 완전히 독립적인 것이 되지 못한다. 이 라인들 다수는 다른 라인들을 위해 필요하기는 하지만 충분하지는 않으며, 그들은 모두 어느 정도 자기체계의 속박을 받는다(『영의 눈』을 보라). 이러한 관계들 다수를 논리적으로 연역할 수 있지만, 그들 대부분은 주도면밀한 연구에 의해서만 결정될 수 있다. 최근 다수의 자아초월 이론가들이 이런 유형의 모델(즉, 3단계 모델)을 제안하였으나, 그들은 자신들이 참이라고 선언함으로써 그렇게 했다. 어느 정도는 그들이 옳다고 믿는다. 그러나 어느 정도 옳은지는 연구를 통해서만 알 수 있다.

21. 발달 단계에 대한 광범위한 연구를 보려면 주 2.2를 보라.

22. 세 가지 주요 자기 라인의 일반적 도식(에고, 혼, 진아)에서, 내가 '전면frontal' 혹은 '자기'라고 부르는 것은 거친 영역, 그리고 거친-반성적 영역에서의 모든 자기 단계를 포함하고 있다(예를 들면, 신체자기bodyself, 페르소나, 자기 그리고 켄타우로스). '혼'에는 심령과 정묘 영역이 포함되며, '진아'에는 원인과 비이원 영역이 포함된다. 나는 이 독립된 특정 라인이 거친, 정묘, 원인, 비이원 의식의 자연 상태에 기초하고 있다고 주장하는데, 이는 내가 주장하는 네 가지 독립적인 인지 라인과 자기 단계들이다(본문에서는 원인과 비이원을 하나로 취급하였다).

거친 영역 내에 있는 다양한 자기 단계는 비록 그들이 겹쳐서 나타난다 할지라도 대체로 홀라키적으로 창발하는데(신체자기에서 페르소나, 에고, 켄타우로스로), 이는 연구들을 통해 계속 압도적으로 확인되고 있는 바다. 내가 본문에서 제안하였듯이 그런 발달과 더불어 혼과 진아는 종종 독립적인 방식으로 전개될 수 있다. 혼과 진아가 발달하는 한(단지 상태가 아니라) 이들도 존재의 대 홀라키를 온상으로 삼아 스스로 전개되는 지류의 홀라키적 외형을 따른다.

23. 이들은 대부분의 발달심리학자가 측정하지 않았던 항목이다. 이런 이유로 그들은 전면적 자기발달만을 보려고 하였다.

24. 순수한 초월적 진아 혹은 주시자는 스스로 발달하지 않는데, 이는 완전히 무형이기 때문이다. 그렇지만 진아로 접근하는 방식은 발달하는데, 이것이 내가 이 라인에서 발달이 일어난다고 했을 때의 의미다. 세 개의 자기 라인에 대해서는 『일미』, 11월 17일을 보라.

25. 본Vaughan의 『내향의 호The Inward Arc』와 『신성의 그림자Shadows of the Sacred』를 참고하라. 또한 주 8.20을 보라.

26. 주 8.14,8.35를 보라.

27. 대등지에서 비전-논리가 일반적 파동으로 분류되어 있다는 것은 의식 진화 전반에서 안정적으로 상위 수준으로 성장하기 위해서는 일반적인(극단적이 아닌) 비전-논리 역량이 요구된다는 의미인가? 그렇다. 나는 정말 그렇다고 믿는다. 그 이유는 비전-논리 없이는 황금률부터 보살서원에 이르는 것을 이해할 수 없기 때문이다. 우선 연구자들이 동의하는 비전-논리 역량인 모든 존재에 대한 조망을 가질 수 없다면, 당신은 진정으로 모든 존재를 해방시키고자 서원할 수 없다. 우리는 비전-논리의 최종 발달을 말하는 것이 아니라(교차 패러다임적 사고와 같은. 주 8.4, 9.19를 보라), 후인습적, 세계 중심적, 복합적 조망을 취하는 일반적인 역량을 말하는 것이다. 일반적인 비전-논리의 토대가 없다면 상위 수준(심령, 정묘, 원인, 비이원적)은 영구적으로 실현되지 않은 채 그저 지나가는, 변성되는 상태로서만 경험될 것이다. 또한 상위 단계의 본성이 보편적이고 포괄적이라는 단순한 이유 때문에 포괄적 조망(즉, 비전-논리)을 부여할 수 있는 전면적 발달 없이는 그러한 상태가 영구적일 수도, 왜곡이 없을 수도, 그리고 자기와 '조화를 이룰' 수도 없다. 비전-논리가 영구적 역량이 되어야만 상위 수준이 영구적으로 될 수 있다.

지각 있는 모든 존재에게 영이 존재하지만 인간만이 그 영을 충분히 깨달을 수 있다고 전통적으로 전해지는 사실에 주목하라. 예를 들어, 불교에서는 남신과 여신 혹은 어떤 정묘 영역의 존재라도 완전히 깨달을 수 없다. 원인적 비현현 영역에 몰입한 사람조차도 완전히 깨달을 수 없다(열반의 구원을 추구하면서 다른 것을 무시한다면 그들은 보살이 아니다). 달리 표현하면, 비록 우리가 정묘 라인에서 뛰어난 발달을 성취하였다 할지라도(남신과 여신처럼), 또 원인 라인에서 뛰어난 발달을 성취하였다 할지라도(독각불Pratyeka-buddhas 혹은 단독으로 원인적 깨달음을 성취한 자처럼), 우리는 여전히 완전한 깨달음을 성취할 수 없다. 왜 그런가? 그것은 우리의 발달이 통합적이지 않은 까닭이다. 거친, 정묘, 원인적인 것을 동일하게 포함시키고 있지 않다. 거친, 정묘, 원인이라는 의식의 세 영역에서 깨어나야만 우리가 지각 있는 모든 존재에게 유용해 질 것이라는 희망을 가질 수 있으며, 그리하여 근본적인 보살서원을 충족시킬 수 있다('존재가 무한히 많다고 해도 나는 그들을 모두 자유롭게 할 것을 서원한다'). 그리고 거친 영역의 비전-논리만이 거친 영역에 있는 지각 있는 모든 존재를 파악할 수 있다. 그리하여 비전-논리 없이는 최종의 깨달음도 없는 것이다. 물론, 사람들이 정묘, 원인 라인에서 뛰어난 발달을 성취할 수 있으나(신과 독각불이 그렇듯이), 비전-논리를 포함한 통합적 수용 없이는 그 누구도 정변지samyak-sambuddha, 완전히 깨달은 자a fully Realized One가 될 수 없다.

비전-논리 자체에 대해 몇 마디 언급해 보자. 기본 구조로서 비전-논리는 그 자체가 하위 홀론으로서 감각운동에서 감정, 환상, 형식적, 후형식적 존재에 이르기까지 이전의 모든 기본 구조를 포함하고 있으며, 이상적으로 이런 모든 구성 요소를 통합하고 있다. 비전-논리는 환상, 정서 혹은 규칙이 없는 것이 아니라 그 모두를 그 자신의 더 넓은 공간 속에 보유할 뿐이며, 여기에서 그 모든 것이 더 풍성해질 수 있다. 커먼스와 리처즈, 피셔 그리고 시놋은 비전-논리의 인지적 요소(그리고 종종 그것의 극단적인 발달)를 강조하는 경향이 있는 반면, 바세체스, 파스쿠알-레오네, 라부비-비에프, 데어드리 크래머는 비전-논리의 변증법적, 비전적, 통합적 역량을 더욱 강조한다. 아리에티는 비전-논리는 환상과 논리라는 일차 과정과 이차 과정이 통합된 것으로 매우 창조적일 수 있음('마술적 통합magic synthesis')을 강조하고 있으며, 장 겝서는 투명성, 통합하는 역량 그리고 '통합적-비조망적integral-aperspectival' 구조의 다중적 관점을 강조하고 있다. 내 생각에 이들 모두는 비전-논리를 각기 다른 각도에서 바라볼 중요한 스냅사진이다.

모든 인지 역량과 마찬가지로 비전-논리는 온 상한의 온 수준을 그 대상으로 취할 수 있는데, 이는 완전히 다른 지각을 낳는다. 먼저 상한에 초점을 맞추어 보자. 비전-논리가 우하상한을 바라볼 때, 결과는 인공두뇌학부터 카오스, 사회적 자동생산성 이론, 복잡성 이론에 이르는 수많은 형태의 역동적 시스템 이론이 된다. 이들 모두가 주목하고 있는 것은 상호 객관적인 과정의 네트워크 및 존재와 발달의 역동적 유형이다. 우하상한의 인간 측면에 적용시키면 그 결과는 사회 시스템 과학이 되는데(예를 들면, 파슨스, 머튼), 이는 사회적 상호 작용의 물적 양식, 생산력 그리고 생산관계의 중요성과 영향을 강조한다(예를 들어, 콩트, 마르크스, 렌스키, 루만이 포함된다).

비전-논리가 우상상한을 바라볼 때 그 결과는 개인적 유기체를 시스템으로 바라보는 관점이 되는데, 이는 의식을 위계적으로 통합된 유기체적, 신경망적 창발로 서술하고 있다. 이 창발적/연결주의적connectionist 관점은 이 점에서 인지과학의 지배적인 모델이 되었다. 이는 앨윈 스콧Alwyn Scott의 『마음으로 향한 계단Stairway to the Mind』에서 잘 요약되어 있는데, 창발들의 위계인 '계단'이 의식으로 귀결된다고 말하고 있다. 매우 영향력 있는 자동생산성이론 모델을 포함한 이런 창발과 네트워크는 모두 3인칭 '그것-언어'로 기술된 객관적 시스템을 수반한다. 의식에 대한 이와 유사한 객관주의적 관점은 의식 상태에 대한 타트Tart의 시스템 접근법에서 발견할 수 있다. 하지만 이런 식의 설명이 틀렸다는 말이 아니다. 이들은 기껏해야 스토리 전체의 사분의 일만을 다루고 있다는 것이다. 구조주의와 마찬가지로 나 스스로도 이런 접근법을 사용하는데, 이는 의식현상에 대한 우측 접근법들이다. 그러나 의식 자체는 1인칭, 좌측, 현상적 접근법, 내성과 명상을 통한 의식의 직접적인 경험적 탐구를 통해서도 연구되어야 한다(14장을 참조하라). 편의상 나는 때때로 사상한 좌측에 있는 몇몇 수준에 구조적 용어를 쓰고 있기는 하지만(예를 들면, 구체적 조작, 형식적 조작), 이는 정확하게 관찰할 수 있고 1인칭과 2인칭 용어로만 묘사된 현상적 사건에 대한 표식일 뿐이다. 『성, 생태, 영성(2판)』, CW6(특별히 4장과 14장) 그리고 「의식의 통합적 이론An Integral Theory of Consciousness」, 『의식연구저널Journal of Consciousness Studies 4』, No. 1(1997), pp. 71-93(CW7)을 보라.

비전-논리가 좌하상한을 볼 때 그 결과는 문화적 맥락과 배경의 방대한 역할에 대한 인식, 상호 이해의 역할에 대한 파악, 담론에 대한 강한 집중, 해석학에 대한 일반적 이해가 된다. 이 접근의 예로는 하이데거, 한스-게오르그 가다머Hans-Georg Gadamer, 찰스 테일러Charles Taylor, 딜타이Dilthey, 쿤Kuhn을 들 수 있다.

덧붙여 이러한 문화적 혹은 상호 주관적 기의signifieds들을 그들의 상호 주관적 의미 분야(좌하상한)에서 그들의 물질적 기표signifiers, 예를 들어 문자로 쓴 단어, 말해진 단어, 문법 그리고 문장(우하상한)과 같은 외적 구조의 측면에서 보면, 그리고 특히 이러한 기표들이 지시 대상과 맺고 있는 관계가 끊어졌다면 그 결과는 다양한 형태의 탈근대적 후기구조주의가 된다. 푸코의 고고학(담론/고문서의 문법)

에서부터 계도학genealogy(권력/지식의 상호 객관적 구조), 데리다의 서기법 grmmatology(문자 기표의 사슬에 대한 연구the study of the chains of written signifiers)까지를 그 예로 들 수 있다. 이 모든 것은 좌하상한 현상을 우하상한으로 접근한 방법이다. 이들을 배타적으로 사용하면 모든 진정한 상호 주관적 영역을 파괴할 뿐 아니라 수행 모순율performative contradiction로 보자면 실재하는 모든 지시 대상을 부인하는 셈이 되고 만다. 다시 한 번 말하지만, 이러한 접근법이 틀렸다고 하는 것이 아니라 그들이 한 가지 상한만을 살피고 있다고 말하는 것(이 경우에, 그들은 좌하상한 현상을 분명히 설명하기 위해 우하상한 기법을 사용하는데, 이런 접근이 지나치면 좌하상한 존재 자체를 부정하는 격이 되어, 미묘한 환원주의를 범하는 것으로 끝이 난다)이다. 그리하여 그들이 최종 결론을 내렸다고 주장한다면 여러 가지 이치에 닿지 않는 입장이 되고 만다(기표, 기의, 의미론 그리고 구문론의 통합적 기호학에 대한 논의를 위해 『영의 눈』, 5장, 주 12를 참고하라.)

비전-논리가 좌상상한에 적용될 때, 즉 비전-논리가 자신의 영역에서 내부를 바라 볼 때 여러 가지 중 하나가 일어날 수 있다. 우선, 모든 기본 구조와 마찬가지로 개인이 비전-논리에 접근할 수 있다는 사실은 그 개인이 비전-논리로 살아가고 있다는 것을 의미하지 않는다. 어떤 사람이 인지적으로는 형식적 조작에 접근할 수 있다 해도 자기는 여전히 도덕 단계 1에 있을 수 있는 것처럼 어떤 사람이 비전-논리에 접근할 수는 있어도 여전히 자기와 자기 라인 발달의 하위 수준 어딘가에, 예를 들어 도덕 단계 1, 충동적인 자기, 안전 욕구와 같은 수준에 머무를 수 있다(우리가 이미 살펴본 바와 같이 기본 구조는 그 밖의 발달을 위해 필요하지만 충분하지는 않다). 따라서 개인은 자기, 도덕, 영적 발달에서는 매우 낮은 수준에 있으면서도 위대한 시스템 이론가가 될 수 있다(그들은 비전-논리를 자신에게가 아닌 외부 세계에 적용하고 있는 것이다). 이런 이유 때문에 '새로운 패러다임'을 배우는 것만으로는 사람을 변용시키지 못하며, 수많은 '전일한' 접근법이 종종 내면의 변용을 건드리지 못하고 있다(『일미』와 『부메리티스』를 보라).

근접자기의 무게중심인 개인의 자기가 구체적 조작(순응적 자기 혹은 페르소나)부터 형식적 조작(후인습적 자기 혹은 성숙한 자기), 후형식적 비전-논리(켄타우로스적 혹은 비교적 통합된, 후인습적, 보편적, 자율적, 실존적 자기)로 나아감에 따라 내면의 수직적 변용에 대해서만 개인에게 비전-논리를 직접 적용할 수 있다. 이렇게 되면 그의 도덕감은 후인습적, 세계 중심적이 되고, 그의 욕구는 자기실현을 위한 것이 되며, 그의 세계관은 보편적 · 통합적이 된다. 이때 그는 영원히 초개인 영역으로 변용되기 직전에 있다.

비전-논리는 또한 온 상한의 모든 주요 수준(혹은 영역)에도 적용될 수 있다(대부분의 인지가 할 수 있듯이). 본문에서도 지적하였듯이 나는 항상 이러한 영역을 신체, 마음, 영(전개인, 개인, 초개인)으로 단순화시켰다. 비전-논리는 자신의 상한(좌상상한)에서 아래쪽으로는 물질을, 맞은편에는 마음을, 위쪽으로는 영을 볼 수 있다. 아래쪽으로 물질을 내려다보는 것은 그들이 모두 물질적인 까닭에 우상상한을 보는 것과 같으며, 그 결과는 시스템 이론이 된다. 맞은편의 마음을 보는 것은 좌하상한에서 자신의 수준을 보는 것과 같으며, 그 결과는 해석학이 된다. 위쪽으로 영을 올려다보는 것, 달리 말해서 영적인 절정 경험을 하는 것은 비전-논리 자체의 구조에 따라 해석되는 상위 영역으로 귀결되며, 그 결과는 내가 만다라적 이성 mandalic reason이라고 부르는 것이 된다(『눈과 눈』을 보라).

28. 의식발달 전반에서 정묘 영역을 완전히 우회할 수 있는가? 내 생각으로는 그렇지 않다. 선禪과 같은 전통에서는 명상 수련 중에 정묘 영역을 탐험하지 않고서도 원인적/비이원적 깨달음을 성취하므로 어떤 이론가들은 정묘 단계는 필요하지 않다고(혹은 이를 완전히 건너뛸 수 있다고) 주장한다. 실제로 그 의미는 정묘 영역의 광대한 탐험을 어느 정도 우회할 수 있다는 것이다. 그러나 정묘 영역 자체를 우회할 수는 없다. 예를 들어, 일반적인 정묘 영역은 꿈 상태를 포함하고 있으며, 충분히 깨달은 존재조차도 계속 꿈을 꾸지만 그들은 의식을 유지하면서 꿈을 꾼다(예를 들면, 『자각몽과 명석몽lucid and pellucid dreaming』, 『일미』를 참고하라). 다른 말로 하면, 그들의 경우 정묘 영역이 영속적으로 의식적인 적응이 되어 버린 것이다. 그 영역을 자각의 수단으로서 의도적으로 또 광범위하게 탐구하는 것은 어느 정도 뛰어넘을 수 있으나, 그 영역 자체는 뛰어넘을 수 없으며, 그것이 깨달은 자의 의식에 영속적인 기본 구조가 된다는 사실도 간과할 수 없다.

특히, 원인, 비이원 기법을 강조하는 학파에서는 대개 정묘 영역을 광범위하게 탐험하는 일을 도외시하면서 원인, 비이원 라인의 인지를 강조하는 일이 일어날 수 있다. 물론, 이런 사람도 계속해서 꿈을 꾸고 있으므로 정묘 영역은 여전히 존재하고 있다고 할 수 있다. 그렇지만 원인적 주시 과정이 더욱더 강해지면 주시가 깨어 있는 상태를 넘어서 꿈꾸는 상태로 지속될 수 있다(명석몽-『일미』를 참고하라). 그리하여 비록 그 사람이 정묘/꿈 영역을 의도적으로 탐구하지 않더라도, 사실 그것을 객관화하고 있는 셈이며(따라서 그 영역을 초월하고 이를 의식에 포함시킨다), 정묘 영역을 어느 정도 우회한 셈이 된다. 그러나 정묘 영역 자체는 초월되고, 항상 그렇듯 영속적인 상위의 발달에 포함된다. 이렇게 정묘 단계를 포함시키는 것은 통합을 향한 자기 특유의 욕망의 일부다. 그러므로 전반적인 의식발달에서, 정묘 영역은 개인의 완전한 발달에 있어 영속적 단계이면서 구조가 된다. 이 주제를 논의하려면『성, 생태, 영성(2판)』(특히 7장)을 참고하라. 어떤 사람이 정묘를 '뛰어넘었다'고 말하는 것은 비록 그것이 가능하다 할지라도(가능하지는 않다) 그들이 통합적 발달을 완성하지 못했음을 표현하고 있는 것일 뿐이다. 주 9.27을 보라.

10 영성: 단계인가 아닌가

1. '후형식적postformal', '후인습적postconventional'이라는 두 용어 사이에는 중요한 차이가 있다. 전자는 항상 인지구조를 일컫고, 후자는 자기와 관련된 단계(도덕과 같은)를 일컫기 때문이다. 따라서 인지 라인의 발달은 전조작에서 구체적 조작, 형식적 조작으로 전개되는데, 그 라인에서의 상위 단계를 후형식이라고 부른다. 기술적으로 볼 때 후형식적이라는 용어를 형식적 조작보다 상위에 있는 모든 인지적 발달에 적용할 수 있다. 이는 비전-논리와 같은 상위 개인 수준과 심령, 정묘와 같은 더 순수한 초개인적 인지를 모두 포함하고 있다. 그렇지만 문자적으로 해석할 때 후형식적이라는 용어는 항상 비전-논리를 의미한다(그러므로 더 순수한 초개인적 인지는 후형식 후기라고 불러야 한다. 그럼에도 불구하고 문맥에 따라 내가 의미하는 바가 결정될 것이다).

이러한 인지발달(전조작기-구체적 조작기-형식적 조작기-후형식적 조작기)은 이에 대응하는 자기 관련 단계(자기 정체성, 도덕, 역할 습득과 같은)를 위해서 충분하지는 않지만 필요한 것으로 알려져 있다. 자기 관련 단계는 전인습에서 인습, 후인습으로 발달할 뿐 아니라 개인 영역의 최상위 발달(켄타우로스 영역)에까지 이른다. 여러 연구자(예를 들면, 콜버그, 쿡-그로터, 웨이드, 알렉산더)는 자기와 관련된 단계 또한 진정으로 초개인적인 단계로 지속될 수 있음을 주장해 왔고, 그런 경우 우리는 그것을 후인습 후기로 일관성 있게 명명해야 할 것이다(이것이 내가 한 일이다).

그럼에도 불구하고 의미론적 난점들이 존재한다는 사실을 알 수 있다. '후post'라는 용어를 어떻게 사용해야 할지에 대해서는 문헌상으로 일관성 있게 합의된 바가 없다. 이 용어를 사용하면서 나 스스로도 일관성을 유지하려고 노력해 왔으나, 정확하게 평가하려면 각 경우의 맥락을 고려해야만 한다.

2. 이렇게 정의하면 다음과 같은 어려움이 따른다. 정서, 인지, 도덕과 같은 발달 라인을 사용하지 않고서 어떻게 별도의 영적 라인을 정의할 수 있을까? 달리 말해서, 만약 영성을 사랑할 수 있는 개인의 능력이라고 말한다면, 사랑(혹은 정서)은 이미 그 자체로 별개의 라인이기 때문에 영성을 뭔가 다른 것으로 하고 싶다면 영성의 정의로 사랑을 사용할 수는 없다. 마찬가지로 영성이 자각, 인지, 도덕, 자비, 이타주의, 자아감 혹은 동기를 수반한다고도 할 수 없는데, 그들 자체가 이미 별개의 라인들이기 때문이다. 말하자면 뚜렷하고 순수한 '영적' 발달 라인을 제안하는 것은 매우 어렵다. 예를 들어, 제임스 파울러James Fawler는 '신앙'이 5~6단계로 발달한다고 제안하였으나, 실질적으로는 그의 실험 결과를 콜버그의 발달론과 구별할 수 없어서 많은 이론가는 파울러가 전혀 새로운 점을 추가하지 못하고 있다는 의심을 품게 되었다. 나는 파울러의 신앙 단계가 정당하면서도 뚜렷한 발달 라인이라고 생각하고 있지만(왜냐하면 내가 다음에서 다루겠지만 그것들은 실제로 유용한 혼합물인 까닭이다), 이 점이 바로 이런 식으로 정의하는 데 따르는 어려움을 강화하고 있기 때문이다. 나는 관심(틸리히Tillich의 '궁극적 관심ultimate concern'으로서의 영성의 정의) 또한 발달에서 별개의 영성 라인으로 간주될 수 있다고 제안한 바 있으며(『영의 눈』에서), 그 밖의 것들도 만족스러워 보인다(예를 들면, 볼드윈). 여하튼 정의상 그것들은 유사 단계적 발달을 보일 것이다.

그렇지만 별도의 발달 라인으로써 영성에 대해 말할 때 사람들 대부분은 실제로 그 밖의 발달 라인의 혼합을 의미하고 있으며, 어쨌든 이것은 사람들이 종종 '영성'을 경험하는 방식이 되고 있다. 따라서 이것은 매우 정당하고 중요한 접근이 된다. 예를 들어, 파울러의 신앙 단계는 도덕, 역할습득 능력, 세계관의 혼합이다. 내가 말했듯이 그것은 완전히 정당한 접근이며, 더욱이 매우 통상적인 접근이기도 하다. 도표 6A~6C에서 소개한 거의 모든 이론가가 이 혼합 접근법을 사용하고 있으며, 더 구체적인 항목(명상적 경험, 영감과의 접촉 등과 같은)들에 주목하고 있을 때조차도 그렇다. 이러한 혼합들은 이 도표에 제시된 모든 경우에서 혼합들이 발달 단계 순서에서 기능적 묶음으로 전개된다고 밝혀졌기 때문에 의미상 중요하다. 도표 6A~6C에 제시된 영성의 측면은 분명히 홀라키적 단계를 보이고 있다.

3. 잉글러와 브라운의 중요한 연구는 『의식의 변용』, 1, 6, 7, 8 장에 제시되어 있다.

4. 블랑크 부부는 일련의 저술(예를 들면, 『에고심리학Ego Psychology』, 『에고심리학 II Ego Psychology II』, 『에고심리학을 넘어서Beyond Ego Psychology』)에서 자기는 구조를 형성하기 위해 경험을 대사(代射)한다는 말로 자기발달에 관한 지난 백 년 동안의 정신분석적 이론과 연구를 요약하고 있다. 이는 구성주의에 관한(그리고 내면화된 행위로서의 사고에 관한) 피아제의 작업에 견줄 수 있는 작업이다. 내가 재구성한 이 아이디어에 따르면 초기 단계에서 시작하여 충동, 즉각적 만족, 압도적인 정서적 홍수에 의해 지배당하는 불완전한 경험의 유입은 자기에 의해 천천히 '대사되거나' 처리되어 더욱 안정된 경험과 자각의 패턴(혹은 전일적 구조)으로 변한다. 이러한 전일적 구조는 더욱 포괄적이고 전일한 파동을 구축함으로써 자기가 하위 파동에 열중하거나 매몰되는 것을 초월하도록 허용한다. 그리하여 일시적인 경험이 대사되어 지속적이면서도 전일한 적응을 생성한다. 일시적인 절정 경험과 변성상태를 의식의 지속적인 특성과 구조로 전환하는 데서도 동일한 과정이 작용하며, 이런 이유 때문에 나는 항상 '대사작용'을 자기의 주요 특성의 하나에 포함시키고 있다.

11 어린 시절에도 영성이 존재하는가

1. 인간의 행복에 대한 연구로 잘 알려져 있는 로저 월시Roger Walsh는 '어린 시절의 에덴'이라는 이런 식의 버전조차 부정하고 있으며, 이를 지지하는 연구가 거의 없다는 사실을 지적하고 있다. "이것이 어린 시절은 더없이 행복하다는 신화다." 부모가 입증하고 있듯이 유아는 대부분의 시간을 울면서 보낸다.

2. 어린 시절의 절정 경험에 대한 개관으로는, 호프만Hoffman의 「어린 시절의 절정 경험Peak experience in childhood」, 『인본주의 심리학 저널Journal of Humanistic Psychology, I』, 38(1998), pp. 109-120을 보라.

이는 어린 시절의 절정 경험을 순수한 의미에서 '영적'이라고 부르기는 어렵다는 점을 지적하고 있다. 내가 본문에서 말한 것처럼 만일 다른 사람의 역할을 취할 수 없는 전인습적 도덕 단계 초기에 있는 아이가 절정 경험을 하게 된다면, 그는 자기 중심적, 자기도취적 궤도에 갇히게 될 것이다. 다른 사람의 역할을 취할 수 없음은 다른 이를 진실로 보살피지 못하거나 다른 사람에 대한 진정한 사랑(자기의 자기애적 확장 이외의 사랑)이 없음을 의미한다. 진정으로 영적인 것에 어떻게 보살핌과 사랑이 없을 수 있을까? '절정에 도달한' 영적 영역이 아무리 진실하다 하더라도 그것은 즉시 포착되어서 반드시 그 당시 존재하는 심리적 구조(인지, 도덕, 에고 등)라는 옷을 입게 되는데, 대부분의 심리적 구조는 전인습적이라는 사실을 여러 연구가 확인해 주고 있다. 이것은 다른 식의 영적 접근을 배제하지는 않지만(원문에서 다음 구절을 보라), 어린 시절의 영성을 이런 식으로 해석하는 데 우리가 얼마나 조심해야 하는지를 보여 준다.

유아와 어린이의 영적 경험에 대한 거의 모든 증거(분만 전후의 회상을 포함하여)는 초기 경험을 '기억하는' 성인들에게서 나왔다는 점에도 주목해야 한다. 이러한 증거에 수반되는 심각한(치명적이라고 할 수는 없지만) 어려움은 언어 이전 상태로의 강력한 퇴행을 제외(그때는 언어로도 의사소통을 할 수 없다)하고는, 그 회상의 대부분이 회상을 하고 있는 성인 속에서 역항할 수 없이 자리를 잡고 있는 심리적 구조를 통해 나타나기 때문에 이러한 구조의 역량과 능력(다른 역할을 취할 수 있는 능력과 같은)이 어린 시절의 상태로 되돌려retroject(로저 월시의 말처럼)진다는 것이다. 여기서 어린 시절은 부정확하게도 엄청난 유동성과 높은 성인의 능력이 첨가된 시기로 나타나는데, 실제 어린 시절에는 그런 것이 전혀 없다는 것이다. 벡커Becker와 기어Geer가 말한 대로, '사회환경'과 자기의 변화는 필연적으로 관점의 변용을 낳으며, 그러한 변용의 특성으로 인해 개인은 그의 이전 행위, 견해 혹은 느낌을 기억하는 것이 어렵거나 불가능해진다. 개인은 자신의 새로운 관점으로 사물을 재해석하기 때문에 과거에 대해서 정확하게 설명할 수 없다. 왜냐하면 그가 생각하는 개념이 변했을 뿐더러 그의 지각과 기억도 변하였기 때문이다.

더욱이 심오한 발달적 이정표를 통과했지만 그렇다는 것을 전혀 경험하지 못한 어린아이를 촬영한 예처럼 이런 '되돌리기retrojections'를 하면 자신들이 조작기에 있다는 어떠한 징후도 찾을 수 없다. 초기 어린 시절의 절정 경험을 '회상'하는 사람은 그 경험을 종종 다른 사람의 역할에 민감하고 그들의 관점을 취하는 것 같은

'조망주의perspectivism' 적 방식으로 표현하는데, 그 나이에 있는 실제 어린이를 대상으로 실시한 방대한 연구에 따르면 그 시기에 그런 능력이 있다는 증거는 전혀 없다. 나아가 초기 어린 시절 혹은 심지어 유아기의 회상이 현실로서 나타난 경우(예를 들면, 내가 8개월 되었을 때 엄마가 매우 아팠다), 그것들은 종종 성인의 관점에서 소생되고 갱신된 감각운동적 각인의 모습을 띠고 있다.

나의 요점을 간단히 말하면, 어린 시절의 절정 경험에서 '살짝 엿보게 된' 일부 영역이 아무리 진실하다 할지라도, 그런 영역의 해석과 표현은 실제 존재하는 구조(언어, 인지, 도덕)를 통해서만 나타날 수 있다. 이는 '어린 시절의 영성'의 존재를 부정하지는 않지만 상당히 복잡하게 만든다.

3. 『영의 눈』을 보라. 이러한 관점의 한 버전으로, 암스트롱Armstrong의 「어린 시절의 자아초월 경험Transpersonal experience in childhood」, 『자아초월심리학 저널Journal of Transpersonal Psychology, 16』, 2(1984) pp. 207-231을 보라. 단, 그가 든 예의 대부분이 독백적 경험(전인습적인)이어서 그것들을 '영적'이라 부르기가 어렵다는 점을 다시 한 번 지적하고 싶다.

4. 이러한 '영광'의 잠재력은 유아기 자체의 일부가 아니라 다른 상위 영역에서 발생하는 인상의 잔재다. 그러므로 실제로 깨달음에서 재획득되는 것은 유아의 구조 자체가 아닌 상위 영역이다. 이에 유아적 자기가 원초적 낙원이라는 낭만주의적 생각은 심각한 오류를 범하고 있다. 낭만주의 아젠다가 의존하고 있는 '붕괴오류'를 참고하라(주 9.18).

5. 이 주제 및 붕괴 오류에 근거하는 워시번의 낭만주의적 관점에 대한 비평을 충분히 논의하려면 『영의 눈』, 6장을 참고하라(주 9.18을 보라).

6. 이 자료의 요약으로는 제니 웨이드Jenny Wade의 『마음의 변화Change of Mind』를 보라. 더욱 깊은 심령적 자기(정묘한 혼)가 유년기에 존재할 수는 있지만 이는 원인 혹은 비이원적 자기가 아니라는 점을 강조해야만 한다. 이 자기는 깨달은 자기나 원초적 바탕이 아니라 깨달음까지 이르는 중간 수준의 개별적 자아감일 뿐이다. 낭만주의가 이 개별적 자아감을 찬양한 것은 옳다고 볼 수 없다.

7. 이렇게 '멀리서 바라보는watching from afar' 식의 표현을 그 시기의 어린이는 하지 않는데, 나는 이에 타당한 이유를 주 11.2에 약술하였다(그들은 그렇게 표현할 수 있

는 전면적 구조가 아직 발달되어 있지 않았다). 이러한 이유로 발달주의자들이 사용하는 어떤 검사에서도 '심령deeper psychic'이 드러나지 않는다. 그럼에도 불구하고 웨이드가 요약한 논란의 여지가 있는 소수의 증거는 이런 깊은 심령적 자각이 U자형 발달을 겪는다는 사실을 시사한다. 이는 일부 정묘 라인이 보여 주는 U자형 발달과 근본적으로 동일하다(도표 4B를 예로 들 수 있다). 그러나 본문에서 보았듯이 이는 깊은 심령의 순수 경험은 아닌데, 이것을 담고 있는 구조가 여전히 전인습적, 자기중심적이기 때문이다. 심령 단계(혹은 분기점 7)에서 일어나는 깊은 심령의 직접적이고 영속적인 실현에 의해서만 혼이 쇠퇴하지 않고 여과되지 않는 광채로 빛나기 시작한다.

12 사회문화적 진화

1. 영원의 철학, 고전적인 존재의 대사슬 그리고 전통주의자들에 대한 나의 수많은 비판을 보려면, 『일미』, 6월 5일과 CW2, 3, 4에 대한 소개, 『영의 눈』, 1, 2장 그리고 『성, 생태, 영성(2판)』(CW6)을 보라.

2. 1장 원문(존재의 대둥지는 주어진 것이 아닌 가능성이다)과 주 1.5, 8.2, 12.1을 보라. 또한 CW2의 서문과 『성, 생태, 영성(2판)』을 보라(CW6).

3. 『성, 생태, 영성(2판)』(CW6)을 보라.

4. 이 주제를 폭넓게 논의한 것으로는 『감각과 영혼의 만남』이 있다.

5. 『에덴으로부터 위로Up from Eden』를 보라. 그리고 『성, 생태, 영성(2판)』(CW6)을 보라. 또한 이 주제를 충실하게 논의한 것으로는 『모든 것의 역사』가 있다. 여기에서는 집단적 진화에 대해 이야기하고 있다. 개인은 스스로의 영웅적 노력(항상 소공동체에서)을 통해 진보할 수 있다.

6. 달리 말해서 샤먼은 마술적 수준에 있으면서도 일시적으로 정묘 영역의 절정 경험을 할 수 있다. 만약, 샤먼이 무작위로 일어나는 절정 경험을 넘어 전진할 수 있다면, 그리고 이러한 일시적인 정묘 여행에서 능력을 개발하기 시작한다면, 비록 그의 전형적 자기가 마술적 구조에 머물러 있다 할지라도 여러 유형의 인지 라인에서 논의한 바와 같이 그 샤먼은 거친 라인에서는 전형식적이고 마술적 수준에 있지만

정묘 라인에서는 발달하고 있는 것이다. 이 두 경우에서 정묘 영역은 전인습적인 그리고 자기 본위적인 권력 해석(본문에서 논의한 것처럼)으로 왜곡될 것이다. 그러나 나는 또한, 본문에서 소개한 최소한 어떤 샤먼들은 전면적 발달에서 후인습적 영역까지 발달했음을 보여 주고 있다는 사실은 확실히 가능한 일로 보이며, 이는 최소한 구석기 말 그리고 중석기에 시작되었을 것으로 보인다(하버마스, 도버트 Dobert, 너너-윙클러Nunner-Winkler와 그의 동료들이 믿는 것처럼 수렵사회의 일부 사람들이 형식적 조작을 발달시켰다는 증거가 있다면 일부 소수가 후형식적 양상까지 발달하지 못했다고 추론할 근거는 없다).

7. 월시의 『샤머니즘 정신The Spirit of Shamanism』을 참고하라.

8. 우하상한을 이해하는 데는 사회 시스템 이론이 반드시 필요하다. 탈코트 파슨스(그리고 로버트 머튼)의 연구는 잘 알려져 있고 아직도 매우 인상적이다. 나는 특히 제프리 알렉산더(『사회학의 이론적 논리 Theoretical Logic in Sociology』, 4권과 『20개 강연들Twenty Lectures』)과 니클라스 루만(『사회체계 Social Systems』)의 뛰어난 저서들을 추천하고 싶다.

9. 예를 들어, 토마스 소웰Thomas Sowell의 『마르크시즘Marxism』, 레스젝 콜라코브스키Leszek Kolakowsk의 『마르크시즘의 주요 동향Main Currents of Marxism』, 3권, A. 캘러리Callari 등의 『탈근대의 마르크시즘Marxism in the Postmodern Age』을 참고하라.

10. 필요성이라는 온갖 진화이론이 여러 사람을 주변화시켜 그들이 모든 존재가 타고난 권리인 본래의 자유를 획득하지 못하게끔 만들었다는 것이 자유주의 학자들 사이에서 통용된 지난 몇십 년 동안의 공통된 가정이었다. 그렇지만 놀라운 의식 스펙트럼의 모든 수준에 접근할 수 있는 자유를 자유라고 정의해야만 이 용어를 가장 잘 정의하는 것이 될 거라는 점이 점점 더 분명해졌다. 그러한 수준을 이용할 수 있는 유일한 길은 성장과 발달 및 전개를 통해서이기 때문에 진화를 멀리했던 자유주의 학자들은 자신들이 보호하고자 했던 모든 사람이 자유에 접근하는 것을 막아 왔다(아프리카-카리브 전문가인 모린 실로Maureen Silo가 표준적인 자유주의 입장을 사실상 매우 반동적인 것으로, 그리고 진화적 사고를 진실로 자유주의적인 입장으로 탁월하게 드러냈음을 보라. J. 크리텐든의 『동종의 비전』에 있는 「의식의 정치학The Politics of Consciousness」을 참고하라.

11. G. 포이에르스타인Feuerstein의 『장 겝서의 의식구조와 켄 윌버의 스펙트럼 모델Jean Gebser's Structure of Consciousness and Ken Wilber's Spectrum Model』, 크리텐든 등의 『동종의 비전』 편집(근간)을 참고하라. 겝서의 고대 구조에 대한 나의 비평을 보려면 『성, 생태, 영성(2판)』(CW6), 14장의 주 17을 보라.

12. 콤즈Combs는 내가 『에덴에서 위로』에서 단계를 뛰어넘는 것을 묵인했다고 주장하는데, 이런 주장은 내가 각 시대를 절대적이 아니라 평균적으로 제시하였다는 사실을 간과하고 있다. 그리고 모든 단계에서 수많은 변성 상태(절정 경험들)가 가능하다는 사실도 간과하고 있다(본문과 주 12.14에서 이 두 견해를 설명하였다. CW2의 서문도 보라).

그 후 콤즈는 의식의 3차원적 모델을 제안하는데, 이는 많은 측면에서 나의 구조, 상태 그리고 영역의 3단계 모델과 뚜렷이 구별되지 않는 것이다. 콤즈는 이를 '구조, 상태 그리고 지평plane'이라 칭했다. 그는 자신의 모델은 이 세 가지 변수를 고려했고 나의 모델은 그렇지 않아서 나의 모델의 한계를 수정하기 위해 자신의 모델을 제시한다고 주장하고 있지만, 결국 여러 면에서 그는 나의 모델을 바꿔 말한 것일 뿐이다. 나는 콤즈가 나의 모델을 차용했다고 비난하는 것은 아니다. 나는 그가 대부분 독립적으로 자신의 모델을 구상했을 것이라고 믿는다. 내가 유감스럽게 생각하는 점은 내가 구조, 상태 그리고 영역을 다루지 않았다고 콤즈가 강력하게 주장하고 있다는 점이다. 이는 내 연구를 터무니없이 오해한 것이다.

콤즈가 제시한 3변수 모델이라는 특정 버전에 대해, 비록 그가 그것에 기울였던 관심은 인정하지만 거기에는 약간의 결함이 있다고 생각한다. 모든 것을 고려할 때 나는 그것이 반갑게도 이 분야를 넓혀 주었다고 생각한다.

그가 지적한 나의 한계부터 언급하자면, 나는 콤즈가 상태와 구조를 거꾸로 정의하여 상태와 구조에 대한 자신의 버전을 제시하고 있다고 생각한다. 주어진 상태(예를 들어, 약에 취한, 깨어 있는, 꿈꾸는)가 다수의 서로 다른 구조를 담을 수 있다는 점을 보지 않고(예를 들어, 깨어 있는 상태는 마술적, 신화적 그리고 이성적 구조를 담을 수 있다), 콤즈는 주어진 구조가 여러 상태를 유지한다고 말한다(이는 사실이 아니다. 예를 들어, 이성적 구조가 만취한 상태, 꿈의 상태, 명상적 상태를 항상 유지하지는 않는다).

상태와 구조에 대한 이러한 혼동으로 말미암아 그는 베단타와 대승불교도 와전시켰는데, 그것은 상태와 구조에 대한 혼동으로 인해 층/수준을 몸체/상태와 혼동할 수밖에 없었기 때문이다. 예를 들어, 6장에 있는 그의 표 1에서 베단타는 5수준과 이에 상응하는 5몸체를 말하고 있다고 제시하고 있지만, 실제로 베단타는 5수준과 3몸체를 말하고 있다. 이는 정묘체가 (꿈의 상태에 해당하는) 세 수준(혹은 구조)을 유지하기 때문인데, 나는 이에 대해 본문에서 설명하였다(1장을 보라). 다른 말로 표현하면, 콤즈는 한 구조가 많은 상태를 보유할 수 있다고(대부분은 그 반대이지만) 믿었기 때문에 베단타에서는 한 상태가 여러 수준/구조/층을 유지한다는 사실을 보지 못함으로써 3개 대신에 5개 몸체를 말하고 있다고 오해한 것이다. 예를 들어, "다음은 정묘체인데, 비즈나나마야 코샤vijnana-maya-kosha라 명명되고……" 라고 그는 말한다. 그러나 사실 정묘체는 숙시마샤리라sukshma-sharira라 부르며, 이는 비즈나나마야 코샤 vijnana-maya-kosha, 마노마야 코샤mano-maya-kosha, 프라마마야 코샤prana-maya-kosha를 유지한다. 간단히 말해서 세 가지 수준/구조가 한 상태/몸체에 의해 유지되고 있다. 정묘체는 꿈 상태와 바르도 상태의 매개체다. 따라서 한 상태는 다양한 수준, 구조 혹은 층을 유지할 수 있다는 것이 정확한 관점이며, 콤즈의 경우처럼 그 반대가 아니다.

이러한 혼동은 콤즈가 베단타를 삼신(법신, 보신, 화신)의 대승불교 체계와 비교하였을 때 확인된다. 그는 이렇게 말한다. "최상은 법신 혹은 위대한 질서의 몸body of the great order이다. 이 '몸'은 선험적 실재와 동일하며 베단타의 진아 수준에 해당하는 것으로 보인다. 두 번째는 보신 혹은 '기쁨의 몸body of delight' 으로 원인 수준, 베단타의 지복층과 비슷해 보인다. 세 번째 몸은 화신 혹은 '변용의 몸body of transformation' 인데, 이는 육체의 몸에 해당한다. 세 부분으로 된 이 체계를 베단타와 비교함으로써 몇 가지 수준 혹은 층이 빠져 있다는 사실이 드러난다(p. 125)." 그러나 실제로는 아무것도 빠지지 않았다. 콤즈는 또 다시 몸체/상태를 수준/구조와 혼동한 것이다. 최상의 요가 탄트라에 대한 논의가 분명히 밝히고 있는 것처럼(10장을 보라) 대승불교/금강불교 체계에는 9수준/구조의 의식(5가지 감각, 심의식心意識, 심心, 알라야식, 순수 알라야)이 있는데, 이 5가지 감각을 한 수준으로 취급하면 베단타와 마찬가지로 5가지 수준이 된다. 더욱이 붓다의 삼신은 거친, 정묘, 원인이라는 베단타의 세 몸체와 유사하며, 이들은 명백히 깨어 있는, 꿈꾸는, 그리고 깊은 잠의 상태와 각각 상관이 있다. 콤즈는 수준/구조를 상태/몸체와 또 다시 혼동하면서, 대승불교의 삼신을 베단타의 5수준과 비교하여 대승불교가 수준들을 '빠뜨렸다고' 생각한 것이다. 5수준과 5수준을, 그리고 3몸체와 3몸체를 비교하면 실제로는 수준/구조와 몸체/상태 두 가지 모두 서로 일치한다.

물론, 일관성만 있다면 누구나 자신이 바라는 방식으로 자유롭게 '상태'와 '구조'를 정의할 수 있고, 콤즈도 그렇게 할 수 있도록 상당한 주의를 기울여 왔다. 그래서 그는 아주 중요한 일부 문제들과 씨름하고 있으며, 나는 이를 아주 신선하게 느끼고 있다. 그러나 이런 일반적인 혼동이 늘 그의 모델을 따라다니고 있어서 나의 작업과 겝서, 오로빈도의 작업을 자신의 모델 속에서 다루면서 고전하고 있다는 것이 내 생각이다. 나의 모델에 대해서 말하자면, 그는 기본 구조와 기본 구조를 통해 전개되는 개별적인 발달 라인을 (그들의 세계관을 포함하여) 동일하게 보고 말았다. 그래서 겝서의 구조(그리고 그 세계관)를 나의 기본 구조로 축소시킴으로써 각 구조와 관련된 개별적 발달 라인을 구별하는 데 실패하고 말았다. 그리하여 콤즈는 마치 나의 '구조'가 겝서의 협소한 구조인 양 말하고 있는데, 나에게 '구조'는 모든 수준이나 라인에서의 안정된 유형을 지칭하는 용어다. 내가 하위 수준의 세계관을 사용(태고, 마술, 신화와 같은 세계관은 단지 겝서만이 아니라 피아제, 베르너, 컨버그, 노이만 등과 같은 학자의 이론에도 근거를 두고 있다)하면서 발달이 상위 수준으로 지속될 수 있다고 지적하였을 때 (정신의 그리고 정묘의 수준과 같이), 콤즈는 내가 겝서의 구조를 베단타의 국면과 똑같이 보고 있다는 잘못된 결론을 도출하였다. 하지만 거기에는 의식의 스펙트럼(자기의 수준/구조와 실재의 수준/구조)만이 있을 뿐이며 겝서는 하위에서 중간 수준 일부에 있는 몇 가지 라인만을 말하고 있을 뿐이다.

구조에 대한 겝서식의 협소한 버전에 '구조' 라는 용어를 붙이는 것(콤즈가 그 자신의 모델에서 그렇게 한 경향이 있다)이 의미하는 바는, 콤즈의 '구조' 는 겝서의 통합적 수준에 멈추고 있어서 그의 모델에는 진정으로 초개인적인 구조는 존재하지 않는다(그는 단지 상위 영역에 대한 상태만을 보여 주고 있다)고 할 수 있는데, 이로 인해 어떤 초개인 수준 혹은 층으로의 영속적인 구조적 발달을 설명할 수 없게 만들고 있다.

콤즈는 나의 '선형적' 모델이 서로 교차된 경험(정묘 상태의 신화적 수준의 경험과 같은)을 설명하고 있지 않기 때문에 이렇게 할 필요가 있다고 말하고 있다. 이는 내가 『사교적인 신』(1983)에서 바로 그 현상에 대해 언급하였던 광범위한 논의를 간과하고 있는 것이다. 이 책에서 나는 격자 모양의 윤곽을 그리고 있는데(본문에서 논의했던 것으로 태고, 마술, 신화 혹은 정신적 구조로서 해석되는 심령, 정묘, 원인, 비이원적 상태다), 이는 콤즈가 9장의 표 4에서 제시한 격자와 매우 유사하다. 두 차원 혹은 두 변수(구조와 상태)가 한 수준의 주체가 다른 수준(영역 혹은 국면)의 객체가 될 수 있다는 사실과 결합될 때 인식, 예술 등의 서로 다른 양식에서 일어나는 것처럼(주 1.3, 1.5, 1.9, 1.10, 8.1, 8.2, 8.39를 보라) 세 가지 주요한 독립변수(구조, 상태, 영역)들이 생긴다. 이는 1983년에 시작된 나의 2단계 모델의 일부다(이 세 변수들은 나의 3단계 모델과 4단계 모델에 그대로 남아 있다). 콤즈가 의식과 의식의 진화가 갖고 있는 수많은 측면을 설명하기 위해 세 가지 변수로 된 유사한 모델을 사용하고 있다는 사실에 나는 거의 개의치 않지만 그가 그것들을 결여한 채 내 모델을 그리고 있다는 사실이 안타깝다.

요컨대, 존재의 대둥지의 기본 구조, 지류, 상태, 자기, 영역/지평에 대한 연구는 다차원적 모델을 우리에게 제공함으로써 콤즈가 자신의 모델을 가정하게 만든 항목들을 이미 설명해 주고 있다. 동양적 체계에 대한 그의 빈번한 오해와 상태, 구조에 대한 혼동 없이도 말이다. 더욱이 나의 전체 모델은 이 모든 변수를 사상한의 맥락에서 구성하고 있으나(주 8.39를 보라), 『성, 생태, 영성(2판)』을 참고하고 있는데도 콤즈는 이를 완전히 무시하고 있는 것처럼 보인다.

그렇지만 콤즈는 자신의 접근법으로 아주 중요한 몇 가지 문제와 씨름하고 있음을 다시 한 번 밝히는 바이며, 나는 우리가 아주 공통된 입장을 갖고 있다고 믿는다. 그러나 그가 나의 연구를 포괄적으로 다루고 있지 않으므로 내 연구에 대한 그의 의견을 참조할 때는 신중을 기해야만 한다. 주 1.3, 1.5, 1.9, 1.10, 8.1, 8.2, 8.39를 보라.

13. 이러한 주제를 좀 더 충실히 논의하려면, 『영의 눈』 2장과 『성, 생태, 영성(2판)』(CW 6) 그리고 『모든 것의 역사』를 보라. 거시역사macrohistory에 대한 다양한 이론에 대해서는 갈퉁Galtung과 이나야툴라Inayatullah의 『거시역사와 거시역사가들 Macrohistory and Macrohistorians』을 보라.

14. 많은 비평가는 이렇게 구분(평균과 진보의 구분)하면 단계를 뛰어넘을 수 있다는 뜻이라고 주장한다(예를 들면, 만약 전반적인 단계들이 태고, 마술, 신화, 합리, 심

령, 정묘, 원인, 비이원적이라면 마술적 문화에 속한 일부 사람들이 어떻게 단계를 건너뛰지 않고 심령적 경험을 할 수 있는가). 이것은 문제가 되지 않는다는 여러 이유를 다시 한 번 들고 싶다. ① 평균적 양식이란 그저 평균일 뿐이다. 일정 수에 달한 사람들이 평균 이상 혹은 이하일 수 있다는 의미다. 하버마스는 심지어 수렵사회에서도 많은 사람이 형식적 조작 인지에 접근했다는 것을 믿었다고 본다. 더 나아가 많은 사람은 심령 수준과 같은 초개인 단계 초기에서 일어나는 후형식적 인지에 접근할 수 있었다고 보는데, 이런 사람은 물론 샤먼이었다(그러므로 단계를 건너뛴 것이 아니다)고 제안한 적이 있다. ② 상위의 구조적 발달 유형이 단계를 건너뛸 수 없다 할지라도, 가장 진보된 양식이 단계를 뛰어넘지 않고도 평균 이상의 수준에 도달할 수 있게 하는 두 가지 본질적인 메커니즘이 있다. 하나는 절정 경험의 존재다. 실제로 누구든, 또 어느 발달 단계에서든 다양한 형태의 초개인적 절정 경험(심령, 정묘, 원인, 비이원)에 접근할 수 있다. 샤먼의 여행이라는 형태는 심령/정묘 수준의 절정 경험이 실재한다는 사실을 강력하게 시사하고 있으며, 이들은 어떤 단계도 위반하지 않는다. ③ 만약 샤먼이 이런 절정 경험을 마음대로 지배할 수 있다면, 때때로 이런 일이 일어난다는 증거도 있지만 이것은 그저 임의적 혹은 자연 발생적–절정 경험이 아니라 정묘 라인에서 일어나는 발달의 증거다. 또한 이는 우리가 이미 가정한 바와 마찬가지로(9장을 보라) 거친 영역의 발달과 더불어 진행될 수 있다(비록, 거친 영역이 마술적 구조에 머물러 있다고 할지라도). 다시 한 번 말하지만 어떤 단계도 건너뛰지 않는 셈이다.

세 항목 중 하나 혹은 모두는 왜 단계들을 뛰어넘지 않는지를 설명해 준다. 그들은 앞서 가거나 (①에서처럼), 앞서 가면서 병행해서 일어나는 그 밖의 사건들도 함께 일어난다(②와 ③). 전면적 라인에서 도덕 단계 3에 있으면서 샤먼적/심령적 절정 경험(정묘 라인에서)을 하고 있는 어떤 샤먼(혹은 오늘날의 어느 개인)이 도덕적으로 더욱 발달하면 도덕 단계 4, 5, 그리고 더 앞으로 전진해야 할 것이다. 절정 경험이 아무리 심오하다 하더라도 그 체험이 전면적 단계를 건너뛰거나 지나친다는 증거는 없다(변성 상태가 전면적 단계가 전개되는 속도를 가속화시킬 수는 있지만 전면적 단계들이 변화된다는 증거는 없다. 이 주제에 대한 실질적인 연구를 보려면 『영의 눈』을 보라).

앞의 세 가지 설명 중 어느 것도 그런 사실을 침해하지 않는다. 그리고 어떤 라인에서든 건너뛸 수 있는 단계가 있다면 그것은 진정한 단계가 아니다. 한 라인에서 상위에 위치한 발달이 있거나 평행해서 진행되는 라인 혹은 상태들이 있다.

15. 주 12.14를 보라. 샤머니즘을 '엑스터시 기법'이라고 한 마르치아 엘리아데Mircea Eliade의 고전적 정의처럼 샤먼들은 육체적 무아경의 에너지bodily ecstatic energies에 관한 최초의 지도자였다. 그런 의미에서 초기의 요기들 또한 그렇다고 볼 수 있는데, 이들은 그런 에너지를 타고 상부와 하계 영역으로(거친 영역에서 심령 영역까지) 의식 상태를 바꾸었다.

조셉 캠벨Joseph Campbell은 『세계 신화학의 역사지도Historical Atlas of World Mythology』에서 최초의 샤먼 여행에서 아주 흔하게 일어났을 최초의 원시 쿤달리니 경험 중 하나를 제시하고 있다. "넘ntum이 활성화되는 최고의 행사는 무아지경의 춤이다. 춤추는 사람들의 끊임없이 돌아가는 격렬한 율동은 그 치유의 힘을 뜨겁게 하며…… 그들은 명치에서 이것을 물리적 물질로서 경험한다. 남성은 여성의 노래가 '그들의 심장을 깨우며', 종국에는 자신의 넘이 너무 뜨거워져서 끓게 된다고 말한다. '남성은 그것이 끓어올라 척추를 타고 머리로 분출하며, 이렇게 될 때 그들은 압도되면서 감각을 잃게 만든다.' 라고 말한다."

초기의 이런 요가적 무아경은 그 후 요가의 발달과 진화 과정에서 더욱 폭넓게 탐구되었다. 이러한 '넘 체험'에서 우리는 정묘 라인 발달상의 초기 단계(특히, 심령)에서 일어나는 예를 볼 수 있다고 나는 믿고 있다. 정묘 라인, 혹은 보신 영역 전체는 그 후에 나타난 요가의 길에 의해 더 심화되고 정밀해졌다. 그러나 샤먼적 여행은 분명히 초기 쿤달리니 심령 영역에서 일어나는 여행 계통에 속해 있다. 엘리아데의 『샤머니즘Shamanisam』, 월시의 『샤머니즘 정신The Spirit of Shmanism』, 하너Harner의 『샤먼의 길The Way of the Shaman』을 참고하라.

16. 『에덴으로부터 위로』을 보라. 샤먼적 무아경의 제어 요소는 뒤이어 나타나는 요가 수련으로 정교해지고 초월되며 포함된다(주 12.15를 보라). 샤먼적 기술은 심령계에 접근하는 데 그 자체로 매우 강력한 도구들이며, 현대에서 의식을 탐구한 많은 사람이 이런 기법이 그런 측면에서 유용하다는 사실을 발견하였다. 특히, 마이클 하너의 저작을 보라.

13 근대에서 탈근대로

1. 예술, 도덕, 과학을 구별하는 것은 나, 우리, 그것을 구별하는 일이다. 나와 우리를 구별하는 것은 개인이 집단, 국가, 군주국에 의해 침해받을 수 없는 권리와 자유를 가졌음을 의미한다. 이는 민주주의, 노예제도 철폐 그리고 페미니즘이 발흥하는 데 지대한 공헌을 하였다. 이 주제에 대해 충분히 논의하려면 『감각과 영혼의 만남』과 『모든 것의 역사』를 보라.

2. 더 자세한 설명을 보려면 『감각과 영혼의 만남』 9장을 보라. 또한 하이데거, 푸코, 데리다와 같은 탈근대 이론가들에 대한 비평적 논의를 보려면 『성, 생태, 영성(2판)』(CW6)을 참고하라.

3. 『성, 생태, 영성(2판)』(CW6), 4, 12, 13, 14장을 보라.

4. 과학의 진보에 대한 쿤 Kuhn의 입장에 대해서는 『감각과 영혼의 만남』을 보라. 존 설 John Searle이 그의 훌륭한 저서 『사회적 실재의 구성 The Construction of Social Reality』에서 이러한 극단적인 구성주의 접근을 '실재의 사회적 구성 the social construction of reality'의 정반대라고 반박하였던 것은 전혀 놀라운 일이 아니다. 그 아이디어는 문화적 실재는 그 실재가 바탕을 두고 있는 대응 진리 correspondence truth에 기초하여 구성된다는 것이며, 이것 없이는 그 어떤 구성도 전혀 이루어질 수 없다는 뜻이다. 다시 한 번 말하지만, 우리는 탈근대라는 부분적 진리, 즉 해석과 구성주의는 우주 전체의 중요한 구성 요소라는 진리를 받아들일 수 있지만, 이 진리가 극단적이 되어 그 외 상한들과 진리를 그런 식의 부분적 일별로 축소시키지 않기를 바란다.

5. 왜 근대철학 대부분이 언어의 철학인가? 그 이유는 계통 발생적 의식이 여러 가지 중요한 측면에서 초언어적으로 진행되어, 의식이 말의 영역을 자세히 들여다볼 수 있게 되었기 때문이다. 이런 일은 의식이 말 속에 매몰되어 있을 때는 불가능했다. 여기에 또한 아이러니가 있다. 따라서 대부분의 탈근대 철학은 대학에서 철학과가 아닌 문학과 언어학과에서 나왔는데, 이 점이 탈근대 철학의 신선함과 소박함을 설명해 주고 있다.

6. 계몽주의의 기본적인(그리고 평원적인) 개념에 따르면, 하나의 단어는 그것이 대상을 지시하거나 표상하기 때문에 의미를 갖는다. 그것은 순수하게 독백적이고 실증적인 일이다. 마찬가지로 분리된 주체는 분리된 객체(나무와 같은 것)를 바라보면서

감각적 대상을 표상하기 위해 한 단어를 선택한다. 이것이 모든 참된 지식의 기초라고 생각해 왔다. 심지어 복잡한 과학이론이라도 각 이론은 객관적인 영역을 표상하는 지도일 뿐이다. 대응correspondence이 정확하면 지도는 옳은 것이고, 부정확하면 틀린 것이다. 과학 그리고 모든 참된 지식이라고 믿었던 것은 정확한 지도를 올바르게 작성하고 정확하게 표상하는 일이었다. 비트겐슈타인이 표현한 것처럼 '우리는 경험적 세계의 그림을 그린다.' 만일 그림들이 잘 부합되면 우리는 진리를 획득한 것이다.

이것이 소위 표상 패러다임representation paradigm이다. 이는 또한 원론적 계몽주의 패러다임으로도 알려져 있는데, 이런 패러다임이 계몽주의 시대에 영향력을 행사했던 대부분의 철학자들이 공유하고 있었던 지식에 대한 일반 이론이었기 때문이다. 근대철학은 대체로 '표상적'이며, 이는 세계에 대한 바른 표상을 형성하려고 노력한다는 것을 의미한다. 이 표상적 관점을 '자연의 거울mirror of nature'이라고도 부른다. 거울의 궁극적 실재는 감각적 자연이 되고 철학의 일은 이러한 실재를 바르게 그리거나 거울처럼 비추는 것이라고 일반적으로 믿어 왔다.

문제는 표상의 존재성 혹은 유용성에 있지 않다. 표상적 지식은 다양한 목적을 위해 존재하는 완벽하고 적절한 지식의 형태다. 오히려 문제는 모든 지식을 근대의 재앙을 구성했던 경험적 표상으로 환원시키려 했던 공격적이고 난폭한 시도에 있었다. 초논리적인 영과 대화적 마음을 독백적이고 감각적인 지식으로 환원시킨 일, 온 우주를 사상한의 우측 사건을 표상하는 것에 불과하다고 붕괴시킨 것에 문제가 있었다.

소쉬르는 자신의 초기 구조주의에서 지식의 경험적 이론에 대해 최초로 그리고 가장 정확하고 혹독하게 비판하였던 사람에 속하는데, 그는 지식에 관한 경험적 이론은 '나무껍질'과 같은 단순한 말조차 설명할 수 없다고 지적하였다. 의미는 객관적인 지시에서 나오는 것이 아니라 전혀 객관적으로 지시될 수 없는 그 자체의 상호 주관적 구조에서 나온다. 그리고 어떠한 객관적인 표상도 이런 상호 주관성 없이는 존재하지도 않고 존재할 수도 없다. 그러므로 지식에 대한 모든 탈근대 이론은 탈표상적이다. 그들은 또한 형식적 조작보다는 비전-논리에 더욱 의존하므로 대부분 후형식적이다. 그러므로 탈근대, 탈표상, 후형식적이 된다.

7. 편의상 『감각과 영혼의 만남』(9장)에서 제시된 요약을 소개하고자 한다.

탈근대 탈구조주의자들은 심오하면서도 필수적인 수많은 개념을 이런 식으로 취했고, 사실 이 개념을 극단으로 몰고 가서 쓸모없게 만들어 버렸다. 그들은 개별적인 의도성을 배경적인 문화적 맥락 속에 두지 못했고, 개별적인 주체를 모두 지워 버리려고 하였다. '인간의 죽음', '작가의 죽음', '주체의 죽음', 이 모든 것은 주체(좌상상한)를 상호 주관적 구조(좌하상한)만으로 환원시키려는 적나라한 시도였다. 역사의 작인으로서 '언어'가 '인간'을 대신해 버린 것이다. 지금 말하고 있는 것은 주체인 내가 아니라 나를 통해 말하고 있는 비인격적인 언어와 언어의 구조일 뿐이라는 것이다.

무수히 많은 예 중 푸코의 예를 들면, 그는 "라캉의 중요성은 주체가 아니라 구조가, 언어라는 바로 그 시스템이 환자의 담화와 신경증이라는 증상을 통해 말하고 있음을 보여 주었다는 사실에 있다."라고 주장하였다. 다른 말로 하면, 좌상상한은 좌하상한으로, 즉 푸코의 유명한 선언인 '주체 없는 익명의 체계'로 환원된 것이다. 그리하여 나, 미셸 푸코는 이런 글을 쓰고 있지도 않고 이 글에 대해서도 우선적인 책임이 없다. 실제로 언어가 모든 일을 하는 것이다(설령, 존재하지도 않는 작가에게 지불된 저작권료를 나, 미셸 푸코가 받는 것을 막지 못한다 할지라도 말이다).

간단히 말해서 개개의 '나'가 항상 배경인 '우리'에 속해 있다는 사실은 '나'가 전혀 없고 어디에든 넘치는 '우리'만 있다는, 즉 개별적인 주체가 아니라 상호 주관적이고 언어적인 구조들의 방대한 네트워크만 있다는 개념으로 오해되었다(불교도에게 이것은 결코 아나타anatta 혹은 무아no-self의 개념이 될 수 없는데, 왜냐하면 '나'가 공으로 대체된 것이 아니라 '우리'라는 한정된 언어적 구조로 대체되어 실제로는 문제가 초월되는 것이 아니라 오히려 가중되기 때문이다).

푸코는 결국 자신의 초기 입장이 지닌 극단주의를 거부하였으며, 극단적 탈근대주의자들은 이를 고의로 무시하였다. 탈근대 전기 작가들이 애초에 존재하지도 않았을 주체들에 대한 전기를 쓰기 시작하여 음식이 없는 저녁을 먹는 것과 같은 흥미로운 책들을 써내는 일은 보기에도 딱한 광경이 아닐 수 없었다.

소쉬르에게 기표와 기의는 하나의 통합된 단위(홀론)였다. 그러나 탈근대의 탈구조주의자들은—그리고 이것은 그들을 가장 잘 정의해 주는 동향 중 하나인데—오직 기표들만으로 된 연환사슬sliding chain에 대해서만 강조하려고 함으로써 이런 통일성을 깨뜨려 버렸다. 기표들, 구체적 혹은 문자로 쓰인 기호들에게만 독점적인 우선권이 부여되었다. 기표들은 그 기의들과 지시 대상들 다로부터 단절되었다. 따라서 연환하는 혹은 '자유로이 부유하는' 기표들의 이러한 사슬은 권력, 편견 혹은 이념에 정박하게 되었다(우리는 이러한 탈근대의 특성을 극단적 구성주의에서 보게 된다. 기표들은 외부의 어떤 진리나 실재에도 정박하지 않고 모든 실재를 창조하거나 구성할 뿐이다. 이것이 사실이라면 그 자체도 사실일 수 없다).

기표들의 연환사슬은 핵심적인 탈근대 후기구조주의자들의 동향이다. 이는 그것이 부분적으로 구성할 뿐 아니라 부분적으로 표상하는 언어적 기호들의 네트워크와 같은 구조에 대한 소쉬르의 통찰에서 시작하기 때문에 후기 구조적postSTRUCTUAL이라 할 수 있다. 또한 이는 후기 구조적POSTstructual이기도 하다. 기표들이 모든 닻에서 끊어져 떨어져 나오기 때문에 아무런 객관적 진리도 없다(단지 해석만이 있을 뿐). 따라서 극단적인 탈근대주의자들에 따르면 기표들은 단지 권력, 편견, 이념, 성, 인종, 식민주의, 인종주의와 같은 것들에 바탕을 두게 된다(이는 이 이론 자체가 권력, 편견과 같은 것에 고착되어 있음에 틀림없다는 수행 모순율perfomative contradiction이다. 이 경우 자신이 경멸했던 이론가들만큼이나 스스로 타락한 셈이 된다). 다시 한 번 언급하지만, 이것은 극단이 된 중요한 진리가 스스로를 해체시켰다고 말할 수 있다. 영역들의 풍부한 구조를 망가뜨리는 환원주의, 하나를 다른 것으로 환원시키는 환원주의를 범하지 않으면서 우리는 좌상상한과 좌하상한의 모든 진리를 포함시키기를 원한다. 우리는 의식의 한 변형이 아닌 의식의 끝없는 홀론적 본성을 강조하기를 바라는 바다.

8. 『해체주의에 대하여On Deconstruction』, p. 215.

9. 테일러의 『자기의 원천Source of the Self』과 『헤겔Hegel』을 보라.

10. 이런 이유로 일반적인 탈근대 분위기가 시작된 시기를 정할 수 있는 한 가지 방법은 위대한 관념론자들의 출현을 들 수 있다(정확히 데리다Derrida가 그런 일을 했다는 사실에 주목하자. 그는, 헤겔이 구시대의 마지막 인물 혹은 신시대의 최초 인물이라고 하였다).

11. 탈근대의 계보를 따르는 것은 내면과 해석을 재소개하는 시도를 따르는 것으로, 일련의 반전을 거쳐 그 본래 목적을 모두 부인하는 일로 끝을 맺었다. 우리는 탈근대가 온 우주에 대한 해석, 깊이 그리고 내면을 다시 소개하는 일로 시작했음을 보았다. 세계는 의식에 반사되는 것이 아니라 의식과 함께 창조된다. 세계는 지각일 뿐 아니라 해석이기도 하다. 해석을 이렇게 강조하는 것은 결국 텍스트 이외에는 아무것도 없다는 극단으로 치달았으며, 탈근대의 각본에서 객관적인 진리를 모두 제거해 버렸다. 진리가 일단 의심을 받자, 마침내 어떤 것도 판단할 길이 없어졌으며, 내면 영역은 철저히 와해되어 주관적인 선호가 되고 말았다. 전체적으로 깊이가 와해되어 내면적인 것도 없고 심오한 것도 없는 표면과 비조망적 광기가 되고 말았으며, 극단적 탈근대는 평원이라는 강한 중력장으로 떨어지고 말았다. 해체주의 탈근대 계보는 절망, 허무주의 그리고 자기도취의 계보다. 『부메리티스Boomeritis』와 CW7의 서문에서 탐구했던 이유로 인해 구성주의 탈근대의 빛나는 전망은 크게 탈선하고 말았다. 구성주의 탈근대의 예를 보려면, 데이빗 레이 그리핀David Ray Griffin(SUNY Press)이 편집한 훌륭한 탈근대 명시선집anthology 시리즈를 보라. 내가 제시하고 있는 통합심리학은 구성주의 탈근대 정신에서 나온 것이다.

12. 이 주제를 충분히 토론하려면 『성, 생태, 영성(2판)』(CW6)를 보라.

14 의식연구의 1-2-3

1. N. 험프리Humphrey의 『회복된 의식Consciousness Regained』, K. 재권Jaegwon의 『병발과 마음Supervenience and the Mind』, M. 레빈Levin의 『형이상학과 심신문제Metaphysics and the Mind-Body Problem』, G. 메델Madell의 『마음과 유물론Mind and Materialism』, M. 맥긴McGinn의 『의식의 문제The Problem of Consciousness』, T. 네이글Nagel의 『인간의 질문Mortal Questions』과 『입장 없는 견해The View from Nowhere』, G. 스트로슨Strawson의 『심적 실재Mental Reality』, R. 스윈번Swinburne의 『영혼의 진화The Evolution of the Soul』, A. 화이트헤드Whitehead의 『과정과 실재Process and Reality』, S. 브로드Braude의 『1인칭 복수First Person Plural』, C. 버치Birch의 『감정들Feelings』, K. 캠벨Campbell의 『신체와 마음Body and Mind』, 폴 처치랜드Paul Churchland의 『물질과 의식Matter and Consciousness』, D. 데넷Dennett의 『의식의 설명Consciousness Explained』, R. 펜로

즈Penrose의 『제왕의 새로운 마음The Emperor's New Mind』, 포퍼Popper와 에클스Eccles의 『자기와 뇌The Self and Its Brain』, D. 그리핀Griffin의 『세계 매듭을 풀다Unsnarling the World-Knot』, W. 로빈스Robins의 『뇌와 인간Brains and People』, W. 시거Seager의 『의식의 형이상학 Metaphysics of Consciousness』, R. 스페리Sperry의 『과학과 도덕Science and Moral Priority』, J. 설Searle의 『마음의 재발견The Rediscovery of the Mind』과 『마음, 언어, 사회Mind, Language, and Society』, W. 하트Hart의 『영혼의 엔진The Engines of the Soul』, C. 하트숀Hartshorne의 『화이트헤드 철학Whitehead's Philosophy』, O. 플레니건Flannagan의 『의식의 재고Consciousness Reconsidered』, R. 포먼Forman의 『순수의식의 문제The Problem of Pure Consciousness』, G. 에델만Edelman의 『밝은 공기, 밝은 불Bright Air, Brilliant Fire』과 『기억된 현재The Remembered Present』, J. 에클즈Eccles의 『자기가 뇌를 조절하는 방법How the Self Controls Its Brain』, 가자니가Gazzaniga의 『인지 신경과학The Cognitive Neuroscience』, 페트리샤 처치랜드Patricia Churchland의 『신경생리학Neurophilosophy』, S. 핑커Pinker의 『마음의 작동원리How the Mind Works』, 바즈Baars의 『의식의 무대에서In The Theater of Consciousness』, 헌트Hunt의 『의식의 성질에 대하여On the Nature of Consciousness』, 스콧Scott의 『마음으로 가는 계단Stairway to the Mind』, 디콘Deacon의 『상징적 종The Symbolic Species』, 핑거Finger의 『신경과학의 기원Origins of Neuroscience』, 사이토윅Cytowic의 『신경심리학의 신경학적 측면The Neurological Side of Neuropsychology』, 스틸링스Stillings 등의 『인지과학Cognitive Science』, 카펜터Carpenter의 『신경생리학Neurophysiology』, 바렐라Varela 등의 『의식과학을 향하여Toward a Science of Consciousness』, 웨이드Wade 등의 『마음의 변화Changes of Mind』, 블록Block 등의 『의식의 성질The Nature of Consciousness』, 러플린Laughlin 등의 『뇌, 상징, 경험Brain, Symbol, and Experience』, 윌버Wilber의 '의식의 통합이론An Integral Theory of Consciousness', 『의식연구 저널Journal of Consciousness Studies, 4』, I(1997), pp. 7-93(또한 CW7)를 보라.

2. 『신체와 마음 Body and Mind』, p. 131.

3. 현 상태에서 이러한 논의를 훌륭하게 요약한 자료로 그리핀Griffin의 『세계 매듭을 풀다Unsnarling the World-Knot』를 참고하라. '근대의 주요 딜레마', 즉 주관적인 자기(의식)와 객관적 세계(자연)의 관계를 논의하려면 『성, 생태, 영성(2판)』(CW6), 특히 4장, 12장, 13장을 보라.

4. 『정신적 실재Mental Reality』, p. 81.

5. 『마음의 재발견 The Rediscovery of the Mind』, p. 30.

6. 그리핀의 『세계 매듭을 풀다』, p. 4에서 인용한 「병발과 마음Supervenience and Mind」을 보라.

7. 『인간의 질문Mortal Questions』, p. 176.

8. 『의식의 문제The Problem of Consciousness』, pp. 1-7.

9. 『마음과 유물론Mind and Materialism』, 그리핀의 『세계 매듭을 풀다』 p. 3에서 인용.

10. 『시계와 구름에 대하여 Of Clocks and Clouds』, 그리핀의 『세계 매듭을 풀다』, p. 3에서 인용.

11. 『자아와 뇌The Self and Its Brain』, p. 105.

12. 주 15를 보라.

13. 주체와 객체가 근원적인 실재의 두 측면이라고 말하는 것은 근원적인 실재가 무엇인가라는 논점을 회피하는 일이다. 왜냐하면 실재가 '주관적'이고 '객관적'인 것의 결합이 아니라고 말할 수는 없기 때문이다. 이 세 번째 실재, 근본적인 실재는 주관적이고 객관적인 특성을 갖기도 하지만 갖지 않기도 하다. 만약, 갖고 있다면 그것은 참으로 근원적이지 않을 것이다. 그러나 갖고 있지 않다면 그것은 진정으로 통합된 것이 아닐 것이다. 비이원적 철학자이면서 현자였던 나가르주나를 비롯한 몇몇 사람은 마음-신체의 문제는 합리적 수준에서 풀 수 없다고 단호하게 주장하였다. 이 주제를 충분히 논의하려면 『영의 눈』 3장을 참고하라.

14. 『영의 눈』 3장을 참고하라.

15. 더욱 구체적으로 말해서, 마음-신체 문제에는 다음과 같은 세 가지 딜레마가 있다. 첫째, 어떻게 마음Mind(내면)과 신체Body(뇌를 포함한 외면)를 관련시킬 것인가. 둘째, 어떻게 마음(내부의 개념적 의식)과 신체(내부의 감정)를 관련시킬 것인가. 셋째, 어떻게 마음과 신체(주체와 객체)의 최종적 관계를 볼 수 있는가. 내 생각에는 이 세 항목을 다음과 같은 형태로 각 접근할 수 있다. 첫째, 모든 외면은 내면을 가지고 있음을 인정한다([그림 5-1]에서처럼). 이것은 마음과 신체를 묶어 준다. 둘째, 의식발달의 내면적 단계가 있음을 인정한다([그림 5-1]에서처럼). 이것이 마음

과 신체를 묶어 준다. 셋째, 상위 수준의 의식발달이 있음을 인정한다. 이는 마음과 신체를 최종적으로 통합한다(따라서 모든 형태의 이원론을 예방한다). 이를 정리해 보면 다음과 같다.

첫째, 내면(의식)과 외면(물질)의 관계에 대한 문제는 항상 다음과 같이 진술할 수 있다. 우주의 기본적인 단위들(쿼크, 원자, 스트링과 같은)은 내면이 없는 실체로 구성되어 있는데, 마음은 내면을 갖고 있다. 후자는 전자에서 진화되었다고 본다면, 어떻게 외면에서 내면을 얻을 수 있는가? 이것이 불가능해 보이므로 우리는 내면의 인과적 실재(물리주의)를 모두 부인하든가 존재의 기적(이원성)을 긍정적으로 가정해야만 한다. 여기에서 어떤 점에서는 완전히 새로운 형태의 본체substance(내면)가 존재로 뛰어들게 된다. 신이 여전히 존재했던 근대 초기에는 이원성은 인기 있는 해결책이었는데, 이는 신에게 이 기적을 요청할 수 있었기 때문이었다. 이런 기적과 기적으로 보이는 것이 오늘날의 세계에서는 불가능하다는 점 때문에 대부분의 철학자들은 물리주의로 피신하였다.

내가 보기에, 내면과 외면의 정확한 관계가 후이성적 발달 단계에서만 드러난다고 할지라도(비이원적 파동), [그림 5-1]에서 제시한 것처럼 모든 내면에는 외면이 있고 그 역도 성립한다는 것을 합리적으로 이해할 수 있다. 만약 내면과 외면이 실제로 서로 함께 발생한다면 기적 같은 것은 요구되지 않는다. 나는 곧 이에 대해 논의할 것이다(비이원적 단계가 드러나도 그 단계는 실로 영을 포함하고 있지만 그 방식은 매우 일상적이고 현실적이다. "이 얼마나 큰 기적인가! 내가 물을 길어 올리고 땔감을 나른다." 여기에서 초자연적인 기적이 요구되는 경우는 결코 없다).

이 부분에 대한 해결책(모든 외부는 내부를 갖는다)은 일종의 범심론panpsychism과 관련되는 것 같은데, 그 밖에도『성, 생태, 영성(2판)』(4장의 주 13, 25)에서 설명한 것처럼 모든 주요한 형태의 범심론은 '내면'을 특별한 형태의 내부(감정, 자각, 영혼과 같은)와 동등한 것으로 취급한 후에는 그 형태를 기본적인 우주의 단위까지(쿼크, 원자, 스트링 혹은 그 어떤 것으로) 밀고 가려고 한다. 나는 그럴 필요가 없다고 생각한다. 내 생각에 넓은 의미에서의 의식은 궁극적으로 그 성질을 결정할 수 없기 때문에(공), 비록 우주의 단위까지 내면을 밀고 갈 수는 있겠지만 특정 유형의 내면이 될 경우에는 그럴 수 없다. 나는 범내면주의자pan-interiorist이지, 범경험주의자pan-experientailist, 범정신주의자pan-mentalist, 범감정주의자pan-feelinglist 혹은 범영혼주의자 pan-soulist는 아니다. 내부의 형태는 발달적으로 전개된다. 애매한 뭔가로부터(다음을 보라) 파지, 감각, 지각, 충동, 심상, 개념, 법칙, 합리성 등으로 진행되는데, 이들 중 어느 하나도 계속 특정한 형태로만 진행되지 않는다. 대부분의 범심론 학파들은 감정 혹은 영혼과 같이 한 가지 내면을 선택하여 모든 실체가 그것을 갖고 있다(원자가 감정을 가지며, 세포가 영혼을 가진다)고 주장하는데, 나는 이 의견을 절대로 거부한다. 세포는 내부를 갖고 있지만 그 형태는 원형질적인 자극 감수성이다([그림 5-1] 참조). 양자역학에 따르면 전자electrons는 '존재 성향'을 지니지만, 그 어떤 것도 '마음', '감정' 혹은 '영혼'이라고는 할 수 없으며, 이보다는 차라리 매우 초기의 어떤 내면의 형태라고 할 수 있다.

매우 일반적 의미에서 나는 '파지prehension'를 내면의 아주 초기 형태로 그려 볼 수 있겠다는 화이트헤드, 하르트숀 Hartshorne, 그리핀의 생각을 받아들이지만(내면과 외면이 상호 발생하므로, 모든 내면은 어떤 점에서 외면을 접촉, 즉 파지하고 있다), 그런 파지를 감정 혹은 정서와 같은 것으로 설명한다면 과장된 것이라고 생각한다. 이것은 또한 내가 사상한을 제시할 때 독자들이 내면을 자신들이 원하는 만큼 자유롭게 아래까지 밀고 갈 수 있다고 말하는 이유이기도 하다. 내면은 궁극적으로 그 성질을 설명할 수 없기 때문에(내 생각에는 기본적으로 모든 내면은 출구로, 이를 통해 그에 상응하는 외면이 발생한다. 『성, 생태, 영성(2판)』, 4장의 주 13, 25를 보라), 그리고 내면과 외면의 관계는 결국 후이성적 자각에서 드러나므로(항목 3을 보라), 나는 내면이 미세 수준에 이르기까지 계속 존재한다고 주장함으로써(나는 그렇다고 믿지만) 마음-신체 문제를 풀고 싶지는 않다. 마지막 해결책은 전혀 다른 곳에 있다(항목 3을 보라). 나는 오히려 왜 인간 수준에 이르면 사상한이 존재하게 된다는 것을 믿는지 독자들에게 전달하는 일에 더욱 흥미를 느낀다. 이는 내 생각에 가장 시급하게 요청되는 것은 인간 수준에서 3대 가치를 통합하는 일이기 때문이다(그리고 그 통합은 결국 모든 수준에서 마음-신체 문제를 풀 수 있도록 도울 것이다).

파지에 대한 화이트헤드의 견해에서 내가 우려하는 바는 그의 견해가 주로 독백적이라는 데 있다. 주체인 나는 주체에 바로 앞선 것을 객체 혹은 그것으로서 파지한다. 다음으로 각각의 나는 그것의 흐름으로 변해서 새로운 나를 형성한다. '새로운 나'가 '낡은 나'를 파지함에 따라 나는 그것이 된다. 나는 이런 식의 주체/객체의 흐름을 부분적으로는 사실이라고 믿고, 파지의 단계에 대한 화이트헤드의 분석은 철학에 크게 공헌하고 있다고 생각한다. 그러나 화이트헤드는 인간의 경험부터 경험의 원소atoms of experience까지 논하면서(이것은 정당하다고 믿는데) 인간 경험에 대한 올바른 관점으로 시작하지 않았기 때문에 존재의 원소the atoms of existence에 잘못된 유형의 실재를 도입하였다. 인간의 경험은 독백적 객체를 파지하는 독백적 주체가 아니며, 사실상 사상한의 모습으로 일어난다. 모든 주체는 상호 주관적 공간에서만 발생한다(탈근대의 본질). 다른 말로 하면, 물질의 경험은 사상한의 홀론들이지 독백자의 홀론이 아니다. 내가 『영의 눈』(10장의 주 11)에서 주장한 것처럼 화이트헤드는 평원의 시각을 취해서 그 시각을 모든 경험의 예로 만들어 버렸다.

화이트헤드주의자들 대부분은 그들의 실제 입장이 관계적 그리고 생태학적이라고 지적하면서 내가 그들 관점의 특징을 독백적이라고 지적한 점에 대해 반박하고 있다. 그러나 생태학은 독백적이다. 그리고 시스템 이론 역시 독백적인 관계 과정의 관점을 보여 준 완벽한 예다. 왜냐하면 주체가 자신의 객체를 파지하는 것만은 아니기 때문이다. 상호 주관성은 차라리 주체가 자신의 객체를 파지하는 공간이다. 우리란 객관적 파지가 아니라 주관적 구성 요소로서 나의 본래적 부분이다. 내가 드러나는 우리라는 공간은 단순히 나의 객체가 아니라 그 안에서 내가 나타나 그 객체들을 파지하는 배경 공간이다. 그러므로 그 공간은 객체의 파지가 아니라 주체적 요소로서 최초로 나에게 들어온다(이 부분의 상호 주관성은 따라서 '한때 주체였던 객체' 가 아니다. 이는 보통 화이트헤드주의자들이 인과관계를 지각으로 재작업한 것으로, 내 생각에는 참으로 관계적, 과정적, 생태학적 그리고 독백적이다. 부분적으로는 옳지만, 그들은 사상한 전체의 환원될 수 없는 실재를 충분히 표현하지는 못하고 있다).

데이빗 레이 그리핀의 『세계 매듭을 풀다』는 그가 제안한 해결책인 범경험주의적 물리주의panexperientialistic physicalism(화이트헤드와 하트숀에 기초한)와 함께 화이트헤드의 관점을 제일 잘 해설한 저서다. 이 미주에 있는 항목 1과 3을 제외하고는 그의 발표에 대해 나는 상당수 동의하는 바다(나는 내면을 감정과 동일하게 보지 않는다. 그리고 나는 외면에 대한 내면의 관계가 결국에는 초이성적인 비이원적 자각에서 드러난다고 믿고 있다. 그리핀과 화이트헤드가 제안한 것처럼 생각할 수는 없다). 나는 그리핀이 말한 '느낌feeling' (가장 기본적인 감각인 파지)의 의미를 알고 있다고 믿는다. 그러나 '느낌' 혹은 '경험'이라는 단어를 시종일관 깊은 수준까지 밀고 가기에는 '너무 크다'. 또한 내가 이미 말했듯이 인간의 경험이나 우주의 기본 단위들이 독백적이라고 믿지 않는다(그리핀 자신도 역시 믿지 않는다고 내게 말했다. 이 주제를 갖고 우리가 서로 의견을 교환한 것을 보려면 CW8의 서문을 보라).

사소한 점 한 가지를 지적해 보자. 내 생각으로는 복합적 개체성compound individuality에 대한 그리핀의 노선은 완벽한 것 같지 않다. 그리핀과 화이트헤드의 견해는 물론 '창발하는 복합개체의 계층구조'(홀론의 홀라키)다. 그러나 그리핀은 원자에서 거대 분자, 세포기관, 세포, 뉴런(신경단위), 마음으로 전개하는 진화적 계통을 구상하고 있는 것처럼 보인다. 뉴런은 마음 다음으로 '최상위 수준의 지속적인 개체'며, 마음은 수십 억 뉴런의 파지적 경험이다. 내 생각에 이것은 너무 지나친 비약이다. 이와 관련하여 [그림 5-1]에 더욱 정확한 견해를 표현하였다. 뉴런에 상응하는 내면은 감각이다. 파충류 뇌간을 가진 유기체는 실로 복합적인 개체(홀론)로서 그 내면은 충동이다. 변연계를 가진 유기체는 실로 복합적인 개체로서 그 내면은 정서다. 복잡한 신피질을 가진 유기체는 실로 복합적인 개체로서 그 내면은 개념적 마음이다. 각 수준에서 내면은 그에 상응하는 외면을 파지할 뿐 아니라 자신들의 과거를 파지한다(나는 그리핀도 이에 동의할 것이라고 믿고 있다). 이것이 마음-신체(내부-외부) 상호 작용뿐 아니라 내부의 인과관계, 내부의 유전성, 그리고 마음-신체 상호 작용을 설명하고 있는 것 같다.

그러므로 내 생각에 그리핀은 뉴런에서 마음으로 너무 성급하게 비약하고 말았다. 그는 파충류의 뇌간과 변연계는 복합적인 개체가 아니라 유기적 구조의 집합체일 뿐이기 때문에 뉴런이 마음에 앞서 나타나는 가장 상위의 지속적 개체라고 말하였는데, 나는 이 점을 논박하고 싶다. 예를 들어, 말의 변연계는 피부라는 경계에 의해 집합체에서 개체로 변화된 고도로 조직화된 체계다(그것은 진핵세포의 세포막과 유사하다. 만약 후자가 복합개체라면 전자 또한 그렇다). 변연계라는 복합개체가 다시 신피질 복합개체에 합쳐지는데, 이들은 외면과 내면이라는 서로 분리된 수준이 된다([그림 5-1] 참조). 그리하여 뉴런에서 마음으로 비약한 그리핀의 입장은 일반적이지 않다. 많은 철학자가 뉴런에서 이성적 의식으로 곧장 가는 것이 얼마나 힘든지를 잘 알고 있다. 그러나 우리는 엄청나게(그리고 어리둥절하게) 한 번

비약하는 대신에 여러 번 작은 도약을 한다. 뉴런으로부터 신경축색, 파충류의 뇌간, 고대 포유류의 변연계, 신피질로 비약하는데, 이것이 더 쉬워 보인다(각각에 상응하는 내면의 발달이 감각에서 지각, 충동, 정서, 심상, 개념, 규칙, 합리성으로 진행하는 것처럼). 그리고 이들 각각은 홀론, 즉 진정한 복합개체다.

기본적인 단위(쿼크, 원자, 스트링)는 내면을 갖고 있지 않다는 생각을 지지하는데 종종 물리학의 세계관을 이용한다. 나는 범경험주의자들과 마찬가지로 원자가 감정을 가져야만 한다는 입장보다는 외면은 내면 없이는 아무런 의미를 갖지 못한다는 것과 원자가 외면을 갖는다면, 그것들은 틀림없이 내부를 가진다는 점을 논하고자 한다. 물리적 대상 간에, 즉 한 원자와 다른 원자 간이라는 경계가 존재하는 곳이면 어디나 그 원자들은 외면을 가지며, 외면이 있는 곳이면 어디나 내면이 있다. 하나 없이는 다른 하나가 있을 수 없다. 내부와 외부는 우주의 첫 경계와 함께 나타나고 이 둘은 함께 일어나며 서로를 결정하는데, 그 결과 내면과 외면이라는 양자가 사상한의 깊이를 시종일관 함께 내려간다(내려간다는 말이 어떤 의미가 있는 한). 물리적 우주가 외면만 있고 내면은 없다고 말하는 것은 세계가 상승만 있고 하강하지는 않는다고 말하는 것처럼 전혀 이치에 닿지 않는다. 내부와 외부는 늘 함께 나타난다. 그리고 내면은 하강이라는 말이 어떤 식으로든 의미를 갖고 있는 한 계속 아래로 내려간다.

내부는 매우 낮은 수준에서는 큰 의미를 갖지 않는다. 외부 또한 별로 의미가 없기 때문이다. 실제로 양자역학이 묘사한 실재를 고찰해 본 적이 있는가? 존재의 하위 수준에서는 내부와 외부 모두 의미가 없어진다. 그들은 마음도 없지만 물질도 없는 원초적인 혼동으로 용해된다. 그리고 외부가 모습을 갖추면 내부도 모습을 갖추게 된다. 그들은 나타날 때마다 함께 나타난다. 모든 좌측은 우측을, 그리고 모든 우측은 좌측을 갖는다.

복합개체(즉, 홀론)로서 알려진 실체만이 독특한 내면을 소유한다는 라이프니츠/화이트헤드/하르트숀/그리핀에게 전적으로 동의하는 바다. 홀론은 단지 더미 heaps나 집합체와는 다르다. 홀론은 실제상의 총체(동일시되는 유형, 작인, 제도 같은)를 갖고 있다. 개별적 홀론은 쿼크, 전자, 원자, 세포, 유기체와 같은 것을 말하며([그림 5-1]에서 본 바와 같이), 그 내면은 파지, 성향, 자극 감수성, 감각, 향성, 지각, 충동, 심상과 같은 것들이다([그림 5-1] 참조). 반면에 더미는 우연히 함께 던져진 홀론들이다(예를 들면, 모래 퇴적). 홀론들은 작인과 내면을 갖지만(모든 전체는 부분이기도 하므로 모든 홀론은 내부와 외부를 갖는다) 더미는 그렇지 않다. 사회적 홀론은 둘 사이에 있다. 사회적 홀론은 더미 이상이다. 이 점에서 사회적 홀론의 개체들은 관계적 교환의 유형에 의해 결합되지만, 체제의 견고함이라는 면에서는 개별적 홀론보다 그 정도가 덜하다. 어떤 발달 단계에서도 사회적 홀론에는 자기 자각의 여지가 없다(반면에 상위 수준의 개별 홀론은 점차 의식하게 되는 내면을 갖게 되어 인간이라는 복합개체의 수준에서는 개별적으로 자기 자각이 가능해지지만 사회적 수준에서는 그렇지 않다. 사상한의 위에 위치한 두 상한 개별 홀론이며, 아래에 위치한 두 상한은 사회적 홀론다. 복합개체를 폭넓게 논의하려면 『에덴으로부터 위로』와 『성, 생태, 영성(2판)』을 보라).

'내부'는 모든 외부와 상호적 관계에 있다는 이해와 함께(그것은 내면의 유형인 감정, 영혼, 자의식 같은 것을 의미하지 않는다) 이렇게 간단히 구분하는 일은〔홀론은 내면을 갖고, 더미는 그렇지 않다(더미에 있을 수 있는 어떤 홀론은 제외하고)〕 범내면주의를 수용할 수 있게 만드는 데 큰 효과가 있다. 보통의 범심론panpsychism 관점(화이트헤드와 그리핀을 제외하고)에서는 바위도 감정이나 심지어 영혼까지 갖고 있는데, 이런 관점은 이치에 닿지 않는다(이런 관점은 사실 비이원적이 아닌 마술적-물활론적인 발달 수준에서 일어나는 신념이다). 더미로서 바위는 내면을 갖고 있지 않다(바위의 내부는 있으나 그 내부는 더 많은 외면일 뿐이다). 그렇지만 바위는 홀론인 원자를 담고 있으며, 이 홀론은 가장 낮은 형태의 내면을 갖는다(시간에 걸쳐 지속되는 성향과 유형). 어떤 경우에도 바위는 '감정'을 갖고 있지 않으며, 영혼은 더 말할 것도 없다(바위는 영이 드러난 것이기는 하지만 자체로 혼을 담고 있지 않다).

내면과 외면은 발달하거나 상호 진화한다. 그리고 양 방향 모두에 창발emergence이 있는데, 이때 각 단계에서 어느 정도 진정한 진기함 혹은 창조성이 유입된다(물리주의자들은 이것을 '설명할 수 없다'고 하고, 통합주의자들은 '에로스'라고 한다). 많은 물리주의자(데넷에서 앨윈 스콧에 이르는)는 창발적 진화emergent evolution에 동의하기는 하지만 외적 발달의 최고 수준에서 갑자기 창발을 출현시켜 내부의 의식을 도출하려고 한다(왜냐하면 그들은 외면만이 실재한다고 믿었기 때문이다. 그래서 '의식이 최정상에서 튀어나온다.'는 것은 의식이 존재한다는 핵심적 직관을 용인하고 있는 셈이다. 따라서 이를 복잡한 외면의 기능적 요행수에 '불과하다'고 설명한다. 이원론이라고 설명하기도 하지만 거의 드물다). 에클즈Eccles는 "생물학에서 볼 수 있듯 물질은 새롭게 창발하는 특성이 있어서, 의식적 경험과 관련된 특성인 창발이 대뇌피질이라는 매우 조직된 복잡성의 수준에서도 여전히 일어난다."라고 하였다. 그러나 사상한의 좌측은 우측의 상위 수준이 아니라 모든 수준에서 우상상한의 내부며 둘 다 함께 일어난다(『성, 생태, 영성(2판)』, 4장과 『의식의 통합이론』'을 참고하라). 관점을 지닌 주체가 그렇지 않은 외부 객체에서 생겨날 수 없다는 네이글의 말은 아주 타당하다고 본다(그리핀은 이것을 '창발범주 오류emergence category mistake'라고 부르는데, 나는 내면과 외면이 상호 발생한다는 것을 알게 됨으로써 이런 오류를 피하고 있다).

한편, 네이글은 "만약 계통 발생에서도 아래로 너무 멀리 가 버리면, 거기에도 경험이 있다는 믿음을 점차 버리게 될 것이다."라고 말했다. 아주 옳은 말이다. 이런 이유로 나는 경험(혹은 감정, 영혼, 특정 유형의 내면)을 아래까지 계속 밀고 가지 않는다. 나는 외면이 있는 곳이면 어디나 내면이 있다고 생각하며, 더 하위 수준의 내면에 도달했을 때에만 확신을 갖고 그들 '내부'에 무엇이 있는지 알 수 없다고 말할 뿐이다. 물리주의자들이 그 안에 있는 것을 반증할 수 없듯이 나 또한 그것을 증명할 수 없다.

데닛Dennett은 우연히 아메바와 함께 나타나는 일종의 감수성을 보았다. 나는 그것을 기꺼이 받아들이지만, 이는 내가 그보다 더 하위 수준에 대해 우유부단해서가 아니라 우리가 원자와 아원자의 영역에 도달하였을 때 양자역학에 대한 수학적 형식주의가 상상할 수 있는 것보다 훨씬 더 이상해지기 때문이다. 또한 대부분의 물리학자는 그 의미에 대해서 강하게 이견을 드러내고 있기 때문이다. 나 자신은 원자에 내면이 있다고 믿고 있지만 이를 마지막까지 논의하지 않을 작정이다. 왜냐하면 그 수준에서 우주는 너무 불분명해지기 때문이며, 외면과 내면의 실제 관계가 전이성적 영역이 아닌 초이성적 영역에서 결정되기 때문이다. 인간은 초이성적 영역을 직접적이고 즉각적으로 알 수 있지만, 아원자 영역은 아직 공식화되는 과정에 있는 난해한 수학적 형식주의에 의해서만 이해할 수 있다.

둘째, 내면이 발달한다는 것(외면이 발달하듯이)을 인정함으로써 우리는 마음(내면의 정신적 의식)과 신체(내면의 감정)가 초월하고 포함하면서 서로 관련되어 있다는 사실을 알 수 있다([그림 5-1]의 좌상상한에서, [그림 1-1]과 [그림 7-1] 같은 그림에서, 그리고 내면의 발달을 보여 주는 모든 도표에서 볼 수 있듯이). [그림 14-2]에서처럼 허공에 있는 마음은 신체 느낌felt body에 그 뿌리를 두고 있다. 『성, 생태, 영성(2판)』 12, 13장에서 세부 사항을 탐구하였다.

내부 발달은 정확히 홀론으로 구성되어 있기 때문에(외부 발달이 그렇듯이), 한 전체가 다음 전체의 일부가 되는 일이 무한히 반복된다(이미 살펴보았듯이, 감각운동기는 인지 전체로서 구체적 조작기의 일부가 되고, 구체적 조작기 역시 인지 전체로서 형식적 조작기의 일부가 되며, 형식적 조작기 또한 인지 전체로서 비전-논리의 일부가 되는 구조다). 네이글은 모든 범내면주의에서 생기는 주요 문제는 경험의 단일성에 대해서(즉, '어떻게' 단일한 자기가 많은 자기로 구성될 수 있는가) 핵심적 직관을 설명할 수 있는 '정신적인 전체-부분 관계'의 개념이 부족한 것이라고 암시하였다. 그러나 우리는 내부 경험이 전체/부분이라는 홀론, 응집력이 있고 연속적인 모습으로 진행하는 전체의 일부가 되는 전체 홀론의 흐름으로 구성되어 있다는 사실을 보여 주는 예가 무수히 많음을 알고 있다. 이것은 또한 자기 지류self-stream에도 들어맞는다(한 단계의 주체는 다음 단계의 객체가 되고, 한 단계의 근접자기 전체는 다음 단계에서 원격자기의 일부가 되어, 매 단계의 "단일한 자기는 많은 자기로 구성되어 있다"). 각각의 경우에 화이트헤드의 유명한 격언처럼 "다수는 하나가 되고, 하나씩 증가한다the many become one, and are increased by one." 화이트헤드는 극소의 파지를 논의하고 있지만 그의 격언은 거시 단계에서도 참이 된다. 그 이유는 전자가 후자의 기초가 되기 때문이며, 둘 다 초월하고 포함하는 것의 변형일 뿐이기 때문이다. 달리 말해서 네이글의 주된 반대가 발달심리학의 합의된 결론으로 해결된 것 같다.

셋째, 비이원 단계를 포함한 발달의 상위 수준을 인정함으로써 마음과 신체(내부와 외부, 주체와 객체)의 최종 관계가 분명하고 만족스러운 형태로 드러났다. 마음과 자연은 둘 다 정신의 활동이며, 여기에는 이원성도 환원주의도 없다. 『성, 생태, 영성(2판)』 12, 13, 14장에서 세부 사항을 논의하였다.

'난제hard problem'인 질로의 도약(즉, 어떻게 외부적 양이 내부적 질을 유도하는가)이 마침내 풀리게 되는데, 이는 모든 외부가 내부를 갖고 있다(항목 1)는 점을 알기 때문이라고는 말할 수 없다. 왜냐하면 이는 외부와 내부가 서로 관련된다고 말하는 데 불과하기 때문이다(그래서 난제는 여전히 매우 풀기 어려운 문제로 남게 된다). 이 문제는 문제가 근본적으로 해소되는 비이원적 영역까지 발달함으로써 마침내 해결된다. 해답은 이성적 용어로 서술할 수 없는 깨달음satori에서 알 수 있다(깨닫지 못했다면 이성적 용어가 잘 먹힐 수 있다). 난제가 이성적, 경험적 측면에서 풀릴 수 없는 이유는, 그리고 아직 풀리지 않은 이유는 해답이 그런 수준에 존재하지 않기 때문이다. 그 수준에서 마음-신체 문제를 해결하고자 하였던 철학적 천재들이 실패한(자신들 스스로가 실패했다고 말했다) 이유는 그들이 아둔해서가 아니라 그 문제가 그 수준, 그 시기에서는 해결될 수 없었기 때문이다. 『영의 눈』 개정판(CW7), 11장을 보라.

16. 『의식연구 저널Journal of Consciousness Studies, 4』(1997), 1, pp. 71-93.

17. 가자니가Gazzaniga(Ed.)의 『인지신경과학The Cognitive Neuroscience』, P. 처치랜드Churchland의 『신경철학Neurophilosopy』, 에델만Edelman의 『밝은 공기, 빛나는 불Bright Air Brilliant Fire』과 『기억된 현재The Remembered present』, 핑커Pinker의 『마음이 작동하는 법How the Mind Works』, 바즈Baars의 『의식의 무대에서In the Theater of Consciousness』, 헌트Hunt의 『의식의 성질에 대하여On the Nature of Consciousness』, 스콧Scott의 『마음으로 향하는 계단Stairway to the Mind』, 디콘Deacon의 『상징적 종The Symbolic Species』, 핑거Finger의 『신경과학의 기원Origins of Neuroscience』, 사이토윅Cytowic의 『신경심리학의 신경학적 측면The Neurological Side of Neuropsychology』, 스틸링스Stillings 등의 『인지과학Cognitive Science』, 카펜터Carpenter의 『신경생리학Neurophysiology』.

이 접근 모두가 환원주의적이지는 않다. 그러나 의식에 대한 분명히 비환원주의적인 접근에 대해서는, 찰머스Chalmers의 『의식적 마음The Conscious Mind』, 해머로프Hameroff 등의 『의식과학을 향하여Toward a Science of Consciousness』, 그리핀Griffin의 『세계 매듭을 풀다Unsnarling the World-Knot』, 웨이드Wade의 『마음의 변화Changes of Mind』, 블록Block 등의 『의식의 성질The Nature of Consciousness』, 로긴Laughin 등의 『뇌, 상징, 경험Brain, symbol, and Experience』, 윌버Wilber의 「의식의 통합이론An Integral Theory of Consciousness」, 『의식연구 저널Journal of Consciousness Studies, 4』 I(1997), pp. 71-93(또한 CW7)을 보라. 바렐라Varela 등의 『육화된 마음The Embodied Mind』과 『성, 생태, 영성(2판)』 14장의 주 1에서 그런 접근에 대한 나의 건

설적인 비평을 보라.

18. 『내면의 관점The View from Within』, p. 2.

19. 로버트 포먼Robert Forman의 훌륭한 「신비주의가 의식에 관해서 우리에게 무엇을 가르쳐야 하는가 What Does Mysticism Have To Teach Us About Consciousness?」, 『의식연구 저널Journal of Consciousness Studies, 5』, 2(1998), pp. 185-202를 참고하라. 포먼은 발달 단계의 중요성을 알고 있는 이론가다. 또한 그의 저서 『순수의식의 문제The Problem of Pure Consciousness』, 『선천적 능력The innate Capacity』, 『마이스터 에크하르트Meister Eckhart』 그리고 『신비주의, 마음, 의식Mysticism, Mind, Consciousness』을 보라.

20. 현대의 계통발생론에서 볼 때, 우리가 3인칭(혹은 사상한의 우측) 발달이라 말할 수 있는 것에는 두 가지 의미가 있다. 개인에게는 우상상한 자체의 성장이 있다. 생물학적 유기체의 성장, 신경의 경로, 뇌구조와 같은 것들이 그 예다. 이러한 성장과 발달은 생물학, 신경생리학 그리고 유기체의 시스템 이론들(주 14.17을 보라)이 탐구하고 있다. 이 상한에서 홀론들은 성장하고 발달하고 진화하며(모든 상한에서 홀론들이 그렇듯이), 그 발달은 경험과학을 이용해 탐구할 수 있다. 자연과학을 통해 객관적 홀론과 그 행동에 접근할 수 있다. 따라서 그런 의미에서 '3인칭'이라고 할 수 있으며, 그들은 우측 영역에서 발달한다.

그러나 개별 의식(좌상상한)이 객관적인 우측 영역을 인지적으로 파지할 수 있는 능력 또한 성장하며, 피아제와 대부분의 인지심리학자들이 이런 인지적 능력(우측 객체를 파지할 수 있는 좌상상한의 능력)을 연구하였다. 대부분의 서구 연구자들은 '인지', 텍스트로부터의 회상recall from the text을 객관적인 현상을 파지하는 능력으로 정의하고 있으며, 이러한 능력(우측 객체를 파지할 수 있는 좌상상한의 능력)은 성장할 뿐 아니라 감각운동기에서 전조작기, 구체적 조작기, 형식적 조작기로 진화한다. 이것은 1인칭 개별 주체에서 3인칭 객체를 정확하게 파지하는 능력의 발달을 의미하며, 우리가 3인칭 의식의 성장이라 말할 때의 또 다른 의미이기도 하다.

내가 개인의 미학, 도덕, 과학이 모두 진화한다고(혹은 1인칭, 2인칭, 3인칭 의식이 발달한다고) 말할 때, '과학' 그리고 '3인칭'은 두 가지 의미, 즉 객관적 유기체의 성장(과학, 신경생물학들에 의해 드러난 것처럼)과 대상을 파지하는 인지적(과학적) 능력의 내부적 성장이라는 의미를 갖고 있다(이것은 자기 수준과 실재 수준, 구조와 영역/단계 간의 차이, 혹은 주체의 인식론적 성장과 알려진 객체, 존재론의 성장에 대한 또 다른 예다. 나는 다른 식으로 언급하지 않는 한 일반적으로 둘 다를 의미하는데, 구체적인 의미는 문맥에 따라 결정될 것이다).

물론 1인칭, 3인칭 의식 모두는 상호 주관적 구조인 2인칭 네트워크와 관련되어 있으며, 이들 역시 성장하고 발달한다(즉, 상한 자체가 발달하며, 그런 상한들을 파지하는 주체의 능력 역시 발달한다). 다른 말로 해서 이 모든 상한은 직접적으로 상호 관련을 맺고 있다(예를 들어, 생물학적 신경경로와 상호 주관적 담론의 구조 같은 상한에서의 성장은 주체가 이런 상한을 파지하기 위해서도 필요하다).

내가 제시하는 통합심리학은 온 상한 발달에 대한 통합적인 접근에 대해, 더 정확히는 '온 수준, 온 상한' 접근에 대해 논하고 있다. 이것은 각 상한의 성장과 각 상한을 파지할 수 있는 주체의 능력에서의 성장(즉, 그 자신의 주관적인 상한과 다른 상한 역시 파지할 수 있는 주체의 능력 성장) 둘 다를 의미한다. 이는 세 가지 환경이나 세 가지 세계(3대 가치)와 관련한 자기의 성장을 의미한다. 세 가지 환경 또는 세계란 자기가 내면의 동기, 이상, 자기 개념, 미학, 의식 상태 등과 같은 주관적인 세계와 맺고 있는 관계, 상징적 상호 작용, 변증법적 담론, 상호 이해, 규범적 구조 등과 같은 상호 주관적인 세계와 맺고 있는 관계, 그리고 물질적 대상, 사건의 상황, 과학적 체계, 인지 대상 등과 같은 객관적 세계와 맺고 있는 관계를 말한다. 이들 각자는 전개인 파동에서 개인, 초개인 파동으로 진화한다(즉, 각 상한은 존재의 대둥지의 모든 수준에 걸쳐, 신체에서 마음, 심령, 정묘, 원인, 비이원으로 진화하거나 진화할 수 있다). 그러므로 온 수준, 온 상한 접근은 온 상한에서 온 수준과 라인의 발달을 추구한다.

(나는 발달 라인을 미학/주관적, 도덕/상호 주관적, 과학/객관적이라는 세 개의 주요 라인으로 단순화하였지만 각 상한에 있는 라인의 실제 수효는 셀 수 없이 많다. 예를 들면, 주관적 혹은 좌상상한 영역에서 우리는 위로 향하는 20여 가지 발달 라인을 보았다. 그 모든 것이 단순한 공식, '온 상한에 있는 온 수준과 라인' 혹은 더욱 단순하게는 '온 수준, 온 상한'에 함축되어 있다.)

도버트Dobert, 하버마스 그리고 너너-윙클러Nunner-Winkler (브로튼의 저서 『심리 발달의 주요 이론들Critical Theories of Psychological Development』에 있는 '자기의 발달The Development of the Self'은 비록 온 수준은 아니지만, 온 상한이 있는 모델을 감탄할 정도로 또 여러 가지 면에서 인상적인 방식으로 제시하고 있다. 즉, 3대 가치 영역(주관, 상호 주관, 객관)과 관련지어 자기의 발달을 추적하였다. 그들은 3대 가치 영역을 자기 정체성 형성에 통합시키려는 시도를 하고 있는데, 이런 시도를 통해 그들은 가장 영향력 있는 세 개의 발달심리학파(프로이트 학파 또는 주관적, 상징적 상호 작용주의자 또는 상호 주관적, 그리고 피아제 학파의 인지심리학 또는 객관적)를 통합하고 있음을 지적하고 있다. 이 정체성 형성은 자기의 발달을 포함(동일시는 통합심리학에서와 마찬가지로 자기의 기능 중 하나다)하고 있어서, 어떤 면에서 그들의 이론은 여기에 제시하고 있는 관점과 매우 일치하고 있다.

"정체성 형성이라는 개념과 관련된 발달의 문제는 세 가지 이론적 전통에서 다루고 있다. 첫째, 피아제에 의해 구축된 인지주의 발달심리학, 둘째, G. H. 미드Mead로 거슬러 올라가는 상징적 상호 작용주의 사회심리학, 셋째, 지그문트 프로이트에서 파생된 분석적 에고심리학이 그것이다. 이 모든 이론화에서 세 가지 특별한 환경(3대 가치) 중 최소한 하나에서 볼 때 발달의 경향은 자율성의 증가로 특징 지을 수 있다. 다른 말로 표현하면, 발달은 다음과 같은 문제를 해결하는 문제해결 능력을 향상시키는 과정에서 자기가 획득하는 독립으로 특징 지을 수 있다. 첫째, 조작할 수 있는 대상(우상상한)들과 전략적으로 객관화한 사회적 관계(우하상한)라는 외부적 성질을 지닌 실재, 둘째, 행동상의 기대, 문화적 가치 그리고 정체성 등(좌하상한)이라는 상징적 실재, 셋째, 의도적 경험과 개인의 신체(좌상상한)라는 내적 성질, 특히 의사소통할 수 없는 충동들이다. 피아제의 인지발달 이론은 첫 번째 양상을 다루며, 미드의 상호 작용 발달이론은 두 번째를, 그리고 프로이트의 심리성적 발달이론은 세 번째를 다루고 있다. 분명히 우리는 세 접근법의 수렴점을 과대평가해서는 안 된다. 그러나 그들이 강조하는 이론적 조망들이 서로 보완해 주고 있다는 사실은 부인할 수 없다" (pp. 278-279).

이론적 조망들은 실로 서로를 보완해 준다. 저자들에 따르면 이러한 3대 가치 영역은 모두 자기에 의해 서로 연결된다(우리가 이미 보았듯이 자기는 개별적 존재로서 모든 파동과 지류를 항해하는 항해사이며 통합자다). 세 주요 학파에서 발달이란 자율성의 증가를 의미한다는 사실을 저자들이 지적하고 있음에 주목하라(이것이 진화의 20개 원칙 중 하나다. 『성, 생태, 영성(2판)』 2장을 보라). 자율성의 증가는 자기를 포함한 모든 진화하는 체계가 보이는 20개 원칙 중 하나다. 최종적 자율성은 순수 진아, 그 밖에 아무것도 존재하지 않는, 그러므로 완전한 자율성의 상태다. 순수 진아는 최고로 빛나고 경이로운 온 우주 전체며, 그 외에는 아무것도 없기 때문에 완전히 자율적이다. 발달로 인해 자율성이 증가하는 이유는 발달이 순수하고 비이원적인 진아의 궁극적인 자율성으로 향하고 있기 때문이다.

주 10.4에서 나는 자기는 경험을 대사시켜 구조를 만들고, 이것이 일시적인 상태를 지속적인 특질로 전환하는 메커니즘이라고 가정하였다. 나는 이 개념이 넓게는 정신분석적 에고심리학과 피아제 학파의 구성주의가 제안하였던 개념과 유사하다는 점에 주목하였다. 도버트와 그 동료들 또한 이러한 유사성에 주목하고 있다. "세 이론 모두에서 외부 구조(그리고 비구조적 행동들)가 내부 구조로 전환되는 것이 중요한 학습기제다." 피아제는 대상을 조작적으로 통제하는 규칙을 의미하는 행동도식schemes of action이 이해와 사고의 도식으로 내면적으로 전환되고 변형되는 '내면화interiorizaton'에 관해 말하고 있다. 정신분석학과 상징적 상호주의도 유사하게 상호 작용 패턴을 관계의 심리 내적 패턴으로 전환시키는 것을 제안하였는데, 그들은 이것을 '내면화'라고 불렀다. 외부의 대상, 참조 인물 혹은 그 자신의 충동에서 비롯한 이러한 내면화 메커니즘은 자신들이 먼저 수동적으로 경험한 바를 능동적으로 반복함으로써 독립을 성취하는 원칙과 관련되어 있다(p. 279). ('내면화'의 증가 또한 20개 원칙 중 하나다.)

더욱이 다수의 증거에 따르면 그 영역들은 '복잡성이 증가하는 구조의 계층구조를 반영한다.'고 저자들은 주장하고 있다(p. 280)(복잡성/구조화의 증가는 20개 원칙 중 하나다). 도버트와 그 동료들 모델의 핵심은 상호 작용 능력interactive competence 개념인데, 이는 자기와 자기발달에서 주요한 통합적 요소가 된다. 저자들에 따르면, 더욱이 이 상호 작용 능력은 전인습, 인습, 후인습이라는 세 가지 주요 단계(혹은 파동)를 통해 발달하며, 각각의 성장은 의식의 확장과 내면화 및 자율성의 증가를 보인다. "인지적으로 전조작 수준에 있는 미취학 연령의 아이들에게 행동과 관련된 상징적 우주 영역은 주로 개인의 구체적 행위의 기대와 행동뿐 아니라 만족과 처벌로 이해될 수 있는 행위의 결과로 구성되어 있다. 아이가 사회적 역할을 수행할 수 있게끔 학습되자마자, 즉 자격이 충분한 구성원으로서 상호 작용에 참여할 수 있게 되자마자(관습적, 신화적 멤버십), 그의 상징적 세계는 더 이상 고립된 의도만으로는, 예를 들어 요구와 요구 충족을 표현하는 행동만으로는 구성되지 않는다. 이제 아이는 일반화된 행동에 대한 기대 충족 혹은 그에 대한 공격으로 행동을 이해할 수 있다. 마침내 청년들이 사회적 역할과 행동규범의 타당성에 관해 질문하는 것을 배웠을 때 그들의 상징적 세계는 다시 한 번 확장된다. 이제 쟁점적 규범을 판단하는 (후인습적) 원칙들이 출현한 것이다(p. 298).

자기발달에 대한 그들의 온 상한 모델은 유감스럽게도 온 수준에 해당되지는 않아서 진정한 통합심리학으로 보기에는 다소 미흡한 점이 있다. 그것은 개인 발달의 거친 라인만을 다룬다. 그럼에도 불구하고 이 점에 관해서 온 상한 모델은 가장 많이 활용되는 발달모델보다 훨씬 더 포괄적이며, 그 통찰력은 진정한 통합심리학에 실로 중요한 기여를 하고 있다.

21. 현상학의 중요성 및 한계를 논의한 것으로는 『성, 생태, 영성(2판)』(특별히 4장과 14장의 주)을 보라. 도버트와 그의 동료들(주 14.20을 보라)은 나처럼 신체 느낌 의미의 즉시성에 주어져 있지 않은 상호 주관적인 구조를 이해하는 데서의 무능력, 그리고 의식의 발달과 사회 세계를 효과적으로 다루는 데서의 무능력을 이유로 현상학을 비판하고 있다. "가능한 사회적 생활세계의 일반적 구조를 포착하려 한다는 점에서 현상학적 연구는 실로 비슷한 의도를 갖고 있다. 그러나 이런 프로그램의 실행은 의식철학의 내성적 접근을 모방한 방법이라는 약점으로 인해 출발부터 압박을 받고 있다." 즉, 즉각적인 내성은 그 자체로도 유용하지만 주관적인 내성이 발생하는 어떤 상호 주관적인 구조도 밝히고 있지 않다(예를 들어, 도덕 단계 5에 있는 사람은 자신이 원하는 것을 모두 내성할 수는 있지만, 그는 결코 도덕 단계 5의 구조를 보지는 못한다). "언어와 발달심리학의 역능이론competence theory이 취한 일탈적 입장이 새롭게 알려진 구조의 형식적 분석과 관찰할 수 있는 과정의 인과적 분석을 결합시키는 패러다임을 만들었다"(p. 298). 『성, 생태, 영성(2판)』 14장의 주 1을 참고하라. 이 또한 화이트헤드의 파지에서 주요 문제이기도 하다. 그는 의식철학이 갖고 있는 동일한 약점을 예로 들었다(주 14.15를 보라. 또한 화이트헤드의 '독백적' 입장에 대한 데이빗 레이 그리핀과의 대화에 관한 『전집Collected Works』 8권 서문을 참고하라).

〈상태와 구조〉

상태와 구조에 관해서 마지막으로 설명해 보자. 정상 혹은 자연 상태(예를 들면, 깨어 있는, 꿈꾸는, 잠자는) 그리고 비정상적, 비일상적 혹은 변성 상태(예를 들면, 명상, 절정 경험, 종교적 경험들)는 모두 일시적이면서 지나가는 현상들이다. 그것들은 주기적이기는 하지만 왔다가 잠시 머물고 사라져 버린다. 반면에 구조는 더 지속적이다. 구조는 의식과 행동의 꽤 영속적인 형태다. 발달 수준과 발달 라인(파동과 지류)은 주로 의식의 구조 혹은 인식할 수 있는 코드, 체제 혹은 작인을 지닌 자기 조직적인 전일한 패턴으로 구성되어 있다(이를 내가 접촉하는 정도로만 관계를 가졌던 구조주의 학파와 혼동해서는 안 된다. 『전집』의 2권 서문을 보라).

다른 말로 해서 구조는 지속적인 홀론과 아주 유사하다. 그리고 이런 기본 구조 혹은 수준들은 본질적으로 존재의 대등지의 기본 수준이다. 이러한 수준을 주체로 보면 의식 수준, 자기 수준 혹은 주관성 수준이라 하고, 객체로 보면 실재 수준, 영역 혹은 범위라고 한다(주 1.3, 8.2, 12.12를 보라).

비록, 구조적 특성을 갖고 있다 하더라도 의식의 상태는 더 일시적이고 유동적인 경향이 있다. 그러나 '넓은'과 '좁은'으로 부를 수 있는(정상, 비정상과 혼동하지 않으면서) 상태에 대한 두 가지 일반적인 범주를 인식하는 것이 중요하다. 앨런 콤즈는 의식 상태를 넓은 패턴으로(잠자는, 깨어 있는 것과 같은), 마음 상태를 순간순간의 '작은' 상태(기쁨, 의심, 결정들과 같은)로 불렀다. 앨런은 이들이 광범위한 기초를 형성하는 의식의 구조를 지니면서 다수준적 양상으로 서로 관련을 맺고 있으며, 그 안에서 다양한 의식 상태가 일어나고 다양한 마음 상태가 일어난다고 믿고 있다. 그것도 한 가지 가능한 메커니즘이지만, 나는 앨런이 의식의 상태와 구조의 관계를 역전시켰다고 믿고 있다(주 12.12를 보라). 깨어 있을 때와 같은 넓은 의식 상태에는 수많은 의식 구조가 있지만(예를 들어, 깨어 있는 상태는 신화적, 이성적, 켄타우로스 구조를 포함한다), 그 반대는 성립될 수 없다(예를 들어, 당신이 이성적 구조에 있으면서 동시에 술에 취하거나 잠자고 있는 상태에 있을 수는 없다). 그리하여 넓은 의식 상태 안에는 다양한 의식구조가 존재한다.

그러나 의식의 구조 안에는 다양한 마음 상태가 존재한다. 그러한 구조는 그 안에서 일어나는 모든 마음 상태를 속박하고 은연 중에 모든 마음 상태를 형성할 수 있다(예를 들어, 구체적 조작 사고를 하는 사람에게는 대부분의 생각과 마음 상태가 그 구조 안에서 일어나게 될 것이다). 그리하여 내 생각에 이 세 가지 항목의 전반적인 관계를 보면, 다양한 의식구조가 존재하는 넓은 의식 상태가 있고, 그 구조 안에는 다양한 마음 상태가 존재한다.

이와 동시에 다양한 상태와 구조 사이의 관계는 분명히 홀론적이며 상호 맞물려 있다. 이들은 많은 벽돌더미처럼 각자 위에 아무렇게나 놓여 있는 것이 아니라 상호 영향을 주는 방식으로 짜여 있다. 수많은 심리학적 이론과 모델이 갖는 어려움은 그것들이 넓은 상태, 구조 혹은 좁은 상태에 초점을 맞추고 있어서, 매우 상대적이고 부분적인 항목을 기본으로 삼는 경향이 있다는 것이다. 변성 상태, 심리학적 구조, 또는 현상학만 가지고는 마음과 의식에 대한 통합적 이해가 불가능하다.

15 통합적 포용

1. 가치 영역을 구별하는 능력은 전조작기나 구체적 조작기가 아닌 형식적 조작기에서 생긴다. 쿡-그로터가 지적한 것처럼 전조작기는 1인칭, 구체적 조작기는 2인칭, 형식적 조작기는 3인칭을 소유하므로 형식적 조작기에서만 나, 우리, 그것(미학, 도덕, 과학)이라는 세 영역을 구별할 수 있다. 따라서 근대가 세 영역을 전체적으로 구별하였다고 말하는 것은 근대가 신화적 멤버십(구체적 조작기에 기초한)에서 조망적 자기(형식적 조작기에 기초한)로 진화했다고 말하는 것이기도 하다. 초기 그리스인들은 형식적 조작기와 비전-논리적 경향을 조숙하게 발달시켰고 진, 선, 미를 뛰어나게 구별하였다. 이 점에서 그들을 근대의 선구자라고 할 수 있다. 그러나 그들은 이런 합리성을(그 후 인습적 도덕과 함께) 문화에 광범위하게 강요하지 않았다(그렇지 않았다면 먼저 노예제를 끝냈을 것이다). 동시에 플라톤에서 플로티누스와 아상가Asanga에 이르는 매우 고도로 진화한 철학자 혹은 현자들은 항상 3대 가치를 구별하였다(왜냐하면 그들은 비전-논리와 그 너머까지 접근하였기 때문이다). 그러나 문화적 의식의 평균 수준은 이들을 거의 지지하지 않았다. 이것은 근대와 그 존엄성을 기다렸다. 예수가 황금률(그리고 그 이상을)을 보았을 수 있지만, 근대가 황금률을 법으로 만들었고 완전한 문화적 구속력으로 이를 뒷받침하였다.

2. 실재의 존재론적 지평이 인식되기를 기다리고 있다고 말할 수 없는 이유 중 하나가 여기에 있다. 그런 지평들은 점차 성장해 가는 의식의 첨단과 함께 상호 진화하는데, 이는 전 영역에서 활동하는 영spirit-in-action인 진화에 대해 그들 모두가 열려 있기 때문이다. 독립적인 존재론적 지평에 의지하고 있는 그런 모델은 '나쁜' 모델이거나 전前비평적인 의미에서 형이상학적이며, 존재와 인식의 전 영역에서 진행 중인 분화-통합을 조정하는 데 필요한 근대적, 탈근대적 개선과는 타협할 수 없다. 주 1.5를 보라.

3. '동시 추적하는simultracking' 수준과 상한들에 대한 방법론적 기술을 위해서는 『의식의 통합이론An Integral Theory of Consciousness』(CW7)을 참고하라. 심리학은 전통적으로 좌상상한의 수준과 라인에 초점을 두고 있다. 통합적 연구 전반은 온 상한의 수준과 라인에 초점을 맞춘다. 예를 들어, 우하상한에 있는 라인들은 생산력(수렵사회에서 채집사회, 농경사회, 산업사회, 정보사회로), 지정학적 구조(도시, 주, 국가), 생태 시스템, 문자로 표기된 법전, 건축양식, 운송수단, 의사소통 기술의 형태 같은 것을 포함하고 있다. 우상상한 라인들은 유기체의 구조, 신경계, 신경전달물질, 뇌파 형태, 영양섭취, 골격-근육 발달과 같은 것을 포함한다. 좌하상한 라인은 세계관, 상호 주관적 언어의 의미론, 문화적 가치와 사회적 관습, 배경적인 문화적 맥락과 같은 것을 포함하고 있다. 요컨대, 비록 심리학이 좌상, 우상상한에 초점을 두고 있다 하더라도, 사상한 모두가 개인의 의식 상태를 결정하기 때문에 심리적 이해를 위해서는 사상한이 모두 요구된다.

부록
주요 인물 소개

갤런 스트로슨 Galen Strawson(1952～) 영국의 철학자로 심리철학, 형이상학, 윤리학을 주로 연구하였다. 그는 리딩 대학과 뉴욕 대학원의 시티 유니버시티에서 교수로 활동하고 있으며, 수년 동안 『타임즈 문학 부록Times Literary Supplement』의 편집자로 일하고 있다.

게오르그 포이어스타인 Georg Feuerstein(1947～) 독일계 미국의 저명한 인도학자이면서 서구의 요가 권위자. 노스캘리포니아의 산속에 살고 있는 그는 신비주의, 요가, 탄트라, 힌두이즘에 관한 30여 권의 책을 저술하였다. 켄 윌버는 그를 장 겝서를 가장 잘 해석한 미국 학자이자 수행자로 보고, 영원의 철학에서 매우 중요하고 가치 있는 목소리를 내고 있을 뿐 아니라 오늘날 요가에 관한 최고의 권위자라고 평가하고 있다. 그의 『파탄잘리 요가경Patanjali's yogasutra』은 고전 요가를 가장 심오하면서도 독창적으로 해석한 저서로 꼽힌다.

구스타프 데오도르 페히너 Gustav Theodor Fechner(1801～1887) 독일의 물리학자이자 철학자. 페히너는 베버Weber의 정신물리학을 이용해 물리적 자극과 정신적 경험 간의 관계를 측정하였다. 이러한 성취는 심리학을 과학적으로 연구할 수 없다고 믿었던 당시의 고정관념을 깨뜨린 놀랄 만한 성과였다. 정신물리학은 밝기의 변화를 경험하기 위해 필요한 빛의 세기 변화는 어느 정도인가, 소음의 변화를 경험하기 위해 필요한 소리의 강도 변화는 얼마나 되는가 등을 연구하는 분야로 페히너가 완성하였다고 할 수 있다.

그렉 심슨 Greg Simpson 미국 캘리포니아 샌프란시스코 대학의 동적 신경 이미지 연구소장으로 재직하고 있으며, 인지와 이미지를 담당하는 뇌의 기능과 구조 전반에 관한 통합적 연구를 진행하고 있다.

김재권 Kim Jaegwon 김재권은 프린스턴 대학에서 철학 박사학위를 받았고, 현재 노트르담 대학과 브라운 대학에서 강의하고 있다. 그는 지금까지 마음의 인과작용에 대한 연구를 계속해 왔으며, 이 분야에서 '물질세계의 마음'이라는 주제에서 탁월한 업적을 쌓아 왔다. 그는 비환원 물리주의에 대한 날카로운 철학적 비평으로 정평이 나 있다.

니콜라이 베르자예프 Nikolai Berdyaev(1874～1948) 러시아의 기독교 실존주의 철학자. 베르자예프는 자유의 가치를 옹호하였으며, 자유를 다른 어떤 것에 의해서도 제한되거나 판단되지 않는 인간 실존의 궁극적 내용으로 보았다. 그러나 인간은 노예 상태에 있기가 더 쉬우며 자유를 얻기 위해서는 부단한 노력을 기울여야 한다고 강조하였다. 또한 그에 따르면 영적 차원은 자연적인 세계에서 파생된 것이 아니며 물질적인 증명이나 시연이 요구되지 않는다. 그는 객관적 마음objective mind이 우리의 세계를 주체와 객체, 영과 자연, 나와 너 등으로 갈라놓았다고 보았으며, 이러한 객관화objectivization를 극복하기 위해서는 영적 혁명이 필요하다고 강조하였다. 저서로는 『자유와 영Freedom and Spirit(1927～1928)』, 『새로운 시대를 향해Toward a New Epoch』(1949) 등이 있다. "사형제도란 명백한 살인이다. 그것은 국가가 자신의 입법 권한을 넘어선 가장 대표적인 예다. 생명은 인간에 속한 것이 아니라 신에 속한 것이기 때문이다."라는 말을 남긴 것으로도 유명하다.

니클라스 루만 Niklas Luhmann(1927～1998) 독일의 사회학자. 시스템 이론을 독창적인 방식으로 사회이론에 접목시킨 대표적인 학자다. 하버드 대학에 유학하면서 사회학을 공부하였으며, 이론적 생산력이 상당히 높아 그의 개념화 능력, 이론적 창조력 그리고 갖가지 소재를 가공 처리하는 역량에서는 필적할 사람이 없다는 평가를 받고 있다. 주요 저서로는 『사회시스템 이론Social Systems』 『사회의 사회 the Society of Society』 등이 있다.

다니엘 데넷 Daniel Dennett(1942～) 미국 보스턴 출생. 현재는 오스틴 대학 철학과 교수이자 터프츠 대학 인지연구센터 소장으로 있다. 1969년 『콘텐트와 의식Content and Consciousness』이라는 책을 출간한 이래로 현재까지 많은 저서를 발표하였다. 최근에는 『자유의 진화Freedom Evolves』를 발간하였으며, 『뇌과학 저널』을 비롯한 다수의 저널에 현재까지 약 200여 편의 글을 기고하였다.

다니엘 브라운 Daniel P. Brown 켄 윌버Ken Wilber, 잭 잉글러Jack Engler와 『의식의 변용Transformations of Consciousness』을 공동 저술하였다.

데모크리투스Democritus(B. C. 460?～B. C. 370?) 고대 그리스의 자연철학자. 트라

키아 지방의 압데라 출신이다. 낙천적인 기질 때문에 '웃는 철학자Gelasinos' 라는 별명이 붙었다. 스승 레우키포스와 함께 고대 원자론을 확립하였으며, 후대의 유물론과 과학에 커다란 영향을 끼쳤다.

데어드리 크래머 Deirdre Kramer 독일 막스플랑크연구소의 심리학 교수이며 성인발달과 노화문제를 주로 연구하는 여성학자다. 크래머에 의하면 보통 남녀 성인의 세계관은 변증법적 발달에 따라 6단계를 거쳐 발달한다. 즉, 그녀는 전형식주의Preformalism-형식주의/기계주의Formalism/Mechanism-정적 상대주의/맥락주의Static relativism/Contextualism-정적 시스템Static System-동태적 상대주의/맥락주의Dynamic Relativism/Contextualism-동태적 변증법주의Dynamic Dialecticism를 제안하고 있다.

도겐 Dogen(道元, 1200~1253) 일본 조동종의 조사. 일본 조동종은 먼저 들어온 선종 계통인 임제종 영서과 그의 제자 명전에게 수학한 도겐이 세운 종파다. 『정법안장(正法眼藏)』은 도겐사상의 정수며, '지관타좌(只管打坐)'는 그의 실천법으로 정법선을 세상에 알리는 기초가 되었다. 도겐은 제자들에게 임제선을 버리라고 말하여 공안선에 의미를 부여하지 않았다.

도널드 위니캇 Donald Winnicott(1896~1971) 영국의 정신분석학자로 아동 정신분석과 놀이치료의 선구자다. 그는 방대하고 광범위한 연구를 통해, 신생아에 대한 어머니의 마음 상태에서 시작하여(일차적 모성 몰두) 처음에는 어머니가 완벽하게 유아의 요구를 만족시킬 수 있으나 점차 유아가 감당할 수 있을 정도로 어머니가 유아의 욕구를 채워 줄 수 없는 것에 의해 강화되는 전능감에 대한 아동의 환상을 설명하는 이론을 발전시켰다.

돈 벡 Don Beck 미국의 경영 컨설턴트로 크리스토퍼 코완Christopher Cowan과 함께 『나선역학Spiral Dynamics』을 저술하였다. 그의 사상적 조언자인 클레어 그레이브스Clare Graves의 인간 의식과 가치, 문화의 발전에 대한 다차원적 모델을 더욱 정교화하였으며, 인간 의식발달의 파동은 8~9가지 단계 혹은 밈Meme을 거치는 것으로 보았다. 여기서 밈은 단순히 '어떤 인간적 활동으로 표현할 수 있는 발달의 기본 단계'를 의미한다. 벡은 자신의 모델을 직접 남아프리카 공화국에서의 분쟁을 조절하는 데 사용하여 성공을 거두었으며, 자신의 모델을 뒷받침할 수많은 자료를 수집하였다. 윌버는 이들이 주장한 선회적 동태론을 그의 통합모델에서 대폭 수용하였으며, 이를 나름대로 적용하여 소설 『부메리티스Boomeritis』를 내놓았다.

듀안 엘진 Duane Elgin　엘진은 작가, 연설자, 교육자, 상담가, 미디어 활동가로 일하고 있다. 그는 '자발적 단순성' 운동 분야의 선구자로 실용적이고 철학적인 의미의 단순성을 제시하고, 지구의 불확정적인 생태적 어려움에 대해서 폭넓은 개관을 하고 있다. 현재 그는 텔레비전 미디어의 변화에 대해 관심을 갖고 있으며, 폭력과 물질주의 프로그램이 인간 의식과 행동에 지대한 환경적 해악을 미치고 있다고 본다.

라마누자 Ramanuja(1055～1137)　중세기의 힌두교 철학자. 남인도 출생. 샹카라Shankara와 더불어 힌두교의 2대 철학자다. 일원론적 베단타 사상을 추종하는 야다바프라카샤 아래서 학문을 배웠으나 이에 만족하지 못하고 나타무니를 추종하는 야무나차야Yamunacarya의 학설을 배웠다. 야무나차야의 후계자가 된 그는 교의를 전파하기 위해 인도 각지를 돌아다녔고, 비슈누파의 신전을 부흥시켜 많은 신봉자를 얻었다. 그는 베단타의 일원론 철학과 비슈누파의 통합을 시도하여 일반 민중의 정신적 구제를 위한 길을 열었다.

로렌스 콜버그 Lawrence Kohlberg(1927～1987)　미국의 발달심리학자. 콜버그는 피아제의 전통을 이은 학자로서 도덕성 발달단계이론을 수립하였다. 처음에는 임상심리학에 관심이 있었지만, 곧 피아제에게 흥미를 느끼고 도덕적 문제에 관한 결과를 박사논문으로 씀으로써 새로운 도덕성 발달단계이론이 태어났다. 그는 아동의 도덕 판단이 일정한 단계를 거치면서 발달한다는 피아제의 주장에 동의하였으며, 그 이론의 골격을 수용하면서도 자신의 6단계 도덕성 발달이론을 구축하였다. 콜버그는 도덕적 딜레마의 상황을 제시하여 아동의 도덕성 발달은 단계적으로 이루어진다고 결론 지었다. 그가 제시한 도덕 발달단계는 다음과 같다.

① 수준 1－전인습적 수준
- 단계 1. 처벌과 복종 지향
- 단계 2. 도구적 상대주의 지향

② 수준 2 – 인습적 수준
- 단계 3. 대인 간 조화 또는 착한 소년-소녀 지향
- 단계 4. 법과 질서 지향

③ 수준 3 – 후인습적 수준
- 단계 5. 사회적 계약과 합법적 지향
- 단계 6. 보편적인 윤리적 원리 지향

로버트 벨라 Robert Bellah(1927~) 미국의 사회학자이며 교육학자. 하버드 대학에서 교육을 받았으며, 버클리 대학의 교수로 재직하고 있다. 벨라는 종교의 사회학에 관한 몇 권의 책을 저술하였으며, 그의 저서 『계약파기The Broken Covenant』는 소로킨상을 받았다. 그의 베스트셀러인 『가슴의 습관Habits of the Heart』은 미국 생활에서의 개인주의와 적극적 참여의 문제를 다루고 있다. 그는 일반인이 다양한 형태의 사회적 통제에 저항하면서 적극적으로 스스로의 의미를 구성하기 위해 주변의 문화적 자원을 이용한다고 주장하는 신구성주의 학자new constructivist다.

로버트 스턴버그 Robert Sternberg(1949~) 예일 대학에서 심리학과 교육의 IBM 교수로 재직하였으며, 현재 터프츠 대학의 문학과 과학부의 학장으로 일하고 있다. 그는 지성의 삼두(三頭)이론과 사람의 삼각이론을 제창하였으며, 창조적인 인물은 아이디어 세계에서 싸게 사고 비싸게 판다는 창조성의 투자이론을 주장하였다. 또한 그는 창조성이 리더십의 한 형태임을 강조하였다.

로버트 키건 Robert Kegan 하버드 대학 교수로 인간의 학습과 발달을 주로 연구하였다. 키건은 건강과 질병이라는 이분법적인 구분으로 심리적 장애를 바라보는 종래의 입장에 반대하였으며, 일생에 걸친 발달 과정을 강조하였다. 그의 대표적인 저서 『자기의 진화The Evolving Self』는 개인이 유아기, 청년기, 성인기를 거치면서 삶에서 끊임없이 의미를 추구해 가는 과정을 추적하였다. 또 이 책에서 그는 개인 심리의 진화 과정에서 성장기 및 과도기의 내적 경험과 그 과정에서 지불해야 할 대가, 승리, 좌절을 상세하게 다루고 있다.

로버트 킹 머튼 Robert King Merton(1910~2003) 미국의 사회학자. 하버드 대학에서

박사학위를 취득하고 동 대학 조교수를 거쳐, 1947년에는 컬럼비아 대학 사회학과 주임 교수가 되었으며, 1956년에는 미국사회학회 회장이 되었다. 유럽 사회학 이론을 비판적으로 수용하는 동시에 이론사회학을 근본적으로 연구하면서도 경험적 조사에 깊은 관심을 기울여, 이론과 조사의 상호 작용을 통해서 충분히 경험과학적인 근거를 갖는 '중(中)범위의 이론'을 주창하였다. 그는 잠재적 기능 및 역기능의 개념을 확립하는 고전적 기능주의 이론의 한계를 극복하는 한편, 사회구조론, 준거집단론, 관료제와 인성, 일탈행동과 아노미, 세력연구, 지식사회학, 과학사회학, 매스커뮤니케이션과 선전, 계급 동태 등의 여러 분야에서 뛰어난 성과를 올렸다. 대표적인 저서로는 『사회이론과 사회구조 social theory and social structure』가 있다.

로베르트 아사지올리 Roberto Assagioli(1888~1974)　이탈리아 출신의 유대계 심리학자이자 정신과 의사. 원래 정신분석가로 출발하였으나 곧 그 한계를 느끼고 동양의 신비주의의 영향을 받아 정신통합psychosynthesis을 주장하였다. 그는 치료의 목적이 개인의 모든 기능과 특성을 조화 · 통합시켜 하나의 큰 전체로 기능하도록 하는 데 있다고 보았으며, 개인적 · 의식적인 자기와 고차적인 영원불변의 중추적인 진정한 자기의 통합을 강조하였다.

로저 월시 Roger Walsh　현재 캘리포니아 의과대학 교수로 재직하고 있으며, 심리학과 인류학, 정신과 인간행동을 연구하고 있다. 명상에 대해 많은 연구를 했으며, 현재 자아초월심리학자로도 활동 중이다. 주요 저서로는 『에고를 넘어서Paths Beyond Ego』와 『필수적 영성Essential Spirituality』이 있다.

로즈마리 앤더슨 Rosemarie Anderson　심리학 박사이며 네브라스카 대학의 심리학 교수로 있다. 토착민의 영성, 특히 켈트족의 영성이 갖는 상징적, 신탁적 측면, 신성한 울음의 현상에 관심을 갖고 연구하고 있으며 자아초월심리학의 연구방법론에도 관심을 갖고 있다. 그는 사회심리학과 여성심리학에 관한 많은 논문을 발표하였다.

롤랑 바르트 Roland Barthes(1915~1980)　프랑스의 문학비평가이자 문학가, 사회학자, 철학자, 기호론자. 바르트는 실존주의와 기호학 분야에서 시작하여 구조주의, 문학, 사진 등 다방면에 걸쳐 활발한 연구활동을 하였다. 20여 권이 넘는 방대한 저술을 하였으며, 대표작으로 『영도의 기술Writing Degree Zero』, 『신화Mythologies』 등이 있다.

루돌프 슈타이너 Rudolf Steiner(1861~1925)　독일의 철학자. 독일의 신지학협회 회장을 지낸 후 인지학협회를 창설하고, 예술·학교교육·의학에 이르는 광범한 문화운동을 지도하였다. 주요 저서로는 『자유의 철학Die philosophie der Freiheit』(1894), 『괴테의 세계관Goethes Weltanschauung』(1897), 『신지학Theosophie』(1904) 등이 있다.

루이스 멈포드 Lewis Mumford(1895~1990)　미국의 과학기술사를 연구한 학자이자 저술가. 도시에서의 삶에 대한 초기 저술에서 멈포드는 전기와 대중매체가 이 세계에 긍정적인 영향을 끼칠 것이라 보았으나 후기에는 비관적으로 돌아섰다. 도시의 건축물에 대한 비평으로도 유명하다.

루퍼트 셸드레이크 Rupert Sheldrake(1942~　)　영국 태생의 생화학자, 영국 왕립학회 연구교수로 재직하면서 주로 식물의 성장과 세포 노화를 연구하였다. 셸드레이크의 형태형 성장이론은 현재의 과학이 설명하지 못하는 세대 간의 연결고리나 세포의 성장에 포함된 풀지 못할 의문을 해결해 주는 놀라운 이론으로 평가받고 있다. 그는 또한 통합적인 사상가로 철학, 과학, 신비적 경험 간의 상호 관계를 탐구하는 데 관심을 집중하고 있다.

르네 스피츠 Rene Spitz(1887~1974)　헝가리 태생의 미국 심리학자. 스피츠는 어머니와 아이의 관계를 주로 연구하였으며, 심리-정서적 발달 단계에서의 정서적 유대의 부족에서 의존적 우울증, 적대감이 발생한다는 주장을 하였다. 1940년대에 완벽한 시설의 고아원에서 자란 아이들이 신체적 접촉을 차단당한 상태에서 일 년이 지나자 1/3가량의 아이들이 죽었다는 사실을 밝혀낸 연구로도 유명하다. 아기의 발달을 생후 3개월가량에 불특정인에게 나타내는 웃음반응, 생후 8개월가량에 낯선이를 향해 드러내는 불안반응, 그리고 완고함을 드러내는 법을 배우는 의미론적 의사소통의 세 단계로 나누어 보았다. 그는 이 중 마지막 단계를 강박신경증과 연관이 있는 것으로 보았다. 또한 그는 윌버의 비전-논리 단계에 해당하는 상위 영역도 다루면서 이를 네 단계(실존적 자기exitentioal self, 이중성 자기duality self, 변증법적 자기dialetical self, 실현된 자기realized self)로 나누었다.

리처드 렌스키 Richard Lenski　진화생물학자. 과학전문지 『사이언스Science』에 발표한 연구보고서에서 진화론적 적응의 속도를 조절하는 메커니즘이 있다는 사실을 발견했다고 밝혀 주목을 모았다.

마가렛 말러 Margaret Mahler(1897~1985)　헝가리 출신으로, 나치를 피해 미국에 건너가서 정신분석가로 활동하였다. 아동기 정서장애에 관한 연구로 유명하며 아이가 자아감을 대인관계를 통해 어떻게 성취하는지에 대한 생생한 설명을 제공하였다. 말러는 출생에서 생후 30개월까지를 대략 7단계(정상적 자폐증-정상적 공생-분리/개인화-초기 실행-실행-친교-대상 항상성의 시작)로 나누어 아동의 발달을 어머니와의 관계 형성이라는 역동적 관점에서 보았다. 그녀는 자폐아에 대해서 아기와 엄마를 공생적 단계로 나아갈 수 있게 해야 한다고 보았으며, 정상 아동의 양육 측면에서는 엄마의 정서적 활용 가능성을 강조하였다.

마이클 머피 Micheal Murphy(1930~　)　에살렌연구소의 공동창립자이면서 인간잠재력운동Human Potential Movement의 핵심 인물이다. 머피는 탁월한 인간 잠재력에 관해 여러 권의 소설, 비소설을 저술하였다. 소설로는 1972년에 출판된 『왕국의 골프Golf in the Kingdom』, 비소설로는 1992년에 출판된 『신체의 미래The Future of the Body』가 대표적이다.

마이클 바세체스 Michael Basseches　하버드 대학에서 심리학과 사회적 관계에 대해 박사학위를 취득하였다. 주요 연구 분야는 심리치료에 중점을 둔 청년기 후기 및 성인기의 지능발달, 사회성 발달, 에고 발달이다. 현재는 심리치료 과정과 심리치료사 훈련을 위한 광범위한 변증법적-구성적 평생발달모델을 연구하고 있다.

마이클 워시번 Michael Washburn　미국의 자아초월심리학자. 인간의 생애를 크게 세 단계(유아기-자아-초월)로 나누었으며, 이를 세분화하여 자기의 발달 단계를 다시 7단계로 나누었다. 또한 그의 두 번째 저서 『정신분석 시각에서 본 자아초월심리학Transpersonal Psychology in Psychoanalytic Perspective』에서 영적 위기에 대해 주로 다루었는데, 이는 많은 심리치료사가 영적 문제로 찾아오는 내담자를 대하는 데 큰 도움을 주었다고 평가되고 있다.

마이클 커먼즈 Michael Commons와 **프랜시스 리처즈**Francis Richards　두 사람 모두 미국의 인지-발달 심리학자다. 기존에 피아제가 거의 다루지 않은 형식적 조작기 이후를 후기 형식적 조작기post-formal operational라 명명하고 연구하였다. 커먼즈와 리처즈는 형식적 조작기에 나타나는 행동보다 더 복잡한, 오직 어른들에게서만 관찰되는 정교한 행동이 대인관계, 정치적, 과학적 등의 전 영역에 걸쳐 오직 하나의 순서에 따라 발전된다는 것을 발견하였다. 이들은 이를 4단계로 나누어 연구하였는데, 윌버의 비전-논리 수준에 해당하는 것으로, ① 시스템적systematic, ② 상위 시스템적meta-systematic, ③ 패러다임적paradigmatic, ④ 교차-패러다임cross-paradigmatic 순으로 나타난다.

맥스 벨만스 Max Velmans　런던 대학 골드스미스 단과대학의 심리학 교수. 영국심리학회의 의식 및 경험심리학 분과의 분과장이며, 의식연구를 독려하기 위한 그 밖의 활동에도 관여하고 있다. 벨만스는 '반성적 일원론reflexive monism'을 주장한 것으로 유명한데, 이 이론에서 그는 인간 의식의 측면을 뇌활동보다는 경험의 세계에 위치시킴으로써 유물론자/이원론자 간의 간극을 메우려고 하였다. 그의 이론은 실재론과 이상론을 결합하려고 하였지만 실재의 존재에 관한 지각을 인정하지 않는다는 단점을 지니고 있다.

무히잇딘 이븐 아라비 Muhyiddin Ibn Arabi(1165~1240)　신비가이자 철학자, 시인, 현자. 유대교, 기독교, 이슬람교가 교차하는 스페인 안달루시아에서 태어난 그는 어린 시절부터 높은 영적인 재능을 보여 주면서 탁월한 선지자와 스승으로 활동하였다.

미셸 푸코 Michel Faucault(1926~1984)　프랑스 대학 총장을 지낸 프랑스 철학자. 푸코의 저서 『생각의 구조에 관한 역사』는 다른 학문 분야에 광대한 영향을 미쳤다. 그는 다양한 사회제도와 정신의학, 의료, 성에 관한 폭넓은 비평연구로 잘 알려져 있으며, 평론가들에게 탈근대주의자, 후기구조주의자로 묘사되기도 한다. 10권 정도의 저서가 있으며, 말년의 대표작으로 『성의 역사The History of Sexuality』가 있다.

바와 무하이야딘 Bawa Muhaiyadeen　신의 신비로움에 대해서 말하는 스리랑카 출신의 수피신비가.

발렌티누스Valentinus 로마의 『순교록Martyrial』에서는 발렌티누스라는 두 명의 성인을 2월 14일에 기념하고 있다. 한 사람은 로마의 사제며 의사인 성 발렌티누스(또는 발렌티노)로서 클라우디우스 2세의 박해로 269년에 순교하여 플라미니아 거리에 묻혔다. 다른 한 사람은 로마에서 약 10km 정도 떨어진 테르니의 주교인 성 발렌티누스로서 로마에서 순교하였고 그 유해가 후에 테르니로 옮겨졌다고 하는데, 그의 순교에 대해서는 성 히에로니무스Hieronymus의 『순교록』에도 수록되어 있다. 이 두 순교자가 실제로 현존하였는지에 대해서는 학자마다 주장이 다르다. 두 명의 발렌티누스가 실존했다고 주장하는 이들도 있고, 테르니의 발렌티누스가 로마로 이송되어 처형된 것으로 인해 로마와 테르니에 두 개의 전통이 생겨난 것이지 실제로는 동일 인물이라고 주장하는 이들도 있다. 본래 한 사람의 이야기가 달리 전해진 것일 뿐 동일한 사람이라고 주장하는 학자들이 더 많다. 전해 오는 이야기에 따르면, 성 발렌티누스는 그리스도교 신자라는 죄목으로 체포되어 어떤 관리의 감시를 받게 되었는데, 그 관리에게는 앞 못 보는 양녀가 하나 있었다. 성 발렌티누스가 이 양녀의 눈을 뜨게 해 주자 이에 감동한 그녀의 아버지를 비롯한 전 가족이 그리스도교로 개종하였다고 한다. 그러나 이 사실이 널리 퍼져 마침내 황제의 귀에까지 들어가게 되어 성 발렌티누스는 참수를 당했다고 한다. 성 발렌티누스의 축일을 연인들의 축일로 기념하게 된 것은 14세기부터다. 연인들이 이 날 서로 주고받는 특별한 형태의 축하 카드도 성행하였다. 이 날이 선택된 것은 이 시기가 새들이 짝짓기를 하는 기간의 시작이기 때문이라고 여겨지기도 하고, 남성의 여성에 대한 기사도적 사랑의 표현에서 나타난 것이라고 생각되기도 한다. 즉, 이 전통에 따르면 매년 2월 14일이 되면 젊은 여인들이 '발렌틴Valentin', 이른바 자신들을 흠모하여 시중을 드는 기사를 선택하고, 이 기사들은 젊은 여인들에게 선물을 바쳤다고 한다.

법장Fa-tsang(643~712) 중국의 승려. 현수賢首, 국일법사國一法師, 강장국사康藏國師라고도 한다. 중국 화엄종의 3조로 이 종파의 교리를 집대성하였으며, 산스크리트어에 능통하여 『화엄경』, 『능가경』 등의 경전을 한역하기도 하였다. 저서로는 『화엄오교장華嚴五教章』, 『화엄경탐현기華嚴經探玄記』 등이 있다.

보에티우스A. M. S. Boethius(480~524) 아테네와 알렉산드리아에서 수학하면서 문학, 철학, 산술학, 기하학, 음악, 천문학 등 다방면의 학문을 수학한 학자. 이러한 학식과 인품이 테오도리쿠스 대제의 인정을 받아 보에티우스는 510년경에 집정관이 되었고, 520년에는 최고 행정사법관이 되었다. 520년에 로마의 원로원 의원들과 테오도리쿠스 대제는 동로마 제국의 황제 유스티누스 1세와 내통하였다는 이유로 전 집정관 알비누스를 고발하였는데, 이때 보에티우스가 법정에서 알비누스를 옹호하여 그 역시 반역 혐의를 받았으며, 마술을 부려 신성을 모독하였다고 고발당하였다. 그는 가톨릭에 대한 아리우스파들의 박해, 그리고 로마와 콘스탄티노플 사이의 화해관계에 위협이 된다는 사회적인 배경으로 총애를 잃고 반역자로 고발되어 파비아의 감옥에 갇혔다. 524년에 잔인하게 처형되어 파비아의 산 피에트로 대성당(성 베드로 성당)에 묻혔고, 훗날 원로원 동료였던 카시오도루스에 의해 그의 전기가 작성되었다.

블라디미르 솔로비오프 Bladimir Solovyov(1853~1900)　러시아의 철학자. 베르디에프 Berdyaev는 그를 낮과 밤의 솔로비오프로 구분하여 역설적으로 묘사하였다. 낮의 솔로비오프는 합리주의자이자 넓은 의미의 관념론자로서 당시의 용어를 사용하여 그의 고도로 형이상학적이고 종교적 · 존재론적인 개념을 전달하고자 하였다. 밤의 솔로비오프는 개인적 계시를 시를 통해 전달하는 신비가였다고 전해진다. 그는 윤리학, 인식론, 미학을 포함하는 통합적인 철학을 개진하고자 노력하였으나 그다지 성공을 거두지 못한 채 말년에는 인식론적인 문제에만 천착하였다. 영어로 번역된 저서로는 『서구 철학의 위기The Crisis of Western Philosophy』가 있다.

블랑크 부부 Blanck and Blanck　에고심리학과 대상관계이론에 관한 발달적 관점을 정신병리와 정신분석에 적용한 대표적인 심리학자. 게르트루드 블랑크Gertrude Blank 박사는 하인트 하르트만Heinz Hartmann, 에디스 제이콥슨Edith Jkobson, 르네 스피츠Rene Spitz와 같은 에고심리학의 거장들의 성과를 임상장면에 활용하는 데 선구적인 역할을 하였다. 이들 부부는 5권의 저서를 출판하였는데, 1968년에 저술된 첫 저서 『결혼과 개인발달Marriage and Personal Development』은 발달이 일생에 걸쳐 일어난다는 에릭슨의 입장을 확인해 주고 있으며, 결혼이나 부모 역할은 성인기의 성장을 촉진한다는 것을 보여 주고 있다. 그들은 또한 에고 발달에서 초기 대상관계의 역할을 상세하게 설명하였으며, 건강한 발달을 위해서는 자기 대상 분화가 중요하다는 점을 강조하였다.

빌헬름 딜타이 Wilhelm Dilthey(1833~1911)　헤센 비브리히 태생. 하이델베르크와 베를린 대학에서 수학하고, 1866년 바젤, 1868년 킬, 1871년 브레슬라우, 1882년 베를린 등에서 교수 생활을 하였다. 딜타이는 자연과학에 대해 정신과학의 영역을 기술적, 분석적, 심리적 방법으로 확고하게 만들었다. 또한 해석학 영역에서는 슐라이어마허의 해석학 연구를 거쳐 역사적 생의 이해, 역사적 의미의 이해를 중심으로 하는 해석학 방법론을 확립하였다.

성 디오니시우스 St. Dionysius(1402~1471) 카르투지아노라고도 부른다. 쾰른 대학에서 수학하고, 1425년 카르투지오 수도회에 가입하였다. 1451~1452년에 추기경 니콜라우스 쿠사누스를 수행하여 북서부 독일을 순회하였다. 신비적인 자질과 박학으로 알려져 고양박사(高揚博士)라고도 불렸다. 아퀴나스, 타울러, 로이스브레이크의 영향을 받아 많은 저작을 남겼다. 주요 저서로는 『관상(觀想)에 관하여I De Contemplatione』, 『미학(美學)』 등과 종교교육론 분야의 중요한 저작과 성서의 주석 등이 있다.

성 테레사 St. Teresa(1515~1582) 스페인의 신비가이자 저술가, 수도원 개혁자로 가톨릭 개혁의 주요 인물이다. 그녀는 아빌라의 성 테레사로 알려져 있으며, 그녀의 축일은 10월 15일이다. 가톨릭 교회 3인의 박사에 속한다. 대표적인 저서로는 『내면의 성 Interior Castle』이 있다. 그녀는 이 책에서 자신이 경험한 신비체험을 묘사하고 있다. 깊은 묵상과 관상기도로 하나님과 합일하는 체험에 도달함을 묘사한 이 책은 합일에 이르는 과정을 7단계의 궁방(宮房)으로 묘사하며, 마지감 단계인 제7궁방에서 하나님과의 결혼으로 묘사되는 합일의 체험을 이룬다.

성 힐데가드 St. Hildegard(1098~1179) 중세 여성 신비가의 대모. 하나님을 사고의 대상이 아닌 '느낌'의 대상으로 보는 중세 여성 신비주의는 남성 지배 중심의 중세 교회에 새로운 영성을 불러일으켰다. 힐데가드는 여성이라는 이유로 자신의 입장을 굽히거나 교권에 무조건 복종하지 않았다고 한다. 그녀는 고대 그리스 철학에 바탕을 둔 자연과학자이기도 했으며, 우주의 근본을 이루는 불, 공기, 물, 땅의 조화에 따라 열기, 건조, 습기 및 냉기에 의해서 육체의 건강이 결정된다고 보았다. 각종 약초와 광물을 이용한 자연치료법에 대한 지침서를 남기기도 하였다.

세친(世親, Vasubandhu)(320?~400?) 인도의 승려이자 불교학자. 어렸을 때 인도철학을 섭렵하고, 불교에 귀의한 후에는 다양한 사상을 공부하였다. 당시 가장 큰 세력 중 하나였던 설일체유부說一切有部의 사상을 정리 · 비판하는 『아비달마구사론阿毘達磨俱舍論』을 저술하였다. 후에 무착에 의해 대승불교의 유식사상으로 전향하였다.

셰릴 아몬 Cheryl Armon　　미국의 여성 심리학자로 인간의 인지, 도덕 발달을 주로 연구하고 있다. 처음에는 중앙아메리카, 남아메리카의 다양한 삶의 모습을 담는 교육용 영화 제작자로 시작하였으나, 자녀의 교육문제로 미국에 돌아온 후 로렌스 콜버그와 도덕발달, 민주적 교육에 대한 연구를 수행하였다. 아몬은 이후 교육이론과 구조적 발달심리학, 윤리학, 연구방법론 등의 통합을 포함한 다양한 코스, 공동체 개입, 훈련 프로그램을 기획하고 실천하였다. 그리고는 숙련된 교육자를 위해 그녀의 동료와 함께 교사 리더십과 학교 변화에 초점을 맞춘 새로운 석사과정을 개설하였다. 그녀는 선을 추구하는 단계를 급진적인 이기주의, 도구적 이기주의, 정서적 상호관계, 개인성, 주관적 상대주의, 자율성, 우주적 전체론으로 나누었다.

수잔 베낵 Suzanne Benack　　하버드 대학에서 박사학위를 받고 심리학 교수로 재직하고 있다. 주요 연구 분야는 청년기와 초기 성인기를 중심으로 한 도덕과 인식론적 사고 및 에고의 발달이다. 베낵은 성격심리학, 심리치료 강의를 담당하고 있으며, 청년기와 도덕발달에 관한 세미나를 열고 있다.

수잔 쿡-그로터 Susanne Cook-Greuter　　하버드 대학 출신의 발달심리학자로서 몇년 동안 SRADSociety for Research in Adult Development로 일해 왔다. 그녀는 제인 뢰빙거 Jane Loevinger의 자아발달모델을 연구해 왔으며, 자아발달의 후기 단계에 관심을 기울여 연구하고 있다. 그녀는 뢰빙거가 제시한 발달모델에 고차적인 단계를 추가할 필요성을 역설하였다.

스리 오로빈도 Sri Aurobindo(1872 ~ 1950)　　본문 126쪽 참고.

스탠 그로프 Stan Grof, Stanislav Grof(1931 ~)　　체코 태생의 자아초월심리학자. 윌버가 자아초월심리학의 이론적 흐름의 정점이라면, 그로프는 임상적 흐름의 정점에 있는 인물이다. LSD를 이용한 의식탐구로 유명하며, 1970년대 들어 LSD의 사용이 법적으로 금지되자 이후 홀로트로픽 기법을 개발하여 연구를 계속해 나갔다. 그는 출생 과정의 소단계에 대한 심층적이고 광범위한 연구를 하였는데, 이를 BPMBasic Perinatal Matrix(분만 전후 기본 모체)의 4단계로 나누어 이 단계에서 발생한 외상이 이후 병리적 콤플렉스를 야기할 수 있다고 보았다. 또한 홀로트로픽 기법을 통해 퇴행하여 외상을 재경험함으로써 병증을 완화시킬 수 있다고 주장하였다.

신란 쇼닌 Shinran Shonin(1173～1262)　　일본 불교 정토종의 한 종파인 정토진종의 시조. 하급 귀족 히노씨 출신으로 시호는 견진대사見眞大師다. 어려서 부모를 잃고 불교 강원에 들어가 불제자가 되었다. 쇼닌은 천태종의 본산인 히에이산에서 승려로 수행하며 여러 경전을 섭렵하던 중 천태종 내부의 타락상에 회의를 느끼고 20년의 수행생활을 청산하였다. 1201년 호넨 문하로 들어가서 이름을 사쿠쿠로 바꾸었으며, 31세에 결혼하여 재가승이 되었다. 당시 일본에서는 말법사상을 배경으로 염불 암송을 중시한 호넨의 정토종이 등장하여 급속히 교세를 넓히다가 기성 종파의 박해를 받았는데, 쇼닌은 스승 호넨의 가르침을 더욱 발전시켜 선행을 쌓을 여유조차 없는 악인이야말로 아미타불이 구원하고자 하는 대상이라는 악인정기설惡人正機說을 주장하며 새로이 정토진종을 열었다. 1207년 후지이 요시자네라는 죄인명으로 에치고(현재의 니가타현)에서 5년간 유형생활을 하였다. 그 후 유배지에서 풀려나 입적할 때까지 대중 교화에 힘썼으며, 이 시기에 이름을 신란으로 고쳤다. 평소 아미타불의 눈에는 모든 인간이 근본적으로 평등하고 다른 사람을 돕는 것이 곧 자신을 돕는 것이라는 불교식 자유를 가르쳤으며, 한 곳에 머무르지 않고 자유의 마음을 갖고 사는 것을 '여여한 본성'이라고 하여 강조하였다.

아난다 쿠마라스와미 Ananda Coomaraswamy(1877～1947)　　새로운 시대의 예언자이자 칼라요기, 철학자, 신학자로 알려져 있는 쿠마라스와미는 동서양의 문화를 비교한 세계적으로 유명한 스리랑카의 학자다. 영국에서 교육을 받았으며 동양 예술, 비교 및 미학에 뛰어난 재능을 보였다. 1917년 미국 보스턴으로 건너가 보스턴 박물관의 큐레이터로 일하면서 방대한 연구를 하여 미학, 형이상학, 종교에 관한 미국식 사고에 많은 영향을 주었다. 전통의 가치를 높이 사고, 스스로의 전통으로 돌아가도록 동양을 일깨우며, 서구 사회의 팽창이 동양의 전통을 침해하지 않도록 많은 노력을 기울이기도 했다.

아디 샹카라 Adi Shankara(788～820)　　남인도 출신의 인도 최고의 철학자로 불이론不二論을 주장하였다. 샹카라의 불이론에 따르면 만물의 근저에는 유일한 절대자인 브라만이 있는데, 이는 온갖 차별상을 떠나 본질적으로는 아트만과 동일하다. 현상계 또한 브라만에 의존해 있기는 하지만 무명으로 인해 주재신으로 성립되었다. 그러므로 현상은 참다운 존재가 아닌 환영과 같은 것이다. 이것을 인식하게 되면 해탈을 하게 되는 것이다. 그는 훌륭한 학문적 거장을 많이 배출하여서 인도 사상계에 현재까지도 압도적인 세력을 형성하고 있다. 대표적 저작으로는 『브라흐마 수트라Brahma-sutra』 주석서가 있다.

아브라함 매슬로 Abraham Maslow(1908~1970) 본문 127쪽 참고.

아상가Asanga(300~?) 4세기 북인도 바라문 출신의 유식불교 대성자. 음역해서 아승가阿僧伽라고 부르기도 하며 무착無着으로 의역한다. 75세까지 살다가 왕사성에서 입적하였다고 전해진다. 처음에는 설일체유부說一切有部에 출가해서 소승 공관空觀을 공부하였다가, 이후에 대승으로 전향하여 동생인 세친(바수반두Vasubandhu)과 함께 유식학을 확립하는 데 커다란 기여를 하였다. 저서로는 『유가사지론瑜伽師地論』, 『섭대승론攝大乘論』, 『현양성교론顯揚聖敎論』, 『금강반야경론金剛般若經論』, 『순중론順中論』, 『대승아비달마집론大乘阿毘達磨集論』 등이 있다.

아서 러브조이 Arthur Lovejoy(1873~1962) 아이디어의 역사와 지식이론에 관한 업적으로 유명한 미국 철학자. 러브조이는 지적 개념이 역사성을 가지고 있다는 사실에 매료되어 개념 및 위대한 생각이 세기에 걸쳐서 어떻게 발달하고 변천되며 결합되는가를 연구하였다. 그는 지성의 고고학자로서 서구 사상의 원천을 파헤쳤다. 시스템, 신조, 주의를 그 기본적 원소로 분해하는 데 관심을 가졌던 그는 철학의 물리학자라고도 부른다.

안나 프로이트 Anna Freud(1895~1982) 정신분석의 창시자인 지그문트 프로이트의 막내딸로 태어나 아버지 밑에서 학문적 경력을 쌓았다. 아버지가 성인을 대상으로 한 분석에 치중한 것과 달리 안나 프로이트는 아이들에 관심을 갖고 아동 정신분석을 창안하였다. 방어기제에 대한 체계적인 연구로도 유명하다.

알도스 헉슬리 Aldous Huxley(1894~1963) 영국의 시인이자 소설가, 사상가. 처음에는 시인으로서 이미지스트운동에 참가하였고, 소설을 쓰기 시작하면서 『크롬 옐로우

Crome Yellow』, 『연애 대위법 Point Counter Point』으로 제1차세계대전 후의 회의적 경향을 대변하여 지식인의 주목을 끌었다. 헉슬리는 명료한 도덕적 확신을 토대로 한 냉소주의와 현란한 지적 대화가 혼합된 실험성 강한 작품을 발표하여 20세기의 대표적 작가가 되었다.

애니 베산트 Annie Besant(1847~1933) 신지학자이자 여성인권운동가, 작가, 연설가. 원래는 마르크시스트였으나 신지학협회의 1대 회장인 블라바츠키Blaratsky를 만난 후 신지학으로 전향하게 된다. 1889년에 국제신지학협회에 가입한 이후 2대 종신회장을 맡으면서 주로 인도에서 활동하였다. 인도의 독립을 지지하는 활동을 하였으며 어린 크리슈나무르티를 세계의 스승으로 키우고자 한 것으로도 유명하다. 『고대의 지혜The Ancient Wisdom』, 『의식의 연구A Study in Consciousness』 등 수많은 저서를 남겼다.

앨런 콤즈 Allan Combs 의식연구자이자 신경심리학자, 시스템 이론가. 세이브룩, 캘리포니아 통합연구소 및 아시시 컨퍼런스에서 일을 하였다. 노스캐롤라이나-애시빌 대학의 명예교수이며, 코네티컷 대학원의 통합연구 MA과정을 이끌기도 하였다. 그는 뇌와 의식에 관하여 많은 저술을 하였으며, 통합대학의 의식연구센터의 장, 심리학의 카오스 이론 협회 및 통합재단의 공동설립자이면서 『의식진화 저널Jounal of Conscious Evolution』의 공동편집자, 『역동적 심리학Dynamical Psychology』의 부편집자이기도 하다.

앨윈 스콧 Alwyn Scott 애리조나 대학 수학과 교수이자 덴마크 공과대학 수학적 모델링 연구소에 몸담고 있다. 스콧은 과학지 『비선형 현상 자연학Physica D-Nonlinear Phenomena』의 창립 편집자이며, 미국 로스앨러모스 국립연구소 내에 비선형연구센터를 창립하여 초대 소장을 지냈다. 주요 저서로는 『비선형 과학 백과사전The Encyclopedia of Nonlinear Science』, 『비선형 과학: 일관구조의 출현과 역동Nonlinear Science: Emergence and Dynamics of Coherent Structures』, 『신경과학: 수학 입문서 Neuroscience: A Mathematical Prime』, 『마음으로 향하는 계단Stairway to the Mind』 등이 있다.

어빈 라슬로 Ervin Laszlo(1932~) 헝가리 태생. 프랑스 소르본 대학 인문과학 박사. 뉴욕 주립대학 철학 교수를 지냈고, 인디애나 대학, 노스웨스턴 대학, 휴스턴 대학 등에서 미학을 가르쳤다. 그 밖에 예일 대학, 프린스턴 대학, 괴텐부르크 대학 등에서 연구원으로 활동하였다. 유네스코 사무총장 고문, 유럽 진화론 연구 아카데미 회장, 국제체계과학회 회장, 부다페스트 클럽 회장, 로마 클럽 회장 등을 역임하였고, 세계 인문 및 과학 아카데미 회원, 국제 과학철학회 평의원, 『미래 세계world futures』 편집 책임자로 활동하고 있다. 현재까지 약 60여 권의 저서와 300여 편의 논문을 발표하였다. 최근 저서로는 『당신은 세계를 바꿀 수 있다You Can Change the World』가 있다.

에드워드 에딩거 Edward F. Edinger(1922~1998)　　미국의 심리학자이자 작가. 에딩거에 따르면 예수 그리스도는 반드시 자기self(여기서는 심리적 총체의 원형을 의미한다)로 육화하고 다시 한 번 더 자아ego로 육화해야 하는데, 그럼으로써 앞의 과정을 거슬러 개인적인 자아가 '원형'으로 변형되면서 신적인 상태에 들어갈 수 있음을 보여 줄 수 있기 때문이다. 그는 자아와 자아의식이 마침내 신성한 빛의 상태에 도달하기 전까지는 계속 강화되어야 한다고 보았다. 이는 자아 초월의 길에서 자아의 죽음을 강조한 융이나 기독교 관점에서 벗어나 있다. 에고의 출현을 유아적, 무의식 상태에서의 진화, 발달이라고 본 점에서는 윌버와 일치하고 있다.

에디스 제이콥슨 Edith Jakobson(1897~1978)　　미국 뉴욕에서 활약한 대표적인 여성 정신분석학자. 프로이트를 비롯한 1920년대, 1930년대의 독일에서 영국으로 학문의 본류가 건너갔다가, 자아심리학을 들고 나온 제이콥슨에 의해 큰 물줄기가 미국으로 건너가게 되었다. 그래서 제이콥슨을 미국 정신분석학의 태두라고 하며, 그녀를 통해 현대 정신분석학의 본거지가 미국이 되었다. 그녀는 본능적 욕동에 대한 프로이트의 이론을 자아심리학적 관점에서 보완하고 발전시켰으며, 욕동에 대한 프로이트의 이론이 낳은 어려움을 해소하는 데 큰 기여를 하였다. 저서로는 우울증-정신분석적인 원인, 정상과 정신증 및 신경증의 구분을 발달심리학적으로 설명한 『우울: 정상, 신경증, 정신병의 비교연구Depression: Comparative Studies of Normal, Neurotic, and Psychotic Condition』가 유명하다.

에른스트 슈마허 Ernst F. Schumacher(1911~1977)　　독일 태생의 영국 경제학자. 슈마허는 현대인들이 기술적인 진보를 무분별하게 받아들여 자율성을 잃고 삶의 질이 낮아지는 현상에 대해 경고하였다. 그의 대표적인 저서 『작은 것이 아름답다Small is beautiful』는 런던 타임즈가 선정한 제2차세계대전 이후의 가장 영향력 있는 저서 100권 중 하나다.

에리히 노이만 Erich Neumann(1905~1960) 융의 수제자로 꼽히는 독일 태생의 심리학자. 노이만은 특히 발달심리학 분야와 의식 및 창조성을 연구하는 데 큰 기여를 한 것으로 평가받는다. '중심 지향성centroversion, 내향성과 외향성의 종합'이라는 개념으로 심리학에 중대한 공헌을 하였으며, 여성 발달에 관한 이론으로도 널리 알려져 있다. 그는 또한 역사에서 신화가 개인과 사회의식의 발달적 측면을 어떻게 드러내는지를 밝히고자 하였다. 저서로는 『위대한 어머니The Great Mother』, 『의식의 기원과 역사The Origins and History of Consciousness』와 『심층심리학과 신윤리Depth Psychology and a New Ethic』가 유명하다. 그는 발달 단계를 신화적, 심리적 단계로 나누어 명명하였다. 윌버는 그의 용어 중 플레로마pleroma, 우로보로스uroboros 등을 차용하여 쓰고 있다.

에리히 프롬 Erich Fromm(1900~1980) 미국 신프로이트 학파의 정신분석학자이자 사회심리학자. 신프로이트주의의 주도적 제안자다. 그는 전통적인 심리분석학의 이론적인 위상을 재검토하면서 프로이트를 심리학과 윤리학의 분리라는 측면에서 비판하였다. 프롬은 다양한 윤리적 개념을 재검토하면서 인간이 본래적으로 악하고 공격성을 지니고 있다는 견해에 집착하지 않는다. 또한 인간이 본유적으로 선한 복성을 가졌다는 견해에 대해서도 지지하지 않는다. 그는 역학에 의해 사회나 문화의 변동을 분석하는 방법론으로 '인간주의적 정신분석'을 제기하였다. 저서에 『자유로부터의 도피Escape from Freedom』(1941), 『인간의 자유Man for himself』(1947), 『건전한 사회The Saue Society』(1955), 『선과 정신분석Psychoanalysis and Zen Buddhism』(1960), 『의혹과 행동Beyond The Chains of Illusion』(1962) 등이 있다.

에릭 에릭슨 Erik Erikson(1902~1994) 독일 태생의 미국 정신분석학자. 미술과 자유로운 분위기, 그리고 여행을 좋아하였고, 20대 중반에는 비엔나에서 시작된 특수학교에서 어린 학생들에게 미술과 사회 분야의 과목을 가르치기도 했다. 그리고 안나 프로이트에게 교육 분석 및 기타 훈련을 받았고, 아동 정신분석 분야에서 자격증도 얻었다. 에릭슨은 프로이트의 5단계의 성심리 발달이론을 바탕으로 8단계의 사회심리이론을 만들었는데, 비록 프로이트의 이론을 기초로 하고 있지만, 여러 면에서 프로이트와 그 관심을 달리한다. 그는 정체성 개념으로 프로이트 이후 자아심리학을 비약적으로 발전시켰다. 주요 저서로는 발달의 사회성을 주창하는 『유아기와 사회Childhood and Society』(1950), 『정체성과 생활주기Identity and Its Life cycle』(1959), 개인 생활사와 역사의 만남을 예증하는 『청년 루터Young Man Luther』(1958), 『간디의 진리Gandhi's Truth』(1969) 등이 있다.

에블린 언더힐 Evelyn Underhill(1875~1941)　영국의 신비주의 작가이자 형이상학적 시인.

엘렌 랭거 Ellen Langer(1947~　)　하버드 대학의 심리학 교수로서 통제착각, 의사결정, 노화와 마음챙김이론을 연구하고 있다. 랭거는 1974년 예일 대학에서 사회 및 임상심리학 박사학위를 받았으며, 1980년에는 구겐하임 펠로십을 수상하였다. 그 외 심리학 분야에서 여러 가지 명예로운 상을 수상하였으며, 『마음챙김Mindfulness』과 『마음챙김 학습의 힘The Power of Mindful Learning』을 포함한 6권의 저서와 200여 편이 넘는 논문을 저술하였다.

엘리자베스 디볼드 Elizabeth Debold　하버드 대학에서 인간발달 및 심리학 박사학위를 받았다. 하버드 대학 여성심리학과 소녀발달에 대한 사업의 초대 참여자였다. 성문제 및 여아의 자각, 성장에 관한 수많은 논문을 발간하였다.

오토 컨버그 Otto Kernberg(1928~　)　오스트리아 빈 출신의 정신과 의사. 칠레에서 의사수업과 정신치료 훈련을 받고 캔사스 메닝거 클리닉에서 정신치료 경험을 쌓았다. 컨버그는 성격장애, 나르시시즘, 대상관계 분야에서의 심도 깊은 연구로 유명하다. 국내에 번역된 저서로는 『남녀관계의 사랑과 공격성Aggression in Personality Disorders and Perversions』이 있다.

월터 런치만 Walter Garrison Runciman　런치만은 1971년부터 비교 역사, 사회학 분야를 연구하는 캠브리지 트리니티 대학의 일원으로 활동해 왔다. 그는 영국 학술원장을 지냈으며, 에덴버그, 옥스퍼드, 요크 대학에서 명예 학위를 받았다. 1966년 사회 정의와 상대적 박탈감에 대한 연구를 시작으로 현재까지 사회, 문화 영역에 관한 지속적인 연구를 하고 있다. 최근 그가 관심을 갖는 분야는 문화와 사회 선택에 신다윈주의의 진화 이론을 적용하는 것이다.

위르겐 하버마스Jürgen Habermas(1929~) 본문 125쪽 참고.

윌리엄 맥두걸 William McDougall(1871~1938) 영국 태생의 미국 심리학자이자 저술가. 맥두걸은 실험심리학자로서 인간의 심리를 이해하는 데 이용할 수 있는 모든 수단을 사용하는 전일론적 심리학을 신봉하였다. 그는 최초로 인간의 본능적 행동에 관한 이론을 정립하였으며, 사회심리학이라는 새로운 분야를 발달시키는 데 중요한 영향을 미쳤다.

윌리엄 브로드 William Braud 실험심리학 박사를 취득한 심리학 교수. 브로드의 연구 관심사는 초심리학과 이완, 주의, 의도, 심상화 같은 심리적 훈련이 면역계, 행동, 경험에 미치는 영향이다. 그는 심령현상, 신비적 경험, 직관과 같은 예외적인 인간 경험이 가지는 의미와 이들이 삶에 미치는 영향을 연구하고 있다. 개인적·영적 변화 및 변용, 대안적 인식방법, 자아초월 연구에 관한 보다 완전하고 포괄적인 방법론을 개발하고 촉진하는 데도 힘쓰고 있다.

윌리엄 페리 William Perry 미국 샌디에이고에 있는 전문심리학 캘리포니아 스쿨에서 박사학위를 받았다. UCSD에서 인턴을 지냈으며, 신경정신 분야에서 활발한 활동을 하고 있다. 현재 페리는 신경행동 간연구 프로그램Neurobehavioral Hepatology Research Program의 주관자로서 정신과 신경, 정신물리, 자폐, 정신병 등을 주 연구과제로 심도 있는 연구활동을 벌이고 있다.

윌리엄 페어베언 William Ronald Fairbairn(1889~1964) 영국 태생의 정신분석가. 대상관계이론을 정립하는 데 기여하였다. 페어베언은 그가 관찰한 '반복강박'과 결코 화합할 수 없었던 프로이트의 쾌락욕동이론 안에 본래부터 존재하는 이론적인 문제를 푸는 데 전념하였다. 이를 위해 그는 프로이트의 동기이론, 즉 리비도를 재개념화 해야만 하였다. 그는 프로이트가 주장한 대로 리비도가 일차적으로 쾌락을 추구한다면 왜 사람들이 끊임없이 그들 자신을 외상 경험에 말려들도록 하는가를 고민하였다. 이 난제에 대한 페어베언의 대답은 리비도가 일차적으로 쾌락을 추구하지 않고 대상을 추구하고 있다는 것이다. 다시 말해서, 다른 사람과의 친교와 사귐은 인간 존재의 일차적 동기이고, 쾌락은 오히려 이러한 일차적인 동기 부여에서 나온 두 번째 동기다. 또한 클라인Klein과 달리 내적 대상이 발달의 불가피한 결과로 생긴 것은 아니라고 본다. 그것은 오히려 다른 사람과의 실제 연결을 위한 보상의 결과로 생긴 것이다. 그리고 그것은 초기 대상관계에서 처음으로 돌보아 주던 사람과의 단절에 의해 생겨난다. 이 통찰을 통해 그는 프로이트가 독창적으로 셋으로 나눈 이드, 자아, 초자아의 구조와 다른 정신의 새로운 구조를 개발하였다. 특히, 페어베언은 그의 관찰을 설명하기 위해 리비도적인 자아와 반리비도적인 자아로 '자아의 분열'을 개념화하였다.

윌프리드 셀라스 Wilfrid Sellars(1912~1989)　　미국의 철학자. 미시간, 버팔로, 옥스퍼드 대학에서 수학하였다. 제2차세계대전이 끝나고 아이오와, 미네소타, 예일 대학에서 강의를 하였고, 1963년부터 사망할 때까지 피츠버그 대학에서 철학을 강의하였다. 셀라스는 인식론의 창시자로 잘 알려져 있는데, 미국 실용주의와 독일의 분석실증주의 그리고 영국의 분석철학을 효과적으로 조합한 인물로 유명하다. 주요 저서로 『철학과 인간에 관한 과학적 이미지Philosophy and the Scientific Image of Man』가 있다.

자크 데리다 Jacques Derrida(1930~2004)　　프랑스령 알제리 태생. 1975년 예일 대학에서 강의하게 되면서 사람들은 데리다를 폴 드 만Paul de Man, 해롤드 블룸Harold Bloom 등의 비평가들과 함께 묶어 '예일 학파'라 불렀는데, 이때부터 데리다 사상이 '해체' 또는 '해체주의'라는 이름으로 널리 확산되었다. 그의 저작은 1974년에 나온 『조종Glas』을 분기점으로 두 시기로 나뉜다고 보는 것이 통설이다. 전반기 저작들은 하이데거 철학의 강한 영향과 1970년대를 풍미하던 이른바 탈구조주의적 구도 속에서 해체론의 방법론적 전략과 그것을 구성하는 중요 용어(차연, 에크리튀르, 흔적, 텍스트, 산포 등)를 어떤 구체적인 주제와 대안으로 제시하고 있다. 특히, 탈형이상학의 전략이 언어이론과 맞물리면서 그가 제시한 "텍스트 밖에는 아무것도 없다."라는 명제는 현대 철학자들에게 중대한 논쟁을 불러일으켰다. 또한 후반기의 저작들에서는 해체론의 선험주의적 측면을 청산하려고 노력하는 동시에, 그의 해체론적 사유를 철학 안팎의 경계를 자유롭게 드나들면서 확대시키고 심화시켜 나갔다. 데리다의 전반기 저작을 통해 드러난 바 있는 그의 실험적이며 난해한 문체는 그의 후기 저작들에 더 성숙한 경지에 접어들어 광범위한 분야에 해체론적 사유를 퍼뜨렸다.

자크 라캉 Jacques Lacan(1901 ~ 1965)　프랑스의 정신분석학자. 그는 기존의 정신분석학이 온통 모순투성이며 허위 조작일 뿐이라고 폭로하였다. 라캉은 기존 정신분석의 사회적 역할을 검토하면서 그것이 모순과 오류로 가득 차 있음을 발견하고 새로운 정신분석학 이론과 자아관을 제시하였다. 그는 제2차세계대전 당시 미국으로 이주한 유럽의 정신분석학자들은 미국의 경험론에 젖어들었고 행동주의의 몇몇 주장을 수용하였으며, 이것이 미국 생활에 대한 불건전한 적응, 학문적 편협함과 권위주의로 이끌었다고 비난하였다. 그의 비난과 새로운 정신분석학 이론으로 라캉은 '비정통적인 분석치료와 교습방법'이라는 명목하에 국제정신분석학회에서 축출당하게 된다(1963년). 그러나 그는 자신의 이론을 버리지 않고 더욱 세밀히 연구하고 임상에 적용하여 새로운 치료법(새로운 정신분석관, 즉 새로운 자아관)을 정립하였다. 라캉 사상의 전개 과정은 편의상 세 단계로 분류할 수 있다. 첫 번째 단계는 '상상계'를 집중적으로 연구하던 1940년대 이전 시기, 두 번째 단계는 구조주의와 '상징계'를 연구하던 1940년대 이후부터 1960년대 중반 시기, 세 번째 단계는 '실재계'를 연구하면서 그의 사상을 마무리하였던 1965년부터 사망 시기로 요약할 수 있다.

잔 시놋 Jan Sinnott　영국 세인트루이스 대학에서 학사학위를 받고 미국 가톨릭 대학에서 박사학위를 받았다. 시놋은 성인의 복잡한 인지발달에 대해 중점적으로 연구하였으며, 성역할 발달, 영성, 공동체 발달 등 폭넓은 분야의 많은 출판물이 있다. 현재 그녀는 심리학 교수로 재직 중이며, 제자들과 함께 인간발달에 대한 연구를 계속하고 있다.

잘만 샥터-샬로미 Zalman Schachter-Shalomi(1924 ~)　나로파 대학에서 세계 지혜의 석좌World Wisdom Seat 위치에 있으며, 30년 이상 미네소타 대학과 템플 대학에서 종교학 교수로 재직하고 있다. 그는 하시디즘과 카발라의 중심적인 가르침을 현대식으로 바꾸는 데 중심적인 역할을 하면서 유대교의 영적 전통을 되살리는 데 헌신하였다.

장 겝서 Jean Gebser(1905 ~ 1973)　독일 출신의 과학자이자 예술가, 신비가. 독일에서 태어난 겝서는 파시스트를 피해 이탈리아, 프랑스, 스페인을 전전하였다. 인생의 후반에는 인도와 미국을 여행하면서 몇 권의 저서를 편찬하였다. 그는 1914~1945년 유럽에 만연한 스트레스와 혼란은 효율성의 극단에서 오는 의식구조의 증상이라고 진단하고 새로운 의식 형태가 탄생할 필요성을 역설하였다. 그의 탁월한 저서 『항존하는 기원The Ever-Present Origin』에서 겝서는 인류의 여러 탐구 영역에서 역사상 다양한 의식구조가 출현하고 붕괴되었음을 보여 준다. 그의 이론에 따르면 역사적 과도기에는 의식의 도약이 일어나며, 이로 인해 인간의 몸과 마음의 구조가 변화된다. 그는 '태어날 때는 울지만 죽을 때는 미소 지어야 한다.' 는 자신의 말대로 얼굴에 부드럽고 멋진 미소를 띠며 1973년 5월 14일 사망하였다.

장 피아제 Jean Piaget(1896~1980)　아동을 관찰하고 연구하면서 일생을 보낸 세계적인 아동발달심리학자. 피아제는 아동이 성인과 같은 방식으로 사고하지 않는다는 점에 주목하여, 오랫동안의 연구를 통해 겉보기에는 비논리적인 아동의 말에 감추어진 아동 특유의 질서와 논리를 발견하게 되었다. 그의 천재적인 통찰은 마음의 내적 활동에 관해 새로운 지평을 열어 주었으며, 발달심리학과 인지이론 및 유전적 인식론이라는 새로운 분야가 탄생하는 계기를 마련하였다. 그 자신은 교육개혁자는 아니었지만 아동의 사고 과정에 대한 그의 탁월한 연구는 오늘날의 교육에 확고한 기초가 되고 있다. 아인슈타인은 그의 연구에 대해 "매우 단순해서 오직 천재만이 생각할 수 있다."라고 칭찬하였다.

잭 잉글러 Jack Engler　자아초월심리학의 개척자 중 한 사람. 잉글러는 심리치료자이면서도 위빠사나 명상과 불교심리학을 가르친다. '무아가 되기 전에 누군가 되어야 한다 you have to be somebody before you can be nobody.' 는 그의 유명한 말은 자아초월심리학의 유행어가 되었다. 토마스 머튼의 자서전을 읽고 명상적 삶을 살기로 결심하였으며, 우연히 한 서점에서 불교 명상에 관한 책을 접하고는 그 주제에 관해 박사학위 논문을 쓰려고 인도로 갔다. 인도의 나란다 연구소에서 불교심리학을 공부하고 명상을 시작하였으며, 캘커타 불교 단체의 명상 수행자를 대상으로 불교 명상에 대한 광범위한 연구를 진행하였다. 그는 각 문화의 불교 명상 단계에서 일어나는 심리적 변화를 연구하였다.

제럴드 허드 Gerald Heard(1889~1971)　미국의 역사가이자 과학자, 교육자, 철학자. 허드는 35권에 달하는 방대한 저술을 남겼고, 미국의 현자로 유명하다. 의식발달에 대한 그의 업적은 그 분야의 선구로 알려져 있으며, 1960년대 이후의 서구 사회에 지대한 영향을 미쳤다.

제이 얼리 Jay Earley 변형심리학자이며 정신치료자, 작가, 교육자, 이론가. 얼리는 그룹 치유 분야의 권위자로 매우 잘 알려져 있고, 이 분야를 다룬 그의 책들도 매우 많다. 또한 1984년 이후로 삶의 목적을 찾는 워크숍을 이끌어 왔고, 이에 관해 저술활동을 계속해 오고 있다. 심리학 박사학위를 받았으며 게슈탈트 연구소에서도 박사학위를 취득하였다.

제인 뢰빙거 Jane Loevinger(1918~) 심리측정 분야의 전문가인 뢰빙거는 자아발달의 이론을 확립한 대표적인 학자로 꼽히고 있다. 그녀가 자아발달을 측정하기 위해 고안한 문장완성검사Sentence Completion Test(SCT)는 현재 심리학에서 성격을 측정할 수 있는 귀중한 검사도구로 활용되고 있다. 그녀는 이 검사를 이용해 도덕발달, 대인관계 및 개념적 복잡성을 측정하였다.

제인 헨리 Jane Henry 응용심리학자. 개인 및 직업 발달, 학습 그리고 이들과 성격, 인지 유형 간의 관계를 주로 연구하였다. 웰빙, 최적의 경험, 변화 전략, 직관 및 창조성에 관한 연구도 진행하였다.

제임스 마크 볼드윈 James Mark Baldwin(1861~1934) 본문 120쪽 참고.

제임스 매스터슨 James Masterson 미국의 정신분석학자. 매스터슨은 오랜 기간 다루기 힘든 청소년 문제에 대한 그의 경험과 말러Mahler의 발달적 대상관계이론을 통합하여 그 자신의 대상관계이론을 발전시켰다. 그는 먼저 정상적인 자기의 발달에 관한 전반적인 관점을 제시하였다. 그에 의하면 아동은 대상관계의 발달적 단계를 거쳐 자기와 타인의 일정한 이미지를 성취한다. 다른 대상관계 이론가들처럼 그는 이 이미지 때문에 아동은 일생 동안 일정한 방식으로 다양한 사람과 관계를 맺을 수 있다고 말한다. 그는 특히 경계선 성격의 발달에 관해서 설명하였는데, 말러가 말한 재접근 위기rapprochement crisis 동안 어머니와 아동의 관계가 건강하지 않을 때 경계선 성격이 생긴다고 주장하였다.

제임스 파울러 James Fowler 미국 하버드 대학의 발달심리학자. 사회심리 발달에 근거하여 '신앙의 단계Stages of Faith'(1981)란 이론을 제시하였는데, 이 이론에 따르면 신앙은 크게 다음과 같이 7단계를 거쳐 발달한다.

- 신앙발달을 위한 기초 단계인 미분화된 신앙 단계
- 환상과 현실을 구분하지 못하는 자기 중심적인 직관적-투사적 신앙 단계
- 신화가 표면적으로 주는 그대로의 의미를 받아들이는 신화적-문자적 신앙 단계
- 다양한 입장을 받아들이지만 자신의 신앙에 대해서 객관적이고 성찰적인 입장을 가지지 못하는 종합적-인습적 신앙 단계
- 자신의 정체성과 세계관을 가지고 자신의 의미의 틀을 구성하는 개별적-성찰적 신앙 단계
- 비평적 성찰을 통해 이전에는 구분하고 무시하였던 입장들을 자신의 것과 통합하는 결합적 신앙 단계
- 자신의 신앙 속에 모든 존재를 포함하는 보편적 신앙 단계

조나단 시어 Jonathan Shear 미국 브랜다이스 대학에서 철학과 수학 학사학위를 받고, 캘리포니아 버클리 대학에서 박사학위를 받았다. 1960년대에 시어는 동양에서 말하는 마음에 관심을 가지기 시작하였고, 약 40년에 걸친 이 분야의 연구를 통해 명상과 의식의 내적 차원에 관한 권위자로 알려져 있다. 현재 버지니아 연방 대학의 철학과 교수로 재직하고 있으며, 『의식 연구 저널Journal Cousiousness Studies』 편집자로 활동하고 있다.

조나단 컬러 Jonathan Culler(1944～) 하버드 대학에서 역사와 문학을 전공하여 학사학위를 받고, 세인트 존스 대학에서 박사학위를 받았다. 컬러는 구조주의운동의 저명인사로 알려져 있다. 현재 그는 코넬 대학에서 영문학과 비교문학 교수로 재직 하고 있다. 주요 저서로는 『구조주의자 시학: 구조주의, 언어학, 문학연구Structuralist Poetics: Structuralism, Linguistics, and the Study of Literature』와 『바르트: 매우 간단한 소개Barthes: A Very Short Introduction』가 있다.

조셉 캠벨 Joseph Campbell(1904～1987) 미국의 교수이자 작가, 연설가. 비교신화학과 비교종교 분야의 세계적인 권위자로 알려져 있다. 다트머스 대학에서 생물학과 수

학을 공부하였으나 컬럼비아 대학에서 인문학으로 관심 분야를 바꾸었다. 캠벨은 융의 원형이라는 개념을 도입하여 심리적 현상을 설명하였지만 특유의 자신의 목소리로 이를 해석 · 적용하였다. 그는 세계의 모든 종교, 의식 및 신들은 알 수 없는 동일한 초월적 진실의 마스크라고 믿었으며, 기독교의 '그리스도 의식'이나 불교의 '부처 의식'은 옳고 그름이라는 양극성을 넘어 존재하는 고양된 자각이라고 주장하였다. 그의 대표적인 저서 『천의 얼굴을 가진 영웅 The Hero with a Thousand Faces』의 서문에서 그는 '진리는 하나지만 현자들은 그것을 여러 가지 이름으로 부른다.'고 서술하고 있다. 그는 또 동양과 서양 종교의 유사점을 드러내는 것이 자신의 목표라고 밝히고 있다. 또 다른 대표작인 『신의 가면 The Masks of God』에서 그는 세계의 주요 영적 맥을 요약하려고 노력하면서, 세계 대부분의 신념체계는 공통된 지리적 유래를 갖고 있다는 점을 지적하였다. 모든 영성은 거기에서 모든 것이 나오고, 현재 그 속에서 모든 것이 존재하며, 결국 모든 것이 돌아가게 될 알려지지 않은 동일한 힘을 추구하는 것이다.

조시아 로이스 Josiah Royce(1855~1916) 미국의 철학자. 지능보다는 개인성과 의지를 강조한 관념론자로서 20세기 미국의 철학에 많은 영향을 끼쳤다.

조이스 닐슨 Joyce Nielsen(1933~) 미국 미네소타에서 태어났으며, 여권운동가로서 국회의원을 역임하였다. 현재까지도 여권을 위한 활발한 활동을 하고 있다. 아이오와 지역활동운동 프로그램HACAP을 비롯하여 지역사회 여권신장을 위한 많은 활동은 그녀의 탁월한 업적 중 하나다.

조지 미드 Georgee Herbert Mead(1863~1931) 피어스 Peirce, 제임스 James, 터프츠 Tufts, 듀이 Dewey와 함께 미국의 실용주의를 대표하는 철학자. 미드는 자신의 강의, 저서 및 사후 출판물을 통해 20세기 사회이론에 중요한 영향을 미쳤다. 특히, 의미심장한 의사소통이라는 사회적 과정을 통해 마음과 자아가 출현한다는 그의 이론은 사회학와 사회심리학에서 상징적 상호 작용이론의 기초를 마련하였다. 주요 저서로는 『현재의 철학 Philosophy of the Present』, 『마음 · 자기 · 사회 Mind · Self · and Society』 등이다.

조프리 매델 Geoffrey Madell 에딘버러 대학의 철학 교수. 주요 저서로는 『철학, 음악, 정서Philosophy, Music and Emotion』가 있다.

존 듀이 John Dewey(1852~1952) 미국 출신의 철학자이자 심리학자, 교육개혁가. 듀이의 사상과 생각은 미국 전역 및 세계에 심오한 영향을 끼쳤다. 찰스 샌더스 피어스Charles Sanders Peirce, 윌리엄 제임스William James와 함께 실용주의 철학학파를 창시한 인물이다. 그는 또한 기능심리학의 아버지라고도 부르며, 20세기 전반부 동안 미국 교육의 진보적 운동을 이끈 대표적인 인물이다.

존 로완 John Rowan 영국의 심리치료사이자 상담가. 로완은 AHPP Association of Humanistic Psychology Practitioners의 설립 멤버이며 심리치료와 심리영성적 발달의 관점에 대한 수많은 워크숍을 개최하고 있다. 주요 저서로는 『인본주의심리학 입문A Guide To Humanistic Psychology』, 『자아초월: 심리치료와 상담에서의 영성The Transpersonal: Spirituality in Psychotherapy and Counselling』 등이 있다.

존 롤스 John Rawls(1921~2002) 미국의 철학자. 사회 정의를 현대적으로 해석한 논문을 근간으로 20여 년에 걸친 필생의 대작 『정의론正義論』을 내놓았다. 이 책을 통해 그는 공리주의를 대신할 사회정의 원리인 '공정으로서의 정의론'을 체계 있게 전개하여 규범적 정의론의 복권을 가져왔다.

존 브로튼 John Broughton 미국의 심리학자. 문화연구, 교육과 폭력성, 남성성과 전쟁, 기술에 대한 무의식적 판타지, 젊은이들의 하위 문화 등 다양한 분야에 걸친 폭넓은 연구를 수행하였다. 주요 저서로는 『심리적 발달에 관한 중요 이론들Critical Theories of Psychological Development』, 『근사한 무기와 무력적TV Smart Weapons and Military TV』 등이 있다.

존 설 John Searle(1932~) 미국 버클리 대학의 교수이며, 심리철학과 언어철학의 대가로 손꼽힌다. 설은 '중국인의 방Chinese room'으로 불리는 사고실험으로 유명한데, 이를 통해 인간의 사고는 계산에 불과하지 않다는 것을 입증하려고 노력하였다. 왜냐하면 계산 과정은 사건과 과정을 이해할 수 없기 때문이다. 그의 대표적 저서로는 『의식의 신비The Mistery of Consciousness』, 『사회적 실재의 구성The Construction of Social Reality』, 『정신의 재발견The Rediscovery of Mind』, 『정신, 두뇌 과학Minds, Brains and Science』, 『표현과 의미Expression and Meaning』, 『캠퍼스 전쟁The Campus War』, 『정신

언어 사회Mind, Language and Society』 등이 있다.

존 처번 John Chirban 신학박사이자 심리학 박사. 하버드 대학에서 박사학위를 취득하였으며, 현재 캠브리지 대학에서 의학, 심리학, 종교학 연구소장으로 일하고 있다. 심리학과 영성에 관해 오랫동안 연구해 왔으며, 인간발달과 의식진화이론에 대한 심도 있는 연구를 진행해 왔다. 대표적인 저서로는 『다가오는 시대True Coming of Age』가 있다.

지젤라 라부비-비에프 Gisela Labouvie-Vief 미국 미시간 주 웨인 대학 교수로 재직하고 있으며, 인간의 일생을 통해 자기와 감정의 개발이라는 주제를 조사 · 연구하고 있다. 현재 그녀의 연구팀은 나이가 들수록 감정 변화 과정은 어떻게 진행되는가, 삶의 다른 단계에서 인지의 기능과 정서적 건강은 어떤 관련이 있는가에 대한 장기간에 걸친 경험연구로 잘 알려져 있다.

진 휴스턴 Jean Houston(1937～) 영성과 종교적 의식 과정을 범문화적으로 연구하는 데 주도적인 역할을 한 인물이다. 그는 인간 잠재력 운동의 창시자 중 한 사람이다. 그녀의 PBS 스페셜 〈가능성에의 열정A Passion for the Possible〉은 많은 사람이 시청하였다. 그녀는 종교적 의식 과정을 계발하기 위해 힘쓰는 영적 안내자로 활동하고 있다.

찰스 알렉산더 Charles Alexander 시인이자 수제품 서적 생산자. 1970년대에 알렉산더는 인터스테이트와 매디슨 리뷰 같은 곳에서 시를 출판하기 시작하였다. 1970년대 후반 블랙 메사 출판사에서 처음으로 수제품 서적 예술연구와 생산에 참여하였으며, 1984년부터는 애리조나 턱손에 있는 책스 출판사로 옮겨가서 현재까지 그 일을 계속하고 있다. 그는 9권의 소책자를 발간하였고, 애리조나 부설 대학과 피마 지역전문학교에서 창조적 저술과 북아트를 가르치고 있으며, 나로파 대학의 교수이기도 하다.

찰스 테일러 Charles Taylor(1931～) 캐나다 출신의 정치철학자. 헤겔 연구로 출발한 테일러는 정체성을 찾기 위해서는 타자로부터의 인정Anerkennung이 필수적이며, 이런 상호 간의 인정이야말로 인간의 정치적 실존을 규정한다는 '인정의 정치학the politics of recognition'을 발전시켰다.

찰스 피어스 Charles Sanders Peirce(1839～1914) 미국 태생. 화학교육을 받고 30년 동안 과학자로 일했지만 현재는 철학자로 알려져 있다. 일생 동안 대중에게 잘 알려져 있지 않았으며, 그의 저서의 상당량은 아직도 출판되어 있지 않다. 수학, 연구방법론, 과학철학, 인식론, 형이상학 분야에서 혁신적인 활동을 했으며, 자신을 논리학자로 생각하고 있다. 그는 형식논리학에 주요한 공헌을 했지만 그의 '논리'는 현재 과학철학과 인식론을 망라하는 것이다. 또한 그는 기호학의 창시자이기도 하다. 1886년 논리적 조작을 전기회로에 구현할 수 있다는 것을 발견하였는데, 이런 그의 생각은 몇 십년 후에 디지털 컴퓨터가 만들어지는 데 활용되었다.

찰스 쿨리 Chales Horton Cooley(1864～1929) 미국의 사회학자. 미시간 대학을 졸업하고 모교의 사회학 교수로서 평생을 연구에 종사하였다. 쿨리의 이론의 특색은 사회생활의 내용은 심리적인 성질의 것이라는 점과 개인과 집단은 전체로서의 사회의 양면이며 따로 떼어 생각할 수 없다고 한 점이다. 그를 가장 유명하게 한 것은 그의 학설 '제1차 집단'의 개념으로, 이 사회학상의 기본 개념은 현재 널리 사용되고 있다. 쿨리는 '내가 누구인가'라는 자아의식은 다른 사람과의 상호 작용을 통해서 형성된다는 이론을 전개하였다. 사회화 과정에서 인간의 자아 형성은 다른 사람이 자기 자신을 어떻게 생각하는가에 따라 행동하면서 발달해 간다고 하였다. 그는 이렇게 해서 형성되는 자아를 '거울 속의 자아 looking glass self'라고 하였다.

찰즈 타트 Charles Tart(1937～) 의식의 성질, 특히 변성의식 상태에 관한 심리학적 연구를 통해 세계적으로 널리 알려졌다. 타트는 자아초월심리학의 창시자 중 한 사람으로 초심리학을 과학적으로 연구하였다. 그의 고전적 저서 『변성의식상태Altered States of Consciousness』(1969)와 『자아초월심리학Transpersonal Psychology』(1975)은 이 분야가 현대심리학의 일부가 되게 하는 데 널리 이용되는 교과서로 쓰이고 있다.

초감 트룽파 Chogyam Trungpa(1939～1987) 카규파 11대 린포체. 1959년에 티베트를 탈출하였고, 1963년에 영국 옥스퍼드 대학에 입학하였다. 트룽파는 영국 시민이 되어 영국 여인과 결혼한 후 1970년대 초에 미국으로 건너가 티베트 불교를 대중화하는 데 힘썼다. 1974년 미국에 나로파 연구소를 설립하였는데, 이는 현재 정식 대학으로 인가를 받았다. 나로파 대학은 미국 유일의 불교대학으로 명상, 기공, 탕가, 다도, 티베트어, 산스크리트어, 중관철학, 심리학 등의 과목을 가르치면서 명상 중심의 교육 프로그램을 운영하고 있다.

초걀Tsogyal(757~817) 완전한 깨달음에 이른 최초의 티베트인으로 예셰 초걀Yeshe Tsogyal이라고도 부른다. 그녀는 8세기에 불교를 티베트에 전파한 파드마삼바바의 수제자였다.

카이사 푸하카 Kaisa Puhakka 철학, 심리학, 임상심리학 박사학위가 있으며, 현재 CIIS(캘리포니아 통합대학)의 심리학 교수로 자아초월심리학의 중심적 인물이다. 『트랜스퍼스널 학회지Journal of Transpersonal Psychology』의 전임 편집장이고, 2000년 변형의식에 대한 연구서 『자아초월적 인식Transpersonal Knowing』의 공저자다. 그는 지금까지 30년 넘게 불교 수행을 해 오고 있다.

칼 포퍼 Karl Reimund Popper(1902~1994) 오스트리아 빈 태생인 포퍼는 빈 대학에서 수학, 물리학, 철학을 전공하였고, 사회주의 활동에도 참여하였다. 1937년부터는 나치의 탄압을 피해 뉴질랜드로 망명하였으며, 제2차세계대전이 끝난 후 대학교수로 재직하면서 논리학과 과학방법론을 가르쳤다. 그의 '비판적 합리주의'는 비엔나 학파의 논리실증주의를 비판하면서 그 대안으로 제시한 반증주의로 특징 지을 수 있다. 그는 대담한 추측과 엄격한 논박, 즉 시행착오의 과정을 통해 과학적 지식이 성장한다고 보았으며, 자신의 사상을 사회비판에도 적용하였다.

칼 프리브램 Karl Pribram(1919~) 미국의 저명한 신경생리학자. 1940년대 초 프리브램은 기억이 뇌의 어느 곳에 저장되는지에 관심이 많았다. 그 당시 기억이 뇌의 특정한 부위에 저장된다는 것이 보편적인 생각이었으나 그는 기억이 뇌 전반에 걸쳐 분산되어 있다고 확신하였다. 이후 1966년에 뇌와 홀로그램의 유사성에 착안한 프리브램은 뇌가 홀로그램 같은 성질을 지니고 있다는 논문을 발표하였다. 그는 홀로그램의 모든 조각에 전체 영상의 정보가 담겨 있는 것처럼 뇌의 모든 부위에 전체 기억을 재생하는 데 필요한 모든 정보가 분산되어 있다고 생각한 것이다. 양자물리학자인 데이빗 봄과의 공동작업으로 홀로그램적 우주모델을 제안하였으며, 이를 통해 우리가 지각하는 현실세계가 홀로그램 같은 일종의 환영이라는 충격적인 주장을 펼쳤다.

캐롤 길리건 Carol Gilligan(1936~) 미국 심리학계에서 가장 뛰어난 저술가 겸 학자로 평가받고 있다. 뛰어난 연구 성과로 1997년에 하버드 대학에서 최초의 여성학 교수직을 맡게 되었고, 2001년에 동 대학 내의 여성학센터를 설립하는 데 공헌하였다. 혁신적인 저서로 평가받은 『다른 목소리로: 심리학적 이론In a Different Voice: Psychological Theory』은 전 세계 17개국어로 번역되었다. 서양 사회에서 배려가 윤리적 가치로 적극적으로 인정받아 이에 대한 윤리학적 논의가 본격적으로 일어나기 시작한 것은 1982년에 이 책이 출판되면서부터다. 이 책에서 길리건은 서양의 기존 윤리관을 남성 중심의 성차별적 윤리관으로 규정하고 이에 대한 대안으로서 배려윤리를 주장하고 있다. 그녀는 도덕성에 관한 연구를 종합하여 남성(정의 지향적 도덕성)과 여성(대인 지향적 도덕성)의 도덕적 지향과 선호가 다르다는 사실을 밝히고 있다. 그녀의 도덕성 발달이론은 또한 인간관계의 보살핌, 애착, 책임을 강조하는 대인 지향적인 도덕성으로 여성의 도덕성 발달 단계 3수준을 제시하고 있다.

콜린 맥긴 Colin McGinn(1950~) 영국의 심리철학자로 의식과 도덕철학 문제를 연구하고 있다. 맥긴은 인간의 마음은 결코 스스로를 근본적으로 이해할 수 없기 때문에 우리 자신의 의식을 이해하는 것이 그토록 어렵다는 입장을 취하고 있다. 인간은 의식의 난해한 문제the hard problem of consciousness에 대해 결코 그 해답을 찾을 수 없다고 선언하고 있다.

쿠르트 피셔 Kurt Fischer 미국의 심리학자. 탄생부터 성인에 이르기까지의 인간발달을 연구하는 심리학자로, 그의 연구는 행동의 조직화와 그것이 감정, 사회적 행동, 뇌, 특히 인지발달에 어떤 영향을 끼치는지에 초점이 맞추어져 있다. 그의 접근법은 역동적 기술이론dynamic skill theory이라 부르는데, 문화와 개인적 변수를 포함한 인간의 발달과 배움의 다양성을 유기체적, 환경적 요소를 조합할 수 있는 틀을 가지고 설명하고 있다. 그의 문화적 연구는 한국, 중국, 미국 등 다양한 나라에 걸쳐 자아와 감정의 발달에 초점을 맞추고 있으며, 그의 주된 연구 분야에서는 역동적 성장 모델링, 실제 삶에서의 미시적 발달, 두뇌에 근거를 둔 인지적 발달 등을 다루고 있다.

크로포드 홀링 Crowford Stanley Holling(1930~) 캐나다의 생태학자. 시스템이론과 생태학을 정책분석, 시뮬레이션 모델링과 혼합하여 실질적인 효용을 가져올 수 있는 통합적 이론을 발전시키고자 노력하였다. 생태학과 진화 분야에서 '회복력resilience', '적응적 관리adaptive management', '적응주기the adaptive cycle', '파나키panarchy' 등의 주요 개념을 도입하기도 하였다.

클레어 그레이브스 Clare Graves(1914~1986) 미국의 심리학 교수로 성격의 수준이론을 주창하였다. 그레이브스는 심리학의 다양한 이론을 통합하는 인식론적 이론을 만들었는데, 이 이론에 따르면 외부적 조건에 대한 반응으로 인간은 문제를 해결하기 위해 새로운 생명-심리-사회적인 대처 시스템을 개발한다. 즉, 인간의 본성은 미리 규정된 닫혀 있는 시스템이 아니라 계속 창발하는 열린 시스템이다. 새로운 생명-심리-사회적인 대처 시스템은 위계적으로 구성되어 있으며, 환경이 자아에 적응하고 또 자아가 환경에 적응해 가면서 위계의 수준이 변해 간다. 이런 과정은 무한히 지속적으로 진행된다. 이러한 그레이브스의 이론은 벡와 코완의 나선역학 Spiral Dynamics의 이론적 기초를 마련하였다.

클로드 레비스트로스 Claude Levi-Strauss(1908~1991) 원래는 철학자였지만 인류학자로서 세계적인 명성을 얻은 구조주의 인류학자. 레비스트로스는 1935년 브라질의 상파울루 대학 교수로 부임하였고, 그곳에서 주말과 방학을 이용해 아마존강 유역 원주민 사회를 답사하면서 인류학에 눈을 떴다. 제2차세계대전 발발 이후 미국으로 피신하여 뉴욕 신사회조사 연구원으로 일하면서 구조주의 방법론을 터득하고 이를 인류학에 적용하였다. 파리로 돌아온 그는 『친족의 기본 구조Les Structures elementaires de la parenté』라는 방대한 저서를 출간하였다. 구조주의 방법론을 결혼과 친족관계 분석에 적용한 이 저서는 학계와 사상계에 큰 반향을 불러일으킴으로써 인류학자로서 그의 지위를 확고하게 하였다. 1955년에는 브라질 원주민 부족의 민족지를 중심으로 자기의 사상적 편력 등을 담은 철학적 기행문 『슬픈 열대Tristes tropiques』를 발표하였는데, 이 역시 독서계에 큰 화제가 되었다. 이후 그는 파리 대학 고등연구원의 원시종교 연구교수, 콜레주 드 프랑스 사회인류학 정교수 등을 역임하면서 정력적인 연구와 집필을 계속하였다. 특히, 구조주의 방법을 신화 분석에 적용하는 데 몰두하여, 1964년 『신화학 mythology』 제1권을 발표한 것을 시작으로 1971년까지 전4권을 차례로 내놓음으로써 구조주의 인류학을 완성하였다.

키쇼르 간디 Kishore Gandhi　유명한 인도 태생의 저널리스트이자 BBC 기자, 교수, 저술가. 그가 편집한 『의식의 진화The Evolution of Consciousness』는 현재 인간 의식의 진화적 모습의 가능성을 탐구하는 에세이를 가장 광범위하면서도 중요하게 집대성한 책이다. 이 책에서는 자살과 높은 의식 수준 중에서 선택해야 하는 우리 시대의 주제를 다루고 있다. 인간과 문명의 위기는 모든 수준에서 무시할 수 없을 정도로 실재적이다. 깊이 들여다보면 이는 의식의 위기까지 거슬러 올라갈 수 있다. 이것은 깊고 어두운 주제이기는 하지만 전망 또한 밝다는 점을 지적하고 있다.

키스 캠벨 Keith Campbell　미국의 사회심리학자. 캠벨은 가까운 인간관계에서의 자아조절에 대한 연구, 자기애와 사랑의 관계, 자존감, 자기통제 등을 연구하였다.

탈코트 파슨스 Talcott Parsons(1902～1979)　미국의 사회학자. 영국과 독일의 대학에 유학하여 영국에서는 인류학자 말리노프스키에게 기능주의의 영향을 받고, 독일에서는 베버에 대한 연구에 몰두하여 학위를 받았다. 사회학, 사회인류학, 사회심리학 등의 성과 외에도 행위를 중심으로 한 인성, 문화, 사회체제 등을 다룬 것이 그의 이론의 특징이다. 파슨스는 이와 같은 행위의 일반 이론을 바탕으로 사회체계이론을 전개하였다. 그것은 구조기능주의적 방법을 채택하여 모든 요소가 상호 의존해 동적 균형을 유지하는 사회체계를 다룬 것으로써 구조에 의한 균형 유지의 기능을 분석하였다. 미국 사회학을 대표하며, 베버의 학설을 미국에 도입한 학자로도 유명하다. 대표적인 저서로는 『사회적 행위의 구조The Structure of Social Action』, 『행위의 일반이론Action Theory and The Human Condition』 등이 있다.

테야르 드 샤르댕 Teilhard de Chardin(1881～1955)　프랑스의 지질학자, 고생물학자이며 예수회 신부이기도 하였다. 샤르댕이 참여한 북경 원인의 발굴은 20세기의 고생물학에 가장 큰 성과로 인정될 만큼 위대한 업적이었다. 그는 진화론을 수용하였지만 다윈과는 다른 입장에서 받아들였다. 즉, 다윈처럼 생물학적 차원에만 머물지 않고 한 단계 더 나아가 진화를 전 우주적 차원으로 확대하여 바라보았다. 그는 진화론, 자연과학의 성과와 창조론 및 신학을 접목시키고자 노력하였다.

토니 슈워츠 Tony Schwartz(1923～　)　미국의 저명한 방송인. 비영리단체, 정치 후보, 상품을 위한 광고를 2만여 편 제작하였으며, 1964년에는 린든 존슨 대통령의 선거 컨설턴트로 활약하기도 하였다. 그 당시 만든 '데이지꽃' CF는 네거티브 캠페인의 걸작으로 손꼽힌다. 〈60분60Minutes〉이라는 방송 프로그램을 제작한 것으로도 유명하다. 대표 저서로는 『진정으로 중요한 것What Really Matters』, 『반응적 코드The Responsive Chord』, 『미디어: 두 번째 신Media: The Second God』 등이 있다.

토마스 네이글 Thomas Nagel(1937～) 미국 뉴욕 대학의 철학과 법학 교수. 네이글은 심리철학 분야에서 활동하고 있으며, 의식과 주관적 경험을 두뇌의 활동으로 환원시킬 수 없다는 입장을 취하고 있다.

토마스 쿤 Thomas Kuhn(1922～1996) 미국의 과학사학자 겸 철학자. 쿤은 과학 진보의 혁명적인 성격에 초점을 맞춘 새로운 과학관을 전개하였다. 그는 1962년 『과학혁명의 구조The Structure of Scientific Revolutions』라는 저서에서 '패러다임paradigm'이라는 용어를 최초로 사용하였다. 이는 주로 '변혁'이라는 말과 함께 기존의 낡은 가치관이나 이론을 뒤엎는 혁명적인 주창을 가리킬 때 사용된다.

토마스 키팅 Thomas Keating(1923～) 트라피스트 수도사로서 현재 콜로라도 성 베네딕트 스노우매스 사원의 수도원장이다. 키팅 신부는 대부분의 시간을 침묵하면서 보내며, 그가 제시하는 '향심기도centering prayer'는 참선과 본질적으로는 동일하다고 말한다. 1단계는 자아 속으로 들어가는 것이고, 2단계는 신적인 자각에 도달하는 것이다. 명상은 결코 종교에 국한된 것이 아니라고 하면서, '명상은 인간의 조건, 인간의 고통에 대한 성찰에서 비롯되는 것'임을 강조한다.

파드마삼바바Padmasambhawa(717～762) 부탄과 티베트에 탄트라 불교를 전파한 인물로 알려져 있으며 『티베트 사자의 서The Tibetan Book of the Dead』의 저자로 추정된다. 티베트 불교의 닝마파는 그를 창시자 및 제2의 붓다로 섬기고 있다.

파탄잘리Patanjali B.C. 200년경에 살았던 것으로 추정되는 파탄잘리는 고대 전통의 요가를 최초로 조직적으로 정리한 인물이다. 그의 『요가수트라Yogasutra』는 요가 수행자들에게는 매우 귀중한 경전으로서 함축적인 196개의 경구로 되어 있어 요가의 수행론과 형이상학을 설명하고 있다.

페르디낭 드 소쉬르 Ferdinand de Saussure(1857~1913) 스위스 제네바 출신의 언어학자로서 구조주의 언어학파의 창시자다. 라이프치히 대학 재학 중인 21세 때 『인도유럽어 원시 모음체계에 관한 논문』(1879)을 저술하여 당시 학계에서 지극히 어려운 것으로 여겼던 문제를 해결한 것으로 유명하다. 소쉬르가 제네바 대학에서 강의한 내용을 학생들이 필기한 노트와 그의 초고를 대조하면서 두 제자인 샤를 바이와 알베르 세시에가 편찬한 것이 『일반언어학 강의Cours de Linguistique Generaee』(1916)다. 이 책에서 그는 언어 활동을 머릿속에 개념으로 저장되어 있는 추상적인 말(랑그langue)과 개인이 사용하여 발음되는 구체적인 말(파롤parole)로 나누고, '랑그'를 언어 대상으로 삼음으로써 문자보다 말을 중시하는 언어관을 세웠다. 언어의 통시적 고찰보다는 공시적 고찰을 강조한 그는 언어의 의미작용을 외부 환경의 영향보다 언어체계로 파악하여 언어 요소들의 상관관계를 해명하려고 하였다. 언어에 대한 그의 독특한 입장은 탈근대주의(포스트모더니즘) 전반에 지대한 영향을 미쳤다.

폴 처치랜드 Paul Churchland(1942~) 미국 샌디에이고 캘리포니아 대학의 철학자. 처치랜드는 윌프리드 셀라스의 지도하에 피츠버그 대학에서 박사학위를 취득하였으며, 철학자 패트리샤 처치랜드의 남편으로 심리철학과 신경철학에 관한 연구를 주로 하였다. 그는 소거유물론eliminative materialism 학파와 관련이 있는데, 이 학파에 따르면 신념과 욕망 같은 대중심리학 개념은 그에 상응하는 일관성 있고 정의할 수 있는 뇌 활동이 존재하지 않기 때문에 분명하게 설명할 수 있는 개념으로 대체되어야 한다. 플로지스톤, 칼로리, 에테르와 같은 자연과학적 개념이 그 예라 하겠다.

프란시스코 바렐라 Francisco Varela(1945~2001) 통합연구소의 창립 멤버로 인간의 의식은 신체와 신체가 상호 작용하는 환경이라는 비활성 구조에 의해서 이해될 수 있다고 주장하였다. 바렐라는 후설의 현상학을 신경과학에 도입하여 '신경현상학neurophenomenology' 이라는 개념을 제시하였으며, '일인칭 과학first-person science'의 필요성, 즉 관찰자가 자신의 의식 경험의 성질을 살피기 위해 과학적으로 검증 가능한 방법의 도입을 역설하였다. 1970년대에 그는 초감 트룽파 아래에서 티베트 불자가 되었다.

프레다 블랑샤르-필즈 Fredda Blanchard-Fields　웨인 대학에서 발달심리학 박사학위를 받았다. 현재는 성인의 사회적 인지, 청소년기에서 성인으로 성장하면서 일어나는 일상적 문제에 대한 접근을 주제로 연구활동을 하고 있다. 주요 저서로는 『성인발달과 노화 Adult Development and Aging』가 있다.

프레데릭 마이어스 Frederic Myers(1843~1901)　영국의 시인이자 비평가, 수필가로 활동하였으며, 삶의 후반부에는 자신이 직접 설립하는 데 참여한 심령연구회Psychical Research Society의 일에 헌신하였다.

플로티누스 Plotinus(204~270)　신플라톤주의의 창시자로 고대의 마지막 위대한 철학자다. 플로티누스는 사회적, 정치적으로 매우 어려운 시대를 살면서 자신이 살고 있는 세계가 가망 없다고 판단하고 희망이 있는 정신세계에 보다 높은 가치를 두었다. 그는 선과 아름다움이 있는 영원한 세계, 이데아의 세계를 사유하면서 플라톤의 이데아론을 부활시켰다.

필립 파웰 Philippe Powell　미국의 사회 및 발달 심리학자로 활동하고 있으며, 도표 5B에 사회적 역할 취하기에 대한 그의 단계적 연구가 간략하게 소개되고 있다. 파웰은 사회적 역할 취하기를 총 8단계로 나누어 설명하고 있다. 1단계는 역할을 취하는 단계로 윌버의 감각운동기 단계와 일치한다. 2단계는 동일시적이고 비반성적인 단계로 윌버의 환상-정서적 단계와 표상심 단계 사이에 걸쳐 있다. 3단계와 4단계는 동일시적이고 반성적인 단계와 3인칭 집단 비반성적 단계로 윌버의 역할마음 수준에 해당한다. 5단계와 6단계는 3인칭 집단 반성적 단계와 상호 작용적 효과의 단계로 윌버의 형식적 조작기에 해당한다. 7단계와 8단계는 상호 작용적 공감과 사회적 천재의 단계로 윌버의 비전-논리 수준에 해당한다.

하워드 가드너 Howard Gardner　미국의 심리학자이자 하버드 대학 교수, 보스턴 의과대학 신경과 부교수. 인간의 사고능력 배양과 창의성 계발을 목표로 하는 하버드의 연구그룹 '프로젝트 제로'의 책임자이며 유명한 '다중지능Multiple Intelligence' 이론의 창시자다. 가드너의 지난 30여 년간의 연구 성과는 지능과 창의력 그리고 리더십에 관한 우리의 생각에 혁명을 일으켰으며, 그 탁월한 공로를 인정받아 1981년에 맥아더상, 2000년에 구겐하임 재단 펠로십을 수상하였다. 또한 세계 20여 개 대학에서 명예 박사학위를 받았다.

하워드 셰브린 Howard Shevrin　미국 미시간 대학 정신과 교수로 재직하고 있다. 뇌신경과 인지에 관한 상관관계를 연구하고 있으며, 최근에는 무의식의 일시적 왜곡, 인지의 의식적 두려움 등에 관해 연구하고 있다.

하인즈 코헛 Heinz Kohut(1913~1981)　미국의 정신분석학자. 코헛은 처음에 신경생리학을 전공하였으나 나중에는 시카고 연구소에서 정신분석학 수련을 받으면서 정신분석학에 몰두하였다. 거기서 그는 탁월한 능력을 인정받아 미국 정신분석학회장과 세계 정신분석학회 부회장직을 역임하였다. 1960년대 후반에 와서 그는 그의 환자 미스 F와의 치료작업을 계기로 전통 정신분석학에서 멀어졌다. 코헛은 이 환자의 치료를 통하여 치료자가 환자의 태도를 분석하고 설명해 주는 것이 단지 환자의 더 많은 저항을 불러올 뿐이라는 것을 깨달았다. 즉, 치료자의 분석과 설명은 환자를 '이해하지' 못하고 유리시키는 결과를 초래함으로써 환자에게 더 많은 좌절을 느끼게 만든다는 것이다. 이후 그는 고전 정신분석을 비판하면서 새로운 정신분석이론을 내놓았는데, 이것이 자기심리학이다. 그는 고전 정신분석이 복잡한 인간의 정신을 성 충동이나 공격 충동 같은 경험과 동떨어진 구성 개념으로 설명하는 것의 위험성을 지적하였다. 물론 자기심리학에서도 이런 충동을 부정하지는 않는다. 하지만 중요한 것은 이런 충동을 느끼는 환자의 심정을 공감적으로 이해함으로써 그 충동의 심리적 의미를 회복시키는 것이라고 하였다.

하인츠 베르너 Heinz Werner(1890~1964)　오스트리아 태생의 심리학자. 미국에서 주로 활동하였으며, 정신현상과 심리현상의 발달에 대해 연구하였다.

하인츠 하르트만 Heinz Hartmann(1894~1970)　자아심리학의 아버지로 불리는 오스트리아 출신의 정신분석가. 하르트만은 해리 설리반과 마찬가지로 인간의 상호관계를 중요시하였으나 프로이트의 욕동이론은 그대로 고수하였다. 그는 다윈의 진화론에 영향을 받아 방어기제가 심리적 성숙 과정에서 필요한 일종의 적응 요소라고 주장하여 이후 자아심리학이 발달적 관점을 발전시킬 수 있는 길을 열었다고 평가된다.

하즈라트 이나야트 칸 Hazrat Inayat Kahn　인도 북부 태생의 음악가이자 영적인 스승. 칸은 동양의 신비주의를 서구에 소개한 최초의 인물로 자신의 보편적인 가르침을 수피 메시지라고 불렀으며 수피운동과 질서를 설립하였다. 미국, 유럽, 러시아에서 13년 동안 인도 음악인 라가raga와 자신의 영적 메시지를 서구에 소개하였다.

해리 건트립 Harry Guntrip(1901～1975)　영국의 정신분석학자. 건트립은 설리반의 대인정신분석학이 프로이트 정신분석의 본질을 저버렸다고 신랄하게 비난하였다. 그의 신프로이트 학파 혹은 대인정신분석이론에 대한 비판은 그의 저서 『성격구조와 인간 상호 작용Personality Structure and Human Interaction』에 잘 나타나 있다. 그의 이런 비판은 정신분석학의 또 다른 하나의 흐름을 형성하게 되는데, 영국의 여성 정신분석학자인 멜라니 클라인Melanie klein에 의해 주도된 대상관계이론이 바로 그것이다.

해리 설리반 Harry Stack Sullivan(1892～1949)　미국의 정신의학자로 프로이트의 정신분석에 커다란 영향을 받았다. 그러나 그는 정신분열증을 연구하면서 전통적인 정신분석적 접근을 거부하고 증상에 숨어 있는 의미를 찾고자 하였다. 또한 인격을 개인에게 내재된 것이라기보다는 인간 상호 작용을 통해 펼쳐지는 발달의 맥락에서 지속적으로 드러나는 것으로 보았으며, 이를 바탕으로 내담자가 자신과 타인 사이에서 일어나는 상호 작용에 깨어 있을 수 있게끔 치료적 관계를 형성할 것을 주장하였다. 설리반은 불안, 동기, 자아체계에 대한 정교한 이론을 발전시켰으며, 그의 영향은 오늘날 심리치료의 이론과 실천의 모든 분야에 깊게 미치고 있다.

허브 코플로위츠 Herb Koplowitz　코넬 대학에서 수학과 철학으로 학부를 졸업하고 매사추세츠 대학에서 심리학으로 박사학위를 받았다. 그는 온타리오 공인 심리학자이며 『최상의 훈련: 훈련과 발달Best Practices: Training and Development』의 공동 저자이기도 하다.

후안 파스쿠알-레오네 Juan Pascual-Leone　뇌, 행동, 인지과학 분야에서 발달과 인지 과정에 대한 연구를 주로 하였다. 피아제의 제자로서 그의 구성주의적 관점에 영향을 많이 받았다. 파스쿠알-레오네는 TCOTheory of Constructive Operator라 부르는 변증법적 구성주의 이론을 개발하였으며, 복잡한 문제해결에 종사하는 사람들을 대상으로 한 합리적인 연구방법인 업무분석task analysis을 확립하였다. 윌버의 비전-논리에 해당하는 발달 단계를 그는 전변증법적pre-dialectical, 변증법적dialectical, 초월적transcendental 사고로 보았다.

휴스턴 스미스 Huston Smith(1919～　) 미국에서 가장 뛰어난 종교학자의 한 사람으로서 대표적 저서인 『인간의 종교The Religions of Man』는 후에 개정되어 『세계의 종교The World' s Religions』로 제목이 바뀌었다. 이 책은 200만 부 이상이 팔렸으며, 비교종교 분야에서 특히 유용한 참고서다.

찾아보기

◐ 저자 · 역자 소개

저자 **켄 윌버**Ken Wilber는 자아초월심리학자로 우리 시대 최고의 통합사상가다. 학문적인 주류에서 벗어나 사유하고 저술한 그는 심리학, 사회생물학, 철학, 신비주의, 포스트모더니즘, 과학, 시스템 이론을 총망라하여 인간의식의 발달 및 진화에 대한 특유의 통합이론을 제시하였다. 그는 선불교와 티베트 불교의 수행법을 직접 실천하여 자신의 사상 속에 서양의 심리학과 철학, 동양의 불교, 힌두교, 기독교 신비주의를 통합하였을 뿐 아니라 개인적으로는 수행자의 직관과 경험, 학자의 면모를 두루 갖추고 있다. 그의 탁월한 지성은 달라이 라마와 비견될 수 있을 정도라고 평가받고 있다. 현재 그는 각종 지역단체와 온라인 단체를 거느리고 과학과 사회문제를 연구하는 통합연구회를 주도하고 있다.

역자 **조옥경**은 고려대학교 심리학과를 졸업하고 동 대학원에서 문학박사학위를 취득하였다. 인도 뿌나Poona 대학에서 요가심리학을 전공하고(M.Phil 수료) 세계적인 하타요기 아엔가Iyengar가 지도하는 센터에서 요가를 수련하였다. 또한 미국 '히말라야 요가연구소The Himalayan Institute'에서 하타요가 지도자 과정을 수료하였다. 현재는 서울불교대학원대학교 심신통합치유학과 요가치료학 전임교수로 재직하고 있으며, 『여성을 위한 바디워크 테라피』, 『요가의 첫걸음』, 『세상에서 가장 아름다운 용기』를 번역하였다. 가톨릭대학교 의과대학 통합의학교실 외래교수이며, 한국트랜스퍼스널학회 이사, 한국요가학회 부회장, 대한통합의학교육협의회 이사를 역임하였다.

켄 윌버의
통합심리학 - 의식 • 영 • 심리학 • 심리치료의 통합
INTEGRAL PSYCHOLOGY: consciousness, spirit, psychology, therapy

2008년 4월 10일 1판 1쇄 발행
2023년 1월 20일 1판 9쇄 발행

지은이 • Ken Wilber
옮긴이 • 조 옥 경
펴낸이 • 김 진 환
펴낸곳 • (주) 학지사
04031 서울특별시 마포구 양화로 15길 20 마인드월드빌딩 5층
대표전화 • 02) 330-5114 팩스 • 02) 324-2345
등록번호 • 제313-2006-000265호
홈페이지 • http://www.hakjisa.co.kr
페이스북 • https://www.facebook.com/hakjisabook

ISBN 978-89-5891-630-7 93180

정가 20,000원

역자와의 협약으로 인지는 생략합니다.
파본은 구입처에서 교환하여 드립니다.